Ulrich Welbers

Die Lehre neu verstehen – die Wissenschaft neu denken

Ulrich Welbers

Die Lehre neu verstehen – die Wissenschaft neu denken

Qualitätsentwicklung in der germanistischen Hochschullehre

Westdeutscher Verlag

Der Westdeutsche Verlag ist ein Unternehmen der Bertelsmann Fachinformation GmbH.

http://www.westdeutschervlg.de

Höchste inhaltliche und technische Qualität unserer Produkte ist unser Ziel. Bei der Produktion und Verbreitung unserer Bücher wollen wir die Umwelt schonen: Dieses Buch ist auf säurefreiem und chlorfrei gebleichtem Papier gedruckt. Die Einschweißfolie besteht aus Polyäthylen und damit aus organischen Grundstoffen, die weder bei der Herstellung noch bei der Verbrennung Schadstoffe freisetzen.

Umschlaggestaltung: Horst Dieter Bürkle, Darmstadt
Druck und buchbinderische Verarbeitung: Rosch-Buch, Scheßlitz
Printed in Germany

ISBN 3-531-13237-7

Inhaltsverzeichnis

Vorwort 13

Erster Teil
Die Lehre neu verstehen:
Problemanalyse und Grundlegung

1 Eine These aus der Wirklichkeit: Die Lehre neu verstehen 17
1.1 Die Germanistik 17
1.2 Fachentwicklung und Studienreform 18
1.3 Auswege: Die Lehre neu verstehen 19

2 Literarische Problemanalyse: Aporien des traditionellen Lehrverständnisses 21
2.1 Von der Legendenbildung zur Evaluation der Wirkungen 21
2.2 Aporien Vor der Wissenschaft 24
2.3 Perspektivenerweiterung: Ein Domgespräch 27
2.4 Motive Vor dem Schluß 32
2.5 Fragestellungen und systematische Kontextuierung 35

3 Bezugsrahmen für die Qualitätsentwicklung der germanistischen Hochschullehre 39
3.1 Grundlegende Bestimmungen zur Qualitätsentwicklung 39
3.1.1 Was ist und auf was zielt Qualitätsentwicklung germanistischen Lehrens und Lernens? 39
3.1.2 Wo findet Qualitätsentwicklung statt? 39
3.1.3 Was ist gute Lehre? 40
3.1.4 Was sind die Ebenen eines Qualitätsentwicklungskonzeptes (germanistischer) Hochschullehre? 41
3.2 Forschung und Lehre: Zwei Handlungsräume, zwei Qualitätssicherungssysteme 42
3.3 Typologie germanistischer Steuerung: Von der Studienreform zur Qualitätsentwicklung 48
3.4 Klassifikationsschema für eine transdisziplinäre Integration der systematischen Kontexte 52
3.5 Fragenkatalog für die systematischen Kontexte 55

4 Orientierungen zu Verständnis und Vermittlung einer öffentlichen Wissenschaft ... 58
4.1 Bildungstheoretische Orientierungen ... 58
4.1.1 Die Freiheit und die Einsamkeit des Wissens: Seinsverfassung und 'Verfassungsrecht' ... 58
4.1.2 Die Gleichheit der bildenden Wissenschaft: Humboldts Geschenk ... 67
4.1.3 Die Solidarität wissenschaftlicher Bildung: Politische Steuerung - Politik als Gesellschaft ... 69
4.2 Studium als Lebensphase wirtschaftlicher Probleme und sozialer Orientierung ... 76
4.2.1 Dokumentation ausgewählter Aspekte sozialer Realität ... 76
4.2.2 Kritik eines Arguments aus entwicklungspsychologischer Sicht ... 80
4.2.3 Wenn die Krise der Gesellschaft die Studierenden erreicht ... 82
4.3 Die Germanistik in verantwortbarer Unsicherheit ... 85
4.3.1 Der Beitrag der Germanistik zur Qualitätsentwicklung ihrer Hochschullehre ... 85
4.3.2 Der Beitrag der Germanisten zur Qualitätsentwicklung ihrer Hochschullehre ... 89
4.3.3 Der Beitrag der Nicht-Germanisten zur Qualitätsentwicklung germanistischer Hochschullehre ... 92
4.3.4 Gemeinsamkeiten: Die Krise der Gegenwart als Verantwortung für die Germanistik? ... 96
4.4 Vom Ende des Erlebens und vom Anfang der Literatur ... 98
4.5 Professionalisierung des wissenschaftlichen Lehrens und Lernens: Hochschuldidaktik ... 103
4.5.1 Legitimatorische Aspekte ... 103
4.5.2 Institutionelle Aspekte ... 104
4.5.3 Funktionale Aspekte ... 105
4.6 Forschung, das Lehren und Lernen zu verstehen ... 106
4.6.1 Objektivierung und Prognostizierung des Lehr-/Lernerfolgs durch Rankings? ... 107
4.6.2 Ergebnisse der Lernforschung: das Lernen lernen ... 108
4.7 Die Qualität der Lehre braucht Management mit System ... 110
4.7.1 Hochschule und Qualitätsmanagement: Grundsätzliches zu Reichweite und Verständnis ... 110
4.7.2 Standpunkte der Qualitätsforschung ... 112
4.7.3 Steuerung durch qualitätsichernde Elemente und Verfahren anhand von Beispielen ... 115

4.8 Personalentwicklung entwickelt die Personen ... 117
4.8.1 Hochschullehrer: ein 'vorwissenschaftliches' Berufsbild ... 117
4.8.2 Der Hochschullehrer morgen: ein erweitertes, systematisiertes Profil ... 121
4.9 Organisationsentwicklung: Wie wird ein Fachbereich ein Fachbereich? ... 125
4.9.1 Der Fachbereich als lernende Organisation ... 126
4.9.2 Leitungsstrukturen, Personalführung, Demokratisierung: Grundsätzliche Thesen zu ihrem Zusammenhang ... 130
4.10 Ressourcen für die Gesellschaft der Zukunft: Eine Übung in praktischer Vernunft ... 132
4.10.1 Quantifizierung des Bedarfs ... 132
4.10.2 Hochschulfragen ... 133
4.10.3 Gefragte Wirtschaft ... 133
4.10.4 Die schlechteste aller Ideen: Studiengebühren ... 134
4.10.5 Generationenvertrag ... 137

Zweiter Teil
Von der Studienreform zur Qualitätsentwicklung: Stationen eines Modells

5 Programminitiierung: „Der heutige Tag ist ein Resultat des gestrigen“: Öffentliche Vorstellung eines Grundlagenprogramms für die Studienreform in der Germanistik ... 139
5.1 Der heutige Tag: die Studienreform wird Realität ... 139
5.2 Heine über Zustände: wie ein Fachbereich zum Handeln kommt ... 140
5.3 Skizze eines reformierten Studienprogramms ... 142
5.3.1 Erster Schwerpunkt: Drei-Stufen-Praxisorientierung ... 143
5.3.2 Zweiter Schwerpunkt: Studienstrukturreform ... 146
5.3.3 Drei-Schritte-Modell des Grundstudiums ... 148
5.3.4 Lehrplanung ... 149
5.3.5 Die Studienbereiche in der Übersicht ... 150
5.4 Der Fachbereich als Handlungsträger ... 152
5.4.1 Hochschuldidaktische Fortbildung ... 152
5.4.2 Studienreform ist Kommunikation ... 153
5.5 Eckpunkte einer Bildungspolitik, die Studienreformen ermöglicht ... 154
5.5.1 Die Qualität und die Quantität der Lehre ... 154
5.5.2 Bildungsermöglichung statt Bildungsverhinderung ... 155

5.5.3 Evaluation als Selbstvergewisserung und Planungshilfe 155
5.5.4 Rahmenbedingungen und Bildungskontext 156
5.6 Handlungsperspektiven der Hochschulen 157
5.6.1 Demokratisierung und Partizipation 157
5.6.2 Der Fachbereich als Standort profilierter Bildung 158
5.7 Zusammenfassung 159
5.8 Der nächste Schritt 160

6 Programmentwicklung: Zwischenbilanz des Reformmodells Germanistik an der Heinrich-Heine-Universität Düsseldorf 161
6.1 Zwei Jahre nach dem nächsten Schritt 161
6.2 Zusammenfassende Bewertung des Konzeptes und Projektes 162
6.3 Wissenschaft, Studium, Öffentlichkeit: Eckpunkte einer Dynamik der Studienreform 165
6.4 Aktuelle Projektbeschreibung 166
6.5 Grundlage der Evaluation: Datenerhebung im Fachbereich 168
6.6 Skizze des Studienganges, in dem das Integrierte Handlungskonzept erprobt wird 170
6.7 Die vier Handlungsfelder 172
6.7.1 Handlungsfeld 1: Studienstrukturreform 172
6.7.2 Handlungsfeld 2: Praxisorientierung 176
6.7.3 Handlungsfeld 3: Lehren und Lernen / Hochschuldidaktik 180
6.7.4 Handlungsfeld 4: Partizipation / Organisationsentwicklung / Öffentlichkeitsarbeit 183
6.8 Neue Maßnahmen und Perspektiven: Ein 20-Punkte-Programm zur Qualitätsentwicklung 185

Dritter Teil
Partizipation und Evaluation: Handlungsformen zur Qualitätsentwicklung

7 Studierendenpartizipation in der Hochschullehre und in der Organisations- und Qualitätsentwicklung von Fachbereichen 189
7.1 Zur Schwierigkeit der Beteiligung der Studierenden in Lehr-/ Lernsituationen der 'Massenhochschule' und am Engagement im Fachbereich 189

7.1.1 Problemlage: Skizzen konsequenzloser Handelns - Verlust an Handlungskompetenz im Fachbereich - Zuschreibungen der Betroffenen ... 189
7.1.2 Zurückgewinn von Handlungskompetenz: die Beteiligten als Verantwortungsgemeinschaft ... 191
7.2 Studierendenpartizipation als Chance zur Organisationsentwicklung von Fachbereichen ... 193
7.3 Handlungs- und Aktionsformen ... 196
7.3.1 Partizipation als Lernangebot zwischen Identitäts- und Qualifikationsentwicklung: die Studienordnung ... 196
7.3.2 Partizipation als politische Mitbestimmung: Die Studienreformkommission auf Fachbereichsebene ... 199
7.3.3 Partizipation als Studierendenportrait: Kriterienentwicklung für die Studienreform durch die Studierendenumfrage ... 200
7.3.4 Partizipation in Lehr-/Lernsituationen: Projektarbeit im Hochschulunterricht ... 202
7.3.5 Partizipation als Kritik: Studentische Veranstaltungskritik ... 203
7.3.6 Partizipation durch Beratung: Schwerpunktstudienberatung zur Qualifikationsbiographie ... 205
7.3.7 Partizipation durch Information: Konzept für einen Studienbegleitenden Studienführer ... 208
7.4 Rückführung: Vernetzung der Handlungsformen zu einem Integrierten Handlungskonzept ... 210

8 Germanistische Lehrberichte als Mittel der Qualitätssicherung: Ein partizipatives Konzept ... 211
8.1 Evaluation, Organisationsentwicklung, Öffentlichkeit: Zur Funktion und Zielbestimmung eines germanistischen Lehrberichts ... 211
8.1.1 Germanistische Lehrberichte? ... 211
8.1.2 Lehrberichte zwischen Selbstvergewisserung und Adressatenorientierung ... 212
8.1.3 'monitoring' statt 'controlling' ... 213
8.1.4 Kann und darf man Probleme veröffentlichen? ... 215
8.2 Lehrberichte als Qualitätssicherungsmaßnahme: Modelle im Vergleich ... 215
8.2.1 Der Lehrberichtsmarkt ... 215
8.2.2 Steuerungsbemühungen und eine Typologie der Umsetzung ... 217
8.2.3 Perspektiven entscheiden über Wirkungen ... 220

8.3 Skizze eines partizipativen Gesamtkonzepts: Lehrende und Studierende bericht(ig)en gemeinsam die Lehre 222
8.3.1 Lockerungsübungen der Organisation: ein neuer Partner kommt ins Spiel 222
8.3.2 Gesamtüberblick über einen partizipativen Lehrbericht 222
8.4 Sechs (+1) Erstellungsphasen eines Lehrberichts 225
8.4.1 Struktur und Zeiträume des Verfahrensablaufs 225
8.4.2 Die einzelnen Phasen 225
8.4.3 Zusammenfassung des Verfahrensablaufs 228
8.5 Fünf Ebenen der Informationsgewinnung 229
8.5.1 Erste Ebene: Quantitative Rahmendaten 230
8.5.2 Zweite Ebene: Quantitative Binnendaten 231
8.5.3 Dritte Ebene: Integrierte Studierendenbefragung 233
8.5.4 Vierte Ebene: Integrierte Lehrendenbefragung 235
8.5.5 Fünfte Ebene: Qualitative Evaluation von Lehr-/Lernprozessen .237
8.6 Themenbereiche des Lehrberichtstextes: Perspektiven der Fachbereichsentwicklung 238
8.6.1 Konzeptuell-normative Perspektive: Wesentliche Grundlagen, Ziele und Programme der Lehre des Fachbereiches 239
8.6.2 Empirisch-kritische Perspektive: Evaluationsergebnisse und Qualitätssicherungsmaßnahmen 240
8.6.3 Planerisch-prognostische Perspektive: Ergebnisse und Perspektiven 240
8.6.4 Checkliste: Ein 80-Punkte-Programm für einen germanistischen Lehrbericht 241
8.7 Das Lehrberichtsdesign 245
8.8 Zusammenfassung: Leitlinien, Ressourceneinsatz, Ertrag 246
8.8.1 Zusammenfassung der Leitlinien eines Partizipativen Lehrberichts 246
8.8.2 Berechnung des Zeitaufwandes und tabellarischer Überblick 246
8.8.3 Kostenrechnung 248

Vierter Teil
Die Wissenschaft neu denken: Ansichten und Erkundungen

9 Fachwissenschaftliche Forschung, Praxis Lehre, Gesellschaftliches Handeln: Rede über eine Germanistik, die ihre Wissenschaft als Projekt mit Konsequenzen versteht ... 249
9.1 Annäherung an die Geschichte einer Wissenschaft ... 249
9.2 Fachgeschichte als Reduktionsgeschichte ... 251
9.3 Germanistik als private Wissenschaft ... 252
9.4 Wissenschaft und Zeitgeist ... 255
9.5 Das Projekt der Germanistik ... 256
9.6 Germanistisch-fundierte Schlüsselqualifikationen ... 257
9.7 Qualifikation, Profilbildung, Öffentlichkeit ... 259

10 Kanon und literarische Bildung zwischen dem Engagement der Literaturwissenschaft, der Macht der Kultur und dem Recht der Lernenden ... 261
10.1 Eine kurze Geschichte unserer Zeit ... 261
10.2 David, Goliat, die Israeliten ... 262
10.3 Davids Mühen ... 263
10.4 Von „mustergültigen Schriftstellern“ zum Orientierungskanon im Fachbereich ... 265
10.5 Das Recht der Lernenden: als Lesende ... 266
10.6 Leser/-innenliste zur neueren deutschen Literatur ... 267

11 Heinrich Heine: Besichtigung von Schauplätzen einer öffentlichen Wissenschaft. ... 271
11.1 Standortbestimmungen eines Autors in Eile: Heine und sein 200. Jahr ... 271
11.2 Heine sterben und lesen: Nachtgedanken radikal ... 278
11.3 Heinrich Heine ist ein politischer Dichter ... 286
11.4 Heine lesen, und essen: der Buchmarkt im Heine-Jahr ... 296
11.5 ‘herzen in der Brust und’ Schule ... 302
11.6 Wofür ein Name steht ... 309

12 Was ist die Germanistik? Wissenschaft zwischen verantwortbarer Unsicherheit und unvermeidbarer Renaissance 311
12.1 Neue Fragestellungen zu einer verantwortbaren Unsicherheit: Dokumentation eines Problems 311
12.1.1 Erste Fragestellung: Germanistik in der multimedialen Kultur 313
12.1.2 Zweite Fragestellung: Germanistik - Kulturelle Praxis - Sprach- und Literaturvermittlung 315
12.1.3 Dritte Fragestellung: Wissenschaftssystem - Ökonomisches System - Zukunft der Gesellschaft 317
12.1.4 Zusammenfassung der Schlüsselprobleme 318
12.2 Wissenschaftsporträt Germanistik: Ansichten einer unabwendbaren Renaissance 320
12.2.1 Die Germanistik: Struktur, Handlungsformen, Funktionen 320
12.2.2 Schaufenster in die Geschichte einer Wissenschaft 323
12.2.3 Die Zukunft der Gesellschaft und die der Germanistik 326
12.2.4 Germanistischer Katalog 327

Literaturverzeichnis 330

Über den Autor 357

Stichwortverzeichnis 358

Vorwort

> „Wie man es immer anfangen möge, so kann das Gebiet der Erscheinungen nur von einem Punkte ausser demselben begriffen werden, und das besonnene Heraustreten ist eben so gefahrlos, als der Irrthum gewiss bei blindem Verschliessen in demselben."[1]
> *Wilhelm von Humboldt: Ueber die Aufgabe des Geschichtschreibers [1821]*

Die Lehre neu verstehen - die Wissenschaft neu denken wurde aus dreifachem Grund als Titel für den vorliegenden Band gewählt. Zunächst ist hierin gänzlich die diesen tragende Grundthese enthalten, die davon ausgeht, daß in einer Zeit, in der die Germanistik nach Orientierungen für ihr Fachverständnis sucht, vor allem der, der die Lehre neu versteht, die Wissenschaft wird neu denken können. Damit versteht sich der vorliegende Band als ein Beitrag zur momentanen Selbstverständnisdiskussion des Faches.

Des weiteren ist im Titel ein wichtiger methodischer Hinweis enthalten: Die Untersuchung will die Traditionen aufdecken, verstehen und für eine kritische Sichtung verfügbar machen, in denen sich germanistische Hochschullehre heute bewegt und in denen sie allzu häufig auch gefangen scheint. Das Buch will also gerade nicht ein allgemeingültiges Qualitätssicherungskonzept auf die vorhandenen Traditionen des Lehrens und Lernens aufpfropfen, das der Fachkultur der Germanistik widerspricht und damit keine Chance auf Realisierung hätte. Vielmehr wird versucht, Chancen, die in der aktuellen Diskussion zur Qualitätssicherung im Hochschulbereich liegen, aufzuzeigen und auf die gegenwärtige germanistische Lehrpraxis zu beziehen.

Zu guter Letzt wurde dieser Titel gewählt, um gerade nicht ein weiteres Buch zu schreiben, in dem wieder einmal irgendetwas sehr schnell 'neu gedacht' wird. Nach Hartmut von Hentigs Schul-Klassiker hat sich eine Flut von neu Gedachtem in der Form von Büchern, Vortragsreihen usw. auf den Leser bzw. die Leserin ergossen, die schnell realisierbare Vorschläge für schwierige Probleme anbieten, ohne jedoch die fundamentalen Entwicklungsbedingungen zu untersuchen, die die bestehenden Traditionen mit dem neuen Denken verbinden könnten. Schnelle Verfallszeiten solch 'neuen' Denkens sind vorprogrammiert, wenn die Neuentwürfe nicht von einem umfassenden Verstehen der Problematik und deren impliziten und expliziten Grundannahmen gekennzeichnet sind.

---

[1] Humboldt, Wilhelm von: „Ueber die Aufgabe des Geschichtschreibers". In: *Wilhelm von Humboldt. Gesammelte Schriften.* (Kgl.) Preuss. Akad. d. Wiss.: A. Leitzmann, B. Gebhardt, W. Richter (Hg.), 17 Bde., Berlin/Leipzig (Nachdruck Berlin 1968) 1903-36, Band IV, S. 50

Diese Untersuchung will daher den mühsamen Weg gehen, zur Aufklärung der Rahmenbedingungen guter Lehre beizutragen, und die Entwicklungsbedingungen ihrer Verbesserung untersuchen. Sie trägt Qualitätsentwicklung im Untertitel, obwohl in den verschiedenen Kapiteln auch Aspekte einzelner Sicherungsmaßnahmen und Qualitätsstandards besprochen werden. Während die Entwicklungsbedingungen und allgemeine Standards eine weitreichende bzw. verallgemeinerbare Gültigkeit behaupten müssen und können, ist die Entwicklung konkreter Qualitätssicherungselemente bzw. -maßnahmen eine Aufgabe, die vor Ort mit allen Beteiligten bzw. Betroffenen gelöst werden muß. Das Buch will also sowohl für die ortsübergreifende germanistische Diskussion Anregungen bieten als auch für Germanistinnen und Germanisten vor Ort im Fachbereich, die die Reform der Hochschullehre konkret angehen wollen. Für die letzte Gruppe fehlt es daher nicht an konkreten Beispielen, womit das Buch an „Das Integrierte Handlungskonzept Studienreform" anknüpft, das „Aktionsformen für die Verbesserung der Lehre an Hochschulen" am germanistischen Beispiel vorstellt.[2]

Ein Konzept zur *Qualitätsentwicklung in der germanistischen Hochschullehre* muß grundsätzlich drei Argumentations- bzw. Handlungsebenen in den Blick nehmen. Es muß grundlegende Entwicklungsbedingungen klären und systematisieren, unter denen eine optimale Qualitätsentwicklung möglich ist, es muß allgemeine Standards benennen, klassifizieren und quantifizierbar machen, an denen die Ergebnisse des Entwicklungsprozesses bewertbar werden, und es muß konkrete Qualitätssicherungsmaßnahmen darstellen und handhabbar machen.

Der Schwerpunkt des Ersten Teils liegt auf der ersten Ebene. Ebene 2 und 3 werden integriert in den weiteren Kapiteln des Buches behandelt und an Beispielen illustriert. Der Band will also kein Rezeptebuch zur schnellen An- und Verwendung von Maßnahmen sein. Er wird seine Funktion vielmehr dann erfüllen können, wenn er Anregungen zur Kritik des Bestehenden und zur Entwicklung von Verbesserungsstrategien geben kann.

Mit der Grundthese des Buches ist auch eine wechselseitige Kontextuierung der Germanistik *mit* und ihre Stellung *zu* anderen Wissenschaftsfächern und damit zunächst eine Relativierung der Hoffnungen verbunden, die häufig in den engeren fachlichen Zusammenhang der Germanistik bei deren Reform gesetzt werden. Ich verstehe diese bewußte Relativierung so, daß mit diesem Blick über den eigenen fachlichen Zusammenhang hinaus langfristig eine Stärkung der Germanistik verbunden sein kann. Wer die Germanistik verstehen und wirksam weiterentwickeln will, muß auch den Mut haben, sie zeitweilig zu verlassen.

---

[2] Vgl. Verf. (Hrsg.): *Das Integrierte Handlungskonzept Studienreform. Aktionsformen für die Verbesserung der Lehre an Hochschulen*. Neuwied u.a. 1997. Im folgenden wird die Publikation kurz mit *DIHS* bezeichnet.

Der Band gliedert sich in vier große Teile: Nach einem die Probleme aufsuchenden, die Grundlagen entwickelnden und die Hauptthese illustrierenden *Ersten Teil* 'Die Lehre neu verstehen' stellen die Kapitel 5-6 zunächst exemplarisch ein Modell zur Qualitätssicherung der germanistischen Hochschullehre auf Fachbereichsebene, das Integrierte Handlungskonzept Studienreform der Düsseldorfer Germanistik, systematisch vor. Neben der systematischen wird gleichermaßen auch eine historische Perspektive erkennbar und damit die Studienreform als Entwicklungsprozeß hin zur Qualitätsentwicklung transparent. Das 5. Kapitel unter dem Stichwort 'Programminitiierung' illustriert dafür zunächst den Auftakt des Reformmodells anhand seiner grundlegenden Zielrichtungen und Eckpunkte. Das 6. Kapitel zur 'Programmentwicklung' stellt Evaluationsergebnisse bereit und Weiterentwicklungschancen vor. Zwischen der Erstellung dieser beiden auf das Düsseldorfer Modell bezogenen Texte liegt ein Zeitraum von ca. zwei Jahren, in denen das Reformkonzept in der Praxis erprobt wurde.

Das 7. Kapitel klärt dann einen tragenden systematischen Aspekt und bietet für dessen Umsetzung Aktionsvorschläge an: Wie können Studierende bei Qualitätssicherungsprozessen der Hochschullehre im Fachbereich einbezogen werden? Das Kapitel ist damit Auftakt des *Dritten Teils* 'Handlungsformen zur Qualitätsentwicklung', der vor allem konkrete Maßnahmen vorstellt.

Mit Lehrberichten bietet sich vor allem der Fachbereichsebene bzw. einzelnen Fächergruppen einer Hochschule ein Instrumentarium an, das besonders geeignet ist, verschiedenste Anliegen und Ansprüche zur Qualitätsentwicklung der Hochschullehre miteinander zu verbinden. In Kapitel 8 werden die aktuelle Diskussion zum Thema vorgestellt, ein Modell für germanistische Lehrberichte entwickelt und konkrete Durchführungsvorschläge angeboten. Tabellen und Checklisten erleichtern den praxisnahen Zugriff.

Der vierte und letzte Teil 'Die Wissenschaft neu denken' enthält Aussichten und Erkundungen zum Fachverständnis der Germanistik in vier verschiedenen Problematisierungsvarianten: Zunächst hilft das 9. Kapitel mit einer wissenschaftshistorischen Skizze bei der Sichtung und Beurteilung des gegenwärtigen Zustandes der Hochschulgermanistik und deren jüngerer Fachentwicklung. Das Lehrexperiment der Germanistisch-fundierten Schlüsselqualifikationen zeigt exemplarisch produktive Auswege aus der momentanen Situation. Das 10. Kapitel nimmt aus der Perspektive der Lernenden wissenschaftlich Stellung zur viel diskutierten Kanonproblematik. Ein lehr-/lerntheoretisch begründeter Kanon wird vorgeschlagen. Im 11. Kapitel wird anhand einer Studie zu Heinrich Heine und seiner Vermittlung im Heine-Jahr 1997 deutlich, was Germanistik als öffentliche Wissenschaft tun kann und tun soll, und was sie dafür aus der Literatur gewinnen kann. Kapitel 12 schließlich stellt die germanistische Wissenschaft zwischen verantwortbarer Unsicherheit und unvermeidbarer Renaissance vor, womit für die Untersuchungsperspektive ein (vorläufiges) Resümee gezogen wird.

Die dem Band zugrunde liegenden Texte sind u.a. aus Theorieentwicklung und Praxiserprobung des Düsseldorfer Studienreformkonzeptes hervorgegangen. Der Band bündelt also u. a. die dortigen Aktivitäten und ist somit auch erster Teil einer Dokumentation des Düsseldorfer Projektes, das seit 1995 aus Mitteln des nordrheinwestfälischen Aktionsprogrammes „Qualität der Lehre" gefördert wird. Er zeigt daher - ohne daß dies den Gang der Untersuchung behindert - partiell auch Merkmale einer nachträglichen Zusammenstellung: „Diese Monat für Monat geschriebenen Texte erheben nicht (durchgängig, U.W.) den Anspruch auf eine organische Entwicklung. Ihre Verknüpfungsart ist (auch, U.W.) die des Wiederholens und (immer die des, U.W.) Insistierens."[3] Um die Gefahren zu minimieren und die Chancen zu nutzen, die in der Modifikation dieser editorischen Bemerkung von Roland Barthes kenntlich werden, wurden alle Texte in dem Bemühen geschrieben bzw. komplett überarbeitet, daß ein gut lesbarer, eben organischer, Band entstehen möge, der zu eigenem Engagement einlädt und es sinnvoll unterstützen kann. Alle Kapitel bzw. Teile sind auch einzeln sinnvoll lesbar, so daß ein doppeltes Leseangebot entsteht: Das ganze Buch entfaltet die These in voller Differenzierung, die Lektüre einzelner Kapitel sichert den Zugriff auf ganz bestimmte Problemstellungen.

Neben den Zitaten und Exkursen sind auch längere Aufzählungen kleiner gesetzt, um deren Übersichtlichkeit zu erhöhen. Ein detailliertes Inhalts- und ein Stichwortverzeichnis wollen zu größerer Überschaubarkeit beitragen. Ein thematisch gegliedertes Literaturverzeichnis erleichtert die Weiterarbeit an den einzelnen Themen und gibt weiterführende Hinweise.

Ich danke Dietmar Karlowski, der die Druckvorlage erstellte. Ohne ihn wäre dieses Buch nicht möglich gewesen. Ursula Keuthen besorgte wie immer geduldig und ohne den Autor zu schonen die Manuskript-Korrektur. Ich danke allen Lehrenden und Studierenden der Düsseldorfer Germanistik, die in vielen Gesprächen zu den grundlegenden Einsichten dieses Buches beigetragen haben, Klaus-Hinrich Roth für manch unersetzbare Denk- und Formulierungshilfe.

Dieses Buch ist für mein Patenkind Lisa, die im Sommer diesen Jahres eingeschult wird, in der Hoffnung, daß sie auch in 15 Jahren noch Universitäten vorfindet, in denen sie gebührenfrei nach der Wahrheit in sich und für eine bessere Gesellschaft suchen kann.

Ulrich Welbers, im Juli 1998

---

[3] Barthes, Roland: *Mythen des Alltags*. Frankfurt am Main 1964, S. 8

Erster Teil

Die Lehre neu verstehen: Problemanalyse und Grundlegung

1 Eine These aus der Wirklichkeit: Die Lehre neu verstehen

1.1 Die Germanistik

Die Germanistik befindet sich zur Zeit in einem Stadium verantwortbarer Unsicherheit. Selbstbesichtigungen zu Fachgeschichte, Methoden und Theorien beherrschen die Diskussion in einem unsicher und unübersichtlich gewordenen Feld. Dieser Besinnung gingen Prozesse voraus, die bis heute andauern: Methodenverschleiß, eine in ihrer Quantität und Disparität bisher nicht gekannte Theorieentwicklung, Auflösung alter systematischer Orientierungsmuster, Gegenstandsverlust, Verwissenschaftlichung und beider Zusammenhang, all dies waren und sind die Marksteine, Projektionsflächen und Handlungsleitlinien einer ins Grenzenlose befreiten und zerteilten Wissenschaft in den 80er und 90er Jahren dieses Jahrhunderts.

Entgegen den eindeutigen Zuschreibungen, die in mancher Skepsis, prinzipieller Dialektik und frenetischer Zustimmung zu erkennen sind, war diese Entwicklung weder so ausreichend produktiv noch so ausschließlich verheerend, daß dadurch der Zusammenhang einer wissenschaftlichen Beschäftigung mit deutscher Sprache und Literatur entweder ganz aufgelöst oder neu konstituiert werden konnte. Man kann sagen, daß sich die Germanistik in einer Art Moratorium befindet, in dem sich erst entscheidet, ob sie das *Krisenhafte* der momentanen *Situation* - und nicht das, was ihr Dauerkrisen*bewußtsein* ausmacht - ins Produktive wenden kann oder nicht. Auf jeden Fall ist dieser Zustand einer Wissenschaft nicht nur verantwortbar, er ist als systematische Besinnung in bezug auf Gegenstand, Methoden und Theorien sogar notwendig und wissenschaftshistorisch unumgänglich. Die Diskussion wird mittlerweile - nach den vielleicht etwas zu hoffnungsbeladenen und auch zu beschleunigten Theoriediskussionen der 80er Jahre - mit mehr Besonnenheit, mit breiterer Ansatzfläche und vor allem mit mehr Gefühl für die begrenzte Reichweite des pluralistisch Segmentierten geführt. Literaturtheorie unterschiedlichster Schattierung, Medienwissenschaft, Kulturwissenschaft u.v.a.m. ist die Germanistik schon geworden, ohne eines nicht zu bleiben: die Germanistik, der er es besser geht, als viele meinen.

1.2 Fachentwicklung und Studienreform

Fast im Schatten dieser notwendigen, spannenden und qualitätsvollen Entwicklung zum fachwissenschaftlichen Zusammenhang blieb ein Problem zwar nicht unbeachtet, aber kaum systematisch durchdacht, das wesentlich zum schlechten gesellschaftlichen Ruf der Germanistik beigetragen hat: der viel bedauerte, schleichende und oft als unaufhaltsam betrachtete Verfall ihrer Hochschullehre. Die Gründe dafür sind vielschichtig und zumindest so komplex, daß die Standardversion der Erklärung, daß nämlich der Verfall vorderhand mit der Entwicklung der Germanistik zu einem Massenfach und damit der Überfüllung der Universitäten zu tun habe, schon lange nicht mehr greift. Tatsächlich macht dies wohl nur einen sehr kleinen Teil des Problems aus.

Die eigentliche Problematik liegt vielmehr in einem Denkmuster begründet, das hier grundständig angezweifelt werden soll, nämlich der impliziten oder expliziten These, daß Fachentwicklung Studienreform ist und damit unmittelbar auch reformierte Lehre produziert. Wird sich das Fach entwickeln, so wird sich auch seine Hochschullehre verändern, so lautet das sympathische Diktum, das aus Fachgeschichte und Universitätsideologie sicher gut begründbar ist, das einer empirischen Überprüfung jedoch kaum (noch) standhält. Tatsächlich ist die Skepsis von Studierenden und anderen gesellschaftlichen Gruppen gegenüber dem germanistischen Hochschulunterricht ganz offensichtlich eher inhaltsübergreifend und gegenstandsunabhängig, so daß die Integration neuer Theorien und Inhalte in den Hochschulunterricht keine durchgreifende Veränderung für diesen Zusammenhang liefert. Wissenschaftliche Innovationen verpuffen, weil sie offensichtlich gar nicht das eigentliche Problem darstellen. Damit ist natürlich nicht bestritten, daß die Fachentwicklung Einfluß auf die Gestaltung der Hochschullehre nehmen kann und soll. Sie hat in der Qualitätsentwicklung der Hochschullehre einen wichtigen, unersetzbaren und noch näher zu bestimmenden Platz. Eine direkte Verbindung im Sinne einer 'naiven' Koppelung der Qualitätsentwicklung der Forschung an die Qualitätsentwicklung in der Lehre gibt es jedoch nicht.

Diese These einer Lehrentwicklung durch Forschungsinnovation und das ihr zugrunde liegende Denkmuster hat in der Germanistik auch dadurch noch mehr als in anderen Fächern Platz gegriffen und ist heute wie selbstverständlich internalisiert, weil es konstitutiv zu ihrer Reformgeschichte gehört. Auch die Studienreform der 70er Jahre hat auf dieses Muster rekurriert, um einerseits die Innovationen in der Lehre auch fachwissenschaftlich zu legitimieren und um andererseits in die Forschung nicht nur andere Themen und Handlungsmuster zu integrieren, sondern um die Binnenstruktur des Faches zu verändern. Viele der damit verbundenen Entwürfe zeigen heute ihre begrenzte zeitliche Reichweite und ihre institutionelle Labilität.

Groteskerweise zeitigte ein anderes Muster in der Geschichte der Germanistik im 19. und 20. Jahrhundert durchaus Erfolge: die zwanghafte und implizite Steuerung des Faches durch die hochschulinterne Diskussion um Prüfungsordnungen. Der Fachkampf wird als Machtkampf ausgetragen und hat eigentlich nicht das Ziel einer Verbesserung der Lehre. Was wissenschaftlich nicht formuliert, systematisiert und im Wissenschaftsdiskurs durchgesetzt werden kann, wird auf dem Umwege bürokratischer Gremiendiskussionen zwangsintegriert. Ein Vorgang, bei dem der gewinnt, der am langsamsten müde wird. Solche Strategien verkennen bzw. mißachten den lernpsychologischen Wert von Prüfungsordnungen, das inhaltliche Potential der Fachwissenschaft und den demokratischen Charakter der universitären Selbstverwaltung. Mit Studienreform hat so etwas sicher nichts oder bestenfalls zufällig zu tun.

Alle diese skizzierten Denkmuster und Handlungsstrategien eines unreflektierten Zusammenhangs von Fachentwicklung und Qualitätsentwicklung der Hochschullehre sind heute problematisch geworden, was aber nichts an ihrer mentalen Stabilität geändert zu haben scheint. Sie entfalten jedoch keine durchgreifenden Wirkungen mehr. Ich habe bei dieser Sichtung zunächst bewußt auf einen Begründungszusammenhang verzichtet, der in den Diskussionen um die Hochschullehre immer wieder und zu Recht eine wichtige Rolle spielt: den des Humboldt'schen Diktums der Einheit von Forschung und Lehre. Es muß darauf hingewiesen werden, daß derjenige, der die oben geschilderten Denkmuster aufgibt, damit nicht die Einheit von Forschung und Lehre aufgibt, nur ein sehr naives Verständnis davon, was das produktive Potential dieser für den Universitätsbetrieb so wichtigen und konsequenzenreichen Grundsatzentscheidung anbelangt. Humboldts *differenziertes* Bild davon soll vielmehr später noch in die Diskussion eingehen.

1.3 Auswege: Die Lehre neu verstehen

Diesem Buch zur Qualitätsentwicklung der germanistischen Hochschullehre liegt eine These zugrunde, die die formulierte Kritik aufnimmt und das herkömmliche Paradigma in gewisser, noch näher zu bestimmender Weise umzudrehen sucht: Nicht das neue Denken in der Wissenschaft führt direkt zu einem veränderten Verständnis der Hochschullehre, vielmehr kann eine systematische Sichtung des Problems der Qualitätsentwicklung der germanistischen Hochschullehre viel zu einem Fachverständnis beitragen, das wesentlich auch Impulse benötigt, die nicht direkt aus dem engeren fachwissenschaftlichen Reservoir stammen. Dies hängt vor allem damit zusammen, daß der Raum der Hochschullehre ganz wesentlich ein gesellschaftlicher und damit ein öffentlicher Raum ist.

Der Dialog der Generationen, der um das kulturelle Gedächtnis, das in deutscher Sprache und Literatur aufgehoben ist, geführt wird, findet hauptsächlich hier in dieser potentiell zur Kritik fähigen und zu befähigenden Öffentlichkeit statt. Hochschullehre ist und bleibt der unmittelbarste Vermittlungsraum germanistischer Wissenschaft und bestimmt daher auch das Bild, das die Gesellschaft von der Germanistik als Wissenschaft hat. Wohl und Wehe der Wissenschaft hängen somit konstitutiv mit ihrer Hochschullehre zusammen. Eine Tatsache, die mehr Chancen als Bedrohungen in sich birgt und nur dann zum Problem wird, wenn sie nicht ausreichend Beachtung und produktive Nutzung findet. Die möglichen Bedrohungen in den Blick zu nehmen und die Aporien traditioneller Bestimmungen germanistischer Hochschullehre zu verstehen, vor allem jedoch die Chancen aufzuzeigen, die systematischen Voraussetzungen zu klären und die Skizze eines in dieser Weise veränderten Wissenschaftsbildes zu entwerfen, ist Ziel dieser Untersuchung: Wer die Lehre neu versteht, vor allem der wird die Wissenschaft neu denken können.

Um jedoch den systematischen Zusammenhang entwickeln zu können, in dem die Qualitätsentwicklung der germanistischen Hochschullehre inventarisiert werden kann, soll zunächst ein Versuch unternommen werden, die Aporien des traditionellen Lehrverständnisses besser zu verstehen.

2 Literarische Problemanalyse: Aporien des traditionellen Lehrverständnisses

2.1 Von der Legendenbildung zur Evaluation der Wirkungen

Es war von der zur Zeit sehr intensiven Diskussion um die theoretische Fundierung und um die Fachgeschichte der Germanistik die Rede. Ohne Zweifel wird diese Diskussion weitgehend auf dem dafür notwendig hohen Qualitätsniveau geführt. Vor allem die wissenschaftshistorischen Untersuchungen zeigen dies. Denn, wenn auch nicht immer verwirklicht, so besteht in der Wissenschaft Germanistik doch ein selbstverständlicher Anspruch, die Selbstbestimmung und Selbstbesinnung des Faches nach den Regeln des Forschungszusammenhangs vorzunehmen. Im Gegensatz zur systematischen Qualität der Fachdiskussion gehen über die Qualität der germanistischen Hochschullehre jedoch weitgehend immer noch die abenteuerlichsten *Legenden*, vorzugsweise des Inhalts, es sei entweder alles oder nichts in Ordnung. Extreme Standpunkte dieser Art lassen im allgemeinen auf drei Defizite schließen:

1. Die einfachen und eindeutigen Anspruchshaltungen, Beurteilungen und Zurücknahmen können dem Problem, um das es geht, nicht unbedingt gerecht werden. Die Problemstellung ist eigentlich gar nicht klar, weil das Problemfeld nicht eindeutig abgegrenzt ist; ‘Reformansätze’ greifen daher notwendig zu kurz oder greifen am falschen Ort ein.
2. Je nach Perspektive und Interessenlage werden Positionen gesucht und gefunden, die die eigene Rolle bestätigen. Das Selbstverständnis und die Motivation der Beteiligten sind nicht hinreichend deutlich und damit nicht der Reflexion zugänglich; ‘Reformansätze’ greifen nicht, weil vorher nicht die richtige Problematisierungs- bzw. Handlungsebene lokalisiert werden konnte.
3. Wirkliche Analyse-, Einordnungs- und Bearbeitungsmöglichkeiten fehlen: das Problem ist zwar erkannt, aber nicht analytisch untersucht, systematisch durchdacht, demnach noch nicht als wissenschaftliches erschlossen. Wirkungen von ‘Reformansätzen’ sind weder plan- noch steuerbar, sondern zufällig.

Insgesamt fehlen nachprüfbare Beurteilungsmöglichkeiten, legitimatorische Fundierungen und abschätzbare Handlungshinweise. Über die Qualifikation der Beteiligten der Hochschullehre, die ebenfalls eine maßgebliche Rolle spielt, sind keine objektiven, reliablen und vor allem validen Aussagen möglich. Und ein weiteres Problem tritt zutage: Motivation und Selbstverständnis beeinflussen zwar die Handlungsperspektiven der (im wissenschaftlichen Sinne unreflektiert) Beteiligten, sagen jedoch nichts über die realen Wirkungen vollzogener Handlungen aus. Gerade in der Qualitätsdiskussion der germanistischen Hochschullehre werden diese beiden Dinge oft verwechselt.

In dieser Verwechslung von Motivation *in* und der tatsächlichen Wirkung *von* germanistischer Hochschullehre liegt oft der Anfang der Legendenbildungen begründet. Das Problem wissenschaftlicher Lehre wird unwissenschaftlich verklärt, drängt und bedrängt jedoch weiter, ohne differenzierten Problembeschreibungen und Lösungsoptionen merklich näher zu kommen. Dies liegt auch daran, daß über die Zielbestimmungen der Lehre zwar allgemeine Übereinkunft herrscht, solange diese allgemein genug formuliert werden, über die Wirkungen germanistischer Hochschullehre jedoch nur wenig bekannt ist.

Diesen realen Wirkungen der Lehre nähert sich die Hochschulforschung - gemeint ist die Forschung *über* Hochschulen - mindestens auf zwei Untersuchungswegen, deren Methodenstreit in der Studienreformdiskussion nach wie vor eine erhebliche Rolle spielt, und die ich daher an dieser Stelle sehr grob skizziere:

(1) Ein erster Weg - auf der empirischen Sozialforschung gründend - quantifiziert und qualifiziert mit den Mitteln der *Lehr-/Lernforschung* den konkreten, eindeutig umschriebenen *Lehr-/Lernerfolg.* Hier steht die Differenz zwischen Lehr-/Lernplanung und der diesbezüglichen *Zielerreichung* im Vordergrund, mit dem Schwerpunkt auf letzterem. Der Begriff der Evaluation hat hier innerhalb der Qualitätssicherungsdebatte vor allem der 90er Jahre eine zentrale Stellung eingenommen. Auf diesen Ansatz, seine methodischen Voraussetzungen, seine Chancen und seine konkreten Gestaltungsmöglichkeiten wird in verschiedenen Kapiteln dieses Bandes anhand von Beispielen noch genauer eingegangen werden.

(2) Ein zweiter Weg - aus der geisteswissenschaftlichen Bildungstheorie kommend - formuliert zunächst Bildungs- bzw. Wissensziele normativ und versucht, deren Erreichung mit weitgehend *hermeneutischen Mitteln* einzuschätzen. Hier steht ebenfalls die Differenz zwischen Zielbestimmung und der diesbezüglichen Zielerreichung zur Diskussion, jedoch mit dem Schwerpunkt auf ersterer und einer Diskussion um deren Weiterentwicklung.

Während der erste Ansatz im allgemeinen zwar harte Daten liefert, die einen gezielten Zugriff auf den tatsächlichen Lehr-/Lernerfolg ermöglichen, bleibt er in der Praxis oft ungenau bei der Einordnung in größere theoretische und prozessuale Zusammenhänge. Stehen beim zweiten Ansatz genau diese im Mittelpunkt, ist diese Methode trotz intensiven Bemühens manchmal mit einem gewissen Realitätsverlust verbunden, da ohne durchgreifende Erfolgsanalyse schnell auf eine Modifikation der Zielformulierungen gesetzt wird. Beide Ansätze haben jedoch hohe theoretische Qualität und prinzipiell ist kein Zugang dem anderen vorzuziehen. Beide sind, wie sich zeigen wird, für die Qualitätsentwicklung der germanistischen Hochschullehre bedeutsam. Um den wechselseitigen, immer 'verführerischen', Schlagseiten entweder zugunsten der Zielbestimmung auf Kosten der Zielerreichung oder umgekehrt zu entgehen, ist es daher nützlich und notwendig, beide zu integrieren.

Entscheidend und wichtiger als diese Methodenfrage ist, daß die *realen Wirkungen* der Lehre in den Blick kommen müssen, und nicht der Wunsch zum alleinigen Vater der Lehr- und Lerngedanken in der Hochschule gemacht wird. In beiden Ansätzen ist es zentral, die *Studierenden* insofern in den Mittelpunkt der Betrachtung zu stellen, als sie als Empfänger bzw. Adressaten des Hochschulunterrichts die impliziten oder expliziten Parameter der Wirkungen der Lehre bieten. Es ist zwar *wichtig*, was *gelehrt* wird, aber *entscheidend*, was *gelernt* wird. Sonst bleibt Lehre wirkungslos. Es geht in der Qualitätsentwicklung der Hochschullehre weniger um die Einheit von Forschung und Lehre, sondern um die von Lehren und Lernen. Zwei Beziehungen, die gleichermaßen problematisch, oft unerfüllt, jedoch auch ausgesprochen interessant und nutzbar sind. An diesem Problemhorizont wird sich die folgende Sichtung der Aporien des traditionellen Lehrverständnisses orientieren.

Methodisch wähle ich neben den zwei genannten Wegen zunächst einen dritten, der in gewisser Weise eine Variante des zweiten darstellt und der Germanistik sehr nahe liegt: ich befrage den Gegenstand, die Literatur, nach ihrem Potential zur Problemlösung. Damit ist eine zusätzliche Option verbunden: Die Lteratur erlaubt - und das ist eine ihrer großartigen gesellschaftlichen Funktionen -, Problemzusammenhänge und damit auch unseren der Qualitätsentwicklung der germanistischen Hochschullehre, zunächst in einen veränderten ästhetisch-sprachlichen Kontext zu stellen, um so bisher nicht unmittelbar naheliegende Verknüpfungen und Erkenntnisprozesse möglich zu machen. Dies kann beim Leser bzw. der Leserin manchmal zu intensiverer *Aufklärung* über, zu größerer *Entspannung* des und zur höheren *Neugier* auf das Thema beitragen als die härteste Dialektik oder die zielsicherste Evaluation, denn nichts ist für die Wekkung dieser drei Haltungen so geeignet wie die Literatur selbst. Der folgende Text will daher mit den ihm eigenen Mitteln den Blick für die Probleme öffnen, vor denen germanistische Hochschullehre heute steht, und damit eine Grundlage für anschließende Fragestellungen bieten. Darauf aufbauend soll eine wissenschaftssystematische Kontextuierung vorgenommen werden, um schließlich einen Bezugsrahmen für die Qualitätsentwicklung der germanistischen Hochschullehre zu gewinnen.

Einiges des nun folgenden Text-Experiments ist, cum grano salis, nicht immer ganz bitterernst gemeint (ohne das jedoch die darin verborgenen Implikationen keine ernsthaften Folgen hätten) und nötigt dem Leser bzw. der Leserin die Fähigkeit zur Selbstironie ab: Gewissermaßen ebenfalls eine der *Legenden* zu den

Wirkungen germanistischer Hochschullehre, zu *deren* Dekonstruktion sie gleichwohl beitragen will.

2.2 *Aporien Vor der Wissenschaft*

Kafkas „Vor dem Gesetz", die sog. 'Türhüter-Legende', ist einer der 'germanistischsten' Texte, die es gibt. Dies hängt u.a. mit drei Faktoren zusammen: Erstens ist er ein kanonischer Text und gehört daher zu denjenigen, die immer wieder - gewollt oder ungewollt - Gegenstand literarischer und literaturwissenschaftlicher Diskussionen sind. Zweitens hat er nicht nur zahlreiche unterschiedliche Interpretationen erfahren, sondern er hat auch - wie nur wenige andere Texte in den letzten Jahren - zur theoretischen Auseinandersetzung animiert und damit zur Theoriebildung des Faches beigetragen[4]. Drittens atmet er so wunderbar den Odem der Bewegungs- und Ausweglosigkeit wie kaum ein anderer Text. Er erzählt und intellektualisiert also auf hohem Niveau ein Dauerkrisenbewußtsein, wovon noch zu reden sein wird.

Ich schreibe den Text durch einige lexikalische Eingriffe weiter, indem ich das Wort 'Mann' durch das Wort 'Studierender', das Wort 'Türhüter' durch 'Lehrender', das Wort 'Gesetz' durch 'Wissenschaft', das Wort 'Flöhe' durch 'Hilfskräfte' und das Wort 'Geistliche' durch 'Studienberater' ersetze. Alles andere wurde belassen. Im Anschluß an den so weitergeschriebenen Text möchte ich diesen unter der Fragestellung interpretieren, was man daraus für die Analyse der Kommunikationssituation in der Hochschule im umfassenden Sinne auf den ersten und dann auch auf den zweiten Blick gewinnen kann. Nur soviel sei vorausgeschickt: Dem scheinbar Unvereinbaren und dessen produktiver Nutzung, die in der Verbindung der Begriffe 'Qualitätssicherung bzw. -entwicklung' einerseits und 'germanistische Hochschullehre' andererseits repräsentiert ist, kann man durch die Grundstruktur der „Türhüter-Legende" näherkommen, die wiederum plastisch die paradoxe Diskurssituation in der Hochschullehre von heute veranschaulicht. Zunächst der Text:

> „K. erwartete ihn unten an der Treppe. Der *Studienberater* streckte ihm schon von einer obern Stufe im Hinuntergehn die Hand entgegen. „Hast Du ein wenig Zeit für mich?" fragte K. „Soviel Zeit als Du brauchst", sagte der *Studienberater* und reichte K. die kleine Lampe damit er sie trage. Auch in der Nähe verlor sich eine gewisse Feierlichkeit aus seinem Wesen nicht. „Du bist sehr freundlich zu mir", sagte K. Sie giengen nebeneinander im dunklen Seitenschiff auf und ab. „Du bist eine Ausnahme unter allen, die zum Gericht gehören. Ich habe mehr Vertrauen zu Dir, als zu irgendjemanden von ihnen, soviele ich schon kenne. Mit Dir kann ich offen reden." „Täusche Dich nicht", sagte der *Studienberater*. „Worin sollte ich mich denn täuschen?" fragte K. „In dem Gericht täuschst Du Dich", sagte der *Studienberater*, „in den einleitenden Schriften zur *Wissenschaft* heißt es von dieser Täuschung: Vor der *Wissenschaft* steht

[4] Vgl. Bogdal, Klaus-Michael (Hrsg.): *Neue Literaturtheorien in der Praxis. Textanalysen von Kafkas 'Vor dem Gesetz'*. Opladen 1993.

ein *Lehrender*. Zu diesem *Lehrenden* kommt ein *Studierender* vom Lande und bittet um Eintritt in die *Wissenschaft*. Aber der *Lehrende* sagt, daß er ihm jetzt den Eintritt nicht gewähren könne. Der *Studierende* überlegt und fragt dann, ob er also später werde eintreten dürfen. 'Es ist möglich', sagt der *Lehrende*, 'jetzt aber nicht.' Da das Tor zur *Wissenschaft* offensteht wie immer und der *Lehrende* beiseite tritt, bückt sich der *Studierende*, um durch das Tor in das Innere zu sehn. Als der *Lehrende* das merkt, lacht er und sagt: 'Wenn es Dich so lockt, versuche es doch trotz meines Verbotes hineinzugehn. Merke aber: Ich bin mächtig. Und ich bin nur der unterste *Lehrende*. Von Saal zu Saal stehn aber *Lehrende* einer mächtiger als der andere. Schon den Anblick des dritten kann nicht einmal ich mehr ertragen.' Solche Schwierigkeiten hat der *Studierende* vom Lande nicht erwartet, die *Wissenschaft* soll doch jedem und immer zugänglich sein denkt er, aber als er jetzt den *Lehrenden* in seinem Pelzmantel genauer ansieht, seine große Spitznase, den langen dünnen schwarzen tartarischen Bart, entschließt er sich doch lieber zu warten bis er die Erlaubnis zum Eintritt bekommt. Der *Lehrende* gibt ihm einen Schemel und läßt ihn seitwärts von der Tür sich niedersetzen. Dort sitzt er Tage und Jahre. Er macht viele Versuche eingelassen zu werden und ermüdet den *Lehrenden* durch seine Bitten. Der *Lehrende* stellt öfters kleine Verhöre mit ihm an, fragt ihn über seine Heimat aus und nach vielem andern, es sind aber teilnahmslose Fragen wie sie große Herren stellen und zum Schlusse sagt er ihm immer wieder, daß er ihn noch nicht einlassen könne. Der *Studierende*, der sich für seine Reise mit vielem ausgerüstet hat, verwendet alles und sei es noch so wertvoll um den *Lehrenden* zu bestechen. Dieser nimmt zwar alles an, aber sagt dabei: 'Ich nehme es nur an, damit Du nicht glaubst, etwas versäumt zu haben.' Während der vielen Jahre beobachtet der *Studierende* den *Lehrenden* ununterbrochen. Er vergißt die andern *Lehrenden* und dieser erste scheint ihm das einzige Hindernis für den Eintritt in die *Wissenschaft*. Er verflucht den unglücklichen Zufall, in den ersten Jahren laut, später als er alt wird brummt er nur noch vor sich hin. Er wird kindisch und da er in dem jahrelangen Studium des *Lehrenden* auch die *Hilfskräfte* in seinem Pelzkragen erkannt hat, bittet er auch die *Hilfskräfte* ihm zu helfen und den *Lehrenden* umzustimmen. Schließlich wird sein Augenlicht schwach und er weiß nicht ob es um ihn wirklich dunkler wird oder ob ihn nur seine Augen täuschen. Wohl aber erkennt er jetzt im Dunkel einen Glanz, der unverlöschlich aus der Türe der *Wissenschaft* bricht. Nun lebt er nicht mehr lange. Vor seinem Tode sammeln sich in seinem Kopfe alle Erfahrungen der ganzen Zeit zu einer Frage die er bisher an den *Lehrenden* noch nicht gestellt hat. Er winkt ihm zu, da er seinen erstarrenden Körper nicht mehr aufrichten kann. Der *Lehrende* muß sich tief zu ihm hinunterneigen, denn die Größenunterschiede haben sich sehr zuungunsten des *Studierenden* verändert. 'Was willst Du denn jetzt noch wissen', fragt der *Lehrende*. 'Du bist unersättlich.' 'Alle streben doch nach der *Wissenschaft*', sagt der *Studierende*, 'wie so kommt es, daß in den vielen Jahren niemand außer mir Einlaß verlangt hat.' Der *Lehrende* erkennt, daß der *Studierende* schon am Ende ist und um sein vergehendes Gehör noch zu erreichen brüllt er ihn an: 'Hier konnte niemand sonst Einlaß erhalten, denn dieser Eingang war nur für Dich bestimmt. Ich gehe jetzt und schließe ihn.'"[5]

Wie kaum ein anderer literarischer Text kann Kafkas Geschichte klären, was Entwicklungsprozesse bedeuten, die eigentlich keine sind: die Bewegung auf der Stelle. Betrachten wir die Geschichte zunächst aus der Sicht des Studierenden, indem wir sein Begehren nach dem Entwicklungsprozeß Studium verstehen, der hier durch die Lebensspanne des Studierenden repräsentiert wird. Der Studie-

[5] Kafka, Franz: *Der Proceß* (Auszug aus dem Kapitel 'Im Dom'). Hrsg. v. Malcolm Pasley, Frankfurt/M. 1990, S. 292-294.

rende bittet den Lehrenden um Eintritt in die Wissenschaft. Man kann sich auf den Standpunkt stellen, daß dies sein größter Fehler war. Er hätte überhaupt nicht fragen sollen, und vor allem keine *Person*, ob der Eintritt in die Wissenschaft nun gewährt werden könne oder nicht. Der Lehrende verneint, und mit diesem Aufschub, der zur Dauereinrichtung wird, beginnt die bewegungslose Bewegung. Die Frage, ob der Eintritt später möglich sein werde, wird nicht eindeutig beantwortet, was wiederum das Schlimmste ist, was der Lehrende dem Studierenden antun konnte. Mit der Installierung dieser strukturbedingten Ausweglosigkeit und damit einer prinzipiellen Verweigerung, das Problem irgendwie zu lösen, ist zwar die äußerliche Entwicklung, nicht jedoch die Argumentation beendet. Obwohl der Studierende in das Innere der Wissenschaft hineinsehen kann, passiert er das Tor nicht, wechselt eben nicht von außen ins Innere. Der Lehrende weiß nämlich zu berichten, daß hinter dem Tor nicht nur weitere Lehrende zu erwarten sind, die noch mächtiger sind als er, er selbst kann schon den Anblick des dritten nicht mehr ertragen, was uns bereits an dieser Stelle eindeutig signalisiert, daß es um die Kommunikation der Lehrenden wohl nicht zum besten bestellt ist. Daß der Studierende solche Schwierigkeiten nicht erwartet hat, liegt vor allem an seiner idealistischen Sichtweise einer immer und für alle zugänglichen Wissenschaft. Eine Projektion, die nur gesellschaftlich vermittelt sein kann, denn er bringt sie als Vorwissen mit in die Situation ein. Daß dem leider nicht so ist, hat er jetzt bereits gelernt, und dies - an dieser Stelle kann man der Entwicklung vorgreifen - wird wohl auch der einzige Lernerfolg bleiben. Er wird nun - gewollt oder ungewollt - die Haltung der 'abwartenden Bewunderung' einnehmen. Damit es ihm nicht unbequem wird, bietet der Lehrende einen Schemel an, den wir hier 'Studienplatz' nennen wollen. Die Tage und Jahre vergehen. Immer wieder erbittet der Studierende beim Lehrenden den Einlaß, wovon dieser sich ziemlich ermüdet fühlt. Mehr zum Zeitvertreib bietet der Lehrende kleine Beratungsgespräche an, deren belanglose Themen ebenso folgenlos bleiben wie kleinere Leistungen und Studienbemühungen, die der Studierende zur Bestechung einzusetzen versucht. Diese hat er von der Reise mitgebracht, demnach nicht vor Ort erarbeitet. Wie auch, er kommt ja nicht in den Wissenschaftsraum hinein. Solche Präsentation von Schulwissen ermüdet den Lehrenden noch weiter und die Anerkennung erfolgt wie immer unter Vorbehalt: 'Ich nehme es nur an, damit Du nicht glaubst, etwas versäumt zu haben.' Nun setzt einer der bekanntesten Effekte der Hochschule und ihres Unterrichts ein: der fachlich-wissenschaftliche Zusammenhang rückt in den Hintergrund, der Studierende beobachtet nur noch die Person des Lehrenden. Auch die anderen Lehrenden vergißt er. Ganz offensichtlich ist der Lehrende darüber nicht unglücklich.

Bernd Witte beschreibt diesen Prozeß zunehmender individualistischer Focussierung und damit der Personalisierung des Konfliktes, die aus der Differenz zwischen Begehren und Erfüllung entsteht, für das Original folgendermaßen:

> „Statt sich auf die allgemeingültige Welt der Gesetze zu konzentrieren, betreibt er nun also das 'Studium des Türhüters'. In diesem Ausdruck ist die völlige Vergeblichkeit seines Lebens eingefangen: Nicht das Gesetz, das der legitime Gegenstand des Studiums wäre und in das er eintreten wollte, bestimmt sein Tun, sondern die Fixierung auf das Individuelle und auf die sozialen Beziehungen zu seinem Gegenüber, die durch Machtausübung verfälscht sind. Eine Perversion des Studiums also und ein verfehltes Leben, weshalb der Mann im Alter zu Recht 'kindisch' genannt wird.“[6]

Über diesem Studium wird der Studierende alt, begehrt auf, ohne jemals wirklich zum wissenschaftlichen Handeln zu kommen. Er bittet die Hilfskräfte im Kragen des Professors um Mithilfe, offensichtlich ohne Erfolg. Der 'Glanz' der Wissenschaft wird jedoch sichtbar, als sein Augenlicht ermüdet. Schon naht sein Studienabbruch. Die jahrelange Abarbeitung an der Indifferenz des Lehrenden, an der anonymen Macht der Wissenschaft und am eigenen Schicksal einer stets mühevollen Konsequenzlosigkeit hat den Studierenden klein gemacht, während der Lehrende sich erstaunlich gut gehalten hat. Letzterer beugt sich hinunter und entgegnet auf die Frage des Studierenden, warum sonst niemand an diesem Tore Einlaß in die Wissenschaft verlangt habe, daß eben dieses Tor nur für ihn und für niemand anderen bestimmt war.

2.3 Perspektivenerweiterung: Ein Domgespräch

Die Schlußsätze werden uns noch beschäftigen, zunächst jedoch sei die Geschichte noch einmal anders, vielleicht differenzierter als bisher und vor allem aus der Sicht des Lehrenden erzählt. Dieser sieht sich einstweilen unvermittelt vor ein Tor gestellt, das er bewachen soll. Um diese Perspektive kennenzulernen und zu verstehen, ist es dienlich, das Domgespräch zwischen K. und dem Studienberater zu belauschen, das einen anderen Blick auf die Geschichte erlaubt:

> „Der *Lehrende* hat also den *Studierenden* getäuscht“, sagte K. sofort, von der Geschichte sehr stark angezogen. „Sei nicht übereilt“, sagte der *Studienberater*, „übernimm nicht die fremde Meinung ungeprüft. Ich habe Dir die Geschichte im Wortlaut der Schrift erzählt. Von Täuschung steht darin nichts.“ „Es ist aber klar“, sagte K., „und Deine erste Deutung war ganz richtig. Der *Lehrende* hat die erlösende Mitteilung erst dann gemacht, als sie dem *Studierenden* nichts mehr helfen konnte.“ „Er wurde nicht früher gefragt“, sagte der *Studienberater*, „bedenke auch daß er nur *Lehrender* war und als solcher hat er seine Pflicht erfüllt.“ „Warum glaubst Du daß er seine Pflicht erfüllt hat?“ fragte K., „er hat sie nicht erfüllt. Seine Pflicht war es vielleicht alle Fremden abzuwehren, diesen *Studierenden* aber, für den der Eingang bestimmt war, hätte er einlassen müssen.“ „Du hast nicht genug Achtung vor der Schrift und veränderst

---

[6] Witte, Bernd: „Das Gericht, das Gesetz, die Schrift. Über die Grenzen der Hermeneutik am Beispiel von Kafkas Türhüter-Legende“. In: Bogdal, *Neue Literaturtheorien in der Praxis,* a.a.O., S. 94-114, hier S. 96

die Geschichte", sagte der *Studienberater*. „Die Geschichte enthält über den Einlaß in die *Wissenschaft* zwei wichtige Erklärungen des *Lehrenden*, eine am Anfang, eine am Ende. Die eine Stelle lautet: 'daß er ihm jetzt den Eintritt nicht gewähren könne' und die andere: 'dieser Eingang war nur für Dich bestimmt.' Bestände zwischen diesen Erklärungen ein Widerspruch dann hättest Du recht und der *Lehrende* hätte den *Studierenden* getäuscht. Nun besteht aber kein Widerspruch. Im Gegenteil die erste Erklärung deutet sogar auf die zweite hin. Man könnte fast sagen der *Lehrende* gieng über seine Pflicht hinaus, indem er dem *Studierenden* eine zukünftige Möglichkeit des Einlasses in Aussicht stellte. Zu jener Zeit scheint es nur seine Pflicht gewesen zu sein, den *Studierenden* abzuweisen. Und tatsächlich wundern sich viele Erklärer der Schrift darüber, daß der *Lehrende* jene Andeutung überhaupt gemacht hat, denn er scheint die Genauigkeit zu lieben und wacht streng über sein Amt. Durch viele Jahre verläßt er seinen Posten nicht und schließt das Tor erst ganz zuletzt, er ist sich der Wichtigkeit seines Dienstes sehr bewußt, denn er sagt 'ich bin mächtig', er hat Ehrfurcht vor den *Wissenschaften*, denn er sagt 'ich bin nur der unterste *Lehrende*', er ist wo es um Pflichterfüllung geht weder zu rühren noch zu erbittern, denn es heißt von dem *Studierenden*, 'er ermüdet den *Lehrenden* durch seine Bitten', er ist nicht geschwätzig, denn während der vielen Jahre stellt er nur wie es heißt 'teilnahmslose Fragen', er ist nicht bestechlich, denn er sagt über ein Geschenk 'ich nehme es nur an, damit Du nicht glaubst etwas versäumt zu haben', schließlich deutet auch sein Äußeres auf einen pedantischen Charakter hin, die große Spitznase und der lange dünne schwarze tartarische Bart. Kann es einen pflichttreueren *Lehrenden* geben?"[7]

Wir sehen, daß der Studienberater eine Sichtweise anbietet, die den Lehrenden in doppelter Weise in Schutz nimmt bzw. entlastet. Erstens hat er nur seine Pflicht getan, ja ging sogar über diese hinaus, zweitens besteht zwischen den Aussagen, die er dem Studierenden gegenüber macht, kein Widerspruch. Es wäre demnach Aufgabe des Studierenden gewesen, in das Tor zur Wissenschaft selbständig und eigenmotiviert einzutreten. Die Haftung fällt so auf ihn zurück. Seine zögerliche Haltung und schließlich sein Studienabbruch sind dann seine eigene Verantwortung und damit auch seine eigene Schuld. Aber lesen wir zunächst weiter:

„Nun mischen sich aber in den *Lehrenden* noch andere Wesenszüge ein, die für den, der Einlaß verlangt, sehr günstig sind und welche es immerhin begreiflich machen, daß er in jener Andeutung einer zukünftigen Möglichkeit über seine Pflicht etwas hinausgehn konnte. Es ist nämlich nicht zu leugnen, daß er ein wenig einfältig und im Zusammenhang damit ein wenig eingebildet ist. Wenn auch seine Äußerungen über seine Macht und über die Macht der andern *Lehrenden* und über deren sogar für ihn unerträglichen Anblick - ich sage wenn auch alle diese Äußerungen an sich richtig sein mögen, so zeigt doch die Art wie er diese Äußerungen vorbringt, daß seine Auffassung durch Einfalt und Überhebung getrübt ist. Die Erklärer sagen hiezu: Richtiges Auffassen einer Sache und Mißverstehn der gleichen Sache schließen einander nicht vollständig aus. Jedenfalls aber muß man annehmen, daß jene Einfalt und Überhebung, so geringfügig sie sich vielleicht auch äußern, doch die Bewachung des Einganges schwächen, es sind Lücken im Charakter des *Lehrenden*. Hiezu kommt noch daß der *Lehrende* seiner Naturanlage nach freundlich zu sein scheint, er ist durchaus nicht immer Amtsperson. Gleich in den ersten Augenblicken macht er den Spaß, daß er den *Studierenden* trotz des ausdrücklich aufrecht erhaltenen Verbotes zum Eintritt einladet, dann schickt er ihn nicht etwa fort, sondern

[7] Kafka, a.a.O., S. 294-295

> gibt ihm wie es heißt einen Schemel und läßt ihn seitwärts von der Tür sich niedersetzen. Die Geduld mit der er durch alle die Jahre die Bitten des *Studierenden* erträgt, die kleinen Verhöre, die Annahme der Geschenke, die Vornehmheit, mit der er es zuläßt, daß der *Studierende* neben ihm laut den unglücklichen Zufall verflucht, der den *Lehrenden* hier aufgestellt hat - alles dieses läßt auf Regungen des Mitleids schließen. Nicht jeder *Lehrende* hätte so gehandelt. Und schließlich beugt er sich noch auf einen Wink hin tief zu dem *Studierenden* hinab, um ihm Gelegenheit zur letzten Frage zu geben. Nur eine schwache Ungeduld - der *Lehrende* weiß ja daß alles zuende ist - spricht sich in den Worten aus: 'Du bist unersättlich'. Manche gehn sogar in dieser Art der Erklärung noch weiter und meinen, die Worte 'Du bist unersättlich' drücken eine Art freundschaftlicher Bewunderung aus, die allerdings von Herablassung nicht frei ist. Jedenfalls schließt sich so die Gestalt des *Lehrenden* anders ab, als Du es glaubst." [8]

Diese Erklärungsvariante enthält einige wesentliche Punkte. Zunächst scheint es für die Bewachung des Eingangs und damit für den möglichen Auftrag des Lehrenden, die Wissenschaft vor Eindringlingen zu beschützen, nicht dienlich, menschliche Züge zu zeigen, denn Einfalt und Überhebung schwächen die Erfolgsaussichten des Auftrages. Der Lehrende ist in dieser Perspektive schwächlich-freundlich und nicht immer und ausschließlich rationaler Vertreter bzw. Executor seines institutionellen Auftrages. Er zeigt menschliche Regungen 'mit Hierarchiegefälle', wie zum Beispiel Mitleid. Der Lehrende ist hier also immerhin auch personales, nicht nur institutionelles Angebot, was ihm hoch angerechnet werden muß, denn wir erfahren in der Interpretation des Studienberaters, daß er dies eigentlich nicht muß. Die prinzipielle Ausweglosigkeit der Situation ändert dies natürlich nicht, trotzdem findet sich hier eine Andeutung von Menschlichkeit, ohne daß damit jedoch explizit der Vollzug moralischen Handelns verbunden wäre. Die Gründe können ganz andere sein. Wir erfahren z.B. nicht, ob diese Regungen nicht auch mit der Einsamkeit des Lehrenden zu tun haben, denn offensichtlich ist der Studierende auch der einzige Gesprächspartner des Lehrenden, der ja ansonsten nur einen anonymen Auftrag ausführt. Das Schicksal beider ist unmittelbar und unauflöslich aneinander gebunden, was letztlich nichts anderes heißt, als daß nicht der eine Täter und der andere Opfer, sondern daß beide sowohl das eine als auch das andere sind.

Es stellt sich nun die Frage, was der Lehrende eigentlich von der Wissenschaft, vom Innenraum hinter dem Tor, überhaupt weiß, oder besser: was er *mehr* weiß als der Studierende. Hier muß unterschieden werden. Ob er mehr vom Prinzip Wissenschaft oder gar von einer zu vermutenden Inhaltsseite weiß, erfahren wir nicht. Was wir erfahren ist, daß der Lehrende Teile der Organisationsform überblickt. Andere Säle mit anderen Lehrenden strukturieren ganz offensichtlich den Innenraum der Wissenschaft mit. Und nicht nur das: selbst er kann den Anblick des Dritten nicht einmal mehr ertragen, er hat also selber, ein

---

[8] Ebd. S. 295-297

wichtiger Hinweis, massive Ängste. Er ist eingeklemmt zwischen einem anonymen Auftrag aus dem Innern, der eine Kommunikationssituation im Äußeren begründet, und seinem Verhältnis zu den Wächtern der Institution im Inneren, das ebenso inkonkret wie angstbehaftet ist. Jede menschliche Regung ist so zwar verständlich und ist ihm hoch anzurechnen, sie gefährdet jedoch seinen Auftrag. Damit ist deutlich, daß er noch mehr Opfer der Diskurskonstellation ist als der Studierende. Letzterer kann aufgeben und weggehen. Genau diese Lösung steht jedoch dem Lehrenden nicht zur Verfügung, er ist also in der auswegloseren Situation, sein Leben ist an die Entscheidung des Studierenden geknüpft. Der Studienberater bietet K. bekanntlich in seinen Erklärungen eine ähnliche Interpretationsvariante an, weswegen letzterer am Ende unsicher wird, wer nun eigentlich für die ausweglose Struktur des Diskurses verantwortlich gemacht werden kann. Eine produktive Unsicherheit, die wir vorläufig noch erhalten wollen; zunächst aber den Rest der Rahmengeschichte:

> „Das ist gut begründet", sagte K., der einzelne Stellen aus der Erklärung des *Studienberaters* halblaut für sich wiederholt hatte. „Es ist gut begründet und ich glaube nun auch daß der *Lehrende* getäuscht ist. Dadurch bin ich aber von meiner frühern Meinung nicht abgekommen, denn beide decken sich teilweise. Es ist unentscheidend, ob der *Lehrende* klar sieht oder getäuscht wird. Ich sagte, der *Studierende* wird getäuscht. Wenn der *Lehrende* klar sieht, könnte man daran zweifeln, wenn der *Lehrende* aber getäuscht ist, dann muß sich seine Täuschung notwendig auf den *Studierenden* übertragen. Der *Lehrende* ist dann zwar kein Betrüger, aber so einfältig, daß er sofort aus dem Dienst gejagt werden müßte. Du mußt doch bedenken, daß die Täuschung in der sich der *Lehrende* befindet ihm nichts schadet, dem *Studierenden* aber tausendfach."[9]

Hier beobachtet K. einen wichtigen Punkt: Unabhängig von der Schuldzuschreibung fragt er nach den *Wirkungen* der situativen Gegebenheiten im Hinblick auf die Differenz zwischen Begehren und Erfüllung, und er stellt zu Recht fest, daß diese für den Studierenden wesentlich größer ist als für den Lehrenden, von dessen Begehren wir ja nichts erfahren. Aber auch hier erfährt er Widerspruch:

> „Hier stößt Du auf eine Gegenmeinung", sagte der *Studienberater*. „Manche sagen nämlich, daß die Geschichte niemandem ein Recht gibt über den *Lehrenden* zu urteilen. Wie er uns auch erscheinen mag, so ist er doch ein Diener der *Wissenschaft*, also zur *Wissenschaft* gehörig, also dem menschlichen Urteil entrückt. Man darf dann auch nicht glauben, daß der *Lehrende* dem *Studierenden* untergeordnet ist. Durch seinen Dienst auch nur an den Eingang der *Wissenschaft* gebunden zu sein ist unvergleichlich mehr als frei in der Welt zu leben. Der *Studierende* kommt erst zur *Wissenschaft*, der *Lehrende* ist schon dort. Er ist von der *Wissenschaft* zum Dienst bestellt, an seiner Würdigkeit zu zweifeln, hieße an der *Wissenschaft* zweifeln." „Mit dieser Meinung stimme ich nicht überein", sagte K. kopfschüttelnd, „denn wenn man sich ihr anschließt, muß man alles was der *Lehrende* sagt für wahr halten. Daß das aber nicht möglich ist, hast Du ja selbst ausführlich begründet." „Nein", sagte der *Studienberater*, „man muß nicht alles für

[9] Ebd. S. 300-301

> wahr halten, man muß es nur für notwendig halten." „Trübselige Meinung", sagte K. „Die Lüge wird zur Weltordnung gemacht."[10]

In diesem Absatz liegt nun zwar nicht die Lösung der Problematik, das wäre zu einfach, wohl aber der ganze Sprengstoff, der die Konstellation als Machtdiskurs kennzeichnet. Der Lehrende ist der, der der Wissenschaft zugehörig ist. Der Studierende bewegt sich erst auf diese hin. Die Zweifel an der Würdigkeit des Lehrenden würden bedeuten, die Wissenschaft selbst in Zweifel zu ziehen. Möglicherweise ist dies eine richtige Beobachtung, mutig ist sie mit Sicherheit, denn wir haben gesehen, daß der Lehrende von der Wissenschaft, für die er steht, vielleicht nur institutionelle, jedoch nicht unbedingt inhaltliche Kenntnis hat. Immerhin wird der Dienstcharakter des Lehrenden hervorgehoben, was jedoch implizieren soll, daß Kritik an ihm immer auch Kritik an der Wissenschaft ist, aus der seine Existenz und sein Auftrag abgeleitet sind. Den Einwand des Studierenden, daß man dann alles das, was der Lehrende sagt, für wahr halten müsse, was wiederum nicht sein könne bzw. bereits widerlegt sei, läßt den Studienberater wieder die Wahrheitsebene wechseln: Notwendigkeit versus 'Wahrheit' wird einerseits zum Machtargument, das sich der kommunikativen Prüfung entzieht, vor allem aber weist er erneut auf das Unabwendbare und damit nicht Veränderbare hin. Die verschränkte Kausalität der Situation kann offensichtlich nur der Studierende lösen, nicht der Lehrende. K.s Alltagsvernunft läßt ihn nicht im Stich und er zieht das Resümee: „Die Lüge wird zur Weltordnung gemacht."[11]

So sympathisch das Aufbegehren K.s und seine Parteinahme für den Studierenden auch sein mag, wahrscheinlich liegt der Studienberater mit seiner Interpretation gar nicht so falsch, er wendet nämlich den Gedanken weg von den Personen zurück auf die prinzipielle Ausweglosigkeit der Situation der Diskursteilnehmer, die beide in ihrer Stelle im System gefangen scheinen. Der Dialog der beiden endet, wie die Binnenerzählung auch, in gewisser Weise unabgeschlossen:

> „K. sagte das abschließend, aber sein Endurteil war es nicht. Er war zu müde, um alle Folgerungen der Geschichte übersehn zu können, es waren auch ungewohnte Gedankengänge in die sie ihn führte, unwirkliche Dinge, besser geeignet zur Besprechung für die Gesellschaft der Gerichtsbeamten als für ihn. Die einfache Geschichte war unförmlich geworden, er wollte sie von sich abschütteln und der *Studienberater*, der jetzt ein großes Zartgefühl bewies, duldete es und nahm K.'s Bemerkung schweigend auf, trotzdem sie mit seiner eigenen Meinung gewiß nicht übereinstimmte. (...)"[12]

---

[10] Ebd. S. 301-302

[11] Ebd. S. 302

[12] Ebd.

An dieser Stelle endet die Rahmenerzählung. Bleibt die Geschichte different, so auch die möglichen Erklärungsversuche zur Überwindung dieser Differenz: Als 'aufschließbar' erweist „sich freilich nur die Tatsache des permanenten Aufschubs von Aufschlüssen..."[13]

2.4 *Motive Vor dem Schluß*

Bevor nun der Schlußsatz aus der Binnenerzählung erneut betrachtet wird (er bringt eine mögliche Auflösung des Zusammenhangs für unsere thematischen Zwecke), noch einmal einen kurzen Blick auf die Struktur der Situation und des Diskurses mit Hilfe von Interpretationsvarianten des Originals. Hans H. Hiebel weist - rekurrierend auf eigene frühere Arbeiten - in seiner poststrukturalistischen Lektüre der „Legende" auf drei Themen bzw. Motive hin, die hier bedeutsam sind: Macht, Recht und Begehren.[14] Und in der Tat konstituieren diese drei Motive die Geschichte, wie wir es für 'Macht' und 'Begehren' bereits gesehen haben. Darüber hinaus nennt Hiebel drei charakteristische Grundformen in Kafkas Werk, zunächst die der *Paradoxie*:

> „*Paradox* am Text 'Vor dem Gesetz' ist vor allem seine Fabel: Für den Mann vom Lande existiert ein Eingang ins Gesetz, aber genau diesen Eingang darf und kann er nicht passieren; für ihn und nicht für ihn ist der Eingang bestimmt. Die Figur ist bekannt (die des bitteren Sarkasmus): '[Es gibt] unendlich viel Hoffnung - nur nicht für uns' (Kafka...). ('Du hast keine Chance, aber nütze sie', wäre die humoristische Spiegelverkehrung dieser Paradoxie.)"[15]

Die Paradoxie konstituiert demnach die Ausweglosigkeit der Situation und läßt die begehrte Entwicklung, nämlich einzutreten in das Gesetz, scheitern. Die Wiederholung des Begehrens wird permanent und bleibt scheinbar folgenlos, in einer Hinsicht aber nicht: der Mann vom Lande wird älter, wir würden sagen, ihm läuft die Zeit davon. Nicht jedoch dem Türhüter als Vertreter der Macht, scheinbar zeitlos bleibt er der, der er ist, und bleibt so, bis der Tod des Mannes die diskursive Formation der Situation fundamental beseitigt.

Hiebels zweite „Grundform", die *gleitende Metapher*, soll uns hier nicht beschäftigen (außer der Tatsache, daß wir dies für die Weiterschreibung des Textes, z.B. für den Terminus 'Wissenschaft', gut gebrauchen konnten), wohl aber die dritte des *Zirkels von Innen und Außen*: „Der Türhüter und die hinter ihm sich erhebenden Instanzen können für die gesellschaftlichen Vertreter 'des Gesetzes' genommen werden, die Vertreter der Summe der positiven Gesetze oder die Vertreter der Macht, die das Gesetz diktieren oder das Gesetz 'sind'".[16] Die

[13] Hiebel, Hans H.: „'Später!' - Poststrukturalistische Lektüre der 'Legende' Vor dem Gesetz". In: Bogdal, *Neue Literaturtheorien in der Praxis,* a.a.O., S. 18-42. S. 19

[14] Vgl. Ebd. S. 19

[15] Ebd. S. 20

[16] Ebd. S. 21

Topographie von Innen und Außen konstituiert demnach den Diskurs der Macht, der die ewige Wiederholung des Begehrens verhindert und gleichzeitig ermöglicht: „'Ewige Wiederholung' des Verbotes, ewige Wiederholung des Aufschubs, ewiges Leben im 'Gesetz'."[17] Nun könnte man die Interpretation an dieser Stelle auf die ironische Spitze treiben und auf den prinzipiellen Unterschied zwischen der Regelstudienzeit und dem ewigen Leben eingehen. Ich lasse es und komme lieber auf den Schlußsatz in der Binnenerzählung zurück, in dem ein Schlüssel für die Probleme germanistischer Hochschullehre verborgen ist. Der türhütende Lehrende sagt:

> „'Hier konnte niemand sonst Einlaß erhalten, denn dieser Eingang war nur für Dich bestimmt. Ich gehe jetzt und schließe ihn.'"[18]

Um die Deutung dieses Schlusses für unsere Zwecke nutzbar zu machen, müssen wir den Interpretationskontext des Originals nun weit fassen. Auf den ersten Blick ist die existentielle Implikation der angebotenen Lösung klar. Der Studierende hat versäumt zu erkennen oder auch zu spät erkannt, daß der einzige Weg in die Wissenschaft seine individuelle Leistung gewesen wäre, die wiederum durch individuelle Überwindung und Mut möglich geworden wäre: Wissenschaft als Abenteuer, das nur jeder selbst bestehen kann. Diese Erklärung ist nicht nur auf den ersten Blick sehr sympathisch, sie ist auch nah am Zeitgeist einer individualisierten Gesellschaft, die sich angewöhnt hat, die Verantwortung für die Leistungen und Verfehlungen, die in ihren Strukturen stattfinden, auf die Individuen mit voller Macht zurückzuwerfen. Paradoxerweise sind letztere darüber häufig auch noch glücklich und fühlen sich 'besonders ernst genommen'. Genau so kann man diese Begründungszusammenhänge in der Hochschule antreffen. Lehrende und Studierende 'ermüden' sich gegenseitig in schier ausweglosen Situationen, an deren Ende keine andere Erklärungsmöglichkeit mehr steht als das Postulat, daß jeder für sich selbst verantwortlich sei. Nun soll hier weder einer Pädagogisierung der Studiengänge im alltagssprachlichen Sinne das Wort geredet, noch soll die Bedeutung individuellen Engagements für gelingendes Lehren und Lernen bestritten werden. Aber ist die vom Lehrenden vorgeschlagene Aufklärung der Fragestellung wirklich richtig und gewinnbringend?

Wohl nicht, oder besser ausgedrückt: sie ist, soll sie als *Lösung* verstanden sein, einfach vollkommen falsch, und zwar aus den gleichen Gründen, wie sie für das 'Gesetz' gelten. Noch einmal Hiebel über das Original:

> „Gesetze müssen situationsunabhängig (ein Ergebnis der Schriftkultur!), also als allgemeine Normen formuliert sein. Auch von *dem* 'Gesetz' erwartet der Mann vom Lande *Universalität*: 'Alle streben doch nach dem Gesetz (...). Das am meisten sinnverwirrende und zutiefst parado-

---

[17] Ebd. S. 31

[18] Kafka, a.a.O., S. 293-294.

> xe Moment der 'Legende' liegt aber nun darin, daß dieses eine Gesetz - und auch dieses eine muß als Gesetz, als Maxime als Richtschnur per definitionem universell sein - nur für *ein* Individuum, den Mann vom Lande, gedacht ist: Den Aufschub muß jedes Individuum für sich meistern".[19]

An dieser Stelle in Kafkas Text wird auch das Hauptparadox geisteswissenschaftlichen Hochschulunterrichts deutlich. Zunächst ist der Eintritt in die Wissenschaft ja gar nicht so individuell, wie er erscheint. Tatsächlich gehen die Studierenden in den Studiengang durch *ein* Tor hinein und damit auf die Wissenschaft zu. Hier greift die Chance des positiven Rechts. Wieso soll gerade der Eintritt in die Wissenschaft rechtlos sein, wenn doch in ihrem Innern ganz offensichtlich Strukturen vorherrschen, die - wie wir gesehen haben - machtorientiert sind und damit automatisch ein System gestaffelter Privilegien konstituieren? In solchen Systemen ist das Recht ein Anrecht, und Recht in systematischer Form ist immer kollektiv, d.h. es muß eindeutige Strukturen geben, auf die sich viele, wiederholbar, berufen können, wie dies zum Beispiel in - am Aufbau von fachlichen und überfachlichen Qualifikationen orientierten - Studienordnungen, den Solidarverträgen des Lehrens und Lernens in der Hochschule, zum Ausdruck kommt.

Manche Lehrende lehnen solche Strukturen als Bürokratisierung ab: derjenige, der die Privilegien hat, wird immer die verbrieften Rechte derer, die keine haben, als Bürokratie ablehnen. Hier wird ein Auflehnen gegen die Schriftkultur (!) in einer typischen Form deutlich: Die Beliebigkeit der mündlichen Verhandlung im Gegensatz zur schriftlichen Verbindlichkeit wird zur Sicherung eigener Macht, willkürlicher Handlungsmöglichkeiten und der erreichten Position eingesetzt. Mündlichkeit begründet unter Kontrollentzug eine Legitimation vom Hörensagen, garniert mit der postmodernen Schminke der Individualität. Positiv gesetztes Recht im Zeichen der Aufklärung zieht jedoch immer Handlungskonsequenzen für *alle* Beteiligten nach sich. Der Eintritt in die Wissenschaft wird nachprüfbar, der Türhüter verliert seine Macht, weil auch *er* sich an *das* Gesetz halten muß.

Das einzige *Recht* jedoch, und das kann uns die Geschichte plastisch zeigen, das Studierende heute in Studiengängen wahrnehmen, ist das, ihr Warten auf die Wissenschaft abzubrechen und aufzugeben. Ein Recht, von dem sie dann ja auch ausgiebig Gebrauch machen, wie ein Blick auf die Abbrecherzahlen eindrucksvoll belegt. Tatsächlich würden nicht alle, aber viele bleiben (können), wenn sie strukturiert, transparent und nachvollziehbar das Tor gemeinsam durchschreiten dürften. Die wirklich moralisch bedenkliche Tat des Lehrenden scheint demnach erst in diesen beiden letzten Sätzen der Geschichte auf: der Rückwurf des Sy-

[19] Hiebel, a.a.O., S. 37-38

stemversagens trifft unbegründet, zynisch und wahllos den einzelnen in seinem Studienbegehren. Letztlich natürlich trifft es auch den Lehrenden, der ja ebenso Opfer der ausweglosen Konstellationen des Diskurses ist: „Für den Türhüter ist wahrscheinlich der Mann vom Lande der Türhüter.“[20]

Ob der Lehrende wirklich derjenige ist, der etwas ändern kann, läßt der ‘Geistliche’ offen. Über die Gefahren, die ihm dann vielleicht drohen, erfahren wir nichts, wir haben nur Kenntnis von den betriebspsychologischen Schwierigkeiten der Türhüter untereinander und wissen, daß der vor dem Tor im Auftrag jener anonymen Macht der Wissenschaft handelt, die er vielleicht selbst nur in Ausschnitten kennt. Veränderung wäre ein gewagtes Spiel für ihn, weil es auch hierfür keine Gesetze gibt und niemanden, der ihn schützt. Aber eines ist sicher, *wenn* einer etwas tun könnte, dann ist es er.

2.5 *Fragestellungen und systematische Kontextuierung*

Kommen wir zur Ausgangsoption zurück, die behauptete, anhand der Weiterschreibung der ‘Türhüter-Legende’ und ihrer Interpretation als „Schauplatz diskursiver Praktiken“[21] in der Hochschule ließen sich die richtigen Fragen erkennen, die heute aus der Problematik der Gestaltung germanistischer Lehre erwachsen. Was bringt der Blick nun für unseren thematischen Zusammenhang? Eine Zusammenfassung der Fragestellungen mit einem Blick auf die Wissenschaftsfächer und Handlungskontexte, die zu deren Klärung beitragen können:

(1) Studierender und Lehrender sind gleichermaßen Opfer und Täter, was eine moralische Verurteilung der Konstellation der Geschichte weitgehend verbietet. Vielmehr müssen strukturverändernde Auswege aus dieser Stagnation gefunden werden, die dann für beide Gruppen Entwicklung bedeutet und Vorteile erwarten läßt, sie also zu Solidarpartnern macht. Dazu ist es notwendig, sowohl über die Zukunft der Wissenschaften, über die Zukunft der Bildung und über die Zukunft der Hochschule nachzudenken. Wie kann wissenschaftliche Bildung als gemeinsame Aufgabe von Lehrenden und Lernenden heute aussehen? Der systematische Zusammenhang, der bei der Reflexion dieser Fragestellung dienen kann, ist der der allgemeinen *Bildungs- und Gesellschaftstheorie*. Bildungs- und hochschulpolitische Überlegungen ergänzen das diesbezügliche Nachdenken.

(2) Auch wenn der Lehrende den Studierenden mit Fragen über seine Herkunft beschäftigt, bleibt sein Wissen über ihn doch vorwissenschaftlich und ungenau. Er kommt vom Lande, was zunächst nichts anderes heißt, als daß sein normaler Lebensraum von dem, in dem er mit dem Lehrenden ‘Vor der Wissenschaft’ kommuniziert, fundamental verschieden sein könnte. Dies bezieht sich zunächst auf seine Biographie, die zeitlich *vor* der aktuellen Situation liegt, die je-

[20] Ebd. S. 39

[21] Bogdal, Klaus-Michael: „’Das Urteil kommt nicht mit einemmal’. Symptomale Lektüre und historische Diskursanalyse von Kafkas ‘Vor dem Gesetz’“. In ders.: *Neue Literaturtheorien in der Praxis,* a.a.O., S. 43-63, hier S. 47

doch in das Verhalten des Studierenden *in* der Situation eingeht.[22] Man kann dies durchaus erweitern auf die Fragestellung, wie der Student eigentlich insgesamt lebt, in welche sozialen Zusammenhänge er eingebunden ist. Davon hat der Lehrende jedoch keine Ahnung. Sein Erkenntnisinteresse bezieht sich darüber hinaus nur auf den einzelnen Studierenden als Person und nicht auf den Studierenden als Mitglied einer sozialen Gruppe, in denen die Individuen dann gemeinsame Merkmale aufweisen. Der systematische Zusammenhang, der bei der Reflexion dieser Fragestellung dienen kann, ist der der *Entwicklungspsychologie,* der *Soziologie* im allgemeinen und der Jugendforschung im besonderen insofern, als sie sich auf das junge Erwachsenenalter bezieht.

(3) Offensichtlich bestehen keine klaren Vorstellungen davon, was die Wissenschaft, nach der der Studierende strebt und in deren Auftrag der Lehrende handelt, eigentlich ist. Kurz vor Studienabbruch wird dem Studierenden lediglich ein Schimmer des fachlichen Zusammenhangs deutlich; wieviel der Lehrende von dieser Wissenschaft weiß, erfahren wir nicht. Es existieren jedoch Vermutungen. Der systematische Zusammenhang, der bei der Reflexion dieser Fragestellung dienen kann, ist der der *Germanistik.*

(4) Wir wissen gar nicht, ob der Studierende, wenn er nicht nur Ahnung, sondern konkretes Wissen von dem hätte, was die Wissenschaft hinter dem Tore ist, sich nicht getäuscht fühlen würde oder zumindest enttäuscht wäre. Eingangs wurde darauf hingewiesen, daß Studierende zugleich ein Teil der fachlichen Diskursgemeinschaft als auch der gesellschaftlichen Öffentlichkeit sind. Daraus leiten sich die Möglichkeit, Notwendigkeit und das Recht ab, daß der Studierende eine eigene Vorstellung von dem hat bzw. entwickelt, was der Gegenstand fachlicher Auseinandersetzung sein soll. Er hat demnach mit anderen gemeinsam nicht nur eine persönliche, sondern eine gruppenspezifische Vorstellung davon, was *deutsche Sprache und Literatur* ist, und zwar unabhängig davon, wie der Gegenstand in der Universitätsdisziplin Germanistik erscheint. Der systematische Zusammenhang, der bei der Reflexion dieser Fragestellung dienen kann, ist nicht eindeutig festzulegen, wenn auch *Kultursoziologie* und *Leserforschung* einen vorläufigen Rahmen bilden können. Möglicherweise führt die Frage nach der gesellschaftlichen Funktion von Literatur weiter, wie sie in der germanistischen Adaption der Systemtheorie bearbeitet wird.

(5) Das Verständnis eines Studiums, wie es in der beschriebenen Konstellation der weitergeschriebenen Legende aufscheint, ist grundsätzlich fragwürdig. Lehrender und Studierender kommunizieren gerade nicht über fachliche *Inhalte*, sondern konzentrieren sich immer mehr als *Personen* aufeinander. Die Option, daß gerade die Selbstüberlassung des Studierenden ein Höchstmaß an Engagement und Interesse ermögliche, ist theoretisch möglich, im großen und ganzen jedoch empirisch schlichtweg falsch. Viel häufiger tritt das genaue Gegenteil ein. Darüber hinaus gibt es keine klaren Vorstellungen davon, was eigentlich die *realen Wirkungen* des Lehrens in der Hochschule im Hinblick auf das in ihr stattfindende Lernen ist. Damit steht für die Reformentwicklung der germanistischen Hochschullehre folgende Aufgabe an: Es müssen Strukturen gefunden werden, die Lehren und Lernen anhand wissenschaftlicher Inhalte aufeinander beziehen. Dazu ist eine Professionalisierung des wissenschaftlichen Lehrens und Lernens notwendig, die die Alltagseinschätzungen bezüglich des Hochschulunterrichts reflektieren hilft, evtl. revidiert und didaktisch und methodisch qualifiziert. Eine Studienreform soll die fachlichen Gegenstände professionell auf einen wissenschaftlichen Studiengang beziehen. Der sy-

---

[22] Vgl. dazu auch Hermsdorf, Klaus: „Land und Stadt. Soziotopographische Aspekte in Franz Kafkas 'Vor dem Gesetz'". In: Bogdal, *Neue Literaturtheorien in der Praxis,* a.a.O., S. 83-93, hier S. 84

stematische Zusammenhang, der bei der Reflexion dieser Fragestellung dienen kann, ist der der *Wissenschaftsdidaktik* bzw. *Hochschuldidaktik* (hier im sehr allgemein formulierten Sinne[23]).

(6) Wir wissen nicht, ob der Studierende, würde er mit dem Lehrenden in ein fachliches Gespräch in der Wissenschaft eintreten, überhaupt nachhaltig etwas lernt. Es gibt keine validen Aussagen über den tatsächlichen Lernerfolg. Dies wird eher als stillschweigende Voraussetzung angenommen, obwohl die Realität des germanistischen Hochschulunterrichts anderes oder zumindest ungenaues vermuten läßt. Der systematische Zusammenhang, der bei der Reflexion dieser Fragestellung dienen kann, ist der der *empirischen Lehr-/Lernforschung*. Anhand dieser Ergebnisse läßt sich darüber hinaus im Rahmen der *Lernpsychologie* ermitteln, wie Studierende lernen und wie daraus ableitbare Lernstrategien gezielt unterstützt werden können.

(7) Interessanterweise haben sich der Studierende und der Lehrende trotz der langen Zeit des Beisammenseins nicht über 'Wissenschaft' ausgetauscht, obwohl genug Gelegenheit vorhanden war und beide sicher interessante Fragen hätten. Sowohl der Studierende als auch der Lehrende haben neben der thematischen Indifferenz des wissenschaftlichen Zusammenhangs offensichtlich keine Parameter dafür, von welcher inhaltlichen-thematischen *Intensität* dieser Zusammenhang hinter dem Tor sein könnte, außer der Vermutung, *sie* werde wohl 'groß' sein. Weiterhin haben sie keine Vorstellung davon, nach welchen Kriterien die Qualität des Dialogs über die Wissenschaft bemessen werden könnte, und wie die Qualität des Dialogs nach dem Eintritt in die 'Wissenschaft' dauerhaft und überindividuell gesichert werden kann. Der systematische Zusammenhang, der bei der Reflexion dieser Fragestellung dienen kann, ist der des *Qualitätsmanagements*.

(8) In der Geschichte erfahren wir nichts über die Qualifikation des Türhüters, wir erfahren nicht, wie er an diese Aufgabe herankam und wer ihm diese übertragen hat. Über seine Bildung und Ausbildung wird nichts gesagt und auch nichts über seine Weiterbildung. Seine Einstellungskriterien liegen im dunkeln ebenso wie seine Haltungen, Motivationen und sein Selbstverständnis. Auch seine offensichtlichen Ängste, Belastungen und Schwierigkeiten werden nicht weiter behandelt und diesen damit wohl auch keine Bedeutung beigemessen. Diese Probleme der Lehrenden jedoch zu übergehen bzw. sie nicht ernstzunehmen ist ein häufiger Fehler der momentanen Qualitätsdebatte. Wahrscheinlich liegt in der 'Personalfrage' ein wichtiger Schlüssel für die Analyse und für die Qualitätsentwicklung des germanistischen Hochschulunterrichts. Hier ist ein 'weites Feld' angesprochen, weshalb eine eindeutige Kontextuierung schwerfällt. Der systematische Zusammenhang, der bei der Reflexion dieser Fragestellung aber zunächst dienen kann, ist der der *Personalentwicklung*.

(9) Beim Studierenden ist zu vermuten, vor allem aber der Lehrende gibt offen zu, Angst vor den anderen Verantwortlichen innerhalb der Institution zu haben. Der Geistliche nimmt an, der Lehrende hätte einen anonymen Auftrag von Innen aus dem Tor erhalten, ein Auftrag, der jedoch nicht unbedingt klar zu identifizieren ist. Dies sind zwei Indizien dafür, daß es in der Organisationsform der 'Wissenschaft' Probleme gibt, die den Gestaltungszusammenhang dauerhaft im dunkeln lassen bzw. behindern. Hier wird also auf Probleme im institutionellen Kontext hingewiesen. Der systematische Zusammenhang, der bei der Reflexion dieser Fragestellung dienen kann, ist der der *Organisationsentwicklung*.

(10) Wir erfahren in der 'Legende' nicht, wovon die beiden Protagonisten die ganze Zeit gelebt haben, wie sie sich finanziert und abgesichert haben, um eine solch lange Zeit überhaupt miteinander zubringen zu können. Zudem haben wir keine Kenntnis davon, was passieren würde,

---

[23] Die Hochschuldidaktik beschäftigt sich heute mit vielen der Problemstellungen, die hier in den anderen systematischen Zusammenhängen verortet werden. Die vorläufige Formulierung bzw. Einengung erscheint jedoch an dieser Stelle sinnvoll, um die einzelnen disziplinären Facetten der Qualitätsentwicklung der Hochschullehre besser zu konturieren.

wenn auf einmal statt einem Studierenden etwa 100 oder 10000 Studierende durch das Tor wollten. Und auch die Frage, von was sich der Studierende *hinterher*, so es denn ein solches gibt, ernährt und welche Pension der Türhüter empfängt, nachdem er das Tor geschlossen hat und weggeht, bleibt offen. Ein breiter Fragezusammenhang, der nach den Kosten fragt, die die Situation der Geschichte und deren Folgen verursacht. Der systematische Zusammenhang, der bei der Reflexion dieser Fragestellung dienen kann, ist der der ökonomischen Wissenschaften, genauer der *Betriebs-* und auch der *Volkswirtschaftslehre*.

Soweit eine erste Kontextuierung der Fragestellung anhand der literarischen Vorlage. Kafkas weitergeschriebener Text sollte u.a. dazu beitragen, deutlich zu machen, daß Qualitätsentwicklung der germanistischen Hochschullehre heute in Theorie und Praxis ein Anliegen sein muß, das aus dem fachlichen Reservoir der Germanistik allein nicht mehr gestaltbar ist. Nun würde es zu weit führen und hätte auch einen kaum erfüllbaren Anspruch in sich, alle diese zehn systematischen Kontexte bzw. Wissenschaftsbereiche gleichberechtigt darzustellen, übereinanderzulegen und umfassend im Hinblick auf deren Relevanz für das Thema zu untersuchen. Die beiden folgenden Kapitel werden vielmehr ein Schema für die Qualitätsentwicklung der germanistischen Hochschulehre entwickeln und daran anschließend einige grundständige Überlegungen anbieten und Begriffe klären, die im Kontext einer Integration der verschiedenen Bereiche und Fragestellungen nützlich sein können, ohne den Anspruch, diese erschöpfend zu behandeln.

3 Bezugsrahmen für die Qualitätsentwicklung der germanistischen Hochschullehre

3.1 Grundlegende Bestimmungen zur Qualitätsentwicklung

Als Ausgangspunkte eines Qualitätsentwicklungskonzeptes sollen zunächst anhand von vier zentralen Fragen vier Grundbestimmungen definiert werden, die als fundierende Orientierung in einem so weitreichenden Bezugsrahmens dienen können.

3.1.1 Was ist und auf was zielt Qualitätsentwicklung germanistischen Lehrens und Lernens?

Qualitätsentwicklung der germanistischen Hochschullehre soll als ein prinzipiell offener, zeitlich unabgeschlossener und instrumentell variantenreicher, aber nicht beliebiger, Entwicklungsprozeß bestimmt sein, der ganzheitlich und zielorientiert die Entstehungsbedingungen guter Lehre systematisch *so verbessert, daß die Ergebnisse des Entwicklungsprozesses* linear *eindeutig definierbar werden und so dessen Gegenstand, die Qualität des germanistischen Lehrens und Lernens, kontinuierlich und evaluierbar gesteigert werden kann.*

Der Terminus *Qualitätsentwicklung* verweist auf zwei wesentliche und erfolgversprechende Größen des Prozesses, das *Qualitäts*management und die Organisations*entwicklung*. Statt des häufigeren Terminus *Qualitätssicherung* ist es im Zusammenhang des Hochschulunterrichts sinnvoll, von Qualitäts*entwicklung* zu sprechen, um den evolutiven statt den statischen Aspekt zu betonen. Qualitätssicherungssysteme betreffen jedoch immer das zu erreichende Ziel bzw. den zu erreichenden Status genauso wie den Prozeß der Zielerreichung. Beide Facetten gehören auch zur Qualitätsentwicklung der Hochschullehre notwendig dazu.

3.1.2 Wo findet Qualitätsentwicklung statt?

Konkretisierungsebene der Qualitätsentwicklung ist das Fach bzw. der Fachbereich vor Ort. Dieser wird als Handlungsrahmen operational dann zugänglich, wenn er als Organisation begriffen wird, die gemeinsame Ziele und gemeinsame Zielerreichungsstrategien verfolgt. Als *Organisation* soll ein

> „soziales Gebilde (verstanden werden, Anm.d.V.), das auf bestimmte Zwecke gerichtet ist. Der Begriff der Organisation ist doppeldeutig. Einerseits wird mit Organisation eine koordinierende, ordnende und gestaltende Tätigkeit bezeichnet, andererseits ist Organisation das Ergebnis einer derartigen Tätigkeit. Organisationen sind also dadurch gekennzeichnet, daß sie sich organisieren, um ihre Ziele zu erreichen, und sich permanent reorganisieren, um sich veränderten Umweltbedingungen anzupassen."[24]

---

[24] Lankenau, Klaus: „Organisation". In: Schäfers, Bernhard (Hrsg.): *Grundbegriffe der Soziologie*, 2. Aufl. Opladen 1986. S. 221

In der Diskrepanz zwischen Zielbestimmung und Zielerreichung liegt der Charakter der Organisation Fachbereich als *lernende Organisation* begründet. Der Prozeß dieses Lernens soll als *Organisationsentwicklung* insofern bestimmt werden, als

- „Organisationsentwicklung (..) ein offenes, planmäßiges, zielorientiertes und langfristiges Vorgehen im Umgang mit Veränderungsforderungen und Änderungsabsichten in sozialen Systemen (ist, Anm.d.V.).
- Ziel eines Organisationsentwicklungsprozesses ist die Selbstentwicklung der Mitglieder und die Selbsterneuerung der Organisation zur Erhaltung und Verbesserung der Aufgabenerfüllung der Organisation.
- Organisationsentwicklung beginnt bei den Problemen des Alltags oder bei den Stärken aller Beteiligten. Die gemeinsame Situationsanalyse bildet die Grundlage für die Problemlösung und den Entwicklungsprozeß. Der bewußte Umgang mit Konflikten wird als wesentlicher Aspekt von Lernprozessen angesehen.“[25]

Der letzte Punkt verdeutlicht, daß eine auf Verbesserung der Lehre zielende Organisationsentwicklung nur auf Fach- bzw. Fachbereichsebene angesiedelt sein kann. Auf den Begriff der lernenden Organisation wird weiter unten noch ausführlicher eingegangen.

3.1.3 Was ist gute Lehre?

Gute Lehre soll hier als solche Lehre definiert sein, die Lehren und Lernen zueinander in Beziehung setzt, und zwar in der Form, daß Lehren vorher beabsichtigte und *initiierte* und *nachhaltige Wirkungen im kognitiven und emotionalen Repertoire erzeugt. Im Mittelpunkt dieser Definition steht also eine zunächst inhaltsunabhängige Relation zwischen Lehren und Lernen.*

Jede Sicht auf die Qualität der Lehre und damit auch deren Definition ist jedoch begrenzt:

> „Deshalb ist es in der Fachliteratur auch nicht so gebräuchlich, von *der* Qualität der Lehre zu sprechen, sondern vielmehr vom mehrdimensionalen und kontextunabhängigen Charakter der Qualität. D.h., daß der Begriff ‘Qualität’ den unterschiedlichen Aspekten entsprechend verschieden definiert wird. Mit anderen Worten: es gibt keine eindeutigen Kriterien, die in allen möglichen Situationen anwendbar sind, um Qualität zu messen. Die Lehre hat insofern viele Qualitätsaspekte, was so befremdlich eigentlich gar nicht ist, wenn man die vielen Aspekte und Faktoren, die man unterscheiden kann, etwas näher betrachtet.“[26]

Es ist demnach notwendig, Kontexte herzustellen, in denen jeweils eine ganz bestimmte Definition guter Lehre sinnvoll und handhabbar wird. Neben dem fachwissenschaftlichen Kontext, der Gegenstand der Vermittlung im Hochschul-

---

[25] Webler, Wolff-Dietrich: „Das Modell eines Lehrberichts über die Evaluation von Lehre und Studium und erste Ergebnisse“. In: *Das Hochschulwesen* 1995/4, S. 258-266, hier S. 261-262)

[26] Willems, J., Gijselaers, de Bie, D.: *Qualitätssorge in der Lehre. Leitfaden für die studentische Lehrevaluation*. Übersetzt und herausgegeben von Roland Richter. Neuwied 1994, S. 8

unterricht ist, bietet sich durch die oben gegebene Definition eine besondere Berücksichtigung der Ergebnisse eben dieser Lehre bei den Empfängern, den Studierenden, an.

Die Analyse und Bewertung dieser Ergebnisse zielt daher im besonderen auf fünf Punkte. Mit guter Lehre soll für den Lernenden ein Optimum an

(1) *Qualifikationserweiterung* (im Sinne einer Verbreiterung des kognitiven Instrumentariums zur Lösung von fachlichen und überfachlichen Problemstellungen), an

(2) *Kompetenzzuwachs* (im Sinne einer aktuellen Steigerung konkreter Handlungskompetenz), an

(3) *Mehrung von Wissensbeständen* (im Sinne eines Aufbaus nachhaltiger und verknüpfbarer Kenntnisse), an

(4) *Steigerung der sozialen Flexibilität* (im Sinne einer breiten Möglichkeit für das Individuum, sich selbst im gesellschaftlichen und ökonomischen Kontext einsetzen zu können) und an

(5) *Identitätsentwicklung* (im Sinne einer ganzheitlichen Entwicklung der Person, seiner Haltungen und Einstellungen)

verbunden sein.

Der Gegenstand, an dem sich die individuelle Entwicklung dieser fünf Dimensionen im germanistischen Hochschulunterricht ausrichtet und bildet, ist der der deutschen Sprache und Literatur. Der Grundcharakter des Unterrichts zielt auf eine *wissenschaftliche* Beschäftigung mit dem Gegenstand. Lehren kann dann als erfolgreich bezeichnet werden, wenn es Lernen in den fünf genannten Dimensionen ermöglicht, initiiert und fördert und dieses Lernen nachhaltig sichern kann. Die Qualitätsbestimmung der Lehre geht demnach bereits in der Charakterisierung der von ihr beeinflußbaren Wirkungen im Bereich des Lernens über einen einzelnen fachwissenschaftlichen Rahmen hinaus. Wenn in der Hochschule Wissenschaftlichkeit als Handlungsmaxime gilt, ist auch die Bestimmung der Qualität der Lehre eine wissenschaftliche Aufgabe. Die Fachwissenschaft, die Gegenstand des Hochschulunterrichts ist, ist (im allgemeinen) *nicht* die Wissenschaft, deren direkter Untersuchungsgegenstand die Bestimmung der Qualität der Lehre ist.

3.1.4 Was sind die Ebenen eines Qualitätsentwicklungskonzeptes (germanistischer) Hochschullehre?

Diese Untersuchung will prononciert zur Aufklärung der Rahmenbedingungen guter Lehre beitragen und die Entwicklungsbedingungen ihrer Verbesserung untersuchen. Sie trägt *Qualitätsentwicklung* im Titel, obwohl in den verschiedenen Kapiteln auch Aspekte einzelner Sicherungs*maßnahmen* und Qualitäts*standards* besprochen werden. Während die Entwicklungs*bedingungen* und allge-

meine *Standards* wiederum eine weitreichende bzw. verallgemeinerbare Gültigkeit behaupten können, ist die Entwicklung konkreter Qualitätssicherungs*elemente* bzw. *-maßnahmen* eine Aufgabe, die vor Ort mit allen Beteiligten gelöst werden muß. Die Konzeptentwicklung findet demnach auf drei Ebenen statt:
(1) Entwicklungsbedingungen klären und systematisieren
(2) Standards benennen, klassifizieren und quantifizierbar machen
(3) Qualitätssicherungsmaßnahmen darstellen und handhabbar machen
Der Schwerpunkt dieser Einleitung liegt auf Punkt 1. Die Punkte (2) und (3) werden integriert in den Kapiteln des Bandes behandelt und an Beispielen gezeigt. Er will also kein Rezeptebuch zur schnellen An- und Verwendung von Maßnahmen sein. Er wird seine Funktion vielmehr dann erfüllen können, wenn er Anregungen zu deren Entwicklung geben kann.

Die vier Grundbestimmungen können nun als Ausgangspunkt dafür genutzt werden, bisherige 'Qualitätssicherungsverfahren' in Forschung und Lehre auf ihre Struktur und ihre Wirkung zu untersuchen. Dabei stellt sich einerseits die Frage, ob die bisherigen Verfahren ausreichend sind. Andererseits sind einzelne Prinzipien und Elemente für den Entwurf eines Qualitätsentwicklungskonzeptes gut nutzbar. Auf diese Punkte soll sich die Analyse im besonderen richten.

3.2 Forschung und Lehre: Zwei Handlungsräume, zwei Qualitätssicherungssysteme

Mit der lokalen Gebundenheit konkreter Qualitätssicherungsmaßnahmen ist indirekt ein Problem angesprochen, das einer besonderen Sichtung bedarf: Qualitätssicherung in der Forschung kann keine Qualitätssicherung der Lehre sein. Dies wird bei einer Sichtung der unterschiedlichen Bezugssysteme deutlich. Ich untersuche diese nach fünf Kriterien:
(1) Gegenstand (*Was* wird eigentlich auf Qualität geprüft?)
(2) Validität (Wird *das* Merkmal geprüft, das geprüft werden *soll*?)
(3) Sozialer Bezugsrahmen (*Wie* ist der Bezug zwischen der sozialen Gruppe, die beurteilt, dem Gegenstand und der individuellen Leistung zu bewerten? Wie entsteht ein Qualitätsurteil?)
(4) Objektivität (Ist das Urteil aufgrund *objektivierbarer* Kriterien gefällt worden? Ist das Urteil wissenschaftlich *legitimiert* und *qualifiziert*?)
(5) Wirkung (Welche *Wirkung* entfaltet das Qualitätsurteil innerhalb des Gesamtrahmens für den einzelnen und die Zukunft der Kommunikationsgemeinschaft?)
Ich lasse bei der folgenden Gegenüberstellung weitgehend die Frage aus, ob heute eine effiziente und allgemein gültige Qualitätssicherung der Forschung vorhanden ist. Auch zu diesem Problem gibt es bekanntlich eine immer drängendere Diskussion, die sicher notwendig und überfällig ist. Dieses Problem

kann hier nicht behandelt werden. Es ist jedoch vor einer pauschalen 'Verdammung' der bisherigen Forschungsevaluation zu warnen, weil viele dieser Mechanismen zwar heute nicht mehr greifen (können), sie aber historisch trotzdem ihre Funktion hatten. Ich greife hier zum Vergleich exemplarisch einige dieser 'traditionellen' Mechanismen auf, die als Qualitätssicherungselemente der Forschungsentwicklung mehr oder minder consensual immer noch gehandelt werden, um die Unterschiedlichkeit der Bezugssysteme Forschung und Lehre zu verdeutlichen. Kritik übe ich nur insofern, als sich daran Prinzipien ablesen lassen, die für einen Vergleich bzw. die Entwicklung eines Bezugssystems der Qualitätssicherung für die Lehre bedeutsam sind.

Qualitätssicherung in der geisteswissenschaftlichen Forschung wird sich notwendig darauf konzentrieren, die Theoriediskussion im Hinblick auf die wissenschaftliche Beschäftigung mit ihrem Gegenstand weiterzuentwickeln. Damit wird die *Theoriediskussion selbst zum Gegenstand* sowohl der Wissenschaft als auch des diesbezüglichen Qualitätssicherungssystems. Die Ebenen, auf denen eine Prüfung dieses Gegenstandes Konsequenzen haben soll, sind vorderhand drei:

a) die individuell-biographische Ebene der wissenschaftlichen Ausbildung,
b) die sozial-kommunikative Ebene der wissenschaftlichen Diskursgemeinschaft,
c) die fiskalisch-wissenschaftspolitische Ebene der wissenschaftlichen Ressourcengemeinschaft.

Ich erläutere die drei Ebenen jeweils an einem Beispiel.

a) In der wissenschaftlichen Ausbildung wird der angehende Wissenschaftler durch Statuspassagen, wie z.B. die Habilitation, einem hochschulinternen Qualitätssicherungsverfahren unterzogen, in dem seine zukünftigen Kollegen, die auch seine Konkurrenten sind, über (s)eine *prinzipielle* Qualifikation entscheiden. Für dieses 'System' liegen keine allgemein verbindlichen Kriterien vor. Probleme treten dadurch auf, daß die Urteilenden mehrheitlich fachlich nicht notwendig kompetent sind, weil sie aus einem anderen Fach stammen können und daher die oft spezialisierten Forschungsansätze auch von Nachbarfächern - verständlicherweise - nicht immer beurteilen können. Positiv kann sich die regionale Orientierung des Urteilssystems auswirken, da die Möglichkeit der sozialen Rückbindung des Urteils, z.B. in einer Fakultät, die in diesem Sinne eine Firma bzw. Organisation ist, für die Weiterentwicklung der Firma genutzt werden könnte. Das Urteil entsteht zudem idealiter in einem sich unterwegs produktiv anreichernden Konsensentwicklungs- und Beratungsprozeß. Es ist dann Teil eines Lernprozesses der Organisation, z.B. eines Fachbereichs. Das Qualitätssicherungssystem hat ein 'soziales Gesicht'.

Beides, der problematische Qualifikationsstandard der Gruppe der Beurteilenden und die soziale Gebundenheit des Urteils, führt dazu, daß das Urteil zwar nicht unbedingt objektiv-wissenschaftlichen Kriterien genügen muß, dies aber auch nicht auszuschließen ist. Hat die Individualperson das Qualitätssicherungsverfahren durchlaufen, sind die Konsequenzen für sie im negativen Falle biographisch verheerend, im positiven Falle institutionell verwendbar, denn die Person erhält Zutritt zu einem bisher nicht zugänglichen sozialen System mit Folgen für Status-

und Ressourcenteilung innerhalb des Systems. Eine Wirkung der erbrachten *inhaltlichen Leistung* auf den sozialen und fachlichen Zusammenhang ist möglich.
Aufgrund einer im Arbeitsmarktsystem moderner Gesellschaften einmaligen normativen Gleichsetzung dreier vollkommen unterschiedlicher Qualifikationsbereiche, bei der von der Forschungs*tätigkeit* auf die Lehr*fähigkeit* (und die Selbstverwaltungs- bzw. Management*fertigkeit*) geschlossen wird, erhält die Kandidatin bzw. der Kandidat die Erlaubnis zu lehren. Für diese Gleichsetzung gibt es heute unter systematischen Gesichtspunkten keine vernünftige Begründung, sie kann also nur normativ verstanden werden und ist unabhängig von ihrem sachlichen Gehalt gültig.
Für den zur Debatte stehenden Zusammenhang der Qualitätssicherung der Lehre ist nun folgende Feststellung wichtig: Selbst wenn das Qualitätssicherungssystem im Forschungsbereich optimal funktionieren würde und die genannten Labilitäten weitgehend gemindert werden könnten, hätte dies zunächst für die *Lehre direkt* keine Folgen, weil die für diese notwendigen Qualifikationen hier gar nicht oder nur rudimentär Teil des Verfahrens und der Beurteilung sind. *Indirekt,* also als systematisches Vorbild, kann das System ebenfalls kaum dienen, weil in einem kollegial-geschlossenen System dieser Art im Hinblick auf die Lehre das Problem des Transfers von Fachkompetenz, in diesem Fall hochschuldidaktischer Provenienz, prinzipiell ungelöst bliebe bzw. dem Zufall überlassen bleibt. Da keine dritte Instanz ohne Eigeninteressen die Leistung nach allgemeinen Standards beurteilt, sind Validität, also Gültigkeit (es wird auch *das* Merkmal beurteilt, dessen Beurteilung beabsichtigt war), Reliabilität, also Zuverlässigkeit (über einen gewissen Zeitraum ist die *Bewertung* der gleichen Leistung stabil), und Objektivität als Intersubjektivität bzw. Konkordanz (verschiedene Beurteiler fällen über eine Leistung das gleiche Urteil) des Urteils prinzipiell gefährdet. Allerdings kann sich der regionale Bezug dieses Qualitätssicherungssystems als produktiv erweisen.

b) Ein weiteres System ist das der sozialen Qualitätskontrolle innerhalb der Diskursgemeinschaft des eigenen Faches. Diese ist historisch von besonderer Bedeutung und hat - mit allen positiven und negativen Implikationen - früher weit stärkere Wirkung gehabt als heute. Ort des literalen Vollzugs ist die Forschungsdiskussion in Büchern und in Zeitschriften. Hinzu kommt der orale Diskurs auf Symposien und Tagungen. Dieses System hat den Vorteil, daß es wesentlich sachkompetenter ist als das erste. Problematisch ist, daß es nicht unbedingt auch objektiver ist, weil zunächst auch hier Konkurrenten über Konkurrenten entscheiden und darüber hinaus durch hohe Spezialisierung der Wissenschaften und ihre Zersplitterung in Teildisziplinen nur von einer relativen Sachkompetenz der Gesamtgemeinschaft des Faches, bzw. einer solchen zweiter Ordnung, gesprochen werden kann. Außerdem hat durch die Spezialisierung und die große Anzahl der Mitglieder der Forschergemeinschaft das Qualitätssicherungssystem heute kein soziales Gesicht mehr, was innerhalb der Kommunikationsgemeinschaft zu einem immensen psychischen Druck durch Angst vor der anonymen Macht der Forschergemeinschaft (die aber letztlich niemand steuert) führt. In dieser kafkaesken Situation schlägt Qualitäts- in Quantitätsprüfung um. Die Anzahl der Publikationen wird wichtiger als deren Inhalt, was vor allem in Berufungsverfahren eine Rolle spielt, auf die ich hier nicht näher eingehen kann. Auch hier bleibt die Wirkung in einer durch neue Unübersichtlichkeit bestimmten Forschergemeinschaft für die Beteiligten im positiven Fall marginal und zufällig, im negativen verheerend, weswegen das System sich selbst paralysiert hat und heute weitgehend auf Gleichgültigkeit setzt, was zwar häufig kritisiert wird, angesichts der tiefgreifenden Problematik und ihrer Wirkungen aber vielleicht das Beste und Humanste ist. Der fachliche Zusammenhang, also der eigentliche Gegenstand, tritt hier zunehmend in den Hintergrund, separiert sich oder verschwindet gar, so daß auch hier nur noch in engmaschigen und parzellenartig abgesteckten Kleinstbereichen valide Urteile möglich sind. Durch die starke Separierung sind aber nicht nur die Gegenstände kaum noch übergrei-

fend verhandel- und vermittelbar, die Urteile über sie sind es auch nicht, wobei diese an sozialer Gültigkeit und Wirkung merklich einbüßen.
Für den zur Debatte stehenden Zusammenhang der Qualitätssicherung der Lehre ist nun folgende Feststellung wichtig: Selbst wenn das Qualitätssicherungssystem im Forschungsbereich optimal funktionieren würde und die genannten Labilitäten weitgehend gemindert werden könnten, hätte dies für die *Lehre direkt* keine Folgen, weil die für diese notwendigen Qualifikationen hier gar nicht oder nur rudimentär Teil des Verfahrens und der Beurteilung sind. *Indirekt,* also als systematisches Vorbild, kann das System ebenfalls kaum dienen, weil sowohl aus den genannten Gründen das Problem der hochschuldidaktischen Fachkompetenz ungelöst bliebe, als auch der regionale Bezug der sozialen Gruppe nicht besteht. Der Forscherdiskurs ist vor allem als ortsübergreifender Diskurs definiert, ein Qualitätssicherungssystem der Lehre wird jedoch ebenfalls ortsübergreifende Geltung durch allgemeine Kriterienentwicklung behaupten können, konkret aber wesentlich auf den Standort der Lehre angepaßt sein. Gegenstandsseparierung in der Forschung ist zwar auch in diesem Bereich wissenschaftlichen Handelns eine problematische Entwicklung, ihre Übertragung auf die Lehre beeinträchtigt jedoch erfahrungsgemäß die fachliche Auseinandersetzung im Hochschulunterricht wesentlich.

c) Das valideste Qualitätssicherungssystem im Forschungsbereich scheint immer noch das der Steuerung über Drittmittel, z.B. im Rahmen der DFG, zu sein, obwohl auch hier in der Beurteilbarkeit von und im Urteil über Anträge bekanntlich die Probleme eher steigen als fallen, und subjektive Faktoren unterschiedlichster Schattierung durchaus eine Rolle spielen können. Der Vorteil liegt jedoch eindeutig darin, daß die Gegenstandsorientierung sehr groß, das Urteil weitgehend unabhängig von den beteiligten Personen sein kann, und der Lohn nicht sozial, sondern fiskalisch ist. Das System zeitigt in der Zuteilung von Mitteln reale Konsequenzen, also eindeutig quantifizierbare Wirkungen. Für den zur Debatte stehenden Zusammenhang der Qualitätssicherung der Lehre ist folgende Feststellung wichtig: Dieses Qualitätssicherungssystem der Forschung hat ebenfalls für die Lehre natürlich keine *direkten* Folgen, weil diese nicht Gegenstand des auf Forschung zielenden Verfahrens sind (was übrigens mehr ein Problem ist als ein unbedingtes 'Muß'). Auch kann Lehre ja nicht überregional, quasi am grünen Tisch, sondern muß vor Ort beurteilt werden. *Indirekt*, als systematisches Vorbild, kann das System jedoch in der Weise dienen, als es erstens gegenstandsorientiert ist, es zweitens reale Wirkungen nach sich zieht, es drittens überindividuelle und unabhängige Urteile zumindest ermöglicht und es viertens häufig Erfolg quantifizierbar und durch Weiterbeantragungen und deren Bewilligung dingfest macht. Die Qualitätsprüfung ist also nicht einmalig und deren Ergebnisse daher weniger zufällig.

Anhand dieser Beispiele ist deutlich geworden, daß Strukturen einer Qualitätssicherung der Forschung für die Lehre nicht oder nur in Einzelaspekten nutzbar gemacht werden können.

Lehre unterliegt anderen Voraussetzungen und Bezugsgrößen als die Forschung. Bei ihrer Beurteilung ist vor allem der Unterschied zu berücksichtigen, daß diese sich nicht nur auf die Forschergemeinschaft des wissenschaftlichen Faches richtet, sondern Studierende als deren Empfänger mit einbezieht. Der Gegenstand der Prüfung ist nicht der fachliche Gegenstand, sondern dessen Vermittlungsqualität im Hochschulunterricht (hier spielt der fachliche Zusammenhang nur eine Rolle unter vielen anderen Faktoren). Der Gegenstand ist also nicht nur ein theoretischer, sondern vor allem ein sozialer. Das Merkmalbündel, das hier geprüft werden soll, ist die Qualität des Lehrens insofern, als die Wirkungen des Lernens beurteilt werden können, also wiederum eine beidseitige Orientierung.

Der soziale Bezugsrahmen der Kommunikation geht damit über die Gemeinschaft hinaus, die Germanistik als Profession betreibt. Für einen Berufsgermanisten ist die Beurteilung der Lehre ganz wesentlich die Beurteilung durch Nicht-Kollegen, was hier eher als Chance denn als Bedrohung begriffen werden soll. Zur wissenschaftlichen Objektivierung der Beurteilung des Lehr-/Lernzusammenhangs dient nicht die Germanistik selbst, sondern die empirische Hochschulforschung und die Hochschuldidaktik, es bedarf also eines wissenschaftlichen Bezugssystems, das nicht das der eigenen germanistischen Wissenschaft ist. Natürlich ist aus diesen beiden Gründen die Qualitätsbeurteilung der Lehre für den Lehrenden zunächst mit einem psychischen und wissenschaftlichen Kontrollverlust verbunden, deren produktive Wirkungen er erst erfahren muß, wenn er ein solches System ohne Angst positiv bewerten soll. Um diese Haltung mit zu ermöglichen und um die Konsequenzen zu begleiten, die aus dem beschrittenen Weg erwachsen, muß das angesprochene Problem der Kompetenz bzw. Qualifikation gelöst werden: durch Professionalisierung des wissenschaftlichen Lehrens und Lernens.

Ich möchte die notwendigerweise unabgeschlossene Analyse an dieser Stelle beenden und fasse die grundlegenden differentiellen Parameter der Qualitätssicherungssysteme von Forschung und Lehre in einer, weitere Aspekte berücksichtigenden, Übersicht zusammen:

Parameter	**Qualitätssicherung Forschung**	**Qualitätssicherung Lehre**
Gegenstandsverständnis:		
Qualitätsmerkmal bzw. zu beurteilender Gegenstand der Qualitätssicherungsmaßnahme	Theorieentwicklung bzw. Gegenstandskonstituierung	gelingendes Lehren und Lernen über Fachinhalte
fachlicher Charakter des Umgangs mit den Gegenständen der Wissenschaft	spezialisierend	generalisierend
kommunikativer Charakter des Umgangs mit den Gegenständen der Wissenschaft	berufsgruppendiskurs-orientiert	vermittlungsorientiert
sozialer Bezugsrahmen		
Beteiligte	Forscher	Lehrende und Studierende
Gesellschaftlicher Charakter	geschlossen (nur interner Zugang zur Gemeinschaft der am Sicherungssystem Beteiligten)	offen (gesellschaftlicher Zugang zum Sicherungssystem möglich)

Bezugsperson, auf die die Maßnahme gerichtet ist	der einzelne Forscher	die Lehrenden individuell und im Team
Personen, die eine Beurteilung vornehmen	Nichtfachkollegen und Fachkollegen	Nichtkollegen
Zusammensetzung der Gruppe:	steuerbar	zufällig
Qualifikationsdimension:		
fachliche Kompetenz der Beurteiler	wenn vorhanden, dann hoch, feldunsicher, prinzipiell unterstellt, gelernt, labil im Sinne eindeutiger Quantifizierbarkeit	Aufbau gemeinsamer Kompetenz im Hinblick auf die Problemlösung gewollt und konstitutiv Teil des Systems
Zusammenhang zwischen Verfahren und Urteilskompetenz der Beurteiler	nicht methodisch	methodisch gestützt
Verfahrenssystematik:		
Charakter der Objektivierung bzw. der auf die Merkmale zielenden Urteile	problematisch	valide, reliabel, objektiv
'Theorieentwicklung' für das Qualitätssicherungssystem	weitgehend lokal festgelegt bzw. in der lokalen bzw. nicht lokalen Diskursgemeinschaft herrscht ein stillschweigender Konsens	übergeordnet, wissenschaftlich
Wirkungsort für das Qualitätssicherungssystem	global, auf den Wissenschaftsdiskurs der Forschergemeinschaft bezogen	lokal, standortbezogen, auf den Diskurs unter direkten Kollegen bezogen
Ergebnis:		
Wirkung	zufällig, gering	quantifizierbar
Konsequenzen	statusorientiert, normierend, fiskalisch	entwicklungsorientiert, inhaltlich, fiskalisch

Diese Gegenüberstellung ist systematisch in einem - nicht unwesentlichen - Punkt anfechtbar, denn die Tabelle berücksichtigt einen entscheidenden Faktor nicht, den ich eingangs erwähnt habe: die Fortentwicklung der Qualitätsdiskussion der letzten Jahre. Elemente des traditionellen Modells aus dem Forschungsbereich werden mit einem aktuellen bzw. zukünftigen aus dem Bereich der Lehre auf dem Stand der gegenwärtigen Theoriediskussion verglichen. Natürlich ist es auch für die Qualitätssicherung der Forschung möglich, ein objektivierendes und valides Instrumentarium zu entwickeln. Dies ist bisher jedoch auch nur in Ausschnitten geschehen bzw. ist im Hinblick auf die notwendige Verallgemeinbarkeit der Kriterien und Mechanismen nicht ausreichend durchsetzbar.

Die durchgeführte Gegenüberstellung für unsere Zwecke sollte vor allem zwei Dinge zeigen:

(1) Auf die Art und Weise, wie man gestern Forschung beurteilte, kann Lehre heute nicht mehr beurteilt werden.

(2) Die Systeme sind - selbst bei einer Modernisierung der Qualitätssicherung in der Forschung - nach Gegenstand, Verfahren und Zielrichtung so verschieden und ihr Bezugsrahmen so unterschiedlich, daß zwei getrennte Qualitätssicherungssysteme notwendig sind.

3.3 Typologie germanistischer Steuerung: Von der Studienreform zur Qualitätsentwicklung

Neben der Qualitätssicherung in der Forschung hat die Germanistik immer schon - unter Verwendung anderer Terminologie - Anstrengungen zur Verbesserung der Qualität der Lehre unternommen. Sie ist ein Fach, das in seiner Geschichte aktiv die Studienreform betrieben hat und dies durchaus mit Erfolg. Die dieser Studienreform zugrunde liegenden Denkmuster sind heute jedoch in vieler Hinsicht fragwürdig geworden. Eingangs wurde bereits auf die nicht unproblematische Verbindung von Fachentwicklung und Studienreform hingewiesen. Jedoch auch unabhängig von dieser Beziehung sind die Handlungsmöglichkeiten traditioneller Studienreform in ihrer Reichweite heute eher begrenzt und ihre Wirkungen wenig stabil.

Warum dies so ist, werde ich anhand einer Typologie germanistischer Studienreform deutlich zu machen versuchen. Darüber hinaus stellt sich die Frage, was ein Ansatz zur Qualitätsentwicklung über die bisherigen Konzepte der Studienreform hinaus bringen kann, wo die neuen Akzentsetzungen liegen und wie die oben beschriebenen Probleme besser bearbeitet werden können.

Zunächst ein Blick auf die regionalen Studienstrukturen: Ein Blick auf die expliziten und impliziten Lehrkonzepte Germanistischer Standorte zeigt gleichermaßen Grundlage und Ergebnis bisheriger germanistischer Lehr- und Reformtätigkeit. Hier fällt auf, daß es heute fast so viele Germanistische Studiengänge wie Standorte der Universitätsdisziplin Germanistik gibt. Die Unterschiede in den Studienkonzepten der über 60 Institute bzw. Seminare sind sogar dermaßen groß geworden, daß eine Bestandsaufnahme nach übergreifenden Gesichtspunkten fast unmöglich scheint und bis auf wenige Ausnahmen heute verläßliche Datengrundlagen für einen Vergleich fehlen.[27] Eine klare Vergleichsmöglichkeit

---

[27] Auf zwei dieser Ausnahmen sei hier hingewiesen: Zunächst und vor allem auf die interessante Untersuchung von Anne Bentfeld: Die Wirklichkeit. Das germanistische Grundstudium an den bundesdeutschen Hochschulen. In: dies. und Delabar, Walter (Hrsg.): *Perspektiven der Germanistik.* Opladen 1997. S. 225-236. Für einen Vergleich der Studierendenzahlen in den letzten Jahrzehnten und einen Blick auf die Erfolgszahlen bei der Entwicklung des wissenschaftlichen Nachwuchses bietet sich vor allem folgender Artikel von Wolfgang Frühwald an: „Germanistische Studiengänge aus der Sicht des Wissenschaftsrates." In: Wierlacher, Alois (Hrsg.): *Perspektiven und Verfahren interkultureller Germanistik. Akten des I. Kongresses der Gesellschaft für Interkultu-*

zur Beurteilung der unterschiedlichen Lehrqualität ist damit kaum noch gegeben. Das Verhältnis dieses Phänomens der zunehmenden Differenzierung einerseits zur Studienreform als Steuerungsdimension germanistischer Hochschullehre andererseits ist in zweifacher Hinsicht dialektisch. Erstens waren die Unterschiede der Studiengänge historisch sowohl Anlaß zur Reform als auch Ergebnis eben dieser Reformen. Zweitens sind die Reformmodelle ebenso systematisch heterogen und standortgebunden wie die germanistischen Studiengänge, was dazu führt, daß nicht nur die Lehrqualität nicht mehr vergleichbar ist, sondern auch die Studienreformansätze weitgehend ihre Vergleichbarkeit und damit ihre Verallgemeinbarkeit verloren haben.

Die Reformkonzepte bzw. -initiativen zur Verbesserung der Hochschullehre, die zur Zeit innerhalb einer 'Zweiten Studienreform' in der Germanistik[28] diskutiert und realisiert werden, lassen sich grob in eine Typologie einordnen.[29] Obwohl bereits einige der Ansätze kritisch beleuchtet wurden, nenne ich noch einmal alle Grundmodelle solcher Reforminitiativen in der Übersicht. Mit dem letzten, weitgehend noch hypothetischen, Modell soll die Öffnung germanistischer Studienreform hin zur Qualitätsentwicklung skizziert werden:

(1) Veränderungsvorschläge setzen an konkreten *Lehrveranstaltungen* im Germanistik-Studium an. Anhand einer Veränderung einzelner Lehrveranstaltungen soll die Qualität der Ausbildung verbessert werden. Diese Initiativen gehen meist auf einzelne Lehrende in den Fachbereichen zurück und werden auch in eigener Verantwortung durchgeführt. Die Modelle haben als Hintergrund oft eine stark fachwissenschaftlich orientierte Begründung, seltener auch die einer methodischen Verbesserung des wissenschaftlichen Lehrens und Lernens. Neue Themenbereiche zu erschließen, bildet hier oft den Anreiz zu Reformen in der Lehre.

(2) *Fachsystematische Probleme*, die u. U. Relevanz für die Lehrpraxis haben können, werden in der Hoffnung weiterentwickelt, daß diese Ergebnisse eine Veränderung der Lehre provozieren.

(3) Bestimmte *Studienphasen*, zum Beispiel die des Studieneingangs, geraten ins Blickfeld und werden neu gestaltet. Diese Initiativen gehen meist auf einzelne Lehrende oder eine Gruppe von Lehrendem in den Fachbereichen zurück und werden in eigener Verantwortung, manchmal mit Billigung oder Zustimmung der Fachbereichsgremien, durchgeführt. Fachwissenschaftliche und hochschuldidaktische Gründe spielen hier oft eine Rolle, in einigen Fällen gelingt es, interdisziplinär, z.B. mit anderen Philologien, zusammenzuarbeiten.

(4) *Neue Studiengänge* werden gegründet, oft als Aufbaustudiengänge, die erst nach einem Erststudium, z.B. der Germanistik, absolviert werden können. Es gibt jedoch auch Modelle, die ei-

relle Germanistik. München 1987. (= Publikationen der Gesellschaft für interkulturelle Germanistik 3) S. 55-68.

[28] Schönert, Jörg: „Bedingungen und Perspektiven für eine 'Zweite Studienreform' in der Germanistik". In: Blamberger, Günter und Neuner, Gerhard (Hrsg.): *Reformdiskussion und curriculare Entwicklung in der Germanistik. Dokumentation der Internationalen Germanistentagung des DAAD 24.-28. Mai 1995 UGH Kassel.* Bonn 1995. S. 9-25.

[29] Die Typologie wurde erstellt anhand einer Sichtung der publizierten Literatur zum Thema und einer großen Anzahl von informellen Kontakten bzw. Berichten. Die große Anzahl nicht publizierter, institutsinterner Papiere konnte nicht berücksichtigt werden.

nen neuen Studiengang als Erststudium einführen. Diese Studiengänge weisen meist eine starke Praxis- bzw. Berufsorientierung auf und sehen ihre Begründungszusammenhänge häufig sowohl in der fachwissenschaftlichen als auch in der arbeitsmarktorientierten Diskussion. Evtl. wird durch die Strategie der Neugründung die Studienreform des grundständigen Studienganges der Germanistik vermieden bzw. gerät aus dem Blickfeld.

(5) Das zweigliedrige Modell von Grund- und Hauptstudium wird durch ein *dreigliedriges* ersetzt. In diesem Modell spielen sowohl fachwissenschaftliche als auch hochschuldidaktische Aspekte insofern eine Rolle, als sie vor allem für eine Studien*struktur*reform nutzbar gemacht werden.

(6) Das Fach Germanistik wird nicht notwendig direkt in der Studienreform aktiv, sondern wird *Teil neuer Studiengangstrukturen* der Fachbereiche und Fakultäten, z.B. des B.A. (Bacchalaureus Artium). Hier ist eine minimale Mitarbeit der Lehrenden im Fachbereich notwendig. Fachliche und hochschuldidaktische Aspekte werden eher weniger diskutiert, weil zumindest nicht zwingend die einzelnen Lehrenden von sofortigen Änderungen im Lehralltag betroffen sind.

(7) Bei Beibehaltung der inneren und äußeren Studiengangstrukturen wird für die Studierenden eine zusätzliche Qualifizierung im Bereich der *Praxisorientierung* möglich. Die Lehrenden des 'Stammpersonals' beteiligen sich gar nicht. Am Arbeitsmarkt orientierte Argumente haben hier den eindeutigen Vorrang.

(8) Eine Umstrukturierung von Instituten, deren Gründe außerhalb der Lehre liegen, macht eine Reform des Studiums nötig. Es werden lediglich wenige *strukturelle Anpassungen* vorgenommen. Reduzierung und deutliche Verbesserung der Ausstattung des Fachbereichs kann ein Grund für solche Veränderungen sein. Manchmal wird versucht, aufgrund einzelner Forschungsbereiche neue Studienstrukturen zu etablieren, die ausschließlich fachwissenschaftliche Begründungszusammenhänge aufweisen. Der kleinste gemeinsame Nenner unter den Lehrenden läßt die Umstrukturierung gelingen.

(9) Innerhalb oder anhand der bisherigen Studienstruktur werden *neue Binnenstrukturen* im Studiengang etabliert, um ein strukturierteres Lernen, einen transparenteren Studiengang oder eine bessere Zielerreichung des Studiums zu gewährleisten. Hierfür muß der gesamte Fachbereich zusammenarbeiten, fachliche und hochschuldidaktische Aspekte greifen ineinander.

(10) Reformen richten sich nicht nur auf die Qualität der Lehre im engeren Sinne, sondern der gesamte Fachbereich steht strukturell zur Reform an, weil erst so die Lehrqualität nachhaltig gesteigert werden kann. Studienstrukturreform und Praxisorientierung sind gleichermaßen Schwerpunkte. Der Fachbereich muß insgesamt in einen Reformprozeß eintreten, der die Akteure des Lehrens und Lernens, Lehrende und Studierende, miteinbezieht. Daher ist er an *Organisationsentwicklungsmodellen* orientiert und sieht die Reform des Fachbereiches im Bereich von Management, Hochschuldidaktik, Fachdiskussion u.v.a.m. Hintergrund der Reform ist - entsprechend der umfassenden Aufgabe - ein stark erweiterter Diskussionsrahmen, der sowohl fachliche, betriebswirtschaftliche, hochschuldidaktische, bildungs- und gesellschaftspolitische und weitere Aspekte in verstärktem Maße enthält. In diesem letzten Konzept gehen viele Punkte der Modelle 1-9 auf bzw. ergeben sich als Konsequenz.[30] Es soll als Grundlage für die weitere Beschreibung eines Ansatzes zur Qualitätsentwicklung in der germanistischen Hochschullehre dienen.

Diese Skizze der Reformmodelle ist ebenso grob wie schematisch. Mischformen sind in der Realität häufig anzutreffen. Alle Reformmodelle bzw. -ideen weisen

---

[30] In der Düsseldorfer Germanistik ist es mit dem Integrierten Handlungskonzept Studienreform gelungen, ein Reformkonzept zu etablieren, das bereits weitgehend Anforderungen dieser Kategorie erfüllen kann.

eine unterschiedliche Intensität und Reichweite auf. Nicht an jedem Standort kann jedes Modell gleichermaßen erfolgreich sein, weil Studienreformen vor Ort die ihnen zur Verfügung stehenden Chancen und Handlungsmöglichkeiten nutzen. Allgemein kann festgestellt werden, daß die Modelle, die sowohl ein anspruchsvolles und weitgefaßtes Aufgabenspektrum aufweisen als auch mit der Strategie klarer und evaluierbarer Zielerreichung arbeiten, zwar zunächst nicht unbedingt immer institutionell erfolgreicher sind, aber bei Gelingen in der qualitativen Intensität die höchste Reichweite bei der Verbesserung des wissenschaftlichen Lehrens und Lernens im Fachbereich haben.

Das Konzept, das unter Punkt 10 skizziert wurde, kann am ehesten solchen Anforderungen entsprechen. Qualitätsentwicklung meint also einen Rahmen, der über die traditionelle Aufgabenbeschreibung der Studienreform hinaus geht.

Aufgrund der Analyse zur Qualitätssicherung in der Forschung (3.2) und zur germanistischen Studienreform (3.3) halte ich für den weiteren Fortgang der Untersuchung folgende drei grundlegende Parameter fest:

(1) Der Ort, an dem Qualitätsentwicklung der Lehre allein greifen kann, ist der Fachbereich vor Ort. Nur hier kann sie nachhaltige Wirkungen zeigen. Die Bezugsgruppe einer gemeinsamen Anstrengung sind Lehrende und Lernende am germanistischen Standort xy. Qualitätsentwicklung ist kein anonymes Kontrollsystem, sie hat vielmehr ein soziales Gesicht. Sie bezieht sich auf den Fachbereich, den sie als Organisation versteht. Lehrende und Lernende müssen gleichermaßen von der Qualitätsentwicklung der Hochschullehre profitieren. Es gibt im konkreten nicht ein Qualitätssicherungskonzept, dessen einzelne Elemente unbedingt auf alle germanistischen Standorte gleichermaßen Anwendung finden müssen. Viele Einzelelemente können aber durchaus an allen Standorten zum Einsatz kommen.

(2) Qualitätssicherungssysteme der Lehre müssen nach übergeordneten Kriterien entwickelt werden, die für alle Standorte gelten. Nur so sind die konkreten Qualitätssicherungssysteme der Standorte ebenso vergleichbar wie die Ergebnisse und die Wirkungen der Lehre. Aus diesem Grund und in dieser Hinsicht ist die Qualität der Lehre der germanistischen Standorte quantifizierbar, bewertbar und vergleichbar.

(3) Die Entwicklung eines theoretischen Bezugsrahmens für die Qualitätsentwicklung der germanistischen Hochschullehre ist prinzipiell ein transdisziplinär angelegtes Projekt.

Was aufgrund dieser Parameter unter einem theoretischen Bezugsrahmen dieser Art zu verstehen ist, wird nun mit Hilfe eines Klassifikationsschemas und verschiedener, in diesem möglichen, Fragestellungen aufgewiesen.

3.4 *Klassifikationsschema für eine transdisziplinäre Integration der systematischen Kontexte*

Um die systematischen Kontexte, die in Kapitel 2.5 anhand der 'Türhüter-Legende' isoliert wurden, für einen Bezugsrahmen der Qualitätsentwicklung germanistischer Hochschullehre nutzbar zu machen, müssen diese Ansätze in ihrer Produktivität noch genauer qualifiziert werden. Ich führe die systematischen Kontexte noch einmal auf und nenne sie im folgenden aus Gründen der sprachlichen Vereinfachung vorläufig *Bereiche*: (1) Bildungs- und Gesellschaftstheorie, (2) Soziologie bzw. Entwicklungspsychologie, (3) Germanistik, (4) 'Literatur', (5) Hochschuldidaktik, (6) Empirische Lehr-/Lernforschung, (7) Qualitätsmanagement, (8) Personalentwicklung, (9) Organisationsentwicklung und (10) Ökonomiewissenschaften. Die Verknüpfungen und Überlappungen der systematischen Bereiche wurden als Problem und Chance bereits lokalisiert. Um daher alle diese Problematisierungskontexte sinnvoll nutzen zu können und um sie aufeinander zu beziehen, ist es sinnvoll, eine doppelte Unterscheidung im Hinblick auf Funktionalität und Relevanz einzuführen. Für die Qualitätsentwicklung der germanistischen Hochschullehre sind die zehn Bereiche sowohl reflexiv und/oder instrumentell als auch direkt und/oder indirekt bedeutsam.

Zunächst zum ersten Klassifikationsaspekt: Reflexive Funktion hat ein Bereich dann, wenn er Aspekte der Problematik aus einer theoretischen Perspektive untersuchen hilft. Die Problematik wird besser verständlich und kann in einen größeren Zusammenhang eingeordnet werden. Durch den systematischen Charakter der hier zugeordneten Bereiche wird sie der wissenschaftlichen Bearbeitung besser zugänglich. Unterschieden davon ist die instrumentelle Funktion: Instrumentelle Funktion hat ein Bereich dann, wenn das ihm inhärente Repertoire für eine reale Operationalisierung des zuvor gewonnenen Zielhorizonts nutzbar gemacht werden kann und zwar unabhängig davon, ob dieses Potential bisher genutzt wurde. Hier ist also die potentielle bzw. umsetzungsorientierte Produktivität des Instrumentariums gemeint. Beide Zuordnungsgrößen reflexiv und instrumentell sind verhandel- und steuerbar, weswegen ihr Klassifikationscharakter als *deduktiv-funktional* bezeichnet werden soll.

Der weite Klassifikationsaspekt ist der der Relevanz im Sinne einer direkten oder indirekten Einflußnahme auf den Gegenstand: Unabhängig von seiner potentiell-funktionalen Nutzbarkeit kann ein Bereich direkte und/oder indirekte Bedeutung auf die Qualitätsentwicklung der Hochschullehre haben, weil *die in ihm zugeordneten Phänomene* direkte oder indirekte Konsequenzen für den konkreten Unterrichtszusammenhang nach sich ziehen. Hier liegt demnach eine analytisch-empirische Fragestellung vor. Während die erste, funktionale Unterscheidung also steuerbar ist, soll die zweite, nach der Relevanz fragende Zuordnung als objektiv gegeben bezeichnet werden. Hier stellt sich nicht die Frage, ob der Bereich oder die dem systematischen Zusammenhang des Bereiches zugrunde liegenden Phänomene gewollt sind oder nicht, deren Einfluß ist vielmehr objektiv vorhanden oder eben nicht. Die Zuordnungsgrößen direkt oder indirekt beziehen sich also auf einen analytisch-wirklichkeitsorientierten Horizont, weswegen ihr Klassifikationscharakter als *empirisch-relevant* bezeichnet werden soll.

Die Zuordnung kann in folgender Tabelle deutlich werden:

Klassifikationscharakter	*deduktiv-funktional*		*empirisch-relevant*	
Zuordnungsgrößen	*reflexiv*	*instrumentell*	*direkt*	*indirekt*
Bildungs- und Gesellschaftstheorie	●			●
Soziologie, Entwicklungspsychologie	●		●	
Germanistik	(●)	(●)		●
'Literatur'	●		●	
Hochschuldidaktik		●	●	
Empirische Lehr-/Lernforschung		●		●
Qualitätsmanagement		●	●	
Personalentwicklung		●	●	
Organisationsentwicklung		●	●	
Ökonomiewissenschaften		●	●	

Ich kommentiere die Zuordnung anhand von vier Beispielen, wobei ich bewußt nicht die 'Literatur' herausgreife, da sie ein Sonderproblem darstellt, das ich später bespreche. Aber auch die anderen Bereiche sind nicht unproblematisch. Ich beginne mit einem eindeutigen und unmittelbar einsichtigen Beispiel.

(1) Der Bereich „Qualitätsmanagement" ist in deduktiv-funktionaler Hinsicht instrumentell für die Qualitätsentwicklung der Hochschullehre nutzbar. Ein Element eines Qualitätsmanagements könnte zum Beispiel die Erarbeitung eines Lehrstrukturkonzeptes sein, in dem die einem Fachbereich zur Verfügung stehenden Ressourcen an Semesterwochenstunden mit der Bezugsgröße Studienprogramm in Beziehung gesetzt werden.[31] Dies führt zu einer Optimierung der Lehrveranstaltungen in quantitativer Hinsicht, die Belastung der Lehrenden und die Größe der Lehrveranstaltungen werden dadurch harmonisiert. Das Repertoire, hier in Form des Elements Lehrstrukturkonzept, ist für eine Optimierung der Qualität der Lehre unmittelbar nutzbar. Geschieht eine solche Optimierung, zum Beispiel unter den Bedingungen eines Massenstudiengangs,

[31] Vgl. dazu Welbers, Ulrich: „Überblick sichern - Ressourcen nutzen - verantwortlich planen: Lehrstrukturkonzepte als Mittel der Qualitätssicherung in Studienreformprozessen". In: *DIHS*, a.a.O., S. 134-143

nicht, ist dies direkt spürbar: das Fehlen dieses Qualitätsmanagementelements hat also unter dem Gesichtspunkt der empirischen Relevanz unmittelbare Auswirkungen in der Form überbelasteter und unterbelasteter Lehrender und (zu) voller und (zu) leerer Lehrveranstaltungen. Eine reflexive Funktionalität entfaltet der Bereich zwar auch, weil mit dem Einsatz solcher Maßnahmen natürlich Reflexionsprozesse verbunden sind. Diese zielen jedoch zunächst auf eine Reflexion der Maßnahme nach ihrer Durchführung, also im Kontext ihrer Handlungsorientierung bzw. der dadurch ausgelösten sozialen Prozesse, und vorderhand nicht auf die Entwicklung eines Theoriegerüstes mit legitimatorischer und heuristischer Blickrichtung. Der reflexive Charakter ist demnach *sekundär* und daher nicht charakteristisch, was für alle Managementelemente gilt. Dies scheint mir eine wichtige Beobachtung zu sein, denn viele Ängste beim Einsatz des Qualitätsmanagements im Hochschulbereich rekurrieren darauf, solche Instrumente würden nun Grundlage einer vollkommen veränderten Aufgabenbeschreibung und damit Teil einer Neubestimmung dessen, was Hochschule sein *soll*. Dies ist jedoch gar nicht ihre Aufgabe. Ihre Aufgabe ist zu optimieren, was diese konkret sein *kann*.

Ein ähnlicher Argumentationsgang (deduktiv-funktional instrumentell und empirisch-analytisch direkt), wie er hier für den Bereich des Qualitätsmanagements gezeigt wurde, kann ebenso für die Bereiche Organisationsentwicklung, Personalentwicklung und Ökonomiewissenschaften und auch für die Hochschuldidaktik im engeren Sinne geführt werden. Lediglich bei der empirischen Lehr-/Lernforschung ist durch deren rein analytischen Charakter die - dennoch eindeutig vorhandene - Relevanz indirekter Natur.

(2) In klassifikatorischer Hinsicht entgegengesetzt ist der Bereich der Bildungs- und Gesellschaftstheorie. Hier ist die Reflexivität auf der deduktiv-funktionalen Ebene besonders zentral. Der Bereich bietet die Möglichkeit, die Problematik in den notwendigen gesellschaftlichen, politischen und bildungstheoretischen Kontext zu stellen, ein Verfahren, das im allgemeinen zu Recht unumstritten ist. Skepsis kann vielleicht die Qualifizierung als indirekt empirisch-relevant hervorrufen. Aber in der Tat zeigt die Schul- und Hochschulforschung der letzten Jahre bzw. Jahrzehnte, daß entgegen vieler Hoffnungen die realen Wirkungen der theoretischen Fundierung von Bildungskonzepten nicht so durchgreifend sind wie angenommen. Offensichtlich sind andere Parameter, wie sie durch die bildungskonzept*unabhängige* gesellschaftliche und soziale Realität bestimmt werden, wesentlich bedeutsamer. Einen häufig damit zusammenhängenden Fehler stellt die direkte instrumentelle Nutzung bildungs- und gesellschaftstheoretischer Hypothesen dar, die aufgrund eines 'ontologischen Sprungs' gewonnen werden. Ich erkläre dies an einem Beispiel, für das ich wiederum Humboldts Bildungstheorie wähle, weil diese dafür besonders anfällig scheint. Wenn Humboldt von der gegenseitigen Teilhabe der Lehrenden und Lernenden, von Einsamkeit und Freiheit und der gemeinsamen Arbeit an unaufgelösten Fragestellungen spricht, sind systematisch Prinzipien wissenschaftlichen Handelns und nicht die konkreten Handlungsformen des 19. Jahrhunderts gemeint. Ganz offensichtlich strahlen jedoch bei vielen Rezipienten diese Handlungsformen von einst - wie z.B. Seminare mit zehn jungen, 'interessierten' Bürgerabkömmlingen und das einsam-forschende Schreiben im Tegeler Schlößchen - größere Attraktivität aus, als das kritische und produktive Potential Humboldtscher Theoreme, die zum Nachdenken anregen wollen. Humboldt hat die Herausforderungen *seiner* Zeit auf vielleicht wirklich zeit*losem* Horizont mit höchst zeit*gebundenen* Mitteln gelöst. Er selbst würde wohl die heutige instrumentelle Funktionalisierung seines damaligen Denkens verweigern oder zumindest belächeln und statt dessen den reflexiven Wert betonen und erhoffen. Bildung findet immer neue Formen der Realisierung, die nicht unmittelbar aus deren theoretischer Fundierung erwachsen. Dieser klassische Fehlschluß hat jedoch allzu häufig zur Diskreditierung von Bildungstheorien beigetragen, deren Wirkung er doch eigentlich erweisen wollte: Stimmten nämlich die Handlungsformen nicht, folgerte man schnell die Falschheit oder Irrelevanz der Theorie. Auch dies ist sicher ein Fehler.

(3) Ein drittes Beispiel ist die Soziologie bzw. Entwicklungspsychologie. Die von ihr untersuchten Phänomene haben auf der empirisch-relevanten Ebene einen direkten Einfluß auf die Qualität der Hochschullehre. Dies wird immer noch weitgehend unterschätzt. Tatsächlich spielen die Lebensformen junger Erwachsener eine zentrale Rolle bei der Frage, wie das Lehren für ihr gelingendes Lernen gestaltet werden muß. Geht man in der oben stehenden Tabelle die Bereiche durch, die auf der empirisch-relevanten Ebene einen direkten Einfluß auf die Lehre haben, so sind die Phänomene, die an der Schnittstelle von Soziologie und Entwicklungspsychologie untersucht werden, sicherlich die mit dem *größten* Einfluß. Deduktiv-funktional gesehen liegt daher hier ein zentrales Feld der Reflexion, um germanistischen Hochschulunterricht heute zu verstehen.

(4) Die schwierigste Zuordnung betrifft sicher die Fachwissenschaft, die Gegenstand der Vermittlung ist. Hier gehen die Trennlinien mitten durch das Klassifikationsschema. Auf einer deduktiv-funktionalen Ebene ist die Germanistik insofern bedeutsam, wenn sie als kritische und öffentliche Wissenschaft verstanden wird, denn dann (und nur dann) wird sie gesellschaftliche Phänomene so auf ihren Gegenstand beziehen, daß daraus ein Reflexionsraum für die Qualität germanistischer Hochschullehre werden kann. Entgegen vieler Meinungen und Hoffnungen hat sie jedoch kaum einen instrumentellen Wert für die Gestaltung des Unterrichts. Dies hängt mit der gleichen Problematik zusammen, wie wir sie schon bei der Bildungs- und Gesellschaftstheorie beobachten konnten. Theorien und die auf sie bezogenen Handlungsformen treten zwar in eine immer neu zu bestimmende und gestaltende Wechselwirkung, sie sind jedoch durch kein natürliches Band miteinander verbunden. Hier muß man sich nun auf die schwierige Unterscheidung zwischen primären und sekundären Gegenständen der Wissenschaft einlassen. Ich tue es, um dem Einwand zu begegnen, daß sich von dem *primären* Gegenstand der Germanistik, der deutschen Sprache und Literatur, natürlich schon Handlungsformen für den Hochschulunterricht ableiten lassen, wie die Fachdidaktik dies gezeigt hat. Dieser instrumentelle Charakter gilt jedoch nicht für den sekundären Gegenstand fortschreitender Theoriebildung. Gleichermaßen mag überraschen, daß die Germanistik als Wissenschaft keinen direkten Einfluß auf die Qualität ihrer Hochschullehre haben soll. Hier ist eine doppelte Differenzierung notwendig: Erstens ist die Qualität der germanistischen Wissenschaft, wie sie sich im Forschungsdiskurs darstellt, zwar eine wichtige Voraussetzung für die germanistische *Lehre*, über *deren Wert* entscheidet aber allein die Vermittlungsqualität, also die Frage, wie die Gegenstände des Forschungsdiskurs im Hochschulunterricht erscheinen. Diese beiden verschiedenen Qualitäten werden oft in eins gesetzt, was ein Grund dafür sein mag, daß so wenig klare Vorstellungen über die reale Qualität der germanistischen Hochschullehre bestehen. Zweitens ist, wie ich dies bereits z.B. für Soziologie und Entwicklungspsychologie formuliert habe, der fachliche Aspekt im engeren Sinne zwar Gegenstand der *Lehre*, über *deren Wirkung* entscheiden jedoch offensichtlich andere Faktoren wesentlich stärker als der fachliche Gegenstand. Hier kommt zum Beispiel die Hochschuldidaktik als Fragestellung der Professionalität wissenschaftlichen Lehrens und Lernens ins Blickfeld. Beide Differenzierungen betreffen übrigens nicht nur die Germanistik, sondern jedes andere Wissenschaftsfach der Hochschule ebenfalls. Für unseren Fall ist festzuhalten: Der empirisch-relevante Einfluß der Germanistik auf die Qualität ihrer Lehre ist überraschenderweise eher indirekter Natur.

3.5 *Fragenkatalog für die systematischen Kontexte*

Stellt man in den systematischen Kontexten aufgrund der vorgenommenen Klassifikation nun Fragen, deren Antworten zur Qualitätsentwicklung der germanistischen Hochschullehre beitragen können, so ergibt sich folgender Katalog:

1 Bildungs- und gesellschaftstheoretische Fragestellungen:

1.1 Welche Rolle spielt wissenschaftliche Bildung heute in den verschiedenen gesellschaftlichen Kontexten?
1.2 Wie sieht die wissenschaftliche Bildung der Zukunft aus?
1.3 Welche Gesellschaft wollen wir mit welcher Bildung konstituieren und begleiten?
1.4 An welchen Vorbildern und Theorien können wir uns orientieren?
1.5 Was können politische Orientierungen für eine Hochschulreform sein, die deren theoretisches Fundament und praktische Wirkungen ernst nimmt?
1.6 Was muß eine Gesellschaft für ihre Bildung tun, um sie selbst zu sein und zu bleiben?

2 Soziologische bzw. entwicklungspsychologische Fragestellungen:

2.1 Welche Lebensformen haben heute junge Erwachsene?
2.2 Wie läßt sich die Lebensphase 'junges Erwachsenenalter' beschreiben?
2.3 Welche Haltungen, Voraussetzungen und Hoffnungen bringen Studierende in ein Hochschulstudium ein?
2.4 Wie leben Studierende heute?

3 Germanistische Fragestellungen:

3.1 Welche germanistische Wissenschaft kann für welche Gesellschaft formuliert werden?
3.2 Wie kann eine germanistische Wissenschaft für die Öffentlichkeit gewollt werden?
3.3 Welche Anstrengungen hat und welche muß die Wissenschaft noch unternehmen, um ihren Gegenstand im Hochschulunterricht optimal zu vermitteln?
3.4 Wie ist der momentane fachwissenschaftliche Stand der Germanistik im Kontext ihrer Fachgeschichte zu beurteilen?
3.5 Welche Rolle spielt die Fachkultur bei der Entwicklung fachwissenschaftlicher Positionen?
3.6 Was ist die Germanistik? genauer die Frage nach
3.6.1 der Geschichte des Faches: *Woher* kommt die und wie kam es zur Wissenschaft Germanistik?
3.6.2 dem Selbstverständnis des Faches bzw. nach der Theoriediskussion: *Wie* versteht die Wissenschaft sich selbst?
3.6.3 den Gegenstandsfeldern: *Womit* soll sich die Germanistik beschäftigen?
3.6.4 den Methoden: *Wie* soll sie mit den Gegenständen umgehen?
3.6.5 nach den Aufgabenbeschreibungen: *Welche* Funktionen bzw. Aufgaben soll die Germanistik in der gegenwärtigen gesellschaftlichen Situation übernehmen?

4 Fragestellung 'Literatur':

4.1 Welche Funktion hat Literatur* in der Gesellschaft?
4.2 Was ist Literatur** in der Fachwissenschaft?
4.3 Welche Funktion hat Literatur*** für die Studierenden?
4.4 Wie kann die Wissenschaft damit umgehen, daß ihr Literaturverständnis different ist von dem der Gesellschaft und der Studierenden? Ist eine Integration der unterschiedlichen Verständnisse möglich?

5 Hochschuldidaktische Fragestellungen:

5.1 Wie kann Lehren und Lernen sinnvoll aufeinander bezogen werden?
5.2 Wie kann Lehren und Lernen professionalisiert werden?
5.3 Wie soll ein Lehrender im Hochschulunterricht was tun und auf welche Wirkungen darf er hoffen?

6 Lernpsychologische Fragestellungen und solche der empirischen Lehr-/Lernforschung:

6.1 Wie sind die realen Wirkungen der Lehre einzuschätzen?
6.2 Wie kann Lernen optimal gefördert werden?
6.3 Welche Lernstrategien gibt es und wie können diese gelernt werden?

7 Fragestellungen des Qualitätsmanagements:

7.1 Wie kann die Qualität der Lehre im konkreten eindeutig quantifiziert und verglichen werden?
7.2 Wie kann ein Lehrbetrieb als Managementaufgabe begriffen und optimal gestaltet werden?
7.3 Welche Sicherungsmaßnahmen müssen durchgeführt werden?
7.4 Wie kann erreichte Qualität nachhaltig gesichert werden?

8 Fragestellungen der Personalentwicklung:

8.1 Was muß ein Hochschullehrer können?
8.2 Was muß ein Hochschullehrer wie lernen?
8.3 Welche Laufbahnbeschreibung wäre unter der Maßgabe optimaler Aufgabenerfüllung vorzuschlagen?
8.4 Was ist strategische Personalentwicklung?
8.5 Was heißt Steuerung und Führung im Fachbereich?

9 Fragestellungen der Organisationsentwicklung:

9.1 Wie kann eine gemeinsame Zielentwicklung für einen Fachbereich aussehen?
9.2 Welche Kommunikationsstrukturen braucht ein Fachbereich?
9.3 Unter welchen Bedingungen kann ein Fachbereich eine lernende Organisation werden?

10 Betriebs- bzw. volkswirtschaftliche Fragestellungen:

10.1 Welche gesellschaftlichen Ressourcen braucht die wissenschaftliche Hochschullehre?
10.2 Wie kann der schonende Einsatz von Ressourcen optimiert werden?
10.3 Was kostet ein Studium? Wie hoch sind die gesellschaftlichen Kosten und Gewinne?
10.4 Wie *wird* ein Lehrender finanziert und wie finanziert *sich* ein Studierender?
10.5 Wie kann wissenschaftliche Bildung bezahlt werden?

Diese Auflistung von Fragen ist sicherlich unvollständig. Durch ihre Zusammenstellung in einem gemeinsamen Katalog ist jedoch bereits eines deutlich: *Qualitätsentwicklung in der germanistischen Hochschullehre ist weder ein disziplinäres noch ein interdisziplinäres Projekt, sondern ein transdisziplinäres im Sinne der Lösung einer gemeinsamen Aufgabenstellung in Theorie und Praxis.* Damit gewinnt die Grundthese dieser Untersuchung eine wichtige Qualität: Wer die Lehre neu versteht, wird die Wissenschaft neu denken, weil mit ersterer am leichtesten die disziplinäre Identität als Entwicklungsaufgabe ihrer Vermittlung begriffen und konstituiert werden kann, ohne in den engen Bahnen der Disziplin bleiben zu dürfen.

4 Orientierungen zu Verständnis und Vermittlung einer öffentlichen Wissenschaft

Im folgenden möchte ich eine Auswahl von Antworten vorstellen, die in den unterschiedlichen systematischen Kontexten möglich sein können. Ich werde mich notwendigerweise auf exemplarische Argumentationen beschränken, die eher als Orientierungen denn als umfassende Antworten dienen können. Mit diesen Beispielen sind also weder *alle* denkbaren Antworten gegeben oder auch nur angesprochen, noch werden die Kontexte *als solche* umrissen und vorgestellt. Vielmehr steht der Auf- und Nachweis ihrer Produktivität im Vordergrund. Die ersten drei Kontexte, die bildungstheoretische, soziologische, entwicklungspsychologische und germanistische Fragestellungen betreffen, nehmen einen auffällig breiten Raum ein. Dies aus zweierlei Gründen: Erstens, weil gerade in Bildungstheorie und Germanistik der gestellten Aufgabe, vorhandene Traditionen zu kritisieren und für eine Neubeschreibung zu öffnen, am besten nahe zu kommen ist. Zweitens, weil alle drei Kontexte grundlegende Phänomene und Probleme ansprechen und daher differenzierter erklärt werden müssen. Diese quantitative Gewichtung gegenüber den anderen sieben Bereichen sagt aber weder etwas über den wissenschaftlichen 'Wert' bzw. die inhaltliche Bedeutung der Frageperspektiven aus, noch über die Wirkung, die sie bei Qualitätsentwicklung germanistischer Hochschullehre entfalten können.

4.1 Bildungstheoretische Orientierungen

Ich beginne mit einem historischen Exkurs in die Bildungstheorie, die nach wie vor ein Fundament für die Gestaltung der Hochschullehre bieten kann und muß, und knüpfe vor allem an Punkt 1.4 und Punkt 1.5 des Fragenkatalogs an: An welchen Vorbildern und Theorien können wir uns orientieren? Und: Was können politische Orientierungen für eine Hochschulreform sein, die deren theoretisches Fundament und praktische Wirkungen ernst nimmt?

4.1.1 Die Freiheit und die Einsamkeit des Wissens: Seinsverfassung und 'Verfassungsrecht'

Als Wilhelm von Humboldt 1810 „Ueber die innere und äussere Organisation der höheren wissenschaftlichen Anstalten in Berlin“[32] schrieb, bündelte er damit, nicht ohne eigene starke Akzentsetzungen, eine sehr heterogene, mindestens seit

---

[32] Humboldt, Wilhelm von: „Ueber die innere und äussere Organisation der höheren wissenschaftlichen Anstalten in Berlin“. In: *Wilhelm von Humboldt. Gesammelte Schriften.* (Kgl.) Preuss. Akad. d. Wiss.: A. Leitzmann, B. Gebhardt, W. Richter (Hg.), 17 Bde., Berlin/Leipzig (Nachdruck Berlin 1968) 1903-36, Band X, S. 250 ff.

1802 andauernde, lebhafte bildungstheoretische und bildungspragmatische Diskussion. Kant hatte 1798 mit seiner Schrift „Der Streit der Fakultäten“[33] den entscheidenden Anstoß zu diesem Disput gegeben, der sehr engagiert, zuweilen leidenschaftlich, geführt wurde und eine Fülle von Veröffentlichungen nach sich zog, die sich nicht nur an ein Fachpublikum, sondern durchaus an einen weiteren Leserkreis wandten. Kant, dessen Schrift sich sowohl gegen die mittelalterliche Zunftuniversität als auch gegen die Popularaufklärung richtete, fürchtete vor allem um den Verlust der kritischen Dimension, die in der bourgeois-absolutistisch geprägten Spätaufklärung verlorengegangen war.[34] Die von ihm terminologisch auch als solche identifizierte ‘Streit’-Frage sah er in der Rollenverteilung der Philosophie, der ‘unteren’ Fakultät, mit den ‘oberen’ der Theologie, der Jurisprudenz und der Medizin begründet. Letztere wären nach den Verstandeszwecken der Regierungsherrschaft und der Nützlichkeit bestimmt, nur die untere sei daher so frei von fremden Zwecken, daß sie die obere kritisieren könne. Kant dreht also in gewisser Weise und nicht ohne Ironie die klassische Rollenverteilung um, in der die Philosophie bisher lediglich *ancilla theologiae* war, und fragt „ob diese ihrer gnädigen Frau die Fackel vorträgt oder die Schleppe nachträgt“[35].

Neben dieser wissenschaftstheoretischen Fragestellung spricht Kant jedoch - hier durch die Charakterisierung der oberen Fakultäten indirekt - noch ein weiteres Problem an, das nicht nur die damalige, sondern auch die heutige Diskussion beherrscht, die Frage nämlich, inwieweit der moderne Staat so die Gesellschaft repräsentiert, daß er sich in die innere Organisation der Universitäten einmischen dürfe. Neben der Problematik, wie denn das wissenschaftliche Lehren und Lernen in der neuen Universität eingerichtet sein solle, liegt hier der zweite andauernde Streitpunkt, den auch Humboldt nur vorläufig lösen kann. Er tut dies bekanntlich mit dem sich schon bald als vergeblich erweisenden Versuch, die „Gränzen der Wirksamkeit des Staates“[36] sehr eng zu ziehen, was aus der historischen Perspektive der Verhältnisse in Preußen sicher sinnvoll war, jedoch ohne die damalige Zielrichtung einer bürgerlichen Konstituierung in einem immer noch absolutistisch geprägten politischen Umfeld weder zu verstehen noch richtig zu würdigen ist. Insofern stellt sich die heutige Situation fundamental anders dar als zu Beginn des 19. Jahrhunderts. Damals mußte jedes Freiheitsrecht nicht nur ‘symbolisch’, sondern höchst real eingeklagt und abgesichert werden, wes-

---

[33] Kant, Immanuel: „Der Streit der Fakultäten“. In: *Werke in sechs Bänden.* Hrsg. von Wilhelm Weischedel. Bd. VI. Darmstadt 1983. S. 261-393

[34] Vgl. Müller, Ernst: „Nachwort“. In (ders.): *Gelegentliche Gedanken über Universitäten von ...* Leipzig 1990. S. 291-311

[35] Zit. nach Müller, „Nachwort“, a.a.O., S. 295

[36] Vgl. Humboldt, Wilhelm von: „Ideen zu einem Versuch, die Gränzen der Wirksamkeit des Staats zu bestimmen“. In: *Gesammelte Schriften*, a.a.O., Bd. I, S. 97 ff.

wegen Humboldt den Staat vor allem in die Pflicht nahm, die Freiheit seiner Bürger zu sichern. Der Staatskritiker Humboldt war ohnehin nur durch den Einfluß des im gleichen Atemzug vom Adel geschaßten Freiherr vom Stein im Februar 1809 zum geheimen Staatsrat und zum Chef der neugebildeten „Section des Cultus und öffentlichen Unterrichts" im Innenministerium avanciert. Im April 1810, ein halbes Jahr vor der Universitätsgründung im Oktober, trat Humboldt bekanntlich, weitgehend entmachtet und deutlich gekränkt[37], zurück. Schleiermacher führte in der von Humboldt noch eingesetzten Einrichtungskommission die Sache so weiter, daß es überhaupt zur Gründungsveranstaltung und zur Aufnahme des Lehrbetriebs kam. Als im Monat November der antiliberale Friedrich Schuckmann Humboldts Nachfolge in der „Sektion" antrat und nicht nur mit seinem kleinlichen Bürokratisierungsdrang die Berliner Universität in politischer wie in finanzieller Hinsicht bereits stark in Bedrängnis brachte, sondern auch viele der Humboldtschen Ansätze wieder zurücknahm, war letzterer schon seit fünf Monaten zum preußischen Gesandten in Wien ernannt. In gewisser Hinsicht endete also bereits Ende 1810 die Humboldtsche Universitäts*realität* bevor sie eigentlich begonnen hatte, und offensichtlich war eben die Nichteinlösung des Programms die Geburt des *Ideals*.

Aber schon die vor der Gründung ausgetragene Diskussion unter den kommenden, möglichen oder nicht gewünschten Hochschullehrern war nicht gerade von Konsens getragen. Dies zeigt sich vor allem in der neuhumanistischen Einstellung Humboldts und der romantischen Schleiermachers[38] einerseits, die gemeinsam, sehr grob skizziert, ein weitgehend liberales, sich entwickelndes organisches Modell des Lehrens und Lernens favorisierten, und Fichtes „Deduziertem Plan"[39] eines Wissenschaftskonzeptes andererseits, das eine durchstrukturierte „Erziehungsanstalt"[40] forderte, die in der Reglementierung gerade den aufgeklärten Bürger heranbilden sollte. Ich erwähne die damalige Diskussion, an der sich außer den Genannten u.a. auch J. J. Engel[41], J. B. Erhard[42],

---

[37] Vgl. Humboldt, Wilhelm von: „Entlassungsgesuch". In: *Gesammelte Schriften*, a.a.O., Bd. X, S. 244 ff.

[38] Schleiermacher, Friedrich Daniel Ernst: „Gelegentliche Gedanken über Universitäten in deutschem Sinn. Nebst einem Anhang über eine neu zu errichtende". In: Müller, Ernst (Hrsg.): *Gelegentliche Gedanken über Universitäten von ...* Leipzig 1990. S. 159-253

[39] Fichte, Johann Gottlieb: „Deduzierter Plan einer zu Berlin zu errichtenden höhern Lehranstalt, die in gehöriger Verbindung mit einer Akademie der Wissenschaften stehe". In: Müller, Ernst (Hrsg.): *Gelegentliche Gedanken über Universitäten von...* Leipzig 1990. S. 59-158, hier S. 59

[40] Ebd.

[41] Vgl. Engel, Johann Jakob: „Denkschrift über Begründung einer großen Lehranstalt in Berlin (13. März 1802)". In: Müller, Ernst (Hrsg.): *Gelegentliche Gedanken über Universitäten von...* Leipzig 1990. S. 6-17

F. A. Wolf[43], K. F. Savigny[44] und auch G. W. F. Hegel[45] beteiligten, um deutlich zu machen, daß schon damals bei seiner Einrichtung am Berliner Universitätsmodell so ziemlich alles umstritten war, was umstritten sein konnte. Mit den aufgezählten Namen, die auch *Positionen* charakterisieren, ist jedoch nicht nur verbunden, daß ein breites Spektrum des philosophischen Denkens der Zeit in dieser Diskussion vertreten war. Die Lektüre der zum Thema erstellten Schriften zeigt, daß schon damals das jeweilige Universitätsmodell bereits stark von den *Personen* abhing, die entweder in ihm arbeiten wollten (auf der Seite der Hochschullehrer) oder sich anderweitig direkte Nützlichkeit versprachen (auf der Seite des Staates). Wirklich einig war man sich, auch innerhalb der jeweiligen Interessengruppen, nie, sieht man von den beträchtlichen inhaltlichen und persönlichen Übereinstimmungen Schleiermachers und Humboldts einmal ab, die jedoch ebenfalls ihre Grenzen hatten. Die Entwicklung einer idealistischen Bildungskonzeption ohne Interessen von Gruppen und vor allem von Personen hat es nie gegeben.

Humboldts tatsächliche Rolle in diesem Geflecht ist bis heute umstritten, wobei man davon ausgehen kann, daß er *sowohl* inhaltlich als auch politisch-administrativ auf die Universitätsgründung Einfluß genommen hat.[46] Eine Verkürzung dieser Rolle auf eine rein administrative Funktion ist sicher falsch. Offensichtlich aber ist, daß er in dieser in vieler Hinsicht disparaten Lage, die durch die politischen Gegebenheiten und die dringlich gewordene gänzliche *Neuorganisation* und vor allem *Vereinheitlichung* (Humboldt forderte zum Beispiel das humanistische Gymnasium als Einheitsschule[47]) des Bildungswesens durch einen hohen Handlungsbedarf charakterisiert war, nicht nur als Bildungsplaner und -theoretiker, sondern auch als Bündeler und Vermittler der bildungs-

---

[42] Vgl. Erhard, Johann Benjamin: „Über die Einrichtung und den Zweck der höheren Lehranstalten [Auszug]". In: Müller, Ernst (Hrsg.): *Gelegentliche Gedanken über Universitäten von...* Leipzig 1990. S. 18-42

[43] Vgl. Wolf, Friedrich August: „Vorschläge, wie ohne irgendeinen neuen Aufwand statt der jetzt verlorenen zwei am besten dotierten Universitäten eine für hiesige Lande und für ganz Deutschland wichtige Universität von größerer Anlage gestiftet und in kurzer Zeit in Gang gebracht werden könnte". In: Müller, Ernst (Hrsg.): *Gelegentliche Gedanken über Universitäten von...* Leipzig 1990. S. 44-54

[44] Vgl. Savigny, Karl Friedrich: „Rezension von: F. Schleiermacher, Gelegentliche Gedanken über Universitäten in deutschem Sinn. Berlin 1808". In: Müller, Ernst (Hrsg.): *Gelegentliche Gedanken über Universitäten von...* Leipzig 1990. S. 259-266

[45] Vgl. Hegel, Georg Wilhelm Friedrich: „Über den Vortrag der Philosophie auf Universitäten". In: Müller, Ernst (Hrsg.): *Gelegentliche Gedanken über Universitäten von...* Leipzig 1990. S. 284-290

[46] Zu Humboldts Rolle als Sektionschef vgl. auch Tilman Borsche: *Wilhelm von Humboldt.* München 1990. S. 31

[47] Vgl. Borsche, *Humboldt*, a.a.O., S. 60

politischen Positionen und Interessen seiner Zeit auftrat. So sah Humboldt zum Beispiel schon damals keinen sich ausschließenden Gegensatz zwischen „zweckfreier Wissenschaft und berufsvorbereitendem Studium“. Er war lediglich, wohl zu Recht, der Ansicht, daß gerade Staatsdiener und Lehrer die beste Berufsvorbereitung dadurch erhalten, daß sie sich zunächst ohne berufliche Zwänge und ohne von ihrem zukünftigen Arbeitgeber instrumentalisiert und weltanschaulich kanalisiert zu werden, wissenschaftlich und identitätsbildend frei ausbilden sollten. Der sich entwickelnde moderne Staat brauchte nach seiner Meinung keine bürokratischen Lakaien, sondern aufgeklärte Bürger mit Zivilcourage.

Eine weitere - weitgehend unbestrittene - Funktion Humboldts besteht darin, daß er das Anliegen vieler bildungspolitisch zielgerichtet *umsetzte* und in kurzer Zeit überwiegend erfolgreich administrierte.[48] Der Erfolg seiner Tätigkeit wird am besten durch die baldige Entlassung dokumentiert, die zeigt, daß von politischer Seite soviel an aufgeklärtem Gedankengut (und dieses sichernde Institutionen) noch nicht akzeptiert werden konnte.

Da schon viele *ihr* Bildungsideal formuliert hatten, mußte Humboldt in diesem geistigen und politischen Klima ebenso vorsichtig bleiben wie grundsätzliche Bildungsüberlegungen mit alltäglicher Realpolitik verbinden. Diese Spannung Humboldts wird heute nur bei genauerem Hinsehen in der Interpretation seiner Texte deutlich. Zwei Lesarten eines Beispiels, das Bildungsgeschichte machte: Humboldt formuliert in seinem Text „Ueber die innere und äussere Organisation ...“ ein Diktum, das nicht unbedingt besondere Beachtung finden mußte. Er konstatiert zuvor, daß „allein der Hauptgesichtspunkt die Wissenschaft“[49] bleibe[50], und kennzeichnet seinen Text damit schon als politische Stellungnahme mit dem kritischen Blick einerseits auf den Staat und dem freundlichen andererseits auf die Positionen, wie ich sie oben skizziert habe. Er schreibt weiter:

> „Da diese Anstalten ihren Zweck indess nur erreichen können, wenn jede, soviel als immer möglich, der reinen Idee der Wissenschaft gegenübersteht, so sind Einsamkeit und Freiheit die in ihrem Kreise vorwaltenden Principien.“[51]

Kaum eine andere Wendung Humboldts hat eine so weitreichende und ‘kreative’ Rezeption erfahren wie die von „Einsamkeit und Freiheit“. Humboldts Einbettung in einen universalen idealistischen Zusammenhang schnell vergessend und seine synthetisierende Einbindung in die damalige Bildungsdebatte verdrängend

---

48 Vgl. Borsche: *Humboldt*, a.a.O., S. 31

49 Humboldt, „Ueber die innere ...“, a.a.O., S. 251

50 Humboldt verwendet bewußt und gleichsam beschwörend das Prädikat ‘bleiben’, wenn auch die Bedeutung nicht mit dem heutigen Wort ‘bleiben’ analog gesetzt werden kann.

51 Humboldt, „Ueber die innere ...“, a.a.O., S. 251

hat sie - wie manch andere Wendung auch - eine höchst reduktionistische und ihren wahren Gehalt teilweise entstellende Karriere gemacht.

Hatte z.B. der Soziologe Helmut Schelsky in seinem 1962 erschienenen Buch, das schon im Titel die gebrauchsfertige Isolierung Humboldtscher Terminologie signalisiert, nicht nur die Absicht, „die Idee der deutschen Universität in ihrem historischen Gestaltwandel zu vergegenwärtigen, daraus Kriterien zur Beurteilung der gegenwärtigen Krisen abzuleiten und durch 'Rückkehr zu den Anfängen' jene Grundsätze der Universitätsreformen zu gewinnen, die dieses Vorhaben zu einer Neugestaltung und nicht zu einer bloßen Anpassung an die Zeitumstände"[52] machen, sondern dies auch in seiner Untersuchung konsequent durchgeführt, kommt er 1970 im Vorwort zur zweiten Auflage zu der Feststellung, daß ein „solches Vorhaben *heute* (Umst. d. V.) kaum noch eine Chance der Verwirklichung" habe, er „also die Grundüberzeugung, in der dieses Buch geschrieben wurde, aufgegeben"[53] habe. Vor allem seine Enttäuschung über die damalige Hochschulpolitik ist hier deutlich zu merken. Warum Schelsky trotzdem einer zweiten Auflage zustimmte, läßt er - bis auf einen eher blassen Hinweis auf den historischen Wert seiner Darstellung - allerdings offen. Inzwischen gilt diese interessante Studie, die in den Bildungsreformen der 60er und 70er Jahre eine wichtige Rolle spielte, nicht mehr als Klassiker der in ihr formulierten Idee, sondern allzuoft als Klassiker der von der deutschen Hochschulrealität Enttäuschten, ihrer Dauerwarner und Schnellsanierer[54], der Melancholiker, ja sogar der zutiefst Frustrierten und der Zyniker.

Wie konnte es zu dieser Umwertung kommen? Drei Aspekte sind m. E. in diesem Kontext bedeutsam: *Erstens* hat Schelsky, wie viele andere auch, Humboldts Diktum offenbar sehr stark institutionell interpretiert. Sind *zweitens* Voraussetzungen solcher Art tatsächlich oder scheinbar nicht mehr gegeben, wird gefolgert, auch das Diktum habe seinen substantiellen Wert verloren. *Drittens* sind mit hohen Idealen auch immer massive Enttäuschungen verbunden, die, bei direkter Übertragung des damaligen, in Teilen höchst zeitgebundenen, Universitätsideals jedoch fast notwendig auftreten. Ohne Humboldts Wille wurde mit seiner Wendung ein Topos mitbegründet, der bis heute zum stabilsten gehört, was Wissenschaftstheorie, als 'politische' Wissenschaftspragmatik betrieben, zu bieten hat: Dieser Topos liegt darin, in und für die Wissenschaft erst einmal festzustellen, was sie alles (gesellschaftlich) *nicht* tun darf, wenn sie bleiben will,

---

[52] Schelsky, Helmut: *Einsamkeit und Freiheit. Idee und Gestalt der deutschen Universität und ihrer Reformen.* 2., um einen „Nachtrag 1970" erweiterte Aufl. Düsseldorf 1971

[53] Ebd.

[54] Vgl. Glotz, Peter: *Im Kern verrottet? Fünf vor zwölf an Deutschlands Universitäten.* Stuttgart 1996. S. 44

was sie ist. Ein Beispiel für diese oft nur latente, aber omnipräsente Argumentationsfigur bietet Jürgen Mittelstraß in „Wissenschaft als Lebensform“:

> „Wissenschaft kann sich zwar nicht freimachen von gesellschaftlichen Bedingungen und Zwecken, aber sie kann diese Bedingungen und Zwecke transzendieren, so nämlich, daß Wissenschaftlichkeit (1) als Überwindung individueller und gesellschaftlicher Subjektivität und (2) als transsubjektive Steigerung derjenigen Rationalitäten und Orientierungen begriffen wird, derer die Gesellschaft bedarf, um ihren *Vernunftzweck* zu erreichen: Wissenschaft also nicht nur als *gesellschaftliche* und *methodische* Praxis, sondern auch (wieder) als *Idee* und *Lebensform*, das wissenschaftliche Subjekt nicht nur als Teil der Gesellschaft, dessen Tätigkeit wie die aller anderen Teile unter allein ökonomische Kategorien der Arbeit geraten ist, sondern als *Träger universaler Orientierungen.*[55]

Nun wird niemand ernstlich bestreiten, daß Mittelstraß an dieser Stelle eine mögliche Erklärung für den Zusammenhang von Wissenschaft und Gesellschaft formuliert. Es geht mir aber hier eher um die Frage, *wie* er diese Einsichten gewinnt. Bedenkenswert ist also nicht nur das, was Mittelstraß hier sagt, sondern auch das, was er *mit*sagt, nämlich die vermeintliche oder tatsächliche Bedrohungssituation, unter der Wissenschaft in der modernen Gesellschaft andauernd stünde. Wahrscheinlich ist diese Problematik wesentlich differenzierter zu sehen, als sie hier und andernorts auftaucht. Fast jede Wissenschaftsklärung, die heute Positionen bezieht, beginnt fast reflexartig mit negativer Abgrenzung gegenüber dem gesellschaftlichen Kontext. Offensichtlich liegt hier, unabhängig von der jeweiligen Realität in Bildungspolitik und Gesellschaft, ein Topos der gesellschaftlichen Abwehr begründet, der mit der *Interpretation* von Humboldts Diktum, wenn nicht seinen Anfang, so doch erheblich Auftrieb genommen hat und nicht *allein* durch seinen produktiven Charakter, z.B. eine Immunisierung *der* Wissenschaft gegen schnellen Zeitgeistwechsel oder auch gegen eine Instrumentalisierung *von* Wissenschaft in totalitären Staatsauffassungen erklärt werden kann.

Ich behaupte, daß ein Blick auf Humboldts Gesamttext von 1810 einen solchen Gang der Argumentation nicht unbedingt nahelegt, zumindest insofern, als er nicht den Kern von Humboldts Aussagen einfängt. Humboldt versucht zwar in der Tat, die damals erst entstehende Universität als liberalen Ort der Wissenschaft „mit seinen drei Säulen *Freiheit der Wissenschaften, Einheit von Forschung und Lehre* und *Wissenschaft als Bildung*“[56] abzusichern, er war sich aber der Tatsache, ein Ideal zu formulieren, nicht nur bewußt, ihm war - gleichsam dialektisch - die Politikgebundenheit seines Anliegens sehr wohl vor Augen. Humboldt fundiert daher gerade deswegen seine Bemerkungen nicht nur in ei-

[55] Mittelstraß, Jürgen: *Wissenschaft als Lebensform. Reden über philosophische Orientierungen in Wissenschaft und Universität.* Frankfurt am Main 1982. S. 7-8

[56] Müller, „Nachwort“, a.a.O., S. 293

nem institutionellen Schema, das ist quasi nur die Außenseite, die äußere Form bzw. Gestalt des Anliegens, die die Rezeption so begierig aufgegriffen hat. Humboldt fragt vielmehr differenzierter, in dieser Schrift etwas populärer als in anderen, danach, wie in einem organischen Wissenschaftsbild und einer als ganzheitlich konzipierten Anthropologie, die u. a. den ontologisch-anthropologischen Entwicklungsgedanken des Aristoteles wieder aufnimmt, Menschen überhaupt verfaßt sind, zu denen nicht unbedingt die institutionelle Wissen*schaft*, wohl aber die *Schaffung* von *Wissen* grundständig hinzugehört. Ein Blick auf Humboldts sprachphilosophische Schriften illustriert dies. In der Kawi-Einleitung, die 20 Jahre später, zwischen 1829 und 1935 entstand, stellt Humboldt fest:

> „Denn indem in ihr das geistige Streben sich Bahn durch die Lippen bricht, kehrt das Erzeugniss desselben zum eignen Ohre zurück. Die Vorstellung wird also in wirkliche Objectivität hinüberversetzt, ohne darum der Subjectivität entzogen zu werden. Dies vermag nur die Sprache; und ohne diese, wo Sprache mitwirkt, auch stillschweigend immer vorgehende Versetzung in zum Subject zurückkehrende Objectivität ist die Bildung des Begriffs, mithin alles wahre Denken unmöglich. Ohne daher irgend auf die Mittheilung zwischen Menschen und Menschen zu sehn, ist das Sprechen eine nothwendige Bedingung des Denkens des Einzelnen in abgeschlossener Einsamkeit“[57].

Nicht zufällig taucht hier wieder der Begriff der „Einsamkeit“ auf, und zwar im erkentnistheoretischen Zusammenhang der Wirklichkeitskonstituierung durch die Sprache. Erst in der Sprache können wir denken, Begriffsbildung, eben auch und vor allem die wissenschaftliche, bedarf der Sprache als notwendige Bedingung. Die abgeschlossene Einsamkeit macht uns frei zu denken, auch ohne von anderen abhängig zu sein. Humboldt formuliert dann in seiner ‘Weltansichtenthese’ das soziale Korrelat zu dieser erkenntnistheoretischen Feststellung.[58] Wenn Humboldt demnach Einsamkeit und Freiheit aneinander bindet, wird eine Form des begrifflichen Denkens charakterisiert, in der von allem abstrahiert werden muß, was direkter rationaler Verwertbarkeit und Nützlichkeit überantwortet ist, und zwar deshalb, weil Rationalismus nur ein sehr reduzierter Faktor von Wirklichkeitskonstitution und Sinnbildung sein kann. Erst in der Einsamkeit des sprachlichen Denkens entsteht die Freiheit, in Begriffen Wissen zu konstituieren.

Damit spricht Humboldt nicht nur die Prinzipien der Möglichkeit von Erkenntnis an, er skizziert auch, ohne Psychologismus zu betreiben, die psychologischen Grundlagen des Wissenserwerbs als anthropologische Bestimmung. Die

---

[57] Humboldt, Wilhelm von: „Ueber die Verschiedenheit des menschlichen Sprachbaues und ihren Einfluss auf die geistige Entwicklung des Menschengeschlechts“. In: *Wilhelm von Humboldt. Gesammelte Schriften,* a.a.O., Band VII, S. 55

[58] Vgl. dazu Borsche, *W. v. Humboldt,* a.a.O., S. 156 ff.

Frage, wie die Konstituierung des Wissens institutionell geschützt werden kann, ist für Humboldt zwar nicht nebensächlich, aber nachgeordnet. Da sein Freiheitsbegriff nicht institutionell, sondern erkenntnistheoretisch und anthropologisch fundiert ist, verweist er dann wieder auf Einsamkeit, die letztlich nichts anderes meint als Humboldts Begriff von Individualität. In der Konstituierung des Wissens sind wir zunächst immer allein, obwohl unser Wissen dann erst in der Welt Objektivität gewinnen kann und gerade darum mit anderen verhandelt werden muß. Einsamkeit rekurriert demnach auf die Produktionsbedingungen eines Wissens *solcher* Provenienz, das mehr ist als die Beschreibung weltlicher Tatsachen bzw. Sachverhalte, sondern in seiner Ausrichtung an der als überindividuell angenommenen Wahrheit erst individuellen Wert gewinnen kann. Menschliche Freiheit besteht dann in der Wahl unserer Kommunikationspartner, mit denen wir Objektivität konstituieren, und die nur aufgrund dieser Freiheit eine Verstehensgemeinschaft zum zweckfreien Austausch von Weltansichten bilden können.

Humboldts Begriff der Wissenskonstituierung liegt in einer Traditionslinie abendländischer Geistesgeschichte, die wesentlich von Aristoteles beeinflußt ist. Aristoteles sieht nicht die konkreten Wissensbestände selbst, sondern die *Möglichkeit, Wissen zu haben, als Seinsverfassung* an.[59] Wenn Wissen und die Suche danach jedoch Seinsverfaßtheit meint, dann ist Ontologie an Anthropologie geknüpft.[60] Humboldt steht in dieser Traditionslinie, die für die abendländische Mentalitätsgeschichte konstitutiv ist. Daraus hat sich das politische Postulat entwickelt, daß Orte, in denen in besonderer Weise solches Wissen erarbeitet wird, zu schützen sind. Nur für solches Wissen, das in der *Möglichkeit, Wissen zu haben, als Seinsverfassung* gegründet ist, nicht etwa für den banalen 'Positivismus', der oft in der Geschäftigkeit des postmodernen Wissenschaftsbetriebs an der Tagesordnung zu sein scheint, kann mit Aristoteles und Humboldt auch berechtigt Wissenschaftsfreiheit eingeklagt werden. Eine freie und zivile Gesellschaft muß *diese* Form des Wissenserwerbs als conditio sine qua non ihrer Humanität definieren und daher schützen, *das* ist der Sinn der gesetzlich garantierten Hochschulautonomie. Die daraus resultierenden Privilegien werden dann vermittelbar und gesellschaftlich akzeptiert sein, wenn nicht die 'Einsamen', die sich in ihrer vermeintlich 'liberalen' Institution gegenseitig die 'Freiheit' genommen haben, Humboldts Diktum dazu gebrauchen, sich gegen eine Gesellschaft abzuschotten, die sie in ihrer Fähigkeit, in der Einsamkeit des

59 Vgl. Aristoteles: *Über die Seele.* Mit Einleitung, Übersetzung (nach W. Theiler) und Kommentar herausgegeben von Horst Seidl. Hamburg 1995, II. Buch, S. 59 ff.

60 Vgl. dazu auch Picht, Georg: *Aristoteles' 'de anima'.* Mit einer Einführung von Enno Rudolph. Stuttgart (2. Aufl.)1992. S. 309 ff.

Wissens die Freiheit immer neu zu gewinnen, so dringend braucht: „Bildung durch Wissenschaft (und diese verstanden als philosophisch begründete Einheit des Wissens) und akademische Freiheit hieß weder bei Schleiermacher noch bei Humboldt ästhetischer Bildungsfundamentalismus oder der Rückzug in einen Elfenbeinturm, sondern gerade Öffnung zur Welt und zur Gesellschaft."[61] Genau daran kann uns Humboldts Wendung erinnern: Einsamkeit und Freiheit ermöglichen es, *solches* Wissen zu schaffen, mit dem Menschen Identitäts- und Gesellschaftsstiftung nicht als Bedrohung, sondern als produktive Zumutung empfinden können.

4.1.2 Die Gleichheit der bildenden Wissenschaft: Humboldts Geschenk

An Humboldt anknüpfend formuliert Hartmut von Hentig 1996:

> „'Bildung'" ist kein Gegenwort zu Welt, Wirklichkeit, Lebenskampf. Bildung ist nicht Elfenbeinturm, nicht Bücher, nicht Besinnungsaufsatz. Aber es liegt eine Zumutung der Fremdheit in der Bildungsidee. Diese Fremdheit hat Humboldt 'Welt' genannt. Er hat sie definiert als das, 'was wir nicht sind'. Sehr hilfreich ist dies nicht - außer durch die Strenge, mit der wir nun gehalten sind, die Sache selber zu entscheiden."[62]

Selten findet man soviel Besinnung vor für das, was Humboldt gesagt hat, und für das, was er nicht gesagt hat. Versteht man jedoch Bildung als die private und öffentliche Zumutung, über sich selbst hinaus zu gehen, so stellt sich die Frage, in welchen sozialen Formen diesbezügliche Identitäts- bzw. Gesellschaftsstiftung möglich werden kann. Einen Hinweis darauf geben die Autoren der Denkschrift „Zukunft der Bildung - Schule der Zukunft":

> „Das Konzept einer öffentlich verantworteten Bildung wird immer wichtiger, je weiter sich die Schere zwischen technologischer Perfektion und den Schwächen des Menschen als eines sozialen Wesens auftut, je komplexer und unüberschaubarer die Verhältnisse und Zusammenhänge in modernen Gesellschaften sind, die nach demokratischen Verfahren bewältigt werden müssen."[63]

Der Hinweis, daß Problemlösungsstrategien in modernen Gesellschaften notwendig demokratisch ausgerichtet sein müssen, gibt den Weg frei auf eine andere zentrale Feststellung Humboldts, die viel mehr als Einsamkeit und Freiheit etwas über die Organisationsstruktur moderner Wissenschaft aussagt und die heute als das unhintergehbare Geschenk Humboldts an die Geschichte der Universität gelten kann: die grundständig partizipationsorientierte Verfaßtheit jedweder Interaktion von Wissenschaft. Humboldt schreibt:

---

[61] Müller, „Nachwort", a.a.O., S. 305

[62] Hentig, Hartmut von: *Bildung*. München, Wien 1996. S. 164

[63] *Zukunft der Bildung - Schule der Zukunft. Denkschrift der Kommission 'Zukunft der Bildung - Schule der Zukunft' beim Ministerpräsidenten des Landes Nordrhein-Westfalen*. Neuwied u.a. 1995

„Es ist ferner eine Eigenthümlichkeit der höheren wissenschaftlichen Anstalten, dass sie die Wissenschaft immer als ein noch nicht ganz aufgelöstes Problem behandeln und daher immer im Forschen bleiben, da die Schule es nur mit fertigen und abgemachten Kenntnissen zu thun hat und lernt. Das Verhältniss zwischen Lehrer und Schüler wird daher durchaus ein anderes als vorher. Der erstere ist nicht für die letzteren, Beide sind für die Wissenschaft da; sein Geschäft hängt mit an ihrer Gegenwart und würde, ohne sie, nicht gleich glücklich von statten gehen; er würde, wenn sie sich nicht von selbst um ihn versammelten, sie aufsuchen, um seinem Ziele näher zu kommen durch die Verbindung der geübten, aber eben darum auch leichter einseitigen und schon weniger lebhaften Kraft mit der schwächeren und noch parteiloser nach allen Richtungen muthig hinstrebenden.“[64]

Gerade dieser Absatz Humboldts ist lange einseitig vor dem Hintergrund der Gesellschaftsabwehr der Wissenschaft und vor allem vor dem eines anderen Topos universitärer Reformdiskussion interpretiert worden, dem einer angeblichen und überall drohenden 'Verschulung'. Solche Verschulung sehen bildungskonservative Bildungswarner z. B. immer dann, wenn der partizipative Ansatz, der den eigentlichen Kern der Aussage ausmacht, konkret in Strukturen eines Studienganges eingelöst wird. Etwas überspitzt formuliert hat man sogar manchmal den Eindruck, daß der Terminus 'Verschulung' immer dann bemüht wird, wenn Lehren und Lernen in der Hochschule einmal insofern geglückt ist, als beabsichtigtes Lehren erfolgreiches Lernen nach sich zieht. Solche Interpretation verkennt das zentrale Problem, das Humboldt hier anspricht, und für das er gleich eine bis heute gültige Lösung anbietet: Lehrende und Studierende arbeiten gemeinsam, gleichberechtigt und wissenschaftsorientiert an selbstgestellten und gesellschaftlich verantworteten Problemstellungen, was eine neoliberale Interpretation ihres gegenseitigen Verhältnisses als Anbieter und Kunde prinzipiell verbietet. Erst die generationenübergreifende Teilhabe an der Wissenschaft läßt deren konstitutive Elemente Tradierung und Neuentdeckung gelingen. Daß Partizipation heute auch mit Demokratisierung verbunden ist, verleiht der Gleichheit der bildenden Wissenschaft, wenn sie produktiv genutzt wird, eine neue gesellschaftliche Chance in einer Zeit, in der unsere demokratische Kultur in Unübersichtlichkeit und Bürokratie zu verschwinden droht. Damals wie heute ist daher Humboldts Universität Vorbild für gesellschaftliche Veränderung, wenn sie Verfahren herausbilden kann, mit denen Problemstellungen eben dieser Gesellschaft besser gelöst werden können.

Ein - mit Sicherheit zu kurzes[65] - Wort muß noch zum schillernden Begriff der Bildung angemerkt werden, der heute von dem ebenso schillernden Begriff der Verwissenschaftlichung allen Lehrens und Lernens verdrängt zu werden scheint.

---

[64] Humboldt, „Ueber die innere...“. In: *Gesammelte Schriften.*, a.a.O., Band X, S. 251-252.

[65] Ich verweise dazu auf meine Reflexionen in der Einleitung zum *Integrierten Handlungskonzept Studienreform.* Vgl. Verf., „Integrierte Handlungskonzepte als Aktionsmodelle für Studienreformen“. In: *DIHS*, a.a.O., S. 41-49

Bildung kann als Aneignung von Welt verstanden werden, die im Humboldt'schen Sinne gleichsam Identitäts- und Gesellschaftsstiftung meint. Solche Ansätze werden heute als fragwürdig gehandelt, aber eben diese Fragwürdigkeit von *Bildung* ist immer auch ihre Neuschöpfung. Untergangsszenarien einer (möglicherweise) dagewesenen Bildungskultur lassen die Vergangenheit zwar in einem zu rosigen, die Zukunft in einem zu dunklen und die Gegenwart in zu wenig Licht erscheinen. Die Gegenwart scheint allerdings beherrscht von der Wegrationalisierung all dessen, was Mühe macht, langsam ist und deshalb *nachhaltig* Entwicklung fördert. Genau deswegen aber ist Bildung - und der Begriff von ihr - unersetzbar und nach wie vor ein entscheidendes Paradigma unseres gesellschaftlichen Diskurses im umfassenden Sinne. Allerdings steht sie vor bisher nicht dagewesenen Integrationsprozessen zwischen Wissenschafts- und Gesellschaftskultur einerseits und Praxisorientierung bzw. den Erfordernissen, die aus den grundlegenden Strukturveränderungen des Arbeitsmarktes erwachsen, andererseits, weiterhin zwischen älteren und neueren Medien unserer Wahrnehmung, zwischen Individualisierung und Solidarisierung unserer Sozialformen, zwischen Traditionsbewahrung und Modernisierungsglück gesellschaftlicher Entwicklung. Aber der Begriff der Bildung ist tragfähiger als man zunächst denkt, seine schwere Faßbarkeit macht ihn so tauglich für Veränderungen. Abschließend ein Angebot zur Begriffsentwicklung wiederum von Hartmut von Hentig:

> „Bildung kann erstens einen Stoff bezeichnen, eine kanonisierte Sorte von Kenntnissen; die dazugehörigen Verben lauten 'haben' und 'wissen'. Bildung kann zweitens ein Vermögen bezeichnen, die Fertigkeit oder Fähigkeit zu etwas; die dazugehörigen Verben lauten 'können' und 'tun'. Bildung kann drittens einen Prozeß bezeichnen, eine Formung der Person; die kennzeichnenden Verben lauten 'sein', 'werden', 'sich bewußtwerden'. Die letzte Bedeutung ist nur denkbar als 'Sich-Bilden', jene Humboldtsche Figur von der Wechselwirkung zwischen Individuum und Welt, zu der mir die Formulierung 'die Menschen stärken, die Sachen klären' eingefallen ist. Das hat jedes Fach nun für sich zu prüfen: wie die Klärung seiner Sache zur Stärkung der (...) Menschen beiträgt."[66]

Die letztgenannte Aufgabe scheint mir für die meisten Universitätsfächer immer noch ungelöst zu sein. Aber nur mit Antworten auf diese Frage bleibt *bildende Wissenschaft*, als Bildung *durch* Wissenschaft verstanden, kein leerer Allgemeinplatz.

4.1.3 Die Solidarität wissenschaftlicher Bildung: Politische Steuerung - Politik als Gesellschaft

Die umstrittenste Frage in der Hochschulreform der letzten 10 Jahre war nicht die nach den inhaltlichen Eckpunkten, nach denen sich die Reform ausrichten

---

[66] Hentig, *Bildung,* a.a.O., S. 182

sollte, sondern die, *wer* eigentlich mit *welcher* Verantwortung *was* tun darf und soll.

Zentral stehen sich hier vor allem Staat und Hochschule mehr als Kontrahenten denn als Partner gegenüber, was, wie ich versucht habe zu beschreiben, als ein Topos in der Geschichte der Bildungsreformen tief verwurzelt ist. Um dieses grundlegende Problem besser zu verstehen und auf die heutigen Verhältnisse zu beziehen, möchte ich zunächst die Wiederlektüre einer Artikel-Serie vornehmen, die Bildungsgeschichte machte und die alle zentralen Probleme bereits enthält.

Georg Picht schrieb Anfang der 60er Jahre in 'Christ und Welt' über „Die deutsche Bildungskatastrophe", wobei er sich hauptsächlich auf das Handlungsfeld Schule bezog. Er stellte fest, daß „eines der tragenden Fundamente jedes modernen Staates sein Bildungswesen ist (Umst.d.V.)"[67]. Und mit Blick auf die jüngere deutsche Geschichte fügt er hinzu: „Niemand müßte das besser wissen als die Deutschen".[68] Mit deutlichen, ja fast beschwörenden Worten versucht Picht, der deutschen Politik und Gesellschaft anschaulich zu machen, daß „Bildungsnotstand wirtschaftlicher Notstand heißt (Umst.d.V.). Der bisherige wirtschaftliche Aufschwung wird ein rasches Ende nehmen, wenn uns die qualifizierten Nachwuchskräfte fehlen, ohne die im technischen Zeitalter kein Produktionssystem etwas leisten kann."[69] In der Diskussion am Ende der 90er Jahre fallen die Argumente bekanntlich nicht nur ähnlich aus, sie sind bis in die Diktion hinein fast deckungsgleich. Picht bemerkt weiter:

> „Die Zahl der Abiturienten bezeichnet das geistige Potential eines Volkes, und von dem geistigen Potential sind in der modernen Welt die Konkurrenzfähigkeit der Wirtschaft, die Höhe des Sozialproduktes und die politische Stellung abhängig."[70]

All dies wird heute nicht nur ebenso für die Studierenden angemerkt, sondern die gesellschaftliche Funktion und die Folgen von Bildung haben sich genau so entwickelt, wie Picht dies damals konstatiert und vorausgesehen hat:

> „Man spricht heute gerne von der 'mobilen' oder auch von der 'nivellierten' Gesellschaft und vergißt, daß in der wissenschaftlich-technischen Zivilisation ein neues Prinzip der klassenähnlichen Schichtung die Struktur der Gesellschaft wesentlich mitbestimmt. (...) Die so geschaffene Klassifizierung durch Bildungsqualifikationen überlagert mehr und mehr die noch fortbestehende Klassenstruktur der bisherigen industriellen Gesellschaft."[71]

Bereits damals formuliert er Aufgaben, die bis heute nur partiell gelöst worden sind:

---

[67] Picht, Georg: *Die deutsche Bildungskatastrophe*. München 1965. S. 9
[68] Ebd.
[69] Ebd. S. 9-10
[70] Ebd. S. 17
[71] Ebd. S. 22

> „Man ist sich nie darüber klargeworden, was die Voraussetzungen für die Planung eines modernen Bildungswesens sind, und das ist einer der Gründe dafür, daß auch die Finanzierungsprobleme nicht gelöst werden konnten.“[72]

Seine harte Kritik, die Politik und Gesellschaft davor warnt, eine junge Generation allein zu lassen, wendet er auf die Gesellschaft zurück, die für ihn ein Spiegelbild ihres Bildungsengagements ist. Er schreibt:

> „Jedes Volk hat das Bildungswesen, das es verdient. Noch ist es möglich, zu verhindern, daß die Bildungskatastrophe in ihrer vollen Gewalt über uns hereinbricht. Deutschland kann als Kulturstaat noch erhalten bleiben. Dazu bedarf es aber einer entschiedenen Wendung. Das Volk muß bereit sein, die Versäumnisse der letzten Jahrzehnte durch finanzielle Opfer zu bezahlen. Die Regierungen und die Parlamente aber müssen jetzt handeln. Tun sie es nicht, so steht schon heute fest, wer für den dritten großen Zusammenbruch der deutschen Geschichte in diesem Jahrhundert verantwortlich ist.“[73]

Pichts Prophezeiung ist in dieser Form nicht in Erfüllung gegangen, was nicht heißt, daß wir heute nicht mit einer latenten Gefahr leben würden, unsere demokratische Kultur erneut, diesmal auf der globalen Klaviatur des Neoliberalismus und des anonymen Bürokratismus, zu verspielen. Bildung, als Immunsystem gegen schleichende Entdemokratisierung der Gesellschaft und Funktionalisierung von Individuen verstanden, sicherte damals wie heute die demokratische Kultur der modernen Gesellschaft. Gerade aus diesem Grund ist Bildung Aufgabe von Politik. Ihre Organisation und Reform kann nicht den Institutionen der Bildung allein überlassen bleiben, der Staat ist von seinem Selbstverständnis her gefordert, korrigierend und steuernd ein Bildungssystem zu lenken und zu leiten. Ich stelle diesen einfachen und scheinbar selbstverständlichen Grundsatz deshalb fest, weil er heute, vielleicht nicht immer öffentlich (das traut man sich dann doch nur selten), aber in Bildungsinstitutionen, vor allem der Hochschule, offen in Zweifel gezogen wird. Ein sich selbst regulierendes Hochschulsystem werde sich schon optimal entwickeln, wenn es denn nur endlich einmal allein gelassen werde, postuliert das Stammtischgespräch vieler Fakultäten. Es ist deutlich, daß am Ende einer solchen Entwicklung die Wissen*schafts*gesellschaft sich selbst genug sein und der solidarische Grundcharakter der Wissens*gesellschaft* verloren gehen wird. Es gibt keinen einzigen historischen und strukturellen Grund (das hervorragende Einzelengagement vieler sei hier zwar gewürdigt, aber muß in seiner begrenzten Reichweite gesehen werden), dem Hochschulsystem insgesamt zu vertrauen, seine inneren, aus sich selbst heraus geleisteten Reformen werden die Gewichtungen innerhalb der Wissenschaftsinstitutionen zugunsten einer kommenden Generation verschieben, z.B. für ein verstärktes oder besser qualifiziertes Engagement in der Lehre. Das Gegenteil wird der Fall sein.

---

[72] Ebd. S. 34

[73] Ebd. S. 68

Picht, der dies aus eigener Anschauung weiß, geht daher den Weg, der damals wie heute richtig war, er fordert trotz massiver und berechtigter Kritik an der Bildungspolitik der 50er und 60er Jahre gerade nicht, diese abzuschaffen, sondern umgekehrt diese massiv ein, und zwar über ihren finanziellen Beitrag *hinaus*. Politik muß sich über die Aufgaben der Mittelbereitstellung und der Administration hinaus als Stellvertreter der Gesellschaft verstehen, die solidarische Grundfunktion von, in unserem Fall, wissenschaftlicher Bildung sichern. Gerade bei den wirtschaftlichen und gesellschaftlichen Veränderungen, vor denen wir heute stehen, wird eine starke Bildungspolitik gebraucht, die ihren Charakter jedoch auch selbst als politisch verstehen muß. Fehler der Bildungspolitik der 70er und 80er Jahre waren u.a., Politik zu schnell und zu häufig durch Bürokratie zu ersetzen.

Wenn die freien Kräfte der Bildungsinstitutionen durch Bürokratisierung und Überregulierung eingeschränkt werden, bleibt auch deren gesellschaftliches Potential zu ungenutzt. Bildungspolitik am Beginn des 21. Jahrhunderts heißt daher vielmehr, erstens die finanziellen Spielräume für Bildung deutlich zu erhöhen, zweitens Steuerung - auch durch die erfolgsorientierte Zuweisung von Mitteln - wahrzunehmen, und drittens Rahmenbedingungen zu schaffen und Rahmenstrukturen zu setzen, in denen eine Reform der Hochschulen von innen heraus gelingen kann.

Ein Blick auf heutige Positionen macht deutlich, wie umstritten die Rollenbeschreibung von Hochschule und Politik weiterhin ist. Wissenschaftskonservative Hochschullehrer und dazu gehörige Verbände beharren in diesem Konzert auf dem Dauerpostulat, die Hochschulen würden 'alles schon alleine schaffen'.[74] Deregulierungsversuche wie z.B. der Globalhaushalt werden als „Täuschungsmanöver"[75] gesehen, die die „Hochschulen ihrem Schicksal"[76] überlassen. Mit für den Beobachter etwas seltsam anmutender Offenheit wird zugegeben, mit der zuvor eingeforderten Autonomie gar nicht zurecht zu kommen, was in der Empörung gipfelt, wie man den Hochschulen so viel Autonomie überhaupt zumuten könne.[77] Ist die Enttäuschung über manche bildungspolitische Tat der letzten Jahre zumindest ebenso verständlich wie die Interpretation neuer Taten als 'Täuschung', zeigt das Fehlen eigener, durchgreifender, Strategien, die unablässig vorgetragene Wiederholung, mehr Geld bedeute auch die beste Reform, und

[74] Vgl. Schiedermair, Hartmut: „Autonomie im Widerspruch". In: Hollerith, Josef (Hrsg.): *Leistungsfähige Hochschulen - aber wie? Beiträge zur Hochschulstrukturreform.* Neuwied 1997. S. 15-23

[75] Ebd. S. 16

[76] Ebd. S. 17

[77] Vgl. ebd.

letztlich die redundanten Beschimpfungen und Verbitterungen[78], daß von dieser Seite der hochschulpolitischen Diskussion wohl kaum noch zukunftsweisende Ideen und Entwürfe zu erwarten sind. So wundert es auch nicht, daß von der Simplifizierung und Banalisierung Humboldtschen Gedankengutes, wie ich sie oben skizziert habe, vor allem in dieser Interessengruppe reger Gebrauch gemacht wird.[79]

Extrempositionen dieser Art machen deutlich, wie schwierig die Diskussion geworden ist, soll sie mit den Beteiligten in der Hochschule zu durchgreifenden Wirkungen führen. In solchen Situationen kann ein Blick von außen helfen, das Problem erkennbarer hervortreten zu lassen. Lothar Späth, der Vorstandsvorsitzende der Jenoptik AG und ehemalige baden-württembergische Ministerpräsident, macht ein wesentliches Dilemma der Situation deutlich. Späths Ausgangspunkt „ist die These, daß die Krise im Hochschulwesen hausgemacht ist“[80]. Er schreibt:

> „Sie (die Krise, Anm. d. V.) besteht in einem suboptimalen, dennoch aber stabilen Gleichgewichtszustand, der nicht durch endogene Kräfte überwunden werden kann. Zu den offensichtlichen quantitativen Defiziten gesellen sich solche qualitativer Art, die besonderen Anlaß zur Sorge geben. Beide Problemkreise, Geld und Güte, müssen in engem Zusammenhang betrachtet werden. Insbesondere teile ich nicht die Hoffnung, daß mehr Mittel und mehr Stellen in einem fehlgeleiteten System eine Besserung bewirken; eine Stabilisierung des suboptimalen Gleichgewichts wäre vielmehr zu erwarten.“[81]

Späth benennt dann neun Leitforderungen für eine qualitative Erneuerung der Hochschulen, die ich hier nicht einzeln nenne, und die im großen und ganzen den allgemeinen Stand der Diskussion wiedergeben und die von der kritischen Überprüfung der Studieninhalte über die Betonung von Methodenwissen und Interdisziplinarität bis hin zur Internationalität und zur Praxisorientierung reichen[82]. Interessant ist eher, daß Späth auf einen Neubeginn durch stärkeren Wettbewerb und „leistungsorientierte Anreizsysteme“[83] in einem weitgehend autonom agierenden Bildungssystem setzt. Das Anreizsystem für die Lehrenden steht, trotz einer eher beiläufigen und trotzdem nicht minder fragwürdigen Forderung nach Studiengebühren[84], bei Späth im Mittelpunkt, weswegen er eine Aufhebung des Beamtenstatus fordert, der jeden „echten Leistungswettbewerb“[85]

---

[78] Ebd. S. 18
[79] Ebd. S. 23
[80] Späth, Lothar: „Ende der Reformen. Ein Vorschlag für einen hochschulpolitischen Neuansatz“. In: Hollerith, *Leistungsfähige Hochschulen* ..., a.a.O., S. 51-58, hier S. 52
[81] Ebd.
[82] Ebd. S. 54-55
[83] Ebd. S. 55
[84] Vgl. ebd. S. 57
[85] Ebd. S. 57

verhindere. Wie dies alles geschehen soll, kann Späth jedoch bei aller Evidenz, die seine Überlegungen zumindest haben, ebenso wie Schiedermair nicht beantworten.

Ich habe diese beiden, in vieler Hinsicht ebenso extremen wie exemplarischen Positionen herausgegriffen, um zu zeigen, in welchem diskursiven Terrain zwischen Hochschule und Wirtschaft, zwischen Studierenden- und Dozierendeninteressen, zwischen Geld- und Reformnot und zwischen radikaler Reform und Bewahrung gewachsener Strukturen sich Hochschulerneuerung heute bewegen, bewähren und vor allem vollzogen werden muß.

Bildungspolitik hat aufgrund ihres gesellschaftlichen Auftrages einen dritten Weg zu finden, der Leistung fördert, Reformen tatsächlich ermöglicht und den Solidarcharakter von wissenschaftlicher Bildung bewahrt. Diese Aufgabe ist schwieriger zu bewerkstelligen als gemeinhin angenommen wird. Roman Herzog hat mehrmals zum Bildungsthema Stellung bezogen und, zu Recht, vor allem Taten verlangt. Er versichert vor der Hochschulrektorenkonferenz 1996 nach einigen Vorbemerkungen zum gesellschaftlichen Charakter der Hochschulen zunächst, „nicht zum Ökonomen geworden *zu sein* (Anm. d. V.), der alle Themen dieser Welt - so auch die Bildung - ‘zum Markte trägt’“[86]:

> „Ich vollziehe auch keinen Abschied von Humboldt[87]. Aber Bildungshistorie ist eben nur Wurzel und Fundierung, Bildungshistorie kann nicht Entwicklungsziel sein.
>
> Ich argumentiere vor Ihnen - schon aus Zeitgründen - bewußt holzschnittartig. Mir fallen deshalb zu meinen Ausführungen selbst viele Relativierungen ein. Aber noch mehr Gründe habe ich für die These, daß wir aus Veränderungen Konsequenzen ziehen müssen! Und zwar schnell. Auch für die Hochschule gilt, daß alle notwendigen Diskussionen eigentlich längst geführt worden sind. Jetzt ist Handeln gefragt. Wir haben kein Ideendefizit, sondern ein Handlungs- und Vollzugsdefizit.“[88]

Solche Handlungsfähigkeit haben nicht unbedingt alle dort vertretenen Hochschulen bewiesen bzw. ihre Versprechen eingelöst, zumindest steht man weiterhin vor einem disparaten Feld von vielversprechenden Handlungsansätzen, die noch keine globale Wirkung entfalten konnten. Eine echte Hochschulreform auf breiter Basis ist bisher nicht in Gang gekommen.

Die Erfolge sind jedoch nach Bundesländern sehr unterschiedlich. Ich erwähne den nordrhein-westfälischen Ansatz kurz, obwohl es für eine umfassende Bilanz seiner Wirkungen sicher noch zu früh ist, weil er unbestritten sehr weitreichende Erfolge erzielt hat, in vielerlei Hinsicht heute als vorbildhaft gilt und vor

---

[86] Herzog, Roman: „Ansprache von Bundespräsident Roman Herzog vor den Teilnehmern der Hochschulrektorenkonferenz am 8. Juli 1996 in Berlin, Schloß Bellevue“. In: Hollerith, *Leitungsfähige Hochschulen* ..., a.a.O., S. 87-96, hier: S. 88

[87] Auch Herzog gebraucht hier ein ungenaues Bild für eine ungenaue Vorstellung.

[88] Herzog, „Ansprache“, a.a.O., S. 88

allem zeigt, was Bildungs*politik*, wenn sie sich bewußt als solche versteht, heute tun kann und soll. Unter Ministerin Anke Brunn und dem damaligen Ministerialdirigent und späteren Staatssekretär Dietrich Küchenhoff wurde Anfang der 90er Jahre das „Aktionsprogramm Qualität der Lehre“[89] aufgelegt. Dieses Aktionsprogramm setzt wesentlich auf das Eigenengagement von Lehrenden und Lernenden in Hochschulen, stellt ihnen aber Mittel für die unterschiedlichsten Modellprojekte zur Studienreform, für Tutorien usw. zur Verfügung. Dieser Vorstoß zu einer inhaltlichen Studienreform wurde durch eine Angleichung der Rahmenbedingungen für Studiengänge durch die sog. Eckdatenverordnung strukturell begleitet. Dieser doppelte Weg hat sich als ausgesprochen erfolgreich erwiesen, weil er den Zufluß neuer Ressourcen nicht ungesteuert vornahm, sondern klare Reformschritte als Voraussetzung für die Zuweisung der Mittel einforderte. Eine Zwischenbilanz des Aktionsprogrammes, die 1997 vorgenommen wurde und die bereits in ihrem Titel auf den skizzierten Zusammenhang von „Reformen und Ressourcen“[90] hinweist, konnte dann auch den weitgehenden Erfolg des Programms konstatieren, das heute einmalig in der Bundesrepublik Deutschland ist. Vor allem der Einbezug von Studierenden, eine bislang ungenügend genutzte Ressource der Studienreform, konnte hier zumindest stärker als bisher zum Tragen kommen. Brunn, von 1985-1998 Ministerin in Nordrhein-Westfalen, brachte noch andere, zu dem genannten Aktionsprogramm korrespondierende, Reformen auf den Weg, so vor allem die Funktionalreform[91], die den Hochschulen mehr produktiv nutzbare Handlungs- und Entscheidungsspielräume bringen soll. ‘Effizienz’ wurde in diesem Reformkontext für die nordrhein-westfälische Hochschulpolitik nicht nur ökonomisch, sondern im umfassenden Sinne politisch definiert und auf die Optimierung der Leistungen der Hochschulen, die diese im gesellschaftlichen und sozialen Kontext erbringen sollen, bezogen.[92] Mit diesem Ansatz konnte eine Reduktion bzw. Transformation der Aufgabe und des Begriffs von Bildungspolitik, die nur noch von einer auf die Verwertung von Ausbildungsergebnissen zielenden Wirtschaftspolitik neoliberalistischer Provenienz geprägt ist, und die in anderen Ländern und im Bund durchaus Einfluß gewonnen hat, vermieden werden.

---

[89] Wissenschaftsministerium des Landes Nordrhein-Westfalen (Hrsg.): *Aktionsprogramm ‘Qualität der Lehre’. Abschlußbericht.* Düsseldorf (2., erw. Aufl.) 1992

[90] Wissenschaftsministerium des Landes Nordrhein-Westfalen (Hrsg.): *Reformen und Ressourcen. Zwischenbilanz und Perspektiven des Aktionsprogrammes ‘Qualität der Lehre’.* Düsseldorf 1997

[91] Wissenschaftsministerium des Landes Nordrhein-Westfalen (Hrsg.): *Weniger Staat für die Staatlichen Hochschulen.* Düsseldorf 1995

[92] Brunn, Anke: „Effizienz als Gestaltungsprinzip nordrhein-westfälischer Hochschulpolitik“. In: Hoebink, Hein: *Perspektiven für die Universität 2000. Reformbestrebungen der Hochschulen um mehr Effizienz.* Neuwied u.a. 1997. S. 85-96

Zeichen setzte Brunn in Nordrhein-Westfalen aber nicht nur mit aktiver Reformpolitik, sondern auch mit ihrem solidarischen Einstehen für einen freien Zugang zum Studium, indem sie sich vehement gegen alle kurzsichtigen Versuche wandte, mit Studiengebühren neue soziale Schranken in Bildungssystem und Gesellschaft aufzubauen, wovor Picht Anfang der 60er Jahre so eindringlich warnte.

Unabhängig von dieser positiven Bilanz konnte allerdings auch die nordrhein-westfälische Bildungspolitik der 90er Jahre drei Probleme bislang nicht ausreichend lösen: (1) Für die Bildung der Zukunft bedarf es deutlich mehr materieller Ressourcen, als heute bereitgestellt werden. (2) Trotz aller gelungenen Reformen müssen die Hochschulen nun zeigen, daß sie auch willens und in der Lage sind, die erfolgreichen Reformvorhaben dauerhaft strukturell zu sichern und zu verbreitern. (3) Was kann die Bildungspolitik noch tun, wenn sich die Hochschulen in ihrer Gesamtheit letztlich doch als reformunfähig erweisen?

Für Antworten auf alle drei Fragestellungen bedarf es einer starken handlungs- und zukunftsfähigen Bildungspolitik.

4.2 *Studium als Lebensphase wirtschaftlicher Probleme und sozialer Orientierung*

Noch immer ist das Bild des Hochschulunterrichts seitens der ihn verantwortenden Fachwissenschaften von Anschauungen geprägt, die von der heutigen sozialen Realität Studierender weit entfernt sind. Beispiel dafür ist die Vorstellung vom Vollzeitstudierenden, ein Studierendentypus, der schon lange nicht mehr die Haupterscheinungsform ist. Aber auch über das Leben junger Erwachsener herrschen eher ungenaue Vorstellungen. Den vier Fragen des Katalogs ausgewählter Problemstellungen soll mit dem Ziel nachgegangen werden, ein realistisches Bewußtsein für die Chancen und Möglichkeiten heutiger Studierender zu entwickeln.

4.2.1 Dokumentation ausgewählter Aspekte sozialer Realität

Im folgenden dokumentiere ich - zur Illustration der Frage 2.4 bewußt ohne weiteren Kommentar[93] - Auszüge aus der 15. Sozialerhebung des Deutschen

[93] Ich nenne hier ausgewählte Ergebnisse, insoweit diese für den von mir bearbeiteten Zusammenhang funktional sind. Ich empfehle aber eindringlich, die DSW-Studie komplett zu lesen. Sie bietet ein breites Panorama von Untersuchungsergebnissen, die interessante Rückschlüsse auf das soziale Bild der Studierenden zulassen.

Studentenwerks, und zwar zunächst aus der die Hauptergebnisse grob zusammenstellenden „Pressemitteilung“[94]:

> „Die Chance, als junger Mensch in Deutschland eine Hochschule zu besuchen, ist nach wie vor wesentlich von der sozialen Herkunft abhängig“, stellte der Präsident des Deutschen Studentenwerks, Prof. Dr. Hans-Dieter Rinkens, heute in Bonn anläßlich der Vorstellung der ersten Ergebnisse der 15. Sozialerhebung des DSW fest. (...)
> *BAföG - eine Talfahrt:* Die Ergebnisse der 15. Sozialerhebung dokumentieren den fortlaufenden Verfall des BAföG. Lediglich 17 % der Studierenden in den alten Ländern können noch auf BAföG-Leistungen zur Finanzierung ihres Studiums zurückgreifen. Vor 15 Jahren, 1982, waren es noch 37 %. In den neuen Ländern erhalten 30,7 % der Studierenden BAföG-Leistungen, 1994 waren es hier noch 54,8 %. Verglichen mit 1994 hat der Staat im Erhebungszeitraum knapp ein Viertel weniger Mittel für die Ausbildungsförderung ausgegeben. Das BAföG macht mittlerweile bei Studierenden im Erststudium, die außerhalb des Elternhauses leben, durchschnittlich nur noch 10 % (alte Länder) bzw. 17 % (neue Länder) der Gesamteinnahmen aus.
> *Erwerbstätigkeit auf Rekordniveau:* Dies habe, so Rinkens, auch weitreichende Folgen für die Studiendauer, denn die fehlenden Fördermittel würden auch durch die Ausdehnung der studentischen Erwerbstätigkeit kompensiert. „66 % erwerbstätige Studierende in Westdeutschland und 56 % in den neuen Ländern - und das sowohl in den Semesterferien als auch im laufenden Semester -, das heißt ‘Alarmstufe rot’“, so Prof. Rinkens. Beunruhigend sei insbesondere, daß die Erhöhung der Erwerbsquote bei Studierenden im Erststudium überproportional hoch sei. Dies habe zu einer weiteren Zunahme des Durchschnittsalters der Studierenden beigetragen. Seit 1994 ist der Anteil der Studierenden, die 27 Jahre und älter sind, in den alten Ländern von 23 % auf 31 % (Männer) bzw. von 21 % auf 25 % (Frauen) gestiegen. In den neuen Ländern erhöhten sich die Quoten von 7 % auf 14 % (Männer) bzw. von 5 % auf 9 % (Frauen).
> *Bildungsbeteiligung - Trend zur „Geschlossenen Gesellschaft“:* Während in den alten Ländern für Kinder aus Beamtenfamilien ein Studium der „Normalfall“ ist (von den 73 000 Beamtenkindern zwischen 18 und 21 Jahren nehmen 41 000 oder 56 % ein Studium auf), ist dies für Kinder aus Arbeiterfamilien immer noch die große Ausnahme: Von den insgesamt 204 000 Kindern dieser Gruppe beginnen nur 14 % oder 28 000 ein Studium. Dagegen sind dies von der in der Gesamtbevölkerung ebenso großen Gruppe der Angestellten mit 39 % oder 79 000 Studienanfängern fast dreimal so viele. Auch von den Kindern der Selbständigen (insgesamt 88 000) studiert nahezu jedes Zweite (47 % oder 41 000).
> Auch die Zahlen für die neuen Länder zeigen ein deutliches soziales Gefälle: Von 100 Arbeiterkindern der Altersgruppe 18 bis 21 Jahre nehmen hier lediglich 9 ein Studium auf. Die Hochschulzugangsquote der Angestellten- und Beamtenkinder ist mit 31 % mehr als dreimal so hoch. Am häufigsten beginnen in den neuen Ländern Kinder von Selbständigen ein Hochschulstudium (62 %). „Die ungleichen Chancen beim Hochschulzugang schlagen sich auch in der sozialen Zusammensetzung der Studierenden deutlich nieder“, so Prof. Rinkens. In den alten Ländern ist der Anteil der Studierenden aus der - gemessen an der beruflichen Stellung und der Bildungsherkunft der Eltern - höchsten sozialen Schicht in den letzten 15 Jahren von 18 auf 29 % gestiegen. Gleichzeitig nahm der Anteil der Studierenden aus Familien der niedrigsten Schicht von 23 % auf 14 % ab. „Damit verfestigt sich der Trend zur Hochschule als ‘Geschlossene Gesellschaft’“, so der DSW-Präsident.

---

[94] Deutsches Studentenwerk: *Pressemitteilung vom 26.5.1998: Zentrale Herausforderungen: Ausbildungsförderung reformieren, Chancengleichheit schaffen, Werkarbeit reduzieren. Erste Ergebnisse der 15. Sozialerhebung des Deutschen Studentenwerks.* Bonn 1998

Frauen holen weiter auf: Die Gleichberechtigung von Mann und Frau ist zumindest beim Hochschulzugang nahezu erreicht: Von den Studienanfängern 1996 waren 47 % weiblich (rund 3 % mehr als 1993); unter allen Studierenden erreichen die Frauen einen Anteil von 42 % (Wintersemester 1996/97) gegenüber 34 % im Jahr zuvor.“[95]

Im „Vorbericht“[96] zur 15. Sozialerhebung, die das HIS Hochschul-Informations-System 1997 durchgeführt hat, wird genauer auf einzelne Punkte eingegangen, die ich ebenfalls in der Hoffnung und Ansicht dokumentiere, daß die Daten und Fakten für sich sprechen:

„Der deutliche Anstieg der Studierendenzahlen in Deutschland von 833.000 deutschen und ausländischen Studierenden im Jahre 1975 erreicht 1995 seinen Höhepunkt mit 1.807.300 Studierenden (Verdoppelung: 106 %-Wachstum mit *neuen Ländern*, 101 % nur *alte Länder* allein). Seit 1995 zeichnet sich allerdings ein leichter Abstieg ab: im Wintersemester 1996/97 beträgt die Gesamtstudierendenzahl nur noch 1.793.945.“[97]

„Bei den Studienanfängerzahlen wurde der Gipfel bereits früher erreicht (Anfang der 90er Jahre). Seit 1991 zeichnet sich ein Rückgang bis zum Jahre 1995 ab. Er wird jetzt langsam ausgebremst. 1996 und 1997 stabilisieren sich die Studienanfängerzahlen auf einem noch immer hohen Niveau von 256.000 Studienanfängern. Dies deutet darauf hin, daß der Rückgang der Gesamtzahl der Studierenden mit Zeitverzögerung auch sehr bald ausläuft. Für die nächsten zehn Jahre ist sogar eher wieder ein Anstieg zu erwarten.“[98]

„*Relativer Schulbesuch:* Der relative Hochschulbesuch steht in engem Zusammenhang mit dem relativen Schulbesuch, da der Übergang in die Hochschule von Bildungsentscheidungen im Schulalter abhängig ist.“[99]

„In den *alten Ländern* haben im Jahre 1996 von allen 18- bis 21jährigen Deutschen 33 % ein Studium an einer Hochschule in Deutschland aufgenommen (Studienanfängerquote).“[100]

„In den *alten Ländern* nehmen 1995 von 100 Arbeiterkindern nur 14 ein Hochschulstudium auf. Im Vergleich dazu sind es von 100 Beamtenkindern 56. Am zweithäufigsten entscheiden sich Kinder aus Familien Selbständiger für ein Studium; von 100 sind es 47. Aus Angestelltenfamilien nehmen von 100 Kindern 39 ein Studium auf.“[101]

„Die monatlichen Einnahmen der nach dem BAföG geförderten Studierenden sind in den alten Ländern um knapp 10 % geringer als die Einnahmen der Studierenden, die kein BAföG erhalten (1.284 DM vs. 1.422 DM).“[102]

---

[95] Ebd.
[96] Schnitzer, Klaus, Isserstedt, Wolfgang, Müßig-Trapp, Peter und Schreiber, Jochen: *Die wirtschaftliche und soziale Lage der Studierenden in der Bundesrepublik Deutschland. Ausgewählte Ergebnisse der 15. Sozialerhebung des Deutschen Studentenwerks durchgeführt durch das HIS Hochschul-Informations-System. Vorbericht.* Hrsg. vom Bundesministerium für Bildung, Wissenschaft, Forschung und Technologie. Bonn 1998
[97] Ebd. S. 2
[98] Ebd. S. 3
[99] Ebd. S. 5
[100] Ebd.
[101] Ebd. S. 6
[102] Ebd. S. 12

„Im Durchschnitt (arithm. Mittel) geben die Studierenden in den alten Ländern zur Bestreitung der Lebenshaltungskosten monatlich 1.283 DM aus. Der Durchschnittsbetrag der monatlichen Ausgaben in den neuen Ländern liegt bei 1.009 DM und ist damit um gut ein Fünftel geringer als in den alten Ländern. 1994 gaben Studierende in den neuen Ländern noch knapp ein Drittel weniger aus als die Studierenden in den alten Ländern. Die Unterschiede bei den Lebenshaltungskosten zwischen den alten und neuen Ländern haben sich folglich im Zeitraum 1994-1997 verringert. Gegenüber 1994 sind die monatlichen Ausgaben der Studierenden in den *alten Ländern* nominal um 4,2 % gestiegen, während sie real - also unter Berücksichtigung der Entwicklung des Preisindex für die Lebenshaltungskosten aller privaten Haushalte - um 0,7 % geringer sind. Praktisch bedeutet dieses Ergebnis, daß sich das Lebenshaltungsniveau der Studierenden in den alten Ländern im Vergleichszeitraum kaum verändert hat."[103]

„Sowohl im Hinblick auf das Selbstverständnis der Studierenden als auch bezüglich der zeitlichen Konkurrenz von Erwerbstätigkeit und Studium ist bedeutungsvoll, daß nicht nur in den Semesterferien gejobbt wird, sondern in gleich hohem Umfang auch während des Semesters. Dies war nicht immer so: Noch Ende der 60er Jahre war studentische Erwerbstätigkeit ganz überwiegend ein Phänomen der Semesterferien. Damals arbeitete knapp die Hälfte der Studierenden während der Semesterferien, aber nicht einmal ein Viertel während des Semesters. 1997 ist der Anteil jobbender Studierender auch im Semester nicht niedriger als in der vorlesungsfreien Zeit (65 % für Deutschland insgesamt)."[104]

„Die Faktoren *Erwerbsbelastung, Studienaufwand* und *Alter der Studierenden* beeinflussen sich wechselseitig: Eine hohe Erwerbsbelastung verringert tendenziell die Zeit für das Studium, verlängert damit die Studiendauer und erhöht das Durchschnittsalter der Studierenden."[105]

„*Regelungsdichte des Studiums*: Stark strukturierte Studiengänge bieten weniger Möglichkeiten für das Nebeneinander von Studium und Arbeit als weniger dicht geregelte Studiengänge. Beispielsweise besucht ein Studierender des hochverdichteten Studienfachs Pharmazie an 33 Stunden in der Woche Lehrveranstaltungen; für Erwerbstätigkeit bleibt da nur noch wenig Zeit (2,3 Std./Wo.). Im traditionell weniger „verschulten" Studiengang Politik werden demgegenüber von den Studierenden an nur 13 Stunden in der Woche Lehrveranstaltungen besucht; hier bleibt deutlich mehr Raum für Erwerbstätigkeit (11,1 Std./Wo.)."[106]

Die soziale Realität der Studierenden ist elementare Größe jeder Planung der Hochschullehre. Daß ungeachtet der massiven Belastungen immer noch zwei Drittel der Studierenden an bundesdeutschen Hochschulen behaupten, „sehr gerne Student"[107] zu sein, ist nicht nur erstaunlich, es zeigt auch, daß trotz widriger Umstände ein Großteil der Studierenden das Studium nach wie vor als produktive Qualifizierungs- und Lebensabschnittsstrategie sieht. Auch die Identifikation der Studierenden mit dem von ihnen gewählten Fach hat kaum gelitten, der An-

---

[103] Ebd. S. 15
[104] Ebd. S. 19
[105] Ebd. S. 21
[106] Ebd.
[107] Bargel, Tino, Multrus, Frank und Ramm, Michael: *Studium und Studierende in den 90er Jahren. Entwicklung an Universitäten und Fachhochschulen in den alten und neuen Bundesländern.* Bonn 1996. S. 35

teil derer, der eine solche Identifikation behauptet, liegt bei über 70 %.[108] Aufgrund der schwierigen Umstände streben heute deutlich mehr Studierende als früher, nämlich über 35% (statt 24 % vor zehn Jahren), ein besonders rasches Studium an.[109] Bedenkt man, daß es „für die meisten Studierenden (...) vor allem an der Erwerbstätigkeit neben dem Studium liegt, daß sich die Studienzeit verlängert“[110], wird deutlich, daß die soziale Schere immer weiter aufgeht: Studierende aus Familien mit hohem Einkommen können zügig studieren und damit auch den mentalen Einstellungsvoraussetzungen vieler Arbeitgeber, die schnelles Studium nicht für ein gesellschaftliche, sondern für eine individuelle Leistung halten und mit kurzer Studienzeit hohe Leistungsbereitschaft oder sogar hohe Qualifikation verbinden, gerecht werden, andere haben diese Möglichkeit immer weniger.

4.2.2 Kritik eines Arguments aus entwicklungspsychologischer Sicht

Ich möchte nun aus entwicklungspsychologischer Sicht ein Argument kritisieren, das gemeinhin immer noch als sog. 'Totschlag'-Argument *auch* in der Diskussion um die *germanistische* Hochschullehre gehandelt wird: Studierende seien doch Erwachsene, und daraus leite sich nicht nur die volle Eigenverantwortung der Studierenden ab, sondern u.a. auch die legitime Verweigerung des Anspruchs, Hochschullehre unter dem 'didaktischen', dem Vermittlungsaspekt zu sehen, womit im allgemeinen eine Unkenntnis bzw. Reduktion des Didaktikbegriffes einhergeht (siehe dazu Kapitel 4.5). Ich werde im folgenden versuchen aufzuzeigen, daß die zugrunde liegende Behauptung des Erwachsenseins der Studierenden entweder banal, falsch, zynisch oder problematisch ist.

Banal ist sie dann, wenn sie im Rahmen einer juristischen Festlegung auf die Volljährigkeit der Studierenden rekurriert. Die Behauptung ist dann zwar richtig, aber wirkungslos, weil sie keine inhaltliche Bestimmung enthält und kein soziales Phänomen charakterisiert. Alternativ dazu kann die Behauptung aber auch falsch sein. In diesem Falle wird im vorwissenschaftlichen Sinne 'entwicklungspsychologisch' argumentiert und zwar damit, daß die für das Erwachsenenalter zentralen Attribute (stabiles Selbstkonzept und klare Lebensorientierung, Berufstätigkeit, Partnerwahl, Familiengründung etc.) in der Phase vom 20. bis zum 27. Lebensjahr bereits weitgehend erreicht seien, womit eine alleinige und volle Verantwortung der betroffenen Studierenden verbunden werden könne. Dies ist heute weitgehend widerlegt. Zynisch ist die Behauptung dann, wenn damit eine bewußte oder unbewußte Verdrängung des Lebenswirklichkeit junger Erwach-

[108] Vgl. ebd. 30
[109] Vgl. ebd. S. 37
[110] Ebd. S. 43

sener im Studium verbunden ist. Dies dient häufig direkt oder indirekt der emotionalen Entlastung der Mitglieder einer spezifischen Berufsgruppe, in diesem Fall der Hochschullehrer, die sich der Verantwortung entweder entziehen möchten oder, was wohl noch häufiger vorkommt, sich ihr einfach nicht gewachsen fühlen: Hochschulunterricht hat aber, wenn auch im weiteren Sinne und ganz anders als in der Schule, durchaus auch mit Erziehung zu tun. Im vierten Argumentationsfall ist die Behauptung interessant, wenn sie nämlich in ihrem problematischen Charakter gleich mitthematisiert wird. In diesem Sinne versuche ich nun einen kurzen, aber differenzierteren, Blick und vermeide allgemeingültige Schlußfolgerungen für die Hochschullehre.

Die Lebensphase Jugend kann als ein komplexes Gebilde gesehen werden, dessen Zeitraum im engeren Sinne ungefähr zwischen 11 und 21, im weiteren Sinne zwischen 10 und 27 liegt. Um die Feststellung dessen, was im *weiteren* Sinne heißt, soll es hier gehen, also um die Frage, inwieweit das frühe Erwachsenenalter noch Jugendalter ist oder nicht.

Indes ist jede Periodisierung von Lebensphasen grundsätzlich problematisch[111]. Eher läßt sich heute von einer sehr starken Flexibilisierung der Lebensphasen sprechen. Die mit einer bestimmten Lebensphase normalerweise verbundenen Attribute können wie selbstverständlich auch in solchen Phasen auftauchen, die wesentlich später oder früher angesiedelt sind. Dies hängt - sehr verkürzt - u.a. damit zusammen, daß die heutige Gesellschaft weniger standardisierte Entwicklungs- und Orientierungsmuster bereithält als früher. Die damit verbundene Pluralisierung der Lebensläufe ermöglicht zwar wesentlich mehr unterschiedliche biographische Entwicklungen, die Entwicklungsrisiken sind jedoch für die Individuen in der komplexen Gesellschaft auch massiv gestiegen.

Um eine Periodisierung sinnvoll vornehmen zu können, müssen verbindliche Kriterien gefunden werden, anhand derer die Einteilung möglich ist. Denkbare Ansätze wären zum Beispiel das Lebensjahr, biologisch-physiologische Begründungen, das Erreichen von Statuspassagen (z. B. Schulabschluß) oder auch die Annahme einer zyklisch angelegten, lebenslangen Identitätsentwicklung, wie sie zum Beispiel von Erikson vertreten wird[112]. Es ist aber auch denkbar, eine Periodisierung nach Entwicklungsaufgaben vorzunehmen, die Identitätsentwicklung als Anforderung im Spannungsfeld verschiedener Umwelten beschreiben kann. Nicht nur, aber besonders im Hinblick auf Studierende zeigt sich dann, daß Entwicklungsaufgaben nicht nur später angegangen werden als früher,

---

[111] Vgl. Oerter, Rolf und Dreher, Eva: „Jugendalter". In: (ders.) und Montada, Leo: *Entwicklungspsychologie*. 3., vollständig überarbeitete Auflage. Weinheim 1987. S. 310-395, hier: S. 312

[112] Vgl. Oerter, Rolf: „Jugendalter". In: (ders.) und Montada, Leo: *Entwicklungspsychologie*. 2., neu bearbeitete Auflage. Weinheim 1987. S. 265-338, hier: S. 296-297

sondern von einer Ausdehnung des Jugendalters insgesamt ausgegangen werden kann. In dieser Perspektive ist es sinnvoll, das junge Erwachsenenalter als 'Nachjugendphase' zu betrachten, in der auch Entwicklungsaufgaben wahrgenommen werden, z.B. die der Gewinnung einer eigenen Lebensorientierung, die früher lebensgeschichtlich eher im zweiten Jahrzehnt angesiedelt waren oder die aufgrund stärker standardisierter Muster nicht so komplex angelegt waren wie heute. In Zusammenhang mit der dargestellten finanziellen Problematik, die sich auch daraus ergibt, daß das Jugendalter im engeren Sinne zwar vorbei ist und z.B. die Einrichtung einer eigenen Wohnung notwendig wird, der Eintritt in stabile Beschäftigungsverhältnisse jedoch oft erst am Ende des dritten Lebensjahrzehnts liegt, kommt es gerade bei Studierenden zu einer Ausdehnung der Jugendphase. Entgegen einer verbreiteten Ansicht ist die Altersspanne zwischen 20 und 30, in der sich die meisten Studierenden befinden, heute eine Phase massiver materieller und psychischer Belastung, viel mehr als dies noch in den 50er und 60er Jahren der Fall war. Hier Coping-Strategien, also produktive Bearbeitungsmöglichkeiten, zu entwickeln, wird zu einer Aufgabe, die erhebliche zeitliche und emotionale Ressourcen verbraucht.

Studium wäre dann eine Phase, in der Entwicklungsaufgaben gelöst werden können und müssen, deren *Vollzug* erst die Phase beendet. Die Realität bestätigt diesen Ansatz: Studienzeiten, zumal in geisteswissenschaftlichen Fächern, haben genau *dann* ihr Ende, wenn die Studierenden das Gefühl haben, 'jetzt Prüfung machen zu können'. Der tiefere Grund dafür ist auch in dem entwicklungspsychologischen Kontext zu suchen, wie ich ihn grob skizziert habe. Aus diesem Grunde ist auch die Diskussion um überlange Studienzeiten dann sinnlos, wenn nicht das Angebot seitens der Hochschule angesprochen ist, sondern eine frühere Entscheidung der Studierenden zum Studienabschluß angemahnt wird. Die Studierenden entscheiden, ist ihnen das finanziell und biographisch erlaubt (was immer weniger der Fall ist), nach der inneren Einschätzung ihrer eigenen, eben nicht nur fachlichen, Entwicklung. Ist ein Selbstkonzept erarbeitet, das Kontinuität aufweist, stabil und realistisch ist, ist die Möglichkeit gegeben, neue Entwicklungsaufgaben, etwa die Berufswahl und die Familiengründung, in Angriff zu nehmen, was Studierende dann oft auch konsequent tun.

Hochschulunterricht, auch der germanistische, hätte dann neben der Vermittlung fachwissenschaftlicher Inhalte die Aufgabe, solche Identitätsentwicklung strukturell zu ermöglichen, inhaltlich zu fördern und, wenn nötig, personal zu begleiten.

4.2.3 Wenn die Krise der Gesellschaft die Studierenden erreicht

Die 'Nachjugendphase' ist aber nicht nur ein Ergebnis zunehmender Orientierungsarbeit junger Erwachsener, sie ist vor allem auch gesellschaftlich bedingt und durch gesellschaftliche Verhältnisse erst geschaffen. Arthur Fischer und Richard Münchmeier beschreiben diese Dialektik in der 12. Shell Jugendstudie folgendermaßen:

> „Jugend bedeutet ein Doppeltes: sie ist einmal eine subjektive biografische Lebensphase, in der Aufgaben der inneren Entwicklung, des Lernens, der Identitätsbildung anstehen; sie ist zum anderen eine gesellschaftlich bestimmte Lebenslage, abhängig von gesellschaftlichen Bedingungen und Erwartungen, vor allem aber von der Zukunft und Zukunftsfähigkeit der zentralen Regelungen und Grundlagen unserer Arbeitsgesellschaft. In der Vorbereitung auf die Anforderungen der Erwachsenenrolle, insbesondere der Erwerbsarbeit als ihres ökonomischen Fundaments, liegt der biografische und gesellschaftliche Sinn der Jugendphase.“[113]

Eben darin liegt aber auch die Hinauszögerung der Jugendphase begründet. Die Gesellschaft ist zur Zeit nicht gewillt, allen jungen Erwachsenen einen vernünftigen Ausbildungs- und Studienplatz zu stellen, was zu Pessimismus bei vielen Jugendlichen und jungen Erwachsenen führt, überhaupt einmal eine ordentliche Erwerbsarbeit erreichen zu können. Das Problem ‘Arbeit’ überlagert zur Zeit alle anderen Entwicklungsaufgaben[114], die aber auch nicht gelöst werden, sondern verdrängt werden müssen oder allenfalls verschoben werden, was wiederum zu einer Ausdehnung der Jugendphase führt:

> „Je schwieriger sich der Abschluß der Jugendphase gestaltet, je unsicherer der Übergang in die Lebenslage Erwachsener wahrgenommen wird (...), desto langsamer möchte man sich offenbar diesem Nadelöhr nähern, desto mehr Zeit will man sich lassen, auch - und das sollte nicht übersehen werden - um sich noch besser vorbereiten, ausbilden und qualifzieren zu können. Erwachsenwerdenwollen, aber - angesichts der Erschwernisse des Übergangs - Jugendlicher bleiben zu müssen (d.h. in Lern-, Ausbildungs-, Qualifikations- und Weiterqualifikationsphasen zu leben) scheint gegenwärtig die paradoxe Aufgabe der Bewältigung der Jugendphase zu sein.“[115]

Darin liegt massiver sozialer Sprengstoff, denn die

> „Ursachen für das Sinken der gesellschaftlichen Chancenstrukturen der heutigen Jugend sehen diese im Tun bzw. Unterlassen der Erwachsenengeneration und insbesondere der Politiker und politischen Parteien. In der qualitativen Studie (von ‘Jugend 97’, Anm. d. V.) sprachen fast alle Jugendlichen das Verhältnis der Generationen zueinander entweder als Machtverhältnis (...) oder als Vernachlässigungsverhältnis (...) an. Die Dimension „Erlebter Gegensatz der Generationen“ steht also dafür, daß Jugendliche sich in der Rolle sehen, die Fehler und Versäumnisse früherer Generationen und der heutigen Erwachsenengeneration ausbaden zu müssen, sei es im wirtschaftlichen, im sozialen oder im ökonomischen Bereich.“[116]

---

[113] Fischer, Arthur und Münchmeier, Richard: „Die gesellschaftliche Krise hat die Jugend erreicht. Zusammenfassung der zentralen Ergebnisse der 12. Shell Jugendstudie.“ In: Jugendwerk der Deutschen Shell (Hrsg.): *Jugend ’97. Zukunftsperspektiven, Gesellschaftliches Engagement, Politische Orientierungen.* Opladen 1997. S. 11-23, hier: S. 13

[114] Ebd. S. 14

[115] Ebd. S. 15

[116] Ebd. S. 17-18

Die Studierendengeneration, die heute an deutschen Universitäten auch für das Fach Germanistik immatrikuliert ist, reagiert eher ruhig, abwartend und die Probleme individuell lösend. In der Warteschleife, in der sie sich durch den Reformstau gesellschaftlicher Systeme, auch der Hochschule, befinden, drehen sie ihre Runden im Erlebnismarkt:

> „Die jungen Leute bevorzugen Gruppenstile, die Spaß machen, Zerstreuung und Unterhaltung bieten, die unkomplizierten Umgang mit Gleichgesinnten ermöglichen, ohne daß man dabei längerfristige Verpflichtungen eingehen muß. Insofern haben sie (die Gruppenstile, Anm. d. V.) nach wie vor den Charakter einer 'Gegenwelt'. Gegenwelt bedeutet allerdings nicht mehr einen geschlossenen Gegenentwurf gegen die heutige Gesellschaft, sondern ein Gegengewicht gegen die schwieriger gewordene Situation im Leistungs- und Anforderungsbereich, z.B. in der Schule, im Studium oder im Betrieb und gegen die wahrgenommene Unsicherheit der gesellschaftlichen und biografischen Zukunftsperspektive. Insofern hat der Begriff „Gegenwelt" an politischem Gehalt verloren und muß stärker im Zusammenhang mit alltäglicher Lebensbewältigung verstanden werden."[117]

Irgendwann wird die junge Generation, und auch die Studierenden, dahinterkommen, daß die besetzte Gesellschaft sie deswegen nicht eingelassen hat, weil zuviel wirtschaftliche Bestandssicherung, Privilegienschutz und Reformangst einer Wohlstandsgeneration dies nicht zulassen wollte. Wenn sie dies merkt, wird es für einen neuen Generationenvertrag vielleicht zu spät sein.

Ein Beispiel engagierter Wissenschaft, die auch interdisziplinär das Problem erkannt hat, verbirgt sich hinter der Initiative „Jugend und Bildung". Die Wissenschaftler Baethge, Eckert, Edelstein, Heitmeyer, Hurrelmann, Knappe, Montada, Nunner-Winkler, Ostner, Pfeiffer, Sadowski, Schütze und Zinnecker formulieren mit Blick auf *den* Teil der Zwei-Drittel-Gesellschaft, die im letzten Drittel die junge Generation verkörpert, in ihrer „Zukunftsinvestition Jugend"[118] acht Thesen für eine neue Bildungs-, Arbeitsmarkt- und Jugendpolitik. Arbeits- und Berufssoziologie, Jugendsoziologie, Entwicklungspsychologie, Konflikt- und Gewaltforschung, Sozialisations- und Gesundheitsforschung, Volkswirtschaftslehre, Gerechtigkeitspsychologie, Sozialpsychologie, Sozialpolitik, Kriminologie, Betriebswirtschaftslehre, Familiensoziologie und Erziehungswissenschaft waren hier versammelt. These III lautet: „Die Bereitschaft, die Dinge mit den Augen anderer zu sehen, und die Fähigkeit, Konflikte friedlich zu regulieren, sind Schlüsselqualifikationen, die in Schule und Unterricht ebenso vermittelt werden müssen wie die fundamentalen Kulturtechniken des Lesens, Schrei-

---

[117] Ebd. S. 21

[118] *Zukunftsinvestition Jugend - Acht Thesen für eine neue Bildungs-, Arbeitsmarkt- und Jugendpolitik.* Trier 1998.

bens und Rechnens."[119] Aufgaben für Germanistinnen und Germanisten also und ein Grund, an solchen Initiativen teilzunehmen.

4.3 Die Germanistik in verantwortbarer Unsicherheit

Ein besonderes Problem stellt die Frage dar, welchen Beitrag die Fachwissenschaft selbst zur Qualitätsentwicklung ihrer Hochschullehre leisten kann. Um den Bereich und die Reichweite ihres Einflusses genauer abzustecken, als dies bisher geschehen ist, differenziere ich die Fragestellung in drei Dimensionen: das inhaltliche Potential des Wissenschaftsfaches Germanistik, die Entwicklung der Wissenschaftsgesellschaft der Germanistinnen und Germanisten als Diskursgemeinschaft und im Hinblick auf ihre Fachkultur und, um die Differenz zwischen beiden Dimensionen richtig einordnen zu können, die Entwicklung einer, willkürlich ausgewählten, *anderen* Fachkultur, in diesem Fall der Philosophie. Ich versuche damit Antworten auf die Fragen 3.4 „Wie ist der momentane fachwissenschaftliche Stand der Germanistik im Kontext ihrer Fachgeschichte zu beurteilen?" und 3.5 „Welche Rolle spielt die Fachkultur bei der Entwicklung fachwissenschaftlicher Positionen?" des Fragenkatalogs. Für die anderen Fragen zur Germanistik verweise ich auf Kapitel 12.

4.3.1 Der Beitrag der Germanistik zur Qualitätsentwicklung ihrer Hochschullehre

Zu Beginn der Einleitung wurde das momentane Stadium der Germanistik als das einer verantwortbaren Unsicherheit charakterisiert. Um es also vorweg zu sagen: Inhaltlich ist es um die Germanistik trotz harscher Kritik von außen und innen gut bestellt. Noch niemals in ihrer Fachgeschichte konnte sich die Germanistik auf ein so reichhaltiges Reservoir an Themenstellungen und Antwortversuchen stützen. Ihre Ausdifferenzierung hat zu einer Bandbreite an Forschungsleistungen beigetragen, die die daraus resultierende Unsicherheit in bezug auf das thematische Zentrum der Wissenschaft als verantwortbar, beantwortbar und wissenschaftsgeschichtlich nützlich erscheinen lassen. Wissenschaft lebt vom freien Austausch der verschiedenen Ansätze, von der differenzierten Weiterverfolgung einzelner, auch sehr spezieller Fragen.

Wissenschaftsgeschichte als Selbstbesinnung, als Ortsbestimmung für die Gegenwart zu betreiben, gehört in einem solch freien Spiel der Kräfte dazu. Ich möchte den momentanen Zustand der Germanistik daher eher mit dem des Moratoriums bezeichnen, in dem sich die von manchen als krisenhaft wahrgenommene Situation erst ihrer eigenen Produktivität versichern kann.

---

[119] Ebd.

Als Beispiel für einen solchen Besinnungsprozeß führe ich Klaus-Michael Bogdals Besichtigung der literaturtheoretischen Diskussion der letzten drei Jahrzehnte an, die, deren Gang von der Methode zur Theorie beschreibend, einige grundlegende Aspekte solcher Selbstbesinnung deutlich werden läßt. Bogdal sieht einen wesentlichen Schnitt in der Entwicklung des Faches Germanistik in den 60er bzw. 70er Jahren, als die Auffassung einer elitären Wissenschaft der 'Gebildeten' und 'Wissenden', die sich mit ihrem Gegenstand 'Literatur' identifiziert und ein einheitliches Selbstverständnis sucht, in eine Krise gerät. Bogdal schreibt.

> „Die Gegenbewegung bestand in der Entmystifizierung der Literatur und der 'Demokratisierung' der Zugangsweisen, d.h. in der Konzeption transparenter, erlernbarer und kritisch-reflektierter literaturwissenschaftlicher Methoden, die in modifizierter Form (über eine curriculare Spirale in der Schule) zum Wissensbestand eines jeden Bürgers gehören sollten; ein gesamtgesellschaftlich gesehen nahezu mißlungenes emanzipatorisches Projekt."[120]

Bogdal schlägt dann einen großen Bogen und beschreibt die heutige Situation mit Blick auf die aktuellen literaturtheoretischen Ansätze, deren Ansprüche und Folgen in der Vermittlung im Hochschulunterricht folgendermaßen:

> „Literatur*theorie*, die nicht nur von Studierenden eher als Hindernis auf dem Weg zur Literatur und ihrer Geschichte betrachtet wurde, stellt diese für eine kulturelle Identität unabdingbaren Fragen. Was irritiert, sind die widersprüchlichen, ja einander ausschließenden Antworten - eine Situation, mit der sich der Naturwissenschaftler z.B. nicht zufrieden geben würde."[121]

Zur Kommentierung dieser Entwicklung greift Bogdal zunächst auf 'Klassiker' der Wissenschaftsgeschichte zurück, die den konstatierten 'Bruch' um 1970 begleitet bzw. mit ausgelöst haben:

> „Die 'Ansichten einer künftigen Germanistik' (Kolbe 1969), so der Titel eines vieldiskutierten Sammelbandes, artikulieren Hoffnungen auf die Integration einer reformierten Literaturwissenschaft in eine demokratisch erneuerte Gesellschaft. Dort heißt es (bei Jäger[122], U.W.) programmatisch: 'Germanistik hat also nicht zu fragen: gehört, was da an Fragen herangebracht wird, aus Tradition zu meinem Gegenstand und Programm? sondern: wo sind Bedürfnisse der jetzigen konkreten Gesellschaft, zu deren Erfüllung ich durch die bisherige Praxis einigermaßen werkzeugmäßig vor- und ausgebildet bin? Nicht der traditionelle Aufriß des Fachs, sondern die aktuellen Notwendigkeiten der gesellschaftlichen Entwicklung sind das oberste Kriterium'."[123]

Noch weiter geht in Kolbes Band Pehlke in seinen Forderungen:

---

[120] Bogdal, Klaus-Michael (Hrsg.): „Einleitung: Von der Methode zur Theorie. Zum Stand der Dinge in den Literaturwissenschaften". In (ders.): *Neue Literaturtheorien.* Opladen 1997. S. 10-31, hier S. 10-11

[121] Bogdal, „Einleitung", a.a.O., S. 11

[122] Vgl. Jäger, Hans-Wolf: „Gesellschaftskritische Aspekte der Germanistik". In: Kolbe, Jürgen (Hrsg.): *Ansichten einer künftigen Germanistik.* München 1969. S. 60-71, hier S. 70

[123] Bogdal, „Einleitung", a.a.O., S. 17

„Mit der Organisation der solidarischen Phantasie der Menschen, die die Zerschlagung kultureller Privilegien impliziert, wird die kulturrevolutionäre Germanistik, Literatur- und Kommunikationswissenschaft [sic!], ihr politisches Ziel erreicht haben; über ihre Funktion in einer repressionsfreien Gesellschaft nachzudenken, mag der Zukunft überlassen sein".[124]

Mit dieser und für diese deutlich emanzipatorisch-politischen Absetzung der Germanistik der 70er Jahre von ihrem bis dato unzeitgemäßen, affirmativen und hermetischen Charakter verordnet sich die Wissenschaft ein Methodologisierungs- als Modernisierungsprogramm:

„Die Methodologisierung bezieht ihre innovativen Impulse aus drei verschiedenen Bereichen unterschiedlichen Wirkungshorizonts, die die zukünftigen Entwicklungslinien vorzeichnen:

- aus einer internen Revision des eigenen wissenschaftlichen Status,
- durch Bezugnahme auf andere Wissenschaften, die einen weiteren Erklärungshorizont abstecken als sie selbst,
- durch eine sog. 'Politisierung', d.h. durch unmittelbare gesellschaftliche Legitimierung."[125]

Bogdal beschreibt weiter, welche Konsequenzen daraus für die disziplinäre Identität des Faches erwachsen, die eben diese Identität gleichsam durch eine Metasprache der Legitimierung ersetzt:

„Der Verlust der traditionellen kulturellen Funktion der Literaturwissenschaft und das Ende der Identifizierung mit dem Gegenstand Literatur haben nicht zu einem neuen, einheitlichen Selbstverständnis geführt. Dessen Platz wird vom *Problem der Legitimierung* der wissenschaftlichen Praxis besetzt, die nicht nur mit der *Pluralität ihrer Methoden*, sondern auch mit dem Verlust der *kulturellen Identität* zu leben hat."[126]

Daß in „der Phase des 'Bruchs', einer eher wissenschaftseuphorisch zu nennenden Zeit, (...) die Legitimationskrise primär als Methodenproblem reflektiert"[127] wird, führt dazu, daß nach dem „methodologischen Modernisierungsschub"[128], in dem ein auf seinen kulturellen Wert zielender Literaturbegriff mit den Attributen „Wahrheit der Kunst, Singularität des Werks, Einfühlendes Lesen, Verstehen verborgener Bedeutung (Interpretation), Dominanz des Signifikats, Bewahrung und Überlieferung"[129] mit einem auf dessen gesellschaftliche Funktion zielenden Textbegriff mit den Attributen „Wissenschaftliche Wahrheit, Intertextualität, Symptomale Lektüre, Beschreibung von Strukturen, Regeln, Funktionen (Analyse), Dominanz des Signifikanten, Systematisierung von Wissen"[130] konfrontiert wurde, eben diese 'Frontlinie' immer weniger klar erkennbar war. Statt

---

[124] Pehlke, Michael: „Aufstieg und Fall der Germanistik - von der Agonie einer bürgerlichen Wissenschaft". In: Kolbe, a.a.O., S. 18-44, hier S. 44

[125] Bogdal, „Einleitung", a.a.O., S. 18

[126] Ebd. S. 20

[127] Ebd. S. 21

[128] Ebd. S. 22

[129] Ebd.

[130] Ebd.

der Ablösung des einen durch das andere stand und steht die Literaturwissenschaft heute vor einem immer „unübersichtlicher werdenden Feld“[131].

Bogdal sieht in dieser disparaten Situation nun vor allem die Stunde literaturtheoretischer Auseinandersetzung gekommen:

> „Vielleicht ist nach der Situationsbeschreibung deutlich geworden, was wir unter *neueren* Literaturtheorien verstehen. Es sind jene Ansätze zur Selbstreflexion der literaturwissenschaftlichen Praxis, welche die 'Methodologisierung' überwunden haben und die Legitimationskrise konzeptionell lösen wollen.“[132]

Bogdal warnt jedoch vor einer erneuten Privilegierung einzelner Theorien und stellt die politische Dimension von Theorieentwicklung heraus:

> „Wir müssen also, trotz vermeintlicher akademischer Ruhe, den Blick auf die Machteffekte lenken, die die Literaturtheorien bestimmen und vor allem auf jene, die sie selbst verursachen. Literaturtheorie hat auch in einer Zeit vermeintlicher akademischer Harmonie politische Dimensionen.“[133]

Die unterschiedlichen Umgangsformen mit Literatur und der diesbezüglichen Wissenschaft resümierend, kommt er u.a. zu dem Schluß:

> „Wo die Dignität des literarischen Wortes durch den Wert 'Informationsökonomie' ersetzt wird, ist die 'Lust am Text' ein letzter Versuch, dem beredten Schweigen einer Agonie-Kultur zu entrinnen. Anstelle der Legitimation der Literaurwissenschaft tritt die *Identifikation* mit dem Opfer, der Literatur. Der diskursive Machtanspruch auf einen privilegierten und einzig angemessenen Zugang zur Literatur ist die Antwort auf eine jeglichen Orts der Legitimation verlustig gegangenen Kultur der Unübersichtlichkeit.“[134]

Eben dazu darf es, warnt Bogdal zu Recht, nicht kommen, womit vorgezeichnet ist, daß der Weg aus der gegenwärtigen Unübersichtlichkeit darin besteht, diese zunächst auszuhalten, unterschiedlichste Bearbeitungsmöglichkeiten zuzulassen, und die differenzierte Forschungslage mit ihrem Reservoir an Theorieentwicklung als Chance zu Verständnis und Kritik zu begreifen. Das *Krisenhafte* wäre dann eine der Produktionsbedingungen von Wissenschaft, der sie sich nicht berauben darf.

Daß die Antworten, die auf diese Problematik der Literaturtheorien gesucht werden, „trotz der deprimierenden Gegenwartsdiagnose, allesamt von einer nicht erloschenen Neugier gegenüber der Literatur geprägt“ sind, *dies*, „und *daß* (Herv. d. V.) es so viele sind, ist (sicher nicht nur für Bogdal, Anm. d. V.) ein hoffnungsvolles Zeichen.“[135]

[131] Ebd. S. 23
[132] Ebd. S. 24
[133] Ebd. S. 25
[134] Ebd. S. 28
[135] Ebd. S. 29

In bezug auf die Qualitätsentwicklung ihrer Hochschullehre kann die Germanistik demnach behaupten (und sie muß sich dies auch selber glauben), daß auch für diese Spezialisierung und Differenzierung in der Forschung nützlich und förderlich sein können, *wenn* in der Lehre Generalisierung und Vermittlungsorientierung die diese Differenzierung tragenden und transformierenden Prinzipien - bei Beibehaltung des theoretischen Forschungsstandards - sind. Mit solcher forschungsgestützter Lehre, die die Differenziertheit der Forschungslage darstellt, ohne die mentale Organisation der daraus resultierenden Konsequenzen allein den Studierenden zu überlassen, wäre die disziplinäre Identität des Faches und die Einheit von Forschung und Lehre gesichert. Es bedarf lediglich noch weiterer Strategien, was die Umsetzung dieses differenzierten Programms angeht. In jedem Fall kann am Beispiel der Literaturtheorien exemplarisch abgelesen werden, welch' hohe Qualität germanistische Forschung heute hat. In diesem Sinne ist mit der Germanistik - ich formuliere es bewußt manche Probleme begradigend - alles in Ordnung. Hohe Forschungsqualität ist selbstverständliche Voraussetzung germanistischer Hochschullehre.

4.3.2 Der Beitrag der Germanisten zur Qualitätsentwicklung ihrer Hochschullehre

Ganz anders sieht das Ergebnis aus, wenn man noch einmal auf die germanistische Entwicklung der letzten 20 Jahre blickt, und dabei auch und vor allem auf die Entwicklung der Wissenschaftsgesellschaft Germanistik, also der sie tragenden Diskursgemeinschaft, rekurriert. Innenansichten einer Gesellschaft ohne Gesellschaft von Jost Hermand:

> „Aufgrund dieser Wandlungen hat sich in einigen Bereichen der Germanistik eine Betriebsamkeit ohne tiefere Relevanz entwickelt, die weniger den einzelnen Lehrenden als dem hinter ihnen stehenden System anzulasten ist, das anstelle eines nach Lösungen oder Alternativen strebenden Fachs einen Wissenschaftsbetrieb fördert, der auf gut pluralistische Weise in subjektbezogener Hermeneutik, theoretischer Abgehobenheit oder computerisierter Büroarbeit weitgehend in sich selbst rotiert und den jeweiligen Fachvertretern und -vertreterinnen kaum noch höhere Ziele als die durch die beruflichen Aktivitäten vorgegebenen setzt. Und so breitet sich mancherorts eine entfunktionalisierte, zur Karriere gewordene Germanistik aus, in der jener Homo academicus den Ton angibt, wie ihn Pierre Bourdieu 1984 in seinem gleichnamigen Buch beschrieben hat. Nach Bourdieu sind für diesen Typ innerhalb eines immer gesichtsloser werdenden Systems nicht mehr die ideologischen Zielvorstellungen, sondern nur noch die akademischen Verkehrsformen und Profilierungsrituale wichtig, also das rechtzeitige Einschwenken auf neue Wissenschaftstheorien, die Anerkennung der wechselnden Großmeister des Fachs, der ausgeprägte Sinn für Machtformationen auf seiten der Verwaltungsapparate, die möglichst auffällige Plazierung von Publikationen sowie ein marktbedingtes Standesbewußtsein, das in Kollegen und Kolleginnen weniger Repräsentanten bestimmter Weltanschauungen als feststehende Berufstypen wie Manager, Bürokraten, Außenseiter, Vielschreiber, Königsmacher oder Versager sieht.

Zu den wichtigsten Gesprächsstoffen innerhalb dieser Form der Germanistik gehörten darum in den letzten zehn bis fünfzehn Jahren vor allem die frei werdenden Stellen, der Besuch der ins Unübersichtliche anschwellenden Konferenzen, irgendwelche hochdotierten Forschungsstipendien, die Anzahl der wissenschaftlichen Hilfskräfte, die Computerisierung des eigenen Büros, die Häufigkeit der Freisemester, die Drittmittelbeschaffung, die Ratings, der gute Draht zur Deutschen Forschungsgemeinschaft und ähnliches mehr - also Fragen der eigenen Profilierung im Rahmen eines immer undurchsichtiger und funktionsloser werdenden akademischen Feldes. Nicht die Frage, worüber einzelne Germanisten und Germanistinnen publizieren, sondern wie viel oder wie wenig sie publizieren, interessiert die meisten. Viel zu publizieren gilt - vor allem in den Augen der sich kaum durch Veröffentlichungen Auszeichnenden, die es nur aufgrund bestimmter Institutskonstellationen oder durch geschickte Beziehungsarbeit zum Professor oder zur Professorin geschafft haben - entweder als karrieresüchtig oder als unwissenschaftliche Vielschreiberei. Wenig zu publizieren gilt dagegen, je nach professioneller Situation, entweder als besonders 'fein' oder als Zeichen akademischer Untauglichkeit, die mit hochmütiger Herablassung bestraft wird. Ja, sogar die Frage der Konferenzbeiträge, also die Frage, wer dort einen Hauptvortrag oder nur einen Zwanzig-Minuten-Vortrag halten darf, ist inzwischen zu einem wichtigen Faktor der akademischen Profilierung geworden, während die Themen der meisten Tagungen, die weitgehend unter Ausschluß von Studenten und Studentinnen stattfinden, immer unwichtiger werden."[136]

Nun muß man Hermand nicht unbedingt in der Intensität der Wertung jeder seiner Analysen zustimmen. Zu Recht jedoch wendet er den Blick auch auf eine realexistierende Germanistik, der er nicht erlaubt, ihre Qualität nur und ausschließlich durch ihre Forschungsinhalte zu definieren. Denn die Rückwirkungen bzw. Gefährdungen eben dieser problematisch gewordenen Fachkultur auf die inhaltliche Entwicklung der Wissenschaft, ihre Hochschullehre und ihre gesellschaftliche Relevanz sind unübersehbar.

Eine zu diesen Phänomenen parallel laufende und ebenso problematische Entwicklung sieht Hermand in der heutigen Studierendengeneration begründet. Noch einmal eine längere Textpassage:

„Im Zuge dieser Entwicklungen hat auch die Germanistik, die in den letzten 200 Jahren ein bedeutsames Schlachtfeld nationaldemokratischer, liberaler, sozialistischer, faschistischer und feministischer Wertvorstellungen war, viel von ihrer bisherigen gesellschaftlichen Brisanz eingebüßt. Auch in ihr ist heute gern von „Sinnverlust", vom „Abschied von der Geschichte" oder einer zunehmenden „Beliebigkeit der Untersuchungsmethoden" die Rede.[137] Und doch wird die Zahl der Studierenden, welche die Germanistik zu ihrem Hauptfach wählen, ständig größer. In ihr suchen noch immer viele junge Menschen, die sich nicht den harten, konkurrenzbetonten, sie von ihrem Selbst entfremdenden Bedingungen des Wirtschafts- und Verwaltungslebens aussetzen wollen, eine sanftere Wissenschaft, die geringere Anforderungen stellt, eine seelische Auseinandersetzung mit den eigenen Problemen verspricht und vielleicht sogar eine gewisse Lebenshilfe offeriert. Obendrein ermöglicht ihnen dieses Fach viel freie Zeit, da es in seinen

---

[136] Hermand, Jost: *Geschichte der Germanistik.* Reinbek bei Hamburg 1994. S. 228-229

[137] Hermand zitiert hier aus Danneberg, Lutz und Vollhardt, Friedrich (Hrsg.): *Vom Umgang mit Literatur und Literaturgeschichte. Positionen und Perspektiven nach der „Theoriedebatte".* Stuttgart 1992. S. 7

Studien- und Prüfungsansprüchen weit unter Fächern wie Jura, Medizin, Physik, Chemie, Mathematik, Ingenieurwesen oder Betriebswirtschaftslehre liegt.

Allerdings hat die Germanistik seit etwa zwanzig Jahren einen Haken: Sie läßt sich zwar leichter absolvieren als andere Fächer, bietet aber nur geringe Berufsaussichten. Schließlich stehen den rund 100 000 Studierenden, die heute in der Bundesrepublik germanistische Vorlesungen und Seminare belegen, nur eine relativ begrenzte Zahl von Stellenangeboten im schulischen, universitären und kulturellen Bereich gegenüber. Von 100 Studienabgängern und -abgängerinnen haben oft nur vier oder fünf eine Chance, in sogenannten freien Berufen unterzukommen. Kaum anders sieht es im Schuldienst aus. Daher macht sich bei vielen Studenten und Studentinnen der Germanistik schon nach wenigen Semestern ein deutlicher Unmut gegenüber diesem so viel versprechenden, aber so wenig einlösenden Fach bemerkbar.

Neben den geringen Berufschancen spielt bei dieser Irritation auch die Abneigung gegen allzu hohe Leseerwartungen eine wichtige Rolle. Aufgewachsen in einer hektisch angekurbelten Medienwelt, deren primäre Freudenbringer Geräte wie Fernseher, Videorecorder, Telespielgerät, Walkman, Transistorradio und Homecomputer sind, in der also Kultur weitgehend über akustische und visuelle Eindrücke vermittelt und damit das Buch zusehends 'entprivilegiert' wird, fühlen sie sich durch die Lektüre umfangreicher Romane oder Dramen häufig gelangweilt und wandern deshalb lieber in den Medienbereich, zu den Film- und Fernsehwissenschaftlern, ab. Doch selbst das erweist sich nicht als der erhoffte Ausweg, da dort die Berufschancen ebenfalls schlecht sind und auch das Wertangebot so gering ist, daß sie sich in ihrem unbestimmten Drang nach seelischer Erfüllung in den Medienwissenschaften ebenso frustriert fühlen wie im engeren Bereich der Germanistik und schließlich das Studium dieser Fächer überhaupt aufgeben."[138]

Nun sind die Wertungen, die Hermand hier sowohl zu Motivation, Haltung und Kenntnissen von heutigen Germanistik-Studierenden trifft, ebenso einseitig und plakativ wie die Bewertung des gesellschaftlichen Kontextes etwas holzschnittartig wirkt. Ich bezweifle sowohl die einseitige Opferstilisierung der Studierenden, die ja mit einer Entwertung ihres kritischen Potentials verbunden ist, als auch die Notwendigkeit der tiefen Enttäuschung, mit der diese Beobachtungen gemacht werden. Auch enthalten Hermands Ausführungen über Gebühr den Topos der gesellschaftverführenden Medienschelte und eine zu larmoyante Mystifizierung literaler Kultur. Sein doppelter Blick auf Wissenschafts- und Studierendengesellschaft macht aber viele Probleme einer heutigen, realexistierenden Germanistik deutlich. Auffällig ist, was eigentlich Anlaß zur Kritik sein könnte: Entgegen der verbreiteten Ansicht haben die Probleme der Wissenschaftsgesellschaft mit denen der Studierendengesellschaft kaum etwas zu tun.

Was aus den Beobachtungen Hermands zur Wissenschaftsgesellschaft Germanistik zu ersehen ist, ist, daß unabhängig von ihrer Forschungsentwicklung und -leistung die Produktivität einer Diskursgemeinschaft auch nach ihrer inneren Organisation beurteilt werden muß. Die Abkoppelung der Perspektiven der Wissenschafts- und Studierendengesellschaft hat darüber hinaus direkte Konsequen-

[138] Hermand, *Geschichte der Germanistik*, a.a.O., S. 226-227

zen sowohl im Forschungs- als auch im Lehrdiskurs. Die Lösung dafür wäre aber gerade nicht, den Forscherdiskurs wieder unreflektiert auf die Gestaltung der Lehre zu übertragen, sondern den Blick auf die unterschiedlichen Zugangsweisen zu richten und damit ein neues, erweitertes und durch die Überwindung reiner Innenansichten gesellschaftlich relevantes Wissenschaftsverständnis zu entwickeln. Das neue Denken der Wissenschaft könnte also an einem so gewonnenen Verständnis der Lehre seinen Ausgangspunkt nehmen. Ein Beispiel: Pluralität der Forschung ist ja nicht aufgrund ihres pluralen Charakters problematisch, sondern wenn sie nicht mehr kommuniziert wird. Vor allem in der Lehre germanistischer Institute und Seminare kann diese Kommunikationsarmut und einseitig auf Forschung bezogene Erfolgsorientierung bearbeitet werden, weil Lehre standortgebunden heute überhaupt nur noch als Solidarprojekt mit gemeinsamem Handlungswillen und Teamfähigkeit sinnvoll gestaltet werden kann.

Noch einmal zurück zum Ausgangspunkt der Argumentation und zu Hermands Innenansicht der Wissenschaftsgesellschaft. Die Differenzierung zwischen der Qualität der Forschungslage und der der 'Forscherlage' ist zentral, weil mit der Vermengung der beiden Perspektiven oft die abstruse Behauptung verbunden wird, die fehlende Qualität der Lehre wäre direkt auf fehlende Forschungsqualität zurückzuführen. Studierende, deren *quantitativ* gemessener Besuch von Lehrveranstaltungen dann als Parameter für die Forschungs*qualität* herhalten müssen, werden so nicht als Gesellschaft ernstgenommen, sondern funktional als 'kommunikativer Teststreifen' verklärt und zur Begründung der fehlenden Forschungsqualität meist nicht des eigenen Ansatzes, sondern der des Kollegen herangezogen. Auf die problematische Beobachtung folgt dann eine falsche Strategie: Ein eigenes neues Forschungsprojekt wird begonnen, das allerdings keine anderen Merkmale aufweist als das des Kollegen und auch in der Lehre keine anderen Wirkungen entfaltet. *So* hängt Forschung mit Lehre sicher *nicht* zusammen und das *Dauerkrisenbewußtsein* der Germanistik liegt in seinen Ursprüngen mehr in dieser internen organisatorischen Verfassung als in ihren tatsächlichen Inhalten.

Der beste Beitrag der Germanisten zur Qualitätsentwicklung ihrer Hochschullehre wäre demnach, ihre Fachkultur und Organisationsform regional und überregional konsequent auf Teamarbeit, gemeinsame Zielvereinbarung und solidarische 'Aufgabenerledigung' umzustellen.

4.3.3 Der Beitrag der Nicht-Germanisten zur Qualitätsentwicklung germanistischer Hochschullehre

Nun scheint die Negativskizzierung der Germanistinnen und Germanisten als Diskursgemeinschaft allzu pointiert. Gerade die Germanistik muß sich jedoch oft stellvertretend für Phänomene kritisieren lassen (das ist eines der Dinge, das von ihrer einstigen gesellschaftlichen Rolle hohe Stabilität bewiesen hat), die gar nicht ausschließlich ihr Problem, sondern auch das (aller) anderen Fächer der Hochschule ist. Einen kurzen, das Gesagte nicht relativierenden, aber besser einordnenden Blick möchte ich daher nun auf die von Germanisten oft so begehrte Nachbarwissenschaft Philosophie werfen.

Vittorio Hösle schreibt 1990 in „Die Krise der Gegenwart und die Verantwortung der Philosophie“:

> „In der Tat braucht man kein Pessimist zu sein, um der Ansicht zu sein, daß im Augenblick der kleinste gemeinsame Nenner der Weltphilosophie eine allgemeine Frustration ist. Zwar dürfte kaum eine Zeit mehr für Philosophie ausgegeben haben als die unsere - die Zahl der Philosophieprofessuren war in der Welt nie so hoch, nie wurden mehr philosophische Kongresse abgehalten, nie mehr philosophische Bücher publiziert, nie mehr philosophische Journale herausgegeben.“[139]

Zunächst macht Hösle wie Hermand auch die Lehre für die Unübersichtlichkeit der modernen Universität mitverantwortlich. War bei dem Germanisten der melancholische Rückgriff auf die kleine, von akademischem Geist geprägte Universität mehr latent vorhanden, wird sie beim Philosophen nun manifest:

> „Die Universität, und d.h. insbesondere die europäische Massenuniversität, ist in der Gefahr begriffen, ihrer ursprünglichen Bestimmung abtrünnig zu werden, der Ort einer universalen interdisziplinären Kommunikation über die Prinzipien des Wissens zu sein. Das Überhandnehmen der Lehre und bürokratischer Arbeit auf Kosten der Forschung; die Zerstörung der Lebensgemeinschaft zwischen Studenten und Professoren, die dem Studium eine moralische Dimension geben und die Wahrheitssuche zu jenem tiefen emotionalen Erlebnis machen könnte, das allein zu bedeutenden Leistungen motivieren kann; das Fehlen jeder wahren Konkurrenz zwischen den Universitäten in Verbund mit einem um so brutaleren Konkurrenzkampf zwischen jungen Wissenschaftlern, die zu jener frühzeitigen Spezialisierung gezwungen werden, bei der man immer mehr über immer weniger und schließlich alles über nichts weiß: die Vernachlässigung tradierter Bildungsgehalte und die Pflege von Moden; die Überproduktion von Büchern, die denjenigen, der nicht mit der gebotenen Selektivität mit diesem Phänomen umzugehen weiß, von der Lektüre der wirklich wichtigen Dinge abhält; der Niedergang allgemein anerkannter Wertungsmaßstäbe; die eigenwilligen sozialpsychologischen Phänomene, die sich bei manchen Wissenschaftlern beobachten lassen und die mit Kategorien wie Eitelkeit, Reizbarkeit und Ressentiment nur unzureichend erfaßt werden, all das läßt gar manche Universitäten nicht mehr als Hort des Geistes erscheinen, und die Befürchtung ist nicht unbegründet, daß diese Institution im 21. Jahrhundert zu einem Ausbildungsbetrieb ohne allzu große gesellschaftliche Anerkennung herabsinken könnte, wie sie es etwa in der frühen Neuzeit, insbesondere vor den Humboldtschen Reformen, war, als die bedeutendsten Künstler, Wissenschaftler und Philosophen mit den Universitäten denkbar wenig zu tun hatten.“[140]

Ich möchte die Ansichten beider zur Lehre hier nicht eingehend besprechen bzw. kritisieren, ich weise lediglich darauf hin, daß das Phänomen hoher Studie-

---

[139] Hösle, Vittorio: *Die Krise der Gegenwart und die Verantwortung der Philosophie.* 3., um ein Nachwort für diese Ausgabe erw. Aufl. München 1997. S. 14

[140] Ebd. S. 15-16

rendenzahlen nach der Bildungsexpansion sicher für die heutigen Hochschulen ein großes Problem ist, das Gegenmodell oder besser Gegenideal der akademischen Universität für wenige Interessierte aber niemals Realität war. Dies ist für die bildungspolitische Beurteilung des Phänomens wichtig. Aber unabhängig davon, daß beide bei der historischen Einordnung des Phänomens Massenuniversität latent oder manifest zwar verständlich, aber ungenau bzw. falsch argumentieren, spricht aus beiden Positionen ein wichtiger Grundgedanke wissenschaftlichen Lehrens und Lernens, den man deutlich unterstreichen muß: Die Überwindung der Anonymität durch einen Dialog, der über die Abwicklung des Nötigsten und Formalen hinausgeht, konstituiert erst die *Gemeinschaft* von Lehrenden und Lernenden. Wichtig scheinen mir Hösles Skizzen zur inneren Verfassung der philosophischen Wissenschaftsgesellschaft, die starke Parallelen mit den Beobachtungen Hermands aufweisen. Geradezu 'aufdringlich germanistisch' mutet das folgende an:

> „Der eben genannte Zwang zur Spezialisierung - der zwar unvermeidbar ist, gegen den aber trotzdem *institutionell* etwas getan werden muß - scheint mir zwar in allen Wissenschaften neben dem offenkundigen Nutzen auch ungeheuren Schaden anzurichten, und zwar sowohl auf eigentlich theoretischem Gebiet als auch was die Folgen der Wissenschaft auf die Gesellschaft angeht."[141]

Und zum Verhältnis von Wissenschaft *und* Lebensform schreibt er plastisch:

> „Gewiß will jeder, der Mark Aurel liest, eine gute Ausgabe, und insofern kann man Max Weber durchaus zustimmen, daß derjenige kein guter Wissenschaftler werden wird, dem nicht die Konjektur, die er gerade erwägt, von unermeßlicher Bedeutung ist (1919; 589). Aber all das ändert nichts daran, daß derjenige, der zuviel seiner Zeit Quisquilien widmet, erstens alles, nur kein großer Philosoph werden wird - denn diesem muß es um die Prinzipien des Ganzen gehen. Und zweitens läßt sich, allgemein-menschlich gesprochen (und d.h. mit Bezug auf die Dimension, die eigentlich zählt), über einen Philosophen, dessen Hauptinteressen um die Frage kreisen, wie er dem Assistenten des Kollegen bei der Habilitation ein Bein stellen und bei der nächsten Einladung zu einem Vortrag ein besonders hohes Honorar heraushandeln könne, nicht anders urteilen, als daß er Mark Aurel nicht verstanden hat, daß es ihm nicht geglückt ist, dem Text das zu entnehmen, was in letzter Instanz allein eine neue Edition legitimiert - nämlich Lehren für das eigene Leben."[142]

Hermands Beobachtung analog ist zudem die folgende Feststellung:

> „Die Würde des Politischen im erhabenen Sinne des Wortes, d.h. des Öffentlichen, verfallen zu sehen, wird stets schmerzen, aber besonders traurig ist es, wenn Philosophen, die in der Theorie jenes Allgemeine vertreten sollten, dessen praktisches Pendant das Politische ist, zu Funktionären kleinlicher Partikularinteressen verkommen."[143]

---

[141] Ebd. S. 16
[142] Ebd. S. 21-22
[143] Ebd. S. 25-26

Auf den Zusammenhang von Fachkultur und Hochschullehre und die Verantwortung der Lehrenden gegenüber der kommenden Generation der Studierenden geht Hösle dann ein, wenn er schreibt:

> „Auch wer den Eudämonismus in der Ethik scharf ablehnt, wird es ferner als Argument gegen die gegenwärtige Situation ansehen können, daß die Menschen, die schließlich zum Relativismus finden, nie und nimmer glücklich werden - es gibt in der menschlichen Seele Schichten, denen eine tiefere Befriedigung nur zuteil werden kann, wenn die normative Grundfrage gelöst wird, und das Leiden, das eine Kultur insbesondere ihren jungen Menschen zufügt, indem sie ihnen keine substantiellen Lösungen jener Frage anbietet, ist ungeheuer: Sie verdammt gerade die Begabteren und Konsequenteren unter ihnen zu jenem Zynismus, aus dem es, wenn er einmal habituell geworden ist, keinen Ausbruch mehr gibt."[144]

Und die wechselseitige Bedingungskonstellation, die zwischen Geisteshaltung, Wissenschaftspositionen und Organisationsform besteht, wird mit folgendem plastischen Beispiel illustriert:

> „So ist es bei dem tiefen Bedürfnis der deutschen Seele, nie nur andere, sondern immer auch sich selbst zu betrügen, leicht zu erklären, warum der Relativist, für den es keine objektiven Wertkriterien mehr gibt, dennoch seine machtpolitisch bedingten Personalentscheidungen mit seinem unerschütterlichen Interesse an der Sache selbst begründen muß. Die typisch deutsche Hochschätzung des Professorenstandes zwingt z.B. ein relativistisches Kommissionsmitglied nicht nur dazu, laut zu erklären, ihm gehe es bei seinen Personalentscheidungen nur um höchste objektive Standards, sondern - und das ist das psychologisch Bemerkenswerte - dies *auch selbst wirklich zu glauben*. Und dies, obgleich er in seinen Vorlesungen lehrt, daß es keine Kriterien gebe, die nicht von Partikularinteressen bestimmt seien, daß Werturteile nur subjektiv seien usf., und obgleich er bei jedem Kongreß seinem Vortrag vorausschickt, es gehe ihm nur darum, seine eigene, höchstpersönliche Meinung zu sagen, die kein anderer gezwungen sei anzunehmen, sofern auch er selbst unter allen Umständen bei seiner Meinung bleiben könne."[145]

Zum Abschluß ein Statement, das offensichtlich auch Hösles eigene Erfahrungen wiedergibt:

> „Wer dieses universale Menschenrecht einer pluralistischen Philosophengesellschaft in Frage stellt, wer also meint, daß es der Sinn von Kongressen sei, herauszufinden, welche Meinung besser begründet sei als eine andere, ja überhaupt an der Philosophie deswegen interessiert ist, weil er über die ganze amorphe Sphäre von Meinungen hinauskommen will, der gilt als Spielverderber und hat mit Abneigung zu rechnen."[146]

So weit der Blick in eine benachbarte Innenansicht, der mehr Gemeinsamkeit als signifikante Unterschiede enthält.

Ich beende diesen Blick auf eine wissenschaftliche 'Nachbargesellschaft', die Philosophie, die Forschungslage der Germanistik und ihre organisatorische Verfaßtheit als Wissenschaftsgesellschaft mit fünf zusammenfassenden Thesen:

---

[144] Ebd. S. 28
[145] Ebd. S. 32
[146] Ebd. S. 32-33

(1) Unabhängig von der Qualität der Forschung und Lehre ist die Organisationsform einer Wissenschaft und ihre Fachkultur eine eigenständige Größe mit erheblichen Wirkungen.
(2) Diese Organisationsform hat vor allem immer dann, heute oft negativen, Einfluß auf den wissenschaftlichen Diskurs, sobald dieser auf dialogische Qualität und gemeinsame Anstrengung angewiesen ist. Hier ist die Lehre besonders betroffen.
(3) Die Qualität der Kommunikation und Handlungsfähigkeit einer wissenschaftlichen Diskursgemeinschaft ist schlecht oder gar nicht über eine fachwissenschaftliche Forschungsdiskussion steuer- bzw. bearbeitbar.
(4) Die Beobachtung, daß vor allem die Germanistik mit diesen Problemen zu kämpfen hat, ist falsch. Vielmehr ist ein zentrales Problem der Organisationsform Hochschule angesprochen.
(5) Will man die Qualitätsentwicklung germanistischer Hochschullehre nachhaltig fördern, muß notwendig bei der Organisationsentwicklung des Faches auf regionaler bzw. überregionaler Ebene angesetzt werden.

4.3.4 Gemeinsamkeiten: Die Krise der Gegenwart als Verantwortung für die Germanistik?

Unabhängig von den offensichtlichen Übereinstimmungen und Unterschieden bei der Bewertung heutiger Wissenschaft zeigt sich in den Positionen von Bogdal, Hermand und Hösle eine, teilweise eher indirekte, gleichsam melancholisch anmutende Gemeinsamkeit, die ich jedoch für mehr halte als eine unwissenschaftliche Reminiszenz nach getaner, wissenschaftlicher Arbeit. Ich erinnere an Bogdals Feststellung, die „'Demokratisierung' der Zugangsweisen, d.h. in der Konzeption transparenter, erlernbarer und kritisch-reflektierter literaturwissenschaftlicher Methoden, die in modifizierter Form (über eine curriculare Spirale in der Schule) zum Wissensbestand eines jeden Bürgers gehören sollten“[147], sei „ein gesamtgesellschaftlich gesehen nahezu mißlungenes emanzipatorisches Projekt“ gewesen.[148] Leider sagt Bogdal nicht, ob damit auch automatisch verbunden sein muß, dieses Projekt auszusetzen, oder ob eine Renaissance in modifizierter Form nicht gerade durch die Freiheit der Wissenschaft möglich werden könnte, weil diese sich als eine der letzten gesellschaftlichen Systeme nicht zuerst nach dem Erfolg ihres Handelns fragen muß, sondern nach der Wahrheit ihres Denkens. Die kritische Dimension in Bogdals Ansatz würde

[147] Bogdal, „Einleitung“, a.a.O., S. 10-11
[148] Ebd. S. 11

diese Möglichkeit zulassen, ohne die von ihm angesprochenen Optionen vergessen zu müssen.[149]

Einen anderen nutzbringenden Hinweis, der daran anknüpfen könnte, scheint mir Hösle zu machen:

> „Diese Gleichgültigkeit, diese Unfähigkeit, zwischen dem, womit man sich „wissenschaftlich" beschäftigt, und der Welt, in der man lebt, zu vermitteln, ist nun der tiefste Grund für die innere Unzufriedenheit der meisten Geisteswissenschaftler und für ihr Gefühl der Entfremdung und emotionalen Austrocknung, über die all die geschäftige Betriebsamkeit und das Pathos, objektive Wissenschaftler zu sein, auf die Dauer nicht hinwegtäuschen können."[150]

Ich schließe mit Hermand, dem man nicht bis in seine letzte, ökologische, Konsequenz als Hauptlösungsoption aller Probleme folgen muß, um den produktiven Konsequenzen all' dessen, was auf dem Weg zu einem neuen Wissenschaftsverständnis gesagt wird, nicht zustimmen zu können:

> „Dazu gehörte jedoch, daß sie die Literatur wieder stärker unter dem Gesichtspunkt des Entwicklungsgeschichtlichen betrachten. Statt rein professionelle Zielsetzungen ins Auge zu fassen, sich mit ästhetischen Extravaganzen zu beschäftigen oder einer vordergründigen Journalisierung zu verfallen, die über einer bestimmten Tagesmode jene Fragen vergißt, deren Antworten sich nur im Hinblick auf die gesellschaftliche Gesamtsituation finden ließen, sollte die germanistische Literaturwissenschaft, und zwar in allen ihren Richtungen, weiterhin interpretatorisch an jenem unendlichen Prozeß einer aufklärerischen Vergesellschaftung des Menschen mitzuwirken versuchen, an dessen Ende nicht die zweckinstrumentale, alleszerstörende Rationalität, sondern eine 'Kultur' im besten Sinn des Wortes steht, die auf einem sinnvoll geregelten Stoffwechsel mit der Natur und damit einer wahrhaft humanen Haltung der Zukunft gegenüber beruht."[151]

Alle drei haben m. E. gemeinsam, den wissenschaftlichen Diskurs dann besser verstehen zu wollen und zu können, wenn sie über ihn hinausgehen. Auch für die Germanistik bedeutet die Krise der Gegenwart eine Verantwortung und Weiterentwicklungschance. Sie wird dies um so besser verstehen, als sie sich in *all'* ihren gewordenen und gewünschten, inhaltlichen und organisatorischen Dimensionen selbst versteht. Insofern ist forschende Selbstbesinnung angezeigt. Die Krise

[149] Gerade die Pluralität der heutigen Diskussion bietet m. E. für produktive Wiedererinnerungen ausreichende Anhaltspunkte, denn wie es der methodologischen Demokratisierung der 60er und 70er Jahre nicht gelang, die Tradition der 'gebildeten' und 'wissenden' Germanistik vollständig abzulösen, so wird es auch der literaturtheoretischen Diskussion kaum gelingen, gleich beide dieser zur Tradition gewordenen und doch noch vorhandenen Ansätze vollständig zu überwinden. Auch die 'aktuelle' Diskussion wird trotz ihrer omnipräsenten Gegenwart ebenfalls bereits zunehmend zur Tradition und reiht sich ein in das 'weite Feld' wissenschaftlicher Positionen. Damit gehört sie zum aktuellen Reservoir einer Wissenschaft, für die sich dann ein neues, die unterschiedlichsten Ansätze synthetisierendes, Selbstverständnis gewinnen ließe, wenn das literaturtheoretische Pluralitätsparadigma nicht nur untereinander, sondern auch über solche Positionen hinaus wirklich ernstgenommen und zu einem größeren Verständnis für ganz andere Ansätze führen würde.

[150] Bogdal, „Einleitung", a.a.O., S. 21

[151] Hermand, „Geschichte der Germanistik", a.a.O., S. 244

der Germanistik ist heute aber gerade nicht mehr die der gesellschaftlichen Gegenwart, sondern sie ist ihre eigene, hausgemachte; will sie ihre eigene bewältigen, muß sie sich der gesellschaftlichen zuwenden.

4.4 Vom Ende des Erlebens und vom Anfang der Literatur

Aus dem zum Zustand der Germanistik Formulierten wird nun das folgende Phänomen, das heute zu einem Hauptproblem der Hochschullehre avanciert ist, schnell ersichtlich: Was sind die unterschiedlichen Gegenstandsverständnisse, die im Hochschulunterricht aufeinandertreffen? Was ist (z.B.) Literatur?

Hier überlagern sich drei Begriffe eines Gegenstandes, die, bleibt dieser Zusammenhang unreflektiert und nicht genutzt, zur Verunmöglichung des fachlichen Dialogs von Lehrenden und Lernenden führen kann.

Es sind, grob skizziert, drei Begriffe von Literatur zu unterscheiden:

(1) Ein gesellschaftlicher Begriff von Literatur*, der ihre funktionale Kategorie im allgemeinen und medialen Diskurs beschreibt,

(2) (mindestens) ein wissenschaftlicher Begriff von Literatur**, der als Gegenstandskonstituierung betrieben wird, um wissenschaftliche Profession zu ermöglichen, der evtl. auf den Literaturbegriff* rekurriert und

(3) einen 'literarischen' Begriff von Literatur***, den jeder bzw. jede Studierende als Vorverständnis einbringt und der nach wie vor sehr stark existentialistisch-hermeneutisch geprägt ist und zwar auch unabhängig davon, ob dies im Schulunterricht so vermittelt wurde oder nicht.

Entscheidend ist, daß vor allem aus der Differenz der Vorstellungen Lehrender und Studierender über den zu verhandelnden Gegenstand in der Realität der Hochschullehre massive Probleme erwachsen: Studierende sehen sich häufig eher als reflektierende literarische Leser und nicht als Wissenschaftler in dem Sinne, wie es die Universitätsdisziplin entwickelt hat und wie es ihnen vorgetragen wird.

Nun ist dieses Problem in all seinen Schattierungen nicht neu, sondern konstitutives Problem der Literaturwissenschaft. Bogdal weist dazu auf Schillers theoretische Schriften hin, an denen deutlich zu beobachten ist, daß hier

> „drei bestimmte Bereiche als Legitimationsinstanzen fungieren.
> Es sind dies
> - die *Literatur* selbst, auf die er sich induktiv,
> - die *Philosophie* und *Wissenschaft*, auf die er sich deduktiv bezieht,
> - und der *Lebensalltag*, der als Erfahrungsraum konsultiert wird.
>
> Die Literaturwissenschaft schwankt von ihren Anfängen bis heute zwischen diesen drei Legitimationsinstanzen. Wir können in der Fachgeschichte einseitige Orientierungen und verbindende Versöhnungssysteme quer durch alle Richtungen beobachten.“[152]

---

[152] Bogdal, „Einleitung“, a.a.O., S. 12-13

Solche Versöhnung soll hier nicht vorgeschlagen werden. Auch kann kein brauchbarer Begriff von Literatur präsentiert werden, der für die Hochschullehre allgemein Bestand haben könnte. Mir geht es darum, das Problem so zu beschreiben, daß am Ende eine vorläufig wirkungsvolle und sehr einfache Lösung vorgeschlagen werden kann.

Dafür folge ich noch einmal Bogdals Bewertung, der die „erste Abgrenzung, Terrainbildung und Durchsetzung der Literatur als Wahrheitsdiskurs"[153] von einer „zweiten, die den Leser und das Lesen betrifft"[154], gefolgt sieht. Mit Bezugnahme auf die Arbeiten von Jürgen Fohrmann und Klaus Weimar[155] skizziert er den wissenschaftsgeschichtlichen Fortgang so:

> „Neben den gebildeten Normalleser und seinen Stellvertreter, den Literaturkritiker, tritt der *spezialisierte Wissenschaftler*, der sich ausschließlich mit dem Lesen und Bewerten und in der Germanistik mit dem Archivieren und Bewahren (durch kritische Editionen), der Kanonisierung (durch Geschichtsschreibung) und schließlich der Kommentierung (Interpretation) von Literatur beschäftigt."[156]

Ein Zeitsprung. Gerhard Kaiser stellt 1996 für den postmodernen Buchmarkt fest, daß „immer mehr Bücher immer weniger Leser finden (Umst. d. V.)."[157] Die, die noch Lesende sind, halten die „Räume des Geistes, des Gefühls und der Phantasie bewohnt und belebt, aus denen auf alle, auch die Nichtleser, Licht fällt."[158] Damit ist literarische und kulturelle Bildung gesellschaftlich in eine Stellvertreterkultur eingebunden, an dessen Teilnahme man sich wirtschaftlich - durch Buchkauf - beteiligen kann. 'Immer noch besser als gar nichts': Die Gesellschaft läßt lesen und läßt sich dies auch etwas kosten. Andererseits wird dem anderen, wenn ihm das Beste gewünscht wird, Literatur gewünscht, weswegen sie ein ebenso gut handelbares wie angenehm verschenkbares Gut ist. Wir wünschen, schenken wir einen literarischen Text, dem Beschenkten alles, was er an Leseerfahrung in diesem Buch potentiell sammeln könnte. Der Beschenkte ist zufrieden und fühlt sich mit der Erfahrung beschenkt - auch ohne die anstrengende Lektüre des Buches vorzunehmen - und stellt es in einen Schrank. Man geht einfach davon aus „daß Dichtung transformiert Leben darbietet."[159] Diese

---

[153] Bogdal, „Einleitung", a.a.O., S. 13
[154] Ebd.
[155] Siehe Literaturverzeichnis
[156] Bogdal, „Einleitung", a.a.O., S. 13
[157] Kaiser, Gerhard: *Wozu noch Literatur. Über Dichtung und Leben.* München 1996. S. 9. Dieser Behauptung stehen andere gegenüber, die mit der Expansion des Buchmarktes auch eine erhöhte Lesetätigkeit feststellen. Vgl. Pott, Hans-Georg: *Literarische Bildung. Zur Geschichte der Individualität.* München 1994, S. 7
[158] Ebd. S. 9
[159] Ebd. S. 11

Annahme muß reichen und alle sind zufrieden; *so* funktioniert der postmoderne Buchmarkt. Und die Literaturwissenschaft?

> „Es ist noch nicht allzu lange her, da stand die Literaturwissenschaft unter dem Rechtfertigungsdruck der Öffentlichkeit. Sie sollte ihr Lebensrecht erweisen. Glückliche Zeiten! Heute muß sie, soweit überhaupt noch Fragen von außen an sie herandringen, die letzte Bastion, ihren Gegenstand, die Literatur selber, verteidigen.“[160]

Kaiser versucht seine Thesen „in zwei Richtungen (...) zu vertreten

> 1. Daß Dichtung eine dem Menschen wesentliche Weise der Bearbeitung seiner Lebenswirklichkeit und der Auseinandersetzung mit ihr ist.
> 2. Daß Dichtung etwas Wesentliches in unserem Leben zu bewirken vermag.“[161]

Genau diese vorläufige und unformulierte Einstellung bringen Studierende heute in den Hochschulunterricht mit, vor allem daran knüpfen sich die Hoffnungen, die mit diesem Studium verbunden sind. Der Studienwunsch ist an den Wunsch nach Verständnis von Dichtung und Literatur geknüpft, deren begriffliche Nichtunterscheidung Kaiser als Voraussetzung für seinen Nachdenkensprozeß skizziert, den er selbst mit „Wozu noch Literatur?“ überschrieben hat:

> „Die terminologische Unbestimmtheit ist nicht einfach ein Mangel an begrifflicher Festlegung des Gegenstands. Sie charakterisiert das Schwebende des Gegenstandes selbst. Wenn uns diese Sache gerade in ihrer Schwebe, in der proteushaften Fülle ihrer Möglichkeiten, abhanden kommt, kommt uns etwas von unserer Menschlichkeit abhanden.“[162]

Die Stärke von Literatur liegt dann darin, daß sich in ihr „das Sprechen vom Menschen in seinen Lebensbezügen (...) nicht theoretisch vollzieht - wie etwa in der Philosophie und den Wissenschaften -, nicht verkündigend, gesetzgebend oder journalistisch informierend und kommentierend, sondern durch sprachliche Vergegenwärtigung von Lebenssituationen, Gestalten und Figurenkonstellationen.“[163] Auch suchen daher literarische Leser - wie Studierende sich selbst hauptsächlich verstehen, *wenn* sie sich als etwas in bezug auf ihr Germanistik-Studium verstehen - nach Bearbeitungsmöglichkeiten eigener Lebensorientierungen. Dafür scheint die Literatur geeignet, denn

> „so lernen wir vor allem die Innenseite des Menschen kennen, seine psychischen Anlagen, Grenzen, Zustände, Aktionen und Reaktionen. So mäßig der Quellenwert der Dichtung für Ereignis- oder Strukturgeschichte ist, so hoch ist er für die Seelengeschichte.“[164]

Gerade in einer durch vielfältige Orientierungsmuster ebenso wie durch Anonymität geprägten Gesellschaftsform wird Literatur zum Medium der Identitätskonstruktion:

---

[160] Kaiser, *Wozu noch Literatur?*, a.a.O., S. 9
[161] Ebd. S. 10
[162] Ebd. S. 11
[163] Ebd.
[164] Ebd. S. 16

> „Dichtung verdichtet (...). Sie tut es, indem sie am menschlichen Leben, das in der Masse so gleichgültig zu werden vermag, Wert und Wichtigkeit aufleuchten läßt. Deshalb ist sie eine so menschliche Art der Weltbegegnung ....“[165]

Es ist bereits deutlich geworden, daß ein wissenschaftlicher Literaturbegriff heute weit von solchen Beschreibungen entfernt ist. Nun ist einer der Haupttopoi der auf Jugend gerichteten ‘Kulturkritik’, Jugendliche würden nicht mehr *lesen* und statt dessen zuviel er*leben*. Dies bringe das System Literatur ins Wanken, denn ohne Lesen gebe es auch keine literarische Erfahrung, und daher sei weder ein literarischer Erlebnisraum noch das reflektierte, dann auch wissenschaftliche Nachdenken über Gelesenes möglich. Ich möchte die in diesem Topos vorgeschlagene Erklärungsvariante bezweifeln und ihm daher kurz nachgehen. Zunächst noch einmal Kaiser:

> „Es sollen heute perfekte mediale Erlebnissimulationen möglich sein, welche die vollkommene, alle Sinne ergreifende Illusion von Erlebniswirklichkeit erzeugen. Aber je perfekter sie sind, je berauschender ihre künstlichen Paradiese, um so mehr treiben sie das illusionierte Subjekt in eine totale Isolation, aus der es kein Entkommen gibt. Denn radikale Praxis zu sein und darin auch Gemeinschaft herzustellen, ist ja gerade der höchste Inhalt der Simulation.“[166]

Damit ist die Frage angezeigt, ob die Richtung, in der das Verhältnis von Leben und Literatur häufig interpretiert wird, kultursoziologisch wirklich richtig ist. Ich bezweifle dies insofern, als junge Erwachsene nicht deswegen nicht lesen, weil sie nicht *lesen wollen*, sondern weil sie nichts *erleben können*. Die simulierte Welt wird ja gerade gesucht, weil das ‘authentische’ Leben der Erlebnisgesellschaft nicht authentisch ist. Diese wird von einem Erlebnismarkt beherrscht, der ein echtes Erlebnis, das durch die prinzipielle Unmöglichkeit einer rationalen Folgeabschätzung erst konstituiert wird, gar nicht zuläßt:

> „Erlebnisse sind psychophysische Konstruktionen, die sich nicht durch Gegenstände substituieren oder an Dienstleistungsunternehmen delegieren lassen. Wir können versuchen, eine besonders günstige äußere Situation herzustellen, aber das angestrebte, innere Ereignis, das Erlebnis, ist damit nicht identisch.“[167]

Erlebnisse, die also geplant werden, die durch Erlebnisrationalität herbeigeführt werden sollen, müssen scheitern, es sei denn sie scheitern *wirklich*. Nur wenn in der erlebnisrationalen Welt und ihrer unterstellten Planbarkeit von Emotion wirklich einmal etwas schief geht, entsteht noch die Unmittelbarkeit des Erlebens und damit das Erlebnis.

Damit wird die oben genannte Bedingungskonstellation und die ihr zugrunde liegende Problemstellung umgedreht:

---

[165] Ebd. S. 17

[166] Kaiser, *Wozu noch Literatur?*, a.a.O., S. 135

[167] Schulze, Gerhard: *Die Erlebnisgesellschaft. Kultursoziologie der Gegenwart.* Frankfurt 1992. S. 14

> „Aber das System ist schreibend errichtet, die Schrift ist erschrieben, und erschrieben kann nichts werden, wo nichts erlebt wird. Literatur kann Leben erschreiben, weil sie aus Leben hervorgeht.“[168]

In einer Gesellschaft, in der das Leben als *Er*leben scheitert, scheitert auch das Lesen als literarische Erfahrung, weil nicht die Medien untereinander um die beste Simulation von Erlebnissen konkurrieren (der Unterschied zwischen der visuellen und sekundären Oralität des Fernsehens und der literalen Kultur des Buches ist in dieser Hinsicht marginal), sondern das Erlebnis aus unserem Leben verschwunden ist. Die Lesekrise dokumentiert nur eine viel tiefgreifendere Krise, die des unmittelbaren Erlebens. In diesem Kontext gewinnt dann nicht das Medium, das perfekter simulieren kann, den Konkurrenzkampf (dies halte ich für eine eher vordergründige Erklärung), sondern das, das besser, schneller und lauter verdrängen kann, daß es keine echten Erlebnisse mehr gibt. Damit wird nicht das Erleben substituiert, sondern die Suche nach ihm. Literatur aber, und dies ist der Unterschied zum visuellen Medium, ist darauf angewiesen, daß es Leben gibt, sie existiert nur um der Spannung und Nicht-Identität von Fiktion und Wirklichkeit willen, oder besser: sie generiert sich zwischen individuellem System des Bewußtseins und dem sozialen System der Kommunikation.

Die Krise der Literatur ist daher weniger darin begründet, daß sie selbst verschwindet, sondern daß ihr Pendant, das Leben, zu verschwinden droht. So erklärt sich auch die Vielzahl der Bücher bei gleichmäßiger Abnahme der Form des literarischen Lesens, die das Leben transzendierend im Leseprozeß zu verstehen sucht.

Welche vorläufigen Konsequenzen können nun daraus für die Qualitätsentwicklung der germanistischen Hochschullehre gezogen werden? U.a. weil traditionelle Konstruktionen von Literatur und Gesellschaft heute nur noch partiell greifen, scheitert häufig auch die Kommunikation im germanistischen Hochschulunterricht. Das gegenwärtig große Anwachsen germanistischer Studienwahl ist oft eine Antwort auf das Verschwinden des Erlebens und mit der Hoffnung verbunden, diese Krise lesend besser bewältigen zu können. Damit stellt die Wahl eines germanistischen Studiums eine Suche dar, die über die wissenschaftlichen Problemstellungen weit hinaus geht. Dies ist vielleicht kritisierbar, änderbar ist es jedoch nicht. Zieht sich die Germanistik auf einen oder mehrere Literaturbegriffe zurück, den sie jeweils konstituiert, ist sie zur genauen Definition gezwungen. Damit verschwindet für viele Studierende die für sie als konstitutiv geltende Unbestimmtheit der Literatur. Vor allem darin ist die große Ablehnung vieler Studierender gegen literaturtheoretische Fragestellungen begründet. Der Kampf der Lehrenden gilt der theoretischen Rückholung der Erosi-

---

[168] Kaiser, *Wozu noch Literatur?, a.a.O.*, S. 141

on des Gegenstandes, der Kampf der Studierenden der literarischen Vorholung der Erosion des Erlebens. Noch nicht einmal gegeneinander kann heute noch gekämpft werden, weil die 'Frontlinie' nicht durch die gleiche Galaxie verläuft.

Für dieses schwierige Problem kann hier sicher keine abschließende Lösung vorgestellt werden, es scheint mir aber notwendig, daß, solange ein gesellschaftlicher Begriff, ein oder mehrere wissenschaftliche und ein weiterer für die heutige Generation von Studierenden charakteristischer Begriff von Literatur nebeneinander bestehen, *alle* diese drei Ebenen im Hochschulunterricht aufgenommen und angesprochen werden müssen, damit die fachwissenschaftliche Perspektive überhaupt noch fruchtbar werden kann. Vor allem damit könnte die institutionelle Germanistik eine junge Generation zurückgewinnen, für die nur die Rückkehr des Erlebens im individuellen System des Bewußtseins den Anfang der Literatur im sozialen System der Kommunikation bedeuten kann.

4.5 *Professionalisierung des wissenschaftlichen Lehrens und Lernens: Hochschuldidaktik*

4.5.1 Legitimatorische Aspekte

Zur Integration der unterschiedlichen Kontexte ist von den beteiligten Disziplin besonders die Hochschuldidaktik geeignet, und dies aus dreierlei Gründen: Erstens ist ihre Fachgeschichte von Anfang an eine interdisziplinäre gewesen, ohne das es nicht gelungen wäre, eine eigene systematische Struktur und inhaltliche Abgrenzung dieser Wissenschaft vorzunehmen. Zweitens hat sie institutionell viel früher als andere Wissenschaften einen Rückbau hinnehmen müssen. Bereits kurz nach ihrer Installierung in den 70er Jahren wurde ihr Ausbau aus Gründen, die hier nicht diskutiert werden sollen, wieder gestoppt. Viele Reduktionserfahrungen, die andere Wissenschaftsbereiche nun erst machen müssen, gehören hier seit über 20 Jahren zum Alltag, weshalb die Hochschuldidaktik heute wesentlich besser und flexibler auf die noch schwieriger werdende Ressourcensituation reagieren kann. Gerade in den 90er Jahren hat sich eine deutliche Verbreiterung der wissenschaftlichen Ansatzfläche herausgebildet, Innovationen waren an vielen Orten zumindest deutlicher zu spüren als in anderen Wissenschaftsbereichen. Drittens aber, und das ist entscheidend, bedarf die Hochschuldidaktik kaum einer Legitimierung (auch wenn sie diese heute wissenschaftssystematisch ausgebildet hat), die über die Beschreibung des von ihr bearbeiteten Problempotentials weit hinausgeht:

> „Zu einer positiven Bilanz der inhaltlichen Qualität der Lehre kommen Studierende vor allem dann, wenn sie den Eindruck einer guten Vorbereitung des Lehrenden haben und dessen Vortrag klar verständlich ist. Von gewissem Gewicht ist zudem, ob das Lernziel klar definiert wird,

> der angekündigte Stoff auch durchgenommen wurde und studentische Anregungen aufgegriffen werden."[169]

Aus der Analyse, daß eine solch' positive Bilanz zur Qualität der Lehre heute eher die Seltenheit ist, ergibt sich die Notwendigkeit, wissenschaftliches Lehren und Lernen zu reflektieren und zu professionalisieren. Dies ist zentrale Aufgabe der Hochschuldidaktik, auch wenn sich ihr Spektrum in Theorie und Praxis damit nicht erfüllt. Ich nenne hier nur den sehr breit gefächerten Bereich der Hochschulforschung, der erst die Grundlagen für eine erfolgreiche und wirksame Hochschulreform bieten kann (siehe Pichts Klage in Kap. 4.1).

4.5.2 Institutionelle Aspekte

Geleistet wird diese Arbeit heute von Hochschuldidaktischen Zentren und anderen Instituten bzw. Organisationen in und an der Hochschule, 1994 gab es sechzehn solcher Hochschuldidaktischen Einrichtungen in der Bundesrepublik Deutschland.[170]
Eine Gründung neueren Datums ist das „Institut für Hochschulforschung Wittenberg e.V.", das an der Martin-Luther-Universität Halle-Wittenberg 1996 seine Arbeit aufgenommen hat und „für Veränderungen im Hochschulbereich wissenschaftlich begründete Perspektiven entwickeln, Reformprozesse stimulieren und begleiten, Planungshilfen anbieten, Informationen bereitstellen, Daten erheben, auswerten und dokumentieren"[171] will. Auch hier zeigt sich der die wissenschaftlichen Grenzziehungen überschreitende Charakter der Hochschuldidaktik:

> „Die theoretischen und methodischen Ansätze der am Institut durchgeführten Forschungen sind interdisziplinär angelegt, um die Ausgangsbedingungen und Chancen der Hochschulentwicklung in Deutschland und Europa reflektieren und aufgreifen zu können."[172]

Hier wird also Hochschule nicht als Ort der Forschung, sondern auch als „Gegenstand der Forschung"[173] begriffen[174] und damit u.a. bestimmt, wo und was

---

[169] Bargel u.a.: *Studium und Studierende*, a.a.O., S. 122-123

[170] Vgl. Berendt, Brigitte: „Hochschuldidaktische Aus- und Weiterbildung. Stellenwert - Erfahrungen - Angebote". In: *Handbuch Hochschullehre. Informationen und Handreichungen aus der Praxis für die Hochschullehre.* Bonn 1994ff. Beitrag I 2.1, S. 1-20, hier: S. 2

[171] Faltblatt des „Instituts für Hochschulforschung Wittenberg e.V. (HoF) an der Martin-Luther-Universität Halle-Wittenberg", dort erhältlich.

[172] Ebd.

[173] Olbertz, Jan-Hendrik: „Hochschule als Gegenstand der Forschung". In: HoF (Hrsg.): *Hof-Berichte.* Nr. 1-2. Wittenberg (1997). S. 1-2

[174] Diskussionsforum der Ergebnisse der Hochschulforschung ist vor allem die Zeitschrift *Das Hochschulwesen* im inzwischen 46. Jahrgang. Die Zeitschrift wurde 1953 als *Das Hochschulwesen* gegründet, vereinigt mit der Zeitschrift *Hochschulausbildung: Zeitschrift für Hochschulforschung und Hochschuldidaktik,* und neugegründet 1982 von der Arbeitsgemeinschaft für Hochschuldidaktik (AHD). Sie erscheint in Neuwied bei Luchterhand.

der „Ort der Lehre in der Hochschule“[175] heute im Kontext von „Lehrleistungen, Prestige und Hochschulwettbewerb“[176] ist. Im „Bielefelder Memorandum“[177] der Arbeitsgemeinschaft Hochschuldidaktik vom Anfang der 90er Jahre zeigen sich sowohl die Schwierigkeit dieser Fragestellung als auch die vertikal und horizontal breit gefächerten Perspektiven, die hier berücksichtigt werden müssen. So enthält das Memorandum 16 Anregungen für die „Handlungsebene der einzelnen Lehrenden und Studierenden“[178], 17 Anregungen für die „Ebene der einzelnen Hochschule“[179] und 14 Anregungen für die „Handlungsebene der Gestaltung staatlicher Rahmenbedingungen“.[180]

4.5.3 Funktionale Aspekte

Eine Standardaufgabe der Hochschuldidaktik soll hier besondere Erwähnung finden: Ihre Funktion in der Aus- und Weiterbildung von Lehrenden. Nach wie vor liegt hier ein Schlüssel für die Verbesserung der Qualität der Hochschullehre. Es führt kein Weg an der Feststellung vorbei, daß der Ausbildungsstand des Lehrpersonals an deutschen Hochschulen in bezug auf die Anforderungen, die heute in der Lehrtätigkeit zu erfüllen sind, nicht befriedigend ist. Hochschuldidaktische Aus- und Weiterbildung setzt aber bewußt nicht bei den Schwächen, sondern gerade bei den Stärken der Teilnehmerinnen und Teilnehmer an, und versucht einen individuellen Qualifikationsaufbau zu fördern, der dem bzw. der Lehrenden kurzfristig in der konkreten Lehrsituation, aber auch mittel- und langfristig für eine künftige, selbstgesteuerte Professionalisierung weiterhilft. Aus- und Weiterbildung kann jedoch wirksam nur im Kontext auch anderer Maßnahmen greifen, die die Anerkennung der Lehrleistung in der Hochschule fördern bzw. erhöhen und die Professionalisierung der Lehrqualifikation für das eigene Fortkommen auch funktional nutzbar macht. Vor allem in der Qualifikationsphase, z.B. bei Hochschulassistenten, ist ein besonderes Gewicht „auf die professionelle Vorbereitung auf die genannten Aufgaben“[181] zu legen. Eine einseitige Laufbahnorientierung auf Forschungsqualifikation hin entspricht heute nicht mehr dem komplexen Anforderungsprofil des Berufsbildes ‘Hochschullehrer’.

---

[175] Webler, Wolff-Dietrich und Otto, Hans-Uwe: *Der Ort der Lehre in der Hochschule. Lehrleistungen, Prestige und Hochschulwettbewerb.* Weinheim 1991

[176] Ebd.

[177] Webler, Wolff-Dietrich: „Zur Steigerung des Prestiges von Lehrleistungen an deutschen Hochschulen - das Bielefelder Memorandum ...“. In: (ders./Otto, Hans-Uwe): *Der Ort der Lehre...* , a.a.O., S. 75-93

[178] Ebd. S. 88f.

[179] Ebd. S. 90f.

[180] Ebd. S. 92f.

[181] Berendt: „Hochschuldidaktische Aus- und Weiterbildung“, a.a.O., S. 5

Die Ziele hochschuldidaktischer Aus- und Weiterbildung sind vor allem die „Qualifizierung zur Verbesserung des Lehrens und Lernens“[182] und die „Motivierung zur Innovation in Lehre und Ausbildung“[183]. Für das Erreichen dieser Ziele bilden „Veranstaltungen (...) den Kern; sie sind jedoch - vor allem in den hochschuldidaktischen Einrichtungen - mit anderen Aktivitäten mehr oder weniger eng verknüpft, d.h. mit Beratungen, Hospitationen, Selbststudienmaterialien, gemeinsamen Projekten mit Hochschullehrern sowie Gremien und Projektgruppen, Evaluationen von Lehrveranstaltungen (und, Anm. d. V.) Begleituntersuchungen“[184].

Die charakteristischen Merkmale der meisten Veranstaltungskonzepte im Rahmen der Hochschuldidaktischen Aus- und Weiterbildung zusammenfassend formuliert Brigitte Berendt, die Leiterin der diesbezüglichen Arbeitsstelle an der FU Berlin:

> „Ziele der Veranstaltungen sind neben der Vermittlung von Wissen über unterrichtswissenschaftliche Arbeits- und Forschungsergebnisse vor allem die Umsetzung in didaktisches Handeln. Die Auswahl der Inhalte und Lernmethoden beruht dabei in starkem Maße auf den von Hochschullehrern eingebrachten Interessen und Bedürfnissen. Die Veranstaltungen orientieren sich in der Regel an dem Konzept des sog. Werkstattseminars. Die bisherigen Unterrichtserfahrungen der Teilnehmer einer Fort- und Weiterbildungsmaßnahme werden in starkem Maße einbezogen. Praktische Übungen zur Verbesserung des Unterrichts (...) stehen im Mittelpunkt. Die Vermittlung von unterrichtswissenschaftlichen Informationen hat demgegenüber unterstützende Funktion. In der Regel wird sie durch Zusendung von Studienmaterialien unterstützt.“[185]

Für die Qualitätsentwicklung germanistischer Hochschullehre wäre es ertragreich, die zahlreichen Angebote der Hochschuldidaktik in der Bundesrepublik Deutschland in verstärktem Maße zu nutzen. Neben den direkten Entwicklungschancen für Lehrende und Lernende wäre damit indirekt zunächst zwar kein hochschulinterner, mit Sicherheit jedoch ein gesellschaftlicher Prestigegewinn eines öffentlich so stark nach der Lehre bewerteten Fachs verbunden.

4.6 Forschung, das Lehren und Lernen zu verstehen

Empirische Lehr-/Lernforschung und Lernpsychologie haben die Aufgabe, die tatsächlichen Resultate und Wirkungen des Lehrens und Lernens zu evaluieren, die damit verbundenen Voraussetzungen und Probleme zu verstehen, diesbezügliche Einschätzungen zu objektivieren und Möglichkeiten der Verbesserung und Förderung bereitzustellen. Sie treten zur Zeit vor allem in zwei Varianten an das Bewußtsein hochschulinterner Öffentlichkeit. Einerseits in der Form von den auf den Lehr-/Lernerfolg gerichteten Evaluationen von Studiengängen bzw. Fachbe-

---

[182] Ebd. S. 11
[183] Ebd. S. 11
[184] Ebd. S. 12
[185] Ebd. S. 17

reichen (z.B. in der Form von Lehrberichtsprojekten) und andererseits in der Fragestellung, wie angesichts veränderter Studienbedingungen das immer wichtiger werdende Lernen des Lernens, d.h. der Aufbau von Studien- und Lernstrategien im Studiengang, gezielt gefördert werden kann.

4.6.1 Objektivierung und Prognostizierung des Lehr-/Lernerfolgs durch Rankings?

Gerade was den ersten Punkt der Evaluation angeht, sind die Einschätzungen und Bewertungen auch unter den Germanistinnen und Germanisten heute unterschiedlich. Georg Jäger und Jörg Schönert stehen jedoch sicher nicht allein, wenn sie darauf hinweisen, daß das „Grundprinzip dieser ‘Evaluationen’ sein sollte (Umst.d.V.), daß sie als Selbstbewertungen angelegt sind, daß die Mitglieder der Hochschulen sich selbst einschätzen - innerhalb einer Gruppe und über die Grenzen der Gruppen hinweg (...). Dabei hat es sich als hilfreich erwiesen, wenn auch Mitglieder auswärtiger Hochschulen in die Evaluation einbezogen werden“.[186] Der Hinweis auf den gruppenübergreifenden Charakter öffnet zwar die Evaluation für die Teilnahme der Studierenden am Evaluationsprozeß, bleibt jedoch ungenau und rekurriert daher offensichtlich auf Modelle, in denen die Lehrenden, allerdings auch aus anderen Universitäten, sich selbst bewerten. Qualitätssicherung von außerhalb der Hochschule wird gänzlich ausgeschlossen. Solche Evaluationen, deren Ergebnisse und Wirkungen sich immerhin als besser erwiesen haben als gar keine Evaluation, zeigen jedoch eine sehr begrenzte Reichweite im Hinblick auf die auf die Evaluation folgende Umsetzung. So verzichten Jäger und Schönert auch auf die Diskussion möglicher fiskalischer Konsequenzen für die Betroffenen[187], ein Ansatz, der - auch bildungspolitisch - möglicherweise nicht mehr lange haltbar ist, wenn die Selbstreform der Universitäten nicht deutlich durchgreifendere Wirkungen als heute erzielt.[188] Eine verstärkte Zusammenarbeit mit der Hochschulforschung würde dagegen die Objektivität vieler Aussagen über die Qualität der Lehre erhöhen können und damit einer großen Zahl von Fachbereichen eine größere Glaubwürdigkeit verschaffen, selbst wenn die angenommenen Ergebnisse nur bestätigt würden. Auch entstünden Synergieeffekte der Art, daß nicht jeder Fachbereich ein eigenes Konzept

---

[186] Jäger, Georg und Schönert, Jörg: „Perspektiven zur Selbstreform der Universitäten. Am Beispiel der Germanistik“. In: Bentfeld, Anne und Delabar, Walter: *Perspektiven der Germanistik. Neueste Ansichten zu einem alten Problem.* Opladen 1997. S. 208-224, hier: S. 210.

[187] Ebd. S. 213

[188] In Kapitel 8 wird auf die Produktivität verschiedener Modelle im Rahmen dieser aktuellen Diskussion, auch auf das sog. „peer-review“, näher eingegangen. Jägers und Schönerts „Leistungskatalog“ für Hochschullehrer, der eine sehr nützliche Grundlage für eine Diskussion im Fach Germanistik darstellen kann, wird in Kap. 4.8 besprochen.

quasi aus dem Nichts jeweils neu entwickeln müßte, was ausgesprochen aufwendig ist.

In jedem Fall ist die Frage einer realistischen Evaluation des Lehr-/Lernerfolgs und einer standortbezogenen überindividuellen Prognose eines solchen Erfolgs in Studiengängen heute so komplex, daß die Bearbeitung durch journalistische Marktforschung in der Form von Ranking-Listen sicher nur wenig valide ist. Konnten frühe Umfragen, wie die von Spiegel und Focus, wenigstens noch den Charme der Subjektivität von Lehrenden und Lernenden produktiv nutzen, muß hinter 'Untersuchungen', die einen objektiven Anspruch signalisieren, wie solche durch die Stiftung Warentest und das CHE, eher ein Fragezeichen gesetzt werden[189], weil „bibliometrische Analysen"[190] und ein wohl doch etwas reduzierter „Atmosphäre"[191]-Begriff für Hochschulstandorte nicht nur wenig Aussagekraft haben, sondern auch kaum vergleichbar sind und nur sehr begrenzt zu einer reflektierteren Studienortentscheidung beitragen können. Auch die Darstellung der Ergebnisse erweckt einen objektiven Charakter vor allem dadurch, daß sie für den studentischen Adressaten nicht unbedingt gut lesbar ist.[192]

4.6.2 Ergebnisse der Lernforschung: das Lernen lernen

Ich möchte an dieser Stelle zum Aufweis der Produktivität der Lehr-/Lernforschung kurz auf die zweite Fragestellung eingehen, nämlich die nach den Lernstrategien. Der Hochschulforscher Johannes Wildt zeigt in seinem Beitrag „Studieren lernen - Zur Entwicklung von Lernstrategien im Studium"[193], der 1996 in den Mitteilungen des Deutschen Germanistenverbandes erschienen ist, „daß Lehren erst dann wirksam wird, wenn Lernen in Gang gesetzt wird."[194] Seiner Erfahrung nach setzt dagegen zur Zeit „die weitaus überwiegende Zahl von Lehrenden an Hochschulen ihren Ehrgeiz daran (...), das fachliche Wissen entsprechend dem theoretischen und methodischen 'state of the art' in ihrer Lehre zu präsentieren"[195]. Die projektierte Rollenkonstruktion der Universität, in der sich Lehrende und Lernende gemeinsam dem Wissen 'hingeben', ist für Wildt eher eine ideale Konstruktion im Sinne ihrer Nichtrealität, die zudem das Problem in sich birgt, daß vor dieser Konstruktion „die Studierfähigkeit der Studie-

[189] Vgl. Stiftung Warentest (Hrsg.): *Studienführer. Chemie und Wirtschaftswissenschaften. test-spezial.* Berlin 1998

[190] Ebd. S. 160

[191] Ebd. S. 14ff.

[192] Vgl. ebd. S. 53ff.

[193] Wildt, Johannes: „Studieren lernen - Zur Entwicklung von Lernstrategien im Studium". In: *Mitteilungen des Deutschen Germanistenverbandes.* 43. Jg. (1996). H.1. S. 92-99.

[194] Ebd. S. 93

[195] Ebd.

renden (als, Anm. d. V.) defizitär erscheint."[196] Wildt entwirft dagegen ein Bild, in dem „Lehren mit Lernen in Beziehung"[197] gesetzt wird. Die „gebräuchlichen Modellierungen menschlichen Lernens als Heuristiken"[198] verstehend, sieht er diese mit den Stichwörtern „Wissenserwerb, Informationsverarbeitung, Problemlösen, Interesse, persönliches Wachstum, Tätigkeit (und, Anm. d. V.) Handlungsregulation"[199] beschrieben. Sinnvoll wäre nun, in der Hochschule das „Modell eines Lerners (anzunehmen, Anm. d. V.), der in der Lage ist, sich bewußt und gezielt gegenüber seinem Lernen zu verhalten"[200], der also nicht passiver Lerner von Wissensbeständen bleibt. Solch aktives Verhalten setzt zunächst Wissen über Lernen voraus. Lernstrategien auszubilden würde dann bedeuten, „daß Lernende ihr Lernen in unterschiedlicher Weise auf die Lernaufgaben beziehen, die sich ihnen stellen"[201]. Wildt nennt Beispiele nicht notwendig reflektierter Lernstrategien, die er nicht als „konstante Persönlichkeitsvariablen" versteht, sondern die kontextabhängig variieren:

> „Untersuchungen zur kognitiven Verarbeitungstiefe zeigen, daß Studierende, die den sogenannten surface-approach verfolgen, ihr Lernen hauptsächlich auf Fakten, Breite des Wissens und Überblicke beziehen, während diejenigen, die den 'deep approach' bevorzugen, stärker auf Konzepte, Theorien und Zusammenhänge ausgerichtet sind. Auch im Hinblick auf die kognitive Strukturbildung unterscheiden sich Studierende erheblich. So werden in Untersuchungen ganzheitlich-holistische Lernstrategien von die Lernvorgänge in Sequenzen aufteilenden, reihenden, serialistischen Strategien unterschieden"[202].

Wildt nennt weitere Beispiele aus Motivationsforschung (Hoffnung auf Erfolg und Furcht vor Mißerfolg, extrinsische und intrinsische Motivationsquellen) und Angstforschung (coping-Strategien) und geht nun davon aus, daß diese und andere Ergebnisse der Lernpsychologie dazu geeignet sind, aus ihnen Angebote für Studierende zu generieren, wie diese zielgerichtete variable Strategien ihres Lernens entwickeln können. Gegenüber einer Realisation solcher Angebote durch Lehrende im Grundstudium und durch Tutorien bleibt Wildt eher skeptisch und entwickelt daher ein eigenes Kursangebot außerhalb des Fachstudiums. Unabhängig von dieser vielleicht zu eindeutigen Zuordnung scheint jedoch grundsätzlich bedeutsam, daß, wenn das Prinzip des Lernens des Lernens ernstgenommen werden soll, gerade nicht eine weitgehend undialogische Focussierung der Lehrenden und Lernenden auf fachliches Wissen sinnvoll ist, sondern der

---

[196] Ebd. S. 94
[197] Ebd.
[198] Ebd. S. 95
[199] Ebd.
[200] Ebd. S. 94
[201] Ebd. S. 95
[202] Ebd. S. 95-96

Hochschulunterricht gezielt den reflektierten Lerner fördern soll, der in der Lage ist, den unterschiedlichen fachlichen, biographischen, institutionellen und studienphasenabhängigen Anforderungen flexibel zu begegnen. Qualitätsentwicklung der germanistischen Hochschullehre würde hier also heißen, den Anspruch des eigenverantwortlichen Lernens der Studierenden nicht nur zu fordern, sondern auch zu fördern und zu ermöglichen. Hierbei nimmt z.B. auch die Studienberatung einen zentralen Platz ein.

4.7 Die Qualität der Lehre braucht Management mit System

4.7.1 Hochschule und Qualitätsmanagement: Grundsätzliches zu Reichweite und Verständnis

In einem Qualitätsentwicklungskonzept für die germanistische Hochschullehre sollte auf den ersten Blick die aktuelle Diskussion zu Qualitätssicherung und Qualitätsmanagement im Vordergrund stehen, die zur Zeit in Öffentlichkeit und Wirtschaft besondere Beachtung findet. Hier wird oft die Lösung nicht spezifischer, sondern aller Probleme gesucht. Ein solcher Zugang erweist jedoch *dann* seine begrenzte Produktivität, wenn neben der allgemeinen Heuristik des Qualitätsmanagements auch auf die schnelle und vor allem komplette Übertragung der systematischen Struktur einzelner Ansätze aus dem technischen Bereich oder dem Dienstleistungssektor oder gar auf die Abarbeitung konkreter Maßnahmenkataloge gesetzt wird. Auch hinter die immer und überall schnell nutzbringende Anwendbarkeit sehr konkrete und trotzdem allgemeingültiger Sicherungselemente muß ein Fragezeichen gesetzt werden. Trotzdem hat die Qualitätsmanagementdiskussion auf deduktiv-funktionaler Ebene keine reflexive und damit legitimatorische oder fundierende Funktion für den hier behandelten Zusammenhang, sondern einen instrumentellen Charakter, wie ich dies in Kapitel 3 spezifiziert habe.[203] Dieser Charakter ist aber so zu verstehen, daß die instrumentelle Ebene diejenige ist, aus der für die Qualitätsentwicklung germanisti-

[203] Ich erinnere noch einmal an die dort vorgenommene Klassifikation: *Reflexive* Funktion hat ein Bereich dann, wenn er Aspekte der Problematik aus einer theoretischen Perspektive untersuchen hilft. Die Problematik wird besser verständlich und kann in einen größeren Zusammenhang eingeordnet werden. Durch den systematischen Charakter des Bereiches wird sie der wissenschaftlichen Bearbeitung besser zugänglich. Unterschieden davon ist die *instrumentelle* Funktion (die für das Qualitätsmanagement anzunehmen ist): Instrumentelle Funktion hat ein Bereich dann, wenn das ihm inhärente Repertoire für eine reale Operationalisierung des zuvor gewonnenen Zielhorizonts nutzbar gemacht werden kann und zwar unabhängig davon, ob dieses Potential bisher genutzt wurde. Hier ist also die potentielle bzw. umsetzungsorientierte Produktivität des Instrumentariums gemeint. Beide Zuordnungsgrößen reflexiv und instrumentell sind verhandel- und steuerbar, weswegen ihr Klassifikationscharakter als *deduktiv-funktional* zu bezeichnen ist.

scher Hochschullehre zwar Gewinn gezogen werden kann, die konkreten Instrumente jedoch erst noch generiert bzw. angepaßt werden müssen. Ansätze zum Qualitätsmanagement können demnach

(1) durch ihre Kategorien und Instrumente auf Probleme aufmerksam machen und gerade dadurch Handlungsimpluse initiieren,
(2) Muster für noch zu entwickelnde, konkret greifende, Sicherungselemente bereitstellen,
(3) die Effizienz der Organisation der Lehre bei Anwendung der generierten Elemente erhöhen und
(4) überprüfen helfen, ob die selbstgesteckten Ziele, seien diese nun Grob- oder Globalziele oder operationale Detailziele der Organisation, erreicht und dauerhaft gesichert sind.

Mit dem Ansatz des Qualitätsmanagements im Hochschulbereich sind aber auch noch weitere grundsätzliche Probleme verbunden: Ein Problem besteht z.B. darin, daß in einem Qualitätsmanagementsystem Anbieter, Kunde und Produkt eindeutig definiert werden müssen, was in der Hochschullehre weder unumstritten noch einfach ist. Die Thematisierung des Problems macht es aber z.B. möglich, Relationen und Kommunikation im System deutlicher als bisher zu rekonstruieren, aber eben nicht normativ, sondern mit instrumenteller Zielrichtung, damit in einzelnen Handlungsfeldern neue Instrumente zur Verbesserung des Systems entwickelt und operationalisiert werden können.

Aus dem instrumentellen Charakter des Qualitätsmanagements ergibt allerdings sich auch, daß das so oft vorgebrachte Argument, moderne Managementsysteme dürften gerade deswegen nicht auf die Hochschule übertragen werden, weil die diesen inhärente Wissens- und Handlungslogik substantiell von der der Hochschule verschieden sei, nicht stimmig ist. Abgesehen davon, daß mit dem Argument oft fälschlicherweise eine Gleichsetzung der Logik moderner Qualitätsmanagementsysteme einerseits mit ökonomischer Optimierung andererseits (also mit einer fiskalischen Ertragsoptimierung, Rationalisierung der Arbeitskraft und Quantifizierung alles Qualitativen) verbunden ist, hat auch der Wissenschaftsbereich sehr unterschiedliche 'Logiken'. Dies z.B. allein schon durch die unterschiedlichen Fächergruppen der Hochschule, die in diesem Punkt erheblich differieren. Die Wissenschaft hat also gar nicht eine einzige Wissens- und Handlungslogik, sondern viele. Zudem herrschen schon in Forschung und Lehre, wie ich gezeigt habe, unterschiedliche Bezugssysteme vor. Gerade aber aus dem 'polyrationalen' Charakter des Wissenschaftsraumes Hochschule ergibt sich, daß das Anlegen eines ihr zunächst fremd erscheinenden Bezugssystems so einfach und gewinnbringend möglich ist. Sie ist der gesellschaftliche Raum, der noch am besten sehr unterschiedliche Bezugssysteme integrieren kann und dies auch als

Aufgabe hat. Kann die Hochschule dies nicht und wird sie damit zum geschlossenen Raum, ist sie kein Raum der Wissenschaft mehr, die ja gerade durch Konfrontation unterschiedlicher Denkansätze und den dadurch generierbaren Forschungsfortschritt definiert ist. Ein gutes Qualitätsentwicklungssystem wird umgekehrt die Handlungslogik des Raumes, in dem es produktiv werden will, gerade nicht ersetzen oder gar zerstören, sondern weiterbringen und im Sinne der handelnden Personen optimieren wollen.

4.7.2 Standpunkte der Qualitätsforschung

Die bis hierhin vorgenommene Einordnung wird durch die aktuelle Diskussion im Qualitätsmanagement-Bereich durchaus gedeckt. Zunächst zum Begriff „Qualität“: er ist und bleibt ein schillernder, der wie einige, die schon diskutiert wurden, gerade darum so produktiv ist. Qualität ist laut Norm DIN ISO 8402 „die Gesamtheit von Merkmalen einer Einheit bezüglich ihrer Eignung, festgelegte und vorausgesetzte Erfordernisse zu erfüllen“[204]. Qualitäts*management* umfaßt dann „alle Tätigkeiten des Gesamtmanagements, die im Rahmen des Qualitätsmanagementsystems die Qualitätspolitik, die Ziele und Verantwortungen festlegen sowie diese durch Mittel wie Qualitätsplanung, Qualitätslenkung, Qualitätssicherung / Qualitätsmanagement-Darlegung und Qualitätsverbesserung verwirklichen“[205]. Mit dieser Definition (ISO 8402) ist angezeigt, daß es um einen Anspruch unternehmerischen Handelns geht, der über isolierte Einzelmaßnahmen im Unternehmen hinausgeht. Ein kurzer Blick auf historische und aktuelle Positionen der Qualitätswissenschaft macht dies deutlich. So beschreibt der Amerikaner Philip B. Crosby im Kontext der Entwicklung seines 'Null-Fehler-Programms' „Qualitätsmanagement als Denkweise und als Aufgabe der Führungskräfte, die sich seiner Ansicht nach weniger mit technischen Lösungen, sondern mit der Einführung von Vorbeugungsmechanismen beschäftigen sollten“[206]. W. Edwards Deming weist in seinen „14 Punkten“ u.a. auf drei Aspekte hin, die in der Hochschule besonders kritisch sind und die zu einer Verbesserung ihrer Organisation und Effizienz besonders wichtig wären. So fordert er „moderne Führungsmethoden, die sich darauf konzentrieren, den Menschen (...) zu helfen, ihre Arbeit besser auszuführen“[207], „effektive, gegenseitige Kommunikation sowie andere Mittel, um die Atmosphäre der Furcht innerhalb des gesamten Unternehmens zu beseitigen“[208] und vor allem die konsequente Beseiti-

[204] Kamiske, Gerd F. und Brauer, Jörg-Peter: *Qualitätsmanagement von A- Z. Erläuterungen moderner Begriffe des Qualitätsmanagements.* 2., überarbeitete und erweiterte Aufl. München 1995. S. 126
[205] Ebd. S. 149
[206] Ebd. S. 37
[207] Ebd. S. 32
[208] Ebd.

gung der „Abgrenzung der einzelnen Bereiche voneinander"[209]. Bekannt wurde auch Armand V. Feigenbaums Ansatz, der im Rahmen seines Total-Quality-Control-Konzepts das Bewußtsein für „ein ganzheitliches, gleichartiges und paralleles Handeln"[210] stärkte. Zum Standard von Qualitätsverbesserungen in Unternehmen gehört heute der Ansatz von Kaoru Ishikawa, der mit der Einführung sog. *Qualitätszirkel* ein gruppenarbeitsorientiertes Konzept in die Qualitätsdiskussion einführt. Dieser Ansatz könnte auch Vorbild für den Hochschulbereich sein:

> „Ein Qualitätszirkel (Quality Circle) ist eine kleine, institutionalisierte Gruppe von ca. fünf bis zwölf Mitarbeitern, die regelmäßig zusammentreffen, um in ihrem Arbeitsbereich auftretende Probleme freiwillig und selbständig zu bearbeiten. Die Sitzungen werden von einem Kollegen oder Vorgesetzten geleitet bzw. moderiert, dauern etwa eine bis zwei Stunden und finden in der Regel wöchentlich während der Arbeitszeit statt. Von den Gruppenmitgliedern selbst ausgewählte, arbeitsbezogene Schwachstellen oder Probleme, häufig aus dem Bereich der Qualitätssicherung, werden diskutiert und systematisch untersucht."[211]

In der Qualitätsentwicklung der germanistischen Hochschullehre könnte ein solcher Qualitätszirkel zum Beispiel in Form einer Studienreformkommission des Fachbereichs bzw. eines Studienreformarbeitskreises verwirklicht werden.

Bei Umsetzung von qualitätssichernden Maßnahmen können mehrere Grundstrategien unterschieden werden. Ich nenne einige Aspekte dieser Strategien, die zeigen können, wo Probleme der Umsetzung von Reformmaßnahmen auch im Hochschulbereich liegen. Besonders in Japan bekannt geworden ist das sog. *Kaizen*. *Kaizen* „drückt das Streben nach kontinuierlicher, unendlicher Verbesserung aus. Dies ist jedoch nicht als Methode zu betrachten, die bei Bedarf auf ein Problem angewendet werden kann. *Kaizen* ist vielmehr als prozeßorientierte Denkweise im Sinne einer Geisteshaltung zu begreifen"[212]. Man könnte diese Strategie auch als „Ständige Verbesserung" und damit als evolutionäre Strategie immer fälliger, niemals abgeschlossener, kleiner Schritte bezeichnen. Studienreform, wie sie in jeder Lehrveranstaltungsstunde erneut ansetzt und in der Typologie in Kapitel 3 als Aufgabe jedes einzelnen Lehrenden formuliert wurde, kann auf dieser Folie gesehen werden. *Kaizen*, zu dem vor allem ein hohes Qualitätsbewußtsein der Mitarbeiter gehört, in dem aber auch ihr Potential optimal ausgeschöpft werden soll, wird oft in Abgrenzung zu *Innovation* definiert. Unter *Innovation* „wird eine große Veränderung in Richtung auf eine umfassende Erneuerung in einem bestimmten Bereich verstanden. Die Innovation erfolgt meist revolutionär-umwälzend, zieht die Aufmerksamkeit aller auf sich und ist in der Regel ein einmaliger, abgeschlossener Vorgang"[213]. Die Einführung eines neuen Studienganges ist hier ein hochschulbezogenes Beispiel, das auch die Gefahren von *Innovation* erkennen läßt: nach abgeschlossenem Vorgang droht die Qualitätsentwicklung abzubrechen, die Nachhaltigkeit der Reformen ist in Frage gestellt. Während Konzepte der Ständigen Verbesserung die vier Schritte Planen, Ausführen, Überprüfen und Verbessern in einem ständig neu

[209] Ebd.
[210] Ebd. S. 39
[211] Ebd. S. 183-185
[212] Ebd. S. 62-63
[213] Ebd. S. 64

beginnenden Prozeß sehen[214], schließt *Innovation* Prozesse erst einmal vorläufig ab. Sie hat aber den Vorteil, wesentlich schneller und durchgreifender Wirkungen zu erzielen. Extreme Form, Veränderungen im Unternehmen herbeizuführen, ist z.B. das sog. *Reengineering*. Als „Reengineering wird das grundsätzliche Überdenken und die daraus resultierende radikale Neugestaltung (Redesign) von Unternehmen oder wesentlichen Unternehmens- bzw. Geschäftsprozessen bezeichnet“[215]. Hier steht „also nicht die Frage nach einer Verbesserung bestehender Prozesse im Mittelpunkt, sondern es wird überlegt, warum der Prozeß überhaupt nötig ist und wie er im Idealzustand gestaltet sein müßte“[216]. Als Denkoperation läßt dieses Verfahren es zu, unternehmerisches Handeln radikal in Frage zu stellen, was zu einem neuen Blick auf die Organisation beitragen kann. Alle drei Handlungsformen können in der Hochschule positive Wirkungen entfalten.

Ein oft diskutiertes Managementkonzept, das viele der vorhandenen Ansätze auf einer übergeordneten Ebene integrieren kann, ist das *Total Quality Management (TQM)*. U.a. die Ansätze des *Total Quality Control* von Feigenbaum und des *Company-Wide Quality Control* von Ishikawa verschmelzen hier in einem ganzheitlichen Ansatz, der „als die umfassendste (Qualitäts-)Strategie angesehen werden (kann, Anm. d. V.), die für ein Unternehmen denkbar ist. Vom Kunden über die eigenen Mitarbeiter bis hin zum Zulieferanten werden alle Bereiche erfaßt und integriert“[217]. Elemente des *TQM* sind u.a. die partnerschaftliche Kommunikation mit dem Kunden, eine Hierarchien auflösende Mitarbeiterorientierung, sein bereichs- und funktionsübergreifender Charakter, sein Öffentlichkeitsanspruch auch gegenüber der Gesellschaft, seine Prozeß- und Produktorientierung, seine Betonung von Führungsqualität gleichermaßen wie von Team- und Lernfähigkeit, seine Zielfestlegung durch eine bewußte Qualitätspolitik und letztlich auch die Beharrlichkeit, mit der der Prozeß der Qualitätsentwicklung dauerhaft betrieben wird.[218] In diesem Kontext wurde Anfang der 90er Jahre der Begriff der noch sehr technisch verstandenen *Qualitätssicherung* durch den eines umfassenden *Qualitätsmanagements* ersetzt. Man braucht wenig Phantasie um zu erkennen, daß mit den Ansatzpunkten des *TQM* fast gänzlich Schwachstellen thematisiert werden, die auch die Organisationsform Hochschule in massiver Form aufweist. Qualitätsentwicklung germanistischer Hochschullehre würde also heißen, die Fragen, die innerhalb des *TQM* gestellt werden, aufzunehmen und mit Hilfe des daraus entwickelten methodischen Repertoires zu Verbesserungen kommen zu können. Einige Fachbereiche haben z.B. bereits Zertifizierungsprojekte begonnen, die auch ohne die sicher ebenfalls intendierte Außenwirkung brauchbare und wirksame Effekte erzielen können.

---

[214] Vgl. ebd. S. 218
[215] Ebd. S. 198
[216] Ebd. S. 199
[217] Ebd. S. 244-245
[218] Vgl. ebd. S. 245

4.7.3 Steuerung durch qualitätsichernde Elemente und Verfahren anhand von Beispielen

Folgende Elemente, die sich in der Praxis bereits als tragfähig erwiesen haben, möchte ich nun noch für die Qualitätsentwicklung germanistischer Hochschullehre in einem offenen, den instrumentellen Charakter des Qualitätsmanagements noch einmal betonenden Katalog zusammenfassen, der natürlich keinen Anspruch auf Vollständigkeit erhebt:

(1) Das erste Element lehnt sich im weitesten Sinne an den Begriff des *Audits* an. „Unter einem Audit versteht man die systematische, unabhängige Untersuchung einer Aktivität und deren Ergebnisse, durch die Vorhandensein und sachgerechte Anwendung spezifizierter Anforderungen beurteilt und dokumentiert werden"[219]. Im Rahmen der Hochschullehre kann die Evaluation des Lehr-/Lernerfolgs als *Audit* bezeichnet werden, wie sie z.B. im Rahmen des Integrierten Handlungskonzeptes von Yoshiro Nakamura entwickelt worden ist. Unter dem Grundsatz „Entwicklung statt Kontrolle"[220] wurde hier „interne Evaluation als begleitende Maßnahme von Studienreformprozessen auf Fachbereichsebene"[221] gesehen und ein Verfahren vorgeschlagen, das die Ergebnisse direkt für eine Verbesserung der evaluierten Lehr-/Lernsituation nutzbar macht.

(2) Mitarbeiter müssen sich immer neuen Anforderungen stellen und sich daher dauerhaft weiterqualifizieren: Dafür bedarf es eines - im optimalen Fall standortgebundenen - „Aus- und Weiterbildungsprogramms"[222], damit Reformhemmnisse, wie z.B. Angst vor der eigenen 'Unterqualifikation', ausbleiben.

(3) Wer Qualität ermöglichen will, muß die Bedürfnisse und die Situation der Adressaten kennen. In der Hochschullehre sind die Adressaten die Studierenden. Hierfür kann eine Analyse im Sinne einer Marktforschung die nötigen Daten liefern, z.B. in Form einer Studierendenumfrage.[223]

(4) Die in einer Organisation Arbeitenden brauchen verläßliche Rahmenbedingungen für sich und andere, damit verbesserndes und innovatives Handeln möglich wird, Stabilität gewinnt und nicht als Bedrohung empfunden wird. Den Rahmen dafür gibt in der Hochschullehre die Studienordnung.[224]

(5) Bedarfsanalyse und Anforderungsprofil verlangen systematische Angebotssicherung. Hierfür ist die Einrichtung eines zentralen, die einzelnen Organisationseinheiten des Fachbereichs übergreifenden, Lehrmanagements sinnvoll, das den Überblick über das Anforderungsprofil der Studienordnungen, die bestehenden Möglichkeiten an Lehrdeputat hat und die zur Verfügung stehenden Ressourcen optimal nutzen bzw. erweitern kann.[225] Hier ergibt sich exemplarisch

---

[219] Ebd. S. 5

[220] Nakamura, Yoshiro: „Entwicklung statt Kontrolle. Interne Evaluation als begleitende Maßnahme von Studienreformprozessen auf Fachbereichsebene". In: *DIHS*, a.a.O., S. 120-143

[221] Ebd.

[222] Vgl. Verf.: „Die Lehre braucht hochschuldidaktische Qualifikation: Ein Aus- und Weiterbildungsprogramm auf Fachbereichsebene". In: *DIHS*, a.a.O., S. 100

[223] Vgl. Wenig, Nina: „Die Studierenden kennenlernen - mit der Basis arbeiten. Die 'Studierendenumfrage' als Partizipationsform in der Studienreform". In: *DIHS*, a.a.O., S. 58-69

[224] Verf.: „Die Studienordnung als Solidarvertrag von Lehrenden und Lernenden in der Hochschule". In: *DIHS*, a.a.O. S. 101-119

[225] Vgl. Verf.: „Überblick sichern - Ressourcen nutzen - verantwortlich planen: Lehrstrukturkonzepte als Mittel der Qualitätssicherung in Studienreformprozessen". In: *DIHS*, a.a.O., S. 134-143

zudem ein Ansatzpunkt, verstärkt Steuerungaufgaben im Fachbereich wahrzunehmen, und die Kontrolle über die Lehrsituation, die von vielen heute als 'aus dem Ruder gelaufen' wahrgenommen wird, wieder zurückzugewinnen.

(6) Studienreformkommission oder Arbeitskreise zur Studienreform können in der Form als Qualitätszirkel bezeichnet werden, wie ich dies oben skizziert habe.[226] Sie bauen Abteilungsdenken ab und Problem- und Lösungsbewußtsein sowie Handlungskompetenz der Organisation auf.[227]

(7) Öffentlichkeitsarbeit sieht Unternehmen und Gesellschaft in einer um den jeweiligen Partner bemühten Interaktion, was heute die Entwicklung eines eigenen Steuerungskonzeptes von Öffentlichkeitsarbeit verlangt.[228]

(8) In der Qualitätspolitik spielt die Vereinbarung von durch die Organisation gemeinsam getragenen Qualitätszielen ein zentrale Rolle. Hier sind Lehrberichtsprojekte, wie sie in Kapitel 8 beschrieben werden, eine für die Hochschule gut durchführbare und gewinnbringende Handlungsform.[229]

Auf ein eingangs formuliertes Problem möchte ich noch einmal zurückkommen. Es ist unangemessen, Studierende als Kunden, Lehre als Produkt und Lehrende als Lieferanten zu bezeichnen. Falsch ist es aber auch nicht, zumindest dann nicht, wenn damit nicht auf eine Reduzierung des partizipativen Dialogs auf eine rational-ökonomische Dimension rekurriert, sondern ein Regelkreis der Verantwortung begründet wird, der Lehrende und Lernende zu mehr als zu funktionaler Interaktion verpflichtet. Nützlich ist dabei die Entdeckung in der Realität der Hochschullehre, daß Lehre oft *dann* Qualitätsverbesserungen erfährt, wenn sie als Produkt *gesehen* wird, um das sich Anbieter wie Empfänger bemühen müssen: Fachliche Kommunikation, nicht Absolventen und nicht Wissenschaft, ist das *Produkt* wissenschaftlichen Lehrens und Lernens und macht auch seine Qualität aus. Auch die höchste Forschungsqualität bleibt wirkungslos, wenn sie im Hochschulunterricht nicht kommuniziert werden kann.

Es konnten nur sehr ausgewählte Aspekte besprochen werden. Direkt zusammen hängen die Fragen des Qualitätsmanagements jedoch mit denen der Personal- und der Organisationsentwicklung, wodurch auf einige Aspekte im folgenden noch zurückgekommen werden wird. Will ein Fachbereich heute strategisches Management betreiben, und das wäre eine der zentralen Forderungen zur Qualitätsentwicklung germanistischer Hochschullehre, muß er dafür die unterschiedlichsten Bereiche integrieren. Die Betriebswirtschaftler Franz Xaver Bea

---

226 Vgl. Verf.: „Demokratisierung ohne Innovation ist leer, Innovationen ohne Demokratisierung sind blind: Die Studienreformkommission". In: *DIHS*, a.a.O., S. 53-57

227 Zum Begriff der Handlungskompetenz siehe Moczadlo, Regina: *LIPS - Leitfaden Integrierte Projektstudien.* Alsbach 1995. Kapitel 2.2 „Strukturkomponenten der Handlungskompetenz". S. 16 ff.

228 Vgl. Meyer, Silke: „Public Relations: Die Öffentlichkeit ist unser Partner". In: *DIHS*, a.a.O., S. 75-80

229 Vgl. auch Verf.: Corporate Identity: Die Studienreform braucht ein Gesicht, das es in sich hat". In: *DIHS*, a.a.O., S. 70-74

und Jürgen Haas gehen in ihrem Entwurf eines „Strategischen Managements“[230] von mindestens sechs Teilsystemen aus, der strategischen Planung, der strategischen Kontrolle, der Information, der Organisation, der Unternehmenskultur und der Leistungspotentiale. Aufgabe eines strategischen Managements wäre dann „die Koordination aller Führungssubsysteme“. Qualitätsmanagement ist in solchen Konzepten kein Fremdkörper, sondern hat instrumentellen Charakter für die Optimierung der Zielerreichung der Organisation.

4.8 Personalentwicklung entwickelt die Personen

Jede Organisation ist so motiviert, so engagiert, so öffentlichkeitswirksam, so realistisch und so erfolgreich wie ihre Mitarbeiter. In der Hochschule steht daher der Beruf des Hochschullehrers im Mittelpunkt jeder durchgreifenden und nachhaltigen Hochschulreform. Ich bespreche zwei Ansatzpunkte des Problems: Zunächst einen, der den direkten empirisch-relevanten Einfluß zeigt, den Personalentwicklung nach der in Kapitel 3 vorgenommenen Klassifikation hat. Danach stelle ich Überlegungen vor, die zur Bearbeitung der zu Tage getretenen Probleme hilfreich sein können, und antworte also auf Punkt 8.3 des Fragenkatalogs: Welche Laufbahnbeschreibung wäre unter der Maßgabe optimaler Aufgabenerfüllung für Hochschullehrer heute vorzuschlagen?

4.8.1 Hochschullehrer: ein ‘vorwissenschaftliches’ Berufsbild

Es wurde bereits der These nachgegangen, daß Hochschullehrer heute kein realistisches Bild von den *tatsächlichen* Wirkungen ihrer Lehre haben. Vielmehr richten sich die Erfolgsbeurteilungen sehr stark nach der *erwünschten* Wirkung, die wiederum ebenso stark an das Selbstkonzept des Hochschullehrerberufs gebunden wird. Nun könnte man meinen, die Hochschullehrer hätten zumindest ein realistisches und systematisches Bild ihres eigenen Tätigkeitsprofils. Dies ist jedoch nur sehr eingeschränkt der Fall, wie Jürgen Enders und Ulrich Teichler in ihrer Studie „Der Hochschullehrerberuf“[231] 1995 aufzeigen. Ich präsentiere einige ausgewählte Ergebnisse, um deutlich zu machen, wie sehr das nicht nur in dieser Hinsicht „überraschende Selbstbild des Hochschullehrerberufs“[232] von Paradoxa und auch von starken Unsicherheiten gekennzeichnet ist.

So versteht sich der „größte Teil der deutschen Universitätsprofessoren (...) als zugleich forschungs- und lehrorientiert, wobei etwa ein Drittel der Befragten

---

[230] Bea, Franz-Xaver und Haas, Jürgen: *Strategisches Management.* Stuttgart 1995

[231] Enders, Jürgen und Teichler, Ulrich (Hrsg.): *Der Hochschullehrerberuf. Aktuelle Studien und ihre hochschulpolitische Diskussion.* Neuwied 1995

[232] Enders, Jürgen und Teichler, Ulrich: „Das überraschende Selbstbild des Hochschullehrerberufs“. In: dies. (Hrsg.): *Der Hochschullehrerberuf,* a.a.O., S. 13ff.

stärker die Forschung und ein Drittel stärker die Lehre betont"[233]. Von der so oft hervorgehobenen Überbetonung der Lehre in der Tätigkeit kann eher nicht die Rede sein, denn die „deutschen Universitätsprofessoren verbringen im Jahresdurchschnitt 37 Prozent ihrer Arbeitszeit mit Aufgaben, die sie ihrer Lehrfunktion zurechnen"[234]. Zu der Selbsteinschätzung, daß 83 Prozent von ihnen „sich für ihre Aufgaben als Lehrende (für, Anm. d. V.) gut ausgebildet halten bzw. qualifiziert"[235] halten und sich „somit sogar etwas häufiger für die Lehre als für die Forschung (73%)"[236] für gut qualifiziert halten, korrespondiert, „daß die meisten Befragten das bestehende vorsystematische Ausbildungssystem des Beobachtens, Erprobens, gelegentlichen Ratgebens usw. im Bereich der Forschung wie der Lehre für gut funktionierend halten"[237]. Der von vielen wahrgenommene Streß in der Lehre läßt sich eher weniger auf die realen Belastungen zurückführen, denn „überraschend ist ferner, daß auch die Größenordnungen der Lehrveranstaltungen nicht so ungewöhnlich sind, wie oft berichtet wird. Mit durchschnittlich etwa 120 Studierenden in Einführungsveranstaltungen, etwa 50 in anderen Veranstaltungen des Erststudiums und etwa 20 in Kursen des Doktoranden- und Aufbaustudiums ergibt sich bei den deutschen Universitätsprofessoren eine ähnliche Situation wie in Japan und den Niederlanden"[238]. Dies wird weiter illustriert durch folgende verblüffende Tatsache: „Nicht bestätigt wird die oft vorgetragene Befürchtung, daß die steigenden Studierendenzahlen bei gleichzeitiger Stagnation der Stellenzahlen zu einer Vernachlässigung der Forschung führe. Die deutschen Universitätsprofessoren verbringen - über das ganze Jahr gesehen - 34 Prozent ihrer Arbeitszeit mit Forschungsaufgaben, wenden dafür also fast so viel Zeit auf wie für Lehraufgaben"[239]. Signifikant ist vor allem, daß gerade der „Anteil der Zeit, die während der Vorlesungszeit für Forschung verwandt wird, (...) sich im Laufe der Jahre - im Gegensatz zu den weitverbreiteten Vermutungen - immer mehr vergrößert"[240] hat. „1976/77 wurde ein forschungsbezogener Anteil im Zeitbudget der Universitätsprofessoren von 23 Prozent, 1983/94 von 27 Prozent und 1990/91 von 28 Prozent ermittelt"[241]. Der Forschungsanteil ist also ständig angestiegen: „Man kann es paradox formulieren: Je stärker die Studenten-Lehrenden-Relationen anstiegen, desto mehr Zeit verbrachten die

[233] Ebd. S. 16
[234] Ebd.
[235] Ebd. S. 19
[236] Ebd.
[237] Ebd.
[238] Ebd.
[239] Ebd. S. 19-20
[240] Ebd. S. 20
[241] Ebd.

Professoren mit Forschung"[242]. Allerdings gibt es offensichtlich deutliche Unterschiede zwischen eher lehr- und eher forschungsorientierten Hochschullehrern.[243] Enders und Teichler beobachten „über alle Fächer hinweg eine hohe individuelle Varianz der Zeitaufwendungen für den Beruf insgesamt und der zeitlichen Gewichtung der Tätigkeit in Forschung und Lehre, die sich wiederum als eng mit den persönlichen Präferenzen verknüpft erweist"[244].

Insgesamt empfinden, und das scheint mir alarmierend, „41 Prozent der deutschen Universitätsprofessoren (...) ihren Beruf als persönlich belastend"[245], obwohl ca. zwei Drittel über ihr Gehalt und über ihre berufliche Gesamtsituation Zufriedenheit angeben. Im internationalen Vergleich ist der deutsche Hochschullehrer daher trotz häufig massiver, persönlich wahrgenommener Belastung sehr zufrieden, vielleicht auch deswegen, weil „in keinem anderen an der Studie beteiligten Land (...) Wissenschaftler so selten einer Evaluation ihrer Arbeit unterworfen (sind, Anm. d. V.) wie in Westdeutschland"[246]. Seinen Arbeitsplatz hält er für gut und frei gestaltbar, in Fachbereich und Hochschule sieht er seine Einflußmöglichkeiten allerdings als sehr begrenzt an. Und obgleich auch die Hochschullehrer anderer Länder sich traditionell mit ihrer wissenschaftlichen Disziplin identifizieren, äußern die deutschen „das geringste Ausmaß der Verbundenheit zu ihrem Fachbereich und ihrer Hochschule"[247]: „Während die Wissenschaftler fast aller anderen Länder, die in die Untersuchung einbezogen sind, im Fachbereich und in der Hochschule eine zweite und dritte 'Heimat' haben, sehen sich die deutschen Befragten allein in ihrer wissenschaftlichen Fachrichtung beheimatet"[248]. Die Lehre ist jedoch eine höchst standortgebundene Aufgabe, und so wundert es auch nicht, daß der deutsche Professor, so die Zusammenfassung in einem Artikel der Frankfurter Rundschau vom 22.2.1995, zwar „mit sich und seiner Arbeit 'in hohem Maße' zufrieden"[249] ist, ihn „bei der täglichen Arbeit (...) allerdings etwa 70 Prozent der Studierenden" einfach nur „stören". Meist wird in diesem Zusammenhang von den Hochschullehrern auf die fehlende Qualifikation der Studierenden hingewiesen. „Die aktuelle Diskussion um die

---

242 Enders, Jürgen und Teichler, Ulrich: „Der Hochschullehrerberuf in der Diskussion". In: dies. (Hrsg.): *Der Hochschullehrerberuf*, a.a.O., S. 179

243 Vgl. Enders und Teichler: „Das überraschende Selbstbild...", a.a.O., S. 21

244 Enders und Teichler: „Der Hochschullehrerberuf in der Diskussion", a.a.O., S. 179

245 Vgl. Enders und Teichler: „Das überraschende Selbstbild , a.a.O., S. 21

246 Bockhorst, Elke: „Keine Heimat an der Hochschule". In: Enders/Teichler (Hrsg.): *Der Hochschullehrerberuf*, a.a.O., S. 38

247 Enders und Teichler: „Das überraschende Selbstbild...", a.a.O., S. 28

248 Ebd. S. 28

249 „Professoren rundum zufrieden. Nur die Studenten stören". Artikel der Frankfurter Rundschau vom 22.2.1995. In: Enders/Teichler (Hrsg.): *Der Hochschullehrerberuf*, a.a.O., S. 33

mangelnde Qualität der Hochschullehre (dagegen, Anm. d. V.) läßt die deutschen Professoren kalt. Die Probleme werden 'realativiert oder ganz in Frage gestellt'"[250]. Noch pointierter formuliert es der Kommentar zur Studie von Karl-Heinz Reith: „Im internationalen Vergleich sieht er sich als exzellenten Forscher und begnadeten Lehrer. Das einzige, was ihn bei der täglichen Arbeit stört, sind etwa 70 Prozent der Studenten"[251], und das obwohl viele Hochschullehrer heute subjektiv der Meinung sind, viel für Studierende zu investieren. Nicht so zufrieden sind im übrigen die dem Mittelbau angehörenden, die zwar entgegen der landläufigen Meinung genug Zeit zum Forschen haben, aber dennoch wenig Einfluß. Neben der Unsicherheit über die persönliche Zukunft fallen hier die massiven Hierarchieprobleme der Hochschule ins Gewicht, die die Nutzung des durchaus vorhandenen Know-how vieler Mitglieder der Hochschule verhindern und die Professoren immer weiter mit Aufgaben belasten. Zur Kritik fähig ist der deutsche Hochschulwissenschaftler in besonderer Weise. Enders und Teichler formulieren nicht ohne Ironie: „Die analytischen Fähigkeiten der 'wissenschaftlichen Profession' zeigen sich zweifellos auch darin, daß der Splitter im Auge der anderen - in diesem Falle der Studierenden und der Hochschulverwaltung - besonders deutlich erkannt wird"[252]. Die eigene Zufriedenheit behindert auch nicht die mutige Interpretation bzw. Formulierung von paradoxen Konstruktionen, wie sie in der 'schlagseitigen' Auslegung der Einheit von Forschung und Lehre zu beobachten ist: So besitzt „das Ideal der Verknüpfung von Forschung und Lehre *bei gleichzeitiger Betonung des Forschungsprimats* (Herv. d. V.) nach wie vor einen hohen Stellenwert für das berufliche Selbstverständnis"[253], übrigens ungeachtet dessen, ob die implizit damit verbundene Gestaltung der Lehre durchgreifende Wirkungen zeigt oder nicht.

Nun wäre es ebenso unangemessen wie falsch, ein Bild des Hochschullehrers zu zeichnen, das egoistisch, forschungssüchtig und studentenfeindlich ist. Vielmehr sind die Differenzen zwischen den genannten Selbstbeschreibungen, den subjektiven Streßfaktoren und der Realität wie auch die teilweise paradoxen Wirklichkeits*beurteilungen* Ausdruck einer massiven Verunsicherung des Hochschullehrerberufes, die offensichtlich aber nicht zu einer Infragestellung der eigenen Profession führt. Enders und Teichler beobachten gerade für diesen Beruf „eine hohe Bedeutung der Einstellungen, Orientierungen und Selbstbilder (...); normative Leitbilder und tradierte Ideale, dies zeigen die Befragungen, sind in

---

[250] Ebd. S. 33

[251] Reith, Karl-Heinz: „Der deutsche Professor". Erziehung und Wissenschaft 3/95. In: Enders/Teichler (Hrsg.): *Der Hochschullehrerberuf*, a.a.O., S. 34

[252] Enders und Teichler: „Das überraschende Selbstbild...", a.a.O., S. 32

[253] Enders und Teichler: „Der Hochschullehrerberuf in der Diskussion", a.a.O., S. 175

der beruflichen Wirklichkeit dieser Gruppe ausgesprochen wirkungsmächtig“[254]. Das Paradox der eigenen Ausbildung wird aus diesem Grunde kaum wahrgenommen:

> „Gerade der Hochschullehrerberuf, der gegenüber anderen gesellschaftlichen Bereichen eine besondere Bedeutung der Systematisierung von Wissen und Ausbildung reklamiert, setzt in der Qualifizierung für den eigenen Berufsstand eher auf informelle Anlernprozesse und eine Aneignung der Berufsrolle im Vollzug der Tätigkeit als auf gesonderte und formalisierte Qualifizierung.“[255]

Gerade hier liegt aber der Schlüssel zu einer durchgreifenden Reform des Hochschulwesens. Das erweiterte Aufgabenfeld des Hochschullehrers und der Professionalisierungsdruck, der durch die gesellschaftlichen Rahmenbedingungen in fast allen Berufsfeldern massiv gestiegen ist, kann in einer Form von informellen ‘Learnig by doing’ in keinem Fall mehr bewältigt werden. Die Hochschule der Zukunft muß ein stabiles Fundament ihrer Profession entwickeln, der Hochschullehrerberuf muß dafür systematisiert und evaluierbar professionalisiert werden. Dies betrifft sowohl die Aus- und Weiterbildung des bestehenden Personals als auch eine Umorientierung in der Laufbahngestaltung für junge Wissenschaftlerinnen und Wissenschaftler. Grundlage für beides ist allerdings eine Beschreibung dessen, was ein Hochschullehrer tun soll und beherrschen muß, um den heutigen Anforderungen professionell gerecht werden zu können.

4.8.2 Der Hochschullehrer morgen: ein erweitertes, systematisiertes Profil

Auf ein erweitertes und systematisches Profil des Hochschullehrers im Rahmen der Qualitätsentwicklung germanistischer Hochschullehre hat eine Gruppe von Germanistinnen und Germanisten um Holger Dainat aufmerksam gemacht. In den „7 Thesen zur wissenschaftlichen Qualifikation“[256] kristallisieren sich einige produktive Bearbeitungsmöglichkeiten der Probleme, die in der vorgenannten Studie erkennbar werden, plastisch heraus. Es wird, so die Autorinnen und Autoren, ein neues, nicht nach den Vorbildern des 19. Jahrhunderts funktionierendes Sozialisationsmuster für Hochschullehrer notwendig sein[257], das nicht mehr die traditionellen Vorstellungen vom Ordinarius ausbildet[258], sondern an die Stelle der Habilitation eine prozessuale Qualifikation treten läßt[259] und durch Rotation und die Einführung eines sog. „Qualifikations-Sabbaticals“ sichert, daß ein

---

[254] Ebd. S. 173

[255] Ebd. S. 176

[256] Ansel, Michael u.a.: „Hilfreich und gut. 7 Thesen zur wissenschaftlichen Qualifikation“. In: Bentfeld, Anne und Delabar, Walter (Hrsg.): *Perspektiven der Germanistik.* Opladen 1997. S. 195-207.

[257] Vgl. ebd. S. 195

[258] Vgl. ebd. 196

[259] Vgl. ebd.

breites Qualifikationsprofil des Berufes herausgebildet wird.[260] Dies ist u.a. Grundlage für teamorientierte Forschung, die gestärkt werden soll.[261] Ein so qualifizierter und arbeitender Hochschullehrer braucht dann auch keine Angst mehr vor einer nach transparenten Verfahren vorgenommenen Evaluation seiner Tätigkeit zu haben, die allerdings die unterschiedlichen Bereiche differenziert berücksichtigen muß.[262]

Georg Jäger und Jörg Schönert machen in ihrem Beitrag „Perspektiven zur Selbstreform der Universitäten"[263] in Anlehnung an W. Pfähler einen sechs Bereiche umfassenden Vorschlag für ein erweitertes Tätigkeitsprofil des Hochschullehrers, den sie bewußt „Leistungskatalog"[264] nennen und der für die Entwicklung eines erweiterten, systematisierten Profils eine Grundlage bieten kann:

„A) Forschung

1. Wissenschaftliche Publikationen (einschließlich Herausgebertätigkeit).
2. Vermittlungen von Forschungsergebnissen durch Vorträge (eigene Vorträge und Organisation von Vorträgen).
3. Vorbereitung und Durchführung von Tagungen und Arbeitskreisen.
4. Einwerbung von Drittmitteln (einschließlich Graduiertenkollegs).
5. Organisation und Durchführung nationaler und internationaler Hochschulkooperation im Bereich der Forschung.
6. Kooperation mit den Berufspraxisfeldern, die den jeweiligen Studiengängen zugeordnet sind (unter Forschungsaspekten).

B) Lehre

7. Qualität und Besuch der Lehrveranstaltungen.
8. Beiträge zur Innovation von Lehrformen und Lehrmaterialien.
9. Mitarbeit an Handbüchern, Lehrbüchern, Studienmaterialien etc.
10. Organisation und Durchführung internationaler Hochschulkooperation im Bereich der Lehre.
11. Kooperation mit den Berufspraxisfeldern, die den jeweiligen Studiengängen zugeordnet sind (unter Aspekten der Lehre, z.B. Organisation von Praktika).
12. Organisation und Durchführung von Weiterbildungsmaßnahmen.

C) Studienberatung und Prüfungen

13. Umfang und Qualität der Leistungen in der Studienberatung.
14. Gutachten für Stipendien, Bewerbungen (z.B. im Rahmen von Austauschprogrammen).
15. Umfang der Prüfungstätigkeit (z.B. Zwischenprüfungen, erste Hochschulabschlußprüfungen).
16. Betreuung von Promotionen und Habilitationen.

---

[260] Vgl. ebd.
[261] Vgl. ebd.
[262] Vgl. ebd. S. 197
[263] Jäger und Schönert: „Perspektiven zur Selbstreform der Universitäten", a.a.O., S. 208-223
[264] Ebd. S. 211

D) Selbstverwaltung und Wissenschaftsmanagement

17. Mitarbeit in den ständigen Gremien der akademischen Selbstverwaltung.
18. Mitarbeit in Habilitationskommissionen.
19. Mitarbeit in Berufungskommissionen.
20. Mitarbeit in Kommissionen zur Hochschulplanung, zur Profilbildung und Reform institutioneller Einheiten der Universität.
21. Mitarbeit in Kommissionen zur Studien- und Prüfungsreform.
22. Übernahme von Funktionen in der DFG, in Fachverbänden, wissenschaftlichen Gesellschaften etc.

E) Wissenschaftliche Beratungen / Gutachten

23. Mitarbeit in Fach-, Beratungs- und Gutachtergremien (außerhalb der universitären Selbstverwaltung).
24. Begutachtungen für Zeitschriften und Verlage.
25. Gutachtertätigkeit für Drittmittelgeber.
26. Auswärtige Gutachtertätigkeit für Einstellungs- und Berufungsvorschläge.
27. Mitarbeit in Einrichtungen zum Wissens- und Technologietransfer.
28. Beratung von Politik, Wirtschaft und kulturellen wie sozialen Institutionen.

F) Universität und Öffentlichkeit

29. Organisation und Durchführung von Veranstaltungen, die sich nicht nur an die eingeschriebenen Studierenden und Gasthörer wenden (z.B. Allgemeines Vorlesungswesen, Tage der offenen Tür etc.).
30. Betreuung von Publikationen, die Informationen über die Universität und die Ergebnisse der Forschung an die breitere Öffentlichkeit vermitteln (z.B. in Form von hochschuleigenen Jahrbüchern oder Zeitschriften).“[265]

Der Katalog bietet eine große Bandbreite an Qualifikationsfeldern an, deren Systematik nun in mehrfacher Hinsicht weitergeführt werden müßte:

(1) Für die Felder müßten erst noch spezifischere Qualifikationen entwickelt werden, damit eine Evaluation der 30 Punkte mehr sein kann als die Zuordnung - ich formuliere es betont etwas flapsig - ‘bestanden’ oder ‘nicht bestanden’.
(2) Darüber hinaus wären einige Ergänzungen in den Bereichen B, D und F vorzunehmen, die ich hier nicht weiter ausführen kann.
(3) Eventuell ist die Zuordnung in den Gruppen in Teilen zu sehr aus der Sicht der Hochschullehrer und mit etwas zu wenig Blick auf die zu erfüllenden Aufgaben gerichtet. So ist ja gerade die Trennung im Studiengang zwischen B und C so problematisch. Hier wäre evtl. eine Integration der Bereiche sinnvoll.

---

[265] Ebd. S. 211-212

(4) Dieser Katalog enthält noch keine Gewichtungen. Es wäre ein Konsens herzustellen, der über die Wissenschaftsgesellschaft der Germanistik hinausgeht, um größtmögliche Objektivität zu sichern.

Die vorgebrachten Spezifikationen sollen die grundsätzlich positive Einschätzung des Katalogs nicht schmälern. Er stellt einen wichtigen ersten Schritt im Hinblick auf ein erweitertes Berufsbild zumal des germanistischen Hochschullehrers dar.

Sehr zurückhaltend bleiben Jäger und Schönert im Hinblick auf die Konsequenzen der Evaluation, die anhand dieses Katalogs durchgeführt werden könnte. Hinweise zum Verfahren, das nach Auffassung der Autoren 'unbürokratisch' sein soll, und die fehlende Erörterung, ob die fiskalischen Konsequenzen nicht nur die Mittelzuweisung, sondern auch das Gehalt der Hochschullehrer betreffen, lassen hier allerdings große Zurückhaltung vermuten.[266] Dann jedoch wird das System nicht funktionieren, denn Evaluation ohne spürbare Konsequenzen ist nutzlos.

Problematisch scheint mir auch der Vorschlag, das Lehrdeputat aller Lehrenden auf 12 Stunden anzuheben, um dann bei entsprechender Leistung in verschiedenen Bereichen individuell eine Reduktion erreichen zu können. Positiv an dem Vorschlag ist sicherlich, daß hier das Lehrdeputat eines ganzen Instituts zusammengefaßt wird und dann flexibel damit gewirtschaftet werden kann. Die Vorstellung jedoch, daß jemand gerade für Arbeit in anderen Bereichen von der Lehre entlastet werden soll, ist nicht nur bildungs- und hochschulpolitisch unerträglich, es leistet auch allen Vorurteilen der Hochschullehrer gegen die Lehre *und vor allem der Gesellschaft gegen die Hochschullehrer* Vorschub, denn wieder könnte individuelle Forschungsleistung fehlende Leistung in der Solidaraufgabe Lehre nicht nur kompensieren, man würde sogar noch dafür 'belohnt'.[267] So wünschenswert auch eine flexible Nutzung der Potentiale des Hochschullehrerpersonals ist, so darf doch das Qualifikationsprofil nicht noch weiter auseinanderbrechen, es muß vielmehr verbreitert und besser gewichtet werden.

Eine Bewertung und Steuerung der erbrachten Leistungen mit Hilfe des Katalogs scheint allein durch fiskalische Konsequenzen möglich. Ich füge den abenteuerlichen Berechnungen, die zur Zeit kursieren, eine weitere hinzu. Neben der leistungsbezogenen Mittelvergabe, die es nun schon in einigen Ländern gibt, ist es sinnvoll, das Gehalt der Hochschullehrer zu staffeln. Grundsätzlich sollte jede Stelle nur noch auf C3-Niveau (Grundgehalt) besetzt werden. Die Spanne bis zum C4-Gehalt sei mit 100% quantifiziert. In jedem der drei Felder Lehre, For-

[266] Vgl. ebd. S. 213
[267] Vgl. ebd. S. 215

schung und Management kann bis zu 40 dieser 100% dazuverdient werden, so daß bis zu 120% der Differenz erreicht werden kann und das Spitzengehalt über dem heutigen Normalwert der Besoldungsgruppe C4 liegt.

Ungeachtet aller fiskalischen Ansätze scheint es mir aber am wichtigsten, die Entwicklung des germanistischen Personals nicht auf die Dimension zu verkürzen. Gefragt sind vielmehr vorderhand die Ausbildung eines professionellen Berufsbildes, dementsprechend eine andere Laufbahnstruktur, und vor allem eine breite und von vielen frequentierte Aus- und Weiterbildung in *allen* Bereichen des Qualifikationsprofils. Für die Durchsetzung dieses Reformprogramms ist Mut und Entscheidungsfähigkeit einer Wissenschaftsgesellschaft Germanistik gefragt, die mit vielen Schwierigkeiten in der hausgemachten Krise zu kämpfen hat: Zur Entwicklung der Germanisten gibt es für die Germanistik keine wirkliche Alternative.

4.9 Organisationsentwicklung: Wie wird ein Fachbereich ein Fachbereich?

In den vorherigen Kontexten wurde bereits zu grundlegenden Problemen der Qualitätsentwicklung der Hochschullehre Stellung genommen. Des öfteren wurde dabei vom Fach bzw. vom Fachbereich als Organisation gesprochen. Ich liefere nun - mehr um die bisherigen Ausführungen abzurunden und um sie definitorisch zu untermauern - einige grundsätzliche, eher skizzenhafte Überlegungen nach, die auch für die folgenden Kapiteln als Grundlage dienen können.

Zunächst eine fundierende Begriffsbestimmung: „Wenn wir im folgenden von Organisationen sprechen, so meinen wir damit soziale Gebilde, die dauerhaft ein Ziel verfolgen und eine formale Struktur aufweisen, mit deren Hilfe Aktivitäten der Mitglieder auf das verfolgte Ziel ausgerichtet werden sollen.“[268] Damit sind für die Betriebswirtschaftler Alfred Kieser und Herbert Kubicek, die diese Definition als Grundlage ihres „situativen Ansatzes“[269] formulieren, weitere Fragen aufgegeben, nämlich die einer genaueren Untersuchung dessen, was unter Kategorien wie Ziel, Dauerhaftigkeit, Mitglieder, formale Struktur, Aktivitäten der Mitglieder usw. zu verstehen sei.[270] Im folgenden soll jedoch nicht die theoreti-

---

268 Kieser, Alfred und Kubicek, Herbert: *Organisation.* 2., neubearbeitete und erweiterte Auflage. Berlin 1983.

269 Ebd. S. VI.

270 Auf die wichtigsten Elemente von Organisationen weist auch W. Richard Scott in *Grundlagen der Organisationstheorie*, Frankfurt 1986, S. 35-42 hin. Siehe auch Scotts Zusammenstellung von Definitionen zum Organisationsbegriff (Ebd. S. 42-52), die dortigen Ausführungen zum ‘Bürokratie-Vorwurf’ und Freses Herstellung des Zusammenhangs von Strategie und Organisationsgestaltung (Vgl. Frese, Erich: *Grundlagen der Organisation. Konzept-Prinzipien-Strukturen.* 6., überarbeitete Auflage. Wiesbaden 1995. S. 28-31). Einen Überblick über verschiedene Organisationstheorien bietet der Band von Alfred Kieser: *Organisationstheorien.* 2., überarb. Aufl. Stuttgart 1995.

sche Erörterung dieser Kategorien im Vordergrund stehen, es ist vielmehr zu klären, was diese im Kontext der Qualitätsentwicklung germanistischer Hochschullehre bedeuten können.

Zunächst muß identifiziert werden, wo in der Hochschule die handelnde Einheit im Hinblick auf die Hochschullehre zu verorten ist: Handlungsraum der Lehre ist das Fach vor Ort bzw. der Fachbereich. Dies ist nicht selbstverständlich, denn im allgemeinen sieht ein Fachbereich sich gar nicht als einheitlich und zielorientiert handelndes Gebilde, sondern als lockeren Zusammenhang, der vor allem die Freiheit der ihm angehörigen Mitglieder, nicht aber die gemeinschaftliche Aufgabenerledigung sichern soll. Die Folgen dieser individualistischen Abgrenzungskultur für die Hochschullehre sind, wie ich gezeigt habe, so negativ, daß an dieser Stelle ein grundsätzliches Umdenken erforderlich ist, soll die Qualität der Lehre dauerhaft verbessert werden. Gute Lehre wäre dann das Grobziel aller Mitglieder der Organisation Fachbereich, dessen Umsetzung bis auf die Ebene konkreter, operationaler Detailziele heruntertransformiert werden müßte. Ich wähle an dieser Stelle den Terminus Fachbereich und nicht den des Faches oder der Fakultät, weil er allgemein üblich und auf viele der sehr unterschiedlichen Organisationsstrukturen in den einzelnen Hochschulen und Hochschultypen Anwendung finden kann. Mit der Definition des Fachbereichs als Organisation mit transparenten Strukturen und gemeinschaftlichen Zielen ist neben der gemeinsamen Aufgabendefinition und Zielerreichungsstrategie übrigens auch der Einbezug der Studierenden in die Organisation verbunden, was heute weitgehend vergessen wird. Auch Studierende sind - nicht nur laut Gesetz - Mitglieder der Hochschule und des Fachbereichs. Die Aufgabe, eine Organisation zu *werden*, liegt jedoch zunächst auf der Seite der Lehrenden, weil sie die unmittelbaren Möglichkeiten zur Steuerung des Organisationsentwicklungsprozesses haben und es ist deren Aufgabe, sich als Einheit und als strategisch handelnde Gruppe zu verstehen: ein Fachbereich muß im allgemeinen erst noch einer werden, er muß sich entwickeln.

4.9.1 Der Fachbereich als lernende Organisation

Damit sich ein Fachbereich zielgerichtet entwickeln kann, muß er nicht nur lernen, eine Organisation zu *sein*, er muß auch seinen eigenen Lernprozeß verstehen und steuern *lernen*, d.h. er muß sich reflexiv gegenüber sich selbst verhalten. In diesem Moment wird aus ihm eine lernende Organisation und seine Entwicklung wird zum Organisationsentwicklungsprozeß und verliert ihre Beliebigkeit und Ziellosigkeit. Organisationsentwicklung (OE) soll als ein geplanter, langfristiger und systematischer Wandel bzw. Prozeß skizziert sein, der alle Elemente und Dimensionen einer Organisation umfaßt und der von allen Betroffenen mitgetragen wird. Dieser Wandel geschieht durch erfahrungsgeleitete Lern- und Problemlösungsprozesse.[271]

Im folgenden möchte ich aus der Theoriedebatte einige Anregungen dafür bieten, auf welchen Ebenen dieser Lernprozeß stattfinden und wie er initiiert werden kann. So werden z.B. „Instrumente und Methoden der angewandten Sozialwissenschaften in eine bestehende Organisation mit dem Ziel eingeführt (...), die Organisation zu verbessern und sie effektiver zu gestalten“[272]. Wendell L. French und Cecil H. Bell geben in ihrem Band zu „sozialwissenschaftlichen Strategien zur Organisationsveränderung“[273] als Definition für OE an:

> „Im sozialwissenschaftlichen und vielleicht idealen Sinn des Wortes ist Organisationsentwicklung eine langfristige Bemühung, die Problemlösungs- und Erneuerungsprozesse in einer Organisation zu verbessern, vor allem durch eine wirksamere und auf Zusammenarbeit gegründete Steuerung der Organisationskultur - unter besonderer Berücksichtigung der Kultur formaler Arbeitsteams - durch die Hilfe eines OE-Beraters oder Katalysators und durch Anwendung der Theorie und Technologie der angewandten Sozialwissenschaften unter Einbeziehung von Aktionsforschung.“[274]

Die Autoren bieten hier ein Spektrum von Ansatzpunkten an, die u.a. auch den eigenen Ansatz vorstellen bzw. erläutern. Ich verweise in diesem Zusammenhang, z.B. zur Rolle der Aktionsforschung, auf die Ausführungen von French und Bell zum Thema[275].

Ich möchte für unseren Zusammenhang einige grundlegende Aspekte herausgreifen. Zunächst wird Organisationsentwicklung hier im Kontext eines Managemententwurfes gesehen, den die Autoren *Kollaboratives Management* nennen: „Unter kollaborativem Management der Kultur verstehen wir ein Management durch Mitwirkung, nicht eines, das hierarchisch erzwungen ist. Wer auf wen einwirkt, ist ein wichtiges Thema bei der Organisationsentwicklung, und wir möchten betonen, dass die Steuerung der Gruppenkultur ebenso Sache der Untergebenen wie des formalen Vorgesetzten ist.“[276] Hier liegt also ein partizipativer Ansatz vor, wie er in Kapitel 5 auch für das Integrierte Handlungskonzept

---

[271] Ich danke an dieser Stelle herzlich Simone Söntges aus Dortmund für ihre kenntnisreiche Hilfestellung bei der Recherche zu diesem Themenfeld.

[272] French, Wendell L. und Bell, Cecil H.: *Organisationsentwicklung. Sozialwissenschaftliche Strategien zur Organisationsveränderung.* 4. Aufl. Bern 1994. S. 16

[273] Ebd. S. 3

[274] Ebd. S. 31

[275] Vgl. ebd. S. 110-123. Ich verweise ebenso auf den Überblick zur Geschichte der Organisationsentwicklung in dem genannten Band, S. 37-45, in dem die Laboratoriumsmethode wie die Survey-Research- und Survey-Feedback-Methoden kurz umrissen, die Rolle von Kurt Lewin im Rahmen der angewandten Sozialforschung skizziert und ein kurzer Aufriß über Verbreitung und Anwendung der OE gegeben werden.

[276] Ebd. S. 33

beschrieben wird. Neben der Rolle der Steuerung der Gruppenkultur durch *alle* Mitglieder der Gruppe spielen aber auch Faktoren außerhalb der Gruppe für die Organisationsentwicklung eine wichtige Rolle. So sind French und Bell „einigermaßen skeptisch in bezug auf die optimale Wirksamkeit von OE-do-it-yourself-Programmen"[277] und betonen die Rolle eines „neutralen Dritten"[278], der nicht Teil der jeweiligen Organisationskultur ist. „Dies bedeutet nicht, dass dieser Dritte der Organisation nicht angehören sollte, aber zumindest sollte er ausserhalb des betreffenden Subsystems stehen, das ein OE-Programm durchführen will"[279]. Auf diesen Faktor werde ich vor allem im achten Kapitel im Rahmen des Lehrberichtskonzeptes eingehen. Ersichtlich wird die Notwendigkeit der Hinzuziehung eines OE-Beraters dann, wenn man die klassischen Phasen eines OE-Prozesses im Hinblick auf die Möglichkeit einer produktiven Problemerkennung untersucht: Nach einer Kontaktaufnahme und der Klärung der Zusammenarbeit zwischen Berater und Organisation wird aufgrund einer Sammlung signifikanter Daten eine Organisationsdiagnose durchgeführt, aus der, rückgekoppelt an die Mitglieder der Organisation, gemeinsam Lösungs- und Zielstrategien für die Organisation generiert werden. Nach der Planung der Interventionen und ihrer Durchführung stehen dann eine Erfolgs- und Prozeßevaluation am Ende eines Verfahrens, das prinzipiell dialogisch angelegt ist. Die Organisation lernt also quasi am Modell mit dem OE-Berater, auch in Zukunft gemeinschaftlich Probleme zu lösen. Neben seinem 'neutralen' Blick liegt demnach in der dialogischen Moderation die Hauptaufgabe des OE-Beraters.

So sinnvoll jedoch ein OE-Berater als 'teilnehmender Beobachter' ist, so sollte das Hinzuziehen keine *conditio sine qua non* für den Beginn eines bewußten Entwicklungsprozesses im Fachbereich sein. Die Organisation Fachbereich sollte vielmehr, zumindest bei noch sehr offenen Verfahren, entscheiden, an welcher Stelle sie externe Beratung für sinnvoll erachtet und wann sie in den engeren OE-Prozeß einsteigt. An der Produktivität einer neutralen Beratung können aber prinzipiell kaum Zweifel angemeldet werden, nur wird diese meist erst dann als positiv empfunden, wenn sie unerzwungen gewollt und praktisch erlebt wurde.

Ein weiterer Aspekt, den French und Bell betonen, kann verschiedene Ressentiments gegen Organisationsentwicklungsmodelle mindern helfen. Die Autoren stellen zunächst fest, daß „die Kultur einer Organisation die Entfaltung mensch-

---

[277] Ebd. S. 34

[278] Ebd.

[279] Ebd.

licher Werte im positiven wie im negativen Sinne beeinflussen“[280] kann. Dies wird im folgenden erläutert:

> „Unter menschlichen Werten verstehen wir die Ziele und Bestrebungen der einzelnen in ihrer Rolle als Mitglieder der Organisation. Die folgenden menschlichen Werte sind heute von Bedeutung: das Bestreben, einen sinnvollen Beitrag an die Organisation zu leisten; menschliche Beziehungen zufriedenstellend zu gestalten; Verantwortung zu übernehmen; Anerkennung und Belohnung zu erfahren und die Möglichkeit persönlicher Weiterentwicklung.“[281]

Ist aber mit der Betonung dieser individualistischen Sicht nicht die Verbesserung der Organisation als ganzer gefährdet? French und Bell sehen diese Gefahr nicht, sondern eher einen zentralen Bedingungszusammenhang individueller, sozialer und organisationeller Komponenten:

> „Wir glauben, dass Organisationsentwicklung (OE) gegenwärtig für die beiden voneinander abhängigen Probleme die beste Lösung bietet: für die Verbesserung der Organisation und die Entfaltung der persönlichen Werte. Obwohl sich Organisationsentwicklung auf die Organisation als Ganzes konzentriert, tut sie dies nicht auf Kosten des Einzelnen.“[282]

Zu berücksichtigen für die Integration der Ansprüche in OE-Prozessen ist dafür die Integration der unterschiedlichen Ebenen:

> „Es gibt ein Netz formeller Elemente wie beispielsweise Regeln, Prinzipien, Verfahren, Einrichtungen, die Hierarchie der Macht. Ferner gibt es die informelle Ebene der Gefühle, Einstellungen und des Verhaltens, das weniger sichtbar, aber dennoch vorhanden ist, und einen grossen Einfluss auf den Erfolg der Organisation hat. Organisationsentwicklung ist eine offene Strategie zur Vergrößerung der Übereinstimmung dieser beiden Bereiche, die gleichzeitig auch viel Energie freimacht, die zur Kreativität und Zusammenarbeit genutzt werden kann."[283]

Ein humanistischer Ansatz von OE wird daher diese Ebenen nicht nur berücksichtigen, sondern auch nutzen wollen. Gelingt dies und wird mit Hilfe dieser Integrationen im OE-Konzept ein Schwerpunkt auf die „Entwicklung der ganzen Organisation“[284] gelegt, genau dann stellt OE „eine neue Art der Managementpraxis dar“[285], die mit Elementen und Konzepten des Qualitätsmanagements verbunden werden kann. Auch für diese Einordnungen und Verknüpfungen bedarf es der eingangs erhobenen Forderung, daß der Fachbereich sein eigenes Lernen, eine Organisation zu werden, versteht und damit bewußt steuern kann.

Auf funktionaler Ebene ist die zentrale Entwicklungsbedingung für einen OE-Prozeß auf Fachbereichsebene die Etablierung, Verbreiterung und horizontale und vertikale Ausrichtung von Kommunikation bzw. Kommunikationstrukturen,

---

[280] Ebd. S. 7
[281] Ebd.
[282] Ebd. S. 8
[283] Ebd. S. 8
[284] Ebd. S. 9
[285] Ebd.

wie sie z.B. in Konzepten eines „Integrierten Kommunikationsmanagements“[286] von Rupert Ahrens, Helmut Scherer und Ansgar Zerfaß oder in der „Integrierten Unternehmenskommunikation“[287] von Manfred Bruhn vorgeschlagen werden.

4.9.2 Leitungsstrukturen, Personalführung, Demokratisierung: Grundsätzliche Thesen zu ihrem Zusammenhang

Es ist deutlich geworden, daß eine erfolgversprechende Organisationsentwicklung des Fachbereiches nur nach demokratischen Verfahrensweisen geschehen kann, sollen die Wirkungen durchgreifend und nachhaltig sein. Bekanntlich hat die Hochschule damit traditionsbedingt besondere Schwierigkeiten, was aber die Bearbeitung dieser Aufgabe nur noch dringlicher macht.
Nun stöhnen viele zurecht über die lähmende Gremienoligarchie, die an vielen Hochschulen zu Innovationsfeindlichkeit, Reformstillstand und Mitarbeiterlähmung geführt hat. Die Gründe für diese Lähmung sind sehr vielschichtig und hier weder aufführbar noch abschließbar analysierbar. Ich beschränke mich daher auf einige grundsätzliche und pointierte Thesen, die für unseren Zusammenhang wichtig sind, weil die zugrunde liegenden Phänomene die Qualitätsentwicklung der Hochschulehre entweder sehr befördern oder - im negativen Falle - auch verhindern können. Im Vordergrund steht dabei der Zusammenhang von Leitungsstrukturen, Personalführung und Demokratisierung.

(1) Mit dem Konzept der Gremienuniversität ist nicht gescheitert, das eine Hochschule nach demokratischen Verfahrensweisen funktionieren kann. Vielmehr war die Gremienuniversität niemals demokratisch, sondern hat ein oligarchisches und gleichwohl unübersichtliches System formeller und informeller Verfahrensweisen ausgebildet, von denen erstere meistens wirkungslos und letztere meistens entweder machtorientiert bzw. privilegiensichernd oder alltagsfunktional sind. Man muß kein großer Managementexperte sein, um festzustellen, daß ein solches System auf Dauer nicht funktionieren kann.

(2) Die Hochschulen müssen flexible, nach Themen- und Aufgabenbereichen *unterschiedlich* strukturierte und gewichtete, demokratische Verfahrensweisen ausbilden, die Partizipation so zulassen, daß die Verfahrensweisen auch konkrete Ergebnisse zeitigen können. Unechte Demokratiespiele frustrieren und sind Zeitverschwendung von Individuen und Organisationen. Demokratische Verfahrensweisen müssen Wirkungen haben dürfen. Zur Zeit wird zu häufig ein gelungener demokratischer Prozeß im kleinen zerstört, weil nicht sein kann, was nicht sein darf und nach Systembestätigung nicht nur gesucht, sondern diese bewußt herbeigeführt wird.

(3) Demokratie heißt nicht, daß jeder Professor über jede Kopierkarte verhandeln sollte und jeder Student sich in jedem Einzelfall zur Habilitationskritik berufen fühlen muß. Es bedarf vielmehr einer Kultur der sinnvollen Interessenausgleichs und der Verhältnismäßigkeit der Mittel. Daß

---

[286] Ahrens, Rupert, Scherer, Helmut und Zerfaß, Ansgar: *Integriertes Kommunikationsmanagement. Ein Handbuch für Öffentlichkeitsarbeit, Marketing, Personal- und Organisationsentwicklung.* Frankfurt 1995.

[287] Bruhn, Manfred: *Integrierte Unternehmenskommunikation. Ansatzpunkte für eine strategische und operative Umsetzung integrierter Kommunikationsarbeit.* 2., überarbeitete und erweiterte Auflage. Stuttgart 1995.

die Hochschule dies heute kaum ausgebildet hat zeigt, wie wenig Erfahrung sie mit demokratischem Lernen hat.

(4) Demokratisierung ist in einer modernen Gesellschaft die Bedingung für Deregulierung und Entbürokratisierung.

(5) Effizientes Management ist demokratisch: Demokratische Verfahrensweisen unterbinden gerade nicht, daß in einem so regulierten System auch aktiv Führung wahrgenommen wird. Vielmehr bedarf es *starker* Leitungsstrukturen, die zwar 'legislativ' an Hochschulgremien gebunden sind, aber 'exekutiv' einen breiten Handlungsspielraum haben und aktiv handeln können. Diese Ämter, z.B. Rektor, Dekan oder Institutsleiter, müssen einen erweiterten zeitlichen Spielraum haben, um auch strategische Entwicklungsplanung betreiben und durchsetzen zu können. Eine Aufgabe, die zunehmend wichtiger wird.[288]

(6) Leitungskompetenz ist in der Hochschule vordringlich im Bereich der Personalführung gefragt, weil hier eine Schlüsselfrage jedes Unternehmens liegt[289]. Weder unnütze Hierarchisierung der formellen und informellen Strukturen ist hier förderlich noch liberalistische Interesselosigkeit, die die Wahrnehmung von Führungsaufgaben als Zeitverschwendung und Belastung sieht.[290]

(7) Weiterer vordringlicher Bereich für die aktive Wahrnehmung von Leitung ist der des Qualitätsmanagements und der Führung durch Entwicklung neuer Leitideen und Ziele für die jeweilige Organisation Hochschule.

(8) Gefragt sind Persönlichkeiten, die einen Zusammenhang zwischen „Verantwortung, Rechenschaft und Entscheidungsfähigkeit"[291] kennen, herstellen und gestalten. Managements-, Führungs- bzw. Leitungskompetenz muß Auswahlkriterium für Hochschullehrer sein.

Für die Entwicklung dieser Aspekte und Aufgaben und damit für die Erfolgssicherung jedes Fachbereichs und jeder Hochschule im zukünftigen Wettbewerb ist „Lernen *die* zentrale und strategische Größe"[292]. Effiziente Organisation wird also gerade durch Lernkultur erst möglich. Aktive Leitungs- und Führungskompetenz, effiziente Managementsysteme, demokratische Verfahrensweisen, hierarchiefreie Kommunikation und dauerhafte Professionalisierung der Mitarbeiterinnen und Mitarbeiter, all' dies sind Elemente eines lernenden, integrierten Handlungskonzeptes für die Organisation Fachbereich, damit seine Mitglieder gemeinsam Ziele erreichen können und auf diese Weise auch die Zukunft der Organisation sichern. Das erste, aber sicher nicht das letzte, Aufgabenfeld, das davon profitieren wird, ist die Qualitätsentwicklung der Hochschullehre.

---

[288] Müller-Böling, Detlef und Zechlin, Lothar u.a. (Hrsg.): *Strategieentwicklung an Hochschulen. Konzepte - Prozesse - Akteure.* Güterloh 1998.

[289] Vgl. dazu Hentze, Joachim und Brose, Peter: *Personalführungslehre. Grundlagen, Führungsstile, Funktionen und Theorien der Führung.* 2., überarbeitete Aufl. Bern 1990.

[290] In diesem Zusammenhang verweise ich auf den Band von Lutz von Rosenstiel, Erika Regnet und Michel Domsch (Hrsg.): *Führung von Mitarbeitern.* 3., überarbeitete und erweiterte Auflage. Stuttgart 1995.

[291] Vgl. Müller-Böling, Detlef und Fedrowitz, Jutta (Hrsg.): *Leitungsstrukturen für autonome Hochschulen. Verantwortung, Rechenschaft, Entscheidungsfähigkeit.* Gütersloh 1998.

[292] Sonntag, Karlheinz: *Lernen im Unternehmen. Effiziente Organisation durch Lernkultur.* München 1996. S. V.

4.10 *Ressourcen für die Gesellschaft der Zukunft: Eine Übung in praktischer Vernunft*

Daß dieses Kapitel auf der Suche nach Orientierungen zu Verständnis und Vermittlung einer öffentlichen Wissenschaft gerade mit der Frage der Bildungsfinanzierung endet und damit gleichsam durch Bildungs*theorie* und Bildungs*finanzierung* eine einrahmende Klammer erhält, liegt in der Konstellation begründet, in der sich Bildungsengagement als öffentliche Aufgabe im ausgehenden 20. Jahrhundert bewähren muß. Die Frage nach den Ressourcen, die Bildung heute braucht bzw. verbraucht ist zur Kardinalfrage avanciert, an der auch viele andere Fragen diskutiert werden. Dabei ist viel Irrationalität im Spiel, obwohl Bildungsfinanzierung doch eigentlich nicht viel mehr ist als eine Übung in praktischer Vernunft. Einige Gedanken zu nützlichen und zu weniger erfolgversprechenden Strategien schließen daher dieses Kapitel ab.

4.10.1 Quantifizierung des Bedarfs

Offensichtlich sind vier Gruppen am Problem der Bildungsfinanzierung zu beteiligen: die Hochschulen selbst, die Wirtschaft, die Studierenden, und vor allem der Staat und die Länder.

Bevor einige Handlungsmaximen entwickelt werden, ein Blick auf die aktuelle Situation: Im Jahre 1990 begannen 320.000 Studierende in Deutschland ein Hochschulstudium, 1996 waren es 283.000.[293] Im Jahr 1992 wurden demgegenüber 220.000 Hochschulprüfungen abgelegt.[294] Dieser Leistungsbilanz steht gegenüber, daß für 2 Millionen Studierende noch nicht einmal 1 Million Studienplätze zur Verfügung stehen. Noch eine Statistik, die bekannt ist, zur Erinnerung:

> „Die Zahl der Studienanfängerinnen und Studienanfänger an westdeutschen Hochschulen ist zwischen 1977 und 1996 um rund 38 Prozent gestiegen, 1990 betrug die Steigerung gegenüber 1977 sogar 65 Prozent. Die Zahl der Stellen für wissenschaftliches Personal stieg von 1977 bis 1993 um rund 10 Prozent, wobei diese Steigerung vornehmlich auf die Hochschulsonderprogramme vom Ende der 80er Jahre zurückzuführen ist."[295]

Blickt man auf den internationalen Vergleich, wird diese Entwicklung eindrucksvoll kommentiert:

> „Der Anteil der Ausgaben für die Hochschulen und ihre Mitglieder, d.h. einschließlich Ausbildungs- und Graduiertenförderung, am Bruttoinlandsprodukt fiel für Westdeutschland nach Angaben des Wissenschaftsrates, und dessen Angaben haben Bund und Länder zugestimmt, von 1,32 Prozent im Jahre 1977 auf 0,93 Prozent im Jahre 1992, also um rund ein Drittel. Im Inter-

---

[293] Vgl. Lange, Josef: „Transparenz und Effizienz - veränderte Rahmenbedingungen für die Hochschulen". In: Hollerith: *Leistungsfähige Hochschulen...*, a.a.O., S. 1

[294] Vgl. ebd. S. 1

[295] Ebd. S. 2

nationalen Vergleich der OECD- Mitgliedstaaten liegt die Bundesrepublik Deutschland bei den öffentlichen Ausgaben für die Hochschulen gemessen am Bruttoinlandsprodukt im Jahr 1993 auf dem fünftletzten Platz.“[296]

Seriöse Schätzungen zum Fehlbetrag im Hochschulbereich liegen heute zwischen 4 und 8 Milliarden Mark.

4.10.2 Hochschulfragen

Zunächst zum Beitrag der Hochschulen zur Bildungsfinanzierung. Diese sollen besser wirtschaften und daher zum Beispiel im Rahmen von Globalhaushalten die Möglichkeiten erhalten, effizienter mit dem vorhandenen Geld umzugehen. Thomas Behrens hat 1996 die „Globalisierung der Hochschulhaushalte“ untersucht und Chancen und Risiken, aktuelle Bedenken und Modellversuche wie auch die notwendigen Rahmenbedingungen aufgezeigt. Vor allem auf die Notwendigkeit von Planungssicherheit wird hier hingewiesen, die erst ein effektives wirtschaften in Globalhaushalten ermögliche. Behrens sieht im Resümee zu seiner interessanten Studie dann mit solchen Finanzierungsmodellen, die den Spielraum dezentraler Einheiten erweitern, die „Richtung angezeigt (...), in die sich ein zeitgemäßes Hochschulwesen entwickeln könnte“[297], was er auch am konkreten Beispiel belegen kann. Im vergangenen Jahr bei einer Veranstaltung im Landtag NRW danach befragt, was denn Globalhaushalte noch wert seien, wenn in solchen deregulierten Systemen auf einmal Sprach- und Sachungetüme wie ‘globale Minderausgaben’ einschlagen, wirkte allerdings auch er ratlos. Auch die beste und durchdachteste Idee kann kurz vor der Ziellinie offensichtlich noch problemlos zu Fall gebracht werden. Effektives Management der Hochschulen nimmt dann dem Finanzminister nur die Arbeit ab: in Globalhaushalten sind die Hochschulen auf Kürzungen von außen vor allem professioneller vorbereitet als früher, lautet zumindest ein zynisches Ergebnis in der Realität. Daß trotzdem weitere Anstrengungen zur Effizienzsteigerung in den Hochschulen durch verbessertes Management möglich und nötig sind, versteht sich von selbst.

4.10.3 Gefragte Wirtschaft

Weniger als in anderen Ländern beteiligt sich die deutsche Wirtschaft an den Ausgaben für Bildung und Ausbildung. Auch hier wäre eigentlich politisch anzusetzen, denn wenn Hochschulen als eine ihrer Aufgaben auch qualifizierte Arbeitnehmerinnen und Arbeitnehmer bereitstellen sollen, wäre es eine Selbstverständlichkeit, daß sich Arbeitgeberinnen und Arbeitgeber an den Kosten beteiligen. Hier wäre eine Lösung, z.B. in der Form einer regionalen Wissenschafts-

296 Ebd.

297 Behrens, Thomas: *Globalisierung der Hochschulhaushalte. Grundlagen, Ziele, Erscheinungsformen und Rahmenbedingungen.* Neuwied u.a. 1996. S. 242

und Innovationssteuer denkbar, die je nach Branche unterschiedlich ausfallen müßte und direkt in die entsprechende Fachbereiche fließen könnte. Die Unternehmen würden damit ja nur die Leistung bezahlen, die sie im Unternehmen für Qualifizierungs- und Ausbildungsmaßnahmen einsparen und für die sie durch gut ausgebildete *human ressources* einen geldwerten Vorteil erhalten.

Nun gibt es innovativere Lösungen als die staatlicher Regulierung durch Steuern, die immer nur dann greifen sollte, wenn subsidiäres Interessenmanagement versagt. Beispiel für eine 'staatsfreie' Lösung wäre ein deutlicher Ausbau des Hochschulsponsorings, für das Arnold Hermanns und Anton Glogger in ihrem „Management des Hochschulsponsoring“[298] Orientierungshilfen zur Gestaltung und Umsetzung entwickelt haben. Dafür müßte sich allerdings die Hochschule - vor allem die Geisteswissenschaften - für wirtschaftliche Handlungslogik öffnen und verstehen, warum Unternehmen mit der Unterstützung z.B. von Professorenstellen vor allem Werbung machen wollen.

Sponsoring ist eine ausbaufähige Ressourcenquelle, es bleibt allein wieder die Frage, was passiert, wenn nichts geschieht. Dann wäre wieder mutige Politik gefragt, wie ich sie oben mit dem zu allen Zeiten unpopulären Wort 'Steuern' in Verbindung gebracht habe, was doch nichts anderes heißt, als das gemeinschaftliche Aufgaben auch gemeinschaftlich bewältigt werden müssen.

4.10.4 Die schlechteste aller Ideen: Studiengebühren

Es ist zur Zeit gesellschaftlich an der Tagesordnung, immer dann, wenn Reformen von Systemen sich verzögern, scheitern oder nicht durchgesetzt werden können, nicht diejenigen zur Verantwortung zu ziehen, die bei ihrer Reformarbeit versagt haben, sondern die, die diese Reformen bräuchten. Weiter und immer weiter wird der gesellschaftliche Lastenausgleich auf Kosten des Einzelnen ausgehöhlt. Das dies, wie dies zum Beispiel an der Pflegeversicherung deutlich wird, ohne Scham und Öffentlichkeit geschieht, zeigt, wie sehr Solidargemeinschaft und Generationenvertrag auf der Kippe stehen. In solchen Zeiten konnte auch eine andere Idee nicht ungefeiert bleiben: die Finanzierung der Hochschulen durch Studiengebühren.

Nun darf auch dieses Thema kein Tabu-Thema sein. Es muß diskutiert werden wie jeder andere Reformvorschlag auch, auch deswegen, weil die Situation schwierig ist und keine Ausklammerung von Lösungsvorschlägen zuläßt. Intelligent und praktikabel indes ist die Erhebung von Studiengebühren nicht, was ich im folgenden zeigen will.

[298] Hermans, Arnold und Glogger, Anton: *Management des Hochschulsponsoring. Orientierungshilfen für die Gestaltung und Umsetzung von Sponsoringkonzepten an Hochschulen.* Neuwied 1998

Wohl keine angemessene Strategie für die Diskussion dieser Frage ist es aber, wenn CHE und Stifterverband die Präsentation ihres „Modell für einen Beitrag der Studierenden zur Finanzierung der Hochschulen (Studienbeitragsmodell)“[299] mit einer von forsa durchgeführten Umfrage vorbereiten, so daß das Thema nun endgültig problemlos in jedes deutsche Stammtischgespräch integriert werden kann. Laut dieser Umfrage sind 54% der Bevölkerung für Studiengebühren, „wenn das Geld direkt an die Hochschulen fließen und es dort zur Verbesserung der Studienbedingungen eingesetzt würde“[300]. „Hingegen lehnt es die Bevölkerung mit einer Mehrheit von 70 Prozent ab, daß das Gebührenaufkommen in die Haushalte von Bund und Ländern fließen soll“[301]. Die beiden Initiatoren Manfred Erhardt und Detlef Müller-Böling betonen gar, daß das Modell „einerseits Regeln gegen die kompensatorische Senkung staatlicher Mittel und andererseits Darlehen mit einkommensabhängiger Rückzahlung“[302] enthalte. Diese, sicher nicht ohne gewollte Naivität vorgetragenen Kriterien, favorisieren einen politischen Konsens, den es niemals geben wird. Aber auch andere Grundannahmen mancher Vordenker stimmen nur halb oder gar nicht. Ich bitte, die folgenden plastischen Beispiele nicht als Polemik zu werten, sie entstehen vielmehr aus der Einsicht, daß das komplex erscheinende meistens am einfachen scheitert:

(1) Ernstzunehmende Studiengebührenmodelle (ich wiederhole das Argument der Vollständigkeit noch einmal) gehen davon aus, das es zu keiner Senkung staatlicher Mittel kommen werde, daß also die fiskalischen Spielräume auch spürbare Verbesserungen für die Hochschulen bringen werden. Dies wird in der Realität aber nicht so sein, sondern es ist eher wahrscheinlich, daß die staatlichen Mitteln zunächst stagnieren (was bei einer immer höheren Belastung des Hochschulsystems einer Kürzung gleichkommt) und dann, nach einer Anstandsfrist von vielleicht fünf Jahren, doch zurückgefahren werden. In dieser Sicht der Dinge hat die oben erwähnte Umfrage von forsa nach der Sicht der Bundesbürgerinnen und Bürger zum Thema etwa den Wert einer Umfrage, wie viele eigentlich dafür wären, ob es nicht vielleicht sinnvoll wäre, die Heizgebühren zu verdoppeln, wenn ab jetzt zwölf Monate im Jahr gutes Wetter wäre. Auch dies wäre wohl knapp mehrheitsfähig, wiewohl man hier ebenfalls vielleicht 38% Prozent zumindest in Skepsis zurücklassen dürfte.

(2) Studiengebührenmodelle gehen davon aus, daß das Geld, würde es bei den Hochschulen verbleiben, der Lehre, zumal in überlasteten Fächern, zu Gute kommen würde, seine Zweckbindung also gesichert wäre.[303] Dies könnte dann der Fall sein, wenn das Geld des einzelnen Studierenden auch wirklich in seinen Fachbereich fließt. Trotz aller Beteuerungen und konkreten Vorschläge ist hier ebenfalls zur Zeit eher Skepsis angebracht, denn auch das beste Modell droht verwässert anzukommen.

---

[299] Stifterverband für die deutsche Wissenschaft und CHE Centrum für Hochschulentwicklung (Hrsg.): *Modell für einen Beitrag der Studierenden zur Finanzierung der Hochschulen (Studienbeitragsmodell).* Essen und Gütersloh 1998

[300] CHE Centrum für Hochschulentwicklung (Hrsg.): *CHEck up.* Ausgabe 1/98. S. 1

[301] Ebd.

[302] Stifterverband und CHE: Studienbeitragsmodell, S. 3

[303] Vgl. Ebd. S. 11

(3) Studiengebührenmodelle gehen davon aus, daß es ein bürokratisches System gibt, daß die sozialen Schwierigkeiten, die mit der Erhebung für viele entstehen, durch ein Stipendiensystem weitgehend gemindert werden könnten. Hier muß die Frage gestellt werden, wie Vertreterinnen und Vertreter dieser Ansicht eigentlich die BAFöG-Debatte der letzten Jahre wahrgenommen haben. Die Ausbildungsförderung ist trotz ihres differenzierten Systems immer weiter zurückgefahren worden, wiewohl sie schon vor der Kürzung verbesserungswürdig war. Das dies nicht geschah, liegt einerseits am politischen Willen, auch in der Form fehlenden Geldes. Andererseits zeigte und zeigt sich auch hier, daß bürokratische Systeme niemals die gleichen Entwicklungschancen bereitstellen können wie staatlich garantierter freier Zugang. Die Suggestion, dies wäre möglich, halte ich entweder für unklug oder für unredlich.

(4) Studiengebührenmodelle gehen davon aus, daß nur ein kleiner Teil der Studierenden Probleme haben wird, diese zu bezahlen. Dies ist, wie die DSW-Studie in Kapitel 4.2 zeigt, nicht so. Augenfällig ist, daß von den Studierenden in der forsa-Umfrage 47% dafür und 49% dagegen sind. Damit ist vorgegeben, wer eine Möglichkeit der Bezahlung sieht und wer nicht. Etwa die Hälfte der deutschen Studierenden wird dies nicht können. Damit wird also entgegen allen Behauptungen eine massive soziale Selektion verbunden sein.[304]

(5) Studiengebührenmodelle gehen davon aus, die Studienzeit würde verkürzt werden. Das Gegenteil wird der Fall sein, weil der Anteil der Erwerbsarbeit während der Studienphase so ansteigen wird, daß diese den Hauptteil der Zeit der Studierenden einnehmen wird.[305] An dieser Stelle wird der Realitätsverlust, mit dem Manche heute über Bildungspolitik reden, besonders deutlich.

(6) Einige, die vorsichtiger Argumente für Studiengebühren finden, gehen davon aus, daß *bald* eine durchgreifende Hochschulreform zu erwarten ist. Es wird betont, Studiengebühren stünden erst *dann* wieder auf der Tagesordnung, wenn eine wirksame Reform vollzogen sei und Gebühren *dann ein* Versatzstück in einem wirklich reformierten System bilden könnten. Ich bin mir des Zynismus bewußt, wenn ich konstatiere, daß dies auf Dauer wohl das wirkungsvollste Argument für die Gebührengegner sein wird.

Nicht ohne Charme sind Gedankenspiele, die sich damit beschäftigen, wie durch Gebühren Studierende zu Kunden und damit selbstbewußteren Partnern werden können. In einem marktwirtschaftlichen System würde dann die Qualität der Lehre ganz anderes definiert werden. So gut sich dies auch anhört, wahrscheinlich ist es nicht, und dies aus mehreren Gründen.

(1) Erstens geht die Vorstellung davon aus, der Bildungskunde Student könnte über die momentane Freiheit hinaus wählen und würde mit dieser Wahl auch kritischer werden. Dies ist nicht der Fall, was ich modellhaft am Kauf eines Joghurt-Bechers deutlich machen möchte. Die Wahl des Kaufes besteht ja gerade darin, daß ich in einem Regal verschiedene Joghurt-Varianten diverser Herstellerfirmen finde, zwischen denen ich dann wählen kann. Preis, Qualität und Geschmack entscheiden meine Wahl. Der Joghurt-Becher sei mit einer Seminarveranstaltung verglichen und so zeigt sich, daß ich diese spezifische Wahl in dem jetzigen System bereits habe. Sind alle Joghurts nicht besonders gehaltvoll, ändert sich auch durch den Griff ein anderes Regal nichts. Mein Ergebnis ist dann, daß ich keinen Joghurt mehr esse, wovon die Studierenden ja auch reichlich Gebrauch machen.

(2) Zweitens geht die Vorstellung davon aus, Studiengebühren würden ein Nachfrage nach Qualität nach sich ziehen. Ich bleibe bei dem Kauf des Joghurt-Bechers. Qualität und der damit gesi-

[304] Vgl. Brunn, Anke: *11 Thesen für ein Studium ohne Gebühren.* Düsseldorf 1996. S. 6

[305] Vgl. ebd. S. 7

cherte wirtschaftlichen Erfolg ist ja zunächst Interesse und Sache des Verkäufers. *Dieser* muß etwa davon haben, wenn er Qualität produziert, also direkte Folgen seiner Leistung spüren. Dies wird im Hochschulsystem aber nur sehr begrenzt der Fall sein, weil der Anbieter Hochschullehrer ja, Qualität hin oder her, *gezwungen* ist, *diese und keine andere* Ware anzubieten. Studiengebührenmodelle sehen aber den Markt gar nicht im besten Angebot, sondern versuchen ihn - planwirtschaftlich - erst zu konstituieren, indem sie die Qualitätswert nicht auf das Produkt lenken, sondern gleichsam einen Aldi-, einen Plus-, einen Real- und einen Allkauf-Markt mit Eintrittsgeld belegen. Dies kann ja wohl nicht im Sinne des Erfinders sein und stellt jeden Markt auf den Kopf.

(3) Drittens geht die Vorstellung davon aus, der Studierende würde überhaupt auch 'psychologisch' zum Bildungskunden werden, d.h. er würde einen Zusammenhang zwischen Systemleistung und bezahlter Gebühr herstellen. Dies stimmt höchstens auf einer sehr abstrakten Ebene, aber nicht in der Realität heutiger Berufsbiographien. Vielmehr, und das zeigen u.a. die vielgerühmten Modelle der englischsprachigen Länder, schließt der Studierende psychologisch gesehen gar kein Geschäft mit der Institution ab, sondern mit sich selbst, mit seiner eigenen Biographie: Lehrjahre sind hier insofern keine Herrenjahre, als mit dem Ressourceneinsatz *heute* auf ein gutes Gehalt von *morgen* spekuliert wird. Solange ein Arbeitsmarkt dies hergibt, funktioniert auch dieses System. Es wird also durch Faktoren außerhalb gesteuert, auf die ein *Bildungs*system keinen Einfluß hat. Hier ist der Student sein eigener Anbieter und Kunde.

(4) Zusammenfassend geht die 'marktwirtschaftliche' Vorstellung davon aus, Leistung sei eine Anforderung an den Kunden. Wenn aber mehr Leistung bei der Regulierung des Marktes helfen soll, sind die Anbieter gefragt.

Studiengebühren sind also kein praktikables Mittel der Bildungsfinanzierung, und die Diskussion lenkt vom eigentlichen Problem nur ab: wie wird eine nachhaltige Hochschulreform möglich?

4.10.5 Generationenvertrag

In der verkehrten Welt, die sich, so der Philosoph Peter Sloterdijk, ständig mit Selbststreß belegt und damit in Betrieb hält und in der jede blinde Mobilmachung in eine ungewisse Zukunft willkommen ist, sei sie noch so unvernünftig, macht sich jeder verdächtig, der warnt, wenn schnelle Lösungen den mühsamen Weg der Reformen ersetzen sollen. Und in der Tat sind nicht die Warner, sondern vor allem die Gestalter gefragt: in der Wissenschaftsgesellschaft Germanistik, in der Bildungspolitik und in der momentanen und zukünftigen Generation der Studierenden. Diese Gesellschaft braucht die freie Bildung nicht nur, um ihr Gesicht nicht zu verlieren, sie braucht sie vor allem, um ein konturiertes zu behalten und weiterzuentwickeln, und zwar auch dann noch, wenn die neoliberalistischen Inpraktikabilitäten unserer Tage schon lange nicht mehr modern und gefragt sind. Gesellschaftsentwicklung braucht endlich wieder vorausschauende Vertreterinnen und Vertreter, die nicht nur Privilegiensicherung, Legislaturperioden, Machterhalt und wirtschaftlichen Erfolg im Blickfeld haben.

Anke Brunn hat 1996 im Kommentar zur siebten These für ein Studium ohne Gebühren das Problem auf den Punkt gebracht:

> „Studiengebühren verletzen den Generationenvertrag. Wir hinterlassen den jungen Menschen keine heile Umwelt, belasten sie mit 2 Billionen Mark Staatsschulden und ungelösten Problemen der Rentenkassen. Nun sollen diese Jugendlichen auch noch für ihre Ausbildung selbst bezahlen, während ihre Eltern gebührenfrei studieren konnten. Nicht die Studenten tragen die Verantwortung für die Finanzkrise der Hochschulen. Es ist Aufgabe des Staates, also Aufgabe der gesamten Gesellschaft, für eine vernünftige Ausstattung der Hochschulen zu sorgen."[306]

Dieser Staat hätte genügend Mittel, das Milliardenloch im Bildungsetat zu stopfen und die notwendigen Reformen durchzusetzen. Prioritätenentscheidungen sind gefragt. Das Verbot von Studiengebühren und damit eine öffentlich verantwortete Bildung indes ist einerseits eine Frage der Vernunft, andererseits aber auch ein Frage des Anstands und der Moral. Die heutigen Jugendlichen und jungen Erwachsenen suchen dringend solidarische Partner in der Generation, die heute in Hochschule und Gesellschaft Entscheidungen trifft, Orientierungen vorgibt und die Wissensgesellschaft von morgen mit den Instrumentarien von heute verhandeln und planen muß. Das ist ein schwierige Aufgabe und eine große Chance. Wird sie vertan und der Generationenvertrag verspielt, steht mehr als die Stabilität des ökonomischen Systems zur Disposition.

Ich hoffe, mit diesen Ausführungen einige Überlegungen für die Fragen 10.1 „Welche gesellschaftlichen Ressourcen braucht die wissenschaftliche Hochschullehre?", 10.2 „Wie kann der schonende Einsatz von Ressourcen optimiert werden?", und 10.5 „Wie kann wissenschaftliche Bildung bezahlt werden?" geboten zu haben. Damit endet die Vorstellung der 10 systematischen Kontexte, natürlich unabgeschlossen und offen für Kritik und Weiterentwicklung. Der transdisziplinären Anlage des hier vertretenen Ansatzes zur Qualitätsentwicklung der germanistischen Hochschullehre gemäß gehört die - auf Problemlösung hinzielende - Ausweitung der Ansatzpunkte zu dessen kritischem Grundcharakter.

[306] Ebd. S. 11

Zweiter Teil

Von der Studienreform zur Qualitätsentwicklung: Stationen eines Modells

Die Kapitel 5-6 stellen ein Modell zur Qualitätssicherung der germanistischen Hochschullehre auf Fachbereichsebene, das *Integrierte Handlungskonzept Studienreform*, systematisch vor. Neben dieser systematischen wird gleichermaßen auch eine historische Perspektive erkennbar und damit die Studienreform als Entwicklungsprozeß transparent: Das 5. Kapitel unter dem Stichwort 'Programminitiierung' illustriert zunächst den Auftakt des Reformmodells anhand seiner grundlegenden Zielrichtungen und Eckpunkte. Das 6. Kapitel zur 'Programmentwicklung' stellt bereits Evaluationsergebnisse bereit und Weiterentwicklungschancen vor. Zwischen der Erstellung dieser beiden modellbezogenen Texte liegt ein Zeitraum von ca. zwei Jahren, in denen das Reformkonzept in der Praxis erprobt wurde. In dieser Zeitspanne entwickelte sich das Modell zusehends von der 'klassischen' Studienreform zu einem umfassenden Ansatz zur Qualitätsentwicklung im Fachbereich, der sich in der Praxis bereits als tragfähig erwiesen hat. Eine aktuelle Projektbeschreibung des Düsseldorfer Studienreformprojektes Germanistik, das sich als eine Realisierungsmöglichkeit des *Integrierten Handlungskonzeptes* versteht, wird im 6. Kapitel vorgestellt.

5 Programminitiierung: „Der heutige Tag ist ein Resultat des gestrigen": Öffentliche Vorstellung eines Grundlagenprogramms für die Studienreform in der Germanistik[307]

Das folgende Kapitel dokumentiert den Auftakt zum Reformmodell, das am 'Tag der Lehre 1995' im Beisein von Lehrenden, Studierenden, Hochschulleitung, Ministerin und Ministerialen und zahlreichen Gästen aus Hochschule, Wirtschaft und Gesellschaft öffentlich vorgestellt wurde. „Der heutige Tag ist ein Resultat des gestrigen": Die Initiierung eines Studienreformprogramms auf Fachbereichsebene.

5.1 Der heutige Tag: die Studienreform wird Realität

„Der heutige Tag ist ein Resultat des gestrigen", mit diesem Diktum Heinrich Heines ist diese Einführung zum *Tag der Lehre 1995* am Germanistischen Se-

[307] Das folgende Kapitel wurde als Rede zur Einführung am „Tag der Lehre" am 17.01.1995 in Düsseldorf gehalten und im großen und ganzen so belassen. Für den Abdruck wurde jedoch in einigen Fällen die Terminologie den aktuellen Gegebenheiten bzw. der Konzeptentwicklung angepaßt. Ausschnitte des Kapitels finden sich unter dem Titel „'Der heutige Tag ist ein Resultat des gestrigen'. Nachdenken über Studienreformen in den 90er Jahren und der Versuch einiger Antworten". In: *Das Hochschulwesen*. 43. Jahrgang, Neuwied (1995/3). S. 188-196.

minar der Heinrich-Heine-Universität Düsseldorf überschrieben, und einigen von Ihnen und Euch mag dies als allzu literarische Überschrift eines Anliegens gelten, das doch per se etwas besonders Handfestes sein soll: die Studienreform.

Ich glaube dennoch, daß mit Recht ein solcher Titel möglich ist, weil Heines Beobachtung, die auf den ersten Blick ebenso richtig wie unmittelbar einleuchtend erscheint, in treffender Weise den *Prozeß Studienreform* und Probleme seiner Geschichte kommentiert. Denn eines steht fest, meine Damen und Herren, die Geschichte der Studienreformen ist eine Geschichte großer Konzepte, noch größerer Hoffnungen und zaghafter Taten. Meistens waren Reformen nur *Re*aktionen, zu selten gelang es, auf breiter Ebene Veränderungen zu ermöglichen.

Heute sind viel mehr als früher die einzelnen Fächer innerhalb ihrer Fakultäten aufgerufen, ihre jeweils eigene fach- und standortgebundene Reform zu beginnen. Es gibt kein standardisiertes Gesamtkonzept, wie Studienreformen aussehen, oder gar einen allgemeingültigen programmatischen Ablaufplan. Es gibt trotz vieler notwendiger Gemeinsamkeiten *nicht die eine* Studienreform, es gibt nur *die vielen* in den Fächern. Für Studienreformen gilt, wie für viele andere gesellschaftliche Veränderungs- bzw. Modernisierungsprozesse auch, das Prinzip der größtmöglichen Verantwortung der konkret Betroffenen vor Ort: das Subsidiaritätsprinzip - mit seinen Chancen und Verpflichtungen. Studienreformen werden zu einer Suche nach produktiven Versatzstücken in den Fächern selbst und in der Geschichte der Konzeption von Studienreformen, die je nach Fach, Hochschule und Entwicklungsstand unterschiedlich gewichtet und zusammengesetzt werden müssen.

5.2 Heine über Zustände: wie ein Fachbereich zum Handeln kommt

Zunächst zurück zu Heine. Die Textpassage aus den „Französischen Zuständen“ vom 19. April 1832, die hier den Leitfaden für unsere Beobachtungen bieten soll, lautet vollständig:

> „Der heutige Tag ist ein Resultat des gestrigen. Was dieser gewollt hat, müssen wir erforschen, wenn wir zu wissen wünschen, was jener will.“[308]

Diese Erforschung des Gestrigen möchte ich mit Ihnen und Euch am Beispiel der Studienreform in der Düsseldorfer Germanistik versuchen, um zu begründen, warum wir heute, am *Tag der Lehre 1995*, vor einem *Integrierten Handlungskonzept für die Studienreform* stehen, das sowohl unser Fach als auch unsere Reformgeschichte ernst nimmt und damit neue Chancen für gemeinsames Handeln eröffnet. In einem zweiten Teil soll der bildungspolitische Rahmen, in dem sich

[308] Heine, Heinrich: „Französische Zustände“. In: ders.: *Sämtliche Schriften.* Hrsg. von Klaus Briegleb. München (3., durchgesehene Aufl.) 1996. Bd.3. S. 166

unsere und andere Studienreformen realisieren können, genauer beleuchtet werden.

Zu Beginn einige Stationen des Gestrigen der Düsseldorfer Germanistik:

1991 waren die Fachschaften Anglistik, Germanistik und Romanistik dabei, als die erste Runde des Tutorenprogramms innerhalb des Aktionsprogramms „Qualität der Lehre" gestartet wurde. Die Fachschaften konnten dabei auf die bereits bewährte Tradition der Erstsemesterarbeitsgemeinschaften zurückblicken und nutzten die Chance des Tutorenprogramms, die Erstsemestereinführung zu qualifizieren und durch ein Semesterbegleitendes Tutorium zu ergänzen. Studierende damals wie heute, die in der TUBORG, der Tutorienbegleitungs- und Organisationsgruppe, das Tutorenprogramm organisierten und entwickelten, und nicht zuletzt zahlreiche Erstsemestertutorinnen und -tutoren machten das Tutorenprogramm zu einem Erfolgsprogramm, das in den Jahren 1991-1995 weit über 2500 Studierende in den drei Fächern Anglistik, Germanistik und Romanistik durchlaufen haben. Heute ist das Tutorenprogramm mit jeweils 12 Veranstaltungen pro Semester sicher eins der Highlights im Düsseldorfer Reformprojekt; nicht nur bildungspolitisch, sondern auch in unserer Realisation vor Ort ein wirklicher Volltreffer. In der neuen Studienordnung wird der Besuch einer solchen Veranstaltung als Empfehlung verankert sein.

Schon damals zeichneten sich drei große Stärken ab, die seither die Studienreform bestimmen: Erstens ein überdurchschnittliches Engagement der Studierenden, das alle Vorwürfe, Studierende heute seien entweder unpolitisch oder unproduktiv oder beides, ad absurdum führte; zweitens die Bereitschaft von Dozentinnen und Dozenten, mitzumachen und eigenes Engagement zu entfalten - ich denke hier an die Tätigkeit der sogenanten Mentorinnen und Mentoren -, und drittens das Zurückgreifen auf Handlungsformen wie die Erstsemesterarbeitsgemeinschaft, die die Fachschaften der Hochschule bereits entwickelt hatten. Studienreformen fangen ja niemals bei Null an, sie nehmen das ernst, was da ist, verbessern es und bauen es aus, bringen es in einen sinnvollen Zusammenhang.

Der Erfolg des Tutorenprogramms, nicht zuletzt wohl auch ein Grund für das gute Abschneiden der Düsseldorfer Germanistik beim Ranking des Nachrichtenmagazins SPIEGEL, machte Mut zu neuen Initiativen. Im Bereich der Studierenden bildete sich ein Kreis von ca. 10 Studierenden, der *AK Studienreform*. Studierende wollten nun nicht mehr allein auf die Erstsemestereinführung festgelegt sein, sondern die Studienreform insgesamt in Angriff nehmen. Im Kreis der Lehrenden bildete sich dazu parallel das Dozentenforum mit ähnlicher Zielsetzung. Ende 1993 wurde aus beiden Gremien heraus die *Gemeinsame Kommission von Lehrenden und Lernenden für die fachinterne Studienreform* gegründet. Das zunächst etwas befremdlich klingende Wort „fachintern" vor dem

Wort „Studienreform“ sollte dabei die Perspektive des Studienreformprozesses deutlich machen. Nicht längst in ihren Positionen erstarrte Bildungsdiskussionen sollten hier im Vordergrund stehen, sondern das konkrete Einlösen von Reformelementen in einem Studiengang vor Ort. „Lehrende und Lernende“ beschreibt dabei die eigentliche Perspektive der Reformarbeit, die immer eine hochschuldidaktische, auf das Studium selbst bezogene, sein soll.

Das heißt nicht, daß eine hochschulpolitische oder bildungspolitische Perspektive ausgegrenzt wird. Es geht nicht um eine Entpolitisierung der Hochschule, sondern um eine Entideologisierung des Begriffs „Studienreform“. Studienreformen sollen in erster Linie das reformieren, was sie sagen: das Studium. Sie wollen und können nicht die Probleme der Hochschule als ganzer lösen. Der Begriff 'Studienreform' muß so erst von seinem historisch angesammelten Ballast befreit werden, bevor es um eine hochschuldidaktische Perspektive des Lehrens und Lernens an Hochschulen geht. Damit geben Studierende nicht ihre politischen Ansprüche im Kontext Hochschule auf, diese bedürfen ebenfalls einer Neustrukturierung und Neupositionierung, wie im übrigen das politische Handeln der Lehrenden auch, aber dazu später mehr.

Die Studienreform der Düsseldorfer Germanistik hat diesen produktiven Sprung geschafft und am Anfang ihrer Arbeit drei *Handlungsfelder für Studienreformen* benannt, die den Arbeitsrahmen für die Studienreformkommission bildeten: *Handlungsfeld eins: Studienstruktur und -organisation, Handlungsfeld zwei: Studieninhalte und Handlungsfeld drei: Hochschuldidaktik.* Ergebnis dieser einjährigen Arbeit ist nicht nur die neue - konsequent lernorientierte und Qualifikationen benennende - Studienordnung, sondern auch die Etablierung neuer Lehr-/Lernbereiche, die im *Integrierten Handlungskonzept für die Studienreform* ihren Platz finden.

5.3 Skizze eines reformierten Studienprogramms

Wie soll das germanistische Studium an der Heinrich-Heine-Universität demnächst aussehen?

Die neue Studienordnung, die zum Wintersemester 1995/96 in Kraft treten wird, benennt auf einem germanistischen Qualifikationsprofil aufbauend Lehr- und Lernziele für ein universitäres Fachstudium Germanistik. Dabei werden sowohl neue praxisbezogene Projekte in den Studienablauf integriert als auch die Fachqualifikationen neu strukturiert. Das Düsseldorfer Studienreformmodell geht dabei davon aus, daß Wissenschaftlichkeit und Praxisorientierung gerade nicht widersprechende Prinzipien sind, sondern sich in einem Studiengang integrativ und gegenseitig bereichernd ergänzen können. Um die Aufgabe der Integration von Theorie und Praxis können sich insbesondere die Geisteswissenschaften an den Universitäten in den 90er Jahren nicht mehr herumdrücken; hier produktive Lösungen zu finden, ist das Gebot der Stunde.

5.3.1 Erster Schwerpunkt: Drei-Stufen-Praxisorientierung

In der Düsseldorfer Germanistik soll dies in drei unterschiedlichen Stufen realisiert werden: Die erste Stufe setzt auf eine spezifische Qualifizierung bisheriger Lehrveranstaltungen unter praxisorientierten Gesichtspunkten.

Abb. 1: Erste Stufe Praxisorientierung

Erste Stufe Praxisorientierung: Fachübergreifende Schlüsselqualifikationen

- Urteils- und Kritikfähigkeit
- Team- und Kooperationsfähigkeit
- Flexibilität und Integrationsfähigkeit
- konzeptionelles Denken
- projektorientiertes Handeln

Einlösung: integrativ in allen Lehrveranstaltungen

Fachübergreifende Schlüsselqualifikationen wie Team- und Kooperationsfähigkeit, Flexibilität, Integrationsfähigkeit, konzeptionelles und projektorientiertes Denken und Handeln sollen auch in normalen Veranstaltungen mehr als bisher berücksichtigt und gefördert werden. Realisiert wurden solche Überlegungen z.B. in einem Seminar für den Magisterstudiengang im Bereich *Didaktik*, das auf die projektorientierten Handlungsformen künftiger Arbeitsfelder besonders Rücksicht nahm. Solche Seminare sollen demnächst häufiger angeboten werden, Teamarbeit und Handlungskompetenzen sollen gestärkt werden. Die erste Stufe Praxisorientierung wird also integrativ in bisherigen Lehrveranstaltungen eingelöst. Zum Problem solcher fachübergreifenden Schlüsselqualifikationen wird eine gesonderte themenzentrierte Fortbildung für Dozentinnen und Dozenten stattfinden (Abb. 1).

Die zweite Stufe Praxisorientierung entwickelt den neuen Bereich *Germanistisch-fundierter Schlüsselqualifikationen*, die fachübergreifend gelten und vor allem: eingeübt werden sollen. Diese Stufe setzt daher auf ein Angebot in eigenen Veranstaltungsformen. Der Begriff *Germanistisch-fundierte Schlüsselqualifikationen* meint dabei Qualifikationen, die aus dem fachwissenschaftlichen Potential der Germanistik heraus kommen und in praxisorientierten Lehrveranstaltungen zu fachübergeifenden Handlungskompetenzen werden (Abb. 2).

Erstes Angebot hierzu ist die Schlüsselqualifikation *Schriftlichkeit*. Zu Kompetenzen, die in späteren Berufsfeldern für Germanistik-Studierende besonders wichtig sind, gehört unbestritten eine hohe Sprach- und Schreibkompetenz. Der Projektbereich Schriftlichkeit will in ca. acht Veranstaltungen diese Kompetenz reflektieren und einüben. Wichtig ist dabei, daß hier konkret ausprobiert werden kann. Unterschiedliche Schreibformen und Schreibhaltungen - wie journalistisches Schreiben, das Schreiben von Sachtexten, aber auch das kreative Schreiben - werden hier ihren Platz finden.

Die hohe Nachfrage dieses bereits angelaufenen Projektbereichs rechtfertigt schon jetzt die Prognose, daß sich hier ein zentrales Handlungsfeld aufgetan hat. Auch die RWTH Aachen, mit der wir in diesem Projektbereich kooperieren, arbeitet seit Jahren erfolgreich auf diesem Gebiet.

Abb. 2: Zweite Stufe Praxisorientierung

Zweite Stufe Praxisorientierung: Germanistisch-fundierte Schlüsselqualifikationen

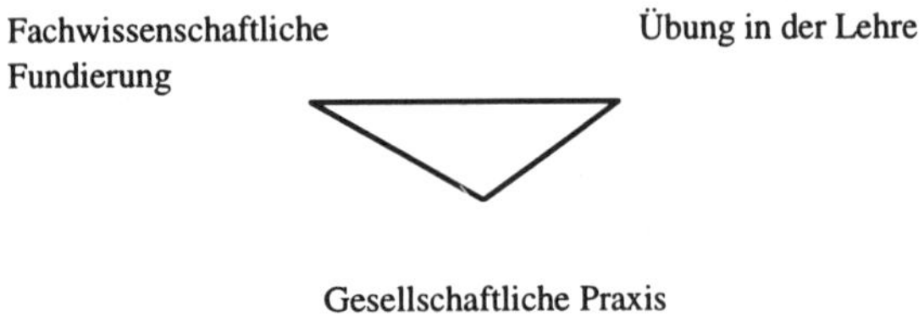

- *Schriftlichkeit* (Sprach- und Schreibkompetenz)
- *Mündlichkeit* (Sprech- und Redekompetenz)
- *Literarisch-kulturelle Handlungskompetenz*

Einlösung: eigenes Lehrveranstaltungsangebot

Zu den *Germanistisch-fundierten Schlüsselqualifikationen* gehört neben der Schriftlichkeit die *Mündlichkeit*, die ab dem Sommersemester 1995 in einem eigenen Projektbereich angeboten werden wird. In Rhetorikkursen und anderen produktionsorientierten Veranstaltungsformen werden die Studierenden das eigenverantwortete freie Reden, Erzählen und die mündliche Darstellung gezielt entwickeln. Konzeption und Übung in exemplarischen Sprechsituationen kann die eigene kommunikative Kompetenz stärken und damit zum bewußteren und selbstbewußteren Auftreten beitragen. Gezielt sich einmischen und die eigene inhaltliche Kompetenz darstellen können, trägt neben einer hohen Schreibkompetenz ebenfalls zur Berufsqualifizierung von Geisteswissenschaftlerinnen und Geisteswissenschaftlern bei. Da auch dieser Bereich zu den *Germanistisch-fundierten Schlüsselqualifikationen* gehört, gilt für die Sprechkompetenz das gleiche wie für die Schreibkompetenz: sie kann unmittelbar im Studium, in Seminar- und Prüfungssituationen eingesetzt werden und so auch zu einem qualifizierteren Studium beitragen. Ab dem Sommersemester 1995 finden hierzu regelmäßig sechs Veranstaltungen statt.

Als dritte *Germanistisch-fundierte Schlüsselqualifikation* kann eine fachübergreifende kulturelle Handlungskompetenz gelten. Im Falle dieses Projektbereiches der Düsseldorfer Germanistik soll diese als Schlüsselqualifikation *literarisch-kulturelle Handlungskompetenz* konzipiert und eingeübt werden.

Studierende werden hier zum Beispiel Rezensionen erstellen und Ausstellungen zu entwerfen lernen. Veranstaltungen zum Kulturmanagement und zur Verlagsarbeit können dieses Angebot ergänzen. Auch hier steht also das Erlernen von fachübergreifender Handlungskompetenz im Vordergrund, die von Germanistinnen und Germanisten vor allem im literarisch-kulturellen Berufsfeld eingesetzt werden kann.

Schriftlichkeit, Mündlichkeit und literarisch-kulturelles Handeln können so in Lehrveranstaltungen der Hochschule die wichtige Verbindung zwischen wissenschaftlicher Forschung und praktischer Kompetenz herstellen. Im Dreieck zwischen theoretischer Fundierung, hochschuldidaktisch qualifizierter Einlösung in der Lehre und gesellschaftlicher Praxis kann sich so - unser Wissenschaftsverständnis produktiv herausfordernd - ein Paradigma germanistischen Handelns entwickeln, das die scheinbare Unvereinbarkeit von Theorie und Praxis im universitären Diskurs aufzulösen hilft. Impulse aus der Lehre und den Anwendungsbereichen einmal in die Forschung? Vielleicht bald kein bloßer Wunschtraum mehr.

Abb. 3: Dritte Stufe Praxisorientierung

Dritte Stufe Praxisorientierung: Germanistisch orientierte Berufsfelderkundung (GOB)

- *Praxisinformation* (über den Arbeitsmarkt und dessen Voraussetzungen)
- *Praxisanimation* (zum frühzeitigen Bemühen um die eigene Berufsorientierung)
- *Praxisreflexion* (über den eigenen Bildungsweg und dessen produktive Einsetzung für mögliche Berufsfelder)
- *Praxiskontakte* (zu späteren Arbeitgebern)

Einlösung: Hochschulveranstaltung plus Orientierungspraktikum

In der dritten Stufe der Praxisorientierung werden Studierende mit ihren Erfahrungen und Reflexionen über den späteren Berufsweg direkt konfrontiert. (Abb.3). Ab dem WiSe 1995/96 soll jeder und jede Studierende ein Orientierungspraktikum in einem der möglichen Berufsfelder ablegen. Eine begleitende zweistündige Hochschulveranstaltung wird in das Germanistische Orientierungspraktikum einführen und zwar anhand der Funktionen:

1. *Praxisinformation* (über den Arbeitsmarkt und dessen Voraussetzungen)
2. *Praxisanimation* (zum frühzeitigen Bemühen um die eigene Berufsorientierung)

3. *Praxisreflexion* (über den eigenen Bildungsweg und dessen produktive Einsetzung für mögliche Berufsfelder) und
4. *Praxiskontakte* (zu späteren Arbeitgebern).

Im Projektbereich *Germanistisch orientierte Berufsfelderkundung (GOB)* kann auf die Initiative „Praxisfelder für Germanisten" zurückgegriffen werden, die seit einigen Semestern am Germanistischen Seminar realisiert wird. Sie muß jedoch noch deutlich ausgebaut und qualifiziert werden, bis das GOB 'studienordnungs-fähig' ist. Dies wird in der ersten Hälfte von 1995 geschehen. Zu der Hochschulveranstaltung soll ein Orientierungspraktikum treten, das aus dem Seminar heraus vermittelt werden kann. Zusätzlich werden Praktikerinnen und Praktiker in die Hochschule eingeladen, um über ihren Berufsgang und verschiedene Berufsfelder zu informieren. Die bisherigen Kontakte zu außeruniversitären Arbeitsfeldern, über die das Germanistische Institut verfügt, werden im GOB-Projektbereich gebündelt und für Praktika zur Verfügung gestellt. Partnerschaften wie mit dem Arbeitsamt Düsseldorf, mit dem bereits zusammengearbeitet wird, aber auch neue Kontakte wie z.B. zur Industrie- und Handelskammer können und sollen hier aufgenommen und ausgebaut werden.

Mit diesem dreistufigen Praxisorientierungskonzept sehen wir eine gute Chance, erstens die notwendige Anbindung an Berufsfelder zu gewährleisten, zum zweiten eigene neue praxisorientierte Handlungsformen zu entwickeln und drittens das eigene Lehrangebot zu überprüfen und neu zu beleben.

5.3.2 Zweiter Schwerpunkt: Studienstrukturreform

In diesem letztgenannten Zusammenhang steht auch der Projektbereich *Germanistische Grundqualifikationen*. Während die vier vorgenannten Projektbereiche versuchen, eine stärkere Praxisorientierung hochschuldidaktisch sinnvoll in einen wissenschaftlichen Studiengang zu integrieren, steht nun der Studiengang selbst mit seinen Strukturen und Inhalten zur Reflexion an, die besonders auf die manchmal problematische Position germanistischer Lehre zwischen Wissenschaftssystematik und Lernorientierung gerichtet ist.

Eigentlich können wir Studierenden uns auf den ersten Blick überhaupt nicht beschweren: unser Studium läßt uns viele Freiheiten, die Lehrsituation ist durch eine weitgehend offene Addition von Lehrangeboten gekennzeichnet, die sich ohne wesentliche Strukturierungsmerkmale nebeneinander her in einer frei wählbaren Angebotsfülle darstellen. Die positiven Auswirkungen dieses Bildes von Studium sind offensichtlich: jeder und jede Studierende kann und soll nach eigenen Interessen ein individuelles Studium zusammenstellen. Die Entfaltung der eigenen Kreativität ist das, was ein germanistisches Studium stark macht, und so soll und muß es bleiben.

Manchmal jedoch tritt die Freiheit als Beliebigkeit auf, und *deren* Auswirkungen sind bei uns hochschuldidaktisch niemals wirklich durchdacht worden. Bei aller zunächst positiven Öffnung fördert solche Beliebigkeit Orientierungslosigkeit und wirkt problematisch auf den Lehrbetrieb zurück, weil die Lehre immer wieder andere systematische Probleme aufwirft als der wissenschaftliche Zusammenhang, auf dem das plurale Bildungsmuster beruht. Wissenschaftsgeschichtlich und wissenschaftssystematisch spiegeln solche Lehrangebote eine Entwicklung der Fachwissenschaften - in diesem Fall der Germanistik - zu einer vieles ermöglichenden, aber auch vieles unbeurteilt akzeptierenden 'Großwissenschaft' wider, die nur noch in ihren Kleinteilen auftritt. Bezogen auf die Hochschullehre entstehen durch die starke Spezialisierung der Einzelwissenschaften Lehrsituationen, die nur sehr schwer zu einem individuellen Bildungs- und Studienbild zusammengedacht werden können. Die Studierenden, das belegen die Ergebnisse der *Studierendenumfrage 1994*, studieren jedoch hin auf eine nach der Identität der Germanistik suchende Orientierung, die nach kulturellen und wissenschaftlichen Essentials der Wissenschaften fragt.

Lehre und Forschung brechen daher trotz ihrer andauernd postulierten Einheit gerade in der Lehrpraxis fast täglich in Lehr-/Lernsituationen erneut auseinander, ohne daß dies immer auf den ersten Blick auffällt. Das heißt gerade nicht, daß die Universität wissenschaftlich nichts zu bieten hätte, sie hat sehr viel zu bieten, sie kann es nur nicht immer richtig *an*bieten, weil die Addition von unterschiedlichen Forschungsinteressen im Wissenschaftsbetrieb allein noch keinen Studiengang bildet.

Ein häufiger Fehler jedoch bei der Planung auch geisteswissenschaftlicher Studiengänge scheint die gegenteilige Akzentuierung hin zu einem verschulten Lernstudium zu sein, in dem - Informationen abprüfend und durch rigide Benotungen selektierend - die Identität der Lehre und des Faches erzwungen wird. Solche elitären Modelle müssen besonders kritisch gesehen werden: Verschulte Studiengänge gehören nicht in eine Universität, auch nicht in die Massenuniversität der 90er Jahre, selbst wenn dies unter lehrorganisatorischen Gründen vermeintlich angezeigt scheint. Ich verweise hier auf die Umfrage des letzten Jahres, bei der junge Ärztinnen und Ärzte, nach Qualität und Praxisbezug ihres Studiums befragt, ein vernichtendes Urteil fällten. Hier ist es nötig, nach einem hochschuldidaktisch sinnvollen Mittelweg zu suchen, der sehr wohl auf Strukturierungsmerkmale setzt, der aber andererseits weiterhin in der individuellen Wahlfreiheit der Lehrenden und Studierenden die eigentliche kreative Chance des germanistischen Studiums, der individuellen Bildungsbiographie der Studierenden und der germanistischen Wissenschaft insgesamt sieht.

5.3.3 Drei-Schritte-Modell des Grundstudiums

Die zukünftige Studienordnung des Magisterstudienganges Germanistik in Düsseldorf geht hier in einem *Drei-Schritte-Modell des Grundstudiums* folgenden Weg (Abb. 4): In einem ersten Schritt werden in *Einführungen* die germanistischen Teilfächer überblicksorientiert vorgestellt und ihr Potential im wissenschaftlichen Zusammenhang und für das Fachstudium aufgezeigt. Die Bezüge zu den anderen Teilfächern können hier bereits den Blick für die Struktur der Germanistik öffnen und die damit verbundenen Chancen und Probleme aufzeigen. In einem zweiten Schritt vermitteln *Grundseminare* problemorientierte Grundkenntnisse über zentrale Fachinhalte und notwendiges wissenschaftliches Handlungswissen, um qualifiziert in thematische Zusammenhänge eingreifen zu können. Im dritten Schritt der *thematischen Proseminare* können solche Kompetenzen exemplarisch an differenzierten Themen- und Problemfeldern der deutschen Sprache und Literatur erprobt werden.

Abb. 4: Das Drei-Schritte-Modell

Erster Schritt: Einführungen

Aus dem *Studienbereich B Fächerbezogene Einführung* müssen folgende Veranstaltungen besucht werden:

- Einführung in die *Germanistische Sprachwissenschaft* (2 SWS)
- Einführung in die *Neuere Deutsche Philologie* (2 SWS)
- Einführung in die *Ältere Deutsche Philologie* (2 SWS)
- Die Einführung in die *Didaktik der deutschen Sprache und Literatur* (2 SWS) kann zusätzlich besucht werden.

Zweiter Schritt: Grundseminare

Aus dem *Studienbereich C Fachliche Grundlagen* müssen folgende Veranstaltungen besucht werden:

Germanistische Sprachwissenschaft

- Grundseminar I: Grammatische Aspekte des Deutschen (2 SWS)
- Grundseminar II: Pragmatische und semantische Aspekte des Deutschen (2 SWS)
- Grundseminar III: Historisch-soziale Aspekte des Deutschen (2 SWS)

Neuere Deutsche Philologie

- Grundseminar I: Literarische Epoche (2 SWS)
- Grundseminar II: Gesamtwerk eines Autors/einer Autorin (2 SWS)
- Grundseminar III: Methoden der Literaturwissenschaft (2 SWS)

Ältere Deutsche Philologie

- Grundseminar: Grundlagen des Studiums der älteren deutschen Sprache und Literatur (2SWS)

Didaktik der deutschen Sprache und Literatur

- Grundseminar: Grundlagen der Sprach- und Literaturvermittlung (2 SWS)

Dritter Schritt: Thematische Proseminare

Aus dem *Studienbereich D Thematische Differenzierung* müssen folgende Veranstaltungen besucht werden:

- Ein Proseminar (2 SWS) in *Germanistische Sprachwissenschaft*
- Ein Proseminar (2 SWS) in *Neuere Deutsche Philologie*
- Drei Proseminare unterschiedlicher thematischer Schwerpunkte in *Ältere Deutsche Philologie* (insgesamt 6 SWS) [zum Beispiel: Kultur- und Vorstellungsgeschichte / Form- und Gattungsgeschichte / Literaturtheorie und Literaturvergleich / Überlieferungs- und Mediengeschichte / Sprachgeschichte]
- Ein Proseminar in *Didaktik der deutschen Sprache und Literatur*

Auch hier wird die Wahlfreiheit der Studierenden zwischen verschiedenen Veranstaltungen erhalten bleiben, solange bestimmte Themenfelder, die nach den einzelnen Fächern unterschiedlich bestimmt sind, abgedeckt werden. (...)

Das Germanistische Seminar der Heinrich-Heine-Universität Düsseldorf wird in den nächsten Jahren diese Frage wissenschaftlicher Grundqualifikationen in der Lehre besonders im Auge behalten und das *Drei-Schritte-Modell* erproben und einer kritischen Prüfung unterziehen. Zu den normalen Lehrveranstaltungen kommen Fachtutorien der Abteilungen des Germanistischen Seminars, die die *Einführungen*, *Grundseminare* und *Thematischen Proseminare* begleiten sollen. Durch die TutorInnentätigkeit, die auch durch Ausbildung qualifiziert werden soll, können Fachtutorinnen und Fachtutoren eine zusätzliche, schriftlich-bescheinigte Qualifikation erwerben. Am Ende einer zunächst zweijährigen Erprobungsphase soll ein modellhaftes Konzept zu *Grundqualifikationen in der Germanistischen Lehre* erstellt und veröffentlicht werden.

5.3.4 Lehrplanung

Die Erfahrungen mit Einführungsphase und Grundstudium werden dann den ersten Ausgangspunkt für ein Lehrstrukturkonzept bilden, das die vorhandenen Möglichkeiten in der Lehre bündelt, strukturiert und ein längerfristiges Studienkonzept entwickelt. Es stellt dabei eine auf die Erfahrungen vor Ort abgestellte Strukturplanung im Sinne eines Leitfadens dar, die die vorhandenen Mittel effektiver im Sinne der Lehre einsetzen will, ohne daß die Lehrenden und Lernenden über den von der Studienordnung gesteckten Rahmen hinaus in der freien Themenwahl behindert werden, also: keine Planwirtschaft, aber sinnvolle Planung. Wir werden damit der besonderen Verantwortung gerecht, die vorhandenen Mittel möglichst optimal einzusetzen, erhalten aber gleichzeitig auch die begründete Möglichkeit, Forderungen zu stellen, wo auch bei bester Planung Mittel im Bereich der Lehre fehlen.

5.3.5 Die Studienbereiche in der Übersicht

Für die Studierenden wird die neue Struktur des Studiums in der Aufteilung des gesamten Lehrangebotes in acht Studienbereiche deutlich, die teils stärker fachbezogene, teils stärker fachübergreifende Qualifikationen ermöglichen und je nach Studiengang und Interesse unterschiedlich kombiniert werden können:

Abb. 5: Die acht Studienbereiche nach dem „Integrierten Handlungskonzept“

A Studienorientierung
Im Studienbereich Studienorientierung erwerben Studierende Informationen über Studienaufbau und Studienstruktur, über die Institution Hochschule, über Semesterplanung und über hochschuldidaktische Aspekte. Ihnen soll die Möglichkeit der individuellen Wahl des Studienweges eröffnet werden.

B Fächerbezogene Einführung
In den fächerbezogenen Einführungen erhalten Studierende einen Einblick in die germanistischen Teilfächer, deren wissenschaftliche Zusammenhänge und deren gesellschaftlich-kulturelle Funktionen. Einführungen geben einen Überblick über Inhalte, Theorien und Methoden sowie über wichtige Handlungsfelder der Teilfächer.

C Fachliche Grundlagen
Im Studienbereich Fachliche Grundlagen werden problemorientierte Grundkenntnisse über Fachinhalte vermittelt. Die Beschäftigung mit fachlichen Grundlagen befähigt zur weiteren wissenschaftlichen Arbeit in anderen fachgebundenen Studienbereichen.

D Thematische Differenzierung
Im Studienbereich Thematische Differenzierung werden die erworbenen Grundkenntnisse und Kompetenzen anhand ausgewählter exemplarischer Themen der deutschen Sprache und Literatur erprobt und weiterentwickelt.

E Weiterführende Fachqualifikationen
Im Studienbereich Weiterführende Fachqualifikationen werden fachliche Kenntnisse und Fähigkeiten vertieft und weiterentwickelt. Insbesondere werden Ergebnisse der germanistischen Forschung rezipiert, produktiv angewendet und kritisch reflektiert.

F Germanistisch-fundierte Schlüsselqualifikationen
Im Studienbereich Germanistisch-fundierte Schlüsselqualifikationen werden Fähigkeiten erworben, die fachwissenschaftlich begründet sind und die als

- Sprach- und Schreibkompetenz,
- Rede- und Gesprächskompetenz und
- Literarisch-kulturelle Kompetenz

in praxisorientierten Lehrveranstaltungen eingeübt werden.
In der einübenden Praxis gewinnen diese Schlüsselqualifikationen fachübergreifenden Charakter und stehen damit am Schnittpunkt zwischen germanistischer Forschung, produktionsorientierten Lehrveranstaltungsformen und Berufsfeldorientierung.

G Germanistisch orientierte Berufsfelderkundung
Im Studienbereich Germanistisch orientierte Berufsfelderkundung (GOB) wird den Studierenden die Möglichkeit gegeben, sich über relevante Berufsfelder für Germanistinnen und Germanisten zu informieren und Kontakte zu potentiellen Praktikumsträgern zu knüpfen. Dies geschieht insbesondere in Bereichen wie Journalismus, Verlagsarbeit, Öffentlichkeitsarbeit etc. Eine Hochschulveranstaltung bereitet auf Praktika vor und stellt so einen Kooperationsrahmen zwischen Studierenden und der Arbeitswelt dar.

H Prüfungsvorbereitung
Im Studienbereich Prüfungsvorbereitung können sich Studierende über Inhalte und Formen der Prüfung orientieren.

Die Studienbereiche sind an spezifische Qualifikationsprofile gebunden und durch die neue Studienordnung für die Studierenden eindeutig identifizierbar werden. Die Planung des eigenen Studienweges wird damit transparenter und ermöglicht je nach Stand und Perspektive des Studiums unterschiedliche Schwerpunktsetzungen. Was für die Studierenden einen sinnvollen Aufbau des Studiums ermöglicht, ermöglicht den Lehrenden eine bessere Einschätzung ihrer Lehr-/Lerngruppe: sie können davon ausgehen, daß bestimmte Elemente im Studienweg der Studierenden abgedeckt sind und nicht immer neu thematisiert werden müssen. Dabei sind die unterschiedlichen Lehrveranstaltungsformen, wie z.B. Vorlesung oder Seminar, in denen diese Studienbereiche realisiert werden sollen, je nach Kontur des Studienbereiches festgelegter oder offener.

Durch die Aufteilung in Studienbereiche werden germanistische Qualifikationsprofile in der Lehre auch über die Grenzen des Faches hinaus deutlicher und öffnen den Weg für eine Flexibilisierung des Lehrbetriebs insgesamt. Interdisziplinarität muß so in der Zukunft noch mehr als bisher nicht dem Zufall überlassen bleiben, sondern kann in der Lehrstruktur fächerübergreifender Studiengänge - wie es diese in einigen Fällen bereits gibt - konkret eingelöst werden.

Bei der Realisierung einer neuen Lehrstruktur gilt es aber auch, produktive Elemente der Tradition des germanistischen Studiums in Düsseldorf zu schützen und weiterzuentwickeln. Wer im Sinne von Elitestudiengängen, was immer dieses seltsame Wort auch heißen mag, erhofft, nun würde endlich die Stunde der Verschulung und Selektion anbrechen und die Freiheit aus den Studiengängen verschwinden, ist auf dem Holzweg. Wir setzen auf eine Qualifizierung des Studiengangs, nicht auf eine Aussortierung von Studierenden. Wer aber früher abgehen möchte, hat jetzt auch bessere Möglichkeiten und jedenfalls gezielter Qualifikationen erworben.

In diesem Zusammenhang soll - ohne den Diskussionen des Lehrstrukturkonzeptes vorgreifen zu wollen - ein Wort zu Fachtutorien gesagt werden. Insgesamt hat sich diese Einrichtung am Germanistischen Seminar, auch wenn sie sich unter veränderten Lehrsituationenen mit einer Studienreform verändern wird und muß, außerordentlich bewährt. Daher ist es unverzichtbar, in jedem Falle die Einrichtung und Anzahl dieser Stellen auf Dauer ebenso zu sichern wie den gemeinsamen Wahlmodus der Dozentinnen und Dozenten mit der Tutorenwahlkommission der Studierenden. Dies sind nicht Relikte des gestrigen, sondern schützenswerte Dinge für den heutigen und morgigen Tag. Fachtutorien können Lehr-/Lernerfahrungen ermöglichen, die in normalen Lehrveranstaltungen nicht möglich sind, idealiter sind sie zusätzlich Motoren im Studienreformprozeß: In unterschiedlichsten Formen können sie im Sinne einer *Modellwerkstatt Lehre* neue Lehrprofile ausprobieren und zusätzlich das fachliche Lehrangebot im Grundstudium unterstützen. Hier zeigt sich exemplarisch: In der Integration und Umgestaltung von Altem und Neuem entsteht das, was wir Studienreformen nennen, und kennzeichnet diese so als komplexen Entwicklungsprozeß.

5.4 Der Fachbereich als Handlungsträger

Zur Aushandlung solcher Prozesse bedarf es des Gesprächs. Mit der Kommunikationsbereitschaft der Beteiligten, und dies gilt für Studierende wie für Lehrende, steht und fällt der Erfolg und Mißerfolg jeder Studienreform. Strukturen dieser Kommunikation, wie z.B. Lehrstuhlbesprechungen und die politischen Gremien der Fakultät, müssen gestärkt und ausgebaut werden. Wir brauchen keine Ansammlung neuer Strukturen, in den vorhandenen Strukturen muß endlich stärker auch über die Lehre gesprochen werden.

Für die außerordentliche Gesprächsbereitschaft der Lehrenden am Germanistischen Seminar bin ich - und das möchte ich hier deutlich sagen - ganz besonders dankbar. Die bisherigen Erfolge der Düsseldorfer Studienreform waren und sind gemeinsame Erfolge von Dozierenden und Studierenden. Studienreformen sind keine Reformen um das Fach herum, keine ‘Sonderangebote’ im doppelten Sinne, sie greifen mit allen Beteiligten im Fach selbst.

5.4.1 Hochschuldidaktische Fortbildung

Ein Ergebnis dieser Kommunikation im Fach war die Stärkung Hochschuldidaktischer Fortbildung. Jede Tätigkeit braucht Ausbildung, und so auch die Lehre an Hochschulen. Manche verstehen trotzdem das Angebot hochschuldidaktischer Fortbildung miß: Man meint, entweder zum Lehrer oder zur Lehrerin geboren zu sein oder halt nicht, und folgert unverdrossen: Weiterbildung - brauch’ ich nicht. Hochschuldidaktische Fortbildung kann bei einem solchen Selbstkonzept nur noch als Gängelung und Beschränkung der eigenen 'Genialität' mißverstanden werden. Fortbildung steht so manchmal in dem Ruf, daß die Teilnahme an solchen Veranstaltungen das Eingeständnis bedeute, bisher habe man Nichts oder Falsches geleistet. *So* darf man dieses Angebot natürlich nicht verstehen:

Fortbildung knüpft vielmehr da an, wo einzelne Lehrende über ihre unterschiedlichen Lehrerfahrungen nachdenken und selbst nach Schulung ihrer unterschiedlichen Kompetenzen fragen. Die Hochschule ändert sich und so auch die Anforderungen in der Lehre, das spüren Lehrende im Alltag sehr genau. Die Frage des Einzelnen nach konkreten Ansatzpunkten für die eigene Weiterentwicklung ist daher die Ausgangsbasis, nicht eine standardisierte fiktive Lehrkompetenz, die es für alle zu erreichen gälte. Wir wollen Mut machen zu diesem Nachdenken und das Angebot zur Weiterbildung bereitstellen.

Das Germanistische Seminar hat in Zusammenarbeit mit dem Interdisziplinären Hochschuldidaktischen Zentrum der Universität Bielefeld mehrere Kurse durchgeführt und will dies auch dauerhaft tun. In dieser Zusammenarbeit zeigt sich eine weitere Einsicht in den *Prozeß Studienreform*: die Notwendigkeit der Zusammenarbeit mit kompetenten Fachleuten von außen. Wir können vieles, aber nicht alles. Und was uns an Kompetenz fehlt, muß von außen über die Grenzen des Faches und der Hochschule hinaus hinzukommen. Solche Kompetenz kann uns helfen, das strukturelle Postulat der Einheit von Forschung und Lehre auch als gerechtes Splitting von Engagement und Qualifikation zu sehen: In der Identität der Person doppelt und gleichermaßen qualifiziert in beide Richtungen zu denken und zu handeln, *das* heißt Einheit von Forschung und Lehre. Die Stärkung der Hochschuldidaktik jedoch - nicht nur institutionell, sondern als Perspektive der Universität als Lehr-/Lernzusammenhang verstanden - ist eine der Kernfragen der Studienreformen der 90er Jahre.

5.4.2 Studienreform ist Kommunikation

Eine Öffentlichkeit für Studienreformprozesse herzustellen, wie sie eben schon angedeutet wurde, hat auch eine andere, studentische Initiative versucht: die seit 1993 erscheinende *blaue reihe - Diskussionsgrundlagen zur fachinternen Studienreform* hat sich schnell zu einem Renner entwickelt und es auf fast ca. dreißig Ausgaben gebracht. Ein Ende dieser Entwicklung ist nicht abzusehen und dies wohl einfach deswegen, weil sich die Funktion einer solchen Publikation nicht verbrauchen kann: Über Lehre muß gesprochen werden. Dazu werden wir ab dem Sommersemester 1995 eine weitere Initiative starten: das *Studienreformtelefon NRW*. Zu bestimmten Zeiten können Studierende und Lehrende bei uns anrufen und Informationen und Kontakte zum Thema 'Lehre' und 'Studienreformen' bekommen. So wollen wir mit dem Erreichten auch noch einmal eine breitere Öffentlichkeit für das Problem der Studienreformen gewinnen.

Lassen Sie mich in diesem Zusammenhang nun einige Anmerkungen zum bildungspolitischen Rahmen machen und mit dem Aktionsprogramm „Qualität der Lehre" beginnen. Viele Initiativen zur Studienreform nicht nur an dieser Hochschule beginnen bei Studierenden. Dieses Potential genutzt und gestärkt zu haben, ist der bleibende bildungspolitische Erfolg des Aktionsprogrammes „Qualität der Lehre“. Das Aktionsprogramm macht vor, wie heute Reformen an Hochschulen im Bereich der Lehre möglich sind: Aktionsfelder benennen, Kriterien festlegen, Hochschulen beraten, Mittel bereitstellen. Die eigentliche Aufgabe der Studienreform bleibt damit bei den Hochschulen, wo sie auch hingehört, wir dürfen uns hier nicht drücken. „Qualität der Lehre“ ist ein Rahmenprogramm, mit dem man Reformwillen und dessen Umsetzung unterstützen kann, das genau wollte es und viel davon ist bereits gelungen. Es bleibt zu hoffen, daß noch mehr Hochschulen dieses bildungspolitische Signal und das dahinterstehende Angebot nutzen. In diesem Zusammenhang noch einmal herzlichen Dank für die tatkräftige und auch inhaltlich kompetente Unterstützung des zuständigen Referates des Ministeriums. Ich darf allen diese Zusammenarbeit empfehlen, die Hochschulen können dadurch nur gewinnen.

5.5 Eckpunkte einer Bildungspolitik, die Studienreformen ermöglicht

5.5.1 Die Qualität und die Quantität der Lehre

Es bleibt jedoch die andere - immer wiederkehrende - Frage, wie es denn um die Quantität der Lehre bestellt ist. Die Qualität der Lehre ist zunächst Aufgabe der Universitäten, die Bereitstellung der Mittel die der Landes- und Bundespolitik. Es darf auch hier nicht ungesagt bleiben, daß vor allem im Bereich Lehre mit deren unterschiedlichen Anforderungen in Hochschulbau, Personal und Ausstattung Mittel fehlen. Dauerhaft überfüllte Lehrveranstaltungen zerstören das Engagement von Studierenden und auch von Lehrenden. Verständlicher Lehrerinnen- und Lehrerfrust, Ausgebrannt-Sein, Resignation und Institutionenentzug gehören an Universitäten schon zum Alltag; und auch wenn dies sehr unterschiedliche Gründe haben mag: Die beste Studienreform ist nutzlos, wenn ihre Strukturen durch Überfüllung und Überlastung die Kontur verlieren.

Viele Hochschullehrerinnen und Hochschullehrer arbeiten bis an die Grenze des Möglichen und darüber hinaus. Dies - und das möchte ich hier deutlich sagen - verdient Dank und Anerkennung und darf auch kein Dauerzustand sein, wenn Zynismus und berechtigte Enttäuschung nicht auf Dauer die Oberhand gewinnen sollen. Andere dagegen belasten sich selbst weniger und damit die anderen mehr, auch das darf nicht dauerhaft hingenommen werden. In jedem Falle ist die Überlast kein Mythos, sie ist die alltägliche Realität der Hochschule.

Ein Teil der Lösung dieses komplexen Problems kann aus einer größeren Finanz- und Verwaltungsautonomie der Hochschulen kommen, obwohl auch hier erst abzuwarten ist, ob unsere bisherigen demokratischen Strukturen eine größere Autonomie überhaupt aushalten. Zudem müssen die Parameter ‘Lehre’ und ‘Studierendenzahlen’ auch universitäts- und fakultätsintern erst den Stellenwert bekommen, den sie verdienen. Grundsätzlich beheben kann Finanzautonomie das Problem aber nicht: Wir brauchen für die Lehre mehr Geld.

5.5.2 Bildungsermöglichung statt Bildungsverhinderung

An dieser Stelle muß etwas zum Thema „Studiengebühren" gesagt werden. Daß diese bildungs- und sozialpolitisch total verfehlt sind, kann nicht oft genug betont werden, und ist m. E. hinreichend erwiesen. Aber auch finanziell erscheinen die dahinterstehenden Berechnungen nebulös, so daß man den Eindruck gewinnen muß, als ob in steter Regelmäßigkeit solche Forderungen wiederholt werden, damit - anstatt zu Problemlösungen beizutragen - der bildungspolitische Diskurs belebt werden soll. Also, um es noch einmal eindeutig zu sagen:

- Studiengebühren: Nein
- Zwangsexmatrikulationen: Nein
- Zugangsbeschränkungen: Nein
- Keine Scheinnachweise nach welchem Semester auch immer, vielmehr: Genug BAFÖG für alle, die es brauchen
- Studien- *und* Hochschulreformen: auf jeden Fall
- Genügend Geld für Bildung

Und vor allem: Nein zu allen Lösungen, die die Verantwortlichen kurzfristig aus dem Hut zaubern, um sich ihrer eigenen Verantwortung zu entledigen. Solche 'bildungspolitischen' Besinnungslosigkeiten gefährden wirkliche Problemlösungen, weil sie Haushalte und Statistiken zwar bereinigen, aber keinem einzigen Lehrenden und keinem einzigen Studierenden Mut machen, Studienreformen vor Ort in Angriff zu nehmen, nein, sie zerstören aufkeimendes Engagement und lassen es zwischen politischen Rangeleien, Verlautbarungen und deren Dementis, zwischen Presseberichten und Demonstrationsvorbereitungen ersticken: Die Reform braucht Platz und Luft zum Atmen.

5.5.3 Evaluation als Selbstvergewisserung und Planungshilfe

Die produktive Alternative *Studienreform* hingegen muß und soll - ebenso wie die Lehre insgesamt - bewertbar sein, und auch ich glaube, daß eine Evaluation von Lehre und Studienreformen möglich und auch nötig ist. Gute Lehre kann durchaus auch ein Kriterium für Mittelzuweisung sein. Sinnvolle - und nicht zu komplexe - Instrumentarien müssen dafür gefunden und vor allem: gewichtet werden. Wir brauchen eine angstfreie Kultur der Zusammenarbeit, die nur entstehen wird, wenn die Kriterien der Evaluation der Lehre transparent und eindeutig nachvollziehbar sind. Ein zumindest nicht ausreichender Parameter für solche Bewertung der Lehre sind jedoch Absolventenstatistiken, und dies gilt besonders für ein Fach wie Germanistik. Es ist ein offenes Geheimnis, daß viele

Studierende vor der Prüfung den Studiengang in den Arbeitsmarkt hinaus verlassen; manche schreiben sich lediglich ein, um den sozialen Status des Studierenden in Anspruch zu nehmen. Ich kann daran nichts Negatives sehen, solange sozialpolitisch keine Alternative geschaffen wird.

Für uns aber bleibt das Problem, daß wir zwar ein besseres, qualifizierteres, praxisorientierteres und nach Möglichkeit auch schnelleres Studium mit Reformen ermöglichen wollen, wir aber niemals gegen eine Studierendenstatistik anrennen können, deren hauptsächliche Parameter uns überhaupt nicht zugänglich sind. Wir brauchen andere Bemessungsgrundlagen, dafür jedoch müssen sich dann auch die Hochschulen öffnen. Lehrberichte der einzelnen Fächer können dazu auf dem notwendigen Weg der Selbstvergewisserung der Universitäten eine wichtige Hilfe sein: Wir brauchen sie für uns, um Überblick zu gewinnen, aufmerksam zu werden, planen zu können.

5.5.4 Rahmenbedingungen und Bildungskontext

Durch solche Offenheit wird auch deutlich werden, daß wir in der Hochschule erst einmal unser eigenes Haus bestellen müssen, daß wir aber auch von anderen endlich entscheidende Schritte erwarten. Meine Damen und Herren, die Situation an Hochschulen hat auch etwas mit der Situation an Schulen zu tun. Die jetzige Novellierung der Lehrerprüfungsordnung macht mehr Probleme, als daß sie welche löst. Studiengänge drohen auseinanderzubrechen, die Prüfungsphase ist weiter überlastet, Praxis spielt immer noch keine wirkliche Rolle: *so* haben wir gesamtbildungspolitisch keine Chance. Mehr als nur Reförmchen braucht vor allem auch das Schulwesen.

Um ein letztes bildungspolitisches Reizwort möchte ich mich auch hier nicht herumdrücken: die *Eckdatenverordnung*. Aus mehreren Gründen scheinen mir die Eckdaten ein guter Weg zu sein. Dies habe ich u. a. bei Gesprächen mit Studierenden auch von anderen Universitäten feststellen können. Während wir uns darüber aufregen, ob ein Magisterstudiengang nun 140 oder 160 SWS hat, die Studienrealität entlarvt dies m.E. als marginale Frage, kämpfen Studierende andernorts darum, daß erst einmal auf faire Art und Weise Leistungsnachweise erworben werden und man nicht drei Leistungen für einen entsprechenden Nachweis erbringen muß. Wenn in einem Institut zehn Professoren sitzen und ihre eigene Konfliktunfähigkeit untereinander an Studierenden dadurch auslassen, daß der kleinste gemeinsame Nenner nur noch der ist, daß jeder der Beteiligten im Grundstudium einen Schein abverlangen darf, dann kann die Diskussion über Entrümpelung oder Verschlankung von Studiengängen, auch wenn die Begriffe problematisch sind, nur heilsam sein. Solche Studiengänge, die keine Einzelfälle sind, machen den Schritt einer Begrenzung von Studienvolumen und Leistungsnachweisen unverzichtbar. Auch wenn im einzelnen die Eckdaten den Hochschulen einiges an Regelungsbedarf bescheren, so gebietet doch schon fast die Solidarität mit Studierenden anderer Studiengänge und Hochschulen das Eintreten für einen vernünftigen strukturellen Rahmen dessen, was im Studium geleistet werden soll: Die Eckdaten sind hochschulpolitisch notwendig.

Darüber hinaus sind sie ja gewissermaßen nur der strukturell-juristische Kopf auf dem eigentlich inhaltlichen *Prozeß Studienreform*. Meine Frage lautet, ob sicherlich nicht alle, aber manche von denen, die heute klagen, gestern schliefen, als es um notwendige inhaltliche Reformen des Studiums ging, die schon vor Jahren abzusehen waren. Mehr als juristische - und das gilt für alle Beteiligten - brauchen wir in der Bildungspolitik hochschuldidaktische Phantasie. Mancher Streit wär' uns dann vielleicht erspart geblieben.

Die Eckdaten behindern das Subsidiaritätsprinzip bei Studienreform also nicht, sie schaffen lediglich den nötigen Rahmen, damit es produktiv eingelöst werden kann. Die *Hochschulautonomie*, die tagespolitisch oft nur noch zum Kampfbegriff taugt, um sich gegen gesellschaftliche Entwicklungen abzuschotten, muß wieder das bedeuten, was sie eigentlich meint: Hochschulen können leben und lernen aus sich selbst heraus, oder - in Anlehung an Jürgen Mittelstraß - anders formuliert: Hochschulautonomie ist das notwendige Geschenk einer liberalen Gesellschaft an die Wissenschaft als Lebensform. Diesem Geschenk muß man sich aber auch immer neu würdig erweisen.

5.6 Handlungsperspektiven der Hochschulen

5.6.1 Demokratisierung und Partizipation

Leben und Lernen aus sich selbst setzt *Demokratie* und *Partizipation* voraus. Was wir intern leisten müssen, ist die stärkere Beteiligung von Studierenden an der Gestaltung des Lehrbetriebs. Die Studentische Veranstaltungskritik, die wir nun seit drei Jahren exemplarisch in ausgewählten Lehrveranstaltungen durchführen, ist dazu *ein* sinnvolles Hilfsmittel. Dabei versuchen wir, nicht einfach zu sagen: Der oder die Lehrende ist schlecht oder gut, vielmehr soll durch gezielte Fragen der Finger auf problematische hochschuldidaktische Aspekte gelegt werden. Hierbei steht das Aufzeigen sinnvoller Veränderungsmöglichkeiten für die kritisierte Lehrveranstaltung selbst im Vordergrund, die gemeinsam von allen Beteiligten, Lehrenden und Studierenden, eingelöst werden müssen. Die Studentische Veranstaltungskritik hilft so Lehrenden wie Lernenden, die Veranstaltung, in der sie gerade sitzen, nicht nur inhaltlich, sondern auch in ihrem Lehr-/Lernzusammenhang zu verstehen. Diesen Bereich wollen wir daher in der Philosophischen Fakultät weiter ausbauen. Eine andere Möglichkeit von Partizipation war die *Studierendenumfrage 1994*. Über 700 Studierende sagten ihre Ansichten zum Studium und ließen einen statistischen Einblick in ihre unterschiedlichen Lebenssituationen zu. Ausgewählte Ergebnisse werden Ihnen und Euch später in einem gesonderten Programmpunkt vorgestellt.

Bei solchen Möglichkeiten der Beteiligung darf es jedoch nicht bleiben. Die kommende Funktionalreform wird u.a. versuchen, die Hochschulautonomie zu stärken und den demokratischen Strukturen der Universitäten mehr Platz zu lassen. Innerhalb der Hochschulen bleibt zu hoffen, daß die manchmal etwas kraftlos gewordenen allgemeinen Demokratisierungsdiskussionen mit bekanntem aporetischen Ausgang zu Gunsten der Frage in den Hintergrund treten, wie *Partizipation* in Großinstitutionen wie der Universität wirklich möglich wird.

Dabei kann auf der Ebene grundsätzlicher Entscheidungen vielleicht eine wie immer paritätische Verteilung nützlich sein, ein Allheilmittel für alle demokratischen Entscheidungswege ist sie meines Erachtens aber nicht. So gibt es in bestimmten Bereichen sicher Entscheidungen, die der Mitbestimmung der Studierenden weniger bedürfen als andere. Umgekehrt gibt es Themenfelder, in denen Studierende dringend mehr Mitsprache brauchen. So gehört es zu meinen eindringlichsten Erfahrungen in universitären Gremien, daß z.B. Berufungskommissionen eine viel zu wichtige Sache sind, als daß sie mehrheitlich einer Gruppe überlassen werden könnten. Ähnliches gilt auch für die Feststellung der Lehrqualifikation im Habilitationsverfahren.

Demokratie und die Diskussion um sie ist dann kein ideologischer Schmuck mehr, sondern die Bedingung von Innovation und Veränderung in der Hochschule überhaupt. Insgesamt müssen wir alle lernen, Studierende wir Lehrende, unsere Vorstellungen von demokratischer Mitbestimmung zu flexibilisieren, wir müssen lernen, die Notwendigkeit von Strukturen auf die Stärkung von Inhalten zu beziehen. *Demokratisierung* ist damit im Bereich Hochschule keine hinreichende, aber dennoch notwendige Bedingung von aktiver *Professionalisierung* - und *die* brauchen wir dringend.

5.6.2 Der Fachbereich als Standort profilierter Bildung

Flexibilität und *Professionalisierung* wird den Hochschulen helfen, Profil auch untereinander zu zeigen. Dieter Simon, der ehemalige Präsident des Wissenschaftsrates, beschreibt in der ZEIT vom 21.Oktober 1994, daß die Hochschultypen sich angleichen, daß die Unterschiede zwischen den Hochschulen jedoch wachsen. Die Gefahren solcher Entwicklungen liegen auf der Hand, die produktive Wendung könnte lauten: Weiteres Auseinanderlaufen universitärer und wissenschaftlicher Strukturen verhindern, inhaltliche Profilierung und daraus resultierende Standortprofile aber gegenseitig zulassen. Dazu ist die Lehre als Handlungsfeld besonders geeignet, weil sie neben ihrer wesentlichen Funktion an den Universitäten noch einen anderen Vorteil hat: Sie ist und bleibt die beste Werbung für Hochschulen, oder anders ausgedrückt: Nichts, aber auch gar nichts macht eine Universität bekannter, als 20000 zufriedene Studierende. Wer immer noch glaubt, ein esoterischer Forschungsbericht mehr sei da doch wesentlich 'durchschlagekräftiger', hat gesellschaftliche Entwicklungen nur wirklich komplett verschlafen. Kein Bereich kann das Fenster zur gesellschaftlichen Realität wieder besser aufstoßen als die Lehre. Bildung muß von allen Beteiligten wieder offensiv vertreten werden, wir haben viel zu bieten, und können es auch zeigen. Das kostet Arbeit, die sich lohnt, Zeit, die wir uns nehmen müssen, und Geld, das wir brauchen. Ermöglichen kann dies nur eine Kultur der Zusammenarbeit zwischen Studierenden, Lehrenden und der Bildungspolitik. Manchmal lehren wir nicht nur wie in den 50er oder wahlweise den 70er Jahren, wir gehen auch politisch so miteinander um. Nach Gruppenzugehörigkeit unterschiedlich haben wir uns bequem in der jeweiligen Terminologie des Gestrigen oder wahlweise Vorgestrigen eingerichtet und halten unsere betonierte Ungleichzeitigkeit für politisches Handeln. Jede Zeit hat jedoch ihre Aufgaben, in den 90er Jahren müssen wir gemeinsam einer Gesellschaft (Klammer auf: zu der auch einige Finanzminister gehören, Klammer zu) zeigen, wie wichtig Bildung ist und was sie kostet. Ein Solidarpakt derer, denen Bildung noch etwas bedeutet, ist dringend notwendig und kann zeigen: Bildung ist Zukunft, nicht nur für die zuständigen Institutionen, sondern für die Gesellschaft insgesamt.

5.7 Zusammenfassung

Damit geben wir Germanistinnen und Germanisten nicht den Anspruch auf, diese Gesellschaft grundsätzlich anzufragen und zu kritisieren. Das „neue, das bessere Lied“ Heines ist aktueller denn je, weil es immer auch das der Kritik, das andere ist, die gesellschaftliche Alternative. Diese Tradition der Germanistik als Opposition darf uns nicht abhanden kommen und darf auch nicht zum leidenschaftslosen theorieverträumten Kommentar verkommen. Wir müssen lernen: im Denkraum Hochschule wird das andere Lied komponiert und in der gesellschaftlichen Praxis wird es gesungen. Es nutzt nichts, wenn wir es uns hier gegenseitig vorsingen. Zudem muß jede Kritik immer gleich Gestaltungs- und Veränderungs-möglichkeiten mitbedenken und vermitteln.

Ein zusammenfassender Blick auf das Gestrige und damit heute Mögliche der Studienreformen in der Düsseldorfer Germanistik und anderswo zeigt: Studienreformen sind komplexe, sicher nicht standardisierbare Reflexions- und Handlungsprozesse, die im Düsseldorfer Fall 1995 konsequent zu einem „Integrierten Handlungskonzept für die Studienreform“ geführt haben, die vorhandenes Engagement ernstnimmt und in den genannten Projektbereichen bündelt, nämlich dem Tutorenprogramm, dem Bereich Projektinnovation (mit der *blauen reihe*, dem *Reformtelefon NRW*, der *Fortbildung* und der *Studentischen Veranstaltungskritik*), den drei Projektbereichen zu *Germanistisch-fundierten Schlüssel-*

qualifikationen der *Schriftlichkeit*, *Mündlichkeit* und der *Literarisch-kulturellen Handlungskompetenz*, der *Germanistisch orientierten Berufsfelderkundung (GOB)* und den *Germanistischen Grundqualifikationen* mit dem *Lehrstrukturkonzept* und der *Modellwerkstatt Lehre*. So kann auf breiter Ebene der hochschuldidaktischen Komplexität von Studienreformen wie der Komplexität der universitären Strukturen Rechnung getragen werden, indem mit den Aktionsfeldern und Projektbereichen auch die Verantwortlichkeit für die Studienreform an alle Beteiligten gleichmäßig übertragen wird. Schlüsselqualifikationen wie Team- und Kooperationsfähigkeit sind so nicht nur Ausbildungsziele für Studierende, sie sind Bedingungen für Studienreformen an Universitäten überhaupt. Das *Integrierte Handlungskonzept für die Studienreform* ist daher weniger Programm, sondern mehr die qualifizierte Ermöglichung von Engagement, das immer neu konkret eingelöst werden muß. Mit unserem Handeln wird sich auch das 'Handlungskonzept' verändern, besser und schärfer werden, Auslassungen füllen, an Kontur gewinnen.

5.8 Der nächste Schritt

Ich möchte diese Ausführungen beenden mit einem literarischen Blick auf das Problem des Gestrigen und Heutigen, nein, nicht mit Heine, sondern des in letzter Zeit nicht immer ganz unproblematischen Martin Walser. Das folgende Zitat stammt allerdings aus dem 1976 erschienenen Roman „Jenseits der Liebe“ und mit ihm begann unser Weg der Studienreform 1991 im Tutorenprogramm. Er kann, so meine ich, die unverzichtbare Konsequenz von Studienreformprozessen ebenso deutlich machen, wie den Wert des Gestrigen für das Heutige:

> „Sobald man überlegt, wo man ist, ist man schon an einem anderen Punkt. Man muß dann nur den nächsten Schritt tun. Mehr als den nächsten Schritt kann man überhaupt nicht tun. Wer behauptet, er wisse den übernächsten Schritt, lügt. So einem ist in jedem Fall mit Vorsicht zu begegnen. Aber wer den nächsten Schritt nicht tut, obwohl er sieht, daß er ihn tun müßte, ist feig. Der nächste Schritt ist nämlich immer fällig. Der nächste Schritt ist nämlich nie ein großes Problem. Man weiß ihn genau. Eine andere Sache ist, daß er gefährlich werden kann. Nicht sehr gefährlich. Aber ein bißchen gefährlich kann auch der fällige nächste Schritt werden. Aber wenn Du ihn tust, wirst Du dadurch, daß Du erlebst, wie Du ihn Dir zugetraut hast, auch Mut gewinnen. Während Du ihn tust, brichst Du nicht zusammen, sondern fühlst Dich gestärkt. Gerade das Erlebnis, daß Du einen Schritt tust, den Du Dir nicht zugetraut hast, gibt Dir ein Gefühl von Stärke. Es gibt auch die Gefahr, daß Du zuviel riskierst, es gibt auch die Gefahr, daß Du zu wenig riskierst. Dem Gehenden schiebt sich der Weg unter die Füße.“[309]

Daß dieser Weg sich uns unter die Füße schiebe, das wünsche ich für Studienreformen hier in Düsseldorf und anderswo.

---

[309] Walser, Martin: *Jenseits der Liebe*. Frankfurt am Main 1976. S. 136

6 Programmentwicklung: Zwischenbilanz des Reformmodells Germanistik an der Heinrich-Heine-Universität Düsseldorf

Die beste Möglichkeit, Schwächen und Stärken von Qualitätssicherungsmaßnahmen für die germanistische Hochschullehre festzustellen, ist die Evaluation der Ergebnisse und Prozesse konkreter Modelle. Für das *Integrierte Handlungskonzept* Studienreform wurde daher, gut zwei Jahre nach seiner Initiierung, eine Zwischenbilanz erstellt, die die Entwicklung des Programms kritisch beleuchtet und zeigt, ob, wie und mit welcher Intensität und Reichweite die Optionen und Ideen des Grundlagenprogramms verwirklicht werden konnten. Die Bilanz wurde zur zweiten Station einer Entwicklung von der Studienreform zur Qualitätsentwicklung.

6.1 Zwei Jahre nach dem nächsten Schritt

Zu Beginn des Jahres 1995 wurden am Germanistischen Seminar der Heinrich-Heine-Universität Düsseldorf die bestehenden Reformansätze des Fachbereichs zu einem *Integrierten Handlungskonzept für die Studienreform* zusammengefaßt und als konkrete Organisationsform das Studienreformprojekt Germanistik gegründet. Ziel des Projektes war und ist es, ein Modell für Studienreformen auf Fachbereichsebene zu entwickeln und am konkreten Einzelfall zu erproben, das einen Fachbereich umfassend reformiert und die an einem Studiengang beteiligten Lehrenden und Lernenden in einen dauerhaften Reformprozeß eintreten läßt. Das *Integrierte Handlungskonzept Studienreform* verbindet daher Aspekte der Reform sozialer (Bildungs-) Systeme vor Ort mit Konzepten der Organisationsentwicklung. Es versteht sich bildungstheoretisch als ganzheitlicher Ansatz der Entwicklung von Personen und Institutionen und integriert daher die verschiedenen Aspekte, die bisher in der Studienreform- und Bildungsdiskussion oft unverbunden nebeneinander standen - und manchmal als unvereinbar galten -, in einer konkreten Realisation vor Ort. Die folgende Bilanz hält den Zwischenstand des Modellprojektes nach bisher zweijähriger Laufzeit fest und beschreibt Perspektiven für die Weiterentwicklung des Ansatzes. Grundlage der Evaluation sind die selbstgesetzten Ziele, wie sie in der öffentlichen Vorstellung des Programms zwei Jahren zuvor mit dem Grundsatzpapier „Der heutige Tag ist ein Resultat des gestrigen" formuliert wurden. Die wichtigsten zusammenfassenden Thesen und Zukunftsprojekte sind im Text durch kursiven Satz gekennzeichnet.[310]

---

[310] Die vorliegende Zwischenbilanz wurde als Zwischenbericht in einer ausführlichen Fassung im Juli 1997 zusammen mit einem 115 Seiten umfassenden Datenband dem Ministerium für Wissenschaft und Forschung NRW übersandt. Für die vorliegende Textfassung wurden geringfügige termi-

6.2 *Zusammenfassende Bewertung des Konzeptes und Projektes*

Aus der Sicht der Projektleitung kann die Arbeit des Studienreformprojektes Germanistik an der Heinrich-Heine-Universität Düsseldorf in den letzten zwei Jahren als sehr erfolgreich bezeichnet werden. Dies hängt aus unserer Sicht der Dinge vor allem damit zusammen, *daß es im Projekt gelungen ist, Lehrende und Lernende zu* Bündnispartnern *ihres Handelns im Fachbereich zu machen.* Das *Integrierte Handlungskonzept für die Studienreform* hat bewußt von der isolierten Realisation gutgemeinter Einzelaktionen abgesehen zugunsten einer Kraftanstrengung, die den ganzen Fachbereich mit in den Reformprozeß einbezieht. Gegenstand des Projektes ist daher nicht nur die Verbesserung einzelner Lehrveranstaltungen bzw. Lehr-/Lernangebote, sondern die Hochschullehre und der sie organisierende Fachbereich als Gemeinschaft des sozialen Handelns. Das Projekt ist daher verbunden mit

- einem grundsätzlichen Eingriff in die *Studienstruktur* des Magisterstudienganges
- einer prinzipiellen Neuordnung des *Wissenschafts- und Praxisbezuges*
- einer dauerhaften Veränderung der *Strukturen des Fachbereiches* im Hinblick auf eine Stärkung der Lehre im universitären Diskurs.

Damit werden die Ziele des Aktionsprogrammes „Qualität der Lehre“[311] als integrierte Einheit verstanden und im Paket in folgender Weise auf den Fachbereich bezogen umgesetzt:

- Wiederbelebung der Studienreform im Fachbereich
- Erhöhung der Studierbarkeit der Studiengänge der Düsseldorfer Germanistik
- Verbesserung der Lehre in den einzelnen Lehrveranstaltungen und in deren Bezügen untereinander
- Erhöhung der Berufsfähigkeit der Studierenden durch einen integrierten Praxisbezug
- Verbesserung der Hochschuldidaktik u.a. durch Aus- und Weiterbildungen und Evaluation

---

nologische Anpassungen vorgenommen, der Text ansonsten belassen. Das Kapitel spiegelt so den Stand des Projektes Mitte 1997 wider; die Verbindungen zum Grundlagenprogramm in Kapitel 5 sind daher noch leicht herzustellen. Inzwischen sind zwei weiterentwickelte Fassungen auf dem Stand von 1998 entstanden, die als Artikel in der Zeitschrift *Das Hochschulwesen.* 46. Jg. (1998), Heft 2 und 3 erschienen sind. Die Änderungen sind jedoch für den vorliegenden Zusammenhang unerheblich und beziehen sich auf Aktualisierungen in Einzelfragen.

311 Vgl. dazu Ministerium für Wissenschaft und Forschung des Landes Nordrhein-Westfalen (Hrsg.): *Abschlußbericht zum Aktionsprogramm 'Qualität der Lehre'*, zweite, erweiterte Auflage, Düsseldorf 1992

- Stärkung und Profilbildung der Lehre gegenüber den anderen Aufgaben im Fachbereich

Das Projekt hat bei der Umsetzung dieser Ziele konsequent auf einen Faktor gesetzt, der ebenfalls Ziel des Aktionsprogramms war und ist und der bisher nur unzureichend in der Studienreformdiskussion wahrgenommen und vor allem realisiert wird: die Möglichkeit des qualifizierten und dauerhaften Engagements von Studierenden, ihr partizipativer Einbezug in die Gestaltung der Hochschullehre. Auch wenn es in Düsseldorf ein Engagement der Lehrenden bereits vor der Institutionalisierung des Studienreformprojektes gab, das sich jedoch durch diese neue Form der Studienreform sehr verstärkt und vor allem verbreitert hat, so kann doch letztlich kein Zweifel daran bestehen, *daß vor allem das Engagement der Studierenden die Dynamik und die Zielrichtung der Studienreform im Fachbereich wesentlich bestimmt hat und bestimmt.* Daß Lehrende dies nicht als Bedrohung, sondern als Chance der Verbesserung der gemeinsamen Situation wahrnehmen konnten, verlieh den Reformanstrengungen den notwendigen sozialen und institutionellen Rückhalt und damit deren Durchsetzungsfähigkeit.

So kann nach der bisher zweijährigen Phase konstatiert werden, daß, wenn auch noch manche Lehrende und Lernende dem Konzept in Teilbereichen durchaus skeptisch gegenüberstehen, der Fachbereich mehrheitlich in einen unumkehrbaren Wandlungsprozeß eingetreten ist, in dem die Studienreform nicht als ad-hoc-Programm durchgesetzt werden mußte, sondern sich als Prozeß etablieren konnte, der immer mehr zum steten Handeln des Fachbereichs gehört. Ein durch Erfolge und Aufhebung der Konsequenzlosigkeit von Studienreformprozessen in Hinblick auf deren reelle Umsetzung gestärktes Handlungsbewußtsein des Fachbereiches hat zudem zur positiven Entwicklung auch in anderen Sparten des universitären Handelns beitragen können, so daß der Fachbereich insgesamt in einem deutlichen Aufwärtstrend liegt.

Der Aufbau gemeinsamer Handlungskompetenz stand und steht hier im Vordergrund, so daß das *Integrierte Handlungskonzept Studienreform* als eine Kombination dreier Anliegen verstanden werden kann, nämlich der

- *Studierendenpartizipation* (Studierende klagen ihre Beteiligung in Institutionen ein und werden als Expertinnen und Experten ihrer Lernbedürfnisse ernstgenommen), der
- *Organisationsentwicklung* (der Fachbereich tritt insgesamt in einen methodisch und in bezug auf die konkreten Maßnahmen prinzipiell offenen bzw. variantenreichen, aber dennoch thematisch und operational immer zielgerichteten Entwicklungsprozeß ein, der zum Aufbau gemeinsamer Handlungskompetenz führt; dieser Entwicklungsprozeß bedarf der Moderation), und der

- *Hochschuldidaktischen Professionalisierung* (Lehre wird als eigenständiger Bereich des Handelns in der Hochschule wahrgenommen; der Aufbau der dazu nötigen Fachkompetenz wird durch Professionalisierung der Mitarbeiterinnen und Mitarbeiter erreicht).

Die Kombination bzw. Verknüpfung dieser drei Facetten der Studienreform hat im konkreten Fall zu einer Dynamik geführt, die diese einzeln in Fachbereichen normalerweise nicht entfalten können. Gerade in einer Hochschulkultur, in der thematische und personelle Differenzierung und Profilierung zur Überlebensstrategie der Unübersichtlichkeit wird und systematisch zu postmoderner Untersteuerung und zu einem Verlust an Handlungskompetenz führt, kann ein ganzheitlicher Ansatz wie das *Integrierte Handlungskonzept* die Handlungssituationen von Lehrenden und Lernenden für diese wieder bedeutsam erscheinen lassen:

> „*Bildung* muß heißen, lebensbedeutsame und damit identitätstiftende Erfahrungen und Reflexionen in konkreten Handlungssituationen im Kontext eines umfassend kulturell verstandenen Lebens, Lernens und gesellschaftlichen Handelns zu ermöglichen und zu fördern. *Bildung* ist (...) Sachwaltung der Identitätsentwicklung von Lehrenden und Lernenden anhand des in den Wissenschaften enthaltenen kulturellen Gedächtnisses, *Studienreform* der anwaltliche Entwicklungsprozeß für die Hochschullehre auf Fachbereichsebene, der die Realisierung dieses Anspruches vor Ort erst möglich macht.“[312]

Aufgrund dieses Ansatzes kann im Integrierten Handlungskonzept nicht passieren, was mancherorts das Problem von Studienreformen zu sein scheint: *Zu Recht wird die Studienreform als* Steuerungsdimension für die Hochschullehre *genutzt.* Mit ihrer Hilfe soll die Lehre qualifiziert und optimiert werden. Ausgeblendet wird jedoch häufig die Frage, wer wiederum die Studienreform steuert und wie die in ihr handelnden Personen zielgerichtet zum Handeln kommen können. Fachliche, hochschuldidaktische, betriebspsychologische und betriebswirtschaftliche Elemente sind hier ebenso relevant wie das Selbstverständnis der Beteiligten und die Entwicklung einer Heuristik des Handlungszusammenhangs Studienreform prinzipiell und vor Ort. Ohne diese ständigen Vergewisserungen verkommen Studienreformen zu kleinteiligen und kurzatmigen Reperaturbetrieben, die keine dauerhafte Chance in den Bildungsinstitutionen haben. Diesem Aspekt der Steuerung und der Wahrnehmung von Führung in Projekt und Fachbereich als eine ihrer Operationalisierungen hat die Studienreformkommission und die Projektleitung im besonderen Maße Rechnung zu tragen versucht, indem sie nicht nur die Perspektiven und Meinungen im Fachbereich bündelte, sondern

---

[312] Verf.: „Integrierte Handlungskonzepte als Aktionsmodelle für Studienreformen auf Fachbereichsebene“. In: *DIHS,* a.a.O., S. 49

Maßnahmen in konkreten Zeitplänen realisierte, was wiederum die Perspektiven im Fachbereich jeweils verändern konnte.

6.3 Wissenschaft, Studium, Öffentlichkeit: Eckpunkte einer Dynamik der Studienreform

Dem Studienreformprojekt Germanistik als einer möglichen Realisationsform eines in solchen Schritten vorgehenden Integrierten Handlungskonzeptes liegt eine Theorie und Praxis der Öffentlichkeit zugrunde, die mit der Verbindung der drei Prinzipien *Wissenschaft, Studium und Öffentlichkeit* charakterisiert werden kann. Studierende stehen als Personen in der Hochschullehre zwischen dem wissenschaftlichen Zusammenhang und dem öffentlichen Diskurs. Sie sind als Studierende sowohl Teil der Öffentlichkeit als auch Mitglieder der Hochschule. In dieser Doppelfunktion sind sie als Personen Hauptträger des Wissenschaftstransfers zwischen Hochschule und Gesellschaft und zwischen den Generationen. Dies unzureichend wahrgenommen zu haben, ist ein zentrales Defizit der Wissenschaftsgesellschaft und muß durch die Studienreform eine grundständige Korrektur erfahren. Auch hier setzt das Düsseldorfer Germanistik-Projekt an, indem es Studierende als Träger des kulturellen Gedächtnisses in deutscher Sprache und Literatur begreift und sie für diese gesellschaftliche Aufgabe qualifiziert. In dieser Perspektive erhält das vielleicht wichtigste Ziel des Aktionsprogrammes, die Stärkung der Lehre als eigenständigen Geltungsbereich universitären Handelns, seine notwendige gesellschaftliche, wissenschaftstheoretische und fachwissenschaftliche Fundierung.

Auch wenn der Entwicklungsprozeß Studienreform im Düsseldorfer Projekt insgesamt und in seinen einzelnen Handlungsfeldern als sehr erfolgreich bezeichnet werden kann, gehören Konflikte und Probleme, gelungene und mißlungene Maßnahmen gleichermaßen auch hier zum Alltag der Studienreform. In den einzelnen Handlungsfeldern (siehe Kap. 6.7) wird dies konkret aufgezeigt und bewertet. Die Studienreformkommission und die Projektleitung sind aber trotz mancher Rückschläge selbst überrascht, welche Dynamik das *Integrierte Handlungskonzept* entfalten konnte. Diese Dynamik hat jedoch auch immer neue Probleme erkennen lassen, die u. a. durch eine Vielzahl von kleineren und mittleren Reformmaßnahmen aufgegriffen wurden. Die Strategie, die *Problemanalyse* nicht abreißen zu lassen, sondern immer neu flexibel auf konkrete Sachverhalte zu reagieren, hat sich dabei bewährt. *Die Komplexität der Kommunikationsstrukturen und die sehr differenzierten Aufgabenstellungen lassen allerdings den Reformprozeß in einigen Feldern langsamer vorankommen als erhofft.* Die Projektleitung hat immer wieder versucht, auf diese Entwicklung zu reagieren, fehlgeleitete Entwicklung zu korrigieren und die Verlangsamung der Handlungsschritte wieder zu dynamisieren. *Unter anderem wurde auf diese Entwicklungen mit einer Projektstrukturreform zum Jahreswechsel 1996/97 reagiert, die die antragsgemäßen Aufgaben weiterführt und einen erneuten Innovationszyklus im Projekt einleitet.* Hier sind die ersten Effekte bereits sichtbar.

Das Projekt besteht zur Zeit aus neun Projektbereichen, wobei der erste Bereich eher die übergreifenden Aufgaben der Studienreform bearbeitet, die Bereiche II bis V dem Schwerpunkt *Studienstrukturreform* zugeordnet werden können und die Bereiche VI bis IX dem Schwerpunkt *Praxisorientierung*:

I. Projektinnovation
II. Studienstrukturreform/Qualitätssicherung
III. Erstsemestertutorienprojekt
IV. Studentisches Lehren und Lernen
V. Prüfungsvorbereitung
VI. Schriftlichkeit
VII. Mündlichkeit
VIII. Literarisch-kulturelles Handeln
IX. Germanistisch-orientierte Berufsfelderkundung (GOB)

Bevor nun auf die Handlungsfelder und die einzelnen Maßnahmen eingegangen wird, soll die zur Zeit aktuelle Kurzbeschreibung des Studienreformprojektes den organisatorischen Zusammenhang der Projektbereiche auf den Reformprozeß insgesamt beziehen helfen. Dies stellt zugleich eine Aktualisierung des vor zwei Jahren vorgestellten Projektzusammenhanges dar. Die jeweils zuständigen Projektbereiche sind in eckigen Klammern hinter den einzelnen Maßnahmen aufgeführt.

6.4 Aktuelle Projektbeschreibung

Im Studienreformprojekt Germanistik arbeiten in neun Bereichen zur Zeit ca. 40 Studierende und Lehrende an der Verbesserung der Studiengänge des Germanistischen Seminars der Düsseldorfer Universität. Zentrale Arbeitsbereiche sind die Integration eines Praxisbezuges in den Studiengang sowie eine Neustrukturierung der klassischen germanistischen Inhalte für die Lehre.

Wir verstehen Bildung in erster Linie als eine Investition in die Zukunft vor allem junger Menschen, die Institutionen des Wissens sind in dieser Perspektive zu verändern. Dafür setzen wir vor Ort auf die aktive Beteiligung bzw. Partizipation möglichst vieler an einem Studiengang beteiligten Lehrenden und Lernenden. Im Sinne eines Integrierten Handlungskonzepts für die Studienreform ist das Projekt daher vorwiegend dezentral organisiert. Das Engagement in den Projektbereichen will an möglichst vielen Stellen im Studiengang präsent sein. Durch seine Ausrichtung an der Organisationsentwicklung des Fachbereichs ist das Integrierte Handlungskonzept aber gleichzeitig mehr als die Summe seiner

Teile: der Fachbereich soll umfassend, dauerhaft und zielorientiert in einen Reformprozeß eintreten, bei dem sich Professionalisierung der Handlungsformen und der Aufbau gemeinsamer Strukturen im Hinblick auf die Verbesserung der Hochschullehre einander bedingen.

Im *Schwerpunkt Praxisorientierung* (Germanistisch-fundierte Schlüsselqualifikationen) finden in folgenden Projektbereichen insgesamt 15 Lehrveranstaltungen statt:

- Schriftlichkeit (Sprach- und Schreibkompetenz) [VI]
- Mündlichkeit (Rede- und Gesprächskompetenz) [VII]
- Literarisch-kulturelles Handeln (Literarisch-kulturelle Kompetenz) [VII].

In Zusammenarbeit mit der Berufsberatung des Arbeitsamtes Düsseldorf gestalten wir den Studienbereich „Germanistisch orientierte Berufsfelderkundung", in dem Studierende Informationen über den Arbeitsmarkt erhalten und Kontakte zur Arbeitswelt knüpfen können. Übungen zur Berufsqualifikation ergänzen das Programm. [IX]

Im *Schwerpunkt Studienstrukturreform* planen wir ein in acht Qualifikationsmodule (Studienbereiche) gegliedertes Studienangebot [II], für das insbesondere drei neue Studienbereiche des Grundstudiums für den Erwerb von Grundqualifikationen gestaltet werden:

- Einführungsseminare (Studienbereich: Fächerbezogene Einführung)
- Grundseminare (Studienbereich: Fachliche Grundlagen)
- Thematische Proseminare (Studienbereich: Thematische Differenzierung)

Zusätzlich helfen wir, daß Studierende gezielt auf Inhalte und Formen der *Prüfung* vorbereitet werden (Studienbereich: Prüfungsvorbereitung) [V].

Im Bereich studentisch gestalteter Veranstaltungen finden zehn Orientierungstutorien (Einführung für Erstsemesterstudierende) statt [III]. Das Germanistische Seminar bietet darüber hinaus in den drei germanistischen Fächern Germanistische Sprachwissenschaft, Neuere Deutsche Philologie und Ältere Deutsche Philologie Fachtutorien (Studentisches Lehren und Lernen) an, in denen anhand fachlicher Inhalte Lernstrategien aufgebaut werden können [IV].

Zentraler Anlaufpunkt des Projektes ist das Studienreformbüro Germanistik, in dem neben der zentralen Verwaltung auch die übrigen Arbeitsbereiche angesiedelt sind:

- Presse- und Öffentlichkeitsarbeit [I]
- Qualitätssicherung [I]
- Hochschuldidaktische Aus- und Weiterbildung [I]
- Studienbegleitender Studienführer [I]

- Publikationen, Lehrberichtentwicklung etc. [I]

In bisher 39 Ausgaben dokumentiert die Zeitschrift *die blaue reihe* die Initiativen, Konzepte und den Stand des Projektes [I].

Die demokratische Zusammenarbeit von Lehrenden und Lernenden ist die Stärke des Düsseldorfer Reformprojektes: Politisch geleitet und begleitet wird das Engagement daher durch eine zwölfköpfige Studienreformkommission, in der Dozierende und Studierende gemeinsam Programme zur Verbesserung des Studienganges entwerfen. In der Projektkonferenz werden die Projektbereiche koordiniert und weiterentwickelt. Das Amt des Projektleiters ist ein Wahlamt im Rahmen der Strukturen des Fachbereichs und der studentischen Selbstverwaltung. Das Studienreformprojekt wird als *Leuchtturmprojekt* aus dem nordrhein-westfälischen Aktionsprogramm „Qualität der Lehre“ gefördert. Es soll daher über den konkreten Einzelfall hinaus überregionale Bedeutung haben und das Konzept der Studienreform so aufbereiten, daß das Konzept fächerübergeifend gelten kann und für andere Fachbereiche handhabbar und übertragbar wird. Dieser Verantwortung versucht sich das Düsseldorfer Reformprojekt sowohl durch Publikationen als auch durch Großveranstaltungen wie den jährlich stattfindenden *Tag der Lehre* zu stellen.

6.5 Grundlage der Evaluation: Datenerhebung im Fachbereich

Die vorliegende Zwischenbilanz und die Evaluation der einzelnen Maßnahmen werden gestützt durch einen Datenband, in dem über den Berichtszeitraum von 1995 bis Mitte 1997 Datenreihen zur Entwicklung der Hochschullehre in der Düsseldorfer Germanistik erhoben wurden. Die Datenerhebung liegt sowohl dem *Lehrbericht*, der zur Zeit erstellt wird, als auch der hier vorliegenden Zwischenbilanz des Studienreformprojektes Germanistik zugrunde. Bei der Auswahl der sinnvoll zu erhebenden Datenreihen wurde davon ausgegangen, daß alles das relevant erscheint, was für den Diskussions- und Planungsprozeß nutz- und umsetzbar bzw. auf diesen beziehbar ist, also Grundlage einer realistischen Situationseinschätzung und für konkrete Maßnahmen sein kann.

Die Datenerhebung umfaßte folgende Fragekomplexe und Datenreihen:

Evaluationsfeld	**Datengruppe / Them. Schwerpunkt**	**Datenreihen**
1	Studiengänge und Prüfungen	Studiengänge - Belegfälle im Vergleich; Entwicklung Akademische Studiengänge/Lehramt; benachbarte Fächer bzw. Studiengänge, an denen das Fach beteiligt ist, Kapazitätsauslastung; Studienanfängerzahlen; Studierendenverteilung nach Semesterkohorten; Prüfungsstatistik Zwischenprüfungen (Hauptfachstudiengänge und Lehramt); Prüfungsstatistik Zwi-

		schenprüfungen (Nebenfachstudiengänge); Prüfungsstatistik Abschlußprüfungen
2	Studienstrukturreform	Lehrangebot: Übersicht; Verhältnis Festangestellte/ Lehrbeauftragte; Beteiligung an anderen Studiengängen; Teilfach I - Strukturentwicklung nach Ressourcen in SWS; Teilfach II - Strukturentwicklung nach Ressourcen in SWS; Teilfach III - Strukturentwicklung nach Ressourcen in SWS; Teilfach IV - Strukturentwicklung nach Ressourcen in SWS; Studiengang gesamt - Strukturentwicklung nach Ressourcen in SWS; Belegung der Zeiten durch Lehrveranstaltungen; Zuordnungen zur LPO Semester XY; Lehrstrukturkonzept
3	Auslastung der Studienbereiche	Studienbereich A: Studienorientierung (Erstsemestertutorien); Studienbereiche B,C,D - Teilfach I; Studienbereiche B,C,D - Teilfach II; Studienbereiche B,C,D - Teilfach III; Studienbereiche B,C,D - Teilfach IV; Studienbereiche B,C,D - Grundlagenbereiche gesamt; Studienbereich F: Germanistisch-fundierte Schlüsselqualifikationen; Studienbereich G: Germanistisch-orientierte Berufsfelderkundung; Fachtutorien
4	Lehrkapazität	Lehrdeputat der Abteilungen nach Stellenqualität in SWS / Lehrdeputat der Abteilungen (Liste) / Lehrdeputat (Stellenplan) / Personalstruktur Männer/Frauen
5	Qualität der Lehrveranstaltungen	Evaluationsergebnisse des Seminars „Heinrich Heine“ im SoSe 1996
6	Reforminnovation	TeilnehmerInnenzahlen an Hochschuldidaktischen Fortbildungen; Auflage von lehr- und studienreformspezifischen Publikationen im Fachbereich
7	Mittelbewirtschaftung Studienreformprojekt	Mittelverteilung der Personalmittel (systematisch); Mittelverteilung der Sachmittel (prozentual nach Sachgebieten)
8	Ergebnisse Studierendenumfrage I	Muster des Umfragebogens; Angaben zur Person (Geschlechterverhältnis); Angaben zur Person (Alter der Befragten); Bildungsweg und Studiengang (Fachsemester); Bildungsweg und Studiengang (Haupt- und Nebenfach Belegzahlen); Bildungsweg und Studiengang (Bildungsweg vor dem Studium); Persönliche Situation (Wohnsituation); Persönliche Situation (Finanzierung der Studierenden); Persönliche Situation (Finanzielle Situation insgesamt); Persönliche Situation (Arbeitsmotivation); Persönliche Situation (Zeitaufwand für Job und Arbeit); Studiensituation (Veranstaltungsbesuch in der Universität); Studiensituation (Selbststudium); Studienmotivation (Berufswunsch); Studienmotivation (Studiengrund); Studienorganisation (Änderungswünsche im methodischen Bereich); Studienorganisation (Leistungsnachweise); Studieninhalte
9	Ergebnisse Studierendenumfrage II	Umfrage zur Praxisorientierung; Fragenkomplex 1: Praktika; Fragenkompl. 2: Berufswünsche; Fragenkompl. 3: Berufsziele allgemein; Fragenkompl. 4: Berufsziele und Praktika; Fragen-

		kompl. 5: Absolvierung von Praktika; Fragenkompl. 6: Bereiche der Praktika; Fragenkompl. 7: Praktikumsmodalitäten
10	Lehrstruktur vor Beginn der Reformen	Lehrveranstaltungen Semester XY (nach Fächern und Veranstanstaltungstypen); Anzahl der einzelnen Lehrveranstaltungstypen; Aufteilung nach Abteilungen/Lehrstühlen/ Funktionsbereichen; Zuordnungen zur LPO; Belegung der Zeiten durch Lehrveranstaltungen; Struktur Teilfach I; Struktur Teilfach II; Struktur Teilfach III; Struktur Teilfach IV; Personalstruktur (nach Veranstaltungen)

Die Daten wurden zentral durch das Studienreformbüro bzw. durch das Planungsdezernat der Düsseldorfer Universität erhoben.

6.6 Skizze des Studienganges, in dem das Integrierte Handlungskonzept erprobt wird

Die Düsseldorfer Germanistik ist ein Fachbereich, in dem der *Magisterstudiengang* vorherrschend ist. Ein Großteil der Studierenden belegt Germanistik in einer sehr breiten Studienfachvariante, ca. 2200 von ihnen wählten im SoSe 1997 die in Düsseldorf mögliche Studienkombination „Germanistik als Haupt- und erstes Nebenfach". Gleichwohl hält der Fachbereich auch andere Magister-Kombinationen bereit, wie z.B. ein einfaches und ein doppeltes Nebenfach-Studium, die aber zahlenmäßig wenig ins Gewicht fallen. Hier liegt demnach ein massiver Trend der Studierenden zu einem deutlichen Fachschwerpunkt im Studium vor, der insofern der Fachstruktur der Germanistik entgegenkommt, als diese aus vier großen Teildisziplinen besteht, die ein breites Qualifikationsspektrum bereithalten; es sind die Fächer bzw. Disziplinen *Germanistische Sprachwissenschaft, Neuere Deutsche Philologie, Ältere Deutsche Philologie* und *Didaktik der Deutschen Sprache und Literatur*. Von seiner Struktur her ist der Studiengang Germanistik also bereits in verschiedenen Disziplinen angelegt, die sehr unterschiedliche Wissenschaftssysteme repräsentieren. Dies gilt vor allem für die inhaltlichen und methodischen Unterschiede von Sprach- und Literaturwissenschaft. Viele geisteswissenschaftliche Fächer sind sich heute näher als diese beiden Bereiche der Germanistik. Es war von Anfang an Ziel der Studienreform, diese fachliche Pluralität der Germanistik im Studiengang nicht weiter auseinanderbrechen zu lassen, sondern differenziert in einem Studiengang zu nutzen, zusammenzubinden und aufeinander zu beziehen. Trendumfragen haben ergeben, daß eine ebenfalls prinzipiell mögliche Studienkombination Germanistik als Hauptfach von den Studierenden nicht signifikant genutzt werden würde, zumindest dann nicht, wenn damit nicht eine grundlegende Strukturreform auch der anderen geisteswissenschaftlichen Fächer der Fakultät verbunden wäre. Grundsätzlich ist eine Pluralität der Studiengangstrukturen wünschenswert, wenn dadurch neue differenzierte Bildungswege möglich werden und die Strukturen transparent bleiben. Im Lehramtsstudiengang Deutsch für die Sekundarstufe ist mit ca. 1100 Belegfällen fast ein Drittel der Studierenden immatrikuliert. Addiert man alle Belegfälle der Germanistik, liegt die Zahl inzwischen bei ca. 7000. Darüber hinaus kann aus den Studiengängen Medienwissenschaften und Literaturübersetzen auf das germanistische Lehrangebot zugegriffen werden. Nach Studienbelegfällen ist die Germanistik damit der größte Fachbereich der Düsseldorfer Heinrich-Heine-Universität.[313]

Die Studierenden des Studienganges sind überwiegend an einer Ausbildung interessiert, die einerseits literarische und kulturelle Bildung vermittelt, andererseits auf in der Mehrzahl schreibende Berufe wie Journalismus und Public Relations vorbereitet. Hinzu kommt der ungebrochene Berufswunsch Lehrerin bzw. Lehrer. Die Düsseldorfer Universität ist eine Pendler-Universität, viele Studierende kommen aus dem Umland in die Landeshauptstadt und verlassen nach Vorlesung und Seminar Stadt und Hochschule wieder. Der Anteil der Studierenden, die neben dem Studium Geld verdienen bzw. jobben müssen, ist auch in Düsseldorf sehr hoch. Bedenklich stimmt der Trend, daß dieser Zeitaufwand bei immer mehr Studierenden mehr als 10 Stunden pro Woche beträgt, und daher die Möglichkeiten, ein qualitätsvolles Studium zu realisieren, immer weiter eingeschränkt werden.

Der Zulauf auf den Studiengang Germanistik ist nach wie vor extrem hoch. Auch hier liegt die Germanistik zahlenmäßig in Düsseldorf an der Spitze. Bereits die Studienanfängerzahl liegt im Wintersemester über dem, was der Fachbereich eigentlich mit seiner Lehrkapazität verkraften kann. Die Überlast hat die 200 %-Marke bereits weit überschritten. Den Studiengangzugang nicht mit Beschränkungen zu belegen, ist eine normative Entscheidung des Fachbereichs, die junge Menschen nicht für die Fehlentscheidungen der Gesellschaft, der Bildungspolitik und auch der Hochschulen verantwortlich machen will, die ihre Entscheidungsstrategien allesamt zu wenig am Bildungsgut und an dem produktiven Reservoir einer jungen Generation orientieren. Vor einer Weiterführung dieses bildungsruinösen Trends in Politik und Gesellschaft muß daher immer wieder deutlich gewarnt werden. *Der Fachbereich Germanistik ist ein beredtes Beispiel dafür, daß auch die besten Reformen ökonomischen Begrenzungen unterliegen und durch Überfrequentierung an Wirkung merklich einbüßen.* Die beste Studienstruktur gerät in Schwierigkeiten, wenn Differenzierungsmöglichkeiten des Lehrens und Lernens in der Masse zu verschwimmen drohen. Gleichwohl hat der Fachbereich seine Synergie-Möglichkeiten in der Hochschullehre

[313] Rektor der Heinrich-Heine-Universität Düsseldorf (Hrsg.): *Bericht des Rektorates für das akademische Jahr 1996/97*. Düsseldorf 1997. S. 41

konsequent genutzt und dort auch eine wesentliche Aufgabe gesehen. Hier sind jedoch die Rationalisierungsmöglichkeiten weitgehend ausgeschöpft worden. Bereits jetzt wird über ein Drittel des Lehrangebots durch Lehrbeauftragte, Dritt- und Sondermittel abgedeckt. Eine weitere Ausdehnung des Bereiches würde die Studienstruktur destabilisieren und die Handlungsstrukturen des Fachbereichs gefährden. Ein Hauptproblem des Studienganges ist weiterhin die zu lange Verweildauer einer bestimmten Gruppe von Studierenden, deren Gründe neben der Überlast unseres Erachtens wesentlich in der studienbegleitenden Qualifizierung durch Praktika und Jobben und in den schlechten Perspektiven, die der Arbeitsmarkt bietet, zu suchen sind.

6.7 Die vier Handlungsfelder

Im Rahmen des *Integrierten Handlungskonzeptes* wurden für die Studienreform des Fachbereichs zunächst drei, dann, nach einer Überarbeitung der Systematik, vier Handlungsfelder gebildet, die die anstehenden Reformmaßnahmen strukturieren und im Gesamtprozeß positionieren. Es sind dies im Düsseldorfer Fall:

1. Studienstrukturreform,
2. Praxisorientierung,
3. Lehren und Lernen/Hochschuldidaktik,
4. Partizipation/Organisationsentwicklung/Öffentlichkeitsarbeit.

Da es hier bei weitem den Rahmen sprengen würde, alle Aktionen der letzten zwei Jahre auch nur aufzuführen, beschränke ich mich mit dem Mut zur Lücke auf gewichtete Zusammenfassungen und Bewertungen und verweise auf andere Publikationen zum Studienreformmodell.[314]

6.7.1 Handlungsfeld 1: Studienstrukturreform

Im Berichtszeitraum wurden vier neue *Studienordnungen* durch die Studienreformkommission entwickelt, beraten und verabschiedet; es sind dies die Kombinationen: Magisterstudienordnung Germanistik als Haupt- und erstes Nebenfach, Germanistik als zwei Nebenfächer, Germanistik als Nebenfach und Lehramt Deutsch für die Sekundarstufe II. Ziel war es, auf dem Hintergrund einer Transformation des Protentials der fachlichen Inhalte in Qualifikationen u.a. eine Verbindung zwischen fachwissenschaftlicher Dimension und Berufsfähigkeit herzustellen, die zwar für Berufsfelder qualifiziert, aber nicht direkt auf diese hin ausbildet.[315] Eine hochstrukturierte Studienordnung soll dabei differenziertes und

---

[314] Hier ist vor allem die Projektzeitschrift *die blaue reihe: Diskussionsgrundlagen zur Studienreform Germanistik* zu nennen.

[315] Siehe dazu Verf.: „Die Studienordnung als Solidarvertrag von Lehrenden und Lernenden in der Hochschule". In: *DIHS*, a.a.O., S. 101 ff.

individuelles Lernen ermöglichen. Dieser Diskussionsprozeß, der auf einen extremen Reformstau im Fachbereich reagierte (für den Magisterstudiengang existierten vorher keine Studienordnungen), nahm den größten Teil der Arbeit der *Studienreformkommission*, die seit sechs Semestern jeweils dreimal tagte, ein: Dozierende und Studierende handelten in einem demokratischen Gremium gemeinsam die Strukturen des Lehrens und Lernens aus.

Aus Sicht der Projektleitung ist dieser Diskussionsprozeß und sein Ergebnis in der Form verbindlicher Vereinbarungen der größte Erfolg des Studienreformprozesses in der Düsseldorfer Germanistik. Diese Einschätzung liegt auch darin begründet, daß die Studienstrukturreform zu Beginn als außerordentlich umstritten galt. Viel stärker als bei der Einbindung von Praxisangeboten wurden hier zunächst auf breiter Basis kritische Stimmen laut, die einerseits die Freiheit der Lehrenden bei der Programmgestaltung betrafen und andererseits Zweifel an der Durchführbarkeit einer hochkomplexen Studienstruktur formulierten. Daß ausgerechnet die Studierenden verbindliche Strukturen einforderten, stellte für viele Lehrende die Studienreformdiskussion der 70er Jahre quasi auf den Kopf. Hier eine Annäherung zu schaffen, obwohl die Diskussion zunächst starke weltanschauliche und selbstkonzeptorientierte Unterschiede bei Lehrenden und Studierenden zu Tage treten ließ, war Hauptaufgabe der Moderation des Reformprozesses. Die Annäherung gelang durch die Etablierung einer hochschuldidaktisch-orientierten Diskussionsebene, in der jenseits des Austauschs normativer Standpunkte Strategien des Lehrens und Lernens in den Vordergrund traten: Findet gelingendes Lehren und Lernen überhaupt statt und wenn nicht, wie können wir dies ändern? sollte die neue Frageperspektive sein. Lehren und Lernen aufeinander beziehen zu lernen, ist daher die Hauptperspektive des Studienreformprozesses auf Fachbereichsebene. Diese Fragestellung der fachlichen und selbstverständnisorientierten Diskussion zeitlich zunächst vorzuordnen und im Ergebnis damit mindestens beizuordnen, war Strategie der Projektleitung, die u. E. aufgegangen ist und zu einem weitgehenden Konsens bezüglich der Studienstrukturreform im Fachbereich geführt hat. Sichtbare Erfolge in der fachlichen Qualifikationsentwicklung der Studierenden haben darüber hinaus zu einer höheren Lehrmotivation insgesamt beigetragen.

Die *Eckdatenverordnung*, die den strukturellen Rahmen für die Erstellung der Studienordnungen darstellte, kann aus Sicht der Projektleitung als sehr hilfreich auf diesem Wege angesehen werden. *Die Rahmendaten der Verordnung haben sich als vernünftig und durchführbar erwiesen, zudem stützten sie den Diskussionsprozeß im Fachbereich durch ihren normativen Charakter.* Innerhalb des Rahmens konnte der Fachbereich dann aktiv seine Vorstellungen einbringen und strukturieren. Ein Verfahren, das im Hinblick auf die Steuerung im Bildungssystem als vorbildlich zu bewerten ist. Zu wünschen wäre allerdings, daß der gesteckte Rahmen seitens des Minsteriums dann auch eine klare Auslegung erfährt. Unsicherheiten in der Auslegung der Eckdaten seitens des Ministeriums fördern exegetische Traumata in den Hochschulen. Im konkreten Fall sind diese Probleme jedoch minimal geblieben.

Der Fachbereich mußte im Anschluß an die Studienordnungen auf ein typisches Problem der Hochschullehre reagieren: Steht der Studienordnung, wie im Universitätsgesetz gefordert, auch ein entsprechendes Lehrangebot gegenüber? Zu dessen Sicherung wurde ein *Lehrstrukturkonzept* im Fachbereich entwickelt und verabschiedet, das die Erfüllung der Studienordnung und damit die Studierbarkeit des Studienganges dauerhaft ermöglicht. Das Konzept, das seit drei Semestern in Kraft ist, hat sich bereits bewährt und wird ständig weiterentwikkelt.[316] *Es muß jedoch noch weiter stabilisiert werden und soll mittelfristig zum* Hauptsteuerungselement *der Lehrstruktur im Fachbereich ausgebaut werden.* Grundsätzlich aber ist aus unserer Sicht bereits jetzt festzustellen, daß, vorbehaltlich der Probleme der Überlast, *der Studiengang strukturell nun in angemessener Zeit normal* studierbar *ist, und dieses wichtige Ziel im Reformprozeß erreicht werden konnte.* Damit die Studierenden konsequent dann auch den entsprechenden Abschluß erreichen, wurden erstmals explizit Prüfungskolloquien in die Studienstruktur eingebunden, die in den einzelnen Teilfächern auf die Prüfung vorbereiten.

Das Lehrangebot, das durch die Aufteilung in acht Studienbereiche jeweils die Qualifikationsliste der Studienordnung in konkrete Lehr-/Lernbereiche transformiert[317], wird von den Studierenden nach anfänglichen Unsicherheiten voll genutzt. Dies gilt insbesondere für die Frequentierung durch die Studierenden im Bereich des strukturierten Grundstudiums, der im WiSe 1996/97 zuletzt ca. 3500 Belegfälle aufwies. Waren vor der Studienstrukturreform keine oder nur sehr rudimentäre Strukturen in der Lehre vorhanden, was zu extremen Schwankungen im Angebot und in der Besucherfrequenz führte, kann nun von einer stetig wachsenden und in den Relationen aufeinander abgestimmten Besuchsfrequenz gesprochen werden. Dem Phänomen, daß eine bestimmte Gruppe der eingeschriebenen Studierenden gar nicht die Lehrveranstaltungen besucht, konnte entgegengewirkt werden. Ein wesentlicher Grund dafür scheint unseres Erachtens zu sein, daß die Vermittlung fachlicher Grundlagen, die vor der Studienstrukturre-

---

[316] Siehe dazu Verf.: „Überblick sichern - Ressourcen nutzen - verantwortlich planen". In: *DIHS*, a.a.O., S. 134 ff.

[317] Die Studienbereiche sind: Studienorientierung (A), Fachliche Grundlagen (B), Thematische Differenzierung (C), Weiterführende Fachqualifikationen (E), Germanistisch-fundierte Schlüsselqualifikationen (F), Germanistisch orientierte Berufsfelderkundung (G), Prüfungsvorbereitung (H)

form im Studiengang vernachlässigt und daher von den Studierenden in einer Umfrage massiv eingefordert wurde, nun einen breiten Raum einnimmt und von den Studierenden auch wahrgenommen wird. Der großen Nachfrage im Studienbereich C Fachliche Grundlagen muß jedoch noch mit einer Umschichtung aus dem Studienbereich B Einführung und D Thematische Differenzierung begegnet werden.

Zudem konnte durch die klare Orientierung am Anfang des Studiums der Fachwechsel bzw. Studienabbruch massiv vorverlegt werden. Bereits nach dem ersten Orientierungssemester brechen viele Studierende ihr Studium ab. Dies ist insofern zu begrüßen und kein Zeichen schlechter Lehre, als heute diese Entscheidung erklärtermaßen bewußter fällt als vor der Studienstrukturreform. Positiv muß weiterhin angemerkt werden, daß die *Semesterkohorten* vom zweiten Semester an weitgehend stabil bleiben, und ein deutlicher Rückgang dann nach dem 11. Semester zu verzeichnen ist. Für uns ein Zeichen, daß wir auf dem richtigen Wege sind, wenn auch das 9. Semester prinzipiell als Abschlußziel anzustreben ist. Die Unverantwortlichkeit früherer Jahre, als junge Menschen dauerhaft im unklaren über die konkreten Konturen und Inhalte des gewählten Studienganges blieben, und sich wichtige biographische Entscheidungen unnötig verzögerten, weil eine transparente und eindeutige Entscheidungsgrundlage seitens der Institution fehlte, gehört der Vergangenheit an. *Studierende in der Düsseldorfer Germanistik wissen heute wesentlich früher und viel genauer als noch vor Jahren, was sie erwartet und was der Studiengang für sie bieten kann und was nicht.*

Neben der Studienstrukturreform im Grundstudium haben zu dieser wesentlich besseren Selbst- und Studieneinschätzung vor allem die *Erstsemestertutorien* beigetragen, die es nun schon seit Anfang der 90er Jahre in unserem Fachbereich gibt und deren Einrichtung sich besonders bewährt hat: Sie sind aus dem Studienalltag nicht mehr wegzudenken. Im Düsseldorfer Projekt wird großer Wert auf die hochschuldidaktische Aus- und Weiterbildung der Orientierungs- und Fachtutorinnen und -tutoren gelegt, ein Umstand, der sich auszahlt und produktive Sekundärwirkungen auf das hochschuldidaktische Bewußtsein im Fachbereich hat. Mit der Möglichkeit der Anrechnung auf die Semesterwochenstundenzahl dieser Wahlveranstaltung hat sich auch die Teilnahmefrequenz weiter auf im Wintersemester 1996/97 zuletzt ca. 60% der Studienanfänger erhöht. Ziel muß es sein, den Erfassungsgrad weiter auf die 100 %-Marke hin zu steigern. Zweifelsohne lernen Studierende nach dem Besuch eines Erstsemestertutoriums wesentlich konsequenter und zielgerichteter, ein Phänomen, das in der Studienberatung der Dozentinnen und Dozenten immer wieder hervortritt. *Erstsemestertutorien gehören heute zu einem qualitätsvollen Hochschulstudiengang dazu.*

Zusammenfassend kann gesagt werden, daß durch die Studienstrukturreform, vor allem durch deren Orientierung an transparenten Lehr- und Lernzielen, eine Studienstruktur etabliert werden konnte, die hochschuldidaktisch sinnvoll und dauerhaft stabil ist. Sie muß jedoch an vier wichtigen Stellen korrigiert bzw. ergänzt und weiterentwickelt werden. Ich werde darauf im Perspektivenkapitel eingehen.

6.7.2 Handlungsfeld 2: Praxisorientierung

Der Bereich Praxisorientierung stieß bereits zu Beginn der Reform weitgehend auf Zustimmung. Dies war insofern erstaunlich, als landläufig die herkömmlichen Projektionen des Hochschulunterrichts im Rückgriff auf das vermeintlich Humboldtsche Bildungsideal eigentlich eher eine Abwehr solcher Angebote vermuten lassen würde. Im Düsseldorfer Fachbereich war dies nicht der Fall. Dies mag auch darin begründet liegen, daß

- erstens an gelungene Projekte zur Praxisorientierung angeknüpft werden konnte,
- zweitens in Düsseldorf traditionell ein fachdidaktischer Schwerpunkt auch im Magisterstudiengang existiert und daher höhere Sensibilität für diese Frage bestand, und
- drittens frühzeitig ein Konzept vorgelegt wurde, wie der Praxisbezug konkret auszusehen habe.

Damals entschied man sich für einen dreistufigen Praxisbezug[318], indem in der ersten Stufe *allgemeine Schlüsselqualifikationen*[319] u. a. durch geeignete methodische Varianten in 'traditionellen' Lehrveranstaltungen des Hochschulunterrichts gefördert werden sollten, in einer zweiten Stufe der neue Bereich der *Germanistisch-fundierten Schlüsselqualifikationen*[320] *Schriftlichkeit*[321], *Mündlichkeit*[322] und *Literarisch-kulturelles Handeln*[323] gebildet wurde, und in einer dritten Stufe, einer *Germanistisch orientierten Berufsfelderkundung*, Studieren-

---

[318] Siehe dazu Verf.: „Drei-Stufen-Praxisorientierung: Zum Qualifikationspanorama eines Studienganges zwischen Fachwissenschaft und Berufsorientierung". In: *DIHS*, a.a.O., S. 189 ff.

[319] Siehe dazu Wildt, Johannes: „Fachübergreifende Schlüsselqualifikationen - Leitmotiv der Studienreform". In: *DIHS*, a.a.O., S. 198 ff.

[320] Siehe dazu Roth, Klaus-Hinrich: „Fachlich-fundierte Schlüsselqualifikationen in der Germanistik". In: *DIHS*, a.a.O., S. 214 ff.

[321] Siehe dazu Epping-Jäger, Cornelia: „Schriftlichkeit im Hochschulunterricht". In: *DIHS*, a.a.O., S. 220 ff.

[322] Siehe dazu Heyer, Petra: „Mündlichkeit im Hochschulunterricht". In: *DIHS*, a.a.O., S. 229 ff.

[323] Siehe dazu Klinnert, Renate S.: „Literarisch-kulturelles Handeln im Hochschulunterricht". In: *DIHS*, a.a.O., S. 239 ff.

de direkte Erfahrungen mit der Arbeitswelt machen und vor allem reflektieren können.

Der Bereich der Germanistisch-fundierten Schlüsselqualifikationen, in dem auf dem Hintergrund der fachwissenschaftlichen Forschung der Germanistik Berufsfähigkeiten in produktionsorientierten Lehrveranstaltungen eingeübt werden, ist der erfolgreichste des dreistufigen Praxisprogramms geworden. Dozierende wie Studierende haben das Angebot zum veränderten Lehren und Lernen angenommen, die Belegzahlen der Veranstaltungen konnten auf zuletzt 420 im Wintersemester gesteigert werden. Damit ist der Bereich, der durch seinen Übungscharakter nur begrenzte Teilnehmerzahlen verträgt, voll ausgelastet. Darüber hinaus haben die Germanistisch-fundierten Schlüsselqualifikationen wie kaum eine Innovation der letzten Jahre zur Belebung des Fachbereichs geführt. Auch hier hat sich die integrierte Struktur des Projektes, bei der jeder Lehrstuhl bzw. jede Abteilung mit einem Teilprojekt der Studienreform präsent ist, bewährt. Dies sorgt vor allem dafür, daß die drei beteiligten Wissenschaftsdisziplinen Neuere Deutsche Philologie, Ältere Deutsche Philologie und Didaktik der Deutschen Sprache und Literatur jeweils ihre Sicht der (Forschungs-) Dinge in die drei Lehrprojekte

- Schriftlichkeit[324],

[324] Folgende Seminare, Übungen und Tutorien haben seit dem WiSe 1994/95 im Projektbereich Schriftlichkeit stattgefunden:
Wintersemester 1994/95: Dr. C. Epping-Jäger: Theorie und Praxis des Schreibens; H. Rost: Literaturwissenschaftliches Schreiben; T. Hoeps: Schreiben von Sachtexten; S. Becker: Kreatives Schreiben
Sommersemester 1995: Dr. C. Epping-Jäger: Sachtext und Literarischer Text; R. v. Lange-Adams: Literarische Texte in und für elektronische Medien; T. Hoeps: Einführung in das journalistische Schreiben; R. Linke: Einführung in das journalistische Schreiben; Dr. Ariane Neuhaus-Koch: Öffentlichkeitsarbeit in Institutionen; S. Becker: Kreatives Schreiben; H. Rost: Literaturwissenschaftliches Schreiben; N. Wenig: Journalistische und literarische Recherche; Dr. J. Seidel: Literarisches Schreiben; Workshop: Barbara Köhler/Work in progress
Wintersemester 1995/96: Dr. C. Epping-Jäger: Leben und Literatur als Drehbuch; T. Hoeps: Einführung in das journalistische Schreiben; R. Linke: Einführung in das journalistische Schreiben; R. v. Lange-Adams: Journalistisches Texten für das Fernsehen; H. Rost: Literaturwissenschaftliches Schreiben; S. Becker: Kreatives Schreiben; Dr. Martin Hielscher: Spieltexte - Kreatives Schreiben; Dr. J. Seidel: Literarisches Schreiben; Workshop: Ingrid Bacher/Work in progress
Sommersemester 1996: Dr. C. Epping-Jäger: Geschichte des Schreibens; R. v. Lange-Adams: Journalistisches Schreiben für die elektronischen Medien; R. Linke: Journal. Schreiben (Print-Medien); T. Hoeps: Journal. Schreiben (Theaterschwerpunkt); S. Becker: Kreatives Schreiben; H. Rost: Kreatives Schreiben - Literatur u. Kommentar; G. Ruhmann: Schreiben im Studium (Wissenschaft); Dr. J. Seidel: Literarisches Schreiben
Wintersemester 1996/97: Dr. C. Epping-Jäger: Theorie und Geschichte des Lesens; S. Küchler: Schreiben für den Rundfunk; C. van Laak: Kreatives Schreiben; R. von Lange-Adams: Journalistisches Schreiben für die elektronischen Medien; R. Linke: Einführung in das journalistische Schreiben; U. Rössler: Drehbuch für das Fernsehen; A. Stahlschmidt: Schreibbüro: Wissenschaftliches

- Mündlichkeit[325] und
- Literarisch-kulturelles Handeln[326]

Arbeiten; G. Ruhmann: Wo bin ich in meinen wissenschaftlichen Texten?; J. Seidel: Literarisches Schreiben
Sommersemester 1997: G. Abmayr: Für`s Hören schreiben; K. Ludwigs: Gute Texte - Schlechte Texte (Textverständlichkeit); C. Kaiser: Von der Strichfassung zur Theaterkritik; C. van Laak: Kreatives Schreiben; R. Linke: Einführung i. d. journalistische Schreiben; U. Rössler: Sketche schreiben; G. Ruhmann: Anleitung zum diskursiven Schreiben; Dr. J. Seidel: Literarisches Schreiben; A. Stahlschmidt: Schreibbüro: Wissenschaftliche Texte.

[325] Folgende praxisorientierten Seminare, Übungen und Tutorien haben seit dem SoSe 1995 im Projektbereich Mündlichkeit stattgefunden:
Sommersemester 1995: K. Ehlert: Kommunikation in der Hochschule; P. Heyer: Mündliches Erzählen; P. Heyer: Rederethorik; Dr. J. Rosenkranz-Kaiser: Gesprächsanalyse; S. Roeloffs: Mündliche Kommunikation; Y. Ruck: Gesprächsrhetorik; Y. Ruck: Rederhetorik; F. Zulechner: Körper und Sprechen
Wintersemester 1995/96: K. Ehlert: Durch Sprechen zum Sprechen; P. Heyer: Grundlagen der mündlichen Kommunikation; P. Heyer: Mündliches Erzählen; Dr. J. Rosenkranz-Kaiser: Gesprächsanalyse und Gesprächspraxis; S. Roeloffs: Informationsrede und moderierte Diskussion; Y. Ruck: Rhetorik des Gesprächs und der Verhandlung; Y. Ruck: Rhetorik der freien Rede; F. Zulechner: Körper und Sprechen
Sommersemester 1996: K. Ehlert: Reden im Studium; P. Heyer: Mediale Kommunikation; P. Heyer: Sprechen fürs Hören; S. Roeloffs: Informationsrede und moderierte Diskussion; Y. Ruck: Rhetorik des Gesprächs und der Verhandlung; Y. Ruck: Rhetorik der freien Rede; F. Zulechner: Körpersprache und Kommunikation
Wintersemester 1996/97: K. Ehlert: Reden im Studium; P. Heyer: Müssen wir Verständigung wollen?; P. Heyer: Mündliches Erzählen; Dr. J. Rosenkranz-Kaiser: Mündliche Kommunikation im Beruf; S. Roeloffs: Information, Moderation, Diskussion; Y. Ruck: Rhetorik des Gesprächs und der Verhandlung; Y. Ruck: Rhetorik der freien Rede; F. Zulechner: Kommunikation und Körpersprache
Sommersemester 1997: K. Ehlert: Praxis der freien Rede; K. Ehlert: Sprechen und Hören - Eine Hörcollage; P. Heyer: Kommunikation in den Medien; P. Heyer: Manipulation?; Dr. J. Rosenkranz-Kaiser: Mündlichkeit im Beruf; Y. Ruck: Rhetorik des Gesprächs und der Verhandlung; Y. Ruck: Rhetorik der freien Rede; F. Zulechner: Körpersprache und Kommunikationssituationen

[326] Folgende Seminare, Übungen und Tutorien haben seit dem SoSe 1995 im Projektbereich Literarisch-kulturelles Handeln stattgefunden:
Sommersemester 1995: T. Falk: Modernes Mittelalter; H. Kokott / T. Falk: Modernes Mittelalter; R. Klinnert: Modernes Mittelalter - seine Präsentation in der Gegenwart; M. Sauer: Modernes Mittelalter: Film
Wintersemester 1995/96: T. Falk: Modernes Mittelalter; T. Falk: Modernes Mittelalter; R. Klinnert: Modernes Mittelalter - seine Präsentation in der Gegenwart; M. Sauer: Mittelalterdarstellung im Spielfilm
Sommersemester 1996: T. Falk: Wir schreiben ein Drehbuch!; T. Falk: Wir drehen einen Film; R. Klinnert: Entwicklung von Konzepten für Ausstellungen und Museen; M. Sauer: Filmkritiken schreiben
Wintersemester 1996/97: T. Falk: Journalistisches Schreiben: Die Tageszeitung; T. Falk: Journalistisches Schreiben: Die Reisereportage; R. Klinnert: Entwicklung von Konzepten für Ausstellungen und Museen; M. Sauer: Mittelalterbilder / Filmkritik; H. Pfandt: Das schnellste Medium: Radio

einbringen konnten. Die Lehrveranstaltungen, die seit 1995 in den Bereichen stattgefunden haben, sind von den Studierenden sehr gut angenommen worden. Die hochschuldidaktische Annahme, daß Schlüsselqualifikationen zielgerichtet in fachlichen Zusammenhängen aufgebaut werden können, hat sich hier bestätigt. Diese Lehrangebote sind sinnvollerweise auf das Fachstudium anrechenbar und gleichermaßen von Dozierenden als fachlich qualifiziert und von Studierenden als berufsqualifizierend geeignet akzeptiert: *Nirgendwo zeigt sich so deutlich, daß Bildung und Ausbildung keine Gegensätze sind, sondern sich in einem Studiengang produktiv ergänzen.*

In der dritten Stufe *Germanistisch orientierte Berufsfelderkundung*[327] arbeitet der Fachbereich mit dem Hochschulteam der Berufsberatung des Arbeitsamtes Düsseldorf zusammen. Dies gilt vor allem für die Veranstaltung „Praxisfelder", in der Referentinnen und Referenten aus ihrer Berufspraxis und über ihre Qualifikationsbiographie berichten. Seit zwei Semestern wird das Angebot durch eine Übung ergänzt, in der ebenfalls mit Referenten konkrete Berufsfertigkeiten eingeübt werden. Beide Veranstaltungen sind erfolgreich und gut besucht. Als zentrales Lehr-/Lernziel bildete sich dabei heraus, Studierende zur breiten Orientierung am Arbeitsmarkt anzuregen und sich nicht vorschnell auf einen Bereich festzulegen. Im Studiengang Germanistik ist dies traditionell der journalistische Bereich, der jedoch wenig Chancen auf dauerhafte, qualifizierte und abgesicherte Beschäftigung bietet. Den Studierenden sollen diese Probleme bewußtgemacht und Auswege gezeigt werden. Sonderveranstaltungen wie Bewerbertrainings etc. begleiten das Programm, in dem die Reflexion der studienbegleitenden Praxis eine wesentliche Rolle spielt. In immer stärkerem Maße konnten zusätzlich Praktika, zuletzt bis zu 30 im Semester, vermittelt werden. Für dieses Engagement gelang es, dauerhafte Partnerschaften in der Region Düsseldorf aufzubauen. Hier steht nun die Weiterentwicklung an: *Ziel ist es, ein dauerhaft ausgestattetes* Praxisbüro *am Fachbereich einzurichten, das Elemente der Praktikavermittlung mit einer Beratung zur Qualifikationsbiographie verbindet.*

Nicht zufrieden kann der Fachbereich mit der ersten Stufe Praxisorientierung insofern sein, als ein Großteil der im Hochschulunterricht gewählten Arbeitsformen dem Aufbau von Schlüsselqualifikationen immer noch zu wenig Raum

---

Sommersemester 1997: Th. Blank: Dramaturgie und Inszenierung; T. Falk: Mittelalterchiffren in Werbung, Textproduktion; R. Klinnert: Entwicklung von Konzepten für Ausstellungen und Museen; M. Sauer: Filmkritik

327 Zur ausführlichen Darstellung des Bereiches verweise ich auf den Artikel von Silke Hahn: „Berufsperspektiven erschließen - zur Programmatik des Studienbereichs 'Germanistisch orientierte Berufsfelderkundung'". In: *DIHS*, a.a.O., S. 248 ff.

gibt. Fanden z.B. vereinzelt mehr Projektseminare als früher statt, dominiert in vielen Seminaren immer noch die - vor allem bei Überreizung dieses methodischen Repertoires - lähmende Form des Referatehaltens durch die Studierenden als für die Lehrenden zunächst vorbereitungsökonomischste Unterrichtsform. Wenn auch durch verbesserte und angeleitete Vorbereitung die Qualität der Referate, z.B. durch Fachtutorien und durch spezielle Angebote im Bereich *Mündlichkeit*, gesteigert werden konnte, so ist eine (selbst in dieser Form optimierte) Methode bei Dauereinsatz wenig produktiv. Studierende schildern dies dann auch als ein Hauptmanko des Studienganges. Methodenwechsel in Seminaren, partizipative Sozialformen und die gezielte Einsetzung der Unterrichtsform Projekt, die immer noch zu Recht als eine der Schlüsselmethoden für die Aktivierung der Lernenden gilt, geschehen noch zu selten, werden aber bei Durchführung von Lehrenden wie von Lernenden fast durchgehend positiv bewertet. Hier ist noch einiges zu tun, wozu die Projektleitung durch gezielte, auch finanzielle Unterstützung solcher Projekte stärker als bisher beitragen will: *Für die Durchführung von* Projektseminaren *soll ein Anreizsystem durch Sachmittelunterstützung („Anreizfond Projektunterricht") geschaffen werden.*

6.7.3 Handlungsfeld 3: Lehren und Lernen / Hochschuldidaktik

Am Schnittpunkt der Handlungsfelder *Praxisorientierung* und *Lehren und Lernen* liegt dieses oben geschilderte Problem der zu wenig partizipativen Unterrichtsformen. Neben der Stärkung der Handlungsform Projekt muß hier bei den Lehrenden weiteres methodisches Repertoire vermittelt bzw. aufgebaut werden, damit das Interesse der Studierenden an fachlichen Themen nicht vorzeitig durch eindimensionale Unterrichtsformen minimiert wird. Bekanntlich ist dies ein Hauptproblem zumal geisteswissenschaftlicher Studiengänge. Unter der hochschuldidaktischen Perspektive eines verbesserten Lehrens und Lernens hat das Projekt daher verschiedene Maßnahmen ergriffen, die die Sensibilität für diese Fragestellung erhöhen sollen und den Lehrenden Hilfestellung beim Erkennen der Probleme und bei deren Abhilfe geben. Dabei gehen wir davon aus, daß Lehren und Lernen aus der konkreten Situation der Dozierenden und Studierenden heraus verbessert werden sollte und dort seine Anknüpfungspunkte findet. Drei Maßnahmen standen für die notwendige Sensibilisierung u.a. für diese Fragestellungen im Vordergrund:

Zuerst ist hier die Studentische Veranstaltungskritik zu nennen, die als flächendeckende Maßnahme bereits im Wintersemester 1993/94 im Fachbereich durchgeführt, und für die damals ein entsprechendes Know-how mit Fragebögen bereitgestellt wurde. Seit dieser Zeit führen die Lehrenden die Veranstaltungskritik in eigener Verantwortung mit Hilfe dieses Repertoires durch. Die Studentische Veranstaltungskritik unterlag zu Beginn des Projektes einer von Ablehnung gekennzeichneten Diskussion. Die Kritik der Lehrenden an dieser Maßnahme richtete sich vor allem auf den 'Wahrheitswert' der Daten im Hinblick auf die Frage, ob die erhobenen 'Meinungen' der Studierenden auch wirklich die Unterrichtsrealität im Fachbereich abbilden. In der Tat war das Frageprofil der Veranstaltungskritik sehr stark auf die subjektive Einschätzung der Studierenden allerdings auf konkrete didaktische und methodische Problemlagen hin focussiert, um dann Anhaltspunkte für ein Verbesserungen entwickelndes Seminargespräch zwischen Lehrenden und Lernenden zu bieten.[328]

Aus diesem Grunde hat der Fachbereich auf Anregung der Lehrenden eine Form der Qualitätsreflexion der Lehrveranstaltungen entwickelt, die unter Zuhilfenahme bereits existierender Modelle an anderen Hochschulen ein *Evaluationskonzept* aufbaut, das eine auf ganz bestimmte Studienbereiche zielgerichtete *Evaluation* der Lehrveranstaltungen ermöglicht. *Evaluation* in diesem Sinne meint hier also die sozialwissenschaftlich qualifiziertere Form einer gründlichen, zielgerichteten und möglichst umfassenden, von den Lehrenden allemal als 'objektiver' verstandenen, Sichtung der einzelnen Lehr-/Lernsituationen. Sie ist in Methode und Perspektive in dieser Hinsicht von *Studentischer Veranstaltungskritik* zu unterscheiden. Das Konzept dieser *Evaluation*, die die Schwerpunkte 'Unterrichtsformen', 'Lehr-/Lernzielorientierung' und 'Qualifikationsentwicklung bei den Studierenden' hatte, ist an anderer Stelle ausführlich dargelegt worden[329] und hat durch seinen immensen Aufwand massiv personelle und finanzielle Ressourcen im Projekt verbraucht. Schwerpunkt war vor allem eine *Evaluation* des Studienbereiches *Fachliche Grundlagen* im Sommersemester 1996, in der Lehrende und Studierende in 17 Lehrveranstaltungen dieses neuen Bereiches jeweils zweimal im Semester mit einem sehr differenzierten Profil befragt wurden. Lehrende und Studierende hatten dabei jeweils unterschiedliche Fragebögen. *Zusammenfassend kann gesagt werden, daß das Konzept der Evaluation sich zwar insofern ausgesprochen bewährt hat, als das Know-how sinnvolle und auch treffsichere Aussagen über die Qualität der Lehrveranstaltungen ermöglicht, die langfristigen Konsequenzen im Fachbereich sich aber von denen, die durch die* Studentische Veranstaltungskritik *erzielt werden können, nicht signifikant unterscheiden. Verblüffend war in beiden Fällen, wie genau, sachlich und sinnvoll wertend die Studierenden ihre Lehrveranstaltungen beurteilen können. Die Projektleitung zieht daraus den Schluß, daß* Studentische

---

[328] Dies dokumentiert *die blaue reihe - Diskussionsgrundlagen zur Studienreform Germanistik.* 1.Jg. (1994) Nr.10

[329] Siehe dazu Nakamura, Yoshiro: „Evaluation: Entwicklung statt Kontrolle. Interne Evaluation als begleitende Maßnahme von Studienreformprozessen auf Fachbereichsebene". In: *DIHS*, a.a.O., S. 120 ff.

Veranstaltungskritik *ein sinnvolles Instrument zur Qualitätssteigerung der Lehre ist, und die dem Instrument innewohnende Subjektivität des Urteilens mehr als Chance denn als Problem zu sehen ist; wir werden daher zu dieser Form der Lehrveranstaltungskritik zurückkehren.* Dabei wird allerdings das im Rahmen der *Evaluation* entwickelte Know-how sehr hilfreich sein.

Dritte und zentrale Maßnahme unter einer hochschuldidaktischen Perspektive des Lehrens und Lernens im Fachbereich jedoch ist und bleibt die Qualifizierung der Lehrenden und Tutorinnen und Tutoren durch *Hochschuldidaktische Aus- und Weiterbildung.* Diese bekanntlich durch zunächst starke Ressentiments seitens der Lehrenden geprägte Perspektive der Qualifizierung des eigenen Lehrhandelns sollte durch eine konzentrierte und deutliche Akzentsetzung mit Hilfe eines umfassenden *Aus- und Weiterbildungsprogramms* vor allem in den Jahren 1995/96 in den Fachbereich hinein transportiert werden.[330] Ziel war es, Weiterbildung mit Hilfe qualifizierter Hochschuldidaktikerinnen und Hochschuldidaktiker in den geographischen, sozialen und thematischen Nahbereich des Fachbereichs zu verlegen und damit verfügbar zu machen.[331] *Mit dem Ergebnis des* Aus- und Weiterbildungsprogramms, *das der Fachbereich auch nach dem Schwerpunkt 1995/96 in kleinerem Umfang, aber dauerhaft, weiterführen will, ist die Projektleitung sehr zufrieden.* Bis auf eine Veranstaltung konnten alle 22 Fortbildungen, die seit 1995 angekündigt wurden, auch durchgeführt werden. Allerdings schwankt die Gruppengröße der Veranstaltungen bei den Lehrenden zwischen acht und siebzehn, bei den Tutorinnen und Tutoren zwischen fünfzehn und dreißig.

Bei der Frequentierung des Programms durch Lehrende ist ein starker Trend zu beobachten, daß nach den interessierten Dozentinnen und Dozenten im Fachbereich nun vor allem Lehrende aus anderen Fächern und Fakultäten die Fortbildungen besuchen. Diese begrüßenswerte Tatsache sprengt leider auf Dauer die Möglichkeiten des Projektes, *so daß es sinnvoll erscheint, an der Universität Düsseldorf mittelfristig eine Einrichtung, gleich oder ähnlich einem* Hochschuldidaktischen Zentrum, *zu schaffen, die für den Hochschulbereich Düsseldorf solche Angebote entwickelt und gestaltet.* Besonders erfolgreich ist auch hier das Engagement der Tutorinnen und Tutoren, von denen fast alle dauerhaft an den

---

[330] Siehe dazu Verf.: „Die Lehre braucht hochschuldidaktische Qualifikation: Ein Aus- und Weiterbildungsprogramm auf Fachbereichsebene". In: *DIHS*, a.a.O., S. 87 ff.

[331] Hier ist den HochschuldidaktikerInnen der Zentren Aachen, Bielefeld und Dortmund, die ihr Know-how für das Aus- und Weiterbildungsprogramm zur Verfügung gestellt haben, ebenso herzlich zu danken wie den Mitarbeitern der Phil. Fakultät der Heinrich-Heine-Universität, die ihren Kolleginnen und Kollegen ihre Fachkompetenz zur Verfügung stellten. Besonders danke ich J. Wildt, damals Bielefeld, für seine Beratung und für die Durchführung eines großen Teils der Aus- und Weiterbildungen.

freiwilligen Angeboten, und zwar sowohl an thematischen Veranstaltungen wie an Supervisionen, teilnehmen. Das Aus- und Weiterbildungsprogramm *war in jedem Falle sehr geeignet, die hochschuldidaktische Sensibilität und Qualifikation bei den Lehrenden im Fachbereich erheblich zu steigern. Die hochschuldidaktische Qualifikation bei den Tutorinnen und Tutoren läßt sich vor dem Hintergrund der diesbezüglichen Fortbildungsmaßnahmen zur Zeit als sehr gut bezeichnen.*

Das Projekt will sich in seiner zweiten Phase darum bemühen, Lehren und Lernen und Studienstrukturreform, zwei Aspekte, die aus strategischen Gründen zunächst auseinandergelegt wurden, wieder stärker als Einheit zu verstehen. *Aus der Strukturreform heraus wird nun die didaktische und methodische Reform der einzelnen Lehrveranstaltungen im Vordergrund stehen.*

6.7.4 Handlungsfeld 4: Partizipation / Organisationsentwicklung / Öffentlichkeitsarbeit

Das Studienreformprojekt hat es von Anfang an als Aufgabe gesehen, eine grundständig andere Form des Handelns im Fachbereich zu etablieren, als sie normalerweise in der Hochschule üblich ist. Zentral war dabei die Einrichtung der *Studienreformkommission* aus Lehrenden und Lernenden. Dieses Gremium, das quer zu den normalen Strukturen des Fachbereichs liegt, hat sich sehr bewährt und im Organisationsentwicklungsprozeß eine Schlüsselrolle eingenommen. Allerdings ist eine solche Kommission mit der Entwicklung der Studienreform aus sich selbst heraus allein auch überfordert, daher kann gerade das korrigierende Zusammenspiel von Fachbereichsgremien (Vorstand der Wissenschaftlichen Einrichtung, Abteilungsbesprechungen), Projektgremien (Projektkonferenz als Koordinationsgremium der Projektbereiche, Projektleitung, Studienreformbüro-Team etc.) und das sie verbindende Gremium *Studienreformkommission* helfen, alle personellen Möglichkeiten im Fachbereich zu nutzen und aufeinander zu beziehen.[332] *Der partizipative Ansatz hat sich für die Studienreform als existentiell herausgestellt, hinter Studienreformen ohne eine starke Beteiligung von Studierenden muß daher aus unserer Sicht ein deutliches und prinzipielles Fragezeichen gesetzt werden.* Wir wollen diesen Aspekt im Düsseldorfer Projekt noch weiter verstärken, indem durch eine Anlaufstelle *Studierendenpartizipation* im Studienreformbüro Studierende in ihren Anliegen und Projekten im Fachbereich explizit unterstützt werden. Hier hat im Wintersemester 1996/97 bereits eine Veranstaltung, das *Reformcafé,* stattgefunden, in dessen Rahmen studentische Initiativen ihre Ergebnisse präsentiert haben.

---

[332] Siehe dazu Verf.: „Demokratisierung ohne Innovation ist leer, Innovationen ohne Demokratisierung sind blind“. In: *DIHS*, a.a.O., S. 53 ff.

Zur Etablierung des Studienreformanliegens in der Hochschule hat das Projekt mehrere Großveranstaltungen durchgeführt. Bereits zur Tradition gehört hier der alljährliche *Tag der Lehre*, der 1995, 1996 und 1997 zu den Themen „Studienstrukturreform", „Praxisorientierung" und „Forschung, Lehre, Gesellschaftliches Handeln" stattfand. Die Veranstaltungen haben ihren Zweck u. E. voll erfüllt und sind geeignet, das Anliegen Studienreform in der hochschul-, bildungspolitischen und allgemeinen Öffentlichkeit transparenter zu machen. Gleichermaßen haben dort thematisch zukunftsweisende Auseinandersetzungen, Weiterentwicklungen und Vernetzungen im Studienreformbereich stattgefunden, die Veranstaltungen haben aber auch immer gleichzeitig dazu beigetragen, Strukturen des Handelns im Düsseldorfer Projekt zu festigen oder neu aufzubauen. Die hochkarätigen Gäste und ReferentInnen halfen wesentlich, mit der Veranstaltung das Projekt im bildungspolitischen Bereich bekannt zu machen und damit das Anliegen Studienreform, in deren Dienst sich das Projekt stellt, zu stärken. Die Veranstaltungen haben geholfen, der in der Darstellung für „Außenstehende" oft verwirrenden Problematik Studienreform in Düsseldorf und auch in Nordrhein-Westfalen ein klareres Gesicht zu geben.[333]

Eingebunden waren diese Veranstaltungen in ein umfassendes Öffentlichkeitsarbeitskonzept, dessen Ziele voll erreicht wurden.[334] Haben sich auch die Handlungsformen hier immer wieder geändert (so wurde zum Beispiel das *Studienreformtelefon NRW* eingestellt, als die Vernetzungsmöglichkeiten durch andere Maßnahmen wuchsen), so ist insgesamt das Konzept, das auf Plazierung des Themas Studienreform am Ort und darüber hinaus zielt, gelungen. Dies ist um so wichtiger, als Themen der Bildung in den öffentlichen Medien weiterhin kaum eine Rolle spielen. In der hochschulbezogenen Öffentlichkeit hat der Projektleiter durch zahlreiche Vorträge und Gespräche an anderen nordrhein-westfälischen Hochschulen versucht, das Anliegen der Düsseldorfer Reform transparent zu machen und für diese Partnerinnen und Partner zu gewinnen. Dies wurde erleichtert durch die bekannteste Publikation des Düsseldorfer Projektes *die blaue reihe: Diskussionsgrundlagen zur Studienreform Germanistik*, die in bislang 37 Ausgaben die Ergebnisse des Projektes dokumentiert.[335]

Zur Entwicklung der Rolle der Hochschullehre im Rahmen des historischen und systematischen Kontextes der Disziplin Germanistik will das Studienre-

---

[333] Siehe dazu Verf.: „Corporate Identity: Die Studienreform braucht ein Gesicht, das es in sich hat". In: *DIHS*, a.a.O., S. 70 ff.

[334] Siehe dazu Meyer, Silke: „Public Relations: Die Öffentlichkeit ist unser Partner". In: *DIHS*, a.a.O., S. 75 ff.

[335] Siehe dazu Schiffer, Petra: „Die Studienreformzeitschrift: Konzepte der Lehre entwickeln, darstellen, vernetzen. Die Zeitschrift 'die blaue reihe - Diskussionsgrundlagen zur Studienreform Germanistik'". In: *DIHS*, a.a.O., S. 81 ff.

formprojekt in Zusammenarbeit mit dem Fachbereich u.a. durch die Veranstaltungsreihe *Germanistik ... Lasten der Vergangenheit, Perspektiven der Zukunft* beitragen, in deren Rahmen bisher sieben Vorträge gehalten wurden.

6.8 Neue Maßnahmen und Perspektiven: Ein 20-Punkte-Programm zur Qualitätsentwicklung

Von den vier Handlungsfeldern wird zukünftig das Handlungsfeld *Lehren und Lernen* in einem ausgeweiteten Sinne im Vordergrund stehen und zwar insofern, als hier die gewonnenen Strukturen in den anderen Feldern unter dieser Perspektive inhaltlich qualitätsvoller ausgestaltet werden müssen. *Mehr Projektunterricht, mehr Partizipation in Lehrveranstaltungen, besseres Lehren durch veränderte Unterrichtsformen und Profilbildung durch Studienschwerpunkte sind hier u.a. die Stichworte.* Viele Weiterentwicklungsmöglichkeiten sind bereits bei den einzelnen Maßnahmen aufgeführt worden und Teil des Zukunftsprogramms des Projektes. Ich beschränke mich daher hier auf die Schwerpunkte, die in den entsprechenden Zusammenhängen noch nicht genannt wurden.

Im Bereich der *Studienstrukturreform* sind aufgrund der bisherigen Erfahrungen Korrekturen bzw. Ergänzungen vorzunehmen. *Die einschneidendste Regelung wird dabei die* Neustrukturierung der Zwischenprüfung *sein.* Bezog sich diese bisher zu sehr auf differenzierte Spezialaspekte und war fachwissenschaftlich zu kleinteilig angelegt, soll sie in Zukunft auf die fachlichen Grundlagen des Studiums in den Studienbereichen B (Einführung) und C (Fachliche Grundlagen) bezogen sein. Dafür müssen die oben genannten Studienordnungen geändert werden. Der Fachbereich wird erst dann den Rahmen der Eckdatenverordnung ausschöpfen und erhofft sich davon einen gezielteren Lernanreiz für den Erwerb von Grundlagenkenntnissen. Auf Transparenz der Prüfungsinhalte und klare Durchführungsstruktur soll bei diesem Modell besonderer Wert gelegt werden. *Zu diesem Zwecke werden zur Zeit flächendeckend in den einzelnen Teilfächern mit allen Dozentinnen und Dozenten* Leitfäden für das Grundstudium der Germanistik *mit dem Ziel einer inhaltlichen Festlegung bzw. Standardisierung der Themen in diesem Bereich erarbeitet.* Dieser extrem langwierige und arbeitsaufwendige, aber dennoch unverzichtbare Prozeß ist im Fach Neuere Deutsche Philologie bereits abgeschlossen[336] und findet in den anderen Teilfächern Ältere Deutsche Philologie, Germanistische Sprachwissenschaft und Didaktik der Deutschen Sprache und Literatur zur Zeit statt.

Zur Entwicklung von Lernstrategien sollen verstärkt Fachtutorien beitragen, die Anleitungen für deren integrierten und zielgerichteten Aufbau bieten können.

---

336 Siehe dazu: „Fachliche Grundlagen im Germanistik-Studium". In: *die blaue reihe - Diskussionsgrundlagen zur Studienreform Germanistik*, 3.Jg. (1996) Nr. 36.1

Dies soll in der Weiterbildung der Tutorinnen und Tutoren stärkeres Gewicht erhalten.

Nach der Reform des Grundstudiums soll nun das Hauptstudium *verstärkt ins Blickfeld rücken.* Forschungsschwerpunkte der Lehrenden sind nicht automatisch Studienschwerpunkte für die Lernenden. Daher sollen mit den Lehrenden Strategien erarbeitet werden, wie diese Transformation unter hochschuldidaktischen Gesichtspunkten vorgenommen, und so die im Grundstudium bewußt vermiedene Spezialisierung der Studierenden nun sinnvoll im Hinblick auf eine Prüfungsphase möglich werden kann. Diese *Studienschwerpunkte* sollen dann den Studierenden auch transparent vorgestellt werden.

Ein Mittel dieser transparenten Profilierung von Studienschwerpunkten wird eine neue Initiative sein, die die Ergebnisse des Entwicklungsprozesses Studienreform mit dem Informationsbedürfnis der Studierenden verbindet. *Wir entwikkeln zur Zeit das Konzept eines* Studienbegleitenden Studienführers, *der nicht nur die grundsätzlichen Informationen zum Studiengang liefert, sondern mit Abonnementcharakter die Studierenden über ihre ganze Studienphase hin begleiten will und daher ständig ergänzt wird.* Der *Studienführer* wird zum Wintersemester 1998/99 erstmals erhältlich sein. Wir werden so das reformierte Studium besser als bisher an eine große Anzahl der Studierenden vermitteln können.

Nicht zufrieden kann der Fachbereich trotz seines inzwischen gut strukturierten Studienangebotes mit der Prüfungsquote in den Abschlußprüfungen der Studiengänge sein. *Die Absolventenzahl durch gezielte Beratungsangebote zu erhöhen und die Prüfungsphase stärker an das Hauptstudium anzukoppeln, ist daher ein weiteres Hauptziel der nächsten Projektphase. Zu diesem Zweck soll im Fachbereich eine* Prüfungsoffensive *gestartet werden.* Die Beratung soll prüfungsorganisatorische, prüfungsrechtliche, psychologische, fachliche und lernstrategische Aspekte haben.

Zur Darstellung des Fachbereiches nach außen wie zur Entwicklung seiner Strukturen nach innen wird zur Zeit das Modell eines Lehrberichts erarbeitet, in dem die Sicht der Studierenden auf ihr Studium eine wesentliche Rolle spielt. Diese Perspektive soll mit einer positiven Darstellung der Lehre und mit Kritik an dieser gleichermaßen verbunden sein. Ein Ansatz, der folgerichtig auf eine Veröffentlichung des Berichtes zielt.

Im Gesamtkontext einer kritischen Sichtung des Studienreformprozesses hat die Studienreformkommission im Rahmen der Zwischenbilanz einen Katalog, das *20-Punkte-Programm: Empfehlungen der Studienreformkommission zur Qualitätssicherung in den Germanistischen Studiengängen*, erarbeitet, das den weiteren Reformbedarf zunächst in Stichworten praxisnah und problemorientiert sichtet bzw. festhält und dies zur Grundlage ihres Arbeitsprogrammes für die Jahre 1997/98 macht. Der Katalog, der in vier Gruppen 20 Punkte umfaßt, kann in Teilen sicher auch als Modellkatalog für Qualitätsentwicklungsprozesse anderer Fachbereiche gelten, wiewohl jeder Fachbereich bezüglich der verschiedenen Einzelpunkte unterschiedlich weit ist, andere Gestaltungsformen finden, Prioritäten setzen und Punkte auslassen oder hinzufügen wird:

Gruppe 1: Leistungsstandards

1.1 Qualitätsstandards für Leistungsnachweise
1.2 Standards für wissenschaftliches Arbeiten
1.3 Beurteilungsstandards
1.4 Zwischenprüfung
1.5 Zulassung zum Studiengang
1.6 Vergleichbarkeit von Prüfungsleistungen im überregionalen Kontext

Gruppe 2: Studieninhalte

2.1 Studienordnung weiter ausformulieren (Leitfäden für die einzelnen Teilfächer)
2.2 Prüfungsvorbereitung
2.3 Bildung von Studienschwerpunkten im Hauptstudium

Gruppe 3: Lehren und Lernen

3.1 Evaluation bzw. Studentische Veranstaltungskritik
3.2 Stärkung und Profilierung des Selbststudiums
3.3 Aktivierung der Studierenden in den Veranstaltungen
3.4 Motivation / Motivierung der Studierenden
3.5 Soziale Situation der Studierenden und Folgen für die Gestaltung des Studienganges
3.6 Lernstrategien im Studiengang
3.7 Lernverhalten in Seminaren

Gruppe 4: Fachbereich

4.1 Perspektiven für die weitere Organisationsentwicklung im Fachbereich
4.2 NC und Zulassung zum Studiengang
4.3 Quantität der Lehre, Ressourcen des Fachbereichs
4.4 Einbindung der Lehrbeauftragten

Es ist, zwei Jahre nach der Programminitiierung, davon auszugehen, daß das inhaltliche Reservoir des Kataloges und die Erprobung des Konzeptes im Hinblick auf dessen Übertragbarkeit auf andere Studiengänge es sinnvoll machen, das Reformmodell bis zur Jahreswende 1999/2000 fortzuführen. Zum Jahreswechsel 1998/99 soll begonnen werden, die Reformmaßnahmen in den Standardbetrieb des Studienganges zu integrieren. Mit einer solchen Laufzeit des Projektes wird es möglich sein, Studierende, die bereits unter den Bedingungen der Reform das Studium aufgenommen haben, innerhalb der Reformphase zum Abschluß zu führen.

Dritter Teil

Partizipation und Evaluation: Handlungsformen zur Qualitätsentwicklung

Im dritten Teil werden Handlungsformen zur Qualitätsentwicklung der germanistischen Hochschullehre vorgestellt. Das 7. Kapitel fragt zunächst nach Verständnis und Möglichkeiten des Einbezugs Studierender bei Qualitätsentwicklungsprozessen. Aktionsvorschläge werden vorgestellt. Mit *Lehrberichten* bietet sich der Fachbereichsebene bzw. einzelnen Fächern einer Hochschule ein Instrumentarium an, das geeignet ist, verschiedenste Anliegen und Ansprüche zur Qualitätsentwicklung der Hochschullehre miteinander zu verbinden. Die kritische Bestandsaufnahme der eigenen Situation, die Rechtfertigung gegenüber dem Gesetz- bzw. Geldgeber, Öffentlichkeitsarbeit und vor allem die Planung und Umsetzung konkreter Verbesserungsstrategien sind hier sinnvoll integrierbar. Das 8. Kapitel stellt die aktuelle Diskussion zum Thema vor, entwickelt ein Modell für germanistische Lehrberichte und bietet konkrete Durchführungsvorschläge an. Tabellen und Checklisten erleichtern den praxisnahen Zugriff.

7 Studierendenpartizipation in der Hochschullehre und in der Organisations- und Qualitätsentwicklung von Fachbereichen

Studierende stellen ein viel zu wenig genutztes Potential für die Ermöglichung bzw. Einlösung der Hochschulreform dar. Nach einer einleitenden Problematisierung und einer Definition dessen, was unter 'Studierendenpartizipation' heute verstanden werden kann, werden daher im folgenden sieben Aktionsformen vorgestellt, in denen die diesbezüglichen Chancen genutzt werden. Aus Betroffenen können so Beteiligte und damit aktiv werden: Zeichen eines neuen Verständnisses, das auf den Dialog von Lehrenden und Lernenden, Teamfähigkeit und Kooperation setzt.

7.1 Zur Schwierigkeit der Beteiligung der Studierenden in Lehr-/Lernsituationen der 'Massenhochschule' und am Engagement im Fachbereich

7.1.1 Problemlage: Skizzen konsequenzlosen Handelns - Verlust an Handlungskompetenz im Fachbereich - Zuschreibungen der Betroffenen

Das *Problemszenario* kennen alle: Die Alltagspraxis der Hochschullehre wird von Studierenden und Lehrenden - vor allem auch in sogenannten Massenstudiengängen - als immer unbefriedigender und uneffizienter wahrgenommen. Studierende bemerken und bemängeln den Verlust an Kontrollierbarkeit der eigenen (Lern-)Entwicklung; die quantitativ und qualitativ bedingte Unübersichtlichkeit und fehlende Transparenz des Bildungssystems Hochschule, in das sie eintreten, läßt die mehr und minder bewußt geplante Qualifikationsbiographie als Lotteriespiel erscheinen. Die fehlende Zielorientierung ihrer Ausbildungsphase insgesamt mit Blick auf das (medial vermittelte Bild vom) derzeitige(n) Beschäftigungssystem verstärkt diesen Trend, indem 'Bildung' ohne direkten Qualifikationsgewinn zum biographischen Luxus wird, den man sich nur schwer meint leisten zu können. Steigende Anonymität und die Komplexität der Aufgaben- bzw. Entwicklungsmuster von Lehrenden und Lernenden in der Hochschule machen den direkten Kontakt zwischen diesen zudem immer mittelbarer, zeitbegrenzter und - wenn die Kontakte ohne klare Zielbestimmung erfolgen - immer beliebiger und oberflächlicher. Für beide, Lehrende wie Lernende, liegt das Ziel des eigenen Handelns eigentlich außerhalb des Studienganges: für erstere in der Forschung, für letztere im Arbeitsmarkt. Studienfrust der Lernenden und Arbeitsunzufriedenheit der Lehrenden und die daraus resultierende Konsequenzlosigkeit des vereinzelten und vereinsamten Handelns beider Kommunikationspartner lassen den Alltag der Hochschullehre zu einem gegenseitigen Abarbeiten des Notwendigsten verkommen: Minimalisierung des ökonomischen zeitlichen, emotionalen und kognitiven Aufwandes wird zur Überlebensstrategie, an deren Gelingen das Selbstverständnis in der Hochschule wesentlich gebunden wird: Lehren und Lernen wird vermieden statt ermöglicht, und die Vermeidungen haben meist mehr System als die entweder „liberal" minimalisierte oder die im Stile einer „bei-uns-wird-noch-was-gelernt"-Doktrin besinnungslos mit Wissenselementen überfrachtete Studienordnung.

Nach Fachkulturen unterschiedlich sind die Zuschreibungen über die Gründe und die vermeintliche 'Schuld' für die schwierige Situation, diese werden dann auch mehr Teil eben solcher Vermeidungsstrategien als das Ergebnis einer umfassenden Analyse der eigenen Biographie und der Situation im Fachbereich. Die Standardversion dieses Attributionsmusters klingt im allgemeinen so: Lehrende sind vielfach der Ansicht, Studierende seien entweder unmotiviert oder nicht studierfähig, weil kenntnis- und qualifikationsarm (eine Behauptung, der energisch widersprochen werden muß, und die keiner empirischen Analyse standhält); außerdem hätten sie als Hochschullehrer nicht mehr genügend Zeit für die notwendige Forschung (eine Behauptung, der noch energischer widersprochen werden muß, auch wenn sie seit dem 19. Jahrhundert zum Standardrepertoire deutscher HochschullehrerInnen gehört).[337] Die Studierenden halten ihre Lehrenden meist für 'hochschuldidaktisch schlecht' (was immer das auch heißen

[337] Vgl. Enders, Jürgen / Teichler, Ulrich (Hrsg.): *Der Hochschullehrerberuf.* Neuwied 1995. S. 19 f.

mag) und oft für unmotiviert und unengagiert (was wohl etwas heißen mag), 'bewundern' diese aber im allgemeinen trotzdem konsequent weiter: der Ruf des sozialen Systems Hochschule bleibt attraktiv und trotz des wiederholten Scheiterns der eigenen Lernbedürfnisse intakt. Schlechte Hochschullehre führt bei den Studierenden wesentlich häufiger zum schlechten Gewissen als bei den Lehrenden, was wiederum Hemmnisse des Lehrens und Lernens begünstigt. Einig sind Dozierende und Studierende sich aber meist darin, daß prinzipiell die Bildungspolitik und die Unterfinanzierung von Bildung so ziemlich an allem Schuld sei: „Wer soll denn mit 120 Leuten im Seminar lernen!", heißt diese alles erklärende Zauberformel. Warum Seminare mit 20 Teilnehmerinnen und Teilnehmern im allgemeinen dann vor genau den gleichen Problemen stehen, kann dieser Ansatz jedoch nicht erklären, ein Faktum, das offensichtlich nicht zur Revision dieses besonders hartnäckigen Erklärungsmusters anregt. Dies scheint vor allem daran zu liegen, daß das eigene Handeln insofern bestätigt wird, als die 'Schuldigen' außerhalb des direkten Einflußbereiches des Fachbereiches zu suchen sind.

An dieser Stelle soll nicht weiter in dieses Attributionsmuster gegenseitiger Schuldzuschreibung, das mehr im Selbstverständnis der Beteiligten als in der Analyse der Situation begründet scheint, eingedrungen werden, es soll lediglich deutlich werden, daß erstens mit solchen Zuschreibungen eigentlich nichts gewonnen ist außer vielleicht, daß an allen zumindest *etwas* dran ist, und daß man zweitens vor allem etwas über die Motivationen der Beteiligten erfährt. Wirklich entscheidend für gelingendes Lehren und Lernen im Fachbereich sind wohl alle genannten Zuschreibungen nicht, zumindest dann nicht, wenn man ihnen die Verantwortung für die Realität des Studienganges bzw. Fachbereiches aufbürdet. Sie sind aber deshalb so gefährlich und bearbeitungswürdig, weil das dauerlamentierende Erklärungsdreieck zum kompletten Verlust an Handlungskompetenz im Fachbereich führt, das dann seine eigenen Behauptungen erst produziert.

7.1.2 Zurückgewinn von Handlungskompetenz: die Beteiligten als Verantwortungsgemeinschaft

Es besteht Grund zu der Annahme, daß die Gründe für die erlebte Konsequenzlosigkeit von Lehren und Lernen in der Hochschule wesentlich differenzierter sind als das oben genannte Erklärungsdreieck. Ein wesentlicher Komplex von Problemen kann dabei auf die mangelnde Handlungskompetenz[338] der jeweiligen Fachbereiche bzw. der in ihnen handelnden Lehrenden und Lernenden zurückge-

[338] Zum Begriff der Handlungskompetenz verweise ich auf die differenzierte Darstellung von Moczadlo, Regina: *LIPS. Leitfaden Integrierte Projektstudien.* In: *Schriftenreihe Report.* Hrsg. vom Lenkungsausschuß der Studienkommission für Hochschuldidaktik an den Fachhochschulen in Baden-Württemberg. Alsbach 1995. S. 16 ff.

führt werden. Andererseits eröffnen diese Probleme aber auch den Blick für neue Gestaltungsformen in der Hochschullehre. Jede Strategie, die den oben genannten Minimalisierungstendenzen entgegenarbeitet, muß daher trotz Arbeitsmarktorientierung der einen und Forschungsorientierung der anderen erst einmal wieder die Hochschullehre als Handlungsfeld überhaupt attraktiv machen, Lehren und Lernen zueinander in Beziehung setzen mit dem Ziel, die Konsequenzen dieses Kommunikationsfeldes für beide Seiten bedeutsam zu machen. Dabei spielen sowohl die Professionalisierung des Lehr-/Lernzusammenhangs als auch die Weiterentwicklung der Organisationsstrukturen des Fachbereichs eine Rolle. Zwei Aspekte, die hier in ihrem Zusammenhang gesehen werden sollen.

Projektionen bzw. Begründungszusammenhänge wie die oben genannten sind daher insofern Teil der Qualitätsverbesserung der Hochschullehre, als sie mögliche Anlässe für notwendige Gespräche darstellen und als Selbstverständnisbeschreibung der jeweiligen Personen auch erst einmal ernstgenommen werden müssen. Verbesserungsstrategien im Fachbereich dürfen diese aber nicht bestätigen, sondern müssen sie produktiv aufnehmen, einer Kritik unterziehen und weiterführen. Sie können in ihrer produktiven Relativierung zum gemeinsamen Handeln führen im Hinblick auf ein realistisches Selbstkonzept von Fachbereich und Einzelpersonen, dessen gemeinsame Konstituierung als Ausgangspunkt und Plattform jeder Studienreform gesehen werden muß. Studierendenpartizipation beleuchtet nun die Rolle, die Studierende in diesem Kontext der zum Handeln führenden Selbstvergewisserung wahrnehmen. Sie kann daher als ein parteilicher Ansatz aus deren Hinsicht bzw. Perspektive bezeichnet werden. Damit ist weder behauptet, daß Verbesserungsstrategien nicht auch für die Lehrenden bzw. aus deren Sicht und für deren Rolle beschrieben werden können, noch daß Studierende alleine zum Handeln kommen sollen: Natürlich ist das Ziel die Kommunikation und das gemeinsame Engagement aller im Fachbereich beteiligten Personen. Die Studierenden werden aber zunächst als Ausgangspunkt genommen, weil gerade in ihnen wesentlich mehr Aktivierungs- und Innovationspotential liegt, als man ihnen gemeinhin bei der Reform der Hochschullehre beimißt.

Ziel der die Partizipation ermöglichenden Handlungsformen muß es daher sein, daß Lehrende und Lernende gleichermaßen durch die Professionalisierung ihres Handelns die Realität des Fachbereichs wieder als bedeutsam für die eigene biographische Entwicklung erfahren können. Darüber hinaus soll der Studiengang durch klare Ziel- und Durchführungsorientierung der hier vorgeschlagenen Maßnahmen *(Studienordnung, Studienreformkommission, Studierendenumfrage, Projektarbeit, Studentische Veranstaltungskritik, Studienberatung* und *Studienführer)* wieder als übersichtlich und damit personen- statt institutionenorientiert wahrgenommen werden. Schließlich wird trotz Massenhochschule die Erfahrung möglich, daß Handeln in Institutionen und in Lehr-/Lernzusammenhängen Konsequenzen und Wirkungen haben kann, die eigene Realität steuer- und veränderbar ist: eine unabdingbare Voraussetzung gelingenden Lehrens und Lernens in Hochschulstudiengängen. Damit sind diese oben genannten Zuschreibungen und Selbstverständnisse wie die sie produktiv auflösenden Handlungsformen gleichermaßen Teil eines *Integrierten Handlungskonzeptes für die Studienreform*, ein Ansatz zur Verbesserung von Fachbereich und Hochschullehre, der die Handlungskompetenz der Beteiligten im Blick hat und daher als ganzheitlicher Ansatz für Personen und Organisationen zu begreifen ist.

7.2 Studierendenpartizipation als Chance zur Organisationsentwicklung von Fachbereichen

Hochschullehre heißt: Lehren und Lernen treten anhand fachlicher Inhalte gezielt zueinander in Beziehung. Partizipation heißt: Lehrende und Lernende treten als verantwortlich Handelnde zueinander in Beziehung. Organisationsentwicklung heißt: beide Facetten als zwei Seiten der selben Medaille verstehen. Wenn also von Studierendenpartizipation im folgenden gesprochen wird, so wird in diesem Terminus einerseits der Anspruch einer jungen Generation deutlich, daß die Institutionen des Wissens sich im umfassenden Sinne darum sorgen, daß Studierende eben dieses Wissen als ganzheitliche Bildung auch wirklich erwerben können. Sie 'klagt' den Generationenvertrag Bildung im konkreten ein. Andererseits ist die Institution, die den Studierenden gegenübersteht, auch nicht anonym: Es geht um Beteiligungsrechte und Beteiligungspflichten, um ganzheitliche Teilhabe am kulturellen Gedächtnis der Gesellschaft, um gemeinsames verantwortliches Handeln mit Konsequenzen für sich und andere. Partizipieren heißt mehr, als Kunde einer Ware Wissen zu sein. Teilhabe heißt, sich als eigenständiger Partner in einer Verantwortungsgemeinschaft zu wissen und auch dementsprechend handeln zu wollen. Lehrende sind dabei die notwendigen und wünschenswerten Partner, weil sie nicht nur als Teil der Institution diese Teilhabe zulassen müssen, sondern Studierende als Verbesserer der eigenen Situation, als Modernisierer, als Prüfstein für das eigene wissenschaftliche Denken und Handeln sehen dürfen.[339] Außerdem kann schon lange nicht mehr nur von einem einseitigen Wissenstransfer geredet werden: Wie junge Menschen einerseits nach wie vor viel in der Institution Hochschule lernen können, bringen Studierende andererseits heute Kompetenzen mit, die die Hochschulen nicht nur sehr

---

[339] Vgl. *Humboldt, Wilhelm von*: „Ueber die innere und äussere Organisation der höheren wissenschaftlichen Anstalten in Berlin". In: *Wilhelm von Humboldt. Gesammelte Schriften.* (Kgl.) Preuss. Akad. d. Wiss.: A. Leitzmann, B. Gebhardt, W. Richter (Hrsg.), 17 Bde., Berlin/Leipzig (Nachdruck Berlin 1968) 1903-36, Band X, S. 252.

gut brauchen können, sondern die sogar dringend benötigt werden. Diese unterschiedlichen Qualifikationen zu nutzen und einander produktiv zuzuordnen, ist Teil eines partizipatorischen Konzeptes, das die diesbezüglichen Ansätze insofern weiterentwickelt, als sie neben einer gesellschaftspolitischen Fundierung vor allem auf die konkrete Professionalisierung des Fachbereichs zielen.

Das Partizipationskonzept, wie es hier verstanden wird, ist daher nur auf den ersten Blick ein genaues Abbild umfassender Demokratisierungsforderungen im Rahmen der Studienreform der 70er Jahre mit den impliziten und expliziten Chancen und Beschränkungen zur Umgestaltung gesellschaftlicher Verhältnisse und deren Institutionen. Es bedeutet heute vor allem die einfache Einsicht, daß die Hochschule nur noch dann gesellschaftlich akzeptiert werden wird, wenn es ihr gelingt, die in ihr handelnden Personen in eine notwendige Verantwortungsgemeinschaft für deren dringend überfällige Modernisierung miteinzubeziehen: damit ist die historische Einsicht verbunden, daß die Hochschule, hier die Universität, aus sich selbst heraus eben nicht alles alleine kann, sondern auf ihr Bezugsfeld 'Gesellschaft' konstitutiv angewiesen ist. Der erste Prüfstein des kulturellen Gedächtnisses der Fachwissenschaft(lerInnen) ist dann die nachfolgende Generation (Studierendenpartizipation). Der richtige Ort in der Hochschule ist der Fachbereich vor Ort (Subsidiarität), Partizipation der Motor für seine Organisationsentwicklung (Stichwort Ganzheitlichkeit). Vor allem aber ist die Hochschullehre das geeignete und unmittelbarste Handlungsfeld, weil sich dort wie in keinem anderen Wissenschaft und gesellschaftliches Handeln begegnen können.

Wie bei vergleichbar offenen Konzepten wie dem Organisationsentwicklungskonzept müssen beim Partizipationskonzept neben der vorgenommenen Eingrenzung und Definition konkrete Handlungsformen thematisiert werden, die zeigen, was der Ansatz im konkreten Kontext leisten soll. In bezug auf die Hochschullehre soll daher das Konzept ganzheitlicher Teilhabe mit bestimmten Formen von Bedürfnissen und Rechten von Studierenden parallelisiert werden, denen dann Aktionsformen zugeordnet werden müssen, die im Rahmen des Gesamtkonzeptes eine bestimmte Zielrichtung verfolgen (Abb. 1):

Abb. 1: Partizipationsrechte und Aktionsformen

Partizipationsrecht	**Aktionsform**	**Zielbestimmung**
strukturiert und transparent lernen dürfen, Lernbedürfnisse einfordern	gemeinsames Erarbeiten einer *Studienordnung*	gelingendes Lehren und Lernen
mitbestimmen können	gemeinsames Arbeiten in einer *Studienreformkommission*	gemeinsames Handeln im Fachbereich

sich vorstellen dürfen, gehört werden, Lernbedürfnisse formulieren können	*Studierendenumfrage*	ein Portrait der Studierenden entwickeln, damit die Hochschullehre darauf bezogen werden kann
ergebnis- und teamorientiert handeln lernen	*Projektarbeit* (im Hochschulunterricht und als ganzheitliche Arbeitsform im Fachbereich)	Erleben von Handeln mit Konsequenz
kritisieren dürfen, produktiv Argumentationsstrategien aufbauen lernen	*Studentische Veranstaltungskritik*	Verbesserung der Lehrqualität
im Gespräch die Bildungsbiographie angeleitet reflektieren dürfen, sich zielgerichtet qualifizieren, das eigene Lernen durchschauen	*Studienberatung*	Planung des Qualifikationsweges ermöglichen
informiert sein, die Institution durchschauen, Handlungswissen erwerben und damit erst wirklich argumentieren können	*Studienführer*	Transparenz erhöhen

Die Aktionsformen werden hier im Zusammenhang vorgestellt, weil sie erst im Paket wirken können. Organisationsentwickungskonzepte setzen ja gerade auf die Chance zur möglichst breiten Motivierung der Beteiligten, auf die Installation von Strukturen, die zunächst quer zu denen der Organisation bzw. des sozialen Systems Fachbereich liegen, und auf Zusammenarbeit durch Vernetzung unterschiedlicher Initiativen. Entgegen den Strategien „erst einmal klein anfangen" sollten vielmehr möglichst viele Ansatzpunkte bzw. Zentren des Engagements eingerichtet werden, die einerseits die produktiven Ideen, Ansätze und Aktivitäten der einzelnen Personen stärken, auf Zusammenarbeit und Vernetzung aber gleichermaßen bestehen. Blockadeargumente sollten bearbeitet werden, aber nicht am Handeln hindern dürfen. Ich nenne die drei häufigsten: „Für diese Innovationen haben wir kein Geld", „Mein(e) Kollege/-in ist da sicher anderer Meinung", „Hier muß erst einmal alles demokratischer werden", ohne an dieser Stelle näher darauf eingehen zu können. Sie blockieren das Handeln des Fachbereichs und müssen erst einmal beiseite gelassen werden: „Sobald man überlegt, wo man ist, ist man schon an einem bestimmten Punkt. Man muß dann nur den nächsten Schritt tun. (...) Dem Gehenden schiebt sich der Weg unter die Füße".[340] Bei aller Offenheit heißt *Organisationsentwicklung* eben auch, den Beginn zu wagen und ergebnisorientiert in angemessener Zeit Teilziele zu erreichen.

[340] Walser, Martin: *Jenseits der Liebe,* a.a.O., S. 136.

7.3 *Handlungs- und Aktionsformen*

Einige mögliche nächste Schritte sollen als Handlungs- und Aktionsformen im folgenden vorgestellt werden. Eine offene Liste, deren Ergänzung und Änderung ständig möglich sein soll.

7.3.1 Partizipation als Lernangebot zwischen Identitäts- und Qualifikationsentwicklung: die Studienordnung

Unterschätzt wird gemeinhin die Rolle von *Studienordnungen* als Ordnungen des Lehrens und Lernens vor allem in Massenstudiengängen. Eine große Anzahl Studierender muß heute unter schwierigen Bedingungen flexibel und gleichzeitig strukturiert auf Lehr-/Lernangebote zugreifen, die von einer vergleichsweise geringen Zahl von Lehrenden bereitgestellt wird. Vor einigen Jahren vor allem in geisteswissenschaftlichen Studiengängen oft noch als 'Verreglemen-tierungen', als 'Lernverhinderer' oder 'Liberalitätskiller' mißverstanden, sind hochschuldidaktisch sinnvolle und fachwissenschaftlich begründete Studienordnungen wichtige und unverzichtbare Strukturhilfen gelingenden Lehrens und Lernens geworden, die Dozierenden und Studierenden gleichermaßen Orientierungshilfe und Leitfaden ihres Handelns sind. So entlastet können Lehrende und Lernende ihr Handeln zielsicher auf fachliche Gegenstände und die sie ermöglichenden Lehr-/Lernprozesse beziehen, ohne Beschränkungen ihrer jeweiligen bildungsbezogenen Identitätsentwicklung hinnehmen zu müssen.

Studienordnungen dürfen daher einerseits nicht zu offen im oben genannten Sinne sein (Minimalisierungsmodell als Abbild lediglich der Prüfungsordnungen) bzw. sinnlos und diese nur addierend Wissensbestände thematisieren und deren Abfrage durch Prüfungen regeln (Maximalisierungsmodell als Auflistung von Kenntnissen mit Prüfungsorientierung ohne Bezug zum Lehren und Lernen im Studiengang). Studienordnungen sollen vielmehr eine Möglichkeit für Studierende sein, gezielt am fachlichen Zusammenhang teilzuhaben. Dabei muß eine Qualifikationsbiographie planbar werden, die das bisher in Schule und Arbeitsmarkt Erfahrene und Gelernte nutzt und auf die Möglichkeiten des Studienganges bzw. des diesem zugrunde liegenden fachlichen Zusammenhangs bezieht. Gleichzeitig ist der Studiengang heute nicht mehr die alleinige Qualifikationsbasis: Praktische Erfahrungen in Berufsfeldern treten notwendig an dessen Seite, die aber aller Erfahrung nach nur dann sinnvoll sind, wenn Verknüpfungen mit dem Lernen und den Lerninhalten in der Hochschule möglich werden. Studierende heute brauchen kein nebeneinanderherlaufendes Qualifikationspuzzle, sie brauchen ein Modell zur gezielten Synchronisation und Integration inner- und außeruniversitärer Lehr-/Lern- bzw. Praxisangebote, von fachlicher Kompetenz und Schlüsselqualifikationen im Wechselspiel von Wissens-, Erarbeitungs-, Erprobungs- und Beratungselementen.

Ein nicht enzyklopädisches, sondern *qualifikationsorientiertes Modell* ist dafür besonders tauglich, weil es

1. den Studiengang trotz der Explosion der Wissensbestände der Fachwissenschaften als übersichtlich und den Studienweg als *kontrollierbar* kennzeichnet
2. *Fachlichkeit* und *Schlüsselqualifikationen* und deren integrierten Aufbau zusammenbinden kann
3. einen strukturierten Aufbau von *Lernstrategien* hin zum selbstbestimmten Lernen ermöglicht
4. einen zeitlichen Rahmen der *Ausbildungsphase* an klare *Lehr-/Lernziele* binden hilft
5. den gezielten Erwerb von *Grundqualifikationen* an die dementsprechende Transfer-, Vermittlungs- und *Methodenkompetenzen* koppelt
6. den Lehrenden weite Freiheiten bei der Wahl ihrer Seminarthemen gibt, sie andererseits aber auch nötigt, ihr Forschungshandeln auf die Dimension der *Vermittlung* zu beziehen und daraufhin auch zu überprüfen
7. *Berufsqualifikation* und *Fachqualifikation* verbinden hilft
8. ermöglicht in der jeweils integralen *Synchronisation* der Lehr-/Lernangebote durch die Studierenden eine kollektiv flexible Struktur in einer jeweils individuellen Verknüpfung ein Höchstmaß an Qualifikationsgewinn für möglichst viele.

Möglich wird dann, was heute Bildung heißen kann: Sich besinnen können und besonnen handeln wollen anhand des in der jeweiligen Fachwissenschaft enthaltenen kulturellen Gedächtnisses. Die Studienordnung ist der diese Bildung ermöglichende Solidarvertrag von Lehrenden und Lernenden in der Hochschule (Abb. 2):

Abb. 2: Aufbau einer qualifikationsorientierten Studienordnung

Schwerpunkt	§	Titel	Ziel	Inhalt
Rechtliche Rahmenbedingungen, Voraussetzungen	1	Geltungsbereich	Festlegung des juristischen Geltungsbereiches	Definition des Studienganges als solchem im Sinne des Universitätsgesetzes
	2	Studienvoraussetzungen	Anküpfung an die Bildungsbiographie	formale Voraussetzungen und inhaltliche Standards zur Orientierung benennen
	3	Studienbeginn	möglichen Einstieg in den Studiengang klären	Benennung, in welchen Semestern das Studium aufgenommen werden kann
	4	Regelstudienzeit	die Ausbildungsphase überschaubar halten	Benennung der Regelstudienzeit und grundlegende Differenzierung nach Grund- und Hauptstudium bzw. Prüfungszeit
	5	Studienaufbau und Studienvolumen	Weiterführende Differenzierung von (4)	Studienstruktur des gewählten Studienganges (Magister, Dipl. etc.)

Struktur gelingenden Lehrens und Lernens	6	Ziele des Studiums	Ziel des spezifischen Studienganges klar benennen	*siehe links*
	7	Qualifikationen	den Studiengang als qualifikationsorientiert kennzeichnen, Ziele des Lehrens und Lernens benennen	Qualifikationen aufgrund der Zielbestimmung (7) ableiten, differenzieren in Fachqualifikationen, Schlüsselqualifikationen, Fachlich-fundierte Schlüsselqualifikationen, Zusatzqualifikationen, alle vier Gruppen in konkreten Qualifikationslisten ausformulieren
	8	Allgemeine Beschreibung der Studienbereiche	Beziehung der obengenannten Bereiche auf Qualifikationsmodule (Studienbereiche)	Studienbereiche nennen und ausformulieren, z.B. Studienorientierung, Fächerbezogene Einführung, Fachliche Grundlagen, Thematische Differenzierung, Weiterführende Fachqualifikationen, Fachlich-fundierte Schlüsselqualifikationen, Prüfungsvorbereitung etc.
	9	Leistungs- und Teilnamenachweise	Grundcharakteristik der Leistungskontrolle formulieren	Leistungsnachweise und Teilnahmenachweise definieren
	10	Grundstudium	Auf der Folie der Qualifikationsmodule eine Binnenstruktur des Grundstudiums benennen	Klären, was in welchem Studienbereich im Grundstudium belegt werden muß, soll, kann. Spezifizierung über den Ort der Leistungskontrolle
	11	Zwischenprüfung	Fragestellung ermöglichen, ob und wie eine individuelle Weiterführung des Studiums möglich und sinnvoll ist	Regelung der Zwischenprüfung bzw. die Regelung aus der Prüfungsordnung nennen
	12	Hauptstudium	Auf der Folie der Qualifikationsmodule eine Binnenstruktur des Hauptstudiums benennen	Klären, was in welchem Studienbereich im Hauptstudium belegt werden muß, soll, kann. Spezifizierung über den Ort der Leistungskontrolle
	13	Magisterprüfung	Prüfungstransparenz herstellen, Hauptstudium und Prüfungsphase verbinden	Prüfungsstrukturen nennen, inhaltliche Bereiche nennen, aus denen die Prüfungsthemen kommen, evtl. grundlegende Prüfungsinhalte nennen

beglei-tende Maßnah-men	14	Studienplan	*siehe unten*	Verweis auf die entsprechende Anlage
	15	Studienbera-tung und Stu-dieninformati-on	Studienberatung cha-rakterisieren	Das Einholen von Beratung als notwendige Voraussetzung eines gelingenden Studiums benennen, kompetente Beratungsangebote si-gnalisieren
s.ersten Schwer-punkt	16	Inkrafttreten		
	An-lage	Studienplan	Transparenz und Übersicht über den Studiengang in seiner Gesamtheit herstellen	Graphische oder tabellarische Dar-stellung des Studienganges in sei-ner Gesamtheit

7.3.2 Partizipation als politische Mitbestimmung: Die Studienreformkommission auf Fachbereichsebene

Der Aspekt der *Mitbestimmung* von Studierenden innerhalb der Hochschule ist seit Jahrzehnten in der Hochschulreform ebenso diskutiert wie gleichermaßen flächendeckend nicht verwirklicht. In der einleitenden Problematisierung wurde bereits auf den offensichtlichen Strukturwandel und die veränderte Fragestellungsperspektive eingegangen: Standen in den 70er Jahren gesellschafts- und institutionenkritische Aspekte im Vordergrund, so ist Demokratisierung heute zu einer Bedingung der Modernisierung von Hochschulen primär unter dem Blickwinkel einer ganzheitlichen Organisationsentwicklung und des know-how-Transfers zwischen Gesellschaft und Institution geworden. Die Regionalisierung von Bildung, die daraus resultierende Rollenveränderung des einzelnen Fachbereichs und dessen Verantwortungsschwerpunkt für die Hochschulreform lassen im weitesten Sinne demokratische Organisation zur unbedingten Notwendigkeit einer künftigen Hochschullandschaft werden: Demokratisierung ohne Innovation ist leer, Innovationen ohne Demokratisierung sind blind.[341]

Dazu müssen Strukturen aufgebaut werden, die professionell und solidarisch die Verantwortungsgemeinschaft von Lehrenden und Lernenden strukturieren und organisieren. In bezug auf das Handlungsfeld Hochschullehre im Fachbereich ist die *Studienreformkommission* dafür das geeignete Gremium. Sie soll den zuvor genannten Solidarvertrag erarbeiten und in eine Studienordnung gießen. In ihr bündeln sich die Interessen des gesamten Fachbereichs, werden En-

[341] Vgl. dazu Verf.: „Demokratisierung ohne Innovation ist leer, Innovationen ohne Demokratisierung sind blind: Die Studienreformkommission“. In: *DIHS*, a.a.O., S. 53 ff.

gagement und Konfliktfähigkeit der beteiligten Lehrenden und Lernenden besonders auf die Probe gestellt. Der Aufbau von Handlungskompetenz als Teamkompetenz verstanden steht hier im Vordergrund. Die Graphik zeigt die Zusammensetzung der Kommission. In deren Entwicklungsprozeß muß der Fachbereich vor allem drei Fähigkeiten entwickeln und beweisen: Erstens ein ungeschminktes und realistisches Bild der Lehre im Fachbereich erstellen, zweitens gemeinsam nach produktiven Lösungen suchen, drittens die gewonnenen Vereinbarungen auch durchhalten und durchsetzen. Mitbestimmung zeigt hier, daß wieder Handlungs- und Führungskompetenz im Fachbereich wahrgenommen wird. Letztere wird dann auch für den ganzen Fachbereich auf einmal wieder möglich, ihr weitgehendes Fehlen vorher bemerkt (Abb.3).

Abb 3: Struktur einer Studienreformkommission auf Fachbereichsebene

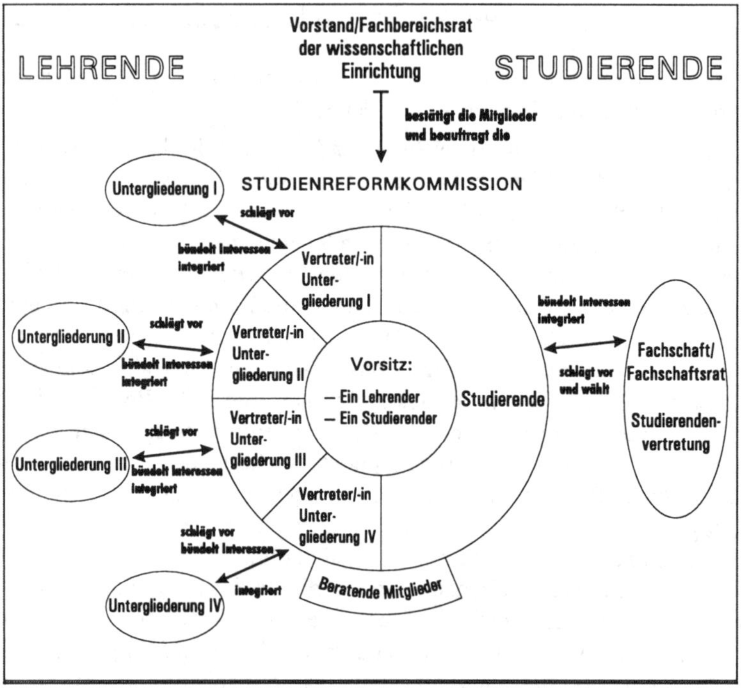

7.3.3 Partizipation als Studierendenportrait: Kriterienentwicklung für die Studienreform durch die Studierendenumfrage

Bei der Frage, wo eine Studienreform im Fachbereich beginnen kann, sollte vor allem bei den Lernbedürfnissen der Studierenden angesetzt werden. Dies ist in vielerlei Hinsicht sinnvoll und klammert die Perspektiven der Lehrenden keineswegs aus. Die Studierenden sind erstens die Adressaten der Hochschullehre und damit Experten für ihre Lernbedürfnisse, sie sind zweitens auch meistens die Größe bei Diskussionen im Fachbereich, über die weitgehend lediglich skizzenhafte Vorstellungen, Meinungen, einseitige Sichtweisen und ausschnitthafte Blitzlichter existieren.

Will man die Perspektive der Studierenden zur Grundlage der Qualitätsverbesserungsbemühungen der Hochschullehre im Fachbereich machen, ist es dringend erforderlich, diese Einschätzung zu objektivieren, vorher gewonnene Stereotypen zu relativieren und allgemeine Einschätzungen zu spezifizieren. Geeignetes Mittel einer solchen Objektivierung ist die *Studierendenumfrage*, die ein Portrait der Studierenden zu generieren hilft, das eine zielgerichtete Studienreform vor Ort möglich macht, die genau auf den jeweiligen Fachbereich paßt.[342]

Um die notwendige Ganzheitlichkeit des Portraits mit der ebenso notwendigen Zielgerichtetheit der Items im Hinblick auf eine spätere Auswertung und Nutzung für konkrete Reformanliegen zu verknüpfen, ist es sinnvoll, eine Differenzierung nach folgenden Fragevarianten bzw. Fragerubriken vorzunehmen (Abb.4):

Abb.4: Themenkomplexe für eine Studierendenumfrage

	Fragerubrik	Themenkomplexe
1	Angaben zur Person	Geschlecht, Alter
2	Bildungsweg und Studiengang	Frage nach dem Bildungsweg vor und neben der Hochschule, Fachsemester, Studienphase, Studiengang und Studienfächer, Haupt- und Nebenfächer
3	Persönliche Situation	Wohnsituation, Familienstand, Finanzierung, Jobs
4	Studiensituation	Wunsch nach wievielen Lehrveranstaltungen in der Woche, realistische Selbsteinschätzung des momentanen Hochschulbesuchs, Zeit für das und Notwendigkeit des Selbststudiums
5	Studienmotivation	Frage nach späteren Berufsfeldern, Frage nach dem Grund, das entsprechende Studienfach zu studieren
6	Studienorganisation	Veränderungswünsche zur Studienorganisation, Wie soll die Leistungsüberprüfung stattfinden? Welche Beratungsangebote werden gewünscht? Sonstiges ...
7	Studieninhalte	Wunsch nach oder Kritik an verbindlichen Lehr-/Lern*inhalten*, Wunsch nach oder Kritik an verbindlichen Lehr-/Lern*zielen*, Fragen nach der momentanen Vermittlungsqualität in den Lehrveranstaltungen, inhaltliche Wünsche im fachwissenschaftlichen und im praxisorientierenden Bereich

[342] Vgl. Wenig, Nina: „Die Studierenden kennenlernen - mit der Basis arbeiten. Die 'Studierendenumfrage' als Partizipationsform in der Studienreform". In: *DIHS*, a.a.O., S. 58 ff.

Die einzelnen Themenkomplexe müssen dann in konkrete Fragestellungen bzw. Items differenziert werden[343], wobei es sehr wichtig ist, im vorhinein genau festzulegen, was man wissen möchte. Ohne an dieser Stelle im einzelnen genauer darauf eingehen zu können, gilt der dringende Hinweis, daß bei solchen Umfragen die Regeln der empirischen Sozialforschung eingehalten werden müssen, wobei ein know-how-Transfer in den Fachbereich im allgemeinen im vorhinein dringend erforderlich ist. Neben dem inhaltlichen Zugewinn erhöht die durch die Fachberatung ermöglichte Professionalität der Umfrage die anschließende Akzeptanz der Ergebnisse im Fachbereich. Ausgehend von den Ergebnissen muß die Studienreform vor Ort dann Handlungsfelder bilden, wie z.B. Partizipation/Organisationsentwicklung, Studieninhalte, Lehren und Lernen/Hochschuldidaktik, Praxisorientierung usw., die die gewonnenen Ergebnisse für den Lehr-/ Lernzusammenhang operationalisieren.

7.3.4 Partizipation in Lehr-/Lernsituationen: Projektarbeit im Hochschulunterricht

Die hier dargestellten Aktionsformen eines partizipativen Ansatzes haben sich bisher auf den Fachbereich als ganzen und nicht auf den Hochschulunterricht im besonderen bezogen. Dies ist insofern notwendig, als die Diskussion um die Qualität der Lehre sehr oft auf methodische Aspekte der einzelnen Lehrveranstaltungen reduziert wird und der lehr-/lernpraktische Zusammenhang des Studienganges im Hinblick auf den ganzheitlichen Lernweg der Studierenden im Fachbereich zu wenig in den Blick kommt. Trotzdem ist natürlich der Hochschulunterricht selbst auch ein wichtiger Teil eines partizipativen Ansatzes, zumal die aktive Beteiligung der Studierenden in der Lehre immer schwieriger zu werden scheint.

Neben methodischen Möglichkeiten, Studierende stärker in den Unterrichtszusammenhang einzubinden, wie z.B.

- Gruppenarbeit und andere partizipative Sozialformen,
- Produktionsorientierte Lehrveranstaltungen,
- Rückmeldungsstrategien bzw. -methoden in der Form von „Blitzlichtern", „fish-bowl, Delegiertentreffen", „Kurz-Rückmeldung", „Rundbrief", „Ein-Minuten-Papier" usw.[344]

scheint eine Arbeitsform besonders das Selbstengagement der Studierenden zu stärken: der *Projektunterricht*, der nicht nur die unterschiedlichsten methodi-

[343] Die konkreten Fragen und die Fragebögen finden sich bei Wenig, a.a.O., S. 61, 63, 65, 67.

[344] Wildt, Johannes: „Wie wirkt meine Lehre ? Zu den Möglichkeiten, Feedback in Lehrveranstaltungen zu erhalten". In: *Handbuch Hochschullehre*, a.a.O. , Beitrag A 1.4.

schen Aspekte produktiv integrieren, sondern zusätzlich Modell für das Handeln im Bereich der Studienreform des Fachbereichs sein kann. Im Zusammenspiel tragen die Einzelmaßnahmen allesamt dazu bei, die von Lehrenden und Lernenden erlebte Konsequenzlosigkeit in Hochschule und Hochschulunterricht aufzuheben.

Folgende Schlüsselqualifikationen werden dabei besonders geschult bzw. entwickelt:[345]

- Selbständigkeit und Leistungsfähigkeit,
- Kooperations- und Kommunikationsfähigkeit,
- Begründungs- und Bewertungsfähigkeit,
- Problemlösungsfähigkeit und Kreativität,
- Verantwortungsfähigkeit,
- konzeptionelles Denken und zielorientiertes Handeln.

Dies wird vor allem dadurch möglich, daß beim Projektunterricht durch seine klar erkennbare Zielorientierung für die Studierenden etwas auf dem Spiel steht. Dieses Ziel sollte immer in einem handhabbaren Ergebnis bestehen, dessen Echtheit, Authentizität und Konsequenz nicht simuliert sein darf. Die Projektergebnisse können einerseits nur innerhalb des Unterrichtszusammenhanges präsentiert bzw. relevant werden (und müssen für diesen auch wirklich relevant sein), andererseits steht immer dann besonders viel auf dem Spiel, wenn das Kriterium Öffentlichkeit als Fremdkontrolle des Ergebnisses genutzt wird.

7.3.5 Partizipation als Kritik: Studentische Veranstaltungskritik

Ebenfalls dem regulativen Prinzip der Öffentlichkeit verpflichtet ist die *Studentische Veranstaltungskritik*, die das Beteiligungsrecht auf die Dimension der Kritik der Qualität der Lehre im Konkreten bezieht. Diese ist zunächst insofern sinnvollerweise abzuheben von einer empirisch abgesicherten *Evaluation* unter sozialwissenschaftlichem Qualitätshorizont, als bei der *Studentischen Veranstaltungskritik* das subjektiv empfundene kritische Urteil der Studierenden bewußt gewollt, provoziert und konkret abgefragt wird.[346] Träger bzw. Veranstalter der Studentischen Veranstaltungskritik ist daher auch die Fachschaft bzw. die jeweilige Studierendenvertretung. Objektivierungen des Lehr-/Lernzusammenhangs im Sinne einer abgesicherten Analyse sind hier nicht notwendig, die Aus-

---

[345] Vgl. Wildt, Johannes: „Fachübergreifende Schlüsselqualifikationen - Leitmotiv der Studienreform?“. In: *DIHS*, a.a.O., S. 210, und die in diesem Artikel angegebenen Literaturhinweise.

[346] Vgl. Nakamura, Yoshiro: „Evaluation: Entwicklung statt Kontrolle. Interne Evaluation als begleitende Maßnahme von Studienreformprozessen auf Fachbereichsebene“. In: *DIHS*, a.a.O., S. 120 ff.

sagekraft solcher Umfragen damit zwar begrenzt, trotzdem aber nicht minder sinnvoll. Drei Funktionen kann eine solche Form der Rückmeldung haben:

- Studentische Veranstaltungskritik mit Hilfe von Fragebögen sollte erstens Grundlage eines anschließenden Seminargesprächs zwischen Lehrenden und Lernenden sein.
- Eine anschließende Veröffentlichung der Ergebnisse setzt eine produktive Konkurrenz der Lehrenden über die Qualität der Lehrveranstaltungen im Fachbereich in Gang.
- Prinzipiell tritt die Qualitätsdiskussion der Lehre aus ihrem privatissime-Charakter heraus in einen öffentlichen Diskurs. Studierende als Teil der Hochschule sind in diesem Falle gleichsam auch die erste Öffentlichkeit, Kritik ist Teil des grundständig partizipativen Charakters der Hochschullehre.

Ich gestatte mir die notwendige Bemerkung, daß ein Lehrender bzw. eine Lehrende, der bzw. die diese Form der Öffentlichkeit und öffentlichen Bewertung nicht aushält, offensichtlich den Beruf verfehlt hat. Öffentliche Kritik ist in der Forschung wie in der Lehre eine Selbstverständlichkeit universitären Handelns und bedarf keiner Legitimierung als Handlungsform: vielmehr muß sich u.a. durch sie das wissenschaftliche Handeln legitimieren.

Es gibt inzwischen bekanntlich eine breite Liste solcher Fragebögen. Wichtig ist trotz des subjektiven Charakters der Fragen und Antworten, die Items auf bestimmte Lehr-/Lernsituationen zu beziehen, also z.B. auf bestimmte Veranstaltungsformen (siehe Abbildung), bestimmte Studienphasen, bestimmte inhaltliche Schwerpunkte usw. Ziel ist der Aufbau von Reflexionskompetenz über die Qualität der Lehre bei Lehrenden und Lernenden im Fachbereich (Abb. 5 + 6).

Abb. 5: Fragenkatalog für eine Veranstaltungsform zu Beginn des Studiums (Einführung)

(Nennung der Veranstaltung und der Semesterzahl des/der Studierenden)

1. Welche *Arbeitsform* überwog bisher (Vortrag, Referat, Diskussion, Gruppenarbeit)?
2. Gelingt es dem Dozenten/der Dozentin, Dein *Interesse* an diesem Teilgebiete/Teilfach Deines Studiums zu wecken (nein, weil ...; teilweise, weil ...; ja, weil ...)
3. In dieser Einführung soll Dir ein *umfassender* Überblick über dieses Teilgebiet Deines Studiums vermittelt werden. Werden die einzelnen behandelten Themen in den größeren *Zusammenhang* des Teilgebietes eingeordnet? Wird dieser Zusammenhang für Dich *verständlich* vermittelt?
4. Weiterhin sollen Dir grundlegende Kenntnisse vermittelt werden. Sind Dir *grundlegende Fachbegriffe* vermittelt worden? Sind Dir die *Techniken wissenschaftlichen Arbeitens* vermittelt worden?
5. Wie würdest Du auf einer Skala zwischen 1 und 4 den *Vortragsstil* des Dozenten/der Dozentin beschreiben (informativ ... nicht informativ; klarer Gedankengang ... unklarer Gedankengang; interessant ... langweilig)?

6. Wie würdest Du zusammenfassend die Veranstaltung im Hinblick auf die Leistung Deines Dozenten/Deiner Dozentin auf einer Notenskala von 1 bis 6 *bewerten*?

Abb. 6: Fragenkatalog für eine Veranstaltungsform im Grundstudium (Proseminar)

(Nennung der Veranstaltung und der Semesterzahl des/der Studierenden)
1. Wie *häufig* besuchst Du dieses Seminar (immer; oft; selten) ?
2. Welche *Arbeitsform* überwog bisher (Vortrag, Referat, Diskussion, Gruppenarbeit) ?
3. Wie beurteilst Du auf einer Skala zwischen 1 und 5 den *vorausgesetzten Wissensstand* (überfordert ... unterfordert) ?
4. Wie würdest Du auf einer Skala zwischen 1 und 4 den *Vortragsstil* des Dozenten/der Dozentin beschreiben (informativ ... nicht informativ; klarer Gedankengang ... unklarer Gedankengang; interessant ... langweilig) ?
5. Willst Du in dieser Veranstaltung einen *Leistungsnachweis* erwerben ?
6. Wenn Du einen Leistungsnachweis erwerben willst, wie beurteilst Du auf einer Skala von 1 bis 4 die *Betreuung und Beratung* durch Deinen Dozenten bzw. Deine Dozentin jeweils bei der *Vor- und Nachbereitung* ?
7. Wie würdest Du zusammenfassend die Veranstaltung im Hinblick auf die Leistung Deines Dozenten/Deiner Dozentin auf einer Notenskala von 1 bis 6 *bewerten*?

7.3.6 Partizipation durch Beratung: Schwerpunktstudienberatung zur Qualifikationsbiographie

Dem Feld der *Beratung* kommt im Rahmen von Hochschulstudiengängen eine immer größere Bedeutung zu. Neben der die Lehrveranstaltungen begleitenden *Fachstudienberatung* ist es zunehmend wichtig geworden, mit Studierenden eine individuelle Reflexion ihres Lernweges bzw. ihrer *Qualifikationsbiographie* vorzunehmen, die über die fachlichen Aspekte und auch über die reinen Qualifikationsaspekte des jeweiligen Studienganges hinausgehen. Der Aufbau von Fachkompetenz im Studiengang muß z.B. mit dem Aufbau von Praxiskompetenzen innerhalb und außerhalb des Studiums verknüpft werden. Studierende sollen zur gezielten und ganzheitlichen Sicht auf ihren individuellen, aktuellen und zukünftigen Qualifikationsstand befähigt werden. Ein flexibles System von Studienbereichen in der Studienordnung kann dies erleichtern, womit deutlich wird, daß Beratung sich immer auf andere Partizipationselemente im Kontext eines ganzheitlichen Lehrens und Lernens im Fachbereich bezieht.[347]

Dies verlangt eine neue Zielbestimmung von Studienberatung im Studiengang ebenso wie den Aufbau von Beratungskompetenz bei den Lehrenden. Gekoppelt sein sollte diese biographisch-ganzheitliche Qualifikationsberatung an den

[347] Vgl. dazu Verf.: „Studienstrukturreform auf Fachbereichsebene: Vom institutionellen Phasenmodell zum integrativen Qualifikationsmodell. Strukturbildung gelingenden Lehrens und Lernens in Hochschulstudiengängen und die Vermittlung fachlicher Grundlagen am Beispiel der Germanistik". In: *DIHS*, a.a.O., S. 147 ff.

Lernweg des Studierenden im Studiengang. So integriert, wie die Lebensläufe in bezug auf ihren Qualifikationsaufbau heute sind und sein müssen, so integriert muß auch die Studienberatung sein mit dem Ziel, daß Studierende überhaupt an den Angeboten der Lehre produktiv partizipieren können: „Betreuung allein ist nicht alles - aber ohne Betreuung ist alles nichts“[348].

Gemäß den objektiv vorhandenen und subjektiv wahrgenommenen Studienphasen kommen drei Orte für eine solch grundlegende und studienbegleitende Schwerpunktberatung im Hinblick auf das Qualifikationsprofil der Studierenden besonders in Betracht (Abb. 7: Schwerpunktberatung zur Qualifikationsbiographie):

- Zu Beginn des (Grund-)Studiums
- begleitend zur Zwischenprüfung im Hinblick auf das Hauptstudium
- in der *Vorphase* und während der Prüfung

Abb. 7: Schwerpunktberatung zur Qualifikationsbiographie

Studienphase der Schwerpunktberatung	**Zielbestimmung der Schwerpunktberatung**	**Grundlagen bzw. Fragenkomplexe**	**Organisationsform**
Beginn des (Grund-) Studiums	Anknüpfung der Qualifikationsbiographie der Studierenden, individuelle Chancen im Studiengang erarbeiten, Aufbau eines strukturierten Grundstudiums	Gespräch über den bisherigen Qualifikationsweg der Studierenden, Kombination des Fachstudiums mit Berufsqualifikationen anhand der Studienordnung und ihrer Struktur in Qualifikationsmodulen bzw. Studienbereichen	Orientierungstutorien, DozentInnenberatung von ca. einer halben Stunde
Übergang Grund- und Hauptstudium	Reflexion des bisherigen Studienweges und der außerfachlichen Qualifikationen, Bildung von individuellen Studienschwerpunkten im Hinblick auf mögl. Prüfungskomplexe	Studienbuch, Praktika, Qualifikationsliste der Studienordnung *Beispielkatalog Germanistik:* *(1) Fachqualifikationen* *Folgende Fachqualifikationen sollen im Studium erworben werden: Wissenschaftliche Problematisierung und Problembearbeitung*	intensive und ausführliche Einzelberatung von ca. einer Stunde

[348] Köpke, Andreas / Portele, Gerhard.: „'Betreuung allein ist nicht alles - aber ohne Betreuung ist alles nichts'. Studienberatung während des Studiums“. In: *Handbuch Hochschullehre*, a.a.O., E 2.1.

		• *Problemorientierte Grundkenntnisse über Fachinhalte* • *Kenntnis und Anwendung germanistischer Theorien und Methoden* • *Textanalyse und Interpretation von literarischen Werken* • *Analyse von Sprachsystemen und Sprachäußerungen* • *Historisch-politische, soziale und kulturelle Verortung von Sprache und Literatur* • *Sprach- und Literaturvermittlung* • *Sprach-, Literatur- und Medienkritik* • *Sachgerechter, verantwortlicher und kritischer Umgang mit germanistischer Fachliteratur und germanistischen Forschungsergebnissen* • *Herstellung von Bezügen zu Nachbardisziplinen und entsprechenden Forschungsperspektiven (Interdisziplinarität)* *(2) Schlüsselqualifikationen* • *Allgemeine Schlüsselqualifikationen: Urteils- und Kritikfähigkeit, Selbständigkeit und Kooperationsfähigkeit, Problemerkennung und Problembearbeitung, Teamfähigkeit, projektorientiertes Arbeiten, konzeptionelles und handlungsbezogenes Denken usw.* • *Germanistisch-fundierte Schlüsselqualifikationen: Schreib- und Lesekompetenz, Rede- und Gesprächskompetenz, Literarisch-kulturelle Kompetenz* *(3) Zusatzqualifikationen* • *Lehrkompetenz „Deutsch als Fremdsprache"* • *Leitungs-/Vermittlungstätigkeit als Tutor/Tutorin* *Germanistisch-orientierte Berufsfelderkundung*	
Vor und während der Prüfungsphase	Anknüpfung des Hauptstudiums an die Prüfungsphase	Information über Prüfungsordnungen, Erarbeiten von Prüfungsstrategien, Besprechung von Themenkomplexen	Prüfungsbüro des Fachbereichs, PrüferInnenberatung

7.3.7 Partizipation durch Information: Konzept für einen Studienbegleitenden Studienführer

Das Problem der ausreichenden Information bzw. Informierung der Studierenden über Rahmen, Strukturen und Inhalte des Studiengangs wird zunehmend größer. Viele Probleme im Studiengang treten schlichtweg durch einen Mangel an Informationen auf, der sich im Laufe des Studiums weiter akkumuliert und einen nicht unbeträchtlichen Anteil an Studienabbruch und Prüfungsscheitern hat. Dies ist vor allem auf folgende Gründe zurückzuführen:

1. eine direkte, individuelle, mündliche Weitergabe vom Lehrenden zum Lernenden wird vor allem in Massenstudiengängen immer schwieriger, wenn nicht gar unmöglich (und muß sich zielgerichtet auf bestimmte Punkte beziehen bzw. beschränken),
2. gerade in geisteswissenschaftlichen Studiengängen fehlt es aufgrund der offenen Studienstruktur oft an der Studierendenkommunikation bezüglich der Grundinformationen über den Studiengang,
3. die Informationen und die Informationsanbieter werden immer vielfältiger und komplexer, ohne daß die Studierenden eine sinnvolle Reduktion des übermächtigen Angebotes vornehmen können,
4. die Unübersichtlichkeit fördert unautorisierte Informationsanbieter und deren Verbreitung vermeintlich wichtiger Informationen,
5. es sind immer mehr Informationen wirklich nötig, um heute einen Studiengang für sich individuell sinnvoll zu gestalten,
6. viele Informationen nehmen gar nicht die Perspektive der Adressatinnen und Adressaten ein, orientieren sich nicht an dem, was Studierende brauchen, sondern vermitteln ein selbst gewünschtes Bild der Institution und des eigenen Handelns, das von Studierenden aber häufig weder verstanden noch benötigt wird,
7. Informationen müssen ständig erneuert bzw. aktualisiert werden.

An dieser Stelle kann es sinnvoll sein, einen *Studienführer* im Fachbereich zu konzipieren, der bemüht ist, die für die Studierenden notwendigen und sinnvollen Informationen zu bündeln, klar und deutlich zu formulieren und zu strukturieren, damit praktisches, transparentes und verbindliches Handlungswissen entsteht. Dazu ist es notwendig, daß dieser Studienführer

1. primär von Studierenden für Studierende erstellt wird,
2. vom Fachbereich autorisiert ist,
3. studienbegleitend ist, d.h. es sollte keine feste Publikation, sondern ein Abonnement mit einer Laufzeit von mindestens zwei Jahren sein,
4. am Lernweg der Studierenden orientiert ist und den Aufbau von Studien- und Lernstrategien fördert,
5. vor allem konkrete Fakten und praktische Tips bietet
6. trotzdem das Studium als ganzheitliche Strategie für Identitätsentwicklung darstellt,
7. so in den Kontext anderer Reformmaßnahmen im Fachbereich eingebunden ist (Lehrveranstaltungen, Studienberatung, andere Publikationen), daß diesem eben eine ganz bestimmte Rolle im Kontext der Beratungsinitiativen zufällt (nicht alles doppelt machen, auf das jeweils andere Angebot vertrauen und verweisen).

Ein inhaltliches Grundkonzept für den *Studienbegleitenden Studienführer*, prinzipiell immer erweiterbar, könnte daher so aussehen [349] (Abb.8):

Abb. 8: Struktur eines Studienbegleitenden Studienführers

Teil	**Nr.**	**Titel**	**Inhalte (Beispiellisten)**	**AutorInnen / Erstellung**
Teil A: Allgemeines	I	W-Fragen von A bis Z	z.B. Ansprechpartner im Studiengang, Fachwechsel, Fach- und Uniwechsel, Auslandsaufenthalt, Jobs, usw.	Studierende
	II	Studienordnungen	Studienordnungen der einzelnen Studiengänge und Fächer	Fachbereich
	III	Die Fachschaft x stellt sich vor	Vorstellung der Studierendenvertretung im Fachbereich / Ansprechpartner	Studierende
	IV	Die Fachschaften y und z stellen sich vor	Vorstellung der Studierendenvertretungen benachbarter Fächer / Studiengangkombinationen	Studierende
	V	Politische Gremien im Fachbereich - Wo haben Studierende Mitsprache-, Mithör-, Mitsitzrecht	Mitbestimmungsmöglichkeiten im Fachbereich	Studierende
	VI	Studienreformbüro und Studienreformprojekt	Reforminstitutionen vorstellen	Studierende
	VII	Die Werkzeugkiste fürs Studium	Leitfaden zur Technik wissenschaftlichen Arbeitens, Referatgestaltung, Literatursuche	Studierende
	VIII	Praxis im Studium	Praxisorientierte Studienbereiche vorstellen	Studierende, Lehrende
	IX	Die Berufskiste	Praktika, Möglichkeiten der Berufsfelderkundung, Berufsberatung	Studierende, Lehrende
	X	Die Bücherkiste	Tips zur Aneignung von Grundlagenkenntnissen in den Studienfächern	Studierende, Lehrende
Teil B: Grundstudium	I	Organisation des Grundstudiums	Struktur- und Organisationsmöglichkeiten im Grundstudium zeigen	Studierende, Lehrende
	II	Einführungen in die Fächer	Vorstellung des Studienfaches bzw. der Studienfächer	Lehrende
	III	Fachtutorien	Vorstellung begleitender studentisch geleiteter Fachveranstaltungen	Studierende

349 Das vorliegende Konzept wurde von V. Eckermann und A. Thörner entwickelt, beide studentische Mitarbeiterinnen im Studienreformbüro Germanistik der H.-Heine-Universität Düsseldorf.

Teil C: Hauptstudium	I	Organisation des Hauptstudiums	Struktur- und Organisationsmöglichkeiten im Hauptstudium zeigen	Studierende, Lehrende
	II	Studienschwerpunkte	Thematische Schwerpunkte des Studienganges vorstellen	Lehrende
	III	Tips zur Organisation des Hauptstudiums	praktische Tips vor allem von Studierenden	Studierende, Doktoranden
Teil D: Prüfungsvorbereitung	I	Prüfungsordnungen	Prüfungsordnungen der einzelnen Studiengänge	Fachbereich
	II	Wer ist wo - Prüfungsämter	Vorstellung und Ansprechpartner der Prüfungsämter	Studierende
	III	Mitglieder des Prüfungsamtes	Liste der prüfungsberechtigten Dozentinnen und Dozenten	Studierende
	IV	Wie lerne ich das Lernen	Studien- und Prüfungsstrategien	Studierende, Lehrende
	V	Tips zur Prüfungsvorbereitung	praktische Tips vor allem von gerade Examinierten	Studierende, Doktoranden
Register				Redaktion

Herausgeber des *Studienbegleitenden Studienführes* könnte der Fachbereich oder die Fachschaft sein, möglicherweise die Studienreformkommission; in jedem Fall sollten Studierende die Regie bei der grundsätzlichen Perspektivenwahl und bei der Erstellung des Studienführers haben.

7.4 Rückführung: Vernetzung der Handlungsformen zu einem Integrierten Handlungskonzept

Die vorgestellten Handlungs- und Aktionsformen können, je nach Stand und Entwicklungsmöglichkeiten des Fachbereichs, Eingang finden in eine weiterreichende Verknüpfung, die über die einzelnen Verbesserungen der unterschiedlichen Maßnahmen hinausgehen. Mit anderen, hier nicht thematisierten, und vom jeweiligen Fachbereich initiierten weiteren Reformmaßnahmen fließen sie zusammen in ein Vor-Ort-Gesamtkonzept für die Qualitätsverbesserung der Hochschullehre und damit zu einer Dynamik, die mehr ist als die Summe der einzelnen Reforminitiativen: der Beginn eines jeweils zu aktualisierenden *Integrierten Handlungskonzeptes für die Studienreform. Studierendenpartizipation* in dem hier vorgestellten Sinne kann als eine der tragenden Säulen eines solchen Konzeptes gesehen werden, das dann positive Sekundärwirkungen in anderen Bereichen - wie der Selbstverwaltung und auch der Forschung - mit sich bringen wird.

8 Germanistische Lehrberichte als Mittel der Qualitätssicherung: Ein partizipatives Konzept

Lehrberichte dienen mittel- und langfristig vor allem dem Fachbereich, der ihn erstellt. Zunächst in der bildungspolitischen Debatte durchaus auch als Qualitätssicherungsmechanismus im Sinne politischer Steuerung im Hochschulwesen diskutiert, wird zunehmend deutlich, daß von Lehrberichten vor allem die Fachbereiche selbst und die von ihnen verantwortete Hochschullehre profitieren (können). Das folgende Kapitel versteht daher das Instrumentarium Lehrbericht vor allem als methodische Stärkung des Gesprächs über die germanistische Lehre im Fachbereich und als Wegweiser für konkrete Maßnahmen. Ein an Organisationsentwicklungskonzepten orientierter Ansatz, dessen Ergebnisse dann auch konsequent für die Verortung des germanistischen Fachbereichs im öffentlichen Diskurs nutzbar sind.

8.1 Evaluation, Organisationsentwicklung, Öffentlichkeit: Zur Funktion und Zielbestimmung eines germanistischen Lehrberichts

8.1.1 Germanistische Lehrberichte?

Es gibt zahlreiche Gründe, warum gerade die Germanistik prädestiniert ist, sich mit dem Thema *Lehrbericht* theoretisch fundierend, konzeptionell entwickelnd und in der konkreten Umsetzung aktiv gestaltend auseinanderzusetzen. Zum einen spielt das Prinzip *Öffentlichkeit* für die Germanistik eine konstitutive Rolle, womit bekanntlich besondere Chancen und Probleme verbunden sind. Dies wiederum hängt mit ihrem Gegenstand, ihrer Geschichte und - damit verbunden - mit ihrem Fachverständnis zusammen. Kritik ist daher für die Germanistik prinzipiell kein privates, sondern ein öffentliches Unterfangen, egal, ob die kritische Perspektive nun gerade auf die Öffentlichkeit oder auf die eigene Wissenschaft und deren Vermittlung gerichtet ist. Zum zweiten ist die Germanistik auch quantitativ in der Lehre besonders engagiert, sie ist nach wie vor ein gewolltes und vielfrequentiertes Studienfach. Die damit verbundenen Qualitätssicherungsprobleme einerseits und die aus der starken Frequentierung resultierenden Chancen zur Arbeit mit der dortigen 'studentischen Öffentlichkeit' andererseits hat die Germanistik bisher nicht ausreichend wahrgenommen, geschweige denn genutzt. Zum dritten werden Germanistinnen und Germanisten zunehmend zu *Expertinnen und Experten* der Sprache, ein Umstand, der bei der Textsorte *Lehrberichte*, die in gewissem, noch zu bestimmendem Sinne immer auch *Geschäftsberichte* sind, sehr zu Hilfe kommt. Ein vierter Grund spielt jedoch die Hauptrolle: Die Germanistik hat zwar aufgrund ihres Gegenstandes sowohl mit den mentalen Kontinuitäten wie den medialen Veränderungen der Gesellschaft direkt zu tun und trifft in der Lehre in besonderer Weise auf die daraus entstehenden Spannungen und Entwicklungsmöglichkeiten, ihre Organisationsform Hochschule ist jedoch im großen und ganzen wie eine öffentliche Verwaltung organisiert mit der Einschränkung, daß Entscheidungsstrukturen hier mehr als sonst um Einzelpersonen organisiert sind. Schlechte Lehre ist daher häufig ein direktes Ergebnis fehlender Zusammenarbeit innerhalb der Organisation, die Verbesserung ihrer Qualität konstitutiv vom Aufbau kommunikativer Strukturen im Fachbereich abhängig. Verbesserungsbemühungen der Hochschullehre werden daher nur dann spürbare und nachhaltige Erfolge erzielen können, wenn sie auf eine Organisationsentwicklung des Fachbereiches als ganzen hin gerichtet sind. Es geht daher im Rahmen der Qualitätsentwicklung der Hochschullehre allgemein, in Lehrberichtsprojekten im besonderen, wesentlich „um die Erzeugung von Kommunikations- und Einigungsprozessen als Teil einer Organisationsentwicklung“[350], wie dies in der Einleitung zusammenfassend dargestellt wurde.

8.1.2 Lehrberichte zwischen Selbstvergewisserung und Adressatenorientierung

Folgt man dieser Sichtweise, so „besteht der Sinn“ von Lehrberichten vorderhand „in einem ‘internal review’, d.h. in einer über Alltagsbeobachtung hinausgehenden methodischen Bestandsaufnahme, die eine fachbereichsinterne Auseinandersetzung mit den Ergebnissen ermöglicht und gezielte Beiträge zur Sicherung oder Verbesserung der Qualität der Lehre leisten kann.“[351] Trotz des eingestandenen Zieles einer „Befriedigung öffentlicher Legitimationserwartungen“[352] ist demnach der ‘Entwicklungswert’ für den Fachbereich selbst im allgemeinen am höchsten einzustufen. Die Öffentlichkeit wird dann vor allem als regulatives Prinzip für die eigene Organisationsentwicklung genutzt, die Perspektive eines öffentlich verantworteten Handelns erhöht nämlich erfahrungsgemäß die Dynamik der internen Qualitätsbemühungen erheblich.

Problematisch erscheint indes zunächst, was ‘Öffentlichkeit’ sein soll und welche ‘Öffentlichkeiten’ eigentlich gemeint sind. Eine Differenzierung gewinnt man, wenn nach den möglichen Adressaten von Lehrberichten gefragt wird. Der Bielefelder Hochschulforscher Wolff-Dietrich Webler schlägt hier eine Differenzierung in drei Gruppen vor, von denen die ersten beiden öffentlichkeitsorientiert sind, die dritte (scheinbar) nicht:

> „Da sind zunächst einmal als erste Gruppe:
>
> - die Hochschulleitungen,

[350] Webler, Wolff-Dietrich: „Das Modell eines Lehrberichts über die Evaluation von Lehre und Studium und erste Ergebnisse“. In: *Das Hochschulwesen* 1995/4, S. 258-266, hier: 261

[351] Ebd. S. 258

[352] Ebd.

- der akademische Senat,
- die Wissenschaftsministerien,
- Abgeordnete der Landtage und des Bundestages und
- der Wissenschaftsrat.

Das Interesse dieser ersten Gruppe richtet sich in erster Linie auf zusammenfassende Informationen, wie Kennziffern und Quoten.
Die zweite deutlich unterscheidbare Zielgruppe besteht aus

- den Studierwilligen,
- deren Eltern bzw. Familien, aber auch
- Berufsverbänden, Arbeitgebern und Gewerkschaften und vor allem
- Fachjournalisten in wachsendem Ausmaß, die zusammenfassende Überblicke schreiben. Gerade das ist in den USA sehr ausgeprägt.

Das Interesse dieser Gruppe richtet sich auf das inhaltliche Profil der Ausbildung, auf Studienschwerpunkte, Praxisbezug, Forschungsbezug, aber dann auch auf die Fachstudiendauer, auf Erfolgsquoten. (...) auf die didaktische Qualifikation des Lehrkörpers (...) und nicht zuletzt auch auf das erkennbare Interesse des Fachbereichs an seinen Studierenden.
Die dritte Gruppe, die natürlich nicht fehlen darf, ist

- der untersuchte Fachbereich selbst.

Er hat den höchsten Informationsbedarf. Er muß Kausalzusammenhänge rekonstruieren können, wenn er in seinem eigenen Bereich etwas ändern will."[353]

Die dem Zitat voranstehende Qualifizierung 'scheinbar' in bezug auf den Öffentlichkeitscharakter des eigenen Fachbereichs treffe ich an dieser Stelle, weil ja auch innerhalb des Fachbereichs stärker personenbezogene oder 'interne' Entscheidungsstrukturen neben eher halböffentlichen Problembearbeitungsstrategien (Gremien etc.) stehen. Daher gilt: Transparenz, Offenheit, Kritik und gegenseitiges Verstehenwollen, die tragenden Prinzipien einer glaubwürdigen Vermittlung zwischen Öffentlichkeit einerseits und Organisationen bzw. Institutionen andererseits, beginnen bei der Kollegin und dem Kollegen. Gelingt dies bereits auf dieser Ebene nicht oder wird gar explizit nicht gewollt, ist auch jede darauf aufbauende Vernetzung und Zusammenarbeit von vorneherein bedroht: Der erste Ansprechpartner auf dem Weg zur Öffentlichkeit sitzt immer nebenan.

8.1.3 'monitoring' statt 'controlling'

Das Lehrberichtsmodell des Fachbereichs sollte zunächst an dessen eigenem Informationsbedarf orientiert sein und daher von sich aus Objektivierungen der bis dato subjektiv gewonnenen Einschätzungen der Hochschullehre suchen. Ein Bild der ungeschminkten Wirklichkeit der Lehre ist oberstes Ziel einer Berichtsentwicklung, Verbesserungsperspektiven und konkrete Maßnahmen ergeben sich dann meist zwar nicht von alleine, aber doch wesentlich zielgerichteter und konkreter. Ein Hauptfehler der Diskussion um die Qualitätsentwicklung in der

[353] Ebd. S. 260

Hochschullehre, nämlich einen 'gewünschten Zustand' mit einem 'neu gewünschten, verbesserten' Ideal zu vergleichen, kann so vermieden werden. Die Diskussion um die Qualität der Lehre leidet sehr unter dieser Form der in sich geschlossenen 'Wunschprojektionen' oder wahlweise 'Realitätsverdammungen'; bei letzterer werden ebenfalls sehr subjektive Einschätzungen einer generellen Negativ-Beurteilung der Lehre im Fachbereich auf einen als natürlich hingenommenen und damit scheinbar unabwendbaren Abwärtstrend bezogen. In beiden Fällen werden allenfalls pauschale und selbst nicht zu verantwortende 'Realitätsargumente' zugelassen, z.B. die 'Massenuniversität' und die daraus resultierende, vermeintlich „unhaltbare Lehrsituation" oder - mindestens genauso häufig - die Blockade positiver Entwicklungen durch Kolleginnen und Kollegen, die allzuoft mehr als Konkurrentinnen und Konkurrenten gesehen werden. Solche Argumentationsstrategien verwehren aber den Blick auf die problematische Realität ebenso wie die auf Verwirklichungschancen der oft ebenso hochgesteckten wie zunächst verschwommenen Ziele. Lehrberichte haben daher die unverzichtbare Aufgabe, in einem Dreier-Schritt zunächst eine klar definierte und eindeutige *Zielbestimmung* der Lehre und des sie organisierenden Fachbereichs zu formulieren, dann eine methodisch abgesicherte Überprüfung *mit diesem selbstgesetzten Maßstand* vorzunehmen und schließlich konkrete Verbesserungsperspektiven in einem mit Zeithorizonten versehenen Maßnahmenkatalog zur besseren Zielerreichung zu benennen. Dies stellt auch Webler für das sog. *Bielefelder Modell* heraus: „Ein Grundprinzip des Bielefelder Modells lautet: An den Fachbereich werden keine Qualitätsnormen von außen angelegt, sondern es werden seine eigenen (expliziten oder latenten) Ziele ermittelt und sein Status quo damit verglichen."[354]

In einer solchen *Soll-Ist-Analyse* ist nach allen Erfahrungen die *Selbstvergewisserung* des Fachbereichs - hier bewußt als *monitoring* und nicht als *controlling* bezeichnet - der eigentlich interessante und spannende Prozeß. Lehrberichte müssen den 'Realitätsverlust', den viele Lehrende bei der Beurteilung der tatsächlichen *Wirkungen* ihrer Lehre heute haben, aufheben helfen. Meist können dann auch die latenten oder explizit formulierten Ängste, die zu Beginn mit der Qualitätsdiskussion der Lehre oft verbunden sind, massiv gemindert werden. Man lernt ja nicht nur die Dinge, die mißglücken, sondern auch die positiven Effekte seiner Lehre besser kennen. *Lehrberichte* suchen daher nicht nur nach Problemen, sondern vor allem auch nach gelingendem Lehren und Lernen im Fachbereich. Dies führt als positiver Effekt im allgemeinen zu einer Verminde-

[354] Ebd. S. 262

rung der mannigfaltigen Verunsicherungen der HochschullehrerInnen, die aus der mangelhaften Beurteilbarkeit des eigenen Lehrerfolgs im Alltag resultieren.

8.1.4 Kann und darf man Probleme veröffentlichen?

Sind aufgrund und parallel zur Zielbestimmung und kritischen Analyse der Lehre im Fachbereich solche Reflexionsprozesse zustandegekommen und konnten diese für die „Erzeugung von Kommunikations- und Einigungsprozessen als Teil einer Organisationsentwicklung“[355] genutzt werden, stellt sich - ist ein realistischer Maßnahmenkatalog erst einmal gefunden und verabschiedet - die Frage der Veröffentlichung anders als zu Beginn des Verfahrens. Das, was bis dahin geleistet worden ist, ist im allgemeinen nicht nur hilfreich für die eigene Situation vor Ort gewesen, sondern auch so beeindruckend in Inhalt, Verfahren und Form, daß eine Veröffentlichung mehr als nahe liegt. Probleme werden bei dieser Veröffentlichung nicht nur nicht verschwiegen, sondern offen und transparent angesprochen. Durch den Willen und die Maßnahmen zur Verbesserung erscheinen diese Probleme dann im Licht eines modernisierungs- und veränderungsfähigen Fachbereiches: „Wir stellen uns Problemen und können uns auch ändern!“ ist hier die Botschaft.[356] Der Fachbereich bleibt in allen Schritten der Lehrberichtserstellung selbst ‘Herr des Verfahrens’, und so sind die Chancen ziemlich groß, daß ein glaubhafter Lehrbericht entsteht, der einerseits keine interne ‘Nabelschau’ und andererseits keine ‘Hochglanzbroschüre’ ist, sondern das Angebot einer Bildungsorganisation an eine kritische Öffentlichkeit zur Zusammenarbeit. Die Veröffentlichung sollte sich dann als logische und gewollte Konsequenz ergeben. Der Fachkultur der Germanistik kommt diese Verfahrensweise besonders entgegen, weil die Prinzipien ‘Öffentlichkeit’ und ‘Kri-tik’ nicht nur konstitutiv zu ihrem Fachverständnis, sondern immer auch *zusammen*gehören.

8.2 Lehrberichte als Qualitätssicherungsmaßnahme: Modelle im Vergleich

8.2.1 Der Lehrberichtsmarkt

Lehrberichte sind nicht nur Profilierungsinstrumente in einem zukünftig stärker leistungsorientierten *und* von Marktgesetzen bestimmten Hochschulbereich, bei ihnen existiert bereits selbst längst ein Wettbewerb um das beste Modell. Um das Konzept, das hier für einen germanistischen Lehrbericht vorgeschlagen wird, richtig einschätzen zu können, ist es hilfreich, einen kurzen Blick auf die zur Zeit kursierenden Konzepte zu werfen. Hier zeigt sich neben der ersten Beobachtung einer starken Konjunktur des Themas *Lehrberichte,* die nicht auf den

---

[355] Ebd. S. 261

[356] Vgl. dazu auch Meyer, Silke: „Public Relations: Die Öffentlichkeit ist unser Partner“. In: *DIHS,* a.a.O., S. 75-80

bundesdeutschen Raum beschränkt ist, auf den zweiten Blick ein zunehmend unübersichtliches Feld.

Zum allgemeinen Kontext: Untersucht man Rolle und Funktion von Lehrberichten im weiteren Kontext von Qualitätssicherungssystemen im Hochschulwesen, so zeigt sich, daß national wie international, sei es durch wirtschaftliche Probleme der öffentlichen Haushalte, durch strukturelle Veränderung wie z.B. die Internationalisierung im Wissenschaftsbereich, durch politische Akzentverschiebungen z.B. zu einer Stärkung der Autonomie der Hochschulen, durch gesellschaftlichen Begründungszusammenhang (von der Elite- zur Massen-Hochschule)[357] und letztlich auch durch die empirische Beobachtung, daß die Lehrtätigkeit an Hochschulen zu wenige oder zu beliebige Lernwirkungen auslöst und daher selten professionell ist, daß der Druck, Qualitätsentwicklung im Hochschulbereich voranzutreiben, massiv gestiegen ist. Die Formen bzw. Systeme, in denen dies verwirklicht werden soll, sind sehr heterogen. Diese Heterogenität betrifft sowohl Zielrichtung, Genauigkeit der gesetzlichen Vorgaben, die aus den Ergebnissen resultierenden Konsequenzen, als auch die Aggregationsebene der Hochschule, auf denen die Lehrberichte angefertigt bzw. gebündelt werden (Studienfach, hochschulzentral etc.). Eine Vergleichbarkeit der Systeme fällt zunehmend schwerer, was einerseits neue Vereinheitlichungsbemühungen befördert als auch zu starkem Engagement einzelner Anbieter führt, das eigene Modell geographisch verbreitern zu wollen.

Im internationalen Vergleich zeigt sich, daß das niederländische Konzept in besonderer Weise modellbildend gewirkt hat, wenn auch die Konsequenzen, die in den einzelnen bundesdeutschen Modellen daraus gezogen werden, durchaus unterschiedlich sind. Das Hochschul-Informations-System (HIS) und das Centrum für Hochschulentwicklung (CHE) haben eine Überblickstudie zusammengestellt, weshalb ich mich hier auf diesen kurzen Problemaufriß beschränke. Sie bietet einen Überblick für den Sachstand 1996.[358]

Ein Grundproblem der Arbeit mit Lehrberichten wird bei fast allen Modellen erkennbar: So tritt z.B. immer wieder der Konflikt zu Tage, wie zwischen dem Auftrag des Gesetzgebers (also eine mehr oder minder verordnete Legitimierung des Handelns in der Hochschule vorzunehmen) und dem Selbstvergewisserungsanliegen der Fachbereiche, aber auch zwischen methodischen Unter-

[357] Vgl. Barz, Andreas, Carstensen, Doris und Reissert, Reiner: *Lehr- und Evaluationsberichte als Instrumente zur Qualitätsförderung. Bestandsaufnahme der aktuellen Praxis.* Gütersloh, Hannover 1997. (= CHE/HIS Arbeitspapier Nr. 13). S. 7 ff. Zu einzelnen Modellen siehe auch: Carstensen, Doris (Bearb.): *Wirksamkeit der internen und externen Evaluation von Lehre und Studium.* (= HIS-Kurzinformationen A 12/97).

[358] Vgl. ebd.

schieden von 'Selbstanalyse' einerseits und sozialwissenschaftlich-fundierter empirischer Prüfung andererseits, vermittelt werden kann.[359] Sinnvoll kann dies vor allem für den jeweiligen Einzelfall bestimmt werden, denn Lehrberichte entstehen immer auch im regionalen und von der Hochschule und dem Fachbereich zu bestimmenden Kontext. Ihre Produktivität sollte dann zunächst an der bestmöglichen Integration der unterschiedlichen Perspektiven und Interessen der am Lernprozeß Beteiligten gemessen werden und - gleichgewichtet - an den erreichten Wirkungen, nicht jedoch an der hochschulpolitischen Wünschbarkeit des jeweiligen Systems oder an den zugrundeliegenden Evaluationsmethoden, die ja entweder nur Zweck des Mittels oder Mittel zum Zweck sind.

8.2.2 Steuerungsbemühungen und eine Typologie der Umsetzung

Lehrberichte (im weiteren Sinne) sind national wie international gesetzlich verankert, also Teil der politischen Steuerung im Bildungswesen. Schaut man auf die Regelungen in Deutschland - und damit immer auf die der einzelnen Bundesländer -, so lassen sich laut HIS- und CHE-Studie solche mit hoher Regelungsdichte (Schleswig-Holstein und Sachsen), mit mittlerer Regelungsdichte (Baden-Württemberg, Hessen, Mecklenburg-Vorpommern, Niedersachsen, Rheinland-Pfalz und Saarland) und solche mit niedriger Regelungsdichte (Hamburg und Nordrhein-Westfalen[360]) unterscheiden.[361] Der Stand der Umsetzung ist ebenfalls sehr unterschiedlich, wobei jedoch ein direkter Zusammenhang zwischen Masse und Produktivität der Lehrberichte und der Regelungsdichte nicht stringent behauptet werden kann. Der Erstellungsturnus schwankt zwischen ein und drei Jahren, eine explizite Beteiligung von Studierenden ist nur in Mecklenburg-Vorpommern, Saarland und in Schleswig-Holstein vorgesehen. Baden-Württemberg, Rheinland-Pfalz und Sachsen sehen den mittelbaren Einbezug über Befragungen vor. Die Veröffentlichung scheint nicht unbedingt im

---

[359] Ob allerdings die Trennung in 'Lehrberichte' einerseits und 'Evaluationsberichte' andererseits hilfreich ist, muß bezweifelt werden. Selbst wenn zwei verschiedene Typen in der Praxis entstanden sind, wäre es wohl notwendig, die beiden Ansprüche, die die Termini in sich tragen, wieder näher aneinander zu bringen. Zu groß ist sonst die Gefahr von (Allgemein-)Lehrberichten ohne wirkliche Evaluation einerseits und empirisch abgesicherten Evaluationsberichten andererseits, die aber aufgrund ihrer hervorragenden Einzelqualität wenig Auswirkungen auf die ganze Hochschule bzw. auf die auf Verbreiterung angelegte Studienreformdiskussion haben.

[360] Inzwischen hat Nordrhein-Westfalen im Entwurf zu seinem neuen Hochschulgesetz Konkretisierungen in der Form vorgenommen, als ein formaler Mindestkatalog gefordert wird. Dieser bezieht sich u.a. auf den Datenkranz, auf Aussagen zu Inhalt und Struktur des Lehrangebotes, auf die studentische Veranstaltungskritik und auf eine Gesamteinschätzung der Lehre einschließlich Verbesserungsmaßnahmen. Fachbereichsrat und Senat sollen zu dem vom Dekan vorgelegten Lehrbericht Stellung nehmen.

[361] Vgl. Barz u.a.: *Lehr- und Evaluationsberichte* ... , a.a.O., S. 21 ff.

Sinne des Gesetzgebers zu sein: „Die Form der Veröffentlichung der Berichte ist in der Regel offen gelassen"[362].

Blickt man im Gegenzug auf die Praxis in den Hochschulen, so hat die heterogene Gesetzes-, Planungs- und Orientierungslage zu einem ebenso differenzierten Feld von Qualitätssicherungssystemen und damit auch Lehrberichtskonzepten geführt. Webler (1996) bezweifelt die von HRK und der genannten HIS-Studie vorgenommene bzw. gewünschte Beobachtung, daß allen in Deutschland laufenden Verfahren eine Zweistufigkeit von *self-assessment* und *peer-review* zugrunde liegen (soll) und erkennt dagegen vier Grundmodelle (A-D):

1. „Das einfachste Vorgehen ist die Selbstevaluation (self-assessment), die Selbstvergewisserung des Fachbereichs über seine Situation (Modell A); (...)"
2. Das „Modell einer Evaluation ganzer Hochschulen oder einzelner Fachbereiche durch Consulting-Firmen bzw. Unternehmensberatungen (Modell B), die von staatlicher Seite beauftragt worden sind."
3. Das „Modell C, in dem ohne vorausgehende Selbstevaluation des Fachbereiches die Evaluation durch professionelle Hochschulberater in einem teils extern, teils kooperativ mit dem Fachbereich geführten Verfahren durchgeführt wird. Die Hochschulberater sind unabhängig, aber nur insofern 'extern', als sie nicht dem betreffenden Fachbereich angehören; sie gehören selbst dem Hochschulbereich an. Es kommt auch zu Kombinationen des Modells A und C: Dann agieren die Hochschulberater nur als 'Geburtshelfer' für die Entstehung des Selbstberichts durch Methodenberatung, Datenerhebung, Moderation und Dienstleistungen bei der Auswertung.
4. Das Modell D besteht in einer externen Evaluation durch (überwiegend) Fachkollegen, dem sog. Peer-review. Es beginnt in einem mehrstufigen Verfahren mit Modell A (Selbstbericht des Fachbereichs), auf dessen Grundlage dann eine von den beteiligten Fachbereichen gleicher Fachrichtung nominierte Kommission von (im wesentlichen) Fachkollegen den Fachbereich besucht und seine Situation und Leistungen bewertet."[363]

Im Anschluß an diese Charakteristik nimmt Webler eine kritische Sichtung der Modelle vor, beschreibt Verfahren, Vor- und Nachteile und die entstehenden Kosten. Glaubhaft wird hier nachgewiesen, daß das Modell C in der jetzigen Situation der Hochschulen große Vorteile und unbestreitbare Wirkungen entfalten kann. Dies mag vor allem daran liegen, daß in diesem Modell durch die Hochschulberater im günstigen Fall hochschuldidaktische Fachkompetenz in die Fachbereiche transferiert werden kann, ohne letzteren das Gefühl der Fremdsteuerung oder Abgehobenheit zu geben. Als problematisch hat sich vor allem das Modell B erwiesen: Nur selten verfügen Unternehmensberatungen über das Know-how, das für eine sinnvolle Evaluation *von* und zur Zusammenarbeit *mit* dem Hochschulbereich notwendig ist; im übrigen werden sie von den Hochschulen selten als Partner für die Verbesserung der eigenen Situation anerkannt,

[362] Vgl. ebd. S. 27-28

[363] Webler, Wolff-Dietrich: „Qualitätssicherung in Fachbereichen - ein erster Modellvergleich". In: *Das Hochschulwesen*, 44. Jg. (1996), H. 1, S. 16-27, hier: S. 16

eher denn schon als Wegbereiter weiterer Kürzungsmaßnahmen durch die staatlichen Wissenschaftsadministrationen und damit als Gegner: Die Zusammenarbeit mit Unternehmensberatungen lehnen Hochschulen im allgemeinen ab. Dieses Manko nicht, dafür aber die entgegengesetzte, ebenso problematische, Wirkung entfaltet Modell D, das große Hoffnungen in die 'Selbstreinigungsfähigkeit' der Institution Hochschule setzt: Zu einem peer-review, also zu einem weitgehend hochschulimmanenten Qualitätssicherungssystem, gehören jedoch Hochschullehrer, die sich von Fachkollegen beraten *lassen*, weiterhin solche, die Kollegen beraten *wollen* und *können*. Beim derzeitigen Stand der Professionalisierung des Lehrens und Lernens an deutschen Hochschulen kann man beides zumindest nicht als die Regel bezeichnen. Auch hier ist zwar nicht ausgeschlossen, daß das Verfahren im Einzelfall sinnvoll und konsequenzenreich ist, die Erfahrung lehrt jedoch, daß Qualitätssicherungssysteme der Hochschule, an denen *keine* Instanz von außen, und damit in der Konsequenz hauptsächlich Kolleginnen und Kollegen beteiligt sind, mittelfristig merklich an Wirkung einbüßen (müssen), wie dies z.B. an Habilitations- und Berufungsverfahren plastisch deutlich wird.

Das HIS hat inzwischen das eigene Modell einer *Internen und Externen Evaluation* weitergehend für die Fachbereiche operationalisiert und ein *Handbuch zum Verfahren* entwickelt. Es kann als eine Kombination von Modell A und D angesehen werden: Nach einer Vorbereitungsphase wird zunächst eine Interne Evaluation durch den Fachbereich vorgenommen, die eine systematische Bestandsaufnahme anhand eines vorgeschlagenen Katalogs zur Grundlage eines Selbstreports macht.[364] Anschließend wird der Fachbereich „extern" durch Peers - schwerpunktmäßig durch solche des gleichen Faches einer anderen Hochschule - evaluiert.[365] Von diesen wird ein Gutachten erstellt. Ergebnisse beider Evaluationsformen gehen dann in die Erarbeitung eines Maßnahmenprogramms ein, mit der Hochschulleitung wird die konkrete Umsetzung vereinbart.[366] Agenturen / Geschäftsstellen aus dem Hochschulbereich qualifizieren bzw. unterstützen den Fachbereich entlang des gesamten Prozesses. Das *Handbuch* bietet einen genauen und praxistauglichen Leitfaden zur Durchführung. Vor allem die Anlagen sind interessant, sie enthalten nützliche Anregungen u.a. anhand konkreter Beispiele. Trotz dieses guten Arbeitsmaterials, sichtbarer Erfolge in der Praxis und der prinzipiellen Durchführbarkeit des Verfahrens muß jedoch ein deutlicher Einwand gemacht werden, der von Anfang an gegen das Modell erhoben wurde

[364] Vgl. dazu Carstensen, Doris und Reissert, Reiner: *Praxis der internen und externen Evaluation. Handbuch zum Verfahren*. Hannover 1998. (= HIS-Kurzinformation [Spezial]), S. 17 ff.
[365] Vgl. ebd. S. 38 ff.
[366] Vgl. ebd. S. 53 ff.

und der prinzipiell nicht auszuräumen ist: Nicht nur aus Kostengründen (diese sind vergleichsweise sehr hoch) ist *nicht* zu erwarten, daß dieses System langfristig das allgemein vorherrschende sein wird und kann. Dies liegt daran, daß es den Beweis, den es eigentlich führen will, daß nämlich die „Universitäten sehr wohl in der Lage sind, in einem autonomen Verfahren die Lehrleistung der Fächer transparent und beurteilbar zu machen und konkrete Maßnahmen zur Verbesserung der Lehr- und Studiensituation einzuleiten“[367], nur sehr vereinzelt, nicht aber flächendeckend liefern kann. Wären die Hoffnungen, die das Verfahren in die Selbstreinigungskräfte der Universitäten setzt, berechtigt bzw. realistisch, hätte es die Qualitätsdiskussion der 90er Jahre nie geben müssen, denn nicht alles kann wohl damit erklärt werden, daß in den Jahren zuvor vor allem das richtige Instrumentarium fehlte.

Ein weiterer Einwand (allerdings nicht nur) gegen dieses Modell: Der Wunsch nach *aktiver* Studierendenbeteiligung wirkt hier etwas hilflos, die dementsprechenden Vorschläge bleiben leer, vielmehr werden gängige Vorurteile wiederholt, ohne Bearbeitungsstrategien zu nennen und Chancen aufzuzeigen. So müssen bei dem u.a. vom HIS vertretenen Modell die Haupteffekte im Vergleich der Perspektiven zwischen den Lehrenden des eigenen und von Fachbereichen des gleichen Faches anderer Hochschulen vermutet werden bzw. entstehen. Die darin liegende Dynamik ist jedoch - von Einzelfällen abgesehen - ebenso zweifelhaft wie die Qualifizierung des zweiten Schrittes als ‘externe Evaluation’.

8.2.3 Perspektiven entscheiden über Wirkungen

Bei der kritischen Sichtung der aktuellen Modelle fällt vor allem folgendes auf: Die Frage der produktiven Nutzung der Perspektiven der beteiligten Gruppen spielt - ausgesprochen oder unausgesprochen - in allen Varianten eine zentrale Rolle. Während Modell A als augenfälliges Problem das Kreisen des Fachbereiches ‘um sich selbst’ provoziert bzw. ähnliche Paralysierungen wie bei Modell D auftreten können, ist Modell C darauf angewiesen, daß die dort benannten Hochschul*berater* nicht ähnlichen Vorurteilen begegnen wie die Unternehmens*berater* in Modell B. Da das Modell C im Gegensatz zu B jedoch erstens von den Fachbereichen frei wählbar und zweitens an *deren* Organisationsentwicklung orientiert ist und stärker aus dieser Sicht argumentiert, wird seine Akzeptanz im Einzelfall immer höher sein. Hier liegt also am ehesten ein Modell vor, das die Dynamik einer Studienreformentwicklung und der sie tragenden Fachbereiche richtig einschätzen, qualifizieren und die daraus entstehenden Chancen zu einer Organisationsentwicklung des Fachbereiches mit diesem zusammen aktiv nutzen kann. Letztlich entscheidet sich also vor allem bei der produktiven und aktiven

[367] Ebd. S. 2

Nutzung der Perspektiven, die in und an einem Lehrbericht zusammentreffen, bereits wesentlich mit, welche Intensität und Reichweite die Wirkungen am Ende haben werden.

Zweifel muß man lediglich an den starken Hoffnungen haben, die im Modell C an die Methoden der Informationsgewinnung geknüpft werden. Sie werden als Hauptgrund für den Vorteil des Modells genannt. Die „Methoden" sollen sogar „viel über die Wahrscheinlichkeit" aussagen, „mit der sich im Fachbereich etwas ändern wird"[368]. Hier ist - ohne die Notwendigkeit abgesicherter empirischer Methoden bestreiten zu wollen - insofern Vorsicht angebracht, als die erhobenen Daten zwar im günstigen Falle zu einer sinnvollen Diskussion im Fachbereich beitragen und vor allem mit hoher Glaubwürdigkeit ein realistisches Bild der Lehre zeichnen können. Von den Methoden kann also maßgeblich abhängen, ob nur den Fachbereich bestätigende Scheinantworten gegeben werden, oder ob überhaupt oder auch bisher nicht in den Blick gekommene Dimensionen des Lehrens und Lernens berücksichtigt werden. Ob sich hingegen im Fachbereich wirklich etwas ändert, hängt jedoch nur sehr mittelbar von den Methoden der Informationsgewinnung ab: der eigentliche Verbesserungsprozeß beginnt und entwickelt sich auf einer anderen Ebene und kann erfolgreich oder auch wenig erfolgreich verlaufen.

Jedes Modell indes, greift es vor Ort, wird seine partielle Berechtigung haben, denn „allen Modellen (ist die Erfahrung, Anm.d.V.) gemeinsam, und damit sozusagen 'vor die Klammer zu ziehen', (...) daß die bloße Vorbereitung auf die Erstevaluation in den Fachbereichen oft nach Jahren das erste Mal wieder gemeinsame Gespräche der Lehrenden über die Lehre und die gemeinsam gestalteten Studiengänge ausgelöst hat."[369]

Zu den entsprechenden Modellen verweise ich auf das Literaturverzeichnis. In den einzelnen Publikationen finden sich neben Hilfen zum Verfahrensablauf auch Checklisten und andere Evaluationshilfen, die sinnvoll zur Erstellung eines eigenen Untersuchungsdesigns genutzt werden können. Im folgenden soll nun ein Konzept vorgestellt werden, das im weitesten Sinne zu Gruppe A gehört, sich jedoch der Perspektive der Studierenden als Motor der Studienreform ebenso bedient wie des Instrumentariums des Modells C. Somit erhebt es in modifizierter Form ebenfalls den Anspruch einer objektivierenden hochschuldidaktischen Blickrichtung. Diese beiden Aspekte im Auge behaltend, soll es *Partizipatives Lehrberichtskonzept* genannt werden.

[368] Webler, „Qualitätssicherung in Fachbereichen", a.a.O., S. 19
[369] Ebd. S. 17

8.3 Skizze eines partizipativen Gesamtkonzepts: Lehrende und Studierende bericht(ig)en gemeinsam die Lehre

8.3.1 Lockerungsübungen der Organisation: ein neuer Partner kommt ins Spiel

Wie in Kapitel 7 dargelegt, erweisen sich vor allem solche Qualitätssicherungsmaßnahmen im Hochschulbereich als besonders produktiv, in denen es gelingt, Studierende *verantwortlich*, *konstruktiv* und *aktiv* miteinzubeziehen. In diesem Sinne kann der *Lehrbericht* auch als Partizipationsform verstanden werden, in der die Perspektiven von Lehrenden und Lernenden konfrontiert werden. Solidarität gegenüber dem Fachbereich und Kritik gegenüber der Lehre gehören allerdings zusammen, wenn Studierende über ihr Studium berichten und urteilen, und in der Tat werden Studierende zur Zeit, was ihre Urteils- und Beobachtungsfähigkeit angeht, häufig eher unter- als überschätzt.[370]

Nun bezieht sich der *Organisationsentwicklungsprozeß* im Fachbereich primär auf die Lehrenden. Sie bilden die Gruppe, die vorderhand zum gemeinsamen Handeln kommen muß. Durch den Einbezug von Studierenden kann dieser Prozeß aber wesentlich erleichtert werden, weil ein neuer Partner ins Spiel kommt, der die Lockerung vorhandener Strukturen erleichtert und neue Perspektiven ermöglicht. So unterschiedlich die am Prozeß beteiligten Personen sind, so unterschiedlich können dann auch die Textsorten sein, in denen sich die unterschiedlichen Perspektiven widerspiegeln: Evaluationsbericht, Darstellung konkreter Lehrprojekte, Selbstdarstellungen von Lehrenden, Interviews mit Dozierenden und Studierenden, Statements, usw. Ein Lehrbericht stellt sich so als Konglomerat verschiedener Texte dar. Der *Berichtsteil der wissenschaftlichen Einrichtung*, der vom Fachbereich autorisiert und in dessen Auftrag er erstellt wird, bildet dann nur den Kernteil eines umfassenden Lehrberichtes, der eine Vielzahl anderer, sowohl kommentierender als auch divergierender, Blickrichtungen integriert und darzustellen versucht. Lehrende und Lernende berichtigen gemeinsam die Lehre vor Ort und berichten über sie.

8.3.2 Gesamtüberblick über einen partizipativen Lehrbericht

Die grobe Struktur eines partizipativen Lehrberichtes, wie er als Aufgabe Lehrender und Lernender charakterisiert wurde, könnte folgendermaßen aussehen:

Band 1: Textband (zur Veröffentlichung vorgesehen)					
Teil	**Charakter**	**Titel**	**Inhalt**	**Textsorte**	**Seiten**
I	Vorlauf	Grußwort	Einleitung des Rektors bzw. Präsidenten der Hochschule	Kurzes Statement	1

[370] Dies läßt sich auch empirisch nachweisen. Vgl. dazu Webler, „Das Modell ...“, a.a.O., S. 264

		Vorwort	Einleitung des Herausgebers (z.B. Studienreformkommission, Fachbereich etc.)	Kurzes Statement	1
II	Berichtsteil der WE mit ausgewählten Daten, Evaluationsbericht, objektivierende Blickrichtung	z.B. „Germanistik: die Zukunft der Bildung gestalten“	Soll-Ist-Vergleich: Überblickhafte Darstellung von Studienzielen und -programm, Realität der Lehre im Fachbereich, Vorschläge für die weitere Entwicklung des Fachbereichs	Darstellender Evaluationsbericht, problemorientierter Geschäftsbericht	60
III	Kommentarteil der Lehrenden, subjektive Blickrichtung	Die Lehre gestalten	Vorstellung modellhafter Lehrveranstaltungen bzw. Lehrprojekte, Sichtweise der Dozierenden zur Hochschullehre	Interviews mit Lehrenden	25
			Fotos der Lehrenden mit Namen und Studienschwerpunkten	DozentInnenvorstellung mit Fotos	10
			Eventuell: Publikationswerbung	Anzeigen	10
IV	Kommentarteil der Studierenden, subjektive Blickrichtung	Lernen in der Hochschule	Studentische Stellungnahme der verfaßten Studierendenschaft zur Hochschullehre	Kritik- und Forderungskatalog	3
			Darstellung der Lehre aus der Sicht der Studierenden	Interviews	15
			Erfahrungen mit der Lehre aus studentischer Sicht	Erfahrungsberichte	10
V	Diskussionsteil	Fachbereichsforum Hochschullehre: der Lehrbericht in der Diskussion	Meinungen zu Lehrbericht und Hochschullehre	Essayistische Texte, Statements	5
VI	Darstellungsteil	Wir forschen für die Lehre von morgen	Fotos der Nachwuchswissenschaftler mit Namen und derzeitigem Qualifikationsprojekt	Vorstellung mit Fotos	10
		Unser Bild in der Öffentlichkeit	Ausgewählte Pressestimmen	Pressezitate bzw. -artikel	10
VII	Anhang	Anhang	Übersicht Datenband, Abbildungs- und Fotoverz.	Listen, Register, Impressum	10

Band 2: Datenband (bleibt fachbereichsintern, nicht zur Veröffentlichung vorgesehen)					
I-X	Empirische Erhebung	10 Evaluations felder	*siehe Kapitel 4.5*	in Graphiken umgesetzte Daten	130

Da im ersten Band, der zur Veröffentlichung vorgesehen ist, sinnvollerweise nur ausgewählte Daten präsentiert werden, kommt ein Datenband hinzu, der die kompletten Untersuchungsdaten enthält und hochschulintern bleibt.

Eine häufige Beobachtung: Oft zeigt sich bei Lehrberichten, daß über die Ziele der Lehre zwischen Dozierenden und Studierenden durchaus ähnliche Einschätzungen bestehen, nicht jedoch über die Tatsache, ob und in welcher Intensität diese Ziele erreicht werden und welche Verbesserungsmaßnahmen zu treffen sind. Nach aller Erfahrung können Lehrende und Lernende in diesen Fragen sehr viel voneinander lernen, eine Chance, die man nicht verschenken und die sich in der Struktur des Berichtes widerspiegeln sollte. Der dann ca. 170 Seiten umfassende Bericht (Band 1: Textband) bildet also idealiter auch die soziale Realität des Lehr-/Lernzusammenhangs ab, weil Lehrende und Studierende gleichermaßen zu Wort kommen. Enthält bereits der *Kernteil II* einen Soll-Ist-'Zukunfts-soll'-Vergleich, kommt dies noch einmal übergreifend im Gesamtbericht in der Spannung der Teile III und IV zum Ausdruck.

Interviews, Kommentar-, Diskussions- und Darstellungsteile werden im folgenden nur am Rande erwähnt. Ich konzentriere mich stärker erstens auf die Probleme der *Informationsgewinnung* und die Skizzierung eines entsprechenden *Datenbandes* (Kapitel 8.5) und zweitens auf das *Konzept* und die Erstellung des Teils II im ersten Band, den *Berichtsteil der wissenschaftlichen Einrichtung* (Kapitel 8.6). An beide Aspekte sind nicht nur besondere strategische, methodische und inhaltliche Anforderungen zu stellen, sie sind auch das primäre Evaluations- und Qualitätssicherungsinstrument und enthalten darüber hinaus die thematischen Zentren, um die herum bzw. mit denen eine Organisationsentwicklung des Fachbereiches möglich werden kann. Hinweise zum Lehrberichtsdesign und eine Kostenrechnung zum Modell schließen das Kapitel ab. Zunächst jedoch ein Zeitplan, in dem diese beiden genannten Schwerpunkte *Informationsgewinnung* und *Texterstellung* integriert entwickelt werden können.[371]

[371] Der Zeitplan und der Verfahrensablauf folgen nicht in allen Punkten der Realisierung des Lehrberichtsprojektes, das im Rahmen des „Integrierten Handlungskonzeptes“ durchgeführt wurde. Wo in der konkreten Praxis Konzeptionsschwächen, Verbesserungsmöglichkeiten bzw. deutliche Veränderungsnotwendigkeiten sichtbar wurden, sind diese hier bereits berücksichtigt.

8.4 Sechs (+1) Erstellungsphasen eines Lehrberichts

8.4.1 Struktur und Zeiträume des Verfahrensablaufs

Die Erstellung eines Lehrberichts kann in sechs bzw. sieben Phasen unterteilt werden. Der Gesamtzeitraum der Erstellung (Phase 1-6), also die intensivere Aktionsphase, liegt bei ca. einem Jahr. Für die Umsetzung sind in einer weiteren Phase noch einmal ca. ein halbes bis zwei Jahre zu veranschlagen. Die Phasen in der Übersicht:

1. Konzeptentwicklung und Grundsatzentscheidung (2 Monate)
2. Operationalisierung und Detailplanung (1 Monat)
3. Informationsgewinnung und Evaluation (3 Monate)
4. Bearbeitung und Auswertung (3 Monate)
5. Texterstellung (1 Monat)
6. Präsentation und Veröffentlichung (2 Monate)
7. Umsetzung und Sicherung (1/2 bis 2 Jahre)

Um mit der dritten Phase genau zu Semesterbeginn einzusteigen, sollte der Beginn des Lehrberichtsprojektes etwa drei Monate vorher liegen. Im folgenden werden die einzelnen Phasen näher beschrieben und modellhaft auf ein Kalenderjahr bezogen. Die eingeklammerten Kennzeichnungen beziehen sich auf die tabellarische Übersicht in Kapitel 8.8.2.

8.4.2 Die einzelnen Phasen

Erste Phase: Konzeptentwicklung und Grundsatzentscheidung. Der Fachbereich entscheidet in einer Fachbereichsratsitzung (I) Anfang Januar, die Möglichkeit der Durchführung eines Lehrberichts zu prüfen. Er nennt eine grobe Zielbestimmung und setzt eine vier- bis sechsköpfige Projektgruppe ein, in der sowohl Lehrende als auch Studierende vertreten sind und die während des Erstellungsjahres einmal monatlich tagt (1-12). Sie ist die zentrale Steuerungsgruppe des Projektes im Fachbereich. Der Fachbereichsrat nimmt in seiner ersten Sitzung auch eine vorläufige Verständigung über die Ziele der Lehre im Fachbereich vor, damit ein inhaltlicher Maßstab für das Untersuchungsdesign entstehen kann: „Was wollen wir wissen und woran wollen wir es messen?"

Für die Erstellung des Lehrberichtes muß im Fachbereich bereits jetzt eine Koordinationsstelle eingerichtet werden, die für diese Aufgabe autorisiert wird. Dies kann ein/e ProfessorIn, ein/e wissenschaftliche/r MitarbeiterIn, aber auch eine studentische oder wissenschaftliche Hilfskraft sein. Eine/n erfahrene/n Studentin oder Studenten zum/r Koordinator/in des Lehrberichtes zu machen, hat erfahrungsgemäß wesentliche Vorteile. Ihm/ihr wird man Überparteilichkeit im allgemeinen eher zubilligen als den Vertretern der Statusgruppen der Lehrenden, deren Mitglieder wesentlich eben auch *Gegenstand* der Untersuchung sind und verständlicherweise jeweils spezifische Interessen verfolgen. Er oder sie ist in jedem Fall Mitglied der Projektgruppe. Während der Erstellung muß diese Stelle dauerhaft verfügbar sein.

Bei der Erstellung des Konzeptes (Januar-Februar) ist es dann nicht nur sinnvoll, sondern unabdingbar, sich von Fachleuten, z.B. eines Hochschuldidaktischen Zentrums, eingehend beraten zu lassen (a). Ziel ist es, dieses Know-how mit Modifikationen dann jedoch weitgehend selbständig durchführen zu können (siehe die Modifikation von Modell A und C: Eventuell können Teile der Evaluation auch von den Expertinnen und Experten von außen durchgeführt werden). Nach Sichtung bisheriger Modelle und einer Kontaktierung anderer Fachbereiche der Hochschule zum Anliegen *Lehrbericht* sollte dann ein eigenes Untersuchungsdesign entwickelt werden, das speziell auf den Fachbereich abgestimmt ist. Nach ca. eineinhalb Monaten findet Mitte Februar eine Fachbereichsratsitzung (II) statt, auf der das Konzept vorgestellt, eingehend besprochen und modifiziert wird. Erst jetzt entscheidet der Fachbereich endgültig über die Durchführung des Projektes. Nach dieser Sitzung wird das Konzept (evtl. unter nochmaliger Beratung durch Fachleute von außen) durchstrukturiert, mit klaren Aufgaben- und Zeitplänen versehen und bis Ende Februar endgültig verschriftlicht. Eventuell ist eine weitere Fachbereichsratsitzung (III) notwendig, denn bereits in dieser Phase sind Vertrauens- und Konsensbildung wesentliche Grundlage.

Zweite Phase: Operationalisierung und Detailplanung. Ein weiterer Monat (März) wird nun gebraucht, um das entwickelte Untersuchungsdesign so zu operationalisieren, daß eine zeitlich realistische und vor allem problemadäquate Durchführung möglich wird. Es ist gar nicht so einfach, genau *die* Informationen abzufragen, die man wirklich braucht, und noch schwieriger, die zu bekommen, die man wirklich haben will. Zu Beginn dieser Phase ist eine erneute Beratung notwendig (b). Nun werden Fragebögen erstellt, Kontakte zu Informationsstellen geknüpft, die Software zur Auswertung gesichtet und so weiter. Fehler, die in dieser Phase gemacht werden, z.B. die Unterlassung bzw. Verschiebung detaillierter Planungsschritte, können in der Durchführungsphase ungeahnte Folgen haben und ein Vielfaches an Arbeit nach sich ziehen.

Dritte Phase: Informationsgewinnung und Evaluation. Zu Beginn der Durchführungsphase findet die Fachbereichsratsitzung (IV) statt, auf der die Detailplanung vorgestellt und genau angekündigt wird, wen was in den nächsten drei Monaten (April-Juni) erwartet. Es wird unterschieden zwischen Informationsgewinnung, bei der die Informationspartner *im* Studiengang arbeiten (Lehrende und Studierende), also Teil des kommunikativen Prozesses sind, und der Erhebung der Daten, die zentral mit der Hochschulverwaltung oder anderen Informationsquellen ermittelt werden. Jetzt zeigt sich, ob die Vorabsprachen greifen und die Planung in Phase zwei realistisch und durchdacht war. Am Ende der Phase kann eine, erste Ergebnisse vermittelnde, Fachbereichsratsitzung (V) stattfinden.

Vierte Phase: Bearbeitung und Auswertung. Anschließend erfolgt eine intensive, dreimonatige, Bearbeitungs- und Auswertungsphase (Juli-September). Bereits in der zweiten Phase *Operationalisierung und Detailplanung* wurde festgelegt, wie die erhobenen Daten ausgewertet werden. Modifikationen sind möglich. Je drei Monate für Erhebung und Auswertung sind eine knapp bemessene Zeit. Es sollte daher nach Möglichkeit bereits innerhalb der dritten Phase mit der Auswertung begonnen werden, vorzugsweise mit solchen statistischen Daten, die mit Informationsquellen außerhalb des Fachbereichs erhoben werden (Studierendenstatistiken etc.). Auch wird manche Erhebung noch bis in die Auswertungsphase hineinreichen. In dieser Phase ist eine erneute Beratung durch Fachleute sinnvoll und nötig (c). Am Ende dieser Phase wird der Datenband erstellt, der dem Fachbereich zugänglich gemacht wird.

Fünfte Phase: Texterstellung. Im folgenden Monat (Oktober) wird anhand aller gesammelten Informationen ein detaillierter, ca. 60-100 Seiten umfassender Bericht (Arbeitstitel: *Berichtsteil der wissenschaftlichen Einrichtung)* erstellt. Der Text sollte, wenn er zur Veröffentlichung vorgesehen ist, zwar hochschuldidaktisch qualifiziert, darf aber kein wissenschaftlicher Sachtext sein, sondern muß die verschiedenen Öffentlichkeiten als Adressaten im Auge haben. Als Textsorte sollte es sich daher um einen *problemorientierten Geschäftsbericht* handeln.

Sechste Phase: Präsentation und Veröffentlichung. Zu wenig Energie wird nach getaner Arbeit meist in die Präsentation der Ergebnisse investiert. Ein schwerer Fehler, denn erst jetzt erweist sich endgültig, ob die meisten Lehrenden und Studierenden das Ergebnis annehmen werden und es als echte Verbesserungs-chance sehen. Für zwei Richtungen, die die unterschiedlichen Adressatenkreise repräsentieren, sollten nun Präsentationen ins Auge gefaßt und methodisch intensiv vorbereitet werden: In den Fachbereich hinein [1.] und über den Fachbereich hinaus [2.]. Zunächst zu [1.]: In einer Fachbereichsratsitzung Mitte Oktober (VI), also noch während der Texterstellung, müssen erneut die Ziele der Lehre im Fachbereich besprochen werden, denn obwohl eine grobe Einschätzung am Anfang vorgenommen wurde, zeigt sich doch durch den Prozeß der Lehrberichtsentwicklung, daß erstens diffuse Ziele nun deutlich klarer werden, daß diese zweitens realistischer sind und daß sich drittens Gemeinsamkeiten herauskristallisieren bzw. im Gespräch und in Fachbereichsratsitzungen ergeben, die in dieser Form zunächst kaum für möglich gehalten wurden. Hier ist nun die

Zeit, eine detaillierte und für die Organisation tragfähige Zieldefinition und Aufgabenbestimmung vorzunehmen. In einer weiteren Sitzung Ende Oktober (VII) werden dann die zentralen Ergebnisse der Evaluation vorgestellt und diskutiert. Der *Berichtsteil der wissenschaftlichen Einrichtung* wird fertiggestellt.

Die letzte Sitzung Mitte November (VIII) hat die Verbesserungsmöglichkeiten und den konkreten Maßnahmenkatalog mit Zeithorizonten zum Inhalt, der dann Gegenstand einer verbindlichen Absprache bzw. eines Fachbereichsbeschlusses sein muß. Auch den Studierenden sollen diese Ergebnisse dann auf breiter Basis zur Kenntnis gegeben werden, denn auch auf sie kommt es an, ob die Umsetzung gelingt.

Ebenso wichtig ist die Präsentation der Ergebnisse über den Fachbereich hinaus [2.]. Ist der *Berichtsteil* um die Kommentar- und Darstellungsteile ergänzt, in einer Publikation zusammengefaßt, gestaltet und gedruckt, sollten neben dem üblichen Versand an die hochschulinterne und hochschulexterne Öffentlichkeit (im Dezember) eine Pressekonferenz und evtl. eine Mail-Aktion durchgeführt werden, um zentrale Ergebnisse ebenso wie das Selbstverständnis eines zu Änderungen bereiten Fachbereichs bekannt zu machen. In einer abschließenden Besprechung mit Hochschulberatern werden der bisherige Prozeß reflektiert und Chancen professioneller Umsetzung erörtert (d). Damit ist die intensive Phase des Lehrberichts nach einem Jahr abgeschlossen. Die Projektgruppe wird aufgelöst, die Koordinationsstelle geschlossen.

Siebte Phase: Umsetzung und Sicherung. Noch zwei weitere Jahre müssen die Maßnahmen des Katalogs dann umgesetzt werden. Am Ende steht eine Überprüfung der Umsetzung und der Erfolge für das Lehren und Lernen im Fachbereich. Gute Maßnahmen sollen dauerhaft gesichert werden, die, die sich als problematisch erwiesen haben, sollen wieder fallengelassen werden.

8.4.3 Zusammenfassung des Verfahrensablaufs

Das Konzept eines partizipativen Lehrberichts setzt auf die Kommunikations- und Entwicklungsfähigkeit des germanistischen Fachbereiches, in dem es durchgeführt wird. In den ersten sechs Phasen der intensiveren Berichterstellung (*Konzeptentwicklung und Grundsatzentscheidung, Operationalisierung und Detailplanung, Informationsgewinnung und Evaluation, Bearbeitung und Auswertung, Texterstellung, Präsentation und Veröffentlichung, also 2+1+3+3+1+2=12 Monate)* leitet eine Projektgruppe des Fachbereichs mit Beratung von außen das Verfahren und führt es durch. In sechs bis acht Fachbereichsratsitzungen werden Planung und Ergebnisse immer wieder an die Verantwortungsträger zurückgebunden. Die Projektgruppe führt - mit direkter oder indirekter Hilfe von Beratern - die Untersuchungen und Erhebungen durch, wobei die indirekte Version den Vorteil hat, daß hier dauerhaft Evaluationskompetenz im Fachbereich selbst aufgebaut wird. Trotzdem: ohne intensive Beratung geht es sicher nicht. Für eine einzurichtende Koordinationsstelle muß der Fachbereich Ressourcen im Hilfskraft- oder Angestelltenbereich zur Verfügung stellen. Mitgliedern der Projektgruppe kann eine zeitgebundene Deputatsermäßigung ermöglicht werden. Sowohl *Idee, Konzept, Planung, Durchführung, Ergebnissichtung* und *Umsetzung des Maßnahmenkatalogs,* alles dies sind Elemente einer umfassenden Organisationsentwicklung des Fachbereichs, die auf den dauerhaften Umbau der Strukturen im Fachbereich aufgrund einer gemeinsamen Ziel- und Strategieentwicklung zielt und setzt. *Für* den Fachbereich wird in diesem Konzept also kein Lehrbericht erstellt, er erstellt und verantwortet ihn *selbst,* bleibt mit seiner Perspektive jedoch nicht im Kreis der Lehrenden, sondern nutzt vor allem die Entwicklungschancen, die Studierende über deren anonyme Beteiligung über Fragebögen hinaus für den Fachbereich bedeuten können. Andererseits wird auf die qualifizierte Beratung durch Fachleute von außen vertraut.

8.5 Fünf Ebenen der Informationsgewinnung

Besondere Probleme bei der Lehrberichtserstellung bereitet vor allem die Informationsgewinnung. Es ist nicht einfach, die den spezifischen Sachverhalt treffenden Daten richtig zu erheben, zumal im allgemeinen eine Menge sozialwissenschaftlichen Know-hows für Auswahl und Erhebung gefragt ist. Im folgenden wird eine komplexe Informationsgewinnung auf fünf Ebenen vorgeschlagen, die sich in der Realität als erfolgreich erwiesen hat. Hierbei werden zunächst zwei Ebenen rein quantitativ-statistischer Informationsgewinnung von zwei weiteren getrennt, die sowohl solche als auch qualitativ-inhaltliche Aspekte beinhalten, weshalb letztere als integrierte Befragungsebenen bezeichnet werden sollen. Die fünfte Ebene zielt wesentlich auf qualitative Aspekte des Lehrens und Lernens.

Jeder Fachbereich wird neben bestimmten Rumpfdaten jedoch auch zielgerichtet eben ganz bestimmte Dinge erfahren und damit abfragen wollen, die hier nicht genannt sind. Andere Aspekte des hier vorgeschlagenen Untersuchungsdesigns werden vielleicht als überflüssig betrachtet. Solche Schwerpunktsetzungen sind in jedem Fall möglich, wenn sie begründet geschehen, denn immer ist eine Datenerhebung in einen inhaltlichen Begründungs- und Bewertungszusammenhang zu stellen: 'Reine' empirische Daten existieren nur in der Phantasie mancher Statistiker, eine realistische Beurteilung des Lehr-/Lernzusammenhangs ohne sozialwissenschaftliches Instrumentarium dagegen nur in den Träumen von Bildungsplauderern. Beratung einzuholen ist hier in jedem Fall angezeigt.

Für die Datenerhebung muß nun ein *Evaluationszeitraum* festgelegt werden. Bestimmte Daten werden nur an einem Stichtag innerhalb der *Evaluationsphase* erhoben, manche Fragestellungen verlangen einen perspektivischen Zeitraum von vier bis sechs Semestern. Im vorliegenden konkreten Fall, der lediglich als eine Möglichkeit angesehen werden soll, wurde ein Datenband mit zehn *Evaluationsfeldern* erstellt, die sowohl dem *Lehrbericht* des Fachbereichs als auch der Evaluation bzw. der *Zwischenbilanz* des Studienreformmodells des Fachbereiches zugrunde lagen (siehe Kapitel 6). Beide Perspektiven waren so von vorneherein miteinander verknüpft, obwohl in einigen Evaluationsfeldern jeweils andere Akzente gesetzt wurden.

8.5.1 Erste Ebene: Quantitative Rahmendaten

Quantitative Rahmendaten nehmen den Kontext des Lehrens und Lernens im Fachbereich ins Blickfeld, soweit dieser sich durch Zahlen rekonstruieren und belegen läßt. Zentrale Frageperspektive ist dabei die nach den Studierendenzahlen und der Erfolgsquote im Sinne des Studienabschlusses. Folgende Informationen können hier von Nutzen sein:

Evaluationsfeld: Studiengänge und Prüfungen (1)

1. Studiengänge des Fachbereichs - Belegfälle im Vergleich
2. Entwicklung Akademische Studiengänge/Lehramt
3. Entwicklung benachbarter Studiengänge, an denen der Fachbereich mit Lehrangebot beteiligt ist
4. Kapazitätsauslastung des Fachbereichs
5. Kapazitätsauslastung anderer Fächer der Hochschule
6. Studienanfängerzahlen
7. Studierendenverteilung nach Semesterkohorten
8. Prüfungsstatistik Zwischenprüfungen (Magister Hauptfach und Lehramt)
9. Prüfungsstatistik Zwischenprüfungen (Magister Nebenfach)
10. Prüfungsstatistik Abschlußprüfungen
11. Prüfungsstatistik Abschlußprüfungen (Prüfungszeitraum und Studiendauer)

Dieses Evaluationsfeld sollte für mindestens vier bis sechs Semester die Daten im Vergleich darstellen.

Weitere Frageperspektive ist die nach der vorhandenen Lehrkapazität, wofür ebenfalls ein eigenes Feld gebildet wird:

Evaluationsfeld: Lehrkapazität (4)

12. Lehrdeputat der Abteilungen/Teilfächer nach Stellenqualität in SWS
13. Lehrdeputat der Abteilungen (Liste)
14. Lehrdeputat (Stellenplan)
15. Personalstruktur Männer/Frauen

Dieses Evaluationsfeld kann zu einem Stichtag während der aktuellen Berichtserstellung erhoben werden.

Ergänzend muß aufgeführt werden, über welche Ressourcen der Fachbereich im Sachmittel-, im Hilfskraftmittel- und in anderen Bereichen, insoweit diese Einfluß auf die Lehre haben, verfügt:

Evaluationsfeld: Mittelbewirtschaftung des Fachbereichs (7)
16. Mittelverteilung der Personalmittel (systematisch und nach Teilfächern)
17. Mittelverteilung der Sachmittel (systematisch und nach Teilfächern)
Dieses Evaluationsfeld kann zu einem Stichtag während der aktuellen Berichtserstellung erhoben werden.

Wenn der Fachbereich bereits qualitätssichernde Begleitmaßnahmen durchgeführt hat, bzw. durchführt, sollte dies in einem eigenen Feld festgehalten werden:

Evaluationsfeld: Begleitende Maßnahmen (6)
18. TeilnehmerInnenzahlen der Hochschuldidaktischen Fortbildung
19. Fachbereichspublikationen zur Studienreform
Dieses Evaluationsfeld kann zu einem Stichtag während der aktuellen Berichtserstellung erhoben werden.

Ziel einer Gruppe von Evaluationsfeldern, die *Quantitative Rahmendaten erhebt,* ist es, ein *datengestütztes, eindeutiges* und möglichst *umfassendes* Bild der Rahmenbedingungen des Fachbereichs zwischen Anforderungsprofil, Ressourcenlage und Ausbildungsergebnissen zu erhalten. Das Verhältnis von Investition und Ertrag soll hier an Kontur gewinnen und quantifizierbar werden. Die Daten können im allgemeinen (bis auf das Feld „Begleitende Maßnahmen") zentral durch die Planungsabteilungen bzw. Studierendensekretariate der Hochschule bereitgestellt werden.

8.5.2 Zweite Ebene: Quantitative Binnendaten

Quantitative Binnendaten befragen das Lehrangebot des Fachbereichs nach dessen Struktur, wie diese sich für Lehrende und Studierende konkret darstellt. Wie werden die Ressourcen im Studiengang genutzt? Welche Binnenstrukturen hat der Studiengang im Hinblick auf sein Lehrangebot? Wie arbeiten die verschiedenen Untergliederungen bzw. Organisationseinheiten des Fachbereichs? Stimmen Studienprogramm und reales Lehrangebot überein? Hat der Fachbereich hier bereits strukturregulierend bzw. ressourcensteuernd eingegriffen, z.B. durch Lehrstrukturkonzepte, und wenn ja, mit welchem Erfolg?

Evaluationsfeld: Studienstruktur (2)
20. Lehrangebot: Übersicht
21. Verhältnis Festangestellte/Lehrbeauftragte
22. Teilfach 1, z.B. Germanistische Sprachwissenschaft: Strukturentwicklung nach Ressourcen in SWS
23. Teilfach 2, z.B. Neuere Deutsche Philologie: Strukturentwicklung nach Ressourcen in SWS
24. Teilfach 3, z.B. Ältere Deutsche Philologie: Strukturentwicklung nach Ressourcen in SWS
25. Teilfach 4, z.B. Didaktik der Dt. Sprache und Literatur: Strukturentwicklung nach Ressourcen in SWS
26. Teilfach 5: Strukturentwicklung nach Ressourcen in SWS
27. Fachbereich gesamt: Strukturentwicklung nach Ressourcen in SWS

28. Belegung der Zeiten durch Lehrveranstaltungen
29. Zuordnungen zur LPO Wintersemester 1996/97
30. Lehrstrukturkonzept Wintersemester 1996/97
31. Lehrstrukturkonzept Sommersemester 1997
32. Lehrstrukturkonzept Wintersemester 1997/98

Dieses Evaluationsfeld sollte für mindestens vier bis sechs Semester die Daten im Vergleich darstellen.

Wenn im Fachbereich bereits vor kurzem eine Studienstrukturreform durchgeführt wurde, ist es sinnvoll, zum Vergleich die alte Studienstruktur hinzuzuziehen, um Verbesserungen, aber auch Probleme besser lokalisieren zu können. Ein Beispiel dafür:

Evaluationsfeld: Lehrangebotsstruktur vor der Studienstrukturreform im Semester xy (10)

33. Lehrveranstaltungen Semester xy (nach Fächern und Veranstaltungs-Typen)
34. Anzahl der einzelnen Lehrveranstaltungstypen
35. Aufteilung nach Teilfächern
36. Zuordnungen zur LPO
37. Belegung der Zeiten durch Lehrveranstaltungen
38. Struktur Teilfach 1, z.B. Germanistische Sprachwissenschaft
39. Struktur Teilfach 2, z.B. Neuere Deutsche Philologie
40. Struktur Teilfach 3, z.B. Ältere Deutsche Philologie
41. Struktur Teilfach 4, z.B. Didaktik der Dt. Sprache und Literatur
42. Struktur Teilfach 5
43. Personalstruktur (nach Veranstaltungen)

Dieses Evaluationsfeld kann zu einem Stichtag während der aktuellen Berichtserstellung erhoben werden.

Es kann also sinnvoll sein, auch *nicht mehr aktuelle* Daten zu sammeln, wenn diese Rückschlüsse auf Begründungszusammenhänge für die momentane Situation zulassen. Allerdings ergeben aneinandergereihte Querschnittstudien, auch wenn sie ein identisches Untersuchungsdesign aufweisen, noch nicht den Aussagewert einer als solche konzipierten Längsschnittstudie. Dies ist vor allem bei der Evaluierung Lehr-/Lernprozesse bedeutsam und zu beachten.

Besonders zentral und aussagekräftig ist ein Evaluationsfeld, in dem die tatsächliche Auslastung der einzelnen Studienbereiche und Lehrveranstaltungen aufgeführt wird. Hier bestehen im allgemeinen im Fachbereich große Unkenntnis, Verwirrung und meist subjektiv gewünschte oder traditionell gebildete Zuschreibungsmuster. Wo quantitative Belastungen wirklich vorhanden sind, kann beispielsweise durch eine fachbereichsinterne Belegfallzählung der Lehrveranstaltungen abgelesen werden. Eventuell sind in verschiedenen Studienbereichen weitere Differenzierungen notwendig.

Evaluationsfeld: Auslastung der Studienbereiche (3)
44. Belegzahlen im Studienbereich A: Erstsemestertutorien
45. Belegzahlen in den Studienbereichen B,C,D - Teilfach 1, z.B. Germanistische Sprachwissenschaft
46. Belegzahlen in den Studienbereichen B,C,D - Teilfach 2, z.B. Neuere Deutsche Philologie
47. Belegzahlen in den Studienbereichen B,C,D - Teilfach 3, z.B. Ältere Deutsche Philologie
48. Belegzahlen in den Studienbereichen B,C,D - Teilfach 4, z.B. Didaktik der Dt. Sprache und Literatur
49. Belegzahlen in den Studienbereichen B,C,D - Grundlagenbereiche gesamt
50. Belegzahlen im Studienbereich E - Teilfach 1, z.B. Germanistische Sprachwissenschaft
51. Belegzahlen im Studienbereich E - Teilfach 2, z.B. Neuere Deutsche Philologie
52. Belegzahlen im Studienbereich E - Teilfach 3, z.B. Ältere Deutsche Philologie
53. Belegzahlen im Studienbereich E - Teilfach 4, z.B. Didaktik der Dt. Sprache und Literatur
54. Belegzahlen im Studienbereich F
55. Belegzahlen im Studienbereich G
56. Belegzahlen in Fachtutorien

Dieses Evaluationsfeld sollte für mindestens vier bis sechs Semester die Daten im Vergleich darstellen.

Ziel einer Gruppe von Evaluationsfeldern, die *Quantitative Binnendaten erhebt,* ist es, ein *realistisches* und vor allem *differenziertes* Bild der *tatsächlichen* Frequentierungen *des* Studienganges und der *nachweisbaren* Belastungen *im* Studiengang zu erhalten. Hier ergeben sich meist direkte und kurzfristige Chancen für eine bessere Steuerung. Die Daten sollten von der Koordinierungsstelle im Fachbereich erhoben werden.

8.5.3 Dritte Ebene: Integrierte Studierendenbefragung

In den nächsten zwei Ebenen werden unterschiedliche Erhebungsformen mit sowohl quantitativer wie qualitativer Perspektive integriert. Am Beispiel der Studierendenbefragung soll deutlich werden, wie dies zu verstehen ist und praktisch aussehen kann.

Studierende können auf mindestens drei verschiedenen Wegen bei der Lehrberichtsentwicklung miteinbezogen werden. Umfragen sind dabei das erste, ein inzwischen sehr gängiges und probates Mittel, weil sie einer sehr großen Zahl von Studierenden die Möglichkeit der Partizipation geben. Im vorliegenden Fall wurden zwei Umfragen durchgeführt, die weniger nach konkreten Lehrveranstaltungen, sondern nach Gesamteinschätzung des Studienganges, der eigenen Lebenssituation, nach Bildungsbiographie und nach konkreten Anforderungen an den Studiengang fragten. Die erste Umfrage hatte dabei einen sehr breiten Fragehorizont[372]:

[372] Vgl. dazu Wenig, Nina: „Die Studierenden kennenlernen - mit der Basis arbeiten. Die 'Studierendenumfrage' als Partizipationsform in der Studienreform". In: *DIHS,* a.a.O., S. 58-69 und

Evaluationsfeld: Ergebnisse der Studierendenumfrage (8)
57. Muster des Fragebogens
58. Angaben zur Person (Geschlechterverhältnis)
59. Angaben zur Person (Alter der Befragten)
60. Bildungsweg und Studiengang (Fachsemester)
61. Bildungsweg und Studiengang (Haupt- und Nebenfach Belegzahlen)
62. Bildungsweg und Studiengang (Bildungsweg vor dem Studium)
63. Persönliche Situation (Wohnsituation)
64. Persönliche Situation (Finanzierung der Studierenden)
65. Persönliche Situation (Finanzielle Situation insgesamt)
66. Persönliche Situation (Arbeitsmotivation)
67. Persönliche Situation (Zeitaufwand für Job und Arbeit)
68. Studiensituation (Veranstaltungsbesuch in der Universität)
69. Studiensituation (Selbststudium)
70. Studienmotivation (Berufswunsch)
71. Studienmotivation (Studiengrund)
72. Studienorganisation (Änderungswünsche im methodischen Bereich)
73. Studienorganisation (Leistungsnachweise)
74. Studieninhalte

Dieses Evaluationsfeld kann zu einem Stichtag während der aktuellen Berichtserstellung erhoben werden.

Die zweite Umfrage spezifizierte das Feld Praxisorientierung und Berufswünsche, um hier gezielte Lehrveranstaltungsangebote konzipieren zu können[373]:

Evaluationsfeld: Umfrage zur Praxisorientierung 1995 (9)
75. Umfrage zur Praxisorientierung 1995
76. Fragenkomplex 1: Praktika
77. Fragenkomplex 2: Berufswünsche
78. Fragenkomplex 3: Berufsziele allgemein
79. Fragenkomplex 4: Berufsziele und Praktika
80. Fragenkomplex 5: Absolvierung von Praktika
81. Fragenkomplex 6: Bereiche der Praktika
82. Fragenkomplex 7: Praktikumsmodalitäten

Dieses Evaluationsfeld kann zu einem Stichtag während der aktuellen Berichtserstellung erhoben werden.

Beide Umfragen stellen also die Qualität der Lehre in einem erweiterten Sinne zur Diskussion. Im engeren Sinne steht diese in der Evaluierung von Lehr-/ Lernprozessen im Studiengang, z.B. in der Form *Studentischer Veranstaltungskritik* oder auch in der *Evaluation* von Lehrveranstaltungen, im Mittelpunkt. Eine dritte Möglichkeit der Partizipation der Studierenden im Lehrbericht bilden

dies.: „Die Studierendenumfrage 1994". In: *die blaue reihe. Diskussionsgrundlagen zur Studienreform Germanistik.* 3. Jg. (1996) Nr. 33, S. 10-36

[373] Vgl. dazu Ehlert, Holger und Hahn, Silke: „Umfrage zur Praxisorientierung 1995". In: *die blaue reihe. Diskussionsgrundlagen zur Studienreform Germanistik.* 3. Jg. (1996) Nr. 33, S. 38-48

schließlich Interviews, Statements, Reportagen usw., die im Rahmen des Kommentarteils zum tragen kommen.

Eine Datenerhebung mit statistisch-quantitativem Charakter steht in *integrierten Befragungsstrategien* neben qualitätsorientierten Fragekomplexen mit inhaltlicher Zielsetzung. Der Unterschied in den Fragestellungen verlangt dann auch unterschiedliche Auswertungsarten. Ist die Auswertung statistischer Daten - bei richtiger Operationalisierungs- und Detailplanung - mit dem Computer und geeigneter Software einfach vorzunehmen, erfordert die Auswertung qualitativer Fragen ein wesentlich komplexeres Bewertungsschema, eine intensive Auseinandersetzung, die Notwendigkeit, Gewichtungen vorzunehmen, und im allgemeinen daher auch einen intensiveren Zeitaufwand. Bewährt hat sich in jedem Fall, möglichst in jeder Befragungsform in unterschiedlicher Intensität und Reichweite statistisch-quantitative und qualitativ-inhaltliche Aspekte zu integrieren.

Ziel einer Gruppe von Evaluationsfeldern, die die *Ergebnisse* von *Studierendenbefragungen* zusammentragen, ist es, ein *glaubwürdiges* und vor allem *differenziertes* Bild der Studierenden, ihrer Bildungs- und Berufswünsche zu zeichnen. Die Informationsgewinnung in diesem Bereich sollte von der Koordinierungsstelle im Fachbereich und der Projektgruppe Lehrbericht gemeinsam organisiert und durchgeführt werden. Vor allem auf diesen Informationen aufbauend, kann dann ein reformiertes Studienprogramm entworfen werden.

8.5.4 Vierte Ebene: Integrierte Lehrendenbefragung

Interviews, Statements, Reportagen usw. sind ebenfalls die Formen, in denen die Lehrenden ihre Sicht der Lehre darstellen können, auch wenn hier inhaltlich natürlich andere Akzente gesetzt werden. So können neben persönlichen Einschätzungen z.B. auch Studienschwerpunkte, modellhafte Lehrprojekte usw. dargestellt werden.

Ist der *Berichtsteil der wissenschaftlichen Einrichtung* wohl der aufschlußreichste Abschnitt innerhalb des Lehrberichts, so ist Konfrontation der Perspektiven von Lehrenden und Lernenden in den Kommentarteilen mit Sicherheit der spannendste.

Die integrierte Frageform kann auch bei der Lehrendenbefragung produktiv genutzt werden. Ein Beispiel: *Die* Lehrenden, die besonders in der Fachbereichsverantwortung stehen (Professoren etc.), wurden in dem vorliegenden Modell noch einmal eigens mit einem Fragebogen gefragt, der sowohl inhaltliche als auch statistisch-auszuwertende Elemente hat. Dies erwies sich einerseits als vorteilhaft, weil nun verschiedene Daten z.B. von Fachbereich und zentraler Hochschulverwaltung verglichen und aufgrund der auftretenden Differenzen eine gezielte Fehlersuche begonnen werden konnte, andererseits sicherten die inhaltliche Befragungsebene und die aus ihr resultierenden Informationen, daß die quantitativ-statistische Erhebung in ihren inhaltlichen Konsequenzen transparent und bedeutsam erscheinen konnte.

Fragebogen für die Verantwortlichen der Teilfächer

1. Welche *Studienschwerpunkte* sind an Ihrer Abteilung vertreten und von wem werden diese angeboten (Kurzbeschreibung) ?
2. Wie *stimmen Sie das Lehrangebot* Ihrer Abteilung für das nächste Semester *ab* und in welcher Reihenfolge finden bei Ihnen Planungskonferenzen für die Lehre statt?
3. Mit welchen *Partneruniversitäten* bzw. anderen in- und ausländischen Institutionen besteht ein *Studierendenaustausch* und, wenn ja, in welcher Höhe der Studierenden (Fallzahlen) ?
4. Welche sonstigen Kontakte bzw. *internationalen Vereinbarungen* bestehen, die sich auf Studium, Lehre usw. beziehen (kein ausschließlicher Forschungsaustausch)?
5. Mit welchen anderen *Hochschulen bzw. regionalen Instituten* arbeiten Sie zusammen?
6. Wieviel *Semesterwochenstunden Lehre* bieten Sie in Ihrem Fach bzw. an Ihrer Abteilung an, die für das von Ihnen vertretene Teilfach anrechenbar sind?
7. Mit wieviel SWS sind Sie an anderen *Studiengängen der Phil.Fak. beteiligt*, sind diese SWS auch für Germanistik-Studierende besuchbar?
8. Sind bei Ihnen alle notwendigen *Teilgebiete abgedeckt*? Wo sehen Sie Probleme?
9. Wie beurteilen Sie die *Ausstattung mit Seminarräumen und Hörsälen* (Menge und Qualität)?
10. Welchen Teil Ihres *Sachmitteletats stellen Sie für Lehrzwecke* zur Verfügung (*total* in ca. DM und *prozentual*)? Halten Sie die Mittel für ausreichend und, wenn nicht, wie hoch würden Sie den Mehrbedarf beziffern?
11. Halten Sie die *Studienliteratur* in den Bibliotheken für ausreichend? Wenn nicht, auf wieviel ca. DM schätzen Sie den Mehrbedarf an Ihrer Abteilung?
12. Wieviel *Professoren* gibt es an Ihrer Abteilung, welchen *Besoldungsgruppen* gehören sie an und welches *Lehrdeputat* haben diese?
13. Wieviel *Habilitierte bzw. Prüfungsberechtigte* (außer 12) haben Sie an Ihrer Abteilung und wieviel Lehrdeputat haben diese?
14. Wieviel *hauptamtlich Lehrende* (BAT, A, etc.) (außer 13) in *unbefristeter* Anstellung gibt es an Ihrer Abteilung (bitte die einzelnen Stellenqualitäten nennen) und welches *Lehrdeputat* haben diese?
15. Wie viele von 13 und 14 sind Frauen und wie viele sind Männer?
16. Wieviel *Lehrende* (BAT, A, H, etc.) in *befristeter Anstellung* gibt es an Ihrer Abteilung (bitte die einzelnen Stellenqualitäten nennen) und welches *Lehrdeputat* haben diese?
17. Sind *Stellen* bei Ihnen zur Zeit *unbesetzt* (BAT, A, H, etc.) und wieviel Lehrdeputat ist davon betroffen?
18. Wenn Sie *Dritt- bzw. Sondermittel* haben, nehmen die daraus bezahlten Mitarbeiterinnen und Mitarbeiter *Lehraufgaben* wahr und, wenn ja, in welcher Höhe?
19. Wenn zur Zeit *Deputatsreduzierungen* vorliegen: Wie *hoch* sind diese, welche *Stellenqualität betreffen* sie und sind diese *dauerhaft*?
20. Nehmen bei Ihnen *Wissenschaftliche Hilfskräfte Lehraufgaben* wahr, wenn ja, in welcher Höhe?
21. Gibt es bei Ihnen auch *Wissenschaftliche Hilfskräfte,* die *keine Lehraufgaben* wahrnehmen?
22. Wieviel *unbezahlte Lehraufträge* (außer Wissenschaftliche Hilfskräfte) haben Sie in den letzten 3 Semestern (SoSe 1995 bis WiSe 1996/97) vergeben (bitte einzeln nach Semestern aufführen)?

23. Wieviel *bezahlte Lehraufträge* (außer Wissenschaftliche Hilfskräfte) haben Sie in den letzten 3 Semestern (SoSe 1995 bis WiSe 1996/97) vergeben (bitte einzeln nach Semestern aufführen)?
24. Gewichten Sie bitte die *Anzahl der Lehraufträge* am *Gesamtvolumen der SWS* an Ihrer Abteilung (*total und prozentual*) in den letzten *drei* Semestern.
25. Für welche Zwecke der Lehre haben Sie die Ihnen zur Verfügung gestellten Notzuschlagsgelder verwendet?
26. *Stellungnahme*: Wie beurteilen Sie die Lehre im Fachbereich? Wo sehen Sie Probleme bzw. Veränderungsmöglichkeiten?

Ziel einer Gruppe von Evaluationsfeldern, die die *Ergebnisse* von *Lehrendenbefragungen* zusammentragen, ist es zunächst, ein *faktengestütztes* und *konkretes* Bild der Fachbereichssituation zu erhalten. Ein Datenvergleich mit anderen Informationsanbietern wird möglich und hilft bei der Suche nach Fehlerquellen. Weiterhin soll die qualitative Bewertung der eigenen Lehrsituation durch den/die Lehrende/n Gewicht erhalten. Die Lehrenden sollen ihre Studienschwerpunkte inhaltlich und mit deren Lehr-/ bzw. Lernzeilen darstellen können. Probleme und Verbesserungswünsche im Studiengang sollen genannt werden. Die Informationsgewinnung in diesem Bereich sollte von der Koordinierungsstelle im Fachbereich und der Projektgruppe Lehrbericht gemeinsam organisiert und durchgeführt werden.

8.5.5 Fünfte Ebene: Qualitative Evaluation von Lehr-/Lernprozessen

Am anspruchsvollsten und schwierigsten im Rahmen von Lehrberichten ist sicher die qualitative Evaluation von Lehr-/Lernprozessen. Hierfür gibt es inzwischen eine Fülle von Materialien und unterschiedlichen Modellen. In jedem Fall sollte ein repräsentativer Querschnitt des Studienganges ermöglichen, daß Rückschlüsse auf Probleme und Erfolge des Lehrens und Lernens in angemessener Tiefe und Breite möglich werden. Achtzehn Lehrveranstaltungsevaluationen quer durch das Studienprogramm oder auch ein lehrveranstaltungsübergreifender Fragehorizont, etwa nach dem Qualifikationsgewinn im Studium, kommen hier in Frage. Für ein Studienprogramm, wie es im ersten Teil des Buches dargestellt wurde, könnte eine solche Evaluation folgendermaßen aussehen[374]:

Evaluationsfeld 5: Qualität der Lehrveranstaltungen (LV)
83. Evaluationsergebnisse der Orientierungstutorien 1 im Studienbereich A: Studienorientierung
84. Evaluationsergebnisse der Orientierungstutorien 2 im Studienbereich A: Studienorientierung

[374] Im konkreten Fall des hier durchgeführten Lehrberichtsprojektes wurden statt dessen 18 Lehrveranstaltungen *eines* Studienbereiches evaluiert, was in der konkreten Situation (Neueinführung und Erprobungsphase des Studienbereiches) gerechtfertigt schien. Vgl. dazu Nakamura, Yoshiro: „Evaluation: Entwicklung statt Kontrolle. Interne Evaluation als begleitende Maßnahme von Studienreformprozessen auf Fachbereichsebene“. In: *DIHS*, a.a.O., S. 120-133

85. Evaluationsergebnisse der LV 3 im Studienbereich B: Fächerbezogene Einführung
86. Evaluationsergebnisse der LV 4 im Studienbereich B: Fächerbezogene Einführung
87. Evaluationsergebnisse der LV 5 im Studienbereich B: Fächerbezogene Einführung
88. Evaluationsergebnisse der LV 6 im Studienbereich C: Fachliche Grundlagen
89. Evaluationsergebnisse der LV 7 im Studienbereich C: Fachliche Grundlagen
90. Evaluationsergebnisse der LV 8 im Studienbereich C: Fachliche Grundlagen
91. Evaluationsergebnisse der LV 9 im Studienbereich D: Thematische Differenzierung
92. Evaluationsergebnisse der LV 10 im Studienbereich D: Thematische Differenzierung
93. Evaluationsergebnisse der LV 11 im Studienbereich E: Weiterführende Fachqualifikationen
94. Evaluationsergebnisse der LV 12 im Studienbereich E: Weiterführende Fachqualifikationen
95. Evaluationsergebnisse der LV 13 im Studienbereich F: Germanistisch-fundierte Schlüsselqualifikationen
96. Evaluationsergebnisse der LV 14 im Studienbereich F: Germanistisch-fundierte Schlüsselqualifikationen
97. Evaluationsergebnisse der LV 15 im Studienbereich G: Berufsfelderkundung
98. Evaluationsergebnisse der LV 16 im Studienbereich G: Berufsfelderkundung
99. Evaluationsergebnisse der LV 17 im Studienbereich H: Prüfungsvorbereitung
100. Evaluationsergebnisse der LV 18 im Studienbereich H: Prüfungsvorbereitung

Dieses Evaluationsfeld kann zu einem Stichtag während der aktuellen Berichtserstellung erhoben werden.

Ziel eines Evaluationsfeldes, das die *Evaluationsergebnisse der Lehre bzw. der Lehrveranstaltungen* zusammenträgt, ist es, ein *realistisches* Bild des *tatsächlichen* Lehr-/Lernerfolgs zu erhalten. Darauf aufbauend können die Lehrveranstaltungen bzw. Lehrveranstaltungstypen zielgerichtet verbessert werden. Die Informationsgewinnung in diesem Bereich sollte von der Koordinierungsstelle im Fachbereich, der Projektgruppe Lehrbericht und von Fachleuten von außerhalb des Fachbereichs gemeinsam organisiert und durchgeführt werden.

Es sollte bis zu diesem Punkt eine komplexe Strategie zur Informationsgewinnung vorgeschlagen werden, die auf fünf verschiedenen Ebenen ein umfassendes Bild des Lehrens und Lernens im Fachbereich zeichnen hilft. Es sollten Angebote gemacht bzw. Anregungen gegeben werden, auf welche Themen- und Problemfelder sich eine Evaluation im Rahmen eines Lehrberichtes richten könnte. Jeder Fachbereich wird - mit der notwendigen Beratung - sein eigenes, vor Ort passendes, Untersuchungsdesign zusammenstellen (müssen). Hauptziel ist jedoch immer die Objektivierung der bisher subjektiv verfaßten Meinungs-, Bewertungs- und Zuschreibungsmuster.

8.6 Themenbereiche des Lehrberichtstextes: Perspektiven der Fachbereichsentwicklung

Der Konzeption und der Erstellung des eigentlichen Lehrberichtstextes kommt besondere Bedeutung zu. In *ihm* bündeln sich die entscheidenden Informationen und deren Bewertung, anhand *seines* Inhalts wird der Fachbereich seine Diskussionen um Verbesserungen vor allem führen, und mit *ihm* tritt er vorderhand an die Öffentlichkeit. Die Abfassung des Textes muß daher in besonders qualifizierten und vom Fachbereich autorisierten Händen liegen und die unterschiedlichsten Perspektiven der Fachbereichsentwicklung integrieren. Hochschuldidaktische, germanistisch-fachwissenschaftliche Aspekte und solche des (Lehr-) Managements müssen hier verbunden werden. Außerdem ist der Bericht sowohl *Ergebnis* als auch *Anreger* eines Kommunikationsprozesses im Fachbereich, was eine Entwicklung des Fachbereiches 'mit dem Text' impliziert bzw. wahrscheinlich macht und vom Verfasser bzw. der Verfasserin hohe Flexibilität, Kreativität, Frustrationstoleranz und Zielorientierung verlangt. Der Text muß darüber hinaus sowohl nach innen in den Fachbereich hinein als auch nach außen über ihn hinaus gerichtet und demnach auch für diesen Adressatenkreis verständlich sein. Die Textsorte des Lehrberichts ist daher im weiteren Sinne der *Geschäftsbericht,* jedoch nicht im ausschließlich affirmativen Sinne eines Marketings, sondern auch im problemorientierten einer Organisationsentwicklung.

Gemäß der Maßgabe eines Soll-Ist-Vergleichs und daraus resultierender Konsequenzen ergeben sich drei Abschnitte bzw. thematische Schwerpunkte, die den Bericht gliedern, und die im folgenden anhand der spezifischen Perspektiven beschrieben werden.

8.6.1 Konzeptuell-normative Perspektive: Wesentliche Grundlagen, Ziele und Programme der Lehre des Fachbereiches

Der erste Schwerpunkt nennt die wesentlichen Grundlagen, Ziele und Programme der Lehre im Fachbereich. Bereits hieran entzünden sich wahrscheinlich interessante und heftige Diskussionen. Dies sollte in jedem Fall ermöglicht werden, auch wenn dieser Schwerpunkt nur gleichgewichtig neben den anderen beiden gesehen werden kann, und der Fachbereich u.U. Gefahr läuft, sich an diesen Fragen 'festzubeißen'. Themenbereiche in diesem Abschnitt (A) sind z.B. die Selbstdarstellung bzw. das Profil des Fachbereichs, seine Stellung zur bildungstheoretischen und -politischen Diskussion, eine Vorstellung der Fachwissenschaft Germanistik aus der Sicht des Fachbereichs, das Studienprogramm des Fachbereichs und, im Kontext der Standortfrage immer zentraler, ein Vergleich der Lehre des Fachbereichs mit der anderer Standorte.

Das inhaltliche Panorama dieses Abschnittes ist im weiteren Sinne die gegliederte, und von der Organisation gemeinsam entwickelte, eindeutige Bestimmung eines Soll-Zustandes der Lehre im Fachbereich, weshalb die dafür einzunehmende Blickrichtung hier als *konzeptuell-normative Perspektive* bezeichnet werden soll. Im Lehrberichtstext könnte dieser Abschnitt bzw. Schwerpunkt (A), in dem der Fachbereich vor allem Stellung beziehen soll, die Überschrift 'Grundlagen, Ziele, Programme' tragen. Zu den zu thematisierenden Einzelpunkten verweise ich auf die Checkliste, die für diesen Abschnitt (A) 28 Punkte vorsieht.

8.6.2 Empirisch-kritische Perspektive: Evaluationsergebnisse und Qualitätssicherungsmaßnahmen

Die Perspektive ändert sich grundlegend in Abschnitt B. Nun steht der Ist-Zustand als Gegenstand einer empirischen Untersuchung im Mittelpunkt. Dem Fachbereich wird ein durch Evaluation abgesichertes Bild seiner Realität bzw. seiner realen Wirkungen gezeigt. Hier erweist sich nun, auf welche Tiefe und Breite der Kritik sich der Fachbereich einläßt bzw. einlassen kann. Die anzusprechenden Themen orientierten sich grob an den Bereichen Evaluierung der Lehr-/ Lernprozesse, also z.B. der Qualität der Lehrveranstaltungen, an der Untersuchung der Qualität der Lehre des Fachbereichs im weiteren Sinne, also seiner Organisations- und Kommunikationsstrukturen, an den bereits eingeleiteten Qualitätssicherungsmaßnahmen anhand von Beispielen, an einer Sichtung der Studierendenzahlen, der Absolventenzahlen und der Studierbarkeit der Studiengänge, am Lehrmanagement und an der tatsächlichen Auslastung der Studiengänge.

Das inhaltliche Panorama dieses Schwerpunkts ist im weiteren Sinne die daten- und evaluationsgestützte Bestandsaufnahme des Ist-Zustandes der Lehre im Fachbereich, weshalb die dafür einzunehmende Blickrichtung hier als *empirisch-kritische Perspektive* bezeichnet werden soll. Im Lehrberichtstext könnte dieser Abschnitt bzw. Schwerpunkt (B), in dem sich der Fachbereich vor allem einer kritischen Prüfung unterzieht, die Überschrift 'Evaluation, Auslastung, Qualitätssicherung' tragen. Zu den zu thematisierenden Einzelpunkten verweise ich ebenfalls auf die Checkliste, die für den Abschnitt (B) 22 Punkte vorsieht.

8.6.3 Planerisch-prognostische Perspektive: Ergebnisse und Perspektiven

Im dritten Abschnitt werden nun die entscheidenden Ergebnisse zusammengefaßt und die Konsequenzen für den Fachbereich formuliert, weshalb er im späteren Druckbild hervorgehoben sein sollte. Dieser Teil ist besonders wichtig, weil er als ca. 10-seitige Zusammenfassung die beiden vorherigen Abschnitte komprimieren und einen schnellen Zugriff auf die zentralen Problemstellungen und auf die Zukunfts- bzw. Reformperspektiven des Fachbereichs erlauben muß. Er enthält neben der Zusammenfassung also den gesamten Maßnahmenkatalog und damit folgende Themenbereiche: Zusammenfassung des Lehrberichts in Thesen, Weiterentwicklungschancen der Lehre im Fachbereich auf längere Sicht, konkrete und kurzfristig umzusetzende Verbesserungen der Lehre, die Lehrveranstaltungsstruktur zum gegenwärtigen Zeitpunkt und in der Zukunft, die notwendigen Zuwachsraten im Lehrangebot und, zuletzt, die momentane und die zukünftig notwendige Ausstattung des Fachbereichs.

Bietet sich zur Zusammenfassung die Formulierung von Thesen an, sollte im Maßnahmenkatalog zwischen zwei Formen unterschieden werden: Erstens sollen die mittel- bis langfristigen Perspektiven der Lehre im Fachbereich kurz in Einzelpunkten thematisiert werden. Für deren konkrete Gestaltung entscheidet sich der Fachbereich in der Umsetzungsphase jeweils neu und entwickelt dann für die einzelnen Punkte aktuelle Strategien. Zweitens werden sog. Quick-Steps formuliert, d.h. konkrete, eindeutig lokalisierbare Einzelpunkte, die offensichtliche Mängel aufdecken und produktiv bearbeiten, schnell umgesetzt werden können und nicht in jedem Fall noch einer Diskussion bedürfen. Am Ende dieses Abschnitts stellt der Fachbereich, nachdem er bislang Anforderungen an sich selbst formuliert hat, nun Anforderungen nach außen: ein zukünftig notwendiger und aus der Analyse begründeter Stellen- und Finanzplan nimmt parteilich für die Anliegen des Fachbereichs aus Sicht der Lehre Stellung.

Das inhaltliche Panorama dieses Teils ist im weiteren Sinne die zusammenfassende und zukunftsorientierte Stellungnahme des Fachbereichs *zur* und *für* seine Hochschullehre, weshalb die dafür einzunehmende Blickrichtung hier als *planerisch-prognostische* Perspektive bezeichnet werden soll. Im Lehrberichtstext könnte dieser Abschnitt bzw. Schwerpunkt (C), in dem der Fachbereich vor allem ein Resümee zieht und Forderungen an sich und andere stellt, die Überschrift 'Zusammenfassung, Konsequenzen, Perspektiven' tragen. Zu den zu thematisierenden Einzelpunkten verweise ich wiederum auf die Checkliste, die für den Abschnitt (C) 15 Punkte vorsieht.

Ein Abschnitt D nennt als Anhang das grundlegende Konzept und Literatur, enthält Verzeichnisse und Register und bietet eine Übersicht über den Datenband. Hier sind noch einmal 15 Einzelpunkte zu berücksichtigen, die jedoch nicht alle im Textband aufgeführt werden müssen.

8.6.4 Checkliste: Ein 80-Punkte-Programm für einen germanistischen Lehrbericht

Im folgenden wird zusammenfassend eine detaillierte Checkliste für (germanistische) Lehrberichte mit insgesamt 80 Punkten vorgeschlagen: 50 Punkte für die Abschnitte A und B, jeweils 15 für die Abschnitte C und D. Es kann und wird jedoch sinnvoll sein, bei der Abfassung eines eigenen Berichtes einzelne Punkte in anderen Kapiteln zu plazieren, manche ganz wegzulassen bzw. neue Punkte hinzuzunehmen.

Kapitelnr.	Themenbereich	Beispielüberschrift	Einzelpunkte
A	**GRUNDLAGEN, ZIELE, PROGRAMME**		**Konzeptuell-normative Perspektive:** Schilderung der wesentlichen Grundlagen, Ziele und Programme der Lehre des Fachbereichs
1	Selbstdarstellung bzw. Profil des Fachbereichs	*Standort-Panorama eines Fachbereichs: Die [Standort] Germanistik*	✓ Kurzcharakteristik des Fachbereichs ✓ Schwerpunkte d. F. in Forschung und Lehre ✓ regionale und überregionale Kontakte ✓ Selbstverständnis des Fachbereichs ✓ Größe und organisatorische Struktur des Fachbereichs ✓ Attraktivität des Fachbereichs ✓ Ziel des Lehrberichts
2	Stellung des Fachbereichs zur bildungstheoretischen und -politischen Diskussion	*Standort-Bestimmungen für die Bildung der Zukunft: eine öffentliche Wissenschaft gehört in eine offene Hochschule*	✓ Verortung des Fachbereichs in der aktuellen Bildungsdiskussion ✓ Studienzugang bzw. Beschränkungen ✓ Benennung des eigenen Bildungsauftrags ✓ Zielbestimmung der Lehre im Fachbereich
3	Vorstellung der Fachwissenschaft aus der Sicht des Fachbereichs	*Wissenschaftsporträt Germanistik: Ansichten einer unabwendbaren Renaissance*	✓ Struktur und Inhalt der Fachwissenschaft ✓ Selbstverständnis des Faches ✓ Fachgeschichte ✓ Gesellschaftliche Verortung des Faches ✓ Perspektiven des Faches
4	Studienprogramm des Fachbereichs	*Ein Studienprogramm: strukturiert studieren, individuell lernen, zielorientiert qualifizieren, teamorientiert handeln*	✓ Umsetzung der Ziele in Lehr-/ Lernprogramme ✓ Studiengänge ✓ Studienordnungen ✓ Studienplan ✓ Leistungskontrollen im Studium ✓ Qualifikationsmerkmale, die im Studium erworben werden können ✓ Exemplarische Lehrveranstaltungen (z.B. ein Semester) ✓ Verhältnis von Wissenschaft und Praxis in der Lehre ✓ Berufsorientierung des Studienganges ✓ Studierbarkeit (Planung)
5	Vergleich der Lehre des Fachbereichs mit anderen Standorten	*Germanistische Lehrkonzeption im Standortvergleich*	✓ Vergleich des eigenen Lehrkonzepts mit dem anderer Standorte ✓ evtl. Vergleich des eigenen Reformkonzeptes mit dem anderer Standorte

B	**EVALUATION, AUSLASTUNG, QUALITÄTSSICHERUNG**		**Empirisch-kritische Perspektive:** Schilderung der Evaluationsergebnisse und der Qualitätssicherungsmaßnahmen
6	Qualität der Lehrveranstaltungen	*Lehrende und Lernende im Alltag der Lehre: Qualitätssicherung in Lehrveranstaltungen durch den evaluationsgestützten Dialog*	✓ Evaluation der Zielerreichung in Lehr-/ Lernprozessen ✓ Lehrverfahren bzw. Lehrmethoden ✓ Erreichtes Qualifikationsprofil, das in der Lehre des Fachbereichs erworben wird ✓ Evaluation exemplarischer Lehrveranstaltungen ✓ Studentische Veranstaltungskritik ✓ Verbesserungsmaßnahmen
7	Qualität der Lehre des Fachbereichs im weiteren Sinne und Verbesserungsmaßnahmen	*Das Lehren lernen, Strukturen stärken: Zwischenbilanz von Weiterbildung und Kommunikationsentwicklung im Fachbereich*	✓ Kommunikationsstrukturen des Fachbereichs ✓ Lehrmanagement (1) ✓ Studienberatung ✓ Hochschuldidaktische Aus- und Weiterbildung
8	Studierendenzahlen	*Die Quantität der Lehre: Fünf nach zwölf in den Studiengängen*	✓ Studierendenzahlen ✓ AbsolventInnenzahlen ✓ Zwischenprüfungen ✓ Studiendauer und Studienverlauf ✓ weitere Studienerfolgsdaten ✓ Auslastung ✓ Studierbarkeit (tatsächlich)
9	Organisation der Lehre im Fachbereich	*Qualitätssicherung durch verbessertes Lehrmanagement: Synergieeffekte nutzen mit Lehrstrukturkonzepten*	✓ Lehrmanagement (2) ✓ Absprachen der Lehrenden zur Erfüllung des Lehrprogramms
10	Auslastung der Lehre	*Lehrveranstaltungen dauerhaft überfüllt: Harmonisierung des Lehrangebots und effektive Mittelsteuerung reichen nicht aus*	✓ Tatsächliche Auslastung der Lehre (Lehrveranstaltungen im einzelnen) ✓ Sachmittelausstattung ✓ Räume
C	**ZUSAMMENFASSUNG, KONSEQUENZEN, PERSPEKTIVEN**		**Planerisch-prognostische Perspektive:** Zusammenfassung der wesentlichen Ergebnisse und Perspektiven
11	Zukunfts- bzw. Reformperspektiven des Fachbereichs	*Die Zukunft gestalten: Qualitätsentwicklung im Studiengang*	✓ Inhaltlich projektiertes Zukunftskonzept des Fachbereichs in einem bestimmten Zeitraum ✓ Strategie(-bildung) des Fachbereichs

11.1	Zusammenfassung des Lehrberichts in Thesen	*Vier zusammenfassende Thesen*	✓ Studium ✓ Fachbereich ✓ Ressourcen ✓ Fachwissenschaft
11.2	Weiterentwiklungschancen der Lehre im Fachbereich	*Zwölf Empfehlungen zur Qualitätsentwicklung*	✓ Thesen für Verbesserungsmaßnahmen innerhalb eines umfassenden Lehrkonzeptes
11.3	Konkrete und kurzfristig umzusetzende Verbesserungen der Lehre	*Zwanzig Quick-Steps zu konkreten Verbesserungsmaßnahmen*	✓ (fachbereichsinterne) Maßnahmen, die unbedingt durchgeführt werden sollten
12	Ausstattung des Fachbereichs	*Ressourcen für die Zukunft*	✓ Fiskalisch projektiertes Zukunftskonzept des Fachbereichs in einem bestimmten Zeitraum
12.1	Lehrveranstaltungsstruktur zum gegenwärtigen Zeitpunkt und in der Zukunft	*Lehrstrukturkonzept Germanistik*	✓ Momentane und zukünftige Deputatsverteilung in bezug auf das Studienprogramm
12.2	Notwendige Zuwachsraten im Lehrangebot	*Statistische Übersicht über die Zuwachsraten nach dem Expansionsplan*	✓ Projektierung des zukünftigen Lehrangebots im Hinblick auf die einzelnen Lehreinheiten im Fachbereich ✓ Zuwachsraten der Lehreinheiten
12.3	Momentane und zukünftige Ausstattung	*Strukturentwicklungsplan Germanistik*	✓ Momentaner und zukünftiger Stellenplan, Lehrpersonal ✓ Momentane und zukünftige Sach- und Personalmittel ✓ weitere Ausstattungsmerkmale
D	**ANHANG (KONZEPT, LITERATUR, VERZEICHNISSE)**		Zusammenstellung der Materialien und Datengrundlagen
1		*Register*	Die angesprochenen Punkte in der Übersicht
2	Übersicht über die verwendete wissenschaftliche Grundlage	*Literaturverzeichnis*	Verwendete Literatur und Bibliographie zu: ✓ vorliegendem Lehrbericht allgemein ✓ Fachverständnis ✓ Studienreform ✓ Lehrberichten / Lehrberichtsforschung
3		*Abbildungsverzeichnis*	Verzeichnis der abgebildeten ✓ Statistiken ✓ Graphiken ✓ Texttafeln

4		*Fotoverzeichnis*	✓ Verzeichnis der Fotos
5	Sicherung der Datengrundlage	*Übersicht über den Datenband*	Verzeichnis der zugrundeliegenden Datenreihen, z.B. zu ✓ Studierendenzahlen ✓ Lehrdeputat ✓ Ausstattung ✓ Evaluation ✓ Prüfungszahlen ✓ TeilnehmerInnenzahlen der Lehrveranstaltungen etc.
		Impressum	✓ Impressum des Lehrberichts

8.7 Das Lehrberichtsdesign

Ist der Text des Lehrberichtes erstellt, stellt sich die Frage seiner Veröffentlichung im Hinblick auf die spezifischen Adressatenkreise. Das Design des Lehrberichtes sollte so gewählt sein, daß in ihm das Bild sinnlich zum Ausdruck kommt, das der Fachbereich von sich selbst hat bzw. gewinnen möchte. Hat die Strategiediskussion im Fachbereich im Ergebnis eher zum Wunsch nach einem aggressiv-plakativen und fordernden Design des Fachbereichs in der Öffentlichkeit geführt, sollte auch der Lehrbericht so gestaltet sein. Wird eher ein zurückhaltend-bestätigendes Bild oder ein wissenschaftskonservatives Design angestrebt, sollten auch diese Zielrichtungen im Layout des Berichtes zum Ausdruck kommen. Etwa in der Mitte zwischen verschiedenen Extremen könnte das Design eines reformbereiten Fachbereichs angesiedelt werden, das ein souveränes und das Handlungsfeld Wissenschaft in seiner Gesamtheit und Aktualität darstellendes Profil anstrebt. Um die unterschiedlichen Gestaltungsmöglichkeiten kennenzulernen, ist es sinnvoll, sich an anderen Hochschulen umzusehen, vor allem aber sich von Firmen aus diversen Branchen Geschäftsberichte zusenden zu lassen. Diese Vorgehensweise einer breiten Dokumentenanalyse spart Geld, denn es ist zwar sinnvoll, sich in diesen Fragen von einer PR-Agentur beraten zu lassen, eine solche Beratung ist jedoch mit teilweise erheblichen Kosten verbunden, wenn es nicht gelingt, auf dem Wege des sponserings eine Unterstützung zu erreichen.

Aus einer sorgfältigen Dokumentenanalyse läßt sich in diesem Bereich viel lernen. In Geschäftsberichten zeigt sich zum Beispiel die Notwendigkeit, die behaupteten Fakten und Meinungen maßvoll und zielgerichtet durch Tabellen, Graphiken und sonstige Abbildungen zu untermauern, zu belegen und zu illustrieren. Der Lehrbericht gewinnt damit wesentlich an Glaubwürdigkeit. Fotos erlauben zusätzlich einen Einblick in die Alltagsarbeit des Fachbereichs. So stellt der Lehrbericht das her, was dem Fachbereich bisher fehlte: (s)ein unverwechselbares Bild in der Öffentlichkeit. Das Lehrberichtsdesign wird zum Gesicht, das sich einprägen soll, und dessen gestalterische und ästhetische Attribute man dann auf eine bestimmte Zeitspanne dem Fachbereich selbst zuschreibt und zutraut.[375]

8.8 Zusammenfassung: Leitlinien, Ressourceneinsatz, Ertrag

8.8.1 Zusammenfassung der Leitlinien eines Partizipativen Lehrberichts

Die Entwicklung eines Lehrberichtes auf Fachbereichsebene stellt ein aufwendiges und intensives Verfahren zur Qualitätssicherung im Fachbereich dar. Es ist, an der Organisationsentwicklung des Fachbereichs orientiert, in der Lage, Lehren und Lernen zueinander in Beziehung zu setzen und die Lehr-/Lernerfolge merklich und dauerhaft zu erhöhen. Grundlage jeder und auch dieser Form der Qualitätssicherung in Fachbereichen ist eine ausführliche und methodisch abgesicherte Evaluation, die ein ungeschminktes Bild der Realität vermittelt. Die Evaluation zielt auf Ressourcen, Handlungsformen und Wirkungen des Lehrens und Lernens und vergleicht die Ergebnisse der Analyse mit einem selbstgesetzten Maßstab des Fachbereichs. Vor allem germanistische Fachbereiche werden aufgrund des Fachverständnisses und den vor Ort vorhandenen Kompetenzen zusätzlich stark auf den Faktor Öffentlichkeit setzen, und zwar sowohl als Partner des Kommunikationsprozesses als auch im Hinblick auf eine wirkungsvolle Öffentlichkeitsarbeit. Das vorliegende Lehrberichtsmodell setzt auf den verantwortlichen Einbezug der Studierenden und insgesamt auf die Entwicklungsfähigkeit des Fachbereichs. Dieser steuert in allen Stadien der Berichtsentwicklung das Verfahren.

Gerade deswegen bedarf es zusätzlich der Beratung durch Expertinnen und Experten von außen, vorzugsweise einer solchen, in der sowohl Kenntnisse über Theorie und Anwendung empirischer Methoden, pädagogische und soziologische Kenntnisse, Managementqualifikationen und solche der Professionalisierung des Lehrens und Lernens an Hochschulen integriert angeboten werden. Hochschuldidaktische Zentren sind hier die ersten Ansprechpartner.

8.8.2 Berechnung des Zeitaufwandes und tabellarischer Überblick

Eine Aufwandsberechnung für dieses Verfahren muß auf zwei Ebenen gesehen werden. Zunächst investiert der Fachbereich intensiv Zeit, will er sich mit der Frage der Hochschullehre in dieser Form auseinandersetzen. Hier ist also zunächst zu veranschlagen, wieviel Zeit diejenigen im Fachbereich, die im Rahmen ihrer Dienstaufgaben bzw. ehrenamtlich daran beteiligt sind, aufzuwenden ha-

[375] Vgl. dazu Verf., „Corporate Identity: Die Studienreform braucht ein Gesicht, das es in sich hat". In: *DIHS*, a.a.O., S. 70-74

ben. Folgende Zeitaufstellung kann als Gerüst dienen und den Aufwand einschätzen helfen:

Phase	*Monat*	*Fachbereichsrat*	*Projektgruppe*	*Koordinationsstelle*	*Lehrende + Studierende*
Erste Phase: Konzeptentwicklung und Grundsatzentscheidung	1 (Januar)	Fachbereichsratsitzung (I) à 2 Std.	Projektgruppensitzung (1) à 2 Std.	19 Std. SHK pro Woche mit Koordinationsaufgaben und dem Schwerpunkt:	ein Lehrberichtsprojekt anregen
	2 (Februar)	Zwei Fachbereichsratsitzungen (II +III) à 2 Std.	Projektgruppensitzung (2) à 6 Std. Mit Beratern (a)	– Konzeptentwicklung	
Zweite Phase: Operationalisierung und Detailplanung	3 (März)		Projektgruppensitzung (3) à 6 Std. Mit Beratern (b)	– Planung	
Dritte Phase: Informationsgewinnung und Evaluation	4 (April)	Fachbereichsratsitzung (IV) à 2 Std.; Befragungsbögen für die Teilfächer ausfüllen (je ca. 4 Std.)	Projektgruppensitzung (4) à 2 Std.; pro Mitglied 4 Interviews à 1 Std. Führen (insg. 24 Interviews)	– Datenrecherche und Interviews verschriftlichen	Interviews geben, Reportagen und Statements verfassen, Fragebögen ausfüllen
	5 (Mai)		Projektgruppensitzung (5) à 2 Std.		
	6 (Juni)	Fachbereichsratsitzung (V) à 2 Std.	Projektgruppensitzung (6) à 2 Std.		
Vierte Phase: Bearbeitung und Auswertung	7 (Juli)		Projektgruppensitzung (7) à 2 Std.	– Datenauswertung	
	8 (August)		Projektgruppensitzung (8) à 6 Std. Mit Beratern (c)		
	9 (September)		Projektgruppensitzung (9) à 2 Std.		

Fünfte Phase: Texterstellung	10 (Oktober)	Zwei Fachbereichsratsitz.(VI+VII) à 2 Std.	Projektgruppensitzung (10) à 6 Std.	– Mitarbeit bei der Texterstellung	
Sechste Phase: Präsentation und Veröffentlichung	11 (November)	Fachbereichsratsitz. (VIII) à 2 Std.	Projektgruppensitzung (11) à 2 Std.	– Präsentationen organisieren	Bericht entgegennehmen, Maßnahmen mitumsetzen
	12 (Dezember)	Präsentation durchführen (2 Std.)	Präsentation durchführen (2 Std.); Projektgruppensitzung (12) à 6 Std. mit Beratern (d)	in den letzten drei Monaten treten 10 SHK/Woche für Layout-Arbeit hinzu	
gesamt		*20 Stunden pro Mitglied des Fachbereichsrats*	*50 Stunden pro Mitglied der Projektgruppe*	*19 x 46 Wo.= 874 Std.; 10x12 Wo.=120 Std.*	

Für ein Mitglied des Fachbereichsrates beträgt der Zeitaufwand für eine Lehrberichtserstellung demnach insgesamt ca. 20 Stunden. Ein Mitglied der Projektgruppe muß ca. 50 Stunden investieren. Knapp 1000 Arbeitsstunden fallen im Jahr (19 Stunden pro Woche Koordinationsstelle plus Layout) für SHK an. Der Aufwand weiterer Lehrender und Studierender richtet sich nach den jeweiligen Handlungsformen.

8.8.3 Kostenrechnung

Für die Koordinationsstelle muß der Fachbereich Ressourcen in Höhe von DM 20.000,- bereitstellen. Für die Expertenberatung sind ca. DM 10.000,- zu veranschlagen (vier Tagesberatungen durch je zwei Hochschuldidaktiker à DM 1.000 plus Fahrkosten). Die Koordinationsstelle benötigt ca. DM 5.000,- an Sachmitteln (Telefon, Fragebögen, Software, etc.). Ungefähr DM 2.500,- sind für Layout (10 SHK-Std. für drei Monate) und ca. DM 12.500,- für den Druck des Lehrberichtes zu veranschlagen. Die Gesamtkosten betragen demnach ca. DM 50.000,-.

Werden Aufwand, Kosten und das zu erwartende Ergebnis bzw. der Ertrag dieser Qualitätssicherungsmaßnahme gegeneinandergestellt und mit anderen Investitionen in Forschung und Lehre verglichen, stellt die Arbeit mit Lehrberichten ein kostengünstiges Verfahren dar, für das der Fachbereich selbst aber bereit und offen sein und in das er Arbeit investieren muß. Von den positiven Ergebnissen wird jeder Fachbereich, der sich auf diesen Weg begibt, mit Sicherheit überrascht sein.

Inzwischen ist der Lehrbericht „Germanistik: die Zukunft der Bildung gestalten“, der weitgehend nach dem vorliegenden Konzept erstellt wurde, erschienen.

Vierter Teil

Die Wissenschaft neu denken: Ansichten und Erkundungen

Der Vierte Teil beschäftigt sich mit dem Fachverständnis der Germanistik in vier verschiedenen Problematisierungsvarianten: Zunächst hilft das 9. Kapitel mit einer 'wissenschafts-historischen' Skizze bei der Sichtung und Beurteilung des gegenwärtigen Zustandes der Hochschulgermanistik und deren jüngerer Fachentwicklung. Kurze Thesen greifen die diesbezügliche Analyse des 4. Kapitels pointiert auf. Das Lehrexperiment der „Germanistisch-fundierten Schlüsselqualifikationen" zeigt exemplarisch produktive Auswege aus der momentanen Situation. Das 10. Kapitel nimmt aus der Perspektive der Lernenden wissenschaftlich Stellung zur viel diskutierten Kanonproblematik. Ein lehr-/lerntheoretisch begründeter Kanon wird vorgeschlagen. Im 11. Kapitel wird anhand einer Studie zu Heinrich Heine und seiner Vermittlung im Heine-Jahr 1997 deutlich, was Germanistik als öffentliche Wissenschaft tun kann und tun soll, und was sie dafür aus der Literatur gewinnen kann. Kapitel 12 schließlich stellt neue Fragen zu einer unabwendbaren Renaissance vor: Was ist die Germanistik?

9 Fachwissenschaftliche Forschung, Praxis Lehre, Gesellschaftliches Handeln: Rede über eine Germanistik, die ihre Wissenschaft als Projekt mit Konsequenzen versteht

Grundlage jeder Hochschullehre ist eine Wissenschaft, der es gelingt, ihre Inhalte auf Öffentlichkeit und gesellschaftliches Handeln zu beziehen. Geschieht dies nicht, sind innere Orientierungs- und gesellschaftliche Interesselosigkeit die Folge. In der Verknüpfung von fachwissenschaftlicher Forschung, der Lehrpraxis in Hochschulstudiengängen und einer gesellschaftlichen Handlungsperspektive liegen jedoch Möglichkeiten, einen schlüssigen und für Wissenschaft und Gesellschaft gleichermaßen bedeutungsvollen Zusammenhang zu konstituieren: Kritische Gedanken und Lösungsvorschläge für ein erweitertes Fachverständnis Germanistik, die als Auftakt einer Veranstaltung von Germanistinnen und Germanisten zum Thema dienten. [376]

9.1 Annäherung an die Geschichte einer Wissenschaft

Zu Beginn eine wahre Geschichte: Als ich begann, mich auf diesen Vortrag, den ich zur Eröffnung des Tags der Lehre 1997 halten sollte, und der germanistische

[376] Das folgende Kapitel wurde als Vortrag am 'Tag der Lehre 1997' gehalten und für die vorliegende Fassung überarbeitet.

Reflexionen zu dem nicht ganz unanstrengenden Thema „Fachwissenschaftliche Forschung, Praxis Lehre, Gesellschaftliches Handeln“ und deren Zusammenhang verlangt, vorzubereiten, betrat ich, den Regeln der wissenschaftlichen Profession folgend und den anspruchsvollen Titel als Aufgabenstellung im Ohr, die Bibliothek des Fachbereichs Germanistik auf der Suche nach Gehaltvollem und vor allem bereits Geschriebenem zum Thema. Ich forschte nach dem Band, den jeder, der sich mit der Entwicklung des Fach- und Wissenschaftsverständnisses der Germanistik beschäftigt, immer im Gedächtnis oder doch zumindest in seiner Literaturliste hat: Jürgen Kolbes „Ansichten einer künftigen Germanistik“[377]. Ein guter oder zumindest unverzichtbarer Ausgangspunkt, so dachte ich, um dann zu den zahlreichen Machwerken vorzudringen, die in den 70er, 80er und 90er Jahren zu diesem Thema erschienen sind. Um so erstaunter war ich, daß der Band dort nicht zu finden war. Auf Nachfrage erfuhr ich, die Exemplare wären entweder zerstört, weggekommen oder dauerausgeliehen (danach habe 'schon lange' niemand mehr verlangt), was bekanntlich die drei Möglichkeiten von Bibliotheken sind, Gedankengut der Öffentlichkeit zu entziehen. Aber ich hatte Glück, neben den germanistischen Signaturen wurde noch eine mit der Anfangszahl 25 ausgegeben, in Düsseldorf ein untrügliches Zeichen dafür, das Labyrinth der deutschen Sprache und Literatur zu verlassen und am Glaskasten vorbei die Fachbibliothek Philosophie anzusteuern. Dort angekommen fand ich, versteckt hinter einer Säule, in einer eher ungenutzten und dunklen Ecke die Systemstelle „Sonderprobleme“ und suchte, mich zwischenzeitlich wie die Protagonisten aus Eco's „Der Name der Rose“ auf der gefährlichen Suche nach der Wahrheit, die in Büchern wohnt, wähnend, den besagten Band. Er war kaum zu erkennen, war er doch zwischen zwei kapitalen Büchern eingezwängt; ich mußte ordentlich ziehen, wischte den Staub von dem offensichtlich seit langem unbenutzten Buchleib. An den linken Nachbarn des einsamen Kandidaten kann ich mich im Nachhinein nicht erinnern, ich weiß nur noch, daß rechts neben ihm ein Werk mit dem Titel „Der Wortschatz des deutschen Pietismus“ (Nein, nicht von Gerhard Kaiser, sondern von August Langen) stand. Nach einem kurzen Moment der Erstarrung kam ich wieder zur Besinnung: So also endete die Reformbewegung der 70er Jahre. Mir wurde klar, daß ich den falschen Weg gewählt hatte, um meinen Vortrag vorzubereiten. Ich stellte den „Ansichten“-Band wehmütig wieder neben den Pietismus, noch einmal nachdenklich zurückschauend verließ ich die Bibliothek und begann erneut, mir Gedanken zum Thema zu machen.[378]

---

[377] Kolbe, Jürgen (Hrsg.): *Ansichten einer künftigen Germanistik.* München (2., durchgesehene und ergänzte Auflage) 1969

[378] Später habe ich mir natürlich den Band und seinen inzwischen wieder aufgetauchten Nachfolger, die Neuen Ansichten, noch einmal geholt und war von vielem des dort Geschriebenen und Gesagten

Dabei herausgekommen sind poetische und polemische Behauptungen, wissenschaftsgeschichtliche und -theoretische Skizzen und natürlich einige gesellschaftspolitische Gedanken. Es geht um eine Germanistik, die ihre Wissenschaft als Projekt mit Konsequenzen versteht, und über das, was sie dabei behindert.

9.2 Fachgeschichte als Reduktionsgeschichte

Nun also zur Sache: Fachwissenschaftliche Forschung, Praxis Lehre, gesellschaftliches Handeln - das ist das Thema, unter das wir den diesjährigen *Tag der Lehre* gestellt haben, ein Allerweltsthema auf den ersten Blick vielleicht, die Sammlung aller anderen möglichen Themen und Handlungsperspektiven der Hochschule, eine Leerformel, die nichts auszuhalten und gleichwohl alles zu bedeuten vermag. Ein zweiter Blick jedoch lohnt sich, denn wen die Umfassenheit des Themas kalt läßt, der ist vielleicht schon dem Trilemma der Reduktionsgeschichte der neuzeitlichen Wissenschaften erlegen, hat sich und andere abgefunden mit der Realität und gemütlich eingerichtet in der geschützten und beherbergenden Institution Universität. Der zweite Blick auf das Thema soll uns daher vor allem den Zusammenhang dieser drei Dimensionen Forschung, Lehre und gesellschaftliches Handeln aufzeigen und das Lehrprojekt *Germanistisch-fundierte Schlüsselqualifikationen*, das dieser Verbindung und ihrer praxisorientierten Einlösung verpflichtet ist, als paradigmatisch für den germanistischen Hochschulunterricht der Zukunft skizzieren helfen.

Es ist üblich geworden, bei Gelegenheiten wie diesen ein Untergangsszenario der Disziplin zu präsentieren, und auch ich möchte heute nicht von dieser Tradition abweichen, kann man doch darauf vertrauen, daß sich die Germanistik zumindest zweier Dinge sicher sein kann:

Erstens dem „Überflüssigkeitsverdacht“ [379], der ihr entgegengebracht bzw. der in ihr hervorgebracht wird, und zweitens - damit zusammenhängend - den permanenten Selbstzweifeln, einer Art (...) „Dauer-Krisenbewußtsein“, (...) die „als die stabilste germanistische Befindlichkeit der letzten 150 Jahre“[380] bezeichnet werden kann. Ich reihe mich ein und dramatisiere uns alle mit dem Ziel der Katharsis.

---

nicht nur beeindruckt, man kann auch lernen, welche realen Veränderungsschritte die Germanistik-Reform in den letzten Jahren gemacht hat. Manches von dem dort Geforderten steht heute immer noch oder erneut - fast gleich im Wortlaut - auf der Tagesordnung von Fach- und Studienreform in der Germanistik, auch wenn die Wege (aber auch nur teilweise) heute andere sein mögen. Inzwischen sind übrigens die Kolbe-Bände in der germanistischen Bibliothek wieder aufgetaucht.

[379] Jäger, Ludwig und Switalla, Bernd: „Sprache und Literatur im Wandel ihrer medialen Bedingungen: Perspektiven der Germanistik“. In: dies. (Hrsg.): *Germanistik in der Mediengesellschaft.* München 1994. S. 7-23, hier S. 8

[380] Ebd. S. 12

Die Geschichte der Germanistik ist, auch wenn in postmodernen Zeiten - die kollektiven Beschädigungen des 'anything goes' intellektuell relativierend und legitimierend statt kritisierend und produktiv verändernd - hartnäckig etwas anderes behauptet wird, keine Expansions-, sondern eine *Reduktionsgeschichte*. Die Ausdifferenzierung der Wissenschaften hat zwar in der Tat zu einer explosionsartigen Vermehrung der Wissensbestände geführt, das Terrain jedoch, auf dem sich diese vermehren, ist gleichzeitig immer kleiner und kleinteiliger geworden. Nach Untergang des Tankers Germanistik drängen sich zusammengekauert auf einem kleinen Schlauchboot in stürmischer See die Geretteten: Sprach- und Literaturwissenschaft, Mediävistik und Didaktik, Medienwissenschaft, Literaturtheorie, Philosophie und viele andere mehr nehmen sich auf immer engerem Platz die Luft zum - neuerdings kulturwissenschaftlichen - Atmen. Dem Schlauchboot, heute gerne 'Disziplin' genannt bei konsequenter Umgehung eben derselbigen, geht ebenfalls zunehmend die Luft aus, es trägt uns alle kaum noch. Wohin gar die Reise geht, das entzieht sich schon lange unserer (Er-) Kenntnis: Wo irgendwie alle rudern, darf halt keiner steuern.

Dabei haben die entscheidenden Reduktionen schon lange stattgefunden. Das, was das Projekt Germanistik stark machte und mit den ganzheitlichen Dichotomien *Rezeption und Produktion, Tradierung und Modernisierung* und *Profession und Öffentlichkeit* positiv umrissen werden kann, ist uns verlorengegangen. Bevor ich näher auf diese drei Begriffspaare eingehe, soll erst einmal geklärt werden, was eigentlich entweder explizit oder so ganz nebenbei in der Wissenschaftsgeschichte von Bord geklettert oder über Bord gegangen ist, ohne Anspruch auf Vollständigkeit, Kohärenz oder gar zeitliche Reihung der Ereignisse; auch nehme ich Pauschalisierungen in Kauf und umgehe die Frage, ob einige Dinge schon von vorneherein gar nicht an Bord waren: das Ergebnis ist das gleiche. Die folgende Archäologie soll uns vielmehr den Blick öffnen. (...)

9.3 Germanistik als private Wissenschaft

Da ist zunächst einmal als erste Reduktion der politische Anspruch der Wissenschaft Germanistik im Sinne einer produktiven und reflektierten Teilnahme an der Gestaltung gesellschaftlicher Prozesse. Mit dem Verlust dieses Anspruches verlor die Germanistik ihre Mündigkeit, ihre Stellung im öffentlichen Diskurs (ich verweise auf Roman Herzogs Frankfurter Rede), vergaß die sie tragende Gesellschaft und deren kulturelle Lebensdimensionen, aus deren sprachlichem und literarischem Gedächtnis sie einst entstammte. Sie verlor ihre politische Volljährigkeit in der Gesellschaft, als sie sich nicht mehr an den Debatten um deren Vergangenheit, Gegenwart und Zukunft beteiligte. Kritische Hinweise tat und tut man damit ab, man denke zwar über die Gesellschaft nach, aber das sei eben die Profession der Reflexion, und die gesellschaftliche Aufgabenteilung müsse nun einmal eingehalten werden, außerdem sei man mit dem Nachdenken noch gar nicht fertig: Die prinzipielle Nachhaltigkeit des Denkens gegenüber der gesellschaftlichen Realität wird zur Begründung seiner Bezugslosigkeit. Ein schwerer Fehler, der das Denken seiner prospektiven Kraft beraubt.

Ohne daß es der Germanistik auffiel, verlor sie aber mit der Öffentlichkeit nicht nur deren Ansehen, sie wußte auch schon bald nicht mehr genau, über was sie eigentlich handeln sollte: ihr Gegenstandsfeld wurde brüchig, der Diskurs autoreferentiell. In dieser Reduktion verlor die Germanistik also das erste ihrer konstitutiven Elemente: die *Öffentlichkeit.* Die neuen Themen brauchten keine Gesellschaft mehr, wir wurden lieber selber eine und vergaßen: ohne Öffentlichkeit keine Profession.

Nebenbei kam uns im übrigen sogar noch die Literatur abhanden, aber was machte das noch: eine neue Literaturtheorie wird's schon richten, auch wenn versehentlich die Literatur dabei hingerichtet wird. Die öffentlichkeitslose Germanistik hat inzwischen so viele vermeintliche Paradigmen, deren Wechsel und wissenschaftliche Expertensprachen für die Ausgestaltung der jeweiligen Nischen angehäuft, daß sich auf Kongressen und Symposien oft nur noch die 'Krümelsammler' treffen, um mühsam ein Teilstückchen des Wissenschaftskuchens zu rekonstruieren. Verstehen und Verständnis in und um diese Großwissenschaft wird zum mühseligen Unterfangen, dem sich nur noch wenige aussetzen: Nicht nur nach außen, sondern längst auch schon nach innen.

Die zweite wissenschaftstragende Dichotomie war damals schon längst zerbrochen, einer ihrer sich bedingenden und konstituierenden Teile ging über Bord: Die Rezeptionsseite immer stärker totalisierend, verloren wir die *Produktionsseite* unseres Gegenstandes aus den Augen und den Händen. Die Reduktion der Germanistik zum reinen wissenschaftlichen Rezeptionsgeschehen, das vom gesellschaftlichen Produktionsgeschehen weitgehend abgekoppelt war, trug entscheidend zur Ausdifferenzierung des heutigen wissenschaftlichen Zusammenhangs bei. Man schrieb zwar wissenschaftlich und das immer mehr, aber nur über das, was die Nicht-Germanisten schrieben, man schrieb zwar, aber lehrte und lernte das Schreiben nicht gezielt, und man schrieb, aber eben nicht oder nur vereinzelt über das Schreiben als Prozeß. So kennzeichnet sich die Focussierung auf Rezeption von Sprache und Literatur als besinnungslose Ausklammerung der Poduktionsbedingungen des Gegenstandes. Fand solches Nachdenken doch statt, versank es im Meer der Wissenschaftsgeschichte oder wurde, wie man so sagt, erst einmal beiseite gelassen - beides auf Nimmerwiedersehen. Noch schlimmer ist es beim Sprechen, genau genommen reden wir Germanisten erst seit ein paar Jahren wirklich überlegt, literarisch-kulturelles Handeln wurde zu einer Domäne der Fachdidaktik oder von Zweigen außerhalb der Universität besetzt, wie z.B. der Museums- oder auch Theaterpädagogik usw.

Wir aber halten durch, reduzieren, rezipieren und theoretisieren weiter. Das Problem ist, daß wir solche Entwicklungen kaum noch bemerken können: Die Abkoppelung von der Produktionsperspektive von Sprache und Literatur hat uns blind und im Sinne eines gesellschaftlichen Tastsinnes gefühllos gemacht, wir haben nichts mehr, an dem wir die Relevanz unseres Handelns überprüfen könnten. Denn die Produktionsperspektive in der Wissenschaft meint ja nicht nur deren gesellschaftliche Verwertbarkeit in den dann entstehenden Qualifikationen, z.B. für die Berufsfähigkeiten künftiger Germanistinnen und Germanisten. Sie hilft vor allem zu einem besseren Verständnis bei Reflexion und Rezeption, weil wir unseren Gegenstand besser und richtiger verstehen.

Immer kleiner wird indes das Schlauchboot, es wachsen trotz des Salzwassers in stürmischer See immer mehr Orchideen, wohlriechend und von unterschiedlichster Art, immer schönere Blumen müssen sich immer weniger Erde teilen, stillschweigend und unversehens wird aus dem Schlauchboot ein Blumenkasten.

Dieser Blumenkasten zieht nun vorbei an einer kommenden Generation, die vom Traumschiff der Erlebnisgesellschaft teils verständnislos, teils entzückt auf die Blumenpracht hinunterblickt. Aber was soll's, eigentlich richtet sich das Augenmerk unserer meist teilnahmslosen Passagiere eher darauf, unter Deck irgendwann 'mal einen Job zu bekommen. Sie ahnen es schon, es droht die dritte Reduktion: der Verlust einer ganzen Generation, der Verlust der Neueren und damit auch: der Verlust von *Tradition.* Dieser Verlust ist, so meine ich, die fatalste, weil konsequenzenreichste Entwicklung. Mit dem Verlust des kulturellen Generationenvertrages verliert die Germanistik ihr wesentlichstes und konstitutivstes Element: die Tradierung des kulturellen Gedächtnisses in Sprache und Literatur, hier an eine kommende Generation im Hochschulunterricht. Die hermeneutischen Katastrophen, die heute zum Alltag der Hochschullehre geworden sind, sind beredtes Zeugnis einer Kommunikations- und auch Interesselosigkeit der Generationen untereinander: Das Verständnis für und vor allem das Verstehen voneinander sinkt rapide. Diese Entwicklung entspricht dem gesamtgesellschaftlichen Trend, und es kann nicht eindringlich genug vor ihr gewarnt werden. Existentieller als noch vor zwanzig Jahren stellt sich am Ende des Jahrhunders für Individuen wie für die Gesellschaft die prinzipielle Frage nach der Rolle der Generation der heute 16 bis 30jährigen und nach den Entwicklungschancen, die diesen in einer Gesellschaft wie der unsrigen überhaupt noch offen stehen. In der ZEIT Nr. 23 vom 30. Mai 1997 war zu lesen:

> „Prägend für sie (die heute 16 bis 30jährigen) ist (...) das Erleben, daß diese Gesellschaft nicht gerade auf sie gewartet hat, daß sie gewissermaßen schon besetzt ist. Besetzt von einer durch

> die Instanzen marschierten Wohlstandsgeneration, von Endvierzigern bis Endfünfzigern, von, sagen wir es ruhig, den Achtundsechzigern. Besetzt sowohl materiell als auch ideologisch."[381]

Ich glaube, daß eine Menge von dem hier unterstellten Lebensgefühl wirklich unter Studierenden heute anzutreffen ist, ja durch das Studium an der Hochschule noch weiter verstärkt wird. Es stellt sich die Frage, ob in eine solch besetzte Gesellschaft überhaupt noch ein Weg (auch mit der besten Bildung und Ausbildung) hineinführt, und zwar sowohl in den Arbeitsmarkt als auch in die Entscheidungsstrukturen der Gesellschaft.

Die Hochschule kann und muß ein Ort sein, an dem dieser Trend der Teilnahmslosigkeit der Generationen, in unserem Falle mit Hilfe und anhand des Mediums der deutschen Sprache und Literatur, gewendet wird.

9.4 Wissenschaft und Zeitgeist

Irgendwo auf diesem reduktionistischen Weg in die allein seligmachende Pluralität blieb der Germanistik offensichtlich nichts anderes übrig, als aus der Not eine Tugend zu machen: das Selbstbild der Hochschullehrerinnen und Hochschullehrer als geniale Schöpfernaturen, die Unterfinanzierung von Bildung, der gesamtgesellschaftliche Trend einer Abwendung von der jungen Generation, ein pluraler und einem besinnungslosen Egoismus verpflichteter Zeitgeist, Berufsbeamtentum, die einseitige Orientierung einer jungen Generation am beruflich Verwertbaren und emotional Nutzbaren, und nicht zuletzt die Schwerfälligkeit der Institution Hochschule bei ihrer inneren Reform, die in ihrer fehlenden Konsequenz wahrscheinlich nur noch mit der katholischen Kirche vergleichbar ist, gingen eine unheilige Allianz ein, an deren Ende als Ergebnis die Aufgabe der produktiven Zumutung Bildung stand.

Ich greife den Gedanken von vorhin erneut auf und stelle ihn in den hier zur Debatte stehenden Bezugsrahmen: Die Aufgabe von Bildung ermöglichte es der germanistischen *scientific community,* ein neues, wie ich meine verhängnisvolles, Wissenschaftsverständnis zu entwickeln, nämlich derart, daß es eigentlich keines gebe, und deswegen ein in Kleinteile zersplitterter und zerfallener wissenschaftlicher Scherbenhaufen, in dem alles plausibel und nichts wahr ist, immer noch besser sei als gar nichts. Der Pluralität ist vor allem das Wagnis des Urteils zum Opfer gefallen, an das das Projekt Aufklärung doch so wesentlich gebunden ist, und am Ende die Germanistik selbst: Die Krise der Germanistik - vorbei, weil es diese selbst nicht mehr gibt, schrieb Ulrich Greiner unlängst - kaum einer widersprach ihm. Es spricht Bände für die so oft gepriesenen Selbstreinigungskräfte einer Wissenschaft, daß wir unsere Anregungen zur Zu-

---

[381] Gaschke, Susanne: „Alles besetzt. Der Weg ins traditionelle Erwachsenendasein bleibt den Jüngeren auf unbestimmte Zeit versperrt". In: *Die Zeit* Nr.23 vom 30. Mai 1997, S. 62

kunftsgestaltung der Disziplin jetzt offensichtlich aus dem Feuilleton beziehen, zumindest insofern, als Greiners Ausführungen 1997 für weit mehr Aufsehen und Gespräch unter den Fachvertreterinnen und Fachvertretern geführt haben, als jeder noch so richtige, sinnvolle und gutgemeinte Beitrag aus den eigenen Reihen. Die Mißtrauensorganisation einer pluralistischen Germanistik ist daher in vielerlei Hinsicht nicht nur das Ergebnis einer modernen Wissenschaftsentwicklung mit deren fatalen und positiven Attributen und Zeitsignaturen, sie ist erst einmal vor allem auch ein Offenbarungseid einer Wissenschaft, die Vermittlung als gesamtgesellschaftliche Problemstellung aufgegeben hat.

9.5 Das Projekt der Germanistik

Nun gäbe es dazu noch viel zu sagen und zu streiten, ich schließe an dieser Stelle und überlasse den germanistischen Blumenkasten seiner weiteren Reise. Wer das Projekt Germanistik jedoch noch nicht aufgegeben hat, dem möchte ich nun noch drei kurze Gedanken auf den Weg geben, bevor ich eine produktive Gestaltungsmöglichkeit, die *Germanistisch-fundierten Schlüsselqualifikationen*, kurz charakterisiere und beispielhaft vorstelle.

Der erste Gedanke gilt dem notwendigen Zusammenhang eben von fachwissenschaftlicher Forschung, dem Lehren und Lernen in den Studiengängen der Hochschule und dem gesellschaftlichen Handeln in seiner politischen Dimension *und* seiner Verwertbarkeit in Berufsfeldern. Ein Germanist bzw. eine Germanistin, der bzw. die etwas auf sich hält, wird immer darauf achten, daß jede der drei Dimensionen im individuellen Handeln gleich professionell zum Tragen kommt. Wie zur Forschung Humboldts Einsamkeit und Freiheit gehört, so gehört zur Lehre: Solidarität und Freiheit; und zum gesellschaftlichen Handeln: Verantwortung und Freiheit. Die Einheit von Forschung und Lehre ist in Wahrheit eine Trinität, die notwendige Einheit der drei Dimensionen für die sie gestaltenden und diese leben dürfenden Menschen eine moralische und auch eine professionelle Verpflichtung: Wissenschaft als Lebensform, Lehrer-Sein als Lebensform, politisch-Sein als Lebensform: das ist die Einheit, die nicht den Rückzug meint. Wer's nicht kann, der soll es lernen dürfen oder lassen müssen. Wer's tut und kann, wird heute noch allzu oft zum Dummen für die Clever-Nutznießenden. Genau hier wird aber ein bißchen mehr Leistungsorientierung mit den richtigen Parametern für die Messung eben solcher Leistung den Hochschulen sicher gut tun.

Zweitens: Wir sollten die 'Gnade des Nullpunkts' im Hinblick auf die gesellschaftliche Bedeutung der Germanistik als Chance wahr- und ernstnehmen und die Reduktionsgeschichte in eine ganzheitliche Wissenschaftsgeschichte zurückverwandeln oder auch neu aufbauen, in der wir die Perspektiven von *Rezeption und Produktion, Tradierung und Modernisierung* und *Profession und*

Öffentlichkeit zurückgewinnen. Wenn wir demnach über produktionsorientierte Lehrprojekte sprechen, so fügen wir der Wissenschaftlichkeit unseres Faches nichts Fremdes hinzu, wir nehmen vielmehr ihre Reduzierung zurück und ihre Komplettierung vor. Vor allem dazu, aus der halben Germanistik eine ganze zu machen, dazu soll dieser *Tag der Lehre* und sollen Reformen der Hochschullehre insgesamt beitragen.

Drittens: Der Stillstand war noch nie so rasant wie heute. Auch im Bereich Forschung fehlen effektive Instrumente der Qualitätssicherung. Daher muß die Spirale der exponentiellen Forschungsproduktion zumindest stark verlangsamt und an die Qualität der Produkte höhere Ansprüche angelegt werden. Solche Qualitätssicherung muß nach allgemein vergleichbaren, transparenten und anerkannten Standards verfahren, denn wer soll da noch innehalten, gar das Neue entdecken und verknüpfen, wenn fast alle damit beschäftigt sind, Bekanntes zu wiederholen, Kleinteiliges noch weiter zu zerstückeln und sich dem besinnungsvollen Gespräch zu entziehen, wie eine teamorientierte Forschergemeinschaft oder die Hochschullehre dies bieten könnten. Groteskerweise hat die rationalistisch-kapitalistische Grundstruktur einer alles ins unanhaltbare und unreflektierbare beschleunigenden Moderne auch und vor allem vor den Wissenschaften, auch der Germanistik, nicht haltgemacht. Wir sollten diskurs- und qualitätzerstörende Geschwindigkeiten dorthin zurückschicken, woher sie gekommen sind. Hoffentlich nicht auch von uns.

9.6 Germanistisch-fundierte Schlüsselqualifikationen

Frei werden kann der Blick dann auf eine Wissenschaft in den drei Dimensionen, wie ich sie eben geschildert habe. Ansetzen könnte diese Entwicklung ausgerechnet dort, wo es keiner vermutet: beim ungeliebten und doch so anstrengenden Stiefkind, das doch immer so wahnsinnig viel Arbeit macht (wie alle Stiefkinder): der Hochschullehre. Hier vor allem kann sich zeigen, wie Humboldt dies schon wußte, daß Forschung, Lehre und gesellschaftliches Handeln keine Gegensätze sein müssen, sondern sich positiv ergänzen und gegenseitig überprüfen können.

In Düsseldorf benennen wir eine solch produktive, ins Handeln mündende Bedingungskonstellation (oder wie Klaus-Hinrich Roth sagt: Das „sich besinnen können und entsprechend besonnen handeln wollen“[382]) mit dem Terminus *Germanistisch-fundierte Schlüsselqualifikationen*. In diesem Terminus verbindet sich daher die Fachlichkeit der Wissenschaft mit dem Aufbau von Handlungskompetenz in Studium, Arbeitsmarkt, Gesellschaft.

---

[382] Roth, Klaus-Hinrich: „Fachlich-fundierte Schlüsselqualifikationen in der Germanistik“. In: *DIHS*, a.a.O., S. 214-219, hier: S. 217

Aber wie man das Projekt auch nennen mag, und viele Hochschulen haben hier (...) ganz unterschiedliche produktive Handlungsformen gefunden, immer steht ganz viel auf dem Spiel, eben nicht nur ein paar Praxisangebote für Studierende, sondern das Paradigma des Hochschulunterrichts von morgen. Die Studienordnung, unser germanistischer Generationenvertrag vor Ort, benennt dies beispielsweise so:

> „Im Studienbereich Germanistisch-fundierte Schlüsselqualifikationen werden Fähigkeiten erworben, die fachwissenschaftlich begründet sind und die als
>
> - Sprach- und Schreibkompetenz,
> - Rede- und Gesprächskompetenz und
> - Literarisch-kulturelle Kompetenz
>
> in praxisorientierten Lehrveranstaltungen eingeübt werden. In der einübenden Praxis gewinnen diese Schlüsselqualifikationen fachübergreifenden Charakter und stehen damit am Schnittpunkt zwischen germanistischer Forschung, produktionsorientierten Lehrveranstaltungsformen und Berufsfeldorientierung.“ [383]

Insgesamt 15 Lehrveranstaltungen werden an der Heinrich-Heine-Universität in Düsseldorf pro Semester durchgeführt. Es waren und sind dies im Bereich ‘Schriftlichkeit’ zum Beispiel:

1. Journalistisches Schreiben,
2. Literarisches bzw. Kreatives Schreiben,
3. Wissenschaftliches Schreiben,
4. Schreiben für die elektronischen Medien, für Radio und Fernsehen,
5. Textverständlichkeit und Textoptimierung,
6. Theatertexte schreiben,
7. Verlagstexte schreiben,
8. Sketche schreiben.

Das neu gegründete Schreibbüro verbindet das Ziel des Aufbaus von Schreibkompetenz mit der Handlungsform intensiver Beratung im Einzelfall.
Im Bereich ‘Mündlichkeit’ stehen

1. Übungen zur Informationsrede und zur moderierten Diskussion,
2. Rhetorik bzw. Praxis der freien Rede,
3. Rhetorik des Gesprächs und der Verhandlung,
4. Körpersprache in Kommunikationssituationen,
5. Gesprächsanalyse und Gesprächspraxis,
6. Mündlichkeit im Beruf und beim szenischen Gestalten und
7. Kommunikation in Medien und in der Hochschule

im Vordergrund. Im Bereich ‘Literarisch-kulturelles Handeln’ geht es um

1. Kultur- und Filmproduktion,
2. Werbesprache und Textproduktion,
3. Filmkritiken schreiben und um die
4. Entwicklung alternativer Konzepte für Ausstellungen und Museen.

---

[383] Entnommen aus der Magisterstudienordnung Germanistik der H.-H.-Universität Düsseldorf

Sie sehen, wir achten in allen drei Bereichen sehr darauf, das Themenspektrum nicht vorzeitig zu verengen, sondern fachwissenschaftlich und praxisbezogen eine möglichst breite Palette des Angebots zu sichern. Die Projektbereiche liegen dabei dem „Integrierten Handlungskonzept" gemäß in der Hand jeweils einer Abteilung der Düsseldorfer Germanistik. Graduierte und studentische Mitarbeiterinnen und Mitarbeiter arbeiten bei der Realisation des Programmes verantwortlich zusammen, auch hier also die Programmatik einer Hochschule von morgen. Verankert ist das Angebot fest in der Qualifikationsliste der Studienordnung, verbindlich das Lehrangebot in den Semesterwochenstunden des Studienganges: Praxisorientierung als Garnitur - ich leihe mir Rudi Kellers unvergleichlich vergleichbares Bild in einer kleinen Variation - als Petersiliensträußchen auf dem Tomatenachtel am Tellerrand eines Jägerschnitzels? Ein für allemal vorbei. Die Rückkehr des Produkts: im germanistischen Studium schon vollzogen, vielleicht ein Signal für eine Forschungsreform.

9.7 *Qualifikation, Profilbildung, Öffentlichkeit*

Ein häufiger Einwand: Sind Schreiben, Sprechen und kulturelles Handeln nicht einfach „ganz normale" Kulturtechniken?

Die Antwort: In allen Angeboten ist neben der praktischen Übung und der theoretischen Reflexion ein Gedanke zentral: es geht nicht darum, im germanistischen Studium einfach schreiben, sprechen und allgemein-kulturell handeln zu lernen. Vielmehr sollen differenziert eingeübte Kompetenzen die Studierenden zu *Expertinnen und Experten* in dem jeweiligen Bereich machen. Nur dann wird auch der Anspruch, der prinzipiell an eine wissenschaftliche und praktische Hochschulausbildung zu stellen ist, erreicht. Germanistik-Studierende sollen ganz bewußt nach ihrem Studium ihren Altersgenossinnen und -genossen in bestimmten Bereichen *möglichst weit überlegen* sein, um auf dem Arbeitsmarkt einen ganz klar definierten Vorteil zu haben. Diese Profilbildung muß deutlich ausgeprägt und vor allem auch erkennbar sein. Wir setzen auf Expertinnen und Experten statt auf Durchschnitt und wir setzen insgesamt im Studiengang wieder wesentlich deutlicher auf Leistung als früher. Soviel Sinn, ich gestatte mir diese Randbemerkung, kommt dann wahrscheinlich sogar ohne Gebühren aus, weil auf einmal auch inhaltlich für alle wieder etwas auf dem Spiel steht. Wir brauchen uns nicht gegenseitig zum Kunden zu machen, um lebensbedeutsame Erfahrungen zu konstituieren.

Für den Besuch der obligatorischen (und natürlich auch der zusätzlich besuchten) Veranstaltungen wird ein *Teilnahmenachweis* vergeben, der jedoch bewußt nicht 'prüfungsrelevant' ist, was manchen Hochschullehrer von außerhalb des Fachbereichs zunächst zu der kritischen Anfrage veranlaßte, wieso er dann überhaupt in der Studienordnung stünde. Leider besteht in vielen Köpfen immer noch die hoffnungslos obsolete Einstellung, daß eine Studienordnung keine *Ordnung des Lehrens und Lernens* und damit gelingender Kommunikation über Fachinhalte sei, sondern die Minimallösungen vermeintlich objektiver Leistungsmessung regeln solle. Die Studienordnung Germanistik hebt sich bewußt von solchen bürokratischen Reduzierungen ab, um Qualifikationen transparent, handhabbar und auch verwertbar zu machen.

Ich bedauere ein bißchen, (...) von der Germanistik insgesamt nichts besseres berichtet zu haben, und hoffe dringend auf Korrektur durch (...) kommende Beiträge. Als Entschuldigung versuche ich für mich in Anspruch zu nehmen, daß es erstens nun einmal dazu gehört, das Momentane erst einmal gründlich schlecht zu machen, um das Neue schöner und heller erstrahlen zu lassen, und daß wir zweitens ja heute schließlich hier sind, um nachzudenken, um zur Besinnung zu kommen: Ehrlichkeit beim Blick auf die Realität und Authentizität der Gedanken gehören wohl zu einer solchen Besinnung dazu. (...)

Neben den drei genannten *Germanistisch-fundierten Schlüsselqualifikationen* gibt es wohl noch zwei andere, die ganz wesentlich mit der Sprachlichkeit des Menschen zusammenhängen und zu denen uns im Hochschulunterricht bezüglich ihrer produktionsorientierten Vermittlung noch zu wenig eingefallen ist: das aktive Lesen und das interessierte Zuhören. Letzteres ist einer der Hauptzwecke eines *Tags der Lehre*, und ich freue mich nun mit Ihnen und Euch auf eine interessante Füllung dessen, was unsere Zukunft sein soll: in fachwissenschaftlicher Forschung, Praxis Lehre und gesellschaftlichem Handeln.

10 Kanon und literarische Bildung zwischen dem Engagement der Literaturwissenschaft, der Macht der Kultur und dem Recht der Lernenden

Das erneute Aufgreifen der Frage des Kanons und der Kanonbildung stellt u.a. einen Versuch dar, Anworten auf Probleme der Vermittlung (nicht nur) in Hochschulstudiengängen aus einer genuin fachwissenschaftlichen Perspektive zu gewinnen. Kaum eine andere Diskussion ist so exemplarisch für diese Form der Problembearbeitung und keine andere hat immer wieder für solch kontroverse Positionen gesorgt. Der folgenden Text, der als Antwort auf verschiedene Positionen zum Thema entstand, die in den 'Mitteilungen des Germanistenverbandes' veröffentlicht wurden, versteht sich als Ergänzung zu dieser Diskussion, versucht sie jedoch um die Perspektive der Empfängerinnen und Empfänger in Hochschulstudiengängen zu erweitern.[384] Er nutzt ein alttestamentliches Bild für eine Rollenbeschreibung der Beteiligten, zeigt in diesem die unterschiedlichen Perspektiven und die daraus entstehenden Konflikte und versucht im Anschluß an die Problemanalyse einen Lösungsvorschlag, der zumindest für einen begrenzten Geltungsraum Bestand haben kann.

10.1 Eine kurze Geschichte unserer Zeit

Keine andere Diskussion ist sowohl für das Wissenschaftsverständnis der Germanistik wie für das Problem der Vermittlung fachlicher Grundlagen in germanistischen Studiengängen so paradigmatisch wie der Streit um den literarischen Kanon. Aus den meisten Beiträgen zu dieser Diskussion kann man vor allem eines entnehmen: Es geht vorderhand nicht um den Streit über den literarischen Kanon in seiner konkreten Materialität, der Literatur, sondern um den Streit um den Streit, oder ob man ihn überhaupt führen solle oder nach welchen Kategorien man dies wohl tun dürfe oder könne, aber nur, wenn man denn wirklich wolle. So etwas nennt sich bekanntlich Literaturtheorie, die immer dann problematisch wird, wenn sie die Literatur aus den Augen verliert. Aber die Zeichen stehen gut: die Literatur(lose)theorie - und nur die mit der eingeschobenen Klammer soll an dieser Stelle kritisiert werden - kommt an vielen Punkten schon wieder an ihr Ende, und damit auf ihren notwendigen Ursprung zurück: die Literatur, hier als die Kenntnis von ihr im Sinne literarischer Bildung verstanden,

---

[384] Dieser Text erschien zuerst in den *Mitteilungen des Deutschen Germanistenverbandes* 44. Jg. (1997), Heft 2, S. 92-100, ohne den Abschnitt zu den unterschiedlichen Versionen. Eine Ergäzung, die mir nach der interessanten Kritik an diesem Beitrag berechtigt und wichtig erschien. Ich verweise zusätzlich auf das Literaturverzeichnis.

scheint mit der Kanondiskussion erneut in den Startlöchern. Dies wurde auch in den *Mitteilungen 3/1996* deutlich.

Trotzdem konnten sich nur wenige dazu hinreißen lassen, auch eine - so der charmant säkularisierte Ausdruck - Leseliste vorzuschlagen, über die man dann streiten kann. Daß dieses für alle so schwierige Thema in den *Mitteilungen* jedoch in dieser Form wieder einmal aufgegriffen wurde, war sicher überfällig und ein guter (Neu-) Anfang. Daß Schule und Hochschule sich ausgerechnet in dieser Frage aufeinander zu bewegen, ist genauso wichtig wie bezeichnend für das Problem der gesellschaftlichen Verortung von Literatur. Die gleichermaßen gefährliche und doch so harmlose Kanondiskussion könnte zumindest zu *einem* Kristallisationspunkt der thematischen Zentrierung der Fachwissenschaft Germanistik werden. Sie hätte es wohl bitter nötig, und die Wissenschaft auch Zeit, wäre da nicht: die kommende Generation von Lesenden.

Die Diskussion soll daher an dieser Stelle um eine Facette erweitert werden, ohne die bisherigen Argumente ersetzen bzw. die dem Problem positiverweise immanente Prozessualität etwa zu einem Ende bringen zu wollen. Auf einige der jüngst vorgebrachten Argumente werde ich noch einmal zurückkommen und am Ende eine Leseliste unter den genannten Gesichtspunkten vorschlagen. Zunächst aber, um die Schwierigkeit des Sachverhalts zwischen Wissenschaftskultur und literarischer Bildung zu verdeutlichen, eine Illustration des Problems aus dem kanonischsten aller Bücher, mit dem vorherigen Eingeständnis eines (immerhin) begrenzten Erklärungspotentials des Bildes.

10.2 David, Goliat, die Israeliten

Bekanntlich forderte im 1. Buch Samuel des Alten Testamentes der Philister Goliat die Israeliten auf, aus ihren Reihen einen zu benennen, der gegen ihn im Kampfe antreten solle. Gewänne dieser, wären die Philister die Knechte Israels, gewänne er selbst, sollte Israel für immer den Philistern dienen. Vierzig Tage lang hat sich niemand gemeldet (verständlich, denn Goliat war, so erfahren wir, immerhin „[...] sechs Ellen und eine Spanne groß“[385], was den Kampf gegen ihn ebenso verdienst- wie sicherlich wenig reizvoll erscheinen ließ), bis dann doch der unbedarfte David gegen Goliat antrat - mit bekanntem Ausgang. In unserem Bild soll David für das Engagement der Literaturwissenschaft stehen und Goliat für die Macht der Kultur. Offensichtlich ist in bezug auf das Problem der Kanonbildung der Kampf weiterhin unentschieden. Dies soll hier ebensowenig interessieren wie die Frage, ob die Details der biblischen Auseinandersetzung wirklich in allen Facetten auf unser hier diskutiertes Problem anwendbar sind.

---

[385] 1 Sam 17,4, in: *Die Bibel: Einheitsübersetzung der Heiligen Schrift*, hrsg. im Auftrag der Bischöfe Deutschlands. 1. Aufl.. Stuttgart 1980. S. 288

Uns interessiert etwas anderes, was auch in der biblischen Vorlage eher am Rand erscheint: die Rolle der Israeliten. Die standen nämlich nicht nur erst einmal 40 Tage abseits, sondern schauten ebenso ängstlich wie orientierungslos dem Kampfe zu und dessen Ausgang entgegen. Zweifelsohne haben sie ihr Schicksal nicht selbst in die Hand genommen, sondern erwartet, daß der junge David („noch sehr jung, er war blond und von schöner Gestalt“[386]) das Problem für sie lösen möge. Andererseits sahen sie ihrerseits auch keine reelle Chance für eigenes Handeln. Die Israeliten sollen hier für die Lernenden als Lesende stehen und für deren Recht, nicht dazu verdammt zu sein, orientierungslos auf den Ausgang einer Auseinandersetzung warten zu müssen, die erstens (zumindest teilweise) nicht die ihre ist und in der sie zweitens zwar gespannt den Kampf beobachten können, aber das dahinter stehende Problem nicht bearbeiten. Kurz: Während eine junge Generation von Lernenden zuschaut, wie eine Literaturwissenschaft sich immer neu mit dem kulturellen Archiv anlegt und dessen je neue thematische Zentrierung verweigert oder verzögert, hätte sie möglicherweise besser schon einmal angefangen zu lesen. Schluß des Bildes.

10.3 Davids Mühen

Das Dilemma, das in Studiengängen aus dieser fast biblisch zu nennenden Dreiecksbeziehung entsteht, hat Harald Fricke treffend kommentiert, wenn er bemerkt:

> „(1) Den Studierenden des Faches Deutsche Literatur irgendwelche Titel-Listen mit ‚obligatorischen' bzw. ‚empfohlenen' Werken für ihre private Lektüre in die Hand zu geben, ist aus sachlichen wie aus hochschuldidaktischen Gründen unvertretbar.
> (2) Den Studierenden des Faches Deutsche Literatur *keine* Titel-Listen mit ‚obligatorischen' bzw. ‚empfohlenen' Werken für ihre private Lektüre in die Hand zu geben, ist aus sachlichen wie aus hochschuldidaktischen Gründen unvertretbar.“[387]

Es sei zunächst dahingestellt, ob beides wirklich so unvertretbar ist. Das Ergebnis dieses Dilemmas jedoch ist verheerend. Die Germanistik verliert in und teilweise auch wegen ihrer theoretischen Reflexion eines ihrer konstitutiven Elemente aus dem Blick: die notwendige Tradierung von Literatur an eine kommende Generation. Denn die ‚private Lektüre' ist ja gar nicht so privat. Hochschullehre findet in der Spannung von Privatheit und Öffentlichkeit immer schon zwischen unterschiedlichen gesellschaftlichen Feldern und Geltungsräumen statt. Um in diesen ein Gespräch über Literatur führen zu können, bedarf es einer gemeinsamen Grundlage, denn man kann „nur über Bücher streiten, d.h. sinnvoll

---

[386] 1 Sam 17,42, in: Die Bibel, a.a.O., S. 290

[387] Fricke, Harald, „Überlegungen zu propädeutischen Grundlagen des Faches: Sieben Thesen zum Problem germanistischer Leselisten“. In: *Mitteilungen des Deutschen Germanistenverbandes* 1/1996, S. 34

oder sinnlos disputieren [...], wenn alle Beteiligten dieselben Texte gelesen haben."[388] Kanon wird in diesem Sinne „Gesprächsangebot"[389], ist „Voraussetzung für Kommunikation"[390]. Und bevor *dieselben* Texte gelesen werden, muß *überhaupt* gelesen werden: „Kanon tut not"[391] - in der Tat vor allem in dem Sinne, wenn man sagt: „Belesenheit tut not"[392]. Das eine ohne das andere ist aber erfahrungsgemäß schwer zu haben.

Ohne Zweifel gibt es aber auch in jüngerer Zeit durchaus sinnvolle Vorschläge für die Bildung eines prozessualen Kanons, der das Dilemma im Sinne einer „pragmatischen Wende"[393] gestalterisch auflösen hilft. Denn die Macht des Kanons ist in der Tat erschütterbar. Joachim Bark: „Der Kanon ist von seiner Entstehung her ausschließend; in dieser Prozeßhaftigkeit von Sammlung, Sichtung, Prüfung, Abwägung, Wahl und Kodifizierung ist er zugleich untersuchbar als Machtinstrument."[394] Bark schlägt dann auch vor, eine „konsensträchtige Titelliste für den Gebrauch durch Germanisten nach einem genuin literaturwissenschaftlichen Prinzip herzustellen, das auf der Höhe der derzeitigen Theoriebildung steht: der Intertextualität", und damit verbunden „einen materialen Kanon [...], dessen Bauprinzip die Generativität ist."[395]

Daß in der „universitären Lehre [...] studienbegleitend" [...] ein „Kanon"[396] gebraucht wird, scheint immer breiterer Konsens zu sein. Aber dieser ist nicht „bloß didaktisch sinnvoll [...], sondern geradezu fachwissenschaftlich nötig, verdeutlicht doch eine solche Liste zugleich auch, worüber der Fachmann oder die Fachfrau spezifische Auskünfte geben können sollte."[397] Wer will, daß Studierende einmal zu solchen Fachleuten und damit zu Traditionsträgern des kulturellen Gedächtnisses[398] werden, muß der fachlichen (und fachwissenschaftlichen) Paralyse durch Komplexität und Orientierungslosigkeit u.a. auch dadurch Einhalt gebieten, daß er erträgt, daß „Hofmannswaldau und Günther [...] allen-

---

388 Luserke, Matthias, „Kanon, Korpus, Kommunikation". In: *Mitteilungen* ... 3/1996. S. 15

389 Ebd.

390 Ebd. S. 20

391 „Kanon tut Not! Leselisten in der Neueren Deutschen Philologie, mit einer Einleitung von Gerhard Rupp". In: *die blaue reihe - Diskussionsgrundlagen zur Studienreform Germanistik*, Nr.13, 2, völlig neu überarb. Aufl., Düsseldorf 1996. S. 6

392 Luserke, „Kanon, Korpus, Kommunikation", a.a.O., S. 19

393 Zymner, Rüdiger, „Kanon zwischen Wunsch und Wirklichkeit". In: *Mitteilungen* ... 3/1996. S. 9

394 Bark, Joachim, „Kanongerede: Eine Bestandsaufnahme in polemischer Absicht". In: *Mitteilungen* ... 3/1996. S. 5

395 Ebd. S. 7

396 Zymner, „Kanon... ", a.a.O., S. 12

397 Ebd.

398 Vgl. Assmann, Jan: *Das kulturelle Gedächtnis. Schrift, Erinnerung und politische Identität in frühen Hochkulturen*. München 1992

falls Inhalte für Spezialbildung, nicht jedoch für allgemeine Bildung“[399] sind: „Erst der Kanon sichert die Peripherie.“[400]

Aber es hilft nichts, das Mißtrauen gegen jede Form von Kanonbildung ist in der Literaturwissenschaft groß. Zuletzt mußten sich die Fachvertreterinnen und Fachvertreter auf der „Hölderlin“-Tagung in Bielefeld Ende 1996 zur Zukunft der Literaturwissenschaft die Notwendigkeit eines literarischen Kanons ausgerechnet vom ZEIT-Journalisten Ulrich Greiner vorführen lassen. Wer ihm applaudierte? Die Studierendenvertreter aus verschiedenen Germanistik-Fachschaften, die angereist waren. Bei den Hochschullehrerinnen und Hochschullehrern dagegen meist betretenes Schweigen. Nicht nur auf dieser Tagung wurde deutlich, daß die Gründe für diese Zurückhaltung wohl mehr im institutionellen Selbstverständnis des Faches, der dieses einkleidenden Institution Hochschule und manchmal auch in der Betriebspsychologie Germanistischer Institute zu suchen sind, als sie wirklich die dahinter stehende Problematik einer sinnvollen Reduktion des kulturellen Gedächtnisses für die Zentrierung der Wissenschaft bzw. in diesem Fall für das Recht der Lernenden zu lesen bearbeiten. Kanonfragen sind zwar Machtfragen, oft aber weniger in bezug auf die Macht der (Allgemein-)Kultur, sondern in bezug auf die Macht der Hochschullehre(r). So gaben einige später zu, nun doch wieder eine Leseliste eingeführt zu haben, nicht ohne den entschuldigenden Hinweis: „Auf Druck der Studierenden“.

Nicht nur die „Hölderlin“-Tagung warf erneut eine wichtige Frage auf: Wo stehen wir eigentlich in der Germanistik als Kommunikationsgemeinschaft von Lehrenden und Lernenden? Die Kanonfrage könnte zur Ortsbestimmung beitragen und zum Kristallisationspunkt des Gesprächs werden.

10.4 Von „mustergültigen Schriftstellern“ zum Orientierungskanon im Fachbereich

Der Ort dieses Gesprächs über Deutsche Sprache und Literatur ist zunächst immer der jeweilige germanistische Fachbereich der Hochschule.

Ein Rückblick: Das griechische Wort ‘kanon’ bedeutet bekanntlich u.a. ‘Meßstab’, ‘Richtschnur’, ‘Regel’. Ausgerechnet das berühmte griechisch-deutsche Schulwörterbuch von Menge nennt 1903 neben ‘Norm’ und ‘Gesetz’ noch - für uns heute karikaturistisch anmutend - „Verzeichnis der mustergültigen Schriftsteller“[401] als mögliche Übersetzung des Kanon-Begriffs. Natürlich ist es mehr als problematisch, wenn eine vorläufige Ordnung so triumphalistisch-affirmativ charakterisiert wird, wenn sie nicht flexibel bleibt, nicht begründet und nicht

---

[399] Ebd. S. 13

[400] Luserke, „Kanon, Korpus, Kommunikation“, a.a.O. , S. 14

[401] Menge, Hermann: *Griechisch-deutsches Schulwörterbuch.* Berlin 1903. S. 297

immer neu legitimiert wird. Zudem droht bei jeder (geschriebenen) Ordnung erfahrungsgemäß vor allem das allmähliche kollektive Vergessen der Begründung bei unreflektierter Weitertradierung des Materials. Aber trotzdem: Unsere 'Muster' werden - wie jeder weiß - heute grundständig anders 'gültig' als zentralistisch und normativ, was uns die Angst vor ein bißchen Ordnung nehmen und das Zutrauen in die Reflexionsfähigkeit der Fachwissenschaft eigentlich stärken könnte. Die Formulierung eines als vorläufig verstandenen *Orientierungskanons* für einen bestimmten Geltungsbereich, zum Beispiel den Fachbereich vor Ort, wird von der jeweiligen Gesprächsgemeinschaft kommunikativ und rational im Sinne der Aufklärung immer neu begründet und verhandelt werden müssen und auch können. Aus dieser kommunikativen Grundstruktur von Rationalität enspringt dann aber auch die überindividuelle Geltung des gemeinsam Gewonnenen. Rein individuelle Lösungen für Kanones einzelner Hochschullehrerinnen und Hochschullehrer sind genau aus diesem Grunde auch zu wenig, denn Liberalität und Individualisierung brauchen als Gegenstück Orientierung durch Verständigung. Für solche Verständigungsprozesse ist der einzelne *Fachbereich* der naheliegende und geeignete Ort, weil seine Gesprächsgemeinschaft transparent und überschaubar ist. Auf seiner Ebene sollte ein zu entwikkelnder *Orientierungskanon* Gültigkeit haben. Das Gelingen des Gesprächs über den Kanon setzt neben Sachkenntnis dabei auch Augenmaß und Konsensfähigkeit voraus, und es verlangt das Gespräch zwischen Lehrenden und Lernenden. Wir brauchen keine mustergültigen Schriftsteller mehr, sondern eine mustergültige Kultur des Lehrens und Lernens an Hochschulen, in der gemeinsame Vereinbarungen und Orientierungen möglich werden. Auf der Ebene des Fachbereichs vor Ort sollte dies dazu führen, unter fachwissenschaftlicher und lehr-/lerntheoretischer Perspektive einen *Orientierungskanon* zu bilden. Mit einem solchen *Orientierungskanon* kann den Studierenden dann geholfen werden, sich selbst um etwas zu bemühen, dessen Erwerb von ihnen immer noch als einer der Hauptbeweggründe für ein germanistisches Studium genannt wird: Belesenheit und literarische Bildung. Im übrigen: Jedem dieser Kanones wird man - ich leihe mir eine vollkommen zutreffende kritische Bemerkung von Hans-Jürgen Bachorski - seine blinden Stellen überdeutlich anmerken. Das ist sogar zu hoffen, denn so öffnet er sich der Kritik. Nur ohne ihn öffnet sich halt gar nichts. Gerade das Vorhandensein des Kanons macht übrigens literarische 'blind dates' (außerhalb seiner) doch so spannend und interessant.

10.5 Das Recht der Lernenden: als Lesende

Bevor ich mich nun nicht davor drücke, was zu einer Thematisierung des literarischen Kanons notwendig gehört, nämlich einen solchen vorzuschlagen, noch ein Wort zu den Auslesekriterien. Sinnvoll und anwendbar scheinen mir die

Kriterien zu sein, die Harro Müller-Michaels zuletzt in seinem Artikel „Kanon - Denkbilder für das Gespräch zwischen Generationen und Kulturen“[402] vorschlägt. Die Kriterien *erstens* „Exemplarität“, *zweitens* „Aktualität“ und *drittens* „Wirkungsmächtigkeit“ zeigen, was im Sinne von Müller-Michaels' „Denkbildern“ zu einem Dialog, hier betone ich einmal: den zwischen den Generationen, beitragen kann. Ich ergänze es in diesem Falle um ein *viertes* - die Empfänger des Vermittlungsprozesses thematisierendes - Kriterium „Das Recht der Lernenden: als Lesende“, in dem der Umfang des vorgeschlagenen Kanons (60 Titel) wie seine Aufteilung (10 Gruppen) primär auf ein in der Regel ca. zehnsemestriges Studium bezogen wird.

Es könnte und müßte nun für jedes der nachfolgenden 60 Werke aufgezeigt werden, inwieweit jeweils die vier Kriterien auf das einzelne Werk anwendbar sind. Dies kann also immer nur an den Texten selbst gezeigt werden. Eine solche konkrete Herleitung mit dann mindestens 240 Einzelargumentationen durchzuführen und die dann notwendigen Gewichtungen und Entscheidungen zu begründen würde bedeuten, allein schon eine neue Geschichte der *Neueren* Deutschen Literaturgeschichte *(auf die diese Liste beschränkt wurde)* zu schreiben, die u.a. unter der Perspektive der Vermittlung im Öffentlichkeitskontext Hochschule steht. Dies würde hier zweifelsohne den Rahmen sprengen und ist vielleicht eher dauernde Gesprächsaufgabe in der germanistischen Hochschullehre des Fachbereichs als eine Aufforderung zu einer weiteren schriftlichen Fixierung. Im folgenden möchte ich nun ein Angebot machen, anhand dessen der oben erwähnte Orientierungsdialog von Lehrenden und Lernenden im Fachbereich beginnen kann.

10.6 Leser/-innenliste zur neueren deutschen Literatur

Der - in der Tat recht große - Umfang der hier vorgeschlagenen Liste geht davon aus, daß *erstens* gerade die genommene und verbrachte Lesezeit die wichtigste Zeit in einem germanistischen Studium ist, daß *zweitens* einzelne Werke aus der Schullektüre bereits bekannt sind, und daß *drittens* bei einigen Werken nicht unbedingt eine „Komplettlektüre“ erfolgen muß. Die Reihenfolge der Lektüre *innerhalb* der zehn Semestergruppen ist dabei beliebig, nur sollten die *Gruppen als solche* erhalten bleiben, um einen Eindruck von den (hier unterstellten) literaturgeschichtlichen Zusammenhängen zu bekommen. In welchem Semester welche Gruppe jedoch gelesen wird, ist beliebig.

Neben dieser *Maximal-Version* (alle Werke aus einer Gruppe) schlage ich aber noch zwei andere Versionen vor, die ebenfalls sinnvoll sind und ihre Be-

[402] Müller-Michaels, Harro: „Kanon - Denkbilder für das Gespräch zwischen Generationen und Kulturen“. In: *Mitteilungen* ... 3/1996. S. 44-51.

rechtigung haben. Erstens eine *Minimal-Version*, in der man nach freier Auswahl je zwei Werke aus einer Gruppe liest. *Minimal-Version* deshalb, weil erst ab zwei Werken die unbedingt nötige Möglichkeit zum Vergleich besteht. Einen guten Ein- und Überblick wird man bekommen, wenn man aus jeder Gruppe drei Werke auswählt und liest, ich nenne dieses Vorgehen daher *Standard-Version*. Die *Optimal-Version* ist immer noch die gänzlich selbstdefinierte: Sich kundig machen in Literaturgeschichten, dann eine (möglichst) begründete Auswahl treffen, entweder in- oder auch außerhalb der einzelnen Gruppen. Bestenfalls steht am Ende eines nach diesen verschiedenen Versionen gestalteten und gesteuerten Leseprozesses zum Erwerb literarischer Bildung als Ergebnis gewollt oder ungewollt die reflektierte *Optimal-Version.* Das wäre sicherlich das Wünschenswerte. Also nun, *so* können Germanisten *das* (folgende erstmal) lesen ...

Gruppe 1
1. Opitz: Buch von der deutschen Poeterei
2. Gryphius: Sonn- und Feiertagssonette
3.Grimmelshausen: Der abenteuerliche Simplicissimus Teutsch
4.Gottsched: Versuch einer critischen Dichtkunst vor die Deutschen
5. Gellert: Fabeln und Erzählungen
6. Lessing: Emilia Galotti
7. Lessing: Nathan der Weise

Gruppe 2
8. La Roche: Geschichte des Fräuleins von Sternheim
9. Claudius: Der Wandsbecker Bote
10. Goethe: Die Leiden des jungen Werther
11. Schiller: Die Räuber
12. Goethe: Prometheus

Gruppe 3
13. Schiller: Über die ästhetische Erziehung des Menschen
14. Goethe: Wilhelm Meisters Lehrjahre
15. Hölderlin: Hyperion oder der Eremit in Griechenland
16. Goethe: Faust. Der Tragödie erster Teil
17. Goethe: Die Wahlverwandtschaften

Gruppe 4
18. Schlegel: Lucinde
19. Novalis: Hymnen an die Nacht
20. Günderode: Gedichte und Phantasien
21. A. v. Arnim/C. Brentano: Des Knaben Wunderhorn - Alte deutsche Lieder
22. Grimm/Grimm: Kinder- und Hausmärchen

<u>Gruppe 5</u>
23. Hoffmann: Lebensansichten des Katers Murr ..
24. Kleist: Prinz Friedrich von Homburg
25. Eichendorff: Aus dem Leben eines Taugenichts
26. R. Varnhagen van Ense: Ein Buch des Andenkens für ihre Freunde

<u>Gruppe 6</u>
27. Droste-Hülshoff: Die Judenbuche
28. Mörike: Mozart auf der Reise nach Prag
29. Stifter: Nachsommer
30. Heine: Buch der Lieder
31. Büchner: Dantons Tod
32. Heine: Deutschland. Ein Wintermärchen
33. Büchner: Woyzeck

<u>Gruppe 7</u>
34. Keller: Der grüne Heinrich
35. Storm: Der Schimmelreiter
36. Fontane: Effi Briest
37. Hauptmann: Bahnwärter Thiel
38. Th. Mann: Die Buddenbrooks
39. Rilke: Die Aufzeichnungen des Malte Laurids Brigge
40. Th. Mann: Der Tod in Venedig

<u>Gruppe 8</u>
41. Rilke: Duineser Elegien
42. Benn: Morgue und andere Gedichte
43. H. Mann: Der Untertan
44. Kafka: Der Prozeß
45. Döblin: Berlin Alexanderplatz
46. Hesse: Narziß und Goldmund
47. Zuckmayer: Der Hauptmann von Köpenick

<u>Gruppe 9</u>
48. Brecht: Mutter Courage und ihre Kinder
49. Brecht: Gedichte
50. Borchert: Draußen vor der Tür
51. Dürrenmatt: Der Besuch der alten Dame
52. Frisch: Homo Faber
53. Celan: Sprachgitter
54. Grass: Die Blechtrommel
55. Wolf: Der geteilte Himmel

<u>Gruppe 10</u>
56. Handke: Publikumsbeschimpfungen
57. Bachmann: Malina

58. Böll: Die verlorene Ehre der Katharina Blum
59. Walser: Ein fliehendes Pferd
60. Johnson: Jahrestage

Zum Schluß sei an ein in diesem Zusammenhang vieldeutiges Wort des englischen Staatsmannes und Schriftstellers George Savile Halifax (1633-1695) erinnert: „Bildung ist das, was übrigbleibt, wenn wir vergessen, was wir gelernt haben." Ein Kanon als so verstandene Orientierung zur lesenden Erarbeitung literarischer Bildung kann Stütze dafür sein, daß diese in der medialen Umbruchsituation in Gesellschaft und Wissenschaft noch eine Chance bekommt. Wir müssen erst mühevoll lernen, damit wir ebenso mühevoll wieder vergessen können: Bildung als anspruchsvolle Zumutung.

11 Heinrich Heine: Besichtigung von Schauplätzen einer öffentlichen Wissenschaft.

Für die *(germanistische)* Hochschullehre ist es von entscheidender Bedeutung, wie die Fachwissenschaft ihre Aufgaben im Hinblick auf die Vermittlung ihrer Inhalte versteht. Welche Problemstellungen halten die Vermittlungsfelder bereit und welches Angebot an Antworten kann eine Literaturwissenschaft heute auf philologischer Basis und mit Hilfe ihres theoretischen Repertoires formulieren? Das folgende, elfte Kapitel stellt anhand des Autors Heine und seiner literarischen Texte Aufgaben bzw. Betätigungsfelder für eine Germanistik vor, die sich als öffentliche Wissenschaft versteht, und will so einen Brückenschlag zwischen Forschungsergebnissen, Vermittlungsfeldern und dem gesellschaftlichen Diskurs über Literatur versuchen.
Ereignisse indes, die einen solchen Blick nicht nur theoretisch konstruieren, sondern auch plastisch aufweisen lassen, sind selten geworden. Ausgewählt für diese 'Besichtigung von Schauplätzen einer öffentlichen Wissenschaft' wurden daher Felder, die im Rückblick auf das breite Angebot des Heine-Jahres 1997 gewonnen werden konnten.[403]

11.1 Standortbestimmungen eines Autors in Eile: Heine und sein 200. Jahr

1997 wäre der Dichter Heinrich Heine 200 Jahre alt geworden. Ein Grund für viele Feiern, im kleinen und im großen. Eingerahmt von zwei Großveranstaltungen zum Todes- und Geburtstag, von Februar bis Dezember, drängte sich eine bisher nicht gekannte Fülle und Vielfalt von Veranstaltungen[404]. Zeitweilig kritisch gegen Autor und Gesellschaft, oft eher beängstigend affirmativ, zum Teil sehr akribisch wissenschaftlich, dann wieder Happening: „Heine für Alle", manchmal hoffnungsvoll literarisch, ein Silberstreif von Literaturvermittlung. Die Literatur in der Öffentlichkeit und die Germanistik 'mal wieder als öffentliche Wissenschaft. Insgesamt eigentlich ein gutes Jahr: Heine in Eile und mit Weile, je nach Geschmack.

Autoren und ihre Werke gehören niemandem außer allen. Das ist gut so und Grund und Erlaubnis genug, darüber nachzudenken, was Heine von seinem Jubel-Jahr eigentlich als Betroffener gehalten hätte. Zu Beginn dieses Spazierganges mit dem Flaneur Heine durch sein Jahr eine Spekulation gegen die heftigen Kritiker des für manche als zu groß und zu aufgeblasen wirkenden Heine-

---

[403] Das folgende Kapitel wurde unter dem Titel „Heinrich Heine außer Atem" als Vortrag im November 1997 im Rahmen der „Erkelenzer Hochschultage" gehalten und für die vorliegende Fassung überarbeitet.
[404] Vgl. Geschäftsstelle Heine-Jahr 1997 (Hrsg.): *Das Heine-Jahr 1997*. Redaktion: Andrea Buddelmeyer. Düsseldorf 1997

Jahres[405]: Hätte Heine dieses Jahr des Jubels und des Trubels erlebt, ist es wahrscheinlich, daß es ihm zum großen Teil doch sehr gefallen hätte. Denn Bescheidenheit war nun wirklich nicht die Sache dieses Autors, der mit seinen Werken scheinbar mühelos nicht nur quer durch die literarischen Epochen streifte, sondern dem auch kein Themenbereich irgendwo zwischen alltäglich bedeutsamem und prophetischem Kosmopolitismus zu unnütz und uninteressant war, daß er diesen bewußt von der literarischen Bearbeitung ausgeschlossen hätte, „jede Gelegenheit fand ihr Gedicht“[406], gleich welcher Art sie war.

Man darf sich daher einen Autor nicht historisch zusammenwünschen, er wirkt mit all seinen Widersprüchen in den Texten, die er schreibt, und bleibt, wenn er ein guter Autor ist, im ganzen für die Nachwelt schwierig, entzieht sich einer abschließenden Bewertung, wirft immer neue Fragen auf und läßt die Nachgeborenen teils verwirrt, teils orientierungslos, manchmal Substantielles entdekkend und damit auch vorübergehend beruhigt zurück. Heine ist ein Paradebeispiel dafür.

Der Autor, solche Wirkungen auf seine Werke möglicherweise ahnend, beruhigte 1855 die Leserinnen und Leser von „Lutetia“ (und die Nachwelt schon einmal vorsorglich) in der „Vorrede“ zur französischen Ausgabe, indem er sowohl auf seinen Widersprüchen wie auf den Grundmotiven seines Denkens beharrt, das er als Einheit verstanden wissen will:

> „Für die Wahrheit dessen, was ich sagte, will ich allenfalls verantwortlich sein, nicht aber für die Art und Weise, wie ich die Dinge sagte. Wer sich an das bloße Wort hält, dem wird es leicht werden, in meinen Berichten eine Menge von Widersprüchen und Leichtsinnigkeiten oder gar einen Mangel an ehrlichem Wollen herauszuklauben. Wer aber den Geist meiner Mitteilungen auffaßt, wird die strengste Einheit der Ansichten und unwandelbare Liebe für die Sache der Menschheit und ein Beharren in meinen demokratischen Grundsätzen, überall erblicken.“[407] (B 5, 230)

---

[405] Vor allem in der regionalen und überregionalen Presse gab es darum eine kontroverse Diskussion, die aber im ganzen weniger Breitenwirkung erzielte, als man zunächst erwarten konnte. Ich nenne hier zwei regionale, eher unspektakuläre, Beispiele von vielen bezüglich dieser ‘Auseinandersetzung’ um das Heine-Jahr: Erstens den Artikel von Anne Schäfer: „’Weniger wäre mehr’ im Jahr der Jubelfeiern“. In: RP Nr. 250 vom 28. Oktober 1997, der über den Lyrik- und Prosaband des „Freundeskreis Düsseldorfer Buch ‘75“ berichtet. Zweites Beispiel ist der Artikel „Heine als Sahnetorte?“ von Karim Zendagui in der RP Nr. 262 vom 11. November 1997, in dem er über die Veranstaltungsreihe „Jüdisches Leben“ berichtet.

[406] Adorno, Theodor W.: „Die Wunde Heine“. In: *Noten zur Literatur I.* Frankfurt 1958, S. 148

[407] Heine, Heinrich: „Lutetia. Berichte über Politik, Kunst und Volksleben“. In: ders.: *Sämtliche Schriften.* Hrsg. von Klaus Briegleb. 7 Bd. S. 230. Die Heine-Textstellen werden in diesem Artikel ausnahmsweise nach der vorgenannten Ausgabe zitiert, weil damit gleichzeitig eine 1997 erneut erschienene, preiswerte Leseausgabe vorgestellt werden soll. Die Stellen sind im Text mit dem Sigle „B“ mit anschließender Band- und Seitenzahl versehen. Zu dem Gewinn, den man erfährt, wenn man mit einer historisch-kritischen Ausgabe arbeitet, verweise ich auf Kapitel 11.2, in dem ich für

In gewisser Weise wird hier eine Einstellung des Autors zu seinen Texten deutlich, die uns nicht nur eine interessante Leseaufgabe mit auf den Weg gibt, sondern die uns hier auch die Möglichkeit läßt, die öffentlichen Umtriebe des Heine-Jahres mit der nötigen Toleranz und Distanz zu betrachten. Es gibt zum Beispiel kein plausibles Argument dafür, daß gerade Heine sich nicht als Bild auf einer Düsseldorfer U-Bahn gefallen hätte und er auch nicht gerne an den Werbeeinnahmen beteiligt gewesen wäre, nicht ohne natürlich gleichzeitig über die zu schimpfen und mit bitterbösem Hohn zu überziehen, die ihn so böse 'kommerzialisierten', die statt der Lektüre seiner Texte lieber sein Konterfei anblicken. Trotzdem wäre er mächtig stolz gewesen auf den Trubel, den man um ihn machte. Heine hätte wahrscheinlich über die „Philister" im Kuratorium des Heine-Jahres gespottet und dennoch gerne das Geld eingesteckt, das diese dankenswerterweise für das Heine-Jahr besorgt bzw. zur Verfügung gestellt haben. Hätte man ihn auf solche Widersprüche hingewiesen, hätte er sicher eine schnelle Antwort parat gehabt, vermutlich hätte er ein bißchen schelmisch und auch ein bißchen arrogant auf das Privileg des Dichters verwiesen, wäre vielleicht ausgewichen oder gar ausfallend geworden, immer aber wäre für ihn subjektiv eigentlich kein Widerspruch erkennbar gewesen: Heine lebte bewußt in der gesellschaftlichen Realität, die er durchschaute, und stand mit beiden Füßen auf dem Boden.

Diese hätten ihn dann eventuell zu einer der Riesen-Show-Veranstaltungen im Heine-Jahr getragen, zum Beispiel zum Heine-Spektakel[408] auf dem Burgplatz, einfach deswegen, weil dort etwas los ist. Seine Ausstellung in der Kunsthalle hätte ihm wohl gefallen, vor allem wegen der vielen ausgestellten Texte und der nur wenigen verstaubten Vitrinen, die normalerweise zur Heimsuchung einer jeden Ausstellung werden. Anklang bei ihm gefunden hätte auch die Ehrung von Ruth Klüger, als diese zu Beginn des Jubeljahres die Ehrengabe der Heinrich-Heine-Gesellschaft 1997 erhielt, und sich dann mit einer beeindruckenden Rede über den „Romantischen Aufklärer Heinrich Heine"[409] bedankte, der ihr als „Stehaufmännchen unseres Gewissens" erschien, das er auch bleibt, wenn „viele (der, Anm.d.V.) ehemaligen Streitäpfel", die durch des Autors Werke ausgelöst wurden, heute „friedlich verzehrt"[410] sind. Die Geehrte bemerkte neben den inhaltlichen Sympathien dem Autor gegenüber auch solche für dessen Schreibwei-

die Untersuchung der „Nachtgedanken" die Ausgabe *Heinrich Heine. Historisch-kritische Gesamtausgabe der Werke*. Hrsg. von Manfred Windfuhr. Hamburg 1973 ff. verwendet habe.

408 Vgl. Das Heine-Spektakel. Eine poetische Nacht am Rhein. Düsseldorf 1997

409 Klüger, Ruth: „'Mein Herz ist liebend wie das Licht'. Der Romantische Aufklärer Heinrich Heine". In: *Heine-Jahrbuch*. 36. Jg. S. 248-254

410 Ebd. S. 253

se, u.a. für Heines etwas schelmisch-produktiven, eben poetisch-literarischen, Umgang mit der Wahrheit im kleinen und den immer konsequenten Kampf für die Wahrheit im großen. Auf jeden Fall immer „Dichtung und Poesie als Möglichkeit und Medium der Selbstbehauptung"[411], so beschrieb es der Laudator Johannes Rau und konstatierte auch sonst „starke Parallelen zwischen Heinrich Heine und Ruth Klüger"[412], was sicher beide gerne gehört hätten.

Wäre Heines Herz auf dieser Veranstaltung wohl „liebend wie das Licht"[413] gewesen, so bleiben andere Fragen offen: Ob der Autor z.B. den mit seinem Namen vielfach geehrten Wolf Biermann als seinen gedanklichen Nachfolger - oder gar als „Cousin", wie Biermann 1997 familiär behauptet[414] - akzeptiert hätte, bleibt ungewiß. Vielleicht hätte er an das alte Wort gedacht, daß man sich zwar seine Freunde, nicht aber seine Verwandtschaft aussuchen kann. Ebenso bleibt seine Ansicht über die Vergabe der Ehrenpromotion im Heine-Jahr an Marcel Reich-Ranicki weitgehend im dunkeln[415], vom wissenschaftlichen Heine-Kongreß[416] ganz zu schweigen, den der Autor wohl weder engagiert kritisiert noch leidenschaftlich besucht hätte, eben weil es dort trotz mancher Aufklärung und vereinzelter Skepsis für seinen Geschmack vielleicht einfach zu wenig zu streiten gab[417].

Geschmunzelt und innerlich aufgeatmet hätte er wohl während der Aufführung seines Dramas „William Ratcliff"[418] im Düsseldorfer Schauspielhaus, weil hier der eher seltene Fall eintrat, daß die Inszenierung so interessant gemacht war, daß sie dieses eher problematische, von manchen gar als grausam schlecht bezeichnete Stück (von dessen Wert Heine aber trotzdem überzeugt war[419]) gerettet hat. Nun kann man sich schlecht in einen Streit einmischen, den man nicht ge-

---

411 Rau, Johannes: „Laudatio auf Ruth Klüger". In: *Heine-Jahrbuch*. 36. Jg. S. 257

412 Ebd. S. 257-258

413 Klüger, Ruth: „'Mein Herz ist liebend wie das Licht', a.a.O. S. 248

414 Vgl. Fingerhut, Karl-Heinz und Stückrath, Jörn: „'Wie man Heine fressen kann und verdauen'. Wolf Biermann im Gespräch". In (dies.): *Der Deutschunterricht*. 49. Jg. (1997), Heft 5. S. 63-77

415 Eine produktive Dunkelheit, die Bernd Witte in der entsprechenden Laudatio mit sensibler und trotzdem würdigender Zurückhaltung abtastete (vgl. Witte, Bernd: „Der Kritiker als Erzähler. Marcel Reich-Ranicki erhielt den Ehrendoktor der Heinrich-Heine-Universität". In: *Die Neue Gesellschaft - Frankfurter Hefte*. 44. Jg. [1997], Heft 10. S. 942-945)

416 Der Kongreß „Aufklärung und Skepsis" im Mai 1997 wurde veranstaltet vom Germanistischen Seminar II der Heinrich-Heine-Universität und dem Heinrich-Heine-Institut Düsseldorf.

417 Nach Augenzeugenberichten war der Heine-Kongreß im September in Peking ebenso interessant wie das Symposium „Heinrich Heine und die Religion" der rheinischen Landeskirche im Oktober in Düsseldorf. Vgl. Sobotta, Joachim: „Heines Taufe und die 'Gartenlaube'". In: RP Nr. 253 vom 31. Oktober 1997

418 Vgl. Neue Schaupiel GmbH (Hrsg.): *William Ratcliff, Heinrich Heine. Spielzeit 1996/97*. Düsseldorf 1997

419 Vgl. Höhn, Gerhard: *Heine-Handbuch: Zeit - Person - Werk*. Stuttgart 1987. S. 42.

winnen kann: Wenn ein Autor (s)ein Stück gut findet, dann findet er es nun einmal gut, und das dann auch so beharrlich, daß man schwerlich wird etwas einwenden können. (Wenigstens) dieses hat auch das Feuilleton erkannt und dann alles auf den Regisseur, die Düsseldorfer Aufführung und den Hauptdarsteller geschoben. Von „Ratcliff als Comic-Cocktail“[420], vom „Rächer vom Schwarzenstein“[421], vom „Easy Rider Heine“[422], der als „Dunkelmann totgeritten“[423] die Zuschauer „per Fahrstuhl zur Hölle“[424] fährt, ist dort die Rede: „Wer reitet so schwarz durch Schmacht und Grind? Es ist Harry mit seinem Kind“[425]. Schon sachkundiger und sowohl autor- als auch werkbezogener sprechen einige zumindest über den biographischen Hintergrund des Stückes und gestehen entschuldigend „Heines Therapie“[426] zu, stellen des Autors Jugend in Rechnung und finden es dann auch nicht so schlimm, daß das ganze eigentlich so ziemlich 'epigonal' daherkomme. Nun sind die Kritiken allesamt interessant zu lesen und (geben sich) auch wohlbegründet, einzig die überregionale ZEIT hat jedoch das eigentliche Problem kurz und knapp auf den Punkt gebracht: „Der Regisseur Nicolai Sykosch (...) gibt (...) seiner Inszenierung jene Ironie, die Heines Schauerstück dringend benötigt.“[427] Leider ist dann der Feuilletonistin Resümee: „Allein, 'William Ratcliff' ist wohl nicht wirklich lebendig zu machen“ nach vorher richtig erkanntem Problem wohl doch nicht zutreffend, denn gerade durch das ihm so eigene Stilmittel der Ironie konnte Heines Werk mit Leben erfüllt werden. Immerhin hat der auch bei dieser Aufführung unterhaltsam am Leben gelassene Besucher des Heine-Jahres schon frühzeitig eines gelernt: Traue lieber deinen eigenen Ohren und Augen, nimm aktiv teil und bemühe dich um die Unmittelbarkeit deiner literarischen Erfahrungen, übe vorsichtige Zurückhaltung gegenüber schnellen Urteilen mit intensiver Wortwahl und kurzer Reichweite.

---

[420] Merten, Ulrike: „Ratcliff als Comic-Cocktail“. In: NRZ vom 20. Mai 1997

[421] „Rächer vom Schwarzenstein“. In: *Düsseldorfer Anzeiger* vom 21. Mai 1997

[422] „Easy Rider Heine. Düsseldorf entsinnt sich des Dichters als Dramatiker“. In: *Frankfurter Rundschau* vom 21. Mai 1997

[423] „Den 'Black Rider' zum Dunkelmann totgeritten. Hamburger Dramaturgie am Düsseldorfer Schauspielhaus: Nicolai Sykosch inszenierte Heinrich Heines 'William Ratcliff'. In: WZ vom 20. Mai 1997

[424] „Per Fahrstuhl zur Hölle. Heines 'Ratcliff' im Schauspielhaus“. In: *Express* vom 20. Mai 1997

[425] „Wer reitet so schwarz durch Schmacht und Grind? Es ist Harry mit seinem Kind: Heines 'William Ratcliff', fürs Düsseldorfer Schauspielhaus ausgegraben von Nicolai Sykosch“. In: FAZ vom 23. Mai 1997

[426] Kill, Bernhard: „Heines Therapie. Das Schauerstück 'William Ratcliff' in Düsseldorf'. In: RP vom 20. Mai 1997

[427] Schmitter, Elke: „Hat Heine nicht auch? Er hat!“. In: *Die Zeit.* Nr. 22 vom 23. Mai 1997

Heine indes, der auch Journalist war, hätte ähnliches zu bedenken gegeben und statt dessen poetische Einmischung gefordert. Denn an welcher Veranstaltung er auch teilgenommen hätte, man kann sicher sein, er hätte es immer in dreifacher Weise getan: *Erstens* beharrlich mittendrin im Geschehen, ganz dabei unter den Diskutierenden, ins Handlungsgeschehen involviert, bei den gesellschaftlichen Konsequenzen als Mitgestalter jedoch zurückhaltend. Heine war halt kein Politiker und schon gar kein Sozialrevolutionär in konkreter Aktion. *Zweitens* als immer scharfsinniger Beobachter, Flaneur und manchmal Voyeur, kritischer Betrachter auf der Suche nach dem Stoff, aus dem *die* Literatur ist, die nicht nach zwei Jahren niemand mehr lesen will. Heine schaute genauer hin, wenn andere mit kurzfristigen Lösungen schnelle Änderungen wollten. *Drittens* dann als literarisch Schreibender, als Dichter einer Literatur, die durch die Verbindung der poetischen Perspektive mit gesellschaftlicher Realität vor allem in diesem Vermittlungsvorgang interessant wird, die sich aber auch zurückziehen kann ins Melancholisch-Kontemplative, die streitet und ironisch kritisiert, die Autoritäten untergräbt und dadurch zur Autorität wird, die widersprüchlich-vielschichtig und doch von immer wiederkehrenden Motiven wie Demokratisierung, Freiheit, Menschenwürde, Gerechtigkeit, Politisierung des Alltäglichen usw. durchzogen ist. Manfred Windfuhr hat 1985 festgestellt, daß Heine sich „selbst seinen Freunden gegenüber (..) die Freiheit der chamäleonhaften Wandlung der Oberfläche“[428] bewahrt hat. Ein Bild, das trotz seiner hohen Plastizität durchaus unterschiedlich bewertet worden ist. So bestreitet Walter Hinck 1990 in „Die Wunde Deutschland“ dies zum Beispiel im Hinblick auf Heines ambivalentes Napoleonbild, von dem noch zu reden sein wird. Er weist darauf hin, daß Heines diesbezügliche „Schwankungen (...) weder Zeichen eines chamäleonartigen Meinungswechsels noch der Urteilunsicherheit“ sind. „Die unterschiedlichen Bewertungen müssen aus ihrem Funktionszusammenhang verstanden werden, aus ihrer Rolle im jeweiligen Argumentationsgang“[429]. Ohne über diese unterschiedlichen Einschätzungen zu schnell hinweggehen zu wollen, kann man m. E. annehmen, daß in gewisser Hinsicht wohl beides stimmt, was die Sache noch einmal zusätzlich kompliziert. Wichtiger jedoch ist, daß Heines Denken in seinen Hauptlinien unbestreitbar eine weitgehende Geschlossenheit aufweist, wenn man es in seiner thematischen und politischen Zielrichtung betrachtet. Gerade wegen des darin enthaltenen Facettenreichtums wirkt dieses

---

[428] Windfuhr, Manfred: „Zum Verhältnis von Dichtung und Politik bei Heinrich Heine“. In: *Heine-Jahrbuch 24* (1985). S. 114

[429] Vgl. Hinck, Walter: *Die Wunde Deutschland. Heinrich Heines Dichtung im Widerstreit von Nationalidee, Judentum und Antisemitismus.* Frankfurt am Main 1990. S. 81

Denken erst richtig im „Paket“[430], ist getragen von dem Bemühen, die vielen Aspekte der bürgerlichen Menschenrechte nicht auseinanderbrechen zu lassen, sondern sie im „Befreiungskriege der Menschheit“ (B 2, 382) insgesamt und integriert zu verwirklichen, auf diesen zu beziehen.[431]

Heine, sich selbst als „braver Soldat“ (B 2, 382) in diesem 'Kriege' verstehend, sah seine Rolle trotz aller Begeisterung und allen Engagements für gesellschaftliche Aufbruchbewegungen vor allem als Dichter, als Künstler und damit als immer neu Entdeckender und Umdenkender, als Poetisierer und Politisierer der Menschheit auch um den Preis manchen Widerspruchs im kleinen, den jeder erlebt, der seine Philosophie nicht am Reißbrett, sondern Literatur für Veränderung gesellschaftlicher Verhältnisse entwickelt. Ludwig Marcuse hat seinem Heine-Buch den Untertitel „Melancholiker, Streiter in Marx, Epikureer“[432] gegeben. Unabhängig davon, ob wir diese Zuschreibungen heute alle noch zutreffend finden, machen sie doch deutlich, wie schwer Heine menschlich und literarisch festzulegen oder, besser, literaturwissenschaftlich zu sortieren ist. Er war ein Mensch voller Antagonismen im Leben und im Denken, sein Leben von 1797-1856 zwischen deutscher Heimat und dem gelobten Land Frankreich, zwischen altem und neuem Denken, wahrlich keine Standardbiographie des 19. Jahrhunderts: „Heine tritt ein in diesen welthistorischen Gegensatz von altem und neuem System, von alter und neuer Lehre, *Restauration* und *Revolution*“[433]. Und auch, wenn Heine „von Beginn seines öffentlichen Auftretens an keinen Hehl daraus (macht, Anm.d.V.), daß er sich zur 'neuen' Lehre schlagen will“[434], so ermöglicht die Widersprüchlichkeit der Zeitsignaturen in der ersten Hälfte des 19. Jahrhunderts ihm gerade einen literarischen Facettenreichtum von Themen, Argumenten und Ideen, die der Autor nicht als beliebige Aneinanderreihungen in seinen Werken historisch ab- und als Einzelphänomene bearbeitet, sondern deren Widersprüchlichkeit gerade in die Produktivität eines literarischen Schreibens mündet, das zum ganzheitlichen, die Partikulation der Ideale entgrenzenden, politischen und gesellschaftlichen Handeln führen will; eines Schreibens, das durch das Gegensätzliche in sozialer und politischer Realität und Literatur

---

[430] Windfuhr, Manfred: *Rätsel Heine. Autorprofil - Werk - Wirkung.* Heidelberg 1997. S. 142

[431] Vgl. Windfuhr, Manfred: „Zum Verhältnis von Dichtung und Politik bei Heinrich Heine“. In: *Rätsel Heine* , a.a.O., S. 142

[432] Marcuse, Ludwig: *Heinrich Heine. Melancholiker, Streiter in Marx, Epikureer.* Zürich (3. Aufl.) 1980

[433] Vgl. Windfuhr, *Rätsel Heine*, a.a.O. , S. 138. Vgl. dazu auch Boldt, Hans: „Heine im Zusammenhang der politischen Ideen seiner Zeit“. In: Gössmann, Wilhelm und Windfuhr, Manfred: *Heinrich Heine im Spannungsfeld von Literatur und Wissenschaft. Symposium anläßlich der Benennung der Universität Düsseldorf nach Heinrich Heine.* Essen 1990. S. 65-80

[434] Windfuhr: *Rätsel Heine*, a.a.O., S. 138

getrieben wird: Heine war in diesem Sinne modern, bevor die Welt um ihn herum es werden konnte. Das ist Grund genug, ihn im 200. Geburtsjahr und darüber hinaus erneut zu lesen.

11.2 Heine sterben und lesen: Nachtgedanken radikal

Der literaturwissenschaftlichen Heine-Forschung hat er so ebenso interessante wie prinzipiell unabgeschlossene Aufgaben gestellt, er ist es auch 1997 geblieben: das „Rätsel Heine"[435]. Die Rezeptionsgeschichte Heines ist so facettenreich wie die deutsche Geschichte. Gerade das hat ihn zu einem der bedeutendsten Autoren deutscher Sprache gemacht, über den so viel geschrieben wurde, daß dies kaum noch zu überblicken ist. Die Stationen der wissenschaftlichen Bearbeitung haben dann auch die vollen Chancen und die volle Tragik der deutschen Geschichte in sich. Enthusiastische Begeisterung und totale Ablehnung, wissenschaftliche Analyse und Vereinnahmungen von welcher Ecke auch immer geben sich die Klinke in die Hand. In dem ausschnitthaften Rückblick, den zum Beispiel Walter Grab seinem Heine als politischem Dichter voranstellt, kann man einiges lernen über die Literaturwissenschaft und deren böse Entgleisungen. Der Beginn der modernen Heine-Forschung, von Grab auf 1956 datiert, hat vieles wiedergutgemacht, und das war auch nötig.[436] Wir leben heute mit einem emanzipatorischen Heine-Bild, das nicht den Autor diffamiert oder nivelliert, sondern die produktiven und gesellschaftskritischen wie ästhetischen Elemente der Werke aufnimmt und als Fragen an uns zurückstellt.

Trotzdem scheinen die Werke des Autors oft erdrückt von dem, was man über sie lesen kann. Ein Stück muß unser Heine-Bild und auch der erforschte Heine, der Mythos vom „bedeutenden Autor", der mehr unserer Orientierung nutzt als der authentischen Rezeption des Dichters, immer sterben, bevor wir seine Texte wieder lesen können. Alte Interpretationsmuster und -traditionen fallen oder müssen bewußt zertrümmert bzw. beiseite geräumt werden, um den Text nicht auf der Suche nach regungsloser Identität semantisch zu betonieren, sondern ihn unter Wahrnehmung der in ihm enthaltenen Differenzen wiederentdecken zu können. Die aktuelle literaturtheoretische Diskussion benennt diesen Vorgang sehr aufwendig mit dem Terminus der „Dekonstruktion", ich nenne ihn etwas leiser und bescheidener „Literarisches Lesen" unter dem Postulat einer als Prozeß verstandenen Aufklärung, die in ihrem kritischen Verstehen nichts ausläßt, auch sich selber nicht[437].

---

[435] Vgl. ebd.

[436] Vgl. Grab, Walter: *Heinrich Heine als politischer Dichter*. Frankfurt am Main 1992. S. 17

[437] Vgl. Adorno, Theodor W.: *Negative Dialektik*. Frankfurt am Main (7. Aufl.) 1992. Zweiter Teil „Negative Dialektik. Begriff und Kategorien". S. 137 ff.

Trotz dieses immer neuen Lesens von Texten, der Freilegung neuer Bedeutungsschichten und der notwendigen Zerstörung alter Bedeutungszuschreibungen, zeigen sich jedoch schlecht bestreitbar immer wiederkehrende Motive und Ideen im Denken von Autoren und eben auch in Heines Denken. Dies macht es möglich und nötig, ein wissenschaftlich abgesichertes Bild von dem zu skizzieren, was man dann als 'Grundzüge' eines Autors bezeichnet. Daher ist mit Windfuhr durchaus vor einem neuen „Mißverständnis, das sich im Zuge der 'postmodernen' Heine-Interpretation anbahnt", zu warnen, wenn jene „dem Autor nicht nur eine begrenzte, sondern eine unendliche Zahl von Rollen und Masken zuschreibt, also seine Wandlungsfähigkeit überbetont" und dieser damit „wieder an Konstanz und festen Orientierungen" verliert, „über die er eben auch verfügte"[438]. Nicht nur der jüngst in Düsseldorf stattgefundene Heine-Kongreß hat indes bestätigt, daß z.B. in der Heine-Forschung auf absehbare Zeit zwar noch Ergänzungen zu erwarten sind, auch Neuformulierungen und -zuordnungen, weniger aber Revisionen dessen, was sich im Laufe vor allem der letzten zwanzig Jahre an Einsichten durchgesetzt hat.

Trotzdem laufen gerade Autoren, die so dringend gebraucht werden wie Heine, Gefahr, mit Bedeutungszuschreibungen zugekleistert zu werden. Die Literaturwissenschaft hat an solchen Klebrigkeiten und Verschüttungen heute großen Anteil. Bernd Witte schreibt dazu mit ansonsten kritischem Blick auf George Steiner:

> „Die Literaturwissenschaft ist nicht durch die Untätigkeit ihrer akademischen Vertreter oder die Armut der Ergebnisse ihrer Arbeit in eine Krise geraten, sondern paradoxerweise durch das allzu gute Funktionieren ihres wissenschaftlichen Betriebs. Auf die Überfülle von Aufsätzen, Dissertationen, Monographien und Gesamtdarstellungen, die allmählich die literarischen Texte unter sich zu verschütten drohen, hat George Steiner in seinem Buch *Von realer Gegenwart* mit der Utopie einer Republik geantwortet, in der Kritik, Rezension, Literaturwissenschaft - sie fallen für ihn unter den Heideggerschen Begriff des 'Geredes' - für immer verbannt sind und die Menschen statt dessen unmittelbar und ausschließlich dem Mysterium der Kunst begegnen ..."[439]

Soweit, wie Steiner hier formuliert, darf es sicher gar nicht kommen, wie Witte weiter in seinem Aufsatz „Über die Aufgaben der Literaturwissenschaft" zeigt. Vielmehr heißt philologische Arbeit an Texten, „sich nicht auf das Lesen der Oberflächenstruktur"[440] zu beschränken, sondern die Spuren zu entziffern, die in

[438] Windfuhr: *Rätsel Heine*, a.a.O., S. 9
[439] Witte, Bernd: „'[...] daß gepfleget werde / Der feste Buchstab, und Bestehendes gut / gedeutet'. Über die Aufgaben der Literaturwissenschaft". In: Jäger, Ludwig und Switalla, Bernd (Hrsg.): *Germanistik in der Mediengesellschaft*. München 1994, S. 111
[440] Ebd. S. 112

einem Text liegen, und damit die Schichtungen von Bedeutungen zu erkennen, die ihm vorausliegen und die in seiner Auslegung erkennbar werden.

Nur in solcher mühevollen und auch insofern als radikal zu verstehenden Philologie besteht die Chance, den beiden „falschen Reaktionen"[441], die heute in unserer „medialen Umbruchsituation"[442] vorgeschlagen werden, nämlich einerseits dem endlosen Zeichenspiel der Signifikanten in der postmodernen Ästhetik und einem ästhetischen Fundamentalismus andererseits, wie er bei Steiner zu erkennen ist und in Botho Strauß' 'Anschwellendem Bocksgesang' von 1993 einen traurigen Höhepunkt erreicht hat, zu entgehen.[443]

Witte fordert dagegen Orte, in denen eine „'radikale', das heißt, an die Wurzeln gehende Liebe zum Wort zirkuliert."[444] Solche differenzierte Arbeit an Texten hat dann den Vorteil, daß sie Auslegungen und Wertungen als vorläufig ansehen kann. Autoren wie Heine werden oft als „bedeutend" bezeichnet, ohne daß man nach einiger Zeit noch weiß, was an ihnen denn nun bedeutend sei. Zu behaupten, ein Autor sei bedeutend, ist nutzlos, wenn dies nicht an Texten immer neu und anders gezeigt werden kann. Dies ist die immerwährende Geburtsstunde einer insofern als antihermeneutisch zu verstehenden Philologie, als sie die Texte zugänglich macht und freilegt, alte Bedeutungszuschreibungen zerstört oder bewußt vergißt, ohne aber hermeneutisch erstens die soziale und historische Verortung der Texte zu verdrängen und ohne zweitens die Sinnhorizonte auszublenden, in denen deren Interpretation stattgefunden hat[445]. Das hat dann nichts mit Wiederholung von schon immer Gesagtem und Interpretiertem, mit hermeneutischer Metaphysik zu tun, sondern mit Erinnerung, die im Augenblick ihres Neuverstehens zu vergessen bereit ist. In „der Auseinandersetzung mit den literarischen Texten der Vergangenheit und der Gegenwart" kann so „Altes *wie-*

---

[441] Witte, Bernd: „Literaturwissenschaft heute. 'Oralität' und 'Literalität' als Kategorien eines Paradigmenwechsels". In: Bentfeld, Anne und Delabar, Walter (Hrsg.): *Perspektiven der Germanistik. Neueste Ansichten zu einem alten Problem.* Opladen 1997. S. 60

[442] Ebd. S. 59

[443] Vgl. ebd. S. 62

[444] Ebd. S. 69

[445] Ich lege hier also einen Begriff von Hermeneutik zugrunde, der Wittes Kritik an der Hermeneutik modellhaft aufnimmt. Solche Kritik ist zwar berechtigt, sie geht aber - aus heutiger Sicht - zu sehr von einem naiven Hermeneutikbegriff aus (Witte blickt auf die neuzeitlichen Väter des Problemkomplexes Schleiermacher und Dilthey), der in dieser Form nur noch vereinzelt auftritt. Eine Hermeneutik, die von einer methodisch abgesicherten Wiederholbarkeit des als objektiv-immanent unterstellten Textsinnes ausgeht und darin die Erfüllung der Geisteswissenschaften sieht, wird heute ernsthaft kaum noch jemand verteidigen wollen. Wittes Hermeneutik-Kritik erscheint so auch eher als Destruktion eines wissenschaftlichen 'Popans', der erst einmal 'wiedererfunden' werden mußte, um ihn dann unter sicherem Beifall erneut zerstören zu können.

*der*erfunden und Neues *ge*funden werden"[446] (Herv.d.V.). Dies wird möglich, weil, wie Witte postuliert, in jedem Text „neben der Stimme seines Urhebers noch ungezählte andere mit ihm sprechen" (Umst.d.V.). Jeder Text

> „... ist also ein Text über frühere Texte. Auch das literarische Qualitätsmerkmal eines Textes wäre eben darin zu suchen, daß er kein Text über Sachen ist, sondern daß er den selbstreferentiellen Charakter der Sprache aktiviert, sich demnach zunächst und zuvörderst auf frühere Texte bezieht und damit die in ihnen aufgehobenen Erfahrungen der Vorgänger reaktiviert. Je dichter das Netz dieses Bezugsrahmens geknüpft ist, je mehr es der Gegenwart des Schreibenden anverwandt wird, desto höher die literarische Qualität."[447]

Solche Bedeutungsschichten freizulegen, quasi eine Archäologie[448] des Textes zu betreiben und zu schreiben, ist Aufgabe der Philologie, die „Erinnerungsarbeit im zu lesenden Text"[449] leistet, reden „doch in jedem einzelnen Text, liest man ihn nur aufmerksam genug, alle früheren Texte mit."[450]

So muß sich die Literaturwissenschaft „entgegen der allgemeinen gesellschaftlichen Tendenz zum ungebremsten Konsum von Texten und Bildern als 'radikale Philologie' bewähren"[451] und damit an die Stelle der totalen Kommunikation einer Mediengesellschaft, in der die Sinne mit Schund und Unsinn überhäuft werden, und die aus den Seelen der Menschen durch die Banalisierung des Wertvollen und die Totalisierung des Banalen „innere Müllkippen"[452] macht, sorgfältige, denkerische Arbeit[453], „kulturelle Literatizität"[454] setzen. Eine solche Literaturwissenschaft hat dann nicht nur Methode, sondern macht auch Sinn, weil sie das „kulturelle Gedächtnis"[455] sucht, das in (deutscher) Sprache und Literatur aufgehoben ist.

Ich belasse es an dieser Stelle bei dieser eher groben literaturtheoretischen Skizze. Witte zeigt die Möglichkeit eines philologischen Kommentars an verschiedenen Beispielen, besonders anschaulich an Hölderlins „Andenken". Für ein solches Unterfangen ein sehr dankbarer Text. Nicht alle Texte bieten sich so dar wie dieser. Ich versuche es trotzdem mit dem Mut zur Lücke an einem der

---

[446] Witte: „'[...] daß gepfleget werde ...'", a.a.O. , S. 131
[447] Ebd. S. 112
[448] Der Begriff kann hier durchaus so verstanden werden, wie Foucault ihn inventarisiert hat. Vgl. Foucault, Michel: *Archäologie des Wissens*. Frankfurt am Main (6. Aufl.) 1994
[449] Witte: „'[...] daß gepfleget werde ...'", a.a.O. , S. 119
[450] Ebd. S. 119
[451] Ebd. S. 130
[452] Ebd. S. 115
[453] Vgl. ebd. S. 113
[454] Hirsch, E.D.: *Cultural Literacy. What ever American needs to know*. Boston 1987
[455] Assmann, Jan: *Das kulturelle Gedächtnis. Schrift, Erinnerung und politische Identität in frühen Hochkulturen*. München 1992

vielleicht bekanntesten Heine-Gedichte, den „Nachtgedanken“ aus den Zeitgedichten, um einige Grundzüge der Anwendung zu verdeutlichen:

„*Nachtgedanken*

Denk ich an Deutschland in der Nacht,
Dann bin ich um den Schlaf gebracht,
Ich kann nicht mehr die Augen schließen,
Und meine heißen Thränen fließen.

Die Jahre kommen und vergehn!
Seit ich die Mutter nicht gesehn,
Zwölf Jahre sind schon hingegangen;
Es wächst mein Sehnen und Verlangen.

Mein Sehnen und Verlangen wächst.
Die alte Frau hat mich behext
Ich denke immer an die alte,
Die alte Frau, die Gott erhalte!

Die alte Frau hat mich so lieb,
Und in den Briefen, die sie schrieb,
Seh' ich wie ihre Hand gezittert,
Wie tief das Mutterherz erschüttert.

Die Mutter liegt mir stets im Sinn.
Zwölf lange Jahre flossen hin,
Zwölf lange Jahre sind verflossen,
Seit ich sie nicht ans Herz geschlossen.

Deutschland hat ewigen Bestand,
Es ist ein kerngesundes Land,
Mit seinen Eichen, seinen Linden,
Werd' ich es immer wiederfinden.

Nach Deutschland lechzt' ich nicht so sehr,
Wenn nicht die Mutter dorten wär';
Das Vaterland wird nie verderben,
Jedoch die alte Frau kann sterben.

Seit ich das Land verlassen hab',
So viele sanken dort in's Grab,
Die ich geliebt - wenn ich sie zähle,
So will verbluten meine Seele.

Und zählen muß ich - Mit der Zahl
Schwillt immer höher meine Qual,
Mir ist als wälzten sich die Leichen
Auf meiner Brust - Gottlob! sie weichen!

Gottlob! durch meine Fenster bricht
Französisch heit'res Tageslicht;
Es kommt mein Weib, schön wie der Morgen,
Und lächelt fort die deutschen Sorgen.“

(DHA II, 129-130)

Vor allem die ersten beiden Zeilen der ersten Strophe haben bekanntlich dazu geführt, daß das Gedicht wesentlich in seinem Deutschland-kritischen Gehalt rezipiert wurde. Heine hat auch zunächst überlegt, die „Nachtgedanken" seinem Versepos „Deutschland. Ein Wintermärchen" voranzustellen, dann aber davon abgesehen. Ursprünglich jedoch war dieses Gedicht eigentlich als „ein eigenes, fünfstrophiges Gedicht über die Mutter konzipiert"[456]. Erst nachträglich verschafft Heine in einer, viele Arbeitsgänge umfassenden, weiteren Bearbeitung „dem Gedicht eine (..) politische Dimension"[457]. Die politischen Aussagen sind aber dennoch sehr subjektiv ausgedrückt, so daß die 'Nachtgedanken' exemplarisch sind für die enge Verbindung von privater Empfindung und politischer Reflexion. Daß diese beiden Aspekte *eine* Sprache in *einem* Gedicht finden, ist die poetische Leistung Heines. Damit sind die Bezüge der Gegensatzpaare aber noch nicht erschöpft: Deutschland und Frankreich stehen sich hier gegenüber, ersteres nicht ausdrücklich, aber doch implizit als „Sorge" bereitendes aristokratisch-rückständiges Land, unbeweglich und starr. In diesem Licht kann die sechste Strophe mit „seinen Eichen, seinen Linden" nur ironisch verstanden werden. Diese Zeile benutzt einen weitverbreiteten Topos der Deutschlandbeschreibung, den Heine auch in Nummer XX der Zeitgedichte „Zur Beruhigung" verwendet. Hier kann es als Metapher für die Bewegungslosigkeit Deutschlands angesehen werden. Dagegen steht das Land des heit'ren Tageslichts: Frankreich, das Land der Revolutionen von 1789 und 1830. Die Mischung zwischen Ironie und Melancholie unterstreicht die Gegensatzpaare auf stilistischer Ebene. Ein Gegensatz ganz anderer Art läßt den starken biographischen Bezug des Gedichtes hervortreten: Heine zwischen zwei Frauen, zwischen der 1844 immerhin schon 73jährigen Mutter Betty Heine und seiner französischen Frau Augustine Mirat, genannt Mathilde, die er 1834 kennenlernte und 1841 heiratete, wohl, um sie für den Fall seines Todes finanziell abzusichern. Auf der Erzählebene läßt die Gegenüberstellung von Tag und Nacht, von Schlafen und Aufwachen den dialektischen Charakter des Gedichtes hervortreten. Die siebte Strophe führt nun tiefer in einen weiteren Antagonismus, den von Leben und Tod. Heines ironischem, sich aber auch zum Teil als melancholisch-heimatliches Postulat ausnehmendem, Deutschlandbild der Erstarrung wird die Vergänglichkeit des *Lebens*, und das ausgerechnet im *Tode* der Mutter, gegenübergestellt. Der Gedanke wird in der achten und neunten Strophe weitergeführt und zur Climax gebracht. Zunächst, vom möglichen Tode der Mutter ausgehend, bringt die achte Strophe

[456] Genton, Elisabeth: „Apparat zu 'Zeitgedichte'". In: *Heinrich Heine. Historisch-kritische Gesamtausgabe der Werke*. Hrsg. von Manfred Windfuhr. Hamburg 1973 ff. Band II. S. 647-776, hier S. 775

[457] Ebd. S. 775

Heines Erinnerung an Freunde in Deutschland. E. Genton schreibt dazu in den Erläuterungen in der DHA: „Einen Hinweis auf einen Teil der Personen, an die Heine hier denken könnte, gibt der Autor in einem Brief an Campe vom 17. April 1844, wo er folgende seit 13 Jahren verstorbenen Freunde und Bekannte in der Literatur aufzählt: Hegel, Gans, Cotta, Immermann, Michael Beer, Schenk, Arnim, Chamisso, Fouquè, Frau v. Varnhagen, Roberts, Maltiz [...] nicht zu vergessen Grabbe[458]„. Die neunte Strophe bringt dann die Kapitulation vor dem Tod: „Mir ist als wälzten sich die Leichen / Auf meiner Brust - Gottlob! sie weichen!“ (DHA II, 130). Damit ist die Entpersonalisierung des Todes vollzogen. Bei der Angst um die Mutter beginnend, geht Heine über die toten Freunde, bis er diese nicht mehr zählen kann, zur überwältigenden Macht des Todes in Form der sich wälzenden Leichen, die, hier ganz sinnlich verstanden, seinen Leib erdrücken. Heine begegnet demnach in den „Nachtgedanken“ poetisch dem Grundproblem der Moderne: er ist der individuell Bedrängte und Alleingelassene gegen die Übermacht des Todes, der die Epoche als konstitutives Element bestimmt und zum Heimatlosen hin entgrenzt. Heine greift hier bereits auf die Spur eines anderen, dem Nachgedanken-Gedicht vorgeschriebenen Text, dem „London“-Kapitel aus den „Englischen Fragmenten“, zurück[459]:

> „Als ich, aus dieser Betrachtung aufgerüttelt, wieder auf die tosende Straße blickte, wo ein buntscheckiger Knäul von Männern, Weibern, Kindern, Pferden, Postkutschen, darunter auch ein Leichenzug, sich brausend, schreiend, ächzend und knarrend dahinwälzte: da schien es mir, als sei ganz London so eine Beresinabrücke, wo jeder in wahnsinniger Angst, um sein bißchen Leben zu fristen, sich durchdrängen will, wo der kecke Reuter den armen Fußgänger niederstampft, wo derjenige, der zu Boden fällt, auf immer verloren ist, wo die besten Kameraden fühllos einer über die Leiche des andern dahineilen, und Tausende, die sterbensmatt und blutend, sich vergebens an den Planken der Brücke festklammern wollten, in die kalte Eisgrube des Todes hinabstürzen.“ (B 2, 539)

Die „Eisgrube des Todes“ als konstitutive Zeitsignatur. Ein Kontext, den der spätere Text der „Nachtgedanken“ mitenthält. Und damit alle vorgeschriebenen Texte auch anderer Autoren der anbrechenden Moderne, in denen transzendente Bindung, religiöse Hoffnung nur noch als säkularisierte Ironie ohne heilende Wirkung taugt, als sinnentleertes Wort der Entlastung des Augenblicks: „Gottlob!“ ruft er und *meint* das „Weib, schön wie der Morgen, / (sie, Anm.d.V.) lächelt fort die deutschen Sorgen.“ Und stemmt sich damit auch gegen den allgegenwärtigen Tod, auf den das Leben der rationalistisch-technokratischen Moderne unweigerlich hin gerichtet ist.

---

[458] Ebd. S. 776

[459] Vgl dazu auch Witte, Bernd: „Düsseldorf, London, Paris: Heinrich Heines allegorische Lektüre der großen Stadt“. In: Kruse, Joseph A.: *Ich Narr des Glücks. Heinrich Heine 1797-1856. Bilder einer Ausstellung*. Stuttgart 1997. S. 120-131

Zum weiteren Fortgang: Nach der Einleitung zu Heinrich Heines Sicht über das Jahr 1997 und den literaturtheoretischen Anmerkungen zu einer Philologie, die sich als „Zusammenspiel von Zitat und Kommentar“[460] versteht, fragt diese Studie nun exemplarisch nach zwei grundlegenden Facetten des literarisch-kulturellen Gedächtnisses und seiner Tradierung auf dem Hintergrund der bisher angesprochenen Problemkreise zu Heinrich Heine:

Zunächst nach einer zentralen Dimension seines Denkens, die in den letzten Jahren und Jahrzehnten auch zu einem Hauptrezeptionsstrang der Heine-Forschung geworden ist: der *politischen* Dimension eines *poetischen* Programms, die an eher bekannteren Texten des Autors freizulegen und mit Hilfe grundlegender Forschungsergebnisse verständlich zu machen ist.

Die drei anschließenden Kapitel fragen wiederum exemplarisch dann nach der Dimension, die mit dem Autor Heine untrennbar verbunden ist, nämlich die der Vermittlung(-sformen) und Vermittlungsräume, in denen seine Texte öffentlich präsent sind und damit kommunizierbar werden. Für beide Dimensionen mußte eine sehr begrenzte Auswahl an Publikationen getroffen werden, die daher selbstverständlich nicht den Anspruch auf historische und systematische Vollständigkeit erheben kann und will. Heine kann beispielhaft stehen für ein Verständnis von Literatur, das eben aus dieser Literatur auch die Perspektiven für ihre Vermittlung gewinnt: dies werde ich versuchen zu zeigen.

Heine selbst wäre wohl am Ende des Jahres 1997 nach all den Vorträgen, Kongressen, Veranstaltungen, Happenings, Ausstellungen usw. ganz schön außer Atem gewesen. Allein die Veranstaltungsreihe „Heine im Herbst“[461] zeigte für die vier letzten Monate des Jahres bei bereits nachlassender Puste noch immerhin 80 Veranstaltungen „ganz im Zeichen des Buches und der Musik. Rezitationen, Liedmatineen, Vorträge und Aktionen für Kinder führen das literarische-musikalische Potential der Stadt zusammen und viele Menschen auf Heines Spuren.“[462] Ein gutes und angesichts der Menge alternativloses Konzept und im Ergebnis ein interessantes und vielseitiges Programm, wenn auch als Ganzes in Anzahl und Vielfalt für den einzelnen schier unbesuchbar.

Nicht nur der Autor hätte sich am Ende des Jahres wohl erst einmal verwirrt sammeln müssen. Er hätte sich vielleicht, wie wir heute sagen, die Frage nach sich selbst gestellt: ‘Identitätsprobleme’ eines ebenso wissenschaftlich-strapazierten wie ‘bedeutungsvollen’ und öffentlich ausgelaugten Autors.

---

[460] Witte: „’[...] daß gepfleget werde ...’“, a.a.O. , S. 130

[461] Geschäftsstelle Heine-Jahr 1997: *Heine im Herbst: eine Veranstaltungsreihe*. Redaktion: Andrea Buddelmeyer. Düsseldorf 1997

[462] Ebd.

Zumindest eine halbwegs sichere Antwort könnten wir diesem verstörten Dichter, der, umgeben von Trümmern der Bedeutung in Wissenschaft, Tradition und Öffentlichkeit, den roten Faden sucht, guten Gewissens geben und damit zu seiner und unserer Orientierung am Ende eines Jubeljahres beitragen: Heinrich Heine ist ein politischer Dichter.

11.3 Heinrich Heine ist ein politischer Dichter

Wenn wir heute von Heinrich Heine sprechen, meinen wir vor allem den politischen Dichter.[463] Diese Schwerpunktsetzung wird dem Autor im großen und ganzen auch gerecht. Heine stellt sich 1828 im 29. Kapitel der „Reise von München nach Genua", dem ersten der drei italienischen Reisebilder, selbst die Frage, was denn „aber diese große Aufgabe unserer Zeit" (B 2, 375) sei. Er antwortet mit dem vielzitierten Postulat:

> „Es ist die Emanzipation. Nicht bloß die der Irländer, Griechen, Frankfurter Juden, westindischen Schwarzen und dergleichen gedrückten Volkes, sondern es ist die Emanzipation der ganzen Welt, absonderlich Europas, das mündig geworden ist, und sich jetzt losreißt von dem eisernen Gängelbande der Bevorrechteten, der Aristokratie." (B 2, 376)

Gleich zwei Elemente des Heine'schen Denkens werden hier deutlich, zunächst sein Kosmopolitismus. Heine, den Forderungen der Französischen Revolution nach Freiheit, Gleichheit und Brüderlichkeit verpflichtet, wendet sich strikt gegen eine territoriale, politische oder soziale Begrenzung des Emanzipationsgedankens. Es geht um die Abschaffung des restaurativen Systems des Wiener Kongresses und für ein demokratisches System, in dem nicht „Menschen geschaffen sind als Lasttiere einiger tausend privilegierter Ritter" (B 2, 377). Damit ist der Gegner der politischen Auseinandersetzung ausgemacht: die Aristokratie. Windfuhr hat Heine zu Recht als „den ersten Demokraten unter den deutschen Dichtern"[464] bezeichnet. Aber noch mehr als Demokrat war er *gegen* die Aristokratie, weil sie nicht nur für politische Unterdrückung und für Ausbeutung

---

[463] Windfuhr, *Rätsel Heine*, a.a.O., S. 135. Dazu hat eine Vielzahl von Publikationen beigetragen, von denen ich einige an dieser Stelle nenne, die im folgenden nicht einzeln behandelt werden: Tonelli, Giorgio: Heinrich Heines politische Philosophie (1730-1845). Hildesheim, New York 1975; Windfuhr, Manfred: Heinrich Heine. Revolution und Reflexion. Stuttgart (2. Aufl.) 1976; Gössmann, Wilhelm und Kruse, Joseph A. (Hrsg.): Der späte Heine. Hamburg 1982; die erste Fassung von Manfred Windfuhrs Artikel „Zum Verhältnis von Dichtung und Politik bei Heinrich Heine", in: *Heine-Jahrbuch* 24 (1985). S. 103-122, die gegenüber der hier verwendeten Fassung von 1997 einige Unterschiede aufweist (zum Beispiel fehlt in der neueren Fassung die „Chamäleon-These"), siehe in der 1997-Fassung in Rätsel Heine auch die Wertungen zu Grab und Briegleb auf den Seiten 135-136; Morawe, Bodo: „List und Gegenlist. Heinrich Heine als politischer Schriftsteller". In: *Euphorion* 82 (1988). S. 281-315; Briegleb, Klaus: Opfer Heine? Versuche über die Schriftzüge der Revolution. Frankfurt am Main 1986

[464] Windfuhr: *Rätsel Heine*, a.a.O. S. 139

der Massen stand, sondern weil sie per definitionem das am ehesten formal zu fassende Prinzip der Französischen Revolution verletzte: die Gleichheit. Heine, der erkannte, daß „jede Zeit (...) ihre Aufgabe (hat, Anm.d.V.) und durch die (jeweilige, Anm.d.V.) Lösung derselben (...) die Menschheit weiter rückt“ (B 2, 377), sah indes die Verwirklichung der Ideale der französischen Revolution insgesamt im Hinblick auf eine menschenwürdige Gesellschaft durchaus als Prozeß:

> „Es wird freilich noch einige Zeit dauern, bis dieses Fest gefeiert werden kann, bis die Emanzipation durchgesetzt sein wird; aber sie wird doch endlich kommen, diese Zeit, ...“ (B 2, 377)

Heine hat beim Abfassen der „Reise von München nach Genua“ selbst eine Radikalisierung seines Denkens insofern erfahren, als er die politischen zentralen Kapitel erst 1829 einfügte[465]: „Emanzipation ist 1829 ‘höher’ als Poesie: Wird für letztere gelitten, so wird für erstere gestorben“[466], bewertet Gerhard Höhn dieses editionsphilologisch bedeutsame Phänomen.

Die radikale Bestimmung dessen, was „Emanzipation“ im umfassenden Sinne bedeutet, kann indes nicht über die starke Differenzierung hinwegtäuschen, die Heine bezüglich der politischen Strömungen seiner Zeit vornimmt. Die Restaurationsideologie wird in all ihren unterschiedlichen Erscheinungsformen und Theoriekonzepten abgelehnt. Heine wendet sich, wie Windfuhr feststellt, gegen alle diese Richtungen, gegen „die naturrechtliche, die beweisen wollte, daß die Ungleichheit auf der Natur beruhe, die Stärkere und Schwächere geschaffen habe, die historische, die aus der Geschichte die Rechtmäßigkeit der bestehenden Institutionen ableitete, und die theologische, die alle Unterschiede als von Gott gesetzt erklärte.“[467] Ebenso differenzierungsfähig ist er aber auch bei den gesellschaftlichen Lösungsvorschlägen, die in der ersten Hälfte des 19. Jahrhunderts dem entgegengesetzt werden. Am Republikanismus wie am Kommunismus stört Heine, daß sie der Freiheit des Individuums zu wenig Raum bieten. Obwohl er beispielsweise große Sympathien für die Kommunisten hatte[468] und neben den gedanklichen Nähen auch deren Fähigkeit bewundert, dem Volk klare politische Botschaften zu übermitteln (ein Anspruch, den er u.a. zu Beginn des ersten Buches von „Zur Geschichte der Religion und Philosophie in Deutschland“ erhob [vgl. B 3, 514]), hatte er doch ebenso Angst vor deren ‘Gleichmacherei’ wie davor, daß diese „mit ihren rohen Fäusten (..) alle Marmorbilder meiner geliebten Kunstwelt (...) zertrümmern“ (B 5, 232). Im Konzert der gesellschaftlichen Strömungen kommen die Kommunisten jedoch sehr gut weg, wenn nur der Ver-

---

[465] Vgl. Höhn: *Heine-Handbuch*, a.a.O. , S. 188
[466] Ebd. S. 193
[467] Windfuhr: *Rätsel Heine*, a.a.O., S. 141
[468] Vgl. ebd. S. 146-147

gleichspunkt stimmt: „Aus Haß gegen die Nationalisten könnte ich schier die Kommunisten lieben" (B 5, 233), lautet das berühmte Diktum aus der Vorrede zu „Lutetia", was in der Tat mehr über Heines Meinung über den Nationalismus als über den Kommunismus aussagt. Versucht man, Heines Positionen mit Blick auf die Anschauungen zusammenzufassen, gegen die der Autor sich wendet, ergibt sich für Windfuhr folgendes Bild:

> Heine kämpft „an einer *Hauptfront* und *zwei Nebenfronten*: gegen die Restauration, gegen den Nationalismus und gegen den radikalen Republikanismus und Kommunismus. Gegen die Restauratoren im Namen von Freiheit und Rechtsgleichheit, gegen den Nationalismus im Namen des Europagedankens und der Weltbürgeridee und gegen die Republikaner und Kommunisten im Namen der individuellen Freiheit und der Rechte der Kunst."[469]

Wenn das Sprichwort „Viel Feind, viel Ehr" jemals eine Bedeutung hatte, wird sie hier verständlich. Heines hohe poetische und politische Differenzierungsfähigkeit konnte ihn nur zum Individualisten und gleichzeitig zum Kosmopoliten werden lassen, für den „Revolution und Reflexion"[470] zwei Seiten derselben Medaille waren.

Bezogen auf die Quellen bzw. den zeit- und ideengeschichtlichen Kontext des politischen Denkens dieses „engagierten Dichters"[471] können die vier Eckpunkte, die der Historiker Walter Grab in seinem zuerst 1982 erschienenen „Heinrich Heine als politischer Dichter"[472] festmacht, in der Tat für den Autor geltend gemacht werden, nämlich der Bonapartismus, der Hegelianismus, der Saint-Simonismus und der Jakobinismus.

Zunächst zu Heines Stellung gegenüber Napoleon. Bezüglich dieses Bonapartismus, hier als historisierender Terminus für Heines literarisches Napoleonbild gewählt, kann man sich auf eine ganze Palette von Textstellen des Autors beziehen, von denen ich einige untersuchen möchte. Heine erinnert sich im zweiten Teil der Reisebilder 1826 in „Ideen. Das Buch Le Grand", die Geschehnisse poetisierend, an seine Kindheit:

> „Denke ich an den großen Kaiser, so wird es in meinem Gedächtnisse wieder recht sommergrün und goldig, eine lange Lindenallee taucht blühend empor, auf den laubigen Zweigen sitzen singende Nachtigallen, der Wasserfall rauscht, auf runden Beeten stehen Blumen und bewegen traumhaft ihre schönen Häupter." (B 2, 273)

Und weiter:

> „Ich spreche vom Hofgarten zu Düsseldorf, wo ich oft auf dem Rasen lag, und andächtig zuhörte, wenn mir Monsieur Le Grand von den Kriegstaten des großen Kaisers erzählte..."
>
> (B 2, 274)

---

[469] Ebd. S. 148-149

[470] Windfuhr, Manfred: *Heinrich Heine. Revolution und Reflexion.* Stuttgart (2. Aufl.) 1976

[471] Windfuhr: *Rätsel Heine*, a.a.O., S. 150

[472] Grab, Walter: *Heinrich Heine als politischer Dichter.* Frankfurt am Main 1992

Zu Beginn des achten Kapitels beschreibt Heine enthusiastisch dann seine Begegnung mit Napoleon:

> „Aber wie ward mir erst, als ich ihn selber sah, mit hochbegnadigten, eignen Augen, ihn selber, Hosiannah! den Kaiser.
> Es war eben in der Allee des Hofgartens zu Düsseldorf. Als ich mich durch das gaffende Volk drängte, dachte ich an die Taten und Schlachten, die mir Monsieur Le Grand vorgetrommelt hatte, mein Herz schlug den Generalmarsch ..." (B 2, 274)

Napoleon ist für Heine in der historischen Erinnerung wie in der poetischen Verarbeitung der die Aufklärung operationalisierende Stratege, der kühne und kraftvolle Durchsetzer der Ideale der Revolution und der Aufklärung, ja er ist die „menschgewordene Revolution" (B 2, 664). Grab macht deutlich, daß für Heine „Napoleonkult und Emanzipationsdoktrin (...) zwei Seiten derselben Medaille"[473] waren. Dies ging so weit, daß Heine in seiner personifizierten Revolutionsbegeisterung über Napoleon sagte, dieser wäre „nicht von jenem Holz, woraus man die Könige macht - er war von jenem Marmor, woraus man Götter macht -" (B 6/1, 632). Intellektuelles Attribut dieser säkular verstandenen Göttlichkeit ist das ganzheitliche, umsichtige, alles aufnehmende und integrierende Verstehen der Welt. Heine schreibt:

> „Es war ein Auge (Napoleons, Anm.d.V.) klar wie der Himmel, es konnte lesen im Herzen der Menschen, es sah rasch auf einmal alle Dinge dieser Welt, während wir anderen sie nur nach einander und nur ihre gefärbten Schatten sehen." (B 2, 275)

Man kann hier durchaus in gewisser Weise von einer Vorbildfunktion der Napoleonfigur für Heine sprechen, dessen Schreiben und Denken die Partikulation territorialer Politik ebenso überwinden will wie die der Wahrnehmungen und Ideale im Denken der Menschen.

Mit am deutlichsten wird Heines Napoleonbild in einem der bekanntesten Gedichte aus dem „Buch der Lieder", den 'Grenadieren' von 1819, entstanden also zu einer Zeit, als Napoleon in seinem Exil auf St. Helena noch lebte:

> „Nach Frankreich zogen zwei Grenadier,
> Die waren in Rußland gefangen.
> Und als sie kamen ins deutsche Quartier,
> Sie ließen die Köpfe hangen.
>
> Da hörten sie beide die traurige Mär:
> Daß Frankreich verloren gegangen,
> Besiegt und zerschlagen das große Heer -
> Und der Kaiser, der Kaiser gefangen.
>
> Da weinten zusammen die Grenadier
> Wohl ob der kläglichen Kunde.
> Der eine sprach: Wie weh wird mir,
> Wie brennt meine alte Wunde!

---

[473] Vgl. ebd. S. 38

Der andre sprach: Das Lied ist aus,
Auch ich möcht mit dir sterben,
Doch hab ich Weib und Kind zu Haus,
Die ohne mich verderben.

Was schert mich Weib, was schert mich Kind,
Ich trage weit beßres Verlangen;
Laß sie betteln gehn, wenn sie hungrig sind -
Mein Kaiser, mein Kaiser gefangen!

Gewähr mir, Bruder, eine Bitt:
Wenn ich jetzt sterben werde,
So nimm meine Leiche nach Frankreich mit,
Begrab mich in Frankreichs Erde.

Das Ehrenkreuz am roten Band
Sollst du aufs Herz mir legen;
Die Flinte gib mir in die Hand,
Und gürt mir um den Degen.

So will ich liegen und horchen still,
Wie eine Schildwach, im Grabe,
Bis einst ich höre Kanonengebrüll
Und wiehernder Rosse Getrabe.

Dann reitet mein Kaiser wohl über mein Grab,
Viel Schwerter klirren und blitzen;
Dann steig ich gewaffnet hervor aus dem Grab -
Den Kaiser, den Kaiser zu schützen."

(B 1, 47-48)

Das Gedicht stellt sich dar als Dialog zwischen zwei Grenadieren, die nach dem verheerend verlorengegangenen Rußlandfeldzug Napoleons über die Frage sprechen, was denn nun höher anzusiedeln sei, die Sorge um das private Wohl oder das unverbrüchliche Bekenntnis zum gefangenen Kaiser und damit zum „charismatischen Völkermessias"[474] der Französischen Revolution. Der eine, noch gesund, denkt nach getaner, quasi geschichtlicher, Arbeit nun an „Weib und Kind zu Haus", ans Private, während der andere, verwundet, den Kaiser über die Familie stellt, die sollen „betteln gehn, wenn sie hungrig sind". Wichtiger ist ihm, in französischer Erde begraben zu werden. Der Kaiser, erneut zum Kampf zurückgekehrt, wird dann sogar aus dem Tode heraus noch von ihm beschützt. Neben dem offensichtlichen Konflikt zwischen privatem Glück und politischen Idealen - Heine sympathisiert hier eindeutig mit der letzteren Variante, auch, indem er den Idealismus aus dem Leiden heraus besonders positiv beschreibt -

[474] Ebd. S. 37

wird der mythologische Gehalt des Napoleonbildes offenbar, wie er auch schon in der „Dritten Abteilung" der „Nordsee" plastisch hervortritt.[475]

Nun ist diese Form der Napoleonverehrung nicht durchgängig unkritisch und affirmativ, sondern, auch auf dem Hintergrund der sich verändernden politischen Umstände nach Napoleons Tod, durchaus wechselhaft. Auch will Heine sich nicht als unkritischen Bonapartisten verstanden wissen. Die schärfste Einschränkung, man kann fast sagen ein Verteidigungsstatement, findet sich bekanntlich im 29. Kapitel der „Reise von München nach Genua":

> „Ich bitte Dich, lieber Leser, halte mich nicht für einen unbedingten Bonapartisten; meine Huldigung gilt nicht den Handlungen, sondern nur dem Genius des Mannes. Unbedingt liebe ich ihn nur bis zum achtzehnten Brumaire - da verriet er die Freiheit. Und er tat es nicht aus Notwendigkeit, sondern aus geheimer Vorliebe für Aristokratismus." (B 2, 374-375)

Aristokratismus: Wohl der schlimmste Vorwurf, den Heine ihm machen konnte, und so finden wir in der ambivalenten Beurteilung Napoleons die ganze Bandbreite von Heines Urteilsmöglichkeiten wieder, was die These Hincks, Heines Texte müßten in ihrem Funktionszusammenhang verstanden werden, plastisch vor Augen führt. Immer steht eine Chiffre, ein Symbol, ein Bild, für eine bestimmte Anschauung. Sie sind Elemente literarischer Verarbeitung eines Geschichtsbildes, das poetisch politisieren will. Daher bestimmen die Anschauungen und Ideale in der literarischen Verarbeitung den Zweck der Einzelelemente und damit auch der Geschichte, nicht umgekehrt.[476]

Aus diesem Geschichtsbild heraus ist auch die produktiv-einseitige Interpretation Hegels durch Heine verständlich. Ist Napoleon der Messias der Revolution, so ist Hegel ihr Philosoph. Hegel selbst hat Napoleon 1896 als „Weltseele" und gar als „Geschäftsführer des Weltgeistes"[477] bezeichnet. Heine, Student in Berlin 1821/22, schlug sich enthusiastisch auf die Seite der Interpreten Hegels, die wie die Junghegelianer (auch wenn Heine „keiner vom Fach war"[478], wie Höhn zeigt) in dessen Denken einen Aufruf zum politischen Handeln, ja zum Umsturz des preußischen Staates aristokratisch-restaurativer Prägung sahen. Der Prozeßcharakter der Geschichte wurde als notwendige Entwicklung hin zum Ideal der

---

[475] Eine genauere Diskussion der Mythisierung des Napoleonbildes würde an dieser Stelle den Rahmen sprengen, ich verweise dazu auf den Sammelband von Helmut Koopmann: *Mythos und Mythologie in der Literatur des 19. Jahrhunderts.* Frankfurt am Main 1979, und den darin enthaltenen Beitrag von Wulf Wülfing: „Zum Napoleon-Mythos in der deutschen Literatur des 20. Jahrhunderts". S. 81-108

[476] In der weitgehenden Ausblendung dieses Tatbestandes ist auch die Kritik Windfuhrs an Grabs historisierendem Heine-Bild begründet (vgl. Windfuhr: „Zum Verhältnis... [1997], a.a.O., S. 136)

[477] Hegel, Georg Wilhelm Friedrich: Recht, Staat, Geschichte. Eine Auswahl aus seinen Werken. Hrsg. von Friedrich Bülow. Stuttgart (6. Aufl.) 1964. S. 36

[478] Höhn: *Heine Handbuch,* a.a.O. S. 289

Freiheit gewertet, „der Einzelne (ist, Anm.d.V.) nicht mehr Objekt fremder Willkür, sondern Subjekt eigener Entscheidungen“[479]. Die rechts-konservative Variante der Hegel-Rezeption, nach der im preußischen Staate gerade der Weltgeist zu sich selbst gekommen sei, und die das herrschende Unterdrückungssystem geradezu legitimierte, tat Heine mit der Vermutung ab, Hegel, den Heine einmal den „Maestro“ (B 5, 197) nannte, habe seine revolutionären Neigungen nur geschickt verstellen wollen. Sprichwörtlich geworden ist die Anekdote zu Heines Hegel-Rezeption aus den „Bruchstücken“ von 1844, in der der Autor seine Bewunderung gegenüber dem Philosophen zum Ausdruck bringt:

> „Er (Hegel, Anm.d.V.) liebte mich sehr, denn er war sicher, daß ich ihn nicht verriet; (...) Als ich einst unmutig war über das Wort: ‘Alles was ist ist vernünftig’, lächelte er sonderbar und bemerkte: ‘Es könnte auch heißen: Alles was vernünftig ist muß sein.’“ (B 5, 197)

Keine Bestätigung der gesellschaftlichen Verhältnisse also, sondern revolutionäre Geschichte der Freiheit gegen die Unterdrückung, eine Interpretation, die Heine mit dem jungen Karl Marx verband. Beide verstanden die Sprengkraft, die das dialektische Denken Hegels entfalten konnte, wenn man es auf eine Revolutionsgeschichte anwandte. Diese Einsicht gehört nach Grab dann auch zu „Heines genialsten Einsichten“[480].

Wie diese Freiheitsgeschichte vorbereitet ist, beschreibt Heine in einem seiner interessantesten Werke überhaupt, in „Zur Geschichte der Religion und Philosophie in Deutschland“. Das in drei Bücher unterteilte Werk stellt den Versuch dar, „die ganze deutsche Geistesgeschichte als notwendige, stufenweise Vorbereitung der Revolution“[481] zu deuten. Heine entwickelt ein dreistufiges Geschichtsbild, das zunächst die Reformation, dann die Philosophie und zuletzt die politische Revolution als vernünftigen Gang der Geschichte erweist. Die beiden ersten Stufen sind bereits erreicht, für die dritte ist es nun an der Zeit, denn, so Heine, der „Gedanke will Tat, das Wort will Fleisch werden (...) Die Welt ist die Signatur des Wortes“ (B 3, 593). Eine solche, zum Handeln drängende Sicht der Geistesgeschichte wird möglich durch „eine prozessuale Einheit von Philosophie und Revolution“, in der „der Gedanke der Tat voraus geht (Umst.d.V.), wie der Blitz dem Donner“ (B 3, 639). Daß Heine dies nicht nur an Personen zeigen will (Luther, Kant, Lessing usw.[482]), sondern hier auch zur Veranschaulichung und Weiterentwicklung spannungsvolle Kontrastierungen wählt, wie etwa Kant als „deutschen Robespierre“ (B 3, 594 ff.), zeigt ein Bild der Geschichte, in der Per-

---

[479] Grab: *Heinrich Heine ...*, a.a.O. , S. 40

[480] Ebd. S. 41

[481] Höhn: *Heine-Handbuch*, a.a.O., S. 287

[482] Vgl. hierzu vor allem Windfuhr, Manfred: „‘Unsere großen Meister’. Materialien zu Heines intellektuellem Deutschlandbild“. In: Gössmann, Wilhelm und Roth, Klaus-Hinrich (Hrsg.): *Poetisierung - Politisierung. Deutschlandbilder in der Literatur bis 1848.* Paderborn 1994. S. 217-239

sonen eine wesentliche, weil die Geschichte tragende, Rolle spielen. Auch hier führt dies Heine letztlich zu Hegel, welcher sich selbst in folgender Formulierung wohl gerne wiedergefunden hätte: „Unsere philosophische Revolution ist beendigt. Hegel hat ihren großen Kreis geschlossen" (B 3, 636). Heine sieht nun den neuen Kreis der neuen Revolution der Tat in Deutschland eröffnet.

Geschichtsentwicklungen in drei Stadien zu formulieren, die dann notwendig aufeinanderfolgen und bei denen die jeweils dritte die nun anbrechende, weil gewünschte, ist, hat in der abendländischen Geistesgeschichte eine lange Tradition.[483] Im Hochmittelalter teilt der Mönch Joachim von Fiore (1135-1202) die Geschichte in drei Epochen ein: in ein Reich des Vaters, das im Alten Testament durch das Gesetz repräsentiert wird, in ein Reich des Sohnes, das durch die Kirche besteht, und in ein (wünschenswertes) Reich des Geistes, das noch aussteht. Hegels Dialektik, als Geschichtstheologie begriffen, fußt auf diesem Muster ebenso wie der Saint-Simonismus, den Heine nach seiner Übersiedlung 1831 in Paris zunächst theoretisch, dann politisch-praktisch durch die Anhänger des Sozialwissenschaftlers und Reformers Claude-Henri de Saint-Simon kennenlernt. Auch in dessen Lehre folgt der ersten, harmonischen organischen Epoche des Mittelalters ein zweites, kritisches, vom egoistischen Konkurrenzprinzip geleitetes neuzeitliches Stadium. Die dritte, nun anbrechende Epoche soll die beiden ersten dialektisch in sich aufheben, indem ein ausgeglichenes, soziales System geschaffen wird, das die „Errungenschaften von Wissenschaft und Industrie"[484] für alle zugänglich macht.

Heines Übersiedlung nach Paris 1831, die für ihn das Zusammentreffen mit dem Saint-Simonismus bedeutet, hängt indes eng mit der Juli-Revolution von 1830 zusammen, in der er eine neue Chance für die Verwirklichung der Ideale der Französischen Revolution von 1789 erblickt: „Der gallische Hahn hat jetzt zum zweitenmale gekräht" (B 2, 655). Für Heine die Initialzündung, nun endgültig nach Paris zu gehen: „Paris ist das neue Jerusalem, und der Rhein ist der Jordan, der das geweihte Land der Freiheit trennt vom Lande der Philister" (B 2, 601). Die Kontrastierung Frankreich-Deutschland und damit von Freiheit und Unfreiheit bleibt für Heine biographisch und literarisch zeitlebens bestimmend.

Es würde an dieser Stelle zu weit führen, die Anschauung des Saint-Simonismus ausführlich darzulegen, entscheidend sind jedoch drei Punkte: Erstens handelt es sich um eine frühsozialistische Lehre, die Heines sozialem Denken, sei-

[483] Die Tradition setzt sich weiter fort im Dreistadiengesetz des Positivismus, das Auguste Comte in der Abfolge eines theologisch-fiktiven, metaphysisch-abstrakten und wissenschaftlich-positiven Zeitalters behauptet, ebenso mit der faschistischen Adaption des chiliastischen Musters durch den Nationalsozialismus im 'Dritten Reich'.

[484] Grab: *Heinrich Heine*, a.a.O., S. 63

ner Vorstellung von der Lösung „der großen Suppenfrage“ (B 1, 340), eine Formulierung aus der ‘Vorrede’ zu „William Ratcliff“ von 1851, die heute als Chiffre für diesen noch zu wenig beachteten Zug seines Denkens gilt, entgegenkam. Heine hat dieses Problem, obwohl mit persönlicher Distanz, doch in seiner gesellschaftlichen Sprengkraft erkannt und die massiven Konsequenzen gesehen. Vor allem in Thema und Takt des „Weberliedes“ wird seine Kritik des industriellen Zeitalters mit seiner technisch-rationalistischen Grundstruktur und seinen „krassen sozialen Kontrasten“[485] sinnfällig. Zweitens war der saint-simonistische Idealstaat insofern für Heine attraktiv, als er den Künstlern (ganz anders als die Kommunisten) eine wichtige Stellung einräumte. Zusätzlich versprach er nicht gleiche Bescheidenheit für die meisten, sondern Überfluß für alle. Er war eine „pantheistische Genußreligion“[486], die Heines Lebenseinstellung entgegenkam. Drittens ist Heine in der ersten Hälfte der 30er Jahre zunächst erneut mit revolutionärer Hoffnung erfüllt und daher auch dem teleologisch-utopischen Muster sehr zugeneigt. Und auch wenn Heines Interesse am Saint-Simonismus bald wieder zurückgeht[487] und politische Enttäuschungen nicht ausbleiben: Das ist der Hintergrund, auf dem „Zur Geschichte der Religion und Philosophie in Deutschland“ entsteht.

Einen kurzen Hinweis, die bisherigen Zugangsweisen auf Heinrich Heine als politischem Dichter in gewisser Weise zusammenführend, möchte ich noch auf einen letzten Pfeiler seines politischen Denkens, wie der Historiker Grab es beschreibt, geben: Heines Jakobinismus. Heine, so Grab, war insofern Jakobiner, als diese die bürgerlichen Demokraten der Französischen Revolution verkörperten. Heine, der durchaus zu den sozialen Unterschichten, den plebejischen Volksmassen der Sansculotterie, auf Abstand ging, hatte in der Tat Angst vor einer nicht mehr kontrollierbaren Herrschaft des Pöbels. Hierin ist zunächst bestimmt politische Klugkeit zu erblicken, jedoch auch der bürgerliche Vorbehalt des intellektuellen Kosmopoliten. Von Heine stammt das ironische, uns für ihn heute nicht gerade einnehmende, Wort, daß er, wenn ihm „das Volk die Hand gedrückt, (er, Anm.d.V.) sie nachher waschen werde“ (B 4, 75). Nun muß diese Zeile aus dem „Ludwig Börne“-Buch im Funktionszusammenhang verstanden werden. Heine grenzt sich in diesem Abschnitt vor allem massiv gegen Börne ab und nimmt für sich eine Rollenbestimmung vor:

> „Ich kann den Tabaksqualm nicht vertragen, und ich merkte, daß in einer deutschen Revolution die Rolle eines Großsprechers in der Weise Börnes & Konsorten nicht für mich paßte.“ (B 4, 75)

---

485 Ebd. S. 45

486 Ebd. S. 63

487 Vgl. Höhn: *Heine-Handbuch*, a.a.O. , S. 285

Heines Bild kommt also auch durch die massive Kritik am in vielem doch gar so unähnlichen 'Gegner' zustande, der „unter den deutschen Handwerkern in der Pariser Emigration revolutionäre Agitation“[488] betrieb. Heine hielt das Volk generell für von Demagogen verführbar und sympathisierte daher in seinem saint-simonistisch utopischen Denken eher mit einem meritokratischen Staatsideal, in dem ein geniales Individuum, das „seine Privatinteressen überpersönlichen Ideen unterordnete (...), eine Fülle von talentierten Mitarbeitern mit politischen Funktionen betraute“.[489] Hierin begründet Heine auch seine Napoleonverehrung, denn „in gewisser Hinsicht war Napoleon ein saint-simonistischer Kaiser“ (B 3, 268). Daß Heine sich trotzdem als Demokrat sah, und man ihn auch mit Recht so bezeichnen kann, liegt darin begründet, daß die damaligen zeit- und ideengeschichtlichen Umstände stark in der Entwicklung waren und sich einer Bewertung mit heutiger, politologischer Begrifflichkeit wenn doch nicht verschließen, so zumindest sehr differenziert darstellen. Heine dazu:

> „Die beste Demokratie wird immer diejenige sein, wo ein Einziger als Inkarnation des Volkswillens an der Spitze des Staates steht, wie Gott an der Spitze der Weltregierung; unter jenem, dem inkarnierten Volkswillen, wie unter der Majestät Gottes, blüht die sicherste Menschengleichheit, die echteste Demokratie.“ (B 4, 201)

Daß Grab dies jedoch als Heines „Hohelied einer autoritären Demokratie oder - was auf dasselbe herauskommt - einer sozialen Diktatur“[490] bezeichnet, bleibt äußerst problematisch. Vielmehr hat Heine seine Ansicht über konkrete Staatsformen, wie an seinen differenzierten Abgrenzungen zu den Weltanschauungen seiner Zeit zu sehen ist, immer dann gewandelt bzw. weiterentwickelt, wenn ihm dies für die Verwirklichung der Menschengleichheit und der Menschheitsgeschichte als Freiheitsgeschichte opportun erschien. Hier war Heine viel zu sehr Individualist, um die Freiheit der Menschen ausschließlich und endgültig einer Regierungs- oder Staatsform anzuvertrauen.

Die Charakteristik von Heinrich Heine als politischem Dichter mußte notwendig bruchstückhaft bleiben. Sie zielte auf einen Gesamtüberblick, der ebenso lückenhaft wie in den einzelnen Facetten unvollständig ist. Auch müßte Heine nicht nur als politischer Dichter, sondern auch als einer zwischen Romantik, Judentum und Moderne und dann wiederum die unterschiedlichen Problemkreise wieder integrierend und aufeinander beziehend verstanden werden: Ansatzpunkte der Heine-Forschung, die hier aus Platzgründen weitgehend ausgeklammert wurden. Es sollte jedoch deutlich werden, daß gerade *die* Heine-Rezeption, die dessen politisch-revolutionäres Denken ins Zentrum rückt, ohne die

---

[488] Grab: *Heinrich Heine*, a.a.O., S. 77

[489] Ebd. S. 81

[490] Ebd.

anderen Zugriffe als randständig zu behandeln, zumindest insofern richtig handelt, als sie dem poetisch-politischen *Programm* dieses „engagierten Dichters" besonders Rechnung trägt. Sie kann das als germanistische Philologie vor allem dann, wenn sie die Texte nicht nur auf der Suche nach Geschichtlichem auf die historische Dimension beschränkt, sondern deren ästhetischen Eigenwert als *Kunstwissenschaft* versteht. Sie wird in Heines Texten des 19. Jahrhunderts eine Ästhetik des Widerständigen und der Zivilcourage auffinden und damit nicht nur Heine gerechter, sondern auch mehr zur Orientierung einer Gesellschaft beitragen können, die aus der Reflexion des Geschehenen zu wenig wird entwickeln können, um auch poetisch zu überleben.[491]

11.4 Heine lesen, und essen: der Buchmarkt im Heine-Jahr

War das letzte Kapitel dem Autor und seinen Texten insofern gewidmet, als an diesen Grundzüge seines Denkens kenntlich wurden, kommen nun drei Vermittlungsräume bzw. -formen zur Sprache, in denen versucht wurde, Heine in die Öffentlichkeit hinein zu vermitteln. Vermittlungsräume und die auf sie bezogenen Formen werden dabei als komplexe Phänomene verstanden, die nicht einfach darauf reduziert werden können, daß man gerade für diese oder jene Adressatengruppe jeweils eine scheinbar geeignete Methode wählt. Vielmehr verändert die Perspektive von Vermittlung von vornherein das Lesen und auch die Literaturwissenschaft, weil wir anders - eben auf Vermittlung hin - lesen und forschen müssen, wenn wir Texte in ihrem ästhetisch-gestalterischen Potential, poetisierter Inhaltlichkeit einerseits und im umfassenden Sinne politisierender Wirkung andererseits, d.h. in ihrem gesellschaftlichen Bezugsrahmen, in der Praxis kommunikativen Handelns der Öffentlichkeit, verstehen wollen.[492]

Ein naheliegender öffentlicher Raum von Literatur ist der Buchmarkt. Noch immer hat Literatur hauptsächlich mit dem Medium Buch zu tun. Dies ist mit Blick auf eine Literatur und die sie verstehen wollende „Germanistik in der Mediengesellschaft"[493] keine Selbstverständlichkeit mehr. „Heine goes Internet"[494] war eine von Studierenden erarbeitete Vermittlungsform an der Heinrich-Heine-

[491] In einer solchen Ästhetik und Politik integrierenden Sicht auf Heines poetisch-politisches Programm erscheint dann auch die von Robert C. Holub erhobene Gefahr einer Abwertung des Politischen bei Aufwertung des Ästhetischen nicht als notwendige Konsequenz. Trotzdem ist sein Hinweis, der eher eine Warnung ist, durchaus begründet (vgl. Windfuhr: *Rätsel Heine,* a.a.O., S. 8-9).

[492] Ich gebrauche die Begriffe Poetisierung - Politisierung so, wie sie in Einführung und Aufsätzen in dem gleichnamigen, von Wilhelm Gössmann und Klaus-Hinrich Roth herausgegebenen Band, Paderborn 1994, anhand der Deutschlandbilder in der Literatur bis 1848 entwickelt werden.

[493] Jäger, Ludwig und Switalla, Bernd (Hrsg.): *Germanistik in der Mediengesellschaft.* München 1995

[494] Die Internetadresse lautet: http://www.phil-fak.uni-duesseldorf.de/~karlowsd/hheine.html

Universität Düsseldorf im Rahmen eines Modellseminars „Literatur in der Öffentlichkeit: Heinrich Heine vermitteln". Daß dieses Projekt ziemlich gut gelungen ist, läßt erahnen, daß der Name nicht nur Programm war, sondern gleichsam auch als Prophezeiung (mit begrenzter Reichweite) verstanden werden kann. Öffentlichkeit der Bücher heißt heute Öffentlichkeit von Information und damit zweierlei: Entweder sind sie in allgemein zugänglichen Orten wie z.B. Bibliotheken zu finden oder sie sind käuflich. Geld bestimmt die Geltung auch der literarischen Information. Der Buchmarkt regelt entscheidend mit, was an Vermittlung zugänglich ist und was nicht, und ist daher auch selbst immer ein Vermittlungsvorgang, der näher als andere an der Reibfläche der rationalistisch-kapitalistischen Grundstruktur der Moderne liegt.

Wirft man mit Hilfe des zu dieser Zeitsignatur gehörenden Instruments Computer einen Blick in das sog. „VLB", das „Verzeichnis lieferbarer Bücher", und gibt das Stichwort „Heine" ein, so wird man zunächst schmerzlich daran erinnert, daß es nicht nur einen Heine gegeben hat. Hat man diese anderen Heines nun entfernt und eine zweite Reduktion vorgenommen, die uns hier interessieren soll, nämlich eben das Heine-Jahr 1997, so bleiben, das ist der Stand von Januar bis Ende September, 88 Veröffentlichungen übrig. Davon sind - sortiert nach einem groben Überblick, den die Titel der Publikationen ermöglichen - sechzehn Text- bzw. Werkausgaben, die eine gewisse Geschlossenheit der Texte und Werke vermuten lassen und daher hier bewußt als besonders qualifiziert bezeichnet werden sollen. Weitere zweiundzwanzig Publikationen sind Textsammlungen bzw. -zusammenstellungen, die eher eine etwas zufällige bis martialische Auswahl vermuten lassen. Bekanntlich besteht gerade an dieser Textsorte bei Verlagen besonderes Interesse, weil die Verleger der Auffassung sind, diese würden sich besonders gut verkaufen. Das muß wohl auch so sein, daraus jedoch zu schließen, daß damit auch ein diesbezügliches Leseverhalten verbunden sei, ist aber vorschnell. Vielmehr gehen viele Käufer anscheinend davon aus, daß eben andere, denen sie dieses Buch dann schenken, so etwas gerne lesen: so schafft die Illusion den Markt, dessen anonyme Produktpalette dann im Wohnzimmer-Regal seine Begräbnisstätte und damit seine Erfüllung findet.

Ein Blick auf die Statistik zu den Veröffentlichungen eröffnet interessante Fragestellungen: In keinem Verhältnis zum Interesse am Autor Heine zum Beispiel steht 1997 interessanterweise die Anzahl der Biographien bzw. lebensgeschichtlichen Dokumentationen. Lediglich fünf Titel lassen sich schnell in diese Kategorie einordnen. Dies ist erstaunlich, weil erwartungsgemäß in der Öffentlichkeit am Autor als Person, in diesem Jahr auch an Heine, meist größeres Interesse besteht als an den Texten. Die Problematisierungsweite dieser autororientierten Publikationen, die übrigens gerade durch ihre unterschiedlichen Perspektiven sehr lesenswert sind[495], reicht von der umfangreichen und sorgfältigen Darstellung positiver Fakten, in denen buchstäblich dann „Der Zweck des Lebens“ als „das Leben selbst“[496] erscheint, bis hin zu Büchern, die, „mit Mut und Glut geschrieben“[497], in Heines „Taubenherz und Geierschnabel“ engagiert ein Bild für die Vielschichtigkeit von Autor und Rezeption sehen, auch um den Preis mancher Fehler oder Ungenauigkeiten. Immerhin: Wer will, kann in diesem Jahr viele neue Einzelheiten und manch interessante Perspektive zum Autor Heine gewinnen und die bereits durch 'Standardwerke'[498] der vorigen Jahre gewonnenen Kenntnisse erweitern und spezifizieren.

Wissenschaftliche Veröffentlichungen (hier sind ja nur die Monographien erkennbar) gibt es achtzehn an der Zahl, 'Würdigungen', die man sicher davon abheben muß, ganze drei. Wiederum drei Texte machen Heine belletristisch selbst zum literarischen Gegenstand. Elf Titel sind, ich verweise auf die Eingangsbemerkungen dieses Kapitels, andere „Datenträger“, wie Toncassetten, CD, Disketten oder CD-Rom. Das Bild wird abgerundet von zwei Kinderbüchern, einer Bibliographie, einem Notenblatt und - man glaubt es kaum: drei Kochbüchern. Drei Publikationen konnten nur schwer zugeordnet werden.

Wieso aber eine solche Statistik von Titeln an dieser Stelle?

Ich halte es für wichtig, sich vor Augen zu führen, mit welchen quantitativen Gewichtungen Literatur im öffentlichen Diskurs erscheint. Für Germanisten ist die Einsicht möglicherweise etwas schwer verdaulich, daß ein Großteil der Gesellschaft, die nicht zur *scientific community* gehört, Heine nicht durch die neueste wissenschaftliche Veröffentlichung kennenlernt, sondern den „Nachtgedanken“ quasi eingeklemmt zwischen zwei Hähnchenschenkeln begegnet.

Ich werde daher bewußt die im Auge des Wissenschaftlers vielleicht degeneriertеste Form der Veröffentlichung näher betrachten, die Kochbücher, und eben nicht die neuen Heine-Biographien bzw. Gesamtdarstellungen. Es ist zu erwarten, daß die Auflage der kulinarischen Vermittlungsvariante mittelfristig wahrscheinlich höher ausfallen wird als bei den Biographien oder gar bei der Gruppe der wissenschaftlichen Bücher. Auch deswegen wird ihr hier der Vorzug eingeräumt.

---

[495] Hier sei vor allem auf folgende Publikationen verwiesen: Raddatz, Fritz J.: *Taubenherz und Geierschnabel. Heinrich Heine - Eine Biographie.* Weinheim 1997; Liedtke, Christian: *Heinrich Heine.* Reinbek bei Hamburg 1972; Hauschild, Jan-Christoph und Werner, Michael: *Der Zweck des Lebens ist das Leben selbst: Heinrich Heine. Eine Biographie.* Köln 1997.

[496] Hauschild / Werner: *Der Zweck....* a.a.O.

[497] Kaltwasser, Gerda: „Ein Buch - mit Mut und Glut geschrieben“. In: RP Nr. 259 vom 7. November 1997

[498] Vgl. hier zum Beispiel Hädecke, Wolfgang: *Heinrich Heine. Eine Biographie.* München, Wien 1985

Zum akademischen Unterfangen besonderer Art wird die Sichtung der Kochbücher automatisch dadurch, daß zwei der drei ausgerechnet von zwei Wissenschaftlern, Germanisten, herausgegeben wurden, die über Heine publiziert haben und denen man wohl kaum Unwissenschaftlichkeit in ihren sonstigen Arbeiten unterstellen kann. Daher wurden diese beiden ausgewählt und hier miteinander verglichen.[499]

Das erste Buch, das mit „Madame, Sie sollen meine Küche loben. Essen und Trinken mit Heinrich Heine“[500] tituliert ist und von Jan-Christoph Hauschild herausgegeben wurde, besteht aus drei verschiedenen Bausteinen, die geschickt und interessant miteinander verbunden sind: Viele Textausschnitte von Heinrich Heine, (magere) zehn Rezepte und (fette) 60 Abbildungen. Das Konzept beruht auf dem Gedanken, daß der Koch, in diesem Fall der als „Meisterkoch“ bezeichnete Jean-Claude Bourgueil vom Düsseldorfer Restaurant „Im Schiffchen“, bei bestimmten Textstellen des als „Meisterautor“ unterstellten Heinrich Heine Assoziationen bekommt, die dann kongenial in Suppengrün und Trüffelpaste transformiert werden. Immerhin erscheinen Koch und Autor hier beide als poetische Künstler. Die Textauswahl ist in diesem Buch, wie ich finde, insofern gut gelungen, als neben viel zitierten Stellen, wie zum Beispiel aus dem „Ideen“-Buch, auch weniger bekannte Passagen aus Briefen und aus dem Nachlaß aufgeführt werden. Trotz einer gewissen Ordnung, orientiert an der Entstehungszeit der Texte, wirken diese jedoch eher unverbunden aneinandergereiht. Ein großes, m. E. unverzeihliches Manko ist, daß weder unter den Texten die Ausgabe, aus der diese entnommen sind, genannt wird, noch daß es überhaupt ein Textverzeichnis gibt. Die Stärke des Buches liegt eindeutig in den als Illustration gewählten Abbildungen, die das Buch angenehm anzuschauen und auch interessant lesbar machen. Schade nur, daß die Gesichtszüge des Hummers auf Seite 31 wesentlich besser zu erkennen sind als die große Pariser Oper auf Seite 39. Im Nachwort stellt der geübte Biograph Hauschild aus „den von ihm (Heine, Anm.d.V.) in Werken und Briefen erwähnten Speisen (...) ein hübsches Köchel-Verzeichnis“[501] zusammen. Heine war, wie Hauschild weiß, „kein Kostverächter. Bei Leibe nicht. Er liebte dicke Frauen und Dampfnudeln. Vielleicht dachte er, je mehr Fleisch, desto größer die Sünde ...“[502]. Nach derlei erotischen Spekulationen werden wir Zeuge von Mathildes Gewichtsschwankungen. Man hofft schon, das

[499] Das dritte, hier nicht besprochene Buch stammt von Burgi Kühnemann und trägt den Titel *Rauchfleischlichkeiten und Mockturteltauben. Heinrich Heine, der Geniesser.* Weilerswist 1997.
[500] Hauschild, Jan-Christoph (Hrsg.): *Madame, Sie sollen meine Küche loben. Essen und Trinken mit Heinrich Heine.* München 1997
[501] Ebd. S. 124
[502] Ebd.

Nachwort als nicht ganz so interessant aber immerhin ungefährlich weglegen zu können, da kommt der schwerverdauliche Hammer doch noch. Hauschild schreibt:

> „Heine wußte auch um die Existenz des Hungers, und das veranlaßte ihn bereits früh, die Menschen in zwei Klassen einzuteilen, nämlich in 'Satte' und 'Hungerleider'. Damit war die soziale Frage berührt, oder, wie er (Heine, Anm.d.V.) es nannte, 'die große Suppenfrage', ...".[503]

Es folgt Richtiges und Wichtiges zu Heines Denken über die sozialen Problemlagen seiner Zeit, diese am Ende eines Nachwortes aber 'mal kurz und damit unvollständig und den sozialen und intellektuellen Sprengstoff nivellierend abzuhandeln, ist, nach soviel Trüffeln und Beluga-Kaviar, doch wohl ziemlich geschmacklos. So bleibt die Tatsache, daß für ein Gericht, nämlich Heines berühmte Apfeltörtchen, gleich zwei verschiedene Rezeptvarianten zur Verfügung stehen, das einzig Dialektische an diesem Buch.

Sensibler mit der Frage der Literaturvermittlung sind die Herausgeber eines anderen Kochbuches im Heine-Jahr umgegangen[504]. Holger Ehlert und Cordula Hupfer sehen in der Realisierung ihres Herausgeberkonzeptes zu „Heine à la carte. Ein Koch- und Lesebuch nach Heinrich Heine"[505] für den Leser immerhin ein „appetitanregendes Verfahren, um im Anschluß vielleicht das eine oder andere Werk Heines im ganzen zu lesen."[506] Damit das geschieht, tun die Herausgeber so einiges, indem sie zum Beispiel die weitgehende Beliebigkeit bei der Gewichtung der Einzelelemente, wie sie bei dem ersten Kochwerk zu beobachten war, produktiv aufheben. Sie verweisen hier auf den „Kernteil des Buches. Dieser besteht aus einzelnen Capita, die jeweils aus den Komponenten Heine-Text, Kommentar, Rezeptvorschlag und Illustration bestehen und in willkürlicher Reihenfolge gelesen werden können. Im Mittelpunkt dieser Capita steht der Heine-Text, auf den sich alle genannten Elemente beziehen."[507] Das Buch in Anlehnung an Heines berühmtes Versepos „Deutschland. Ein Wintermärchen" in Capita zu unterteilen, ist nicht nur originell, sondern unterstreicht das oben genannte Anliegen, den Leser anschaulich an die Literatur heranzuführen. Auch weisen die Herausgeber explizit auf den Balance-Akt zwischen be-

[503] Ebd. S. 128

[504] Vgl. dazu auch das Presseecho „Mit Heine ist gut leben. Ein Kochbuch und hohe Dichtung bei Grupello" von Gerda Kaltwasser. In: RP Nr. 265 vom 14. November 1997; Mernke, Frank: „Scherrer: Literatur à la carte". In: *Express* vom 14. November 1997; Hausmann, Jörg: „Heine: Dichter mit Biß. Buch für die Küche." In: NRW vom 14. November 1997; „Koch- und Lesebuch mit Heinrich Heine". In: WZ vom 14. November 1997

[505] Ehlert, Holger und Hupfer, Cordula (Hrsg.): *Heine à la carte. Ein Koch- und Lesebuch nach Heinrich Heine.* Düsseldorf 1997

[506] Ebd. S. 9

[507] Ebd.

kannten und unbekannten Textstellen hin und nennen mit der Düsseldorfer Heine-Ausgabe (DHA) auch die Quelle der Texte.[508]

Auch Ehlert und Hupfer haben einen Meister ins literarische Wett-Sternekochen im Heine-Jahr geschickt: Günter Scherrer vom „Victorian" auf der Düsseldorfer Königstraße. Dementsprechend fallen wieder die Rezepte aus, die von deutscher Hausmannskost weit entfernt sind. Auch ist man literarisch gefordert oder zumindest verwirrt, wenn man die Titel der Rezepte liest. So ist da von einer „Geflügelfarce für Suppenklößchen"[509] die Rede. Geradezu Mitleid mit den armen Tieren bekommt man, wenn man versucht, sich einmal plastisch vorzustellen, was es für ein deutsches Langohr heißt, als „Epigramm vom Wildhasen" zu enden.[510] Der substantielle Unterschied des Buches zu der erstgenannten Variante besteht aber nicht in der Qualität der Gerichte, sondern in der Konzeption der einzelnen Kapitel. Hier dreht sich wirklich nicht nur alles um die Texte, deren gelungene und wissenschaftlich fundierte Kommentare machen das Buch erst zu einer qualitätvollen, neuen Variante der Literaturvermittlung. Der Leser wird nicht mit zusammenhanglosen Textsplittern alleine gelassen, sondern erhält zu den ausgewählten Ausschnitten einen Kommentar, der ihm den Text aufschließt und, oftmals vor dem literaturhistorischen Kontext, erläutert, durchaus auch mit intellektueller Zumutung. So ergibt jedes Caput geschmacklich und gedanklich eine runde Sache.

Die im Vorwort von Wilhelm Gössmann angesprochene soziale Frage, wie Heine sie verstand, wirkt hier nicht versteckt und ist frei von an dieser Stelle unangemessenem falschem Pathos. Vielmehr weist Gössmann auf Ort und Stellung des Essens und Trinkens bei Heine knapp und einleuchtend hin, indem er auf die damit verbundene gesellschaftspolitische Metaphorik aufmerksam macht.[511] Gössmann läßt die Spannung zwischen Überfluß und Armut als Problem auch der Widersprüchlichkeit des Autors Heine verstehen und gewinnt so zumindest einen angemessenen Problemhorizont. Die Herausgeber greifen dies in ihrem Nachwort noch einmal auf und stellen es in einen umfassenden Kontext von Autor, Zeit und Werk. Das Nachwort ist deshalb meines Erachtens der höchste Genuß dieses gelungenen Versuches, Literaturvermittlung einmal anders zu gestalten, auch wenn es ohne Vorwissen nicht einfach zu lesen ist.

Trotz der deutlichen Unterschiede bleibt aber eines sicher: Der beste Heine-Abend ist für mich immer noch, eine Stunde in der historisch-kritischen Ausgabe zu lesen, dann zum Italiener zu gehen, um sich im Anschluß mit Lesenden über

---

[508] Ebd. S. 10
[509] Ebd. S. 82
[510] Ebd. S. 42
[511] Gössmann, Wilhelm: „Die Kultur des Essens und Trinkens bei Heine". In: *Heine à la carte*. Ebd. S.7

Heine-Texte intelligent zu unterhalten, ein literarisches Gespräch zu führen, das die Werke in den Mittelpunkt stellt.

Erwartungsgemäß wenig Sinnstiftendes konnte zu einem solch literarischen Gespräch das von globaler Wirkungslosigkeit heimgesuchte „Heinrich-Heine-Merchandising“[512] beitragen. „Accessoires à la Heine“ sollten in der „Schreibkultur“ des Heine-Jahres einen „bleibenden Eindruck“ hinterlassen. „Passend angezogen“ und mit „Holzspielzeug“ ausgerüstet wurde man hier zum „umblättern“ gebeten, obwohl: Heines Werke leider schon vergriffen. Nicht jedoch die brandheiße Bücherkrawatte, mit der so ziemlich jeder zum „Blickfang“ wird, ob er nun will oder nicht. Manchmal ist der Kapitalismus so freundlich, sich selbst ad absurdum zu führen. Solche Realsatire ist für den Kritiker sehr bequem, man spart sich eine Menge Arbeit. Da findet man auch schnell Zustimmung für die martialische Forderung, daß „der Käufer die gelieferte Ware nur mit (...) Zustimmung in ein umgewandeltes oder neu gegründetes Unternehmen einbringen“[513] darf. Von flächendeckenden Unternehmensgründungen im Heine-Jahr ist dann auch wenig bekannt geworden.

11.5 ‘herzen in der Brust und’ Schule

Beruhigenderweise frei von solch’ erfolgträchtigen Bemühungen, die marktwirtschaftliche Effizienz der Literaturvermittlung nachhaltig zu steigern, sind heute immer noch die Bildungsinstitutionen: vor allem die Vermittlung von deutscher Sprache und Literatur im Unterricht von Schule und Hochschule.

Vermittlungsvorgänge ganz anderer Art spielen sich dort ab und differieren und differenzieren untereinander selbstverständlich sehr stark nach dem verschiedenen Charakter und Heuristik schulischer und universitärer Bildung, nach der unterschiedlichen literarischen und literaturwissenschaftlichen Qualität, die in den jeweiligen Kommunikationsgemeinschaften möglich werden. Trotzdem haben Schule und Hochschule als Präsentationsräume einer als öffentlich verstandenen Literatur und germanistischen Wissenschaft manche Gemeinsamkeit, die vor allem in der fachdidaktischen Diskussion ihren Niederschlag und ihre Verbindung in Forschung und Lehre findet. Gerade bei der produktionsorientierten Literaturvermittlung wird schnell deutlich, daß die alte Tradition der Nachordnung der Bildungsinstitutionen (in der Hochschule wird geforscht und in der Schule *dann* vermittelt) schon lange nicht mehr stimmt. Die Hochschule muß sich viel stärker als früher in der Vermittlung bewähren, die Schule ihre ei-

---

[512] Miller und Partner GmbH (Hrsg.): „Das Heinrich-Heine-Merchandising-Angebot zum Heine-Jahr 1997“.
[513] Ebd.

genen Vermittlungswege auf immer neuem fachwissenschaftlichen und fachdidaktischen Hintergrund erkunden, gestalten und sichern.

Ein Ansatz aus der aktuellen fachdidaktischen Diskussion soll zunächst zeigen, welche Analogien und damit auch Verknüpfungschancen die unterschiedlichen Diskurse von Wissenschafts- und Bildungsinstitutionen heute aufweisen, und wie dieser Umstand für den Vermittlungsraum Schule genutzt werden kann: ein möglicher Impuls für Lehrerinnen und Lehrer der reflexiven Art.

Karlheinz Fingerhut, mit Jörn Stückrath Herausgeber des Heftes „Heine in der Schule“ der Zeitschrift „Der Deutschunterricht“, stellt in seinem Einleitungsartikel „Heine als Symptom“[514] konstitutive Parallelen zwischen Heine-Rezeption und Literaturdidaktik fest. Fingerhut unternimmt den „Versuch (...), die jeweils dominierenden Heine-Bilder in die Entwicklungslinien der Fachdidaktik einzupassen.“[515] Dies gelingt ihm aufgrund eines Diskurs-Begriffes, in dem „kulturelle Regeln“ als „Diskurs-Vorgaben (Dispositive)“ verstanden werden, „die sich allgemein auf die Begriffe von Literatur, Bildung/Unterricht, Wissenschaft beziehen.“[516] Geht man nun quer durch diese drei Bereiche, so lassen sich Analogien in den diskursiv-kulturellen Regeln aufweisen, was Fingerhut anhand von fünf Etappen belegt. In diesem nach „Dateien“ geordneten und mit diesen belegten chronologischen Schematismus werden die Zeiträume 1949-1959, 1960-1968, 1968-1978, 1978-1988 und 1988-1997 voneinander abgegrenzt. Und in der Tat liest sich diese Schematisierung dann nicht nur wie eine ‘Literaturwissenschaftsgeschichte’ der zweiten Hälfte des 20. Jahrhunderts (auch durch die dort auftauchenden Wissenschaftlernamen), diese Stationen waren auch solche der Literaturvermittlung in der Schule. Nacheinander erscheint der Autor Heine so zunächst als „Unbekannter“[517] und die Text-Rezeption im Blickwinkel des „Buch der Lieder“[518] wirkt dann „’elementarisiert’ zu ‘poetischen Strukturen’“[519], geht vom „lehrergeleiteten Interpretationsgespräch zum ‘kritischen Lesen’“[520], sieht schließlich „Heine im Pluralismus der Rezeptionstheorie“[521] und dann, aktuell, im Spiegel eines handlungsorientierten Unterrichts in Zeiten der Dekon-

[514] Fingerhut, Karlheinz: „Heine als Symptom. Auch eine Einführung in die Literaturdidaktik“. In: ders./Stückrath, Jörn (Hrsg.): *Der Deutschunterricht: „Heine in der Schule“*. 49. Jg. H. 5 (1997). S. 5-18

[515] Ebd. S. 5

[516] Ebd.

[517] Ebd. S. 6

[518] Ebd.

[519] Ebd. S. 8

[520] Ebd. S. 9

[521] Ebd. S. 12

struktion.[522] Daß Fingerhut dies an Beispielen, den Dateien, belegen kann, macht die Argumentation einsichtig und sinnfällig zugleich, wenn er auch selbst einräumt, daß die Grundthese des Ansatzes „zugegebenermaßen etwas gewaltsam und pauschalierend"[523] formuliert ist. Weniger als das fragt sich der Leser jedoch, und das läßt Fingerhut (zu) offen, ob er in der engen Verbindung bzw. diskursiven Analogie von literaturwissenschaftlicher (im engeren Sinne), literaturtheoretischer (im weiteren Sinne) und fachdidaktischer Perspektive (in seiner Reichweite genau angemessenen Ausdehnung) eher Wohl oder eher Wehe für die Literaturvermittlung erblickt. Dies mindert aber die Erklärungsproduktivität dieser „Einführung in die Literaturdidaktik"[524] nicht. Deren Stärke liegt nun vor allem darin, daß in dem letzten Teil, der Datei 1988-1997 „'Handlungsorientierung' zur Annäherung an Heines Gedicht", eine überzeugende literaturdidaktische Variante auf dem Hintergrund aktueller Zeitsignaturen entwickelt wird. Fingerhut schreibt:

> „Literaturdidaktiker haben es ab der Mitte der 80er Jahre mit Dezentrierungen zu tun, einerseits der Summe partikularer (subjektiver, lebensgeschichtlich oder von der Lernbiographie geprägter) Lektüren, andererseits mit den im kulturellen Leben vielfach gebrochenen medialen Sekundärnutzungen von Literatur." „Damit stehen wir heute", so Fingerhut weiter (Anm.d.V.), „am Beginn einer Fachdidaktik, die Heines Texte als Gegenstände des literarischen Lernens sieht, die die institutionellen Vorgaben dieser Lernprozesse untersucht und gleichzeitig die Unterrichtspraxis im Sinne der Zielsetzung (Aufbau einer Kompetenz zur kulturellen Teilhabe) zu beeinflussen sucht."[525]

Solche Partizipation durch kulturelle Praxis in heterogenen Unterrichtsreihen - Fingerhut nennt hier verschiedene Gruppierungen[526] - zu ermöglichen, ist die Anlage des Literaturunterrichts der 90er Jahre. In ihnen können „analytisch-interpretierende und produktive Aufgaben"[527] indes gemischt sein. Mit einer „Arbeitsweise wie dem literarischen Schreiben rückt die Literaturdidaktik das vorliegende literarische Werk" aus dem Zentrum der Behandlung. Vielmehr interessieren „die vom Werk ausgehenden Impulse auf jugendliche LeserInnen"[528], die eben erst beim eigenen kreativen Schreiben freigesetzt werden. Mit der Aufgabe der klassischen Rollenteilung von schreibendem Autor einerseits und dem über das Geschriebene schreibenden Interpreten andererseits gelingt es in der produktiven Literaturdidaktik, daß der Weiter-Schreibende „seine Beweggründe

---

[522] Ebd. S. 14ff.
[523] Ebd. S. 5
[524] Ebd.
[525] Ebd. S. 14
[526] Fingerhut nennt „thematisch-problemorientierte, fächerübergreifend-projektartige, textsorten- oder epochenbezogene" Formen. (Vgl. Fingerhut: „Heine als Symptom", a.a.O., S. 14)
[527] Fingerhut: „Heine als Symptom", a.a.O., S. 15
[528] Ebd. S. 15

der Lektüre in einem eigenen Text zu objektivieren“[529] vermag: „Dieser Rezeptions-Text kann dann seinerseits Gegenstand des Gesprächs werden.“[530]

Daß solche Produktivität und Kreativität nicht nur frommer Wunsch, sondern qualitätvolle Realität ist, zeigt Fingerhut an einigen Beispielen. Heines Zeitgedicht:

„Warnung

Solche Bücher läßt Du drucken!
Teurer Freund, du bist verloren!
Willst du Geld und Ehre haben,
Mußt du dich gehörig ducken.

Nimmer hätt ich dir geraten
So zu sprechen vor dem Volke,
So zu sprechen von den Pfaffen
Und von hohen Potentaten!

Teurer Freund, du bist verloren!
Fürsten haben lange Arme,
Pfaffen haben lange Zungen,
Und das Volk hat lange Ohren!

(B 4, 413)

wird dann zur Grundlage für eine im Schreiben entdeckende, ganz andere Perspektive:

„Gedruckte Bücher, harmlos

Als Pfaffen und Potentaten
Noch Bücher lasen
Und glaubten, Bücher
offenbaren dem eselohrigen Volk
den tieferen Sinn,
Gab es Zensur.

Heute lesen wir alle Bücher
Ohne Zensur.
Die Ohren sind nicht
Kürzer geworden.

Potentaten und Pfaffen wissen,
daß lange Arme und lange Zungen
Gedruckte Bücher
Nicht fürchten müssen.“[531]

Die Verfasserin versteht ganz offensichtlich eine ganze Menge von der heutigen Gesellschaft, nur darf sie es kreativ erschreiben und wird nicht zur rezeptiven Stellungnahme gedrängt, die bei vielen Schülerinnen und Schülern bestenfalls noch die üblichen Allgemeinplätze provoziert, welche dann auf ebenso stereotype Lehrerfragen hin heruntergebetet werden. Angesichts dieser und anderer positiver Erfahrungen ist dann auch Fingerhuts vorsichtig-entschuldigendes Sta-

---

529 Ebd.

530 Ebd.

531 Zitiert nach Fingerhut: „Heine als Symptom“, a.a.O., S. 16, Text einer Studentin

tement für den zuvor bewiesenen fachdidaktischen Mut unnötig, gelten viele der dargebotenen Attribute für das produktive Schreiben doch mindestens ebenso für manche, auch als wissenschaftlich verstandene, Abhandlung von „Germanisten und Literaturkennern“: „... manchmal streunend, manchmal unkonzentriert und assoziativ, manchmal aber auch obsessiv und auf wenige Irritationen fixiert.“[532] Es gab Zeiten, da galt u.a. solche „unseriös“ kreative Suche nach Neuem als Grundprinzip der Forschung, als stete Geburt der Wissenschaft. Dies ist also wohl nicht das Schlechteste, was man von ihr behaupten kann.

Nach der fachdidaktischen Vermessung nun ein praktischer Blick in den Vermittlungsraum Schule: Noch weit unüberschaubarer als die Wissenschaftsliteratur zu Heine sind die zahlreichen schulischen Vermittlungsformen 1997. Eine Vielzahl von Lehrerinnen und Lehrern hat eine ebenso große Vielzahl von Anregungen aufgenommen und in konkreten Projekten und Unterrichtsreihen gestaltet. Die Palette reicht dabei vom erwähnten produktionsorientierten Unterricht über Theaterprojekte und Ausstellungen, wie z.B. die der Kollegschule Kikweg mit dem Themenfeld „Heimat und Identitätsfindung“[533], bis hin zur Untersuchung von regional-gebundenen Darstellungen des Autors, wie dies z.B. in einem „Unterrichtsvorhaben zu Heines Briefen aus Berlin in einem Profilkurs der 11. Klasse“[534] geschah. Das Ergebnis des Engagements der Kollegschule Kikweg war eine Ausstellung von 40 Exponaten, die mit Hilfe des Lernortes Studio (Los) erstellt wurden, und die im Foyer des Rathauses zu sehen waren.

In Düsseldorf konnten und können Vorhaben von Schulen u.a. auch durch das Heinrich-Heine-Institut aktiv unterstützt werden, wie Ursula Roth in ihrem diesbezüglichen Artikel zu „Didaktischen Aktivitäten des Heinrich-Heine-Instituts“[535] plastisch an Beispielen darstellt. Hier zeigt sich erstens einmal wieder, daß Literaturvermittlung mit ‘Standortvorteil’ die Perspektiven entscheidend erweitern kann, wenn dieser richtig genutzt wird, und zweitens, wie wichtig die Zusammenarbeit zwischen im weitesten Sinne literaturvermittelnden Institutionen heute ist. Im Heine-Jahr wurde das seit langem bestehende, gleichermaßen kontinuierliche und doch an neuen Ideen nie arme Engagement des Heinrich-Heine-Instituts auch durch die Ausstellung mit ausgewählten Arbeiten des Heinrich-Heine-Schülerwettbewerbs ’97 „Heimat und Fremde“ exemplarisch deutlich.

---

532 Fingerhut: „Heine als Symptom“, a.a.O., S. 18

533 „Wo Kölner Dom und Loreley sich verbinden. ‘Heimat und Identität’: Kikweg Schüler gestalten mit Hilfe von Heine-Texten eine Ausstellung“. In: RP Nr. 259 vom 7. November 1997.

534 Beste, Gisela: „Heines Sicht auf Berlin, mit heutigen Augen gesehen“. In: *Der Deutschunterricht,* a.a.O., S. 19-26

535 Roth, Ursula: „Didaktische Aktivitäten des Heinrich-Heine-Instituts“. In: *Der Deutschunterricht,* a.a.O., S. 78-82

Angeregt durch eine Broschüre mit dem Titel „Denk' ich an Deutschland"[536], auf der Heine mit blauer Sonnenbrille zu sehen ist, und die auch im Inneren einmal nicht in endlosen Schwarz-Weiß-Lettern daherkommt und Autoren schon im Ansatz als verstaubt erscheinen läßt, waren nordrhein-westfälische Schülerinnen und Schüler aufgerufen, sowohl „schriftliche Arbeiten (z.B. Interpretationen, Aufsätze, Essays, eigene Texte etc.) als auch gestalterische Arbeiten (z.B. Wandplakate, Collagen, Skulpturen, Fotodokumentation etc.) sowie Hörspiele, Vertonungen und Videoaufzeichnungen"[537] einzureichen. Auch mit der Themenwahl wurden die Schülerinnen und Schüler nicht alleine gelassen. Gezielt nach Altersstufen gab es Vorschläge, die aber nicht unbedingt gewählt werden mußten. Zu gewinnen bei diesem Wettbewerb waren Preise im Wert von über 25.000 DM und weitere Sonderpreise.

Was dann als Ergebnis auf die Jury zukam, schlug schon quantitativ manchen Rekord. Insgesamt über 3500 Schülerinnen und Schüler aus 179 Schulen nahmen teil und lieferten in Gruppen- und als Einzelarbeiten fast 700 Beiträge ab, von denen schließlich 33 prämiert wurden. 600 der Beiträge waren dann im Heine-Institut zu sehen. Es wäre vermessen, an dieser Stelle nun einen quasi sprachlichen Rundgang durch die Ausstellung anzubieten. Dafür sind die Exponate einfach zu wertvoll, man kann sie nur sehen, nicht beschreiben. Es reicht festzustellen, daß die Collagen, Bilder, Bauten, Bastelarbeiten, Spiele, literarischen Arbeiten, Hörspiele, Videoproduktionen, aufgeteilt auf neun Räume, gestalterisch und in der Intensität der Auseinandersetzung von einer derartigen Qualität waren, daß die Veranstalter nicht nur zu Recht von einem großen Erfolg sprechen, sondern auch das öffentliche Echo dementsprechend ausfiel.[538]

Nun noch ein Impuls für Schülerinnen und Schüler: Von den unzähligen im Vermittlungsraum Schule realisierten Vermittlungsformen möchte ich hier eine nennen, die m. E. zum Besten gehört, was das Heine-Jahr zu bieten hatte. Unter der Leitung von Lehrer Horst Riemenschneider hat das Humboldt-Gymnasium gemeinsam mit der Clara-Schumann-Musikschule eine „Revue zum 200. Geburtstags Heinrich Heines"[539] aufgeführt, die als Musterbeispiel von Literaturvermittlung gelten kann. Der Titel „herzen in der Brust und Liebe" war dem Engagement aller Beteiligten nicht nur deutlich anzumerken, es erzeugte auch einen

---

[536] „Denk ich an Deutschland"... 'Heimat und Fremde': Ein Schülerwettbewerb um Heinrich Heine. Im Heine-Jahr 1997 anläßlich seines 200. Geburtstages". Düsseldorf 1997

[537] Ebd. S. 4

[538] Vgl. zum Beispiel den Artikel von Natascha Plankermann: „Im Bauch von Le Grands Trommel. Heine-Wettbewerb für Schüler: 3600 machten mit, 500 Werke werden gezeigt". In: RP Nr. 263 vom 12. November 1997

[539] Humboldt-Gymnasium (Hrsg.): *herzen in der Brust und Liebe. Eine Revue zum 200. Geburtstag Heinrich Heines.* Düsseldorf 1997

Charme der Darstellung, den finanziell und organisatorisch aufgeplusterte Veranstaltungen wie das „Heine-Spektakel“ schon lange nicht mehr atmen (können). In 39 (!) Bildern präsentierten Schülerinnen und Schüler Gedichte und Szenen quer durch das „Buch der Lieder“, an das sich Riemenschneider herantraute. Schon daran ist die Qualität des Ansatzes dieser „Harry-Revue“ zu bemerken: Einmal nicht Heines Leben und auch nicht einseitig seine Rezeption als politischer Dichter waren hier das Thema, sondern Heines 1827 veröffentlichte Sammlung, die historisch so viel und literarisch so Reichhaltiges zu bieten hat. Hier wurde nicht zum dreihundertfünfzigsten Male das doch so interessante Leben des Dichters vorgeführt, sondern das, was er vermitteln wollte: seine Werke. In einer gelungenen Kombination von Darstellung und Musik, letztere von der Clara-Schumann-Musikschule einwandfrei dargeboten, zeigte Riemenschneider mit den Schülerinnen und Schülern exemplarisch, wie Lyrik lebendig wird, indem man sie ins Bild setzt. Aus Gedichten wurden Geschichten, die lebendige Gesichter hatten: „Donna Clara“ ebenso wie Heines „Grenadiere“. Die biographischen Reminiszenzen blieben kurz, aber deutlich (Nr.7). Einen ersten Höhepunkt stellte die Lore-Ley vor der Pause dar, von einer Frau gesungen, von einem Mann ironisch und überzeichnet mit pyramidenförmigen Brüsten und auf dem Hintergrund einer Lichterkette lustig-lasziv in Szene gesetzt. Schon hier war zu erkennen, daß diese „Buch der Lieder“-Aufführung nicht ein impressionistisches oder gar naiv-romantisches Heine-Bild erneuern wollte, sondern Heines Lieder-Sammlung auch in ihrem gesellschaftskritischen Gehalt und die Romantik ironisierenden und thematisierenden Charakter verstanden hat: der zuschauende Germanist von Profession und Neigung hatte auch wissenschaftlich nichts zu meckern. Die Kontrastierung mit der Lore-Ley-Verarbeitung von Rose Ausländer unterstrich dies ebenso wie die Kennzeichnung des Autors als verfolgter Jude: den Judenstern auf dem Vorhang im Blick gingen die Zuschauer in die Pause. Wenig affirmativ ging es dann auch nach der Unterbrechung weiter: die bürgerliche Gesellschaft als Gegenstand von Ironie und Kritik: „Tea-time“ mit rockigem Ausgang. Eine Vielzahl von Umsetzungsideen der Gedichte könnten noch genannt werden: In zwei Mülltonnen, auf Schaukeln, einmal eine Person auf der linken Seite als Frau geschminkt und gekleidet, auf der rechten Körperseite als Mann: hier fand jedes Gedicht seine phantasievoll inszenierte Gelegenheit. Daß hierbei vielleicht einige Texte etwas akzentuierter und narrativer hätten vorgetragen werden können (die ‘Grenadiere’, die ansonsten eine gute Vorstellung ablieferten, wirkten in der Beschleunigung ihres Vortrages doch etwas zügig unverwundet), merkte der Zuschauer kaum, denn bei „Harrys Revue“ war auch mit Licht und Ton alles professionell, ohne überladen oder fade perfekt zu wirken. Die Palette der Vermittlungsformen nahm kein Ende, vom kleinen

Stück über den Vortrag bis hin zur technisch einwandfrei inszenierten klanglich-räumlichen Lesung: Hier war alles dabei. Letztere bot endlich einmal eine neue sinnlich-produktive Idee zum Thema 'Lesung': 'Belsatzar' im Echo hallenden, durch den Saal wandernden Quatro-Sound macht dann doch einen anderen Eindruck, als die üblichen Görner'schen Betroffenheitsrezitationen. Alle Vermittlungsformen gewannen zusätzlich dadurch an Qualität, daß sie pädagogisch sinnvoll an die unterschiedlichen Möglichkeiten der Darstellerinnen und Darsteller angepaßt und jeweils auf diese bezogen waren. Vom Fünft-Klässler bis zum Lehrer war hier (zumindest im Querschnitt) eine ganze Schule auf den Beinen. So wirkte dann auch das Happy-Birthday-Ständchen des Unterstufen-Chores am Ende nicht aufgesetzt, sondern paßte einfach in einen Abend, in dem auch sonst so ziemlich alles stimmte. Verständlich, daß am Ende der Saal vor Begeisterung tobte. Für mich persönlich war dieser Abend ein Höhepunkt des Heine-Jahres, von dem manch' große Veranstaltung hätte lernen können: der produktive Silberstreif gelingender Literaturvermittlung war hier am unmittelbarsten zu spüren.

11.6 Wofür ein Name steht

1997 war auch das Heine-Jahr, in dem ein noch nicht ganz so alter Streit schon in Vergessenheit zu geraten schien. 1988 beschloß der Senat der damaligen Universität Düsseldorf, diese nach Heinrich Heine zu benennen. Über zwei Jahrzehnte dauerte der Streit um die Namensgebung und eigentlich hat er der Universität alles in allem gut getan. Er ist heute ein Stück lebendiger Universitäts- und auch Wissenschaftsgeschichte, die beschreibt, wie eine Hochschule eine Identität sucht, immer wieder scheitert, schließlich pragmatisch doch noch zu einem wichtigen Stück ihres Selbstverständnisses findet. Wer meint, dies alles sei nutzlos gewesen und man hätte doch von Anfang an alles tiefer hängen können und dann wären viele böse Auseinandersetzungen nicht geschehen, hat weder etwas von Heine, noch vom oftmals mühseligen und steinigen Weg der Aufklärung, auch nicht von Bildungspolitik und schon gar nichts von Literaturvermittlung verstanden.

Über die einzelnen Stationen dieses Weges ist inzwischen einiges von berufener Seite geschrieben worden. Ich selbst habe dazu an anderer Stelle ausführlich Stellung bezogen. [540]

Viele der Motive der Beteiligten im Namensstreit bleiben für immer unklärbar und unerklärbar. Die Universität Düsseldorf aber sollte stolz, dankbar und auch

[540] Vgl. Verf.: „Heinrich Heines Demut. Ethik der Besinnung für eine Universität auf der Suche nach Aufklärung". In: Ehlert, Holger u.a. (Hrsg.): *'Die Jahre kommen und vergehn!'. 10 Jahre Heinrich-Heine-Universität Düsseldorf.* Düsseldorf 1998

schamvoll demütig sein, daß der Jude Heine ihr Patron ist. Es steht uns gut zu Gesicht, uns immer wieder an die Fragen zu erinnern, die uns der Dichter Heine in Person und Werk stellt - wofür also sein Name *steht* - , so daß die Namens*gebung* eine offene Wunde bleibt. Helfen ohne zu heilen kann Adornos viel zitiertes Wort:

> „Heute, nachdem das Schicksal, das Heine fühlte, buchstäblich sich erfüllte, ist aber zugleich die Heimatlosigkeit die aller geworden; alle sind in Wesen und Sprache so beschädigt, wie der Ausgestoßene es war. Sein Wort steht stellvertretend ein für ihr Wort: es gibt keine Heimat mehr als eine Welt, in der keiner mehr ausgestoßen wäre, die der real befreiten Menschheit. Die Wunde Heine wird sich schließen erst in einer Gesellschaft, welche die Versöhnung vollbrachte."[541]

Heine selbst hat solche Heimatlosigkeit und die damit verbundene Zerrissenheit Zeit seines Lebens gespürt und bald politisch kämpferisch, bald melancholisch, niemals endgültig resignierend, aber immer mit Ironie und einem Lächeln versehen, verstanden und produktiv in seinem Schreiben verarbeitet. Kaum ein anderes Gedicht zeigt alle diese Facetten so intensiv wie unprätentiös, gleichermaßen geeignet zum Nachdenken, zur Trauerarbeit, zum Schmunzeln und um neuen Mut zu gewinnen, wenn man außer Atem ist, wie „Enfant perdu" aus dem Lazarus-Zyklus des zweiten Buches „Lamentationen" des Romanzero. Die letzte Strophe, die auf dem Heine-Stein vor dem Düsseldorfer Hörsaal 3a steht, kann als Heines mutigste literarische Reflexion politisch kämpferischer Demut gelten:

> „Ein Posten ist vakant! - Die Wunden klaffen -
> Der eine fällt, die andern rücken nach -
> Doch fall ich unbesiegt, und meine Waffen
> Sind nicht gebrochen - Nur mein Herze brach."
>
> (B 6/1, 121)

Heine wendet sich gegen eine Gesellschaft, die gesichtslos, geschichtslos und geschichtenlos verschenkt wird an die Banalisierung des Alltäglichen, die Individualisierung des Politischen und Sozialen, die Gewalt der Mächtigen, die Zerstörung des Ästhetischen und den medialen Mißbrauch der Hoffnung. Die eigene Beschädigung ist bei Heine nicht resignativ, sondern läßt die Demut der eigenen Rolle als Voraussetzung des Engagements für ein unaufgelöstes Programm hervortreten, das für immer produktives Ärgernis bleibt: Die Poesie verstehen, die Politik neu denken; in der Wissenschaft entdecken, wie Gesellschaft neu verhandelt werden kann.

---

[541] Adorno, Theodor W.: „Die Wunde Heine". In: *Noten zur Literatur I*. Frankfurt am Main 1958. S. 153-154

12 Was ist die Germanistik? Wissenschaft zwischen verantwortbarer Unsicherheit und unvermeidbarer Renaissance

In Kapitel 1 wurde der Zustand der Germanistik als der eines Stadiums verantwortbarer Unsicherheit charakterisiert. Dieser Gedanke soll nun noch einmal in doppelter Weise aufgegriffen werden. Im Mittelpunkt steht dabei die Fragestellung, wie die Diskrepanz zwischen dem Selbstbild der germanistischen Wissenschaft einerseits und dem Bild, das die Gesellschaft von dieser Wissenschaft hat, andererseits besser lokalisiert, beschrieben, und wie die daraus resultierenden Fragestellungen besser bearbeitet werden können. Zwei Zugänge werden im folgenden gewählt. Zunächst stellt eine Dokumentation aus dem germanistischen Hochschulunterricht alte, neue und neugestellte Fragen in der Form studentischer Statements unkommentiert vor. Ansichten zu einer unvermeidbaren Renaissance wollen dann die Bedingungen klären, unter denen der wissenschaftliche und gesellschaftliche Diskurs wieder stärker integriert werden kann: ein Wissenschaftsporträt der Germanistik, das die Hauptprobleme und die zentralen Chancen der Entwicklung des Faches eben in dieser Integration von Wissenschaft und Gesellschaft sieht.

12.1 Neue Fragestellungen zu einer verantwortbaren Unsicherheit: Dokumentation eines Problems

Die folgende Dokumentation von Statements entstand aus einer Lehrveranstaltung mit dem Titel „Was ist die Germanistik? Fachgeschichte, Selbstverständnis und Aufgabenbeschreibungen einer Wissenschaft“, die im Sommersemester 1998 durchgeführt wurde und die sich mit folgenden Fragestellungen beschäftigte:

1. Geschichte des Faches (*Woher* kommt die und wie kam es zur Wissenschaft Germanistik?)
2. Selbstverständnis des Faches (*Wie* versteht die Wissenschaft sich selbst?)
3. Gegenstandsfelder (Mit *was* soll sich die Germanistik beschäftigen?)
4. Methodendiskussion (*Wie* soll sie mit den Gegenständen umgehen?)
5. Aufgabenbeschreibungen (*Welche* Funktionen bzw. Aufgaben soll die Germanistik in der gegenwärtigen gesellschaftlichen Situation übernehmen?)

Das Seminar versuchte, anhand dieser Aspekte an die inzwischen vielerorts geführte Diskussion zur Fachentwicklung der Germanistik anzuknüpfen.

Eine kurze Skizze des Seminarablaufs: In der ersten Hälfte des Semesters stand zunächst die Geschichte des Faches unter dem Gesichtspunkt im Mittelpunkt, wie diese sich als Geschichte seines Selbstverständnisses darstellt. In einem zweiten Teil wurden exemplarisch aktuelle Positionen der sprach- und literaturwissenschaftlichen Diskussion vorgestellt und diskutiert. Für deren kritische Prüfung wurde zwar vornehmlich, jedoch nicht ausschließlich, die Sichtweise der Fachwissenschaft selbst in den Blick genommen, sondern es wurde ausdrücklich danach gefragt, welche Fragestellungen die Gesellschaft heute für eine Wissenschaft über deutsche Sprache und Literatur formuliert bzw. formulieren könnte, und welche Antworten die Germanistik für solche Fragestellungen bereithält.

Für die Literaturauswahl, die der fachlichen Auseinandersetzung zugrunde lag, verweise ich auf die Bibliographie am Ende des Buches. Im Seminar standen Beiträge aus den Sammelbänden von Kolbe[542], Förster/Neuland/Rupp[543], Jäger/Switalla[544], Bogdal[545] und Bentfeld/Delabar[546] im Mittelpunkt. Die inhaltlichen Positionen aus diesen Beiträgen werden dem Leser bzw. der Leserin weitgehend bekannt sein. Im folgenden möchte ich daher, statt einer erneuten Darstellung des dort Geschriebenen, Studierende mit ihrem Blick auf die aktuelle Germanistik zu Wort kommen lassen. Ich dokumentiere dafür einen Ausschnitt aus der ersten Phase des Seminars, in der bewußt noch nicht der fachwissenschaftliche Forschungsstand zum Thema bekannt war. Die schriftliche Befragung der Studierenden in der Form von Statements stellt im übrigen eine der mannigfaltigen Möglichkeit dar, Schreibkompetenz im Hochschulunterricht direkt zu fördern. Auch aus diesem Grunde wurde diese Verfahrensweise gewählt.[547]

Nach einem ersten, fachgeschichtlichen, Einstieg wurden die Studierenden anhand von drei Fragestellungen nach ihrer Einschätzung zur *germanistischen Wissenschaft heute* befragt. Die Statements sollten den Charakter einer kurzen Stellungnahme haben. Die Studierenden hatten keine bzw. wenig Zeit zur sprachlichen und inhaltlichen Überarbeitung des spontan Formulierten. Die Fragestellungen lauteten:

(1) Was ist die Zukunft der Philologie in einer multimedialen Kultur?

---

542 Vgl. Kolbe, Jürgen (Hrsg.): *Ansichten einer künftigen Germanistik.* München (2., durchgesehene und ergänzte Auflage) 1969

543 Vgl. Förster, Jürgen, Neuland, Eva und Rupp, Gerhard (Hrsg.): *Wozu noch Germanistik? Wissenschaft, Beruf, Kulturelle Praxis.* Stuttgart 1989

544 Vgl. Jäger, Ludwig und Switalla, Bernd (Hrsg.): *Germanistik in der Mediengesellschaft.* München 1994

545 Vgl. Bogdal, Klaus-Michael (Hrsg.): *Neue Literaturtheorien. Eine Einführung.* Opladen (2., neubearbeitete Aufl.) 1997

546 Vgl. Bentfeld, Anne und Delabar, Walter (Hrsg.): *Perspektiven der Germanistik.* Opladen 1997

547 Vgl. u.a. Kruse, Otto: *Keine Angst vor dem leeren Blatt. Ohne Schreibblockaden durchs Studium.* Frankfurt u.a. 1995

(2) Was ist die Germanistik als öffentliche Wissenschaft und kulturelle Praxis? Was ist Sprach- und Literaturvermittlung?
(3) Was ist die Germanistik zwischen institutionalisierter Forschergesellschaft, Studium und Erwerbsarbeit? Wie gehören Wissenschaftssystem und ökonomisches System in einer sozialen Wissensgesellschaft der Zukunft zusammen?

Ich gebe im folgenden einige Ausschnitte der Statements im Original wieder.[548]

12.1.1 Erste Fragestellung: Germanistik in der multimedialen Kultur

Studentin, 13. Semester, Germanistik/Medienwissenschaften:

> Die multimediale Kultur der 50er und 60er Jahre unseres Jahrhunderts ergab sich aus der Nutzung der Leitmedien Radio und Fernsehen. Die Zukunft der Philologie zu dieser Zeit bestand nach meinem Verständnis darin, die Aussagen der Literatur für die breite Masse sichtbar und hörbar zu machen. Zum Ablauf dieses Jahrhunderts hat sich das Leitmedium in einer einzigen „Apparatur" gebündelt, die als Vernetzer bekannter Medien auftritt. Im Zeitalter des Computers ist die Funktion und Zielsetzung der Philologie darin zu sehen, für den Anwender Werkzeuge und Profile zu entwickeln, die den Zugriff auf bereits Geschriebenes und Interpretiertes erleichtern. Ich sehe die Zukunft der Philologie nicht mehr so sehr in der Interpretationsarbeit, Sprach- und Literaturvermittlung oder Forschungsarbeit in einzelnen Spezialgebieten. Vielmehr wird der ausgebildete Philologe in das Jobprofil des Bibliothekars gepreßt werden, der allerdings 'ansprechbar' sein muß.
> Wenn dies so ist, wird er sich vom Theoretiker zum Praktiker entwickeln müssen, mit dem Nebenanspruch des „literarischen, kommentierenden Gedächtnisses".

Studentin, 5. Semester, Germanistik/Soziologie/Philosophie:

> Die Stellung der Philologie wird sich aufgrund medialer Veränderungen ebenfalls einer Veränderung unterziehen müssen. Literatur ist seit jeher auf Aufzeichnung und Verbreitung angewiesen, und somit medial verfaßt. Die technischen Medien werden die Struktur und Funktion literarischer Texte stärker beeinflussen als es die vergangenen medialen Einflüsse getan haben. Dies hängt mit der stark veränderten Wahrnehmung im Medienzeitalter zusammen. Der Literaturtheoretiker muß den Einfluß kultureller Transformationen auf die Interpretationsperspektive literarischer Texte beachten. Am wichtigsten am Umgang mit Literatur im Medienzeitalter ist meines Erachtens der Aspekt der Reproduzierbarkeit der Literatur. Die zukünftige Philologie muß die technische Reproduzierbarkeit von Literatur in ihre Methodik mit einfließen lassen. Folglich sehe ich die Literatur im medialen Zeitalter, wie auch viele Medientheoretiker, als „Datenspeicher". Sieht man Literatur im Informationszeitalter aufgrund ihrer Reproduzierbarkeit als reinen Datenspeicher, spielen die materialen Grundlagen der Literatur eine viel größere Rolle als bisher. Genau hier ist die Aufgabe der Philologie in einer multimedialen Kultur. Die Philologie darf sich den medialen Veränderungen keinesfalls verschließen: Wahrnehmen und Verstehen ist heute jenseits der medialen Verständigung nicht mehr denkbar. Daher hängt die Bestimmung der Literatur heute von ihren medialen Bedingungen ab.

[548] Ich danke folgenden Studierenden für die Erlaubnis, ihre Statements abdrucken zu dürfen: Axel Bäumer, Marc Breuer, Jennifer Gast, Katrin Goertz, Verena Laufer, Leif Peters, Michael Preuss, Tine Strösser, Kerstin Verheyden, Sonja Vogt, Daniela Willems.

Student, 8. Semester, Germanistik/Informationswissenschaft:

Allen Untergangsprophezeiungen unter den Gebildeten ihrer Verächter zum Trotz muß man nicht erst Hegel bemühen um zu wissen, daß die Eule der Minerva bzw. der Germanistik erst in der Abenddämmerung ihren Flug beginnt. Jacques Derida beispielsweise hat, wenn er vom Ende des Buches sprach, stets vom Beginn der Schrift gesprochen. Ein modernes Umgehen mit Sprache und Schrift, wie es in einem solchen Denken deutlich wird, reicht aber vielleicht für eine wirkliche Zukunftsperspektive noch nicht aus. Vielleicht könnte eine Lösung darin bestehen, eine sporadisch aufkeimende Transdisziplinarität wirklich ernst zu nehmen. Thomas Pynchon als Schriftsteller hätte es wahrscheinlich nicht gegeben, wenn in Cornell die Bibliotheks-Regale für Philosophie nicht direkt neben denen für Physik gestanden hätten. Thomas Pynchon als Technischer Redakteur für Boeing wahrscheinlich aber auch nicht. Es müßte alles auf ein Pooling hinauslaufen: Die Philologien würden das Nationale, was ihre gesellschaftliche Geschichte bestimmte, endgültig über Bord werfen und als Kulturwissenschaften zu neuem Knowhow und einem neuen Selbstbewußtsein kommen. Das setzt natürlich ein Begreifen voraus, was die gemeinsame Arbeitsbasis bzw. Hardware der nun nicht mehr deutschen/englischen/spanischen/kiswahelischen Sprach- und Literaturwissenschaften sind: die Symbolsysteme, die Codes, die Gesellschaften bestimmt haben und noch bestimmen werden. Keine Film- und Fernsehwissenschaft, keine Internetwissenschaft, sondern eine der Symbole und deren Technologie wird die Zukunft der Philologie sein. Eine solche Kulturwissenschaft wird nicht mehr semantikverliebt Daily-Soaps untersuchen, sondern als Diskursanalyse das in Hardware geronnene Symbolsystem bestimmen, das im 80386-Prozessor von Intel unter dem Namen Protected Mode implementiert wurde. Ein neuer Dialog der Technik- mit den Kulturwissenschaften wird entstehen, weil, mit Fr. Kittlers Worten, alle am gleichen Equipment arbeiten. Ein Methodenaustausch wird stattfinden, Techniker lehren in den Kultur-, Philologen in den Technikwissenschaften, um ihnen zu zeigen, daß sie nicht nur Geschichte machen, sondern auch Geschichte haben. Vielleicht wird es so möglich sein, den Germanisten klarzumachen, nicht mehr den 200jährigen Traum ihrer Urtexte zu träumen, sondern ihre Technizität und Medialität zu erkennen und vielleicht sogar zu verstehen, warum die machinae arithmeticae das entscheidende Wissensdispositiv des Barocks sind.

Studentin, 8. Semester, Geschichte/Deutsch:

Wissensvermittlung bzw. die Vermittlung von Neuerungen und aktuellen Entwicklungen können wesentlich schneller und leichter zugreifbar ablaufen. Durch Computer, insbesondere durch Internet usw. wird jedem der Zugriff auf Wissen ermöglicht. Wissen ist nicht nur ein Privileg einer Elite, sondern kann „Allgemeingut" sein. Dennoch sollte die althergebrachte Literatur- und Sprachvermittlung ihren Platz in der Gesellschaft behalten. Beim Umgang mit Medien aller Art fehlt zumeist ein zwischenmenschlicher Kontakt unter Miteinbeziehung von Gefühlen und persönlichen Empfindungen. Um dazu ein Beispiel zu bringen: Praktisch und bequemer ist es, wenn ich mir Moby Dick als Film anschaue. Der Film ist auch bestimmt ganz gut gelungen, aber er transportiert nicht die Empfindungen, die ich über mehrere Seiten in der schriftlichen Version lesen konnte. Deshalb ist es auch so wahnsinnig enttäuschend, ein Buch gelesen zu haben und sich danach den Film angeschaut zu haben. Die Menschen sehen nicht so aus, wie ich sie mir beim Lesen vorgestellt habe, und Gefühle sind vor allem kaum schauspielerisch darstellbar. Lese ich ein Buch, wird über drei Seiten eine Landschaft dargestellt mit jedem kleinsten Detail, wohingegen im Film eine Einblendung der Landschaft dies ersetzt.

Mein Fazit ist, daß unsere Medien uns die persönliche Erfahrung mit Literatur nicht ersetzen können. In meinem Bekanntenkreis gibt es viele Leute, die bekennende „Nicht-Leser" sind. Kein Wunder, daß wir heute fast nicht mehr in der Lage sind, uns in verschiedene Situationen

hineinzuversetzen. Ist nicht vielleicht die Flucht in eine literarische Traumwelt gesünder und angenehmer als die Flucht aus der Realität in eine Droge. (etwas übertrieben!!!)
Die Frage sollte nicht lauten, was ist die Zukunft der Philologie, sondern gibt es überhaupt eine Zukunft für die Literatur. Die Medien haben uns zur Bequemlichkeit erzogen, aber ein Buch zu lesen und daraus etwas mitzunehmen, ist eben nicht bequem. Kein Wunder, daß Phantasie und Einfühlungsvermögen auf der Strecke bleiben. Die Philologie hat heute die Aufgabe, sich wieder populär und liebenswert zu machen, wozu der Deutschunterricht größtenteils wenig beiträgt. Einem Schüler unserer modernen Zeit kann ich durch den unglaublich stupiden Umgang mit Standardliteratur, wie z.B. Goethes Faust, gründlich die Lust - und das fürs Leben - am Lesen versauen. Wir als angehende Lehrer haben die Aufgabe, uns endlich einmal anzupassen an das, was „in" ist.

Student, 1. Semester, Philosophie/Germanistik:

Ich denke, daß man im Kontext dieser Frage statt nach der Philologie genauso gut nach der Germanistik als Wissenschaft fragen kann. Man kann also genauso gut fragen: Was ist die Zukunft der Germanistik als Wissenschaft in einer bestimmten (multimedialen) Gesellschaft bzw. deren Kultur? Um diese Frage sinnvoll zu beantworten, muß man also erst das Verhältnis von Wissenschaft und Gesellschaft klären. Eine bestimmte Wissenschaft wird immer durch ein begrenztes Problemfeld und die Personen, die sich damit auseinandersetzen, gebildet. Somit kann man sagen, daß diese Personen ein Interesse an dieser Wissenschaft und dem wissenschaftlichen Arbeiten haben. Diese Personen, die selber einen Teil der Gesellschaft bilden, halten also „ihre" Wissenschaft für so „wichtig" und interessant, daß sie sich damit auseinandersetzen wollen. Meiner Meinung nach wird es immer Menschen geben, die sich für Germanistik interessieren, womit man sich also um die Germanistik in Zukunft keine 'Sorgen' zu machen braucht.

12.1.2 Zweite Fragestellung: Germanistik - Kulturelle Praxis - Sprach- und Literaturvermittlung

Studentin, 4. Semester, Deutsch/Englisch/Spanisch:

In meinem Deutsch-LK machte ich die Erfahrung, daß bei vielen nicht wirklich das Interesse an Sprache und Literatur sie zu der Entscheidung trieb, Deutsch zu wählen, sondern der immer noch verschrieene Ruf als Laberfach. Für einige gab es ein böses Erwachen, als sich herausstellte, daß unser Lehrer die „Sache ernst" meinte. Mit Laberei kam man nicht weit, genausowenig wie dem Abschreiben einer klugen (bzw. manchmal gar nicht so klugen) Interpretation aus den Königs Erläuterungen. Der Deutsch-LK lichtete sich, ähnlich wie im Mathe-LK, die Personenzahl sank von 25 (in der 11) auf 12 (in der 13). Einige, die letztendlich den Sprung in die 13 schafften und kurz vor dem Abitur standen, stellten bekannte Fragen wie „Was soll ich mit Emilia Galotti und Effi Briest? Ich will doch Bankkauffrau werden / Betriebswirtschaft studieren. Das ist doch nur was für die, die Germanistik studieren wollen ...". Ich weiß nicht, ob mein Lehrer sie damit überzeugen konnte, daß wir das „Schreiben" (bei ihm mit Vorliebe das kreative und experimentelle) lernen, uns ausdrücken zu können, Texte zu verstehen und vor allen Dingen zu begreifen, wo wir manipuliert werden in Literatur und anderen Medien. Zufriedengestellt waren zumindest alle, als wir Vorstellungsgespräche (in Verbindung mit Körpersprache) trainierten. „Endlich mal was Nützliches", hörte man aus den paar Reihen, die von uns noch übrig blieben. Als Herr S. dann kurz vor dem Abitur mit Heiner Müller (Germania-Tod in Berlin) aufkreuzte, hatte er seine Chance wieder verspielt, der Frust wurde größer und größer. So verschieden kann es sein, denn ich fühlte mich bei diesem Text in der Entscheidung, Germanistik studieren zu wollen, noch mehr bestätigt. Da mich der Deutschunterricht sehr beein-

druckt hat und ich, wenn man das so schreiben kann, durch ihn gedanklich gereift bin (denn das Abitur ist ja schriftliche Bestätigung der Reife), werde ich mir diesen auch weiterhin zum Vorbild nehmen, versuchen, meine Schüler (wenn ich denn überhaupt in den Genuß komme, welche zu unterrichten) dazu zu bringen, die Augen zu öffnen, auch außerhalb eines Deutsch-Leistungskurses ... und sie dazu motivieren zu lesen (egal ob Zeitung, klassische Literatur oder Literatur, die sie interessiert).
Abschließend möchte ich noch erwähnen, daß ich über die Theorie, die an der Universität herrscht, am Anfang meines Studiums schockiert war. Auch jetzt, im 4. Semester, habe ich ein unheimliches Bedürfnis nach Praxisbezug und didaktischer Aufarbeitung des theoretischen Wissens, den ich nur in wenigen Seminaren geboten bekomme, und um den ich mich lieber jetzt noch bemühe, bevor ich den Sprung ins kalte Wasser erwäge ...

Studentin, 6. Semester, Germanistik /Medienwissenschaften:

Wie kommt das Buch an den Mann/die Frau? Wie schafft sich eine Wissenschaft Raum und Beachtung im öffentlichen Leben? Und wer bringt sie dort hin?
Bisher kennt man die Germanistik als Deutschunterricht oder die Germanistikseminare an der Universität. In diesen abgeschlossenen, wissenschaftlichen Bereichen verbringt der Rezipient nur so viel Zeit wie nötig (der Lehrer/Dozent meist auch ...). Und dann ist es vorbei. In das weitere Leben dringt die Wissenschaft kaum ein - es sei denn, der Germanistik gelingt es, sich so darzustellen, daß der einzelne sein Literaturinteresse eben nicht nur auf Schul- und Universitätsjahre beschränkt. Von Bedeutung sind dabei nicht nur die Repräsentanten dieser Wissenschaft, sondern ihre gesamte Darstellungsweise. Die Vorstellung eines Professors, der, von Büchern umgeben, neue Theorien aufstellt, mag zwar für seine Kollegen interessant erscheinen, die Öffentlichkeit zieht sich jedoch eher zurück. Die Germanistik hat es zum Beispiel schon geschafft, das Bild des illustren Wissenschaftlerkreises abzuwandeln. Das Heine-Jahr in Düsseldorf ist ein Beispiel dafür. Viele Veranstaltungen lockten selbst solche, die sich sonst wahrscheinlich nicht mit der Literatur beschäftigen. Es wurden hier Bedürfnisse der Gesellschaft nach ein bißchen Farbe in der Wissenschaft gestillt. Es darf nur nicht zu dick aufgetragen werden. Die Literatur soll ans Volk - aber nicht um jeden Preis. Es genügt, die Germanistik als das darzustellen, was sie ja auch ist - ein spannendes Feld, das nicht nur für wenige da ist, sondern von jedem betreten werden darf, der denn will.

Student, 4. Semester, Germanistik/Politik:

Hat sich die Germanistik nicht großenteils aus dem öffentlichen Leben herausgezogen? Sind die Lehrenden und Spezialisten dieses Fachs nicht eher interessiert, in ihren Kreisen den einen oder anderen Lorbeerkranz zu ernten anstatt sich einer Öffentlichkeit zu stellen, deren Wertschätzung für Literatur eher gering ist? Als Beispiel hierzu diene das Heine-Jahr. Da feiert eine Stadt in Bierlaune ein Volksfest, Gedichte werden zitiert und alle leben für kurze Zeit in Harmonie. Vergessen sind Streitigkeiten, wie z.B. um die Namensgebung dieser Uni, ehemalige Gegner und Verfechter heben gemeinsam ihr Glas, ein Akt, den ich hier etwas überzogen als Leichenschändung definieren möchte. Wo ist denn das Feuer eines Faches, das sich unter anderem mit Literatur von Grass, Böll, Büchner, Heine befaßt und schon aus diesem Grunde eine öffentliche Verantwortung besitzt? Spricht man mit Dozierenden, so spricht oft reine Resignation. Von unmotivierten Studis ist da die Rede und sicherlich steckt darin mehr als nur ein Funken Wahrheit. Aber wie soll eine Flamme entstehen, wenn keiner bereit ist, das Feuer weiterzureichen?
Sicherlich steht die heutige Germanistik vor Problemen, die früher zumindest nicht so stark waren. Studierende heute wollen keine großen theoretischen Konzepte mehr, überall wird ein stär-

kerer Praxisbezug gewünscht, der auch sicherlich sinnvoll ist. So halte ich es für notwendig, Bereiche wie den Bereich Germanistisch fundierte Schlüsselqualifikationen weiter auszubauen, die traditionellen Bereiche Sprach-/Literaturwissenschaft müssen aber wieder verstärkt „theoretisieren", wobei es mir besonders wichtig scheint, vielmehr einen aktuellen Bezug zu erzeugen. Was ist denn das Interessante an Büchner, sein Leben oder die Kraft, die er für Freiheit und Demokratie aufwendete, eine Kraft, die doch wohl auch heute noch aktuell sein sollte. Statt dessen wird aber in Seminaren versucht, eine Figur einer Epoche einzuordnen, Interpretationen sollen so offen wie möglich gehalten werden. Aber nur wer eine Meinung hat und diese wissenschaftlich begründet, kann dieses Fach wieder an eine Öffentlichkeit zurückführen.

12.1.3 Dritte Fragestellung: Wissenschaftssystem - Ökonomisches System - Zukunft der Gesellschaft

Studentin, 6. Semester, Germanistik/Pädagogik:

Als ich mit meinem Studium begann, wußte ich nur so viel: „Ich will irgendwas beim Fernsehen oder Radio machen". Germanistik und Medienwissenschaften müßten mich zu diesem Berufsziel bringen. Doch ich wurde zweimal bei Medienwissenschaften abgelehnt. Tja, egal, mit Germanistik schaffe ich es auch. Ich stürzte mich wißbegierig ins Studium und war überwältigt von der Fülle an Informationen. In den Bibliotheken stand ich vor den Regalen und wußte gar nicht, wo ich anfangen sollte. Am liebsten hätte ich alles auf einmal gelesen. „Mensch, da kann ich ja bis zu meiner Rente studieren". Doch das Bafög-Amt hinderte mich daran, denn ich habe nur 9 Semester Zeit. Egal, auf in die Welt der Wissenschaft. Die Seminarscheine brachten mich aber wieder auf den Boden der Bürokratie und marktwirtschaftsorientierten Gesellschaft zurück. Ich konnte mich zeitlich nur auf scheinrelevante „Bruchstücke" der Germanistik konzentrieren und das demotivierte mich.

Eines Tages vor ca. einem Jahr brach plötzlich meine Welt über mir zusammen und ich zweifelte an meiner Entscheidung, Germanistik zu studieren. Ich hatte plötzlich panische Zukunftsangst. „Was will ich mit meinem Studium und dem Magisterabschluß anfangen?" Journalismus ist nichts für mich, dies war mir in der Zwischenzeit klargeworden. Die paar berufsorientierten Übungen, welche die Uni anbietet, bringen einen auch nicht sehr viel weiter. Ein Praktikum mußte her und mir Klarheit verschaffen. Durch Vitamin B kam ich in eine Werbeagentur. Langsam bekam ich wieder eine Zukunftsperspektive. Doch mir wurde sehr schnell klar, daß das, was ich im Studium lerne, mittelhochdeutsche Lyrik, Goethes Gedichte und Strickers „Türbispeln", mir im Berufsleben überhaupt nichts bringt. Gefragt sind meiner Meinung nach gerade in der Werbung kaufmännische Dinge und sprachliches Know-how. Psychologie, Grammatik und literarisches Wissen sind sehr schön und man wird anerkennend angelächelt, doch reicht meines Erachtens heutzutage im Berufsleben das, was unter Allgemeinwissen zusammengefaßt ist, die tieferen Inhalte, die Wissenschaft und die Forschung sind nicht gefragt. Das merke ich allein schon daran, daß ich immer wieder von allen möglichen Leuten gefragt werden: „Germanistik? Toll! Ach, auf Magister. Und was willst Du später mal machen?" Ich bin nun im Hauptstudium und studiere immer noch gerne. Ich tauche ab in eine Welt, die von der „Außenwelt" der Realität berichtet und sich drauf bezieht und stützt. Doch es ist gelebtes Leben in Worte gefaßt. Zwischendurch komme ich dann wieder in das „wahre, harte und geldorientierte" Leben zurück und versuche, mir einen Platz im ökonomischen System dieser meiner Gesellschaft zu schaffen.

Studentin, 4. Semester, Germanistik/Politik:

Die Germanistik hat heutzutage nicht mehr dieselbe Stellung wie in der Vergangenheit. Das Verhältnis von Studienplätzen und Studierenden stand in einem ausgewogenen Verhältnis, d.h.

jeder, der ein Studium der Germanistik begann, konnte später als Lehrer arbeiten. Heute ist die Zukunft vieler Germanistikstudenten, die den Magisterabschluß anstreben, durchaus ungewiß. Das rein wissenschaftliche Studium befähigt den Studenten zum Verbleib an einer Universität, doch die wenigsten Studenten haben das Ziel, als Forscher, Dozent oder Professor in ihrer Zukunft zu arbeiten. Das Studium bereitet die Studenten deshalb nur unzureichend auf die Erwerbsarbeit vor. Praktische Fähigkeiten sowie Schlüsselqualifikationen muß der Student neben seinem Studium bzw. außerhalb seines Studiums selbständig erwerben. Wissenschaftssystem und ökonomisches System gehören in einer sozialen Wissensgesellschaft der Zukunft nicht mehr zusammen. Wenn Unternehmen Fremdsprachenkenntnisse, EDV-Kenntnisse und betriebswirtschaftliche Grundkenntnisse voraussetzen, was nützt mir dann die Fähigkeit, Texte aus dem Mittelalter analysieren zu können, sowie Literaturtheorie und -geschichte?

Student, 4. Semester, Germanistik/Politikwissenschaft:

Die schöngeistige Auseinandersetzung mit Kunst und Literatur auf der einen Seite, und der Alltag in einer auf Leistung und Profit ausgerichteten Gesellschaft auf der anderen Seite klingen zunächst sicherlich unvereinbar. Daher stellt sich für eine Großzahl der Studenten und Studentinnen des Faches Germanistik die Frage nach dem Sinn und Zweck ihrer tagtäglichen Bemühungen innerhalb ihres Studiums hinsichtlich einer späteren Erwerbstätigkeit. Ist der Germanistikstudent nicht dazu verdammt, entweder eine schulische Laufbahn einzuschlagen (d.h. Lehrer oder Dozent) oder als arbeitsloser, aber studierter Paradiesvogel durchs Leben zu flattern, auf der ständigen Suche nach Aushilfstätigkeiten, die ihn über Wasser halten? Meines Erachtens ist es die Aufgabe des Germanistikstudierenden selbst, sich von diesen Ängsten zu befreien. Es ist sicherlich richtig, daß sich junge Frauen und Männer mit abgeschlossenem Germanistikstudium in Berufszweigen wiederfinden, die augenscheinlich nichts mit dem Fach Germanistik zu tun haben. Doch ist dem, bei genauerer Betrachtung, denn wirklich so? Bietet nicht die jahrelange gedankliche und wissenschaftliche Auseinandersetzung mit Literatur, sowie Sekundärtexten, das Verfassen von Hausarbeiten und das Halten von Referaten eine sehr breite und für nahezu alle Berufszweige entscheidende Voraussetzung, breiter und umfassender, als es die meisten anderen Studienzweige bieten können? Wissenschaftssystem und ökonomisches System sind demnach nicht voneinander zu trennen, sondern können, wenn sie Hand in Hand miteinander gehen, zum persönlichen Erfolg führen.

Soweit die studentischen Statements.

12.1.4 Zusammenfassung der Schlüsselprobleme

Vier ‘Schlüsselprobleme’ haben sich in diesen und auch in den anderen, hier nicht dokumentierten, Statements m.E. besonders gezeigt. Ich verstehe den Terminus Schlüsselprobleme an dieser Stelle so, daß, wenn diese bearbeitet würden, viele andere Problemstellungen mitgelöst werden könnten, und möchte sie daher als Fragestellungen verstanden wissen, die dringend einer Antwort bedürfen und deren Lösung erhebliche Wirkungen hätte:

(1) Die Fragestellungen, die heute die Germanistik aufwirft und bereithält, oder auch die Form, in der sie das tut, sind offensichtlich nicht die der Mehrzahl der Studierenden. Es scheint mir weder sinnvoll, die ‘Studierendengeneration’ noch die Fachwissenschaft noch die ‘Verhältnisse’ heutigen Hochschulunterrichts dafür in direkter Weise ‘verantwortlich’ zu machen.

Das Problem ist meines Erachtens aber in seiner Dimension bzw. in seinen tiefgreifenden gesellschaftlichen Konsequenzen von der germanistischen Fachdiskussion noch nicht annähernd wahrgenommen worden.

(2) Studierende heute äußern für die Germanistik zwar Gegenwartsszenarien, aber keine wirklichen Zukunftsvisionen. Hier gerät die Germanistik in den Sog eines allgemeinen gesellschaftlichen Utopieverlustes, für den sie erstens *nicht verantwortlich* ist, für den sie zweitens häufig *mitverantwortlich gemacht wird,* der aber drittens gerade für die geisteswissenschaftliche *Germanistik* als Wissenschaft besonders problematisch ist, weil ihre Gegenstände und Verfahrensweisen dieser Dimension besonders bedürfen bzw. sie diesen inhärent ist.

(3) Studierende können sehr genau zwischen deutscher Sprache und Literatur einerseits und der wissenschaftlichen Beschäftigung mit diesen in der germanistischen Wissenschaft, wie diese für sie im Hochschulunterricht erscheint, andererseits unterscheiden. Ganz offensichtlich führt ein Studienfrust gerade nicht zum Frust am Gegenstand, sehr wohl jedoch zur Bestätigung des Urteils, daß (unabhängig von Fachstudium und Universität) Institutionen sich nicht wirklich für die Anliegen und Belange junger Menschen interessieren. Die Wahrnehmung vieler junger Erwachsener, weder ernstgenommen zu werden noch eine gestaltbare Zukunft vor sich zu haben, ist natürlich kein ausschließliches Problem des germanistischen Hochschulunterrichts, aber er arbeitet dieser Wahrnehmung offensichtlich auch nicht produktiv entgegen. Vielmehr trägt er zu deren Verfestigung bei.

(4) Die Suche nach Orientierungsmustern ist extrem groß und bietet ein immenses Reservoir für eine wissenschaftliche Germanistik, ohne daß diese sich vornehmlich auf überkommene Lebenshilfekonzepte o.ä. stützen müßte. Gefragt ist hier vielmehr der Einbezug und die Diskussion persönlicher Haltungen und gesellschaftlicher Fragestellungen gleichermaßen und zwar in der Form, wie die *Gesellschaft* - in diesem Fall die *Studierenden* - diese formulieren.

All dies sind Fragestellungen, deren implizite und explizite Unsicherheiten sich die Germanistik verantwortbar leisten kann.

Im folgenden Wissenschaftsporträt Germanistik, das Teil der Realisation des in Kapitel 8 entwickelten Lehrberichtes war, sollen nun Bedingungen einer Renaissance für eine Germanistik skizziert werden, die u.a. diese Schlüsselprobleme in ihr Zukunftsbild mit aufnehmen kann.

12.2 Wissenschaftsporträt Germanistik: Ansichten einer unabwendbaren Renaissance

Ist die Frage der gesellschaftlichen Relevanz der Germanistik als Wissenschaft in den 80er und Anfang der 90er Jahre seitens des Faches eher zurückhaltend beantwortet und seitens der Gesellschaft kaum mehr gestellt worden, hatten sich manche Germanistinnen und Germanisten schon mit einer Selbstbeschreibung 'globaler Wirkungslosigkeit' ihres Faches abgefunden und Journalisten mit der „Krise der Germanistik"[549] *auch deren Ende propagiert, stehen die Sprach- und Literaturwissenschaften heute vor einer unerwarteten und unvermeidbaren Renaissance.*

Daß dies so ist, hat in erster Linie mit dem kulturellen Wandel der Gesellschaft auf dem Weg ins 21. Jahrhundert zu tun. Im nun folgenden Porträt soll das Wissenschaftsfach Germanistik kurz vorgestellt, seine momentane Struktur bzw. Verfassung skizziert und seine Zukunftsfähigkeit anhand einiger Thesen behauptet werden. Konkrete Antworten auf Zukunftsfragen sollen hier nicht diskutiert werden. Zukunftsfragen und -antworten zu entwickeln, ist nicht Aufgabe dieses Porträts der Germanistik, sondern ist konkreter Inhalt der alltäglichen wissenschaftlichen Beschäftigung. *Hier soll gezeigt werden, warum die Germanistik grundsätzlich und unter welchen Bedingungen sie konkret zukunftsfähig ist.*

12.2.1 Die Germanistik: Struktur, Handlungsformen, Funktionen

Die Germanistik ist ein wissenschaftliches Spektrum, das viele unterschiedliche Ansätze unter einem Dach aufgrund einer allem zugrundeliegenden Gemeinsamkeit integriert: Germanistik ist die wissenschaftliche Beschäftigung mit deutscher Sprache und Literatur. Das Fach besteht heute im wesentlichen aus vier Disziplinen, eine Ausdifferenzierung, die Ergebnis der Fachgeschichte vor allem der letzten 30 Jahre ist, und die sich weitgehend als stabil erwiesen hat[550]:

1. Deutsche Philologie/Sprachwissenschaft
2. Neuere Deutsche Philologie
3. Ältere Deutsche Philologie und
4. Didaktik der Deutschen Sprache und Literatur

Vereinfacht können für die vier Disziplinen folgende Aufgabenbeschreibungen formuliert werden:

---

[549] Vgl. Greiner, Ulrich: „Die Krise der Germanistik - vorbei. Annäherung an den Stand der Dinge in fünf Schritten". In: *Die Zeit* Nr. 14 (1997)

[550] Vgl. Grosse, Siegfried: „Literaturwissenschaft und Linguistik". In: *Mitteilungen des Deutschen Germanistenverbandes*, 44. Jg. (1997), H. 3, S. 12-18

1. Die Sprachwissenschaft beschäftigt sich mit der Analyse von Sprachsystemen und Sprachäußerungen und mit der deutschen Sprachgeschichte (insbesondere der Gegenwart).
2. Die Neuere Deutsche Philologie beschäftigt sich mit Textanalyse und Interpretation von literarischen Werken von ca. 1600 bis zur Gegenwart und mit Literaturtheorien.
3. Die Ältere Deutsche Philologie leistet eben dies für den Zeitraum bis 1600, bezieht jedoch explizit stärker sprachhistorische und sprachwissenschaftliche Aspekte mit ein.
4. Die Didaktik der deutschen Sprache und Literatur beschäftigt sich mit Sprach- und Literaturvermittlung in schulischer und außerschulischer Öffentlichkeit, sowie den Lern- und Aneignungsprozessen in diesem Bereich.

Alle vier Disziplinen entwickeln Theorien ihres Gegenstandsgebietes, erarbeiten Beschreibungs-, Analyse- und/oder Untersuchungsmethoden und wenden diese im sprachlichen, literarischen und gesellschaftlichen Handlungsfeld an. Sie tun dies im Bemühen um die historisch-politische, soziale und kulturelle Verortung und Förderung von Sprache und Literatur.

Fragt man nach den Handlungsformen, in denen germanistische Wissenschaft heute schwerpunktmäßig stattfindet, ist hier vor allem die Erstellung von wissenschaftlichen Untersuchungen zu selbstgestellten Themen bzw. Problemen in den vier Disziplinen zu nennen, die auf der Grundlage des bisherigen Forschungsstandes erarbeitet und publiziert werden. Traditionelle Aufgaben der Germanistik sind u.a. die Erfassung und Bereitstellung des Sprach-'Haushalts' einer Sprachgesellschaft in Form von Wörterbuch- und Grammatikeditionen; außerdem Werkausgaben, d.h. die kritische Aufbereitung von literarischen Texten wichtiger Autorinnen und Autoren aus verschiedenen Epochen, sowie die Rekonstruktion der geistigen und kulturellen Entwicklungen, Veränderungen und Traditionen, soweit sie in deutschsprachigen Texten 'aufgehoben' sind. Hinzu kommen die Gutachtertätigkeit zu aktuellen Sprach- und Literaturproblemen in der Gesellschaft und die Beratertätigkeit, z.B. bei der Entwicklung von Schulbüchern und bei Reflexion und Gestaltung der Sprache in medialen Kontexten. Traditionelle Aufgabe der Didaktik der deutschen Sprache und Literatur ist die Erforschung von sprachlich-literarischen Lehr-/Lernprozessen in Schulsituationen. Für den Diskurs innerhalb der Wissenschaftsgesellschaft werden vor allem Sammelbände und zahlreiche Fachzeitschriften herausgegeben. Für die mündliche Kommunikation über Fachinhalte werden Vorträge, Kongresse und Symposien durchgeführt. Das Fach Germanistik vermittelt sich insbesondere durch den Kommunikationsraum Lehre in der Hochschule. Für die Vermittlung der Wissenschaft in die breitere Öffentlichkeit gibt es heute eine Vielzahl weiterer Kommunikationsmöglichkeiten und -medien, die vor allem von anderen Trägern bereitgestellt werden. Forschung in den Geisteswissenschaften ist heute noch vorwiegend Einzelarbeit und Einzelleistung, obwohl sich auch hier eine Trendwende ankündigt.

Das Gesicht einer Gesellschaft ist daran erkennbar, wie sie ihr kulturelles Gedächtnis tradiert, vermittelt und weiterentwickelt. Besonders die Geisteswissenschaften sollen und wollen diese Funktion der Tradierung und Pflege des kulturellen Gedächtnisses nicht nur mit übernehmen, sondern wissenschaftlich weiterentwickeln, begleiten und Anregungen für kulturelle Handlungsformen der Gesellschaft vermitteln. Sie stellen demnach Reflexionswissen für eine als umfassend kulturell zu verstehende gesellschaftliche Entwicklung bereit und wollen daher mehr sein als die 'schöngeistige Kompensation' einer ansonsten technologisch bestimmten Gesellschaft: sie sind ebenso auch gesellschaftsbildend und wirklichkeitskonstituierend.

Die Germanistik übernimmt diese Funktion für den Bereich der deutschen Sprache und Literatur. Damit steht sie gesellschaftlichen Entwicklungen im weiteren Sinne insofern immer produktiv kritisch gegenüber, als sich in ihrem Medium Sprache und Literatur nicht nur Beschreibungsmuster der Wirklichkeit finden lassen, sondern eben auch solche, wie diese Wirklichkeit anders aussehen könnte. „Heute jedoch wird die Frage, was Germanistik eigentlich soll, dem Fach massiv durch eine ökonomische, technologische und ideologische Entwicklung aufgedrängt, die ihre Zuflucht allein in wirtschaftlicher Expansion, einer grenzenlosen Technologiegläubigkeit und einem Reflexionsstop sucht, worin der Begriff der Zukunft aufgehen soll“[551]. Aufgabe der Germanistik ist es daher auch, im Horizont ihres Themenbereichs Aufklärung über gesellschaftliche Entwicklungen zu ermöglichen und Perspektiven aufzuzeigen, die das kulturelle Gedächtnis, das in deutscher Sprache und Literatur aufgehoben ist, für die Deutung der Gegenwart und die Gestaltung der Zukunft bereithält. Aus dieser prinzipiellen Spannung zur gegebenen Realität läßt sich die Notwendigkeit einer Autonomie von Wissenschaft ableiten, die nicht vorschnell kurzsichtige gesellschaftliche Aufgabenzuschreibungen erfüllen soll und darf, sondern mit zu prüfen hat, ob die Aufgabenstellungen der Gesellschaft richtig und wie diese gegebenenfalls zu verändern sind. Dafür betreibt sie auch solche Forschung und Lehre, deren Wert nicht in sofortiger Umsetzbarkeit, Nützlichkeit und Instrumentalisierbarkeit besteht. Sie entzieht sich direkter Nutzanwendung, weil sie weiß, daß so kein langfristiger Nutzen entsteht. Sie überläßt die Erkennbarkeit des Wertes

[551] Förster, Jürgen, Neuland, Eva und Rupp, Gerhard: „Wozu noch Germanistik? Zur Aktualität einer alten Fragestellung“. In: Förster, Jürgen, Neuland, Eva und Rupp, Gerhard (Hrsg.): *Wozu noch Germanistik? Wissenschaft - Beruf - Kulturelle Praxis.* Stuttgart 1989. S. 1-14, hier S. 1

ihres Nachdenkens den Individuen, die nur durch diese individuelle Entwicklung und Erkenntnis autonome Persönlichkeiten werden können. „Wissenschaft“ und Studium „als Lebensform“[552] bieten die Möglichkeit, sich selbsterkannten Problemen zu stellen, damit auch fremdgestellte Fragen kreative Lösungen erfahren können. Freiheit der Wissenschaft ist eine der wesentlichen Grundlagen für eine Gesellschaft, die ihre Kreativität und ihr Wissen als Ressource nutzen will. *Dazu kann die Germanistik als kritische Wissenschaft Substantielles beitragen.*

12.2.2 Schaufenster in die Geschichte einer Wissenschaft

Die Geschichte der Germanistik ist eine Geschichte der Reformen: Ein Schaufenster in die Fachgeschichte. Quer zu der eher weiträumigen Fachstruktur der vier Disziplinen führt die Germanistik - in ihren institutionellen Anfängen bzw. Konsolidierungen in der Mitte des vorigen Jahrhunderts[553], vor allem jedoch seit den 1960er bzw. 1970er Jahren - verstärkt einen wissenschaftlichen Diskurs über die Frage, wie ihre Aufgabenstellungen weiterentwickelt bzw. spezifiziert werden sollen. Vor allem in der Neueren Literaturwissenschaft, aber auch in den drei anderen Disziplinen, hat sich mit dem Trend der „Verwissenschaftlichung“[554] der Germanistik eine Fülle von Ansätzen herausgebildet, die ihr Gesicht heute sehr facettenreich machen. Ein Blick zurück: Nach der problematischen Rolle der Germanistik im Nationalsozialismus und der Konsolidierung des Faches in einer von Restauration geprägten Adenauer-Ära öffnete sich das Fach in den 70er Jahren, auch unter dem Eindruck der gesellschaftlichen Veränderungen und der sie hervorbringenden Studentenunruhen, vermehrt für gesellschaftlich-bedeutsame Problemstellungen. Dies wurde u.a. auch durch die Verwissenschaftlichung der Germanistik möglich: das Fach sollte einen ungetrübteren Blick auf seine Gegenstände, auf die theoretischen Grundlagen des wissenschaftlichen Erkennens und auch auf die gesellschaftlichen Verhältnisse, innerhalb derer Sprache und Literatur existieren, werfen können. Beispiel sind hier u.a. die starke Integration einer sozialgeschichtlichen und ideologiekritischen Perspektive in die Literaturwissenschaft oder die - zunächst vor allem im Rahmen der Strukturalismusdebatte geforderte[555] - Konstituierung einer modernen,

[552] Mittelstraß, Jürgen: *Wissenschaft als Lebensform. Reden über philosophische Orientierungen in Wissenschaft und Universität.* Frankfurt am Main 1982

[553] Vgl. Habermas, Jürgen: „Was ist ein Volk? Zum politischen Selbstverständnis der Geisteswissenschaften im Vormärz“. In: *Süddeutsche Zeitung* vom 26. September 1996

[554] Vgl. Hermand, Jost: *Geschichte der Germanistik.* Reinbek bei Hamburg 1994. S. 173 ff.

[555] Vgl. hierzu Glinz, Hans: „Moderne Linguistik im germanistischen Studium.“ In: Kolbe, Jürgen (Hrsg.): *Ansichten einer künftigen Germanistik.* München (2., durchgesehene und ergänzte Auflage) 1969. S. 172-192, und in dem gleichen Band Allemann, Beda: „Strukturalismus in der Literaturwissenschaft“. S. 143-152

germanistischen Sprachwissenschaft.[556] Das Fach ging offener und kritischer mit der eigenen Geschichte um[557], ein Diskurs der Selbstaufklärung, der bis heute andauert[558], auch wenn die bisherigen Ergebnisse im Umgang mit der eigenen Geschichte immer noch nicht ausreichend sind und keinesfalls befriedigen können[559]. Auf jeden Fall: „Fachgeschichte hat Konjunktur"[560] und dies ist immer dann sinnvoll, wenn sie als „Wissenschaftsgeschichte (...) Ortsbestimmung der Gegenwart"[561] ist.

Die Herausbildung einer kritischen Öffentlichkeit[562] war Leitbild der 70er Jahre mit dem unbestreitbaren Erfolg, daß am Beginn des 21. Jahrhunderts die Germanistik zu den eher kritischen Fachkulturen zählt; ein Potential, das sich heute mehr denn je auszahlt. Die Verwissenschaftlichung der 70er Jahre führte jedoch paradoxerweise auch zu einer Entpolitisierung der Germanistik: Wissenschaft wurde ein gesellschaftliches Subsystem unter anderen, die miteinander wenig Querverbindungen aufwiesen. Der germanistische Diskurs ist heute weitgehend auf seine FachvertreterInnen beschränkt, sieht man von einigen Ausnahmen ab. Blickt man jedoch auf die Geschichte der Germanistik insgesamt, ist zur Zeit möglicherweise wieder eine Phase von stärkerer politischer bzw. gesellschaftlicher Orientierung des Faches zu beobachten[563], zumindest in der wissenschaftlichen Tätigkeit. In der öffentlichen Diskussion sind Germanistinnen und Germanisten trotzdem eher selten vertreten, obwohl sie dafür immer wieder angefragt werden.[564] Bundespräsident Roman Herzog zum Abschluß seiner Rede, die er

---

556 Vgl. Polenz, Peter von: „Gibt es eine germanistische Linguistik?" In: Kolbe, Jürgen (Hrsg.): *Ansichten einer künftigen Germanistik.* München (2., durchgesehene und ergänzte Auflage) 1969. S. 153-171

557 Vgl. Lämmert, Eberhard: „Germanistik - eine deutsche Wissenschaft". In: (ders.): *Das überdachte Labyrinth: Ortsbestimmungen der Literaturwissenschaft 1960-1990.* Stuttgart 1991. S. 16-40

558 Barner, Wilfried und König, Christoph (Hrsg.): *Zeitenwechsel. Germanistische Literaturwissenschaft vor und nach 1945.* Frankfurt am Main 1996

559 Vgl. Jäger, Ludwig: „Germanistik - eine deutsche Wissenschaft. Das Kapitel Schneider / Schwerte". In: Sprache und Literatur in Wissenschaft und Unterricht (1996). S. 5-47

560 Boden, Petra und Dainat, Holger: „Einleitung". In: (dies.): *Atta Troll tanzt noch. Selbstbesichtigungen der literaturwissenschaftlichen Germanistik im 20. Jahrhundert.* Berlin 1997. S. XIII

561 Lämmert, Eberhard: „Wissenschaftsgeschichte als Ortsbestimmung der Gegenwart. Geleitwort". In: Boden, Petra und Dainat, Holger (Hrsg.): *Atta Troll tanzt noch. Selbstbesichtigungen der literaturwissenschaftlichen Germanistik im 20. Jahrhundert.* Berlin 1997. S. VII-XII

562 Vgl. Habermas, Jürgen: *Strukturwandel der Öffentlichkeit. Untersuchungen zu einer Kategorie der bürgerlichen Gesellschaft. Mit einem Vorwort zur Neuauflage 1990.* Fankfurt am Main (4. Aufl. [1. Aufl. Neuwied 1962]) 1995

563 Vgl. Oellers, Norbert: „Germanistik als politische Wissenschaft". In: Bentfeld, Anne und Delabar, Walter (Hrsg.): *Perspektiven der Germanistik.* Opladen 1997. S. 92-105

564 Brunn, Anke: „'Germanisten gefragt!' Wissenschaftsministerin eröffnet Deutschen Germanistentag in Bonn". Pressemitteilung des Ministeriums für Wissenschaft und Forschung NRW vom 21. September 1997

aus Anlaß der Feier „150 Jahre erste Germanistenversammlung in Frankfurt" 1996 hielt: „Vor 150 Jahren ist die Germanistik eine öffentliche und auf die Gesellschaft bezogene Wissenschaft geworden. Eine Zukunft hat sie, wenn sie das wieder stärker wird."[565]

Ein Blick auf die heutige Situation: Germanistik als 'Großwissenschaft'. Der Trend zur Ausdifferenzierung der Wissenschaften, vor allem in den 80er Jahren verstärkt, prägt heute (noch) das Bild der Germanistik. Eine Fülle von theoretisch-methodischen Ansätzen, zum Teil von Nachbardisziplinen beeinflußt, hat sich Bahn gebrochen. Sie wenden sich vor allem den Grundlagen und den psychologischen, sozialen und historisch-kulturellen Zusammenhängen des Sprach- und Literaturverständnisses zu. Hier sind zum Beispiel semiotische, sozialgeschichtliche, diskursanalytische[566], systemtheoretische[567], psychoanalytische, wie auch solche einer empirischen Sprach- und Literaturwissenschaft[568] zu nennen. Weiterentwicklungen der Germanistik als genuin philologische Wissenschaft schaffen bereits Synthesen aus früheren und neueren Ansätzen.[569] Ihren Grund haben solche Theoriebildungen u.a. in der prinzipiellen Differenz von Sprache und Literatur einerseits und der Wissenschaft über sie andererseits. Um es am 'Objekt' der Literatur zu verdeutlichen: „Dichtung will überdauern und darum ihre sprachgefaßten Geheimnisse noch bewahren, indem sie sie offenlegt. Literaturwissenschaft will dem Geheimnis der Dichtersprache nachspüren, will ordnen und auslegen; die Sisyphusarbeit einer Übersetzung des Geheimnisvollen ins Verständliche ist ihr Geschäft."[570] Aus dieser Spannung werden immer wieder unterschiedliche Systeme gewonnen, die das Verhältnis von Literatur bzw. Sprache und Wissenschaft neu zuordnen und verstehen wollen. Zeitweilige

---

[565] Herzog, Roman: „Sprache und Literatur - Erbe und Auftrag. Rede des Bundespräsidenten aus Anlaß der Feier '150 Jahre erste Germanistenversammlung in Frankfurt' am 24. September 1996 in der Paulskirche in Frankfurt am Main". In: *Der Sprachdienst.* H.6 (1996). S. 177-181, hier S. 181

[566] Vgl. Link, Jürgen: „Von der Nicht-Spezialität der Literatur und ihren Folgen für die Literaturwissenschaft". In: Bentfeld, Anne und Delabar, Walter (Hrsg.): *Perspektiven der Germanistik.* Opladen 1997. S. 145-156.

[567] Vgl. Werber, Niels: „Es gibt keine Literatur - ohne Literaturwissenschaft". In: Bentfeld, Anne und Delabar, Walter (Hrsg.): *Perspektiven der Germanistik.* Opladen 1997. S. 176-194

[568] Vgl. Barsch, Achim: „Literaturwissenschaft als Literatur(system)wissenschaft". In: Bentfeld, Anne und Delabar, Walter (Hrsg.): *Perspektiven der Germanistik.* Opladen 1997. S. 157-175

[569] Vgl. Witte, Bernd: „[...] daß gepfleget werde/Der feste Buchstab, und Bestehendes gut/gedeutet. Über die Aufgaben der Literaturwissenschaft". In: Jäger, Ludwig und Switalla, Bernd (Hrsg.): *Germanistik in der Mediengesellschaft.* München 1994. S. 111-132. Und auch Witte, Bernd: „Literaturwissenschaft heute. 'Oralität' und 'Literalität' als Kategorien eines Paradigmenwechsels". In: Bentfeld, Anne und Delabar, Walter (Hrsg.): *Perspektiven der Germanistik.* Opladen 1997. S. 59-74

[570] Lämmert, Eberhard: „Zwei Königskinder. Zum Verhältnis von Literatur und Literaturwissenschaft". In: (ders.): *Das überdachte Labyrinth: Ortsbestimmungen der Literaturwissenschaft 1960-1990.* Stuttgart 1991. S. 281

„Selbstbesichtigungen“[571] helfen wiederum, diese Entwicklungen als Teil der Fachgeschichte zu verstehen und richtig einzuordnen. Und auch, wenn Literatur und Literaturwissenschaft heute mehr denn je als „zwei Königskinder“[572] erscheinen, die oft weit voneinander entfernt sind (was entsprechend auch für das Verhältnis von Sprache und Sprachwissenschaft gesagt werden könnte): *Es spricht für die Germanistik und für ihren Erhalt als Fächerklammer, daß sie eine solche Vielzahl differenzierter und divergierender Positionen in ihrem Rahmen integrieren kann.*

Als problematisch an der Entwicklung zur immer stärkeren Ausdifferenzierung hat sich jedoch gezeigt,

- daß ein Fach ohne disziplinäre Einheit im Hochschulunterricht kaum vermittelbar ist,
- daß ein Fach ohne disziplinäre Einheit in der Öffentlichkeit kaum noch wahrgenommen wird,
- daß ein Fach ohne disziplinäre Einheit auch intern kaum mehr sinnvoll kommunizieren kann,
- daß ein Fach ohne disziplinäre Einheit besonders anfällig ist für ressourcenmindernde Eingriffe von außen.

Die Weiterentwicklung der Fachwissenschaft Germanistik wird davon abhängen, inwieweit sie diese vier Probleme lösen kann, ohne sich intern in ein Korsett zu zwingen, das interessante Positionen von vornherein ausschließt und neue Fragestellungen und Antworten behindert.

12.2.3 Die Zukunft der Gesellschaft und die der Germanistik

Die Germanistik im kulturellen Wandel: Sprach- und Literaturwissenschaften sind von der Veränderung unserer Wahrnehmung besonders betroffen. Eine produktive Infragestellung erhält die Germanistik zur Zeit vor allem durch die neuen Medien. Eine „Germanistik in der Mediengesellschaft“[573] wird notwendig anders aussehen als in einer Kultur, in der Gedrucktes wesentlich das Medium der Sprache war. Das Bild ist heute der vorherrschende Informationsträger, die

[571] Boden, Petra und Dainat, Holger (Hrsg.): *Atta Troll tanzt noch. Selbstbesichtigungen der literaturwissenschaftlichen Germanistik im 20. Jahrhundert.* Berlin 1997; und: Àgel, Vilmos und Hessky, Regina (Hrsg.): *Offene Fragen - offene Antworten in der Sprachgermanistik.* Tübingen 1992

[572] Lämmert, Eberhard: „Zwei Königskinder. Zum Verhältnis von Literatur und Literaturwissenschaft“. In: (ders.): *Das überdachte Labyrinth: Ortsbestimmungen der Literaturwissenschaft 1960-1990.* Stuttgart 1991. S. 281-283

[573] Jäger, Ludwig und Switalla, Bernd (Hrsg.): *Germanistik in der Mediengesellschaft.* München 1994.

Vernetzung im „globalen Dorf"[574] markiert das Ende der „Gutenberg-Galaxis"[575]. Originalität und Simulation verschwimmen zu zusammengeträumten und -erdachten Welten, in denen andere Orientierungsmuster notwendig werden als die vergangener Zeiten. Trotzdem behält das Buch offensichtlich (s)einen Wert im kulturellen Handlungsgeschehen. Auf beides wird sich die Germanistik einstellen können, sie hat hier bereits einige Schritte hinter sich, sei es in Forschung oder Lehre. Angst vor Abschaffung braucht die Germanistik indes nicht zu haben. Im Medienmix der Zukunft wird sie ihre Reflexionsrolle behalten und behaupten können, zumindest dann, wenn sie sich neuen Medien nicht nur öffnet, sondern diese auch mitgestaltet und ihren breiten Überblick über das mediale Geschehen der Gesellschaft für die richtige Einordnung und Orientierung der einzelnen medialen Bereiche behält und nutzt.

Das 21. Jahrhundert als Herausforderung: die Germanistik auf dem Weg. Auf dem Weg ins 21. Jahrhundert wird sich die momentane Gesellschaft mit hoher Geschwindigkeit verändern. Die Komplexität der Wahrnehmungsmöglichkeiten und auch das Orientierungsbedürfnis der Gesellschaft werden weiter zunehmen, Orientierungsleistung sich weiter individualisieren. Entgegen dem naturwissenschaftlichen und ökonomischen Trend zur 'genauen' Fragestellung, dem angesichts der zu erwartenden Veränderungen eine gewisse Naivität nicht abzusprechen ist, bleibt die Germanistik in einer 'ungenauen' Welt auch weitgehend eine „ungenaue Wissenschaft"[576], offen und problemorientiert, flexibel und kommunikationsorientiert, überlegte Konzepte entwerfend statt kurzfristige Zwischenlösungen organisierend.[577] *Gerade in Phasen schneller kultureller Veränderung ist eine Besinnung auf die anthropologische und mentale Verfaßtheit von Individuen und Gesellschaft sinnvoll und notwendig.*

12.2.4 Germanistischer Katalog

Die Germanistik kann hier eine wesentliche Rolle spielen, die auch ihre eigene Zukunft sichert. Die dafür notwendige Synchronisation und Integration von Gesellschaft und Wissenschaft wird für dieses Fach dann möglich, wenn folgende Bedingungen erfüllt werden:

---

[574] Marshall McLuhan: *Die Gutenberg-Galaxis. Das Ende des Buchzeitalters.* Düsseldorf/Wien 1968. Seite 47

[575] Ebd.

[576] Mandelkow, Karl Robert: „Germanistik - eine ungenaue Wissenschaft. Zeitgemäße Betrachtungen anläßlich der 150jährigen Wiederkehr der 'Ersten Germanistenversammlung in Frankfurt am Main'". In: *Frankfurter Rundschau* vom 24. September 1996, Nr. 223, S. 12

[577] Vgl. dazu auch die Vorbemerkung von Helmut Arntzen in (ders.): *Unsinn und Sinn der Germanistik.* Weinheim 1996. S. 7-9, hier S. 8

(1) Die Germanistik muß zeigen, was heute emanzipatorische Orientierungsangebote für Individuen und Gesellschaft sein können, die im Sinne der Aufklärung dauerhaft einen sozialen und kulturellen Zusammenhang zu tragen in der Lage sind. Dafür muß sie ihr breites theoretisches und auch praxisorientiertes Reservoir an Reflexions- und Handlungsmöglichkeiten so aufbereiten, daß mit ihrer Hilfe die Komplexität gesellschaftlicher Systeme im 21. Jahrhundert transparenter, verstehbarer und gestaltbarer wird.
(2) Die Germanistik muß eine Stelle selbstbewußt einnehmen, die heute und morgen unersetzbar ist: die Tradierung und Aktualisierung des kulturellen Gedächtnisses, das in der deutschen Sprache und Literatur aufgehoben ist.
(3) Die Germanistik muß die Tatsache erkennen und nutzen, daß die gesellschaftlichen Fragestellungen, für die vor allem dieses Fach Lösungen anbieten kann, nicht ab-, sondern rapide zunehmen.
(4) Die Germanistik muß den Mut und die Fähigkeit aufbringen, ihren Objekt-Kern eindeutig zu definieren und ihren Zuständigkeits- und Kompetenzbereich eindeutig abzugrenzen. Gefragt ist ein Bekennntis zur Nicht-Beliebigkeit der Inhalte, in dessen Folge sich das Fach auf eine erkennbare 'Einheit' hin konzentriert, wobei aber weiterhin differenzierende und spezialisierende Fragestellungen möglich bleiben. Diese Doppelheit ist nur durch eine interne Intensivierung und Qualifizierung des wissenschaftlichen Diskurses zu erreichen.
(5) Die Germanistik muß den Mut und die Fähigkeit zu einer differenzierten Einheit von Forschung und Lehre insofern entwickeln, als in der Forschung Spezialisierung und fachliche Differenzierung nötig sind und möglich bleiben, und in der Lehre Generalisierung insofern betrieben wird, als hier in besonderer Weise die fachliche Einheit und Bedeutsamkeit gezeigt und vermittelt werden kann.
(6) Die Germanistik muß Problemlösungen nicht mehr allein in ihrem Fach, sondern gemeinsam mit anderen Wissenschaftsfächern suchen (ein positives Beispiel ist hier die Öffnung der Sprachwissenschaft zur Neurobiologie bzw. zur theoretischen Biologie und die der Literaturwissenschaft zur Sozial- und Medienwissenschaft).
(7) Die Germanistik muß die Chancen, die aus ihrer inneren, pluralen Struktur erwachsen, für die Reform des Faches und vor allem für die Lösung gesellschaftlicher Problemstellungen nutzen.
(8) Die Germanistik muß in der Hochschullehre eine junge Generation zurückgewinnen.
(9) Die Germanistik muß die Reduktionen der germanistischen Fachgeschichte zurücknehmen und ihre wissenschaftliche Arbeit wieder in den ganzheitli-

chen Dichotomien Rezeption und Produktion, Tradierung und Modernisierung und Forscherdiskurs und Öffentlichkeit begreifen.[578]

(10)Die Germanistik muß jeweils für die Bereiche Lehre, Forschung und Wissenschaftsmanagement Qualitätssicherungssysteme finden, die verläßlich, effektiv, stabil, allgemein akzeptiert und nachvollziehbar sind.

(11)Die Germanistik muß ihre interne Kommunikationsstruktur auch dahingehend verbessern, daß sie innere Strukturreformen in den Institutionen der Wissenschaft und in den Laufbahnen der Wissenschaftlerinnen und Wissenschaftler zuläßt[579]. Sie muß neue Modelle für das „Tätigkeitsprofil" des „Hochschullehrers"[580] entwickeln.

(12)Die Germanistik muß „sich" - wie die anderen „Geistes- und Sozialwissenschaften" auch - „neben der Pflege ihrer längst selbständig gewordenen Disziplinen wieder" zurückbesinnen „auf ihre" professionelle „Grundaufgabe, (...) in einer breiten Öffentlichkeit das unprofessionelle Nachdenken über (...) allgemeine Lebensfragen zu fördern. Erst dann" ist „sie auf dem Wege, dem Zeitgeist nicht zu" dienen, „sondern ihn mit zu prägen."[581]

---

578 Siehe Kapitel 9

579 Ansel, Michael u.a.: „Hilfreich und gut. 7 Thesen zur wissenschaftlichen Qualifikation". In: Bentfeld, Anne und Delabar, Walter (Hrsg.): *Perspektiven der Germanistik.* Opladen 1997. S. 195-207

580 Vgl. dazu auch den sechs Bereiche umfassenden Leistungskatalog für Hochschullehrer von Georg Jäger und Jörg Schönert in „Perspektiven zur Selbstreform der Universitäten", erschienen in: Bentfeld, Anne und Delabar, Walter (Hrsg.): *Perspektiven der Germanistik.* Opladen 1997. S. 208-223, hier S. 211-212, und die Besprechung des Katalogs in Kapitel 4

581 Lämmert, Eberhard: Das Studium der Humanwissenschaften im technischen Zeitalter. In: Müller, Ernst, Pfeiffer, Ludwig K. und Wagner, Benno (Hrsg.): *Geisteswissen: vom wissenschaftspolitischen Problem zur problemorientierten Wissenschaft.* Frankfurt am Main 1991. S. 21-38, hier S. 37.

Literaturverzeichnis

1. Bildung, Studierende, Gesellschaft (Kapitel 4, 7, 9)

BAACKE, Dieter: *Jugendliche im Sog der Medien. Medienwelten Jugendlicher und Gesellschaft.* Opladen 1989.

BARGEL, T., MULTRUS, F. und RAMM, M.: *Studium und Studierende in den 90er Jahren. Entwicklung an Universitäten und Fachhochschulen in den alten und neuen Bundesländern. Hrsg. vom Bundesministerium für Bildung, Wissenschaft, Forschung und Technologie.* Bonn 1996.

BECK, Ulrich: *Risikogesellschaft. Auf dem Weg in eine andere Moderne.* Frankfurt am Main 1986.

BECK, Ulrich: *Was ist Globalisierung? Irrtümer des Globalismus - Antworten auf Globalisierung.* Frankfurt 1997. (= Edition Zweite Moderne)

BECK, Ulrich: *Ausbilden für das 21. Jahrhundert. Warum der Bedarf der Wirtschaft zu einer Wiederbelebung Humboldtscher Bildungsideale führt.* In: Hochschule & Beruf (Beilage der Süddeutschen Zeitung zum Wintersemester 1997/98).

BEHRENS, Kai (Hrsg.): *Unternehmen Universität. Zehn Streitgespräche zur Hochschulreform.* 1997.

BERNET, Beat: *Management, Macht und Moral. Der Wertewandel in unserer Gesellschaft.* Frankfurt am Main 1993.

BILDUNGSKOMMISSION NRW: *Zukunft der Bildung - Schule der Zukunft. Denkschrift der Kommission 'Zukunft der Bildung - Schule der Zukunft' beim Ministerpräsidenten des Landes Nordrhein-Westfalen.* Neuwied u.a. 1995.

BUNDESMINISTERIUM FÜR BILDUNG, WISSENSCHAFT, FORSCHUNG UND TECHNOLOGIE (Hrsg.): *Die wirtschaftliche und soziale Lage der Studierenden in der Bundesrepublik Deutschland (Vorbericht). Ausgewählte Ergebnisse der 15. Sozialerhebung des Deutschen Studentenwerks durchgeführt durch HIS Hochschul-Informations-System.* Bonn 1998.

BOURDIEU, Pierre (Hrsg.): *Das Elend der Welt. Zeugnisse und Diagnosen alltäglichen Leidens an der Gesellschaft.* Konstanz 1997. (= édition discours; Nr. 9)

BUCK-BECHLER, Gertraude (Hrsg.): *Hochschulerneuerung in den neuen Bundesländern. Bilanz nach vier Jahren.* Weinheim 1994.

BULTMANN, Thorsten: *Zwischen Humboldt und Standort Deutschland. Die Hochschulpolitik am Wendepunkt.* Marburg o. J. (= Forum Wissenschaft: Studien; Nr. 25)

BÜNDNIS 90/DIE GRÜNEN (Hrsg.): *Bildungskongreß: Qualität setzt sich durch!? Modelle zur Qualitätssicherung im Bildungsbereich. Reader des Kongresses vom 22.2.1997.* Soltau 1997.

CHOMSKY, Noam: *Haben und Nichthaben.* Bodenheim 1998.

DAXNER, Michael: *Die Wiederherstellung der Hochschule. Plädoyer für eine Rückkehr der Hochschulen in die Politik und die Gesellschaft.* Köln 1993.

DAXNER, Michael: *Ist die Uni noch zu retten? Zehn Vorschläge und eine Vision.* Reinbek bei Hamburg 1996.

DELORS, Jacques: *Lernfähigkeit: Unser verborgener Reichtum. UNESCO-Bericht zur Bildung für das 21. Jahrhundert.* Neuwied u.a. 1997.

ECKERT, Roland: *Die Fähigkeit zur friedlichen Konfliktregulierung. Ein Qualitätsmerkmal der Demokratie.* In: Weidenfeld, W. (Hrsg.): *Demokratie am Wendepunkt. Die demokratische Frage als Projekt des 21. Jahrhunderts.* Berlin 1996. S. 197-217.

EDELSTEIN, Wolfgang und STURZBECHER, D. (Hrsg.): *Jugend in der Krise. Ohnmacht der Institutionen.* Potsdam 1996.

EISENMANN, Peter (Red.) (Hrsg.): *Die Hochschulen vor dem Kollaps? Zur Zukunft der Lehre.* Grünwald 1993. (= Politische Studien; Sonderheft; 1993/2)

FERCHHOFF, Wilfried und NEUBAUER, Georg: *Patchwork-Jugend. Eine Einführung in postmoderne Sichtweisen.* Leverkusen 1995.

FORSTER, Rudolf (Hrsg.): *Uni im Aufbruch? Sozialwissenschaftliche Beiträge zur Diskussion um die Universitätsreform.* Wien 1993.

FRÜHWALD, Wolfgang (Hrsg.): *Geisteswissenschaften heute. Eine Denkschrift.* Konstanz 1990.

GEMEINSAME KOMMISSION FÜR DIE STUDIENREFORM IM LAND NRW (Hrsg.): *Perspektiven: Studium zwischen Schule und Beruf.* Neuwied u.a. 1996.

GLOTZ, Peter: *Im Kern verrottet? Fünf vor zwölf an Deutschlands Universitäten.* Stuttgart 1996.

HAMM, Ingrid (Hrsg.): *Hochschulentwicklung durch neue Medien. Erfahrungen, Projekte, Perspektiven. Mit einer Bestandsaufnahme über Multimedia-Projekte an deutschen Hochschulen.* Gütersloh 1997.

HEITMEYER, Wilhelm (Hrsg.): *Interdisziplinäre Jugendforschung. Fragestellungen, Problemlagen, Neuorientierungen.* Weinheim u.a. 1986.

HEITMEYER, Wilhelm (Hrsg.): *Individualisierung von Jugend. Gesellschaftliche Prozesse, subjektive Verarbeitungsformen, jugendpolitische Konsequenzen.* Weinheim u.a. 1990.

HEITMEYER, Wilhelm: *Politische Sozialisation und Individualisierung. Perspektiven und Chancen politischer Bildung.* Weinheim u.a. 1991.

HEITMEYER, Wilhelm: *Bundesrepublik Deutschland: Eine zerrissene Gesellschaft und die Suche nach Zusammenhalt.* Frankfurt am Main 1997.

HENTIG, Hartmut von: *Bildung. Ein Essay.* München, Wien 1996.

HENTIG, Hartmut von: *Die Schule neu denken. Eine Übung in praktischer Vernunft.* München (15. Aufl.) 1997

HERZOG, Roman: *Wissen und Bildung als Grundlagen unserer Zukunft. Rede vor den Teilnehmern am 179. Plenum der Hochschulrektorenkonferenz, 8. Juli 1996.* Bonn 1996. (= Beiträge zur Hochschulpolitik; Nr. 1996,1)

[HERZOG, Roman]: *'Sprengt die Fesseln!' Wir brauchen eine Debatte über die Zukunft unseres Bildungssystems. Dies fordert Bundespräsident Roman Herzog. Die ZEIT dokumentiert seine Rede auf dem Berliner Bildungsforum.* In: *Die Zeit,* Nr. 46 vom 7. November 1997.

HÖDL, Günther: *Um den Zustand der Universität zum Besseren zu reformieren. Aus acht Jahrhunderten Universitätsgeschichte.* Wien 1994.

HOEBINK, Hein (Hrsg.): *Perspektiven für die Universität 2000. Reformbestrebungen der Hochschulen um mehr Effizienz.* Neuwied u.a. 1997. (= Mit Beiträgen von Hein Hoebink, Hermann Lübbe, Gerhard Neuweiler, Jürgen Mittelstraß, Josef Lange, Karl-Hans Laermann, Anke Brunn, Ute Frevert, Lutz Hornke, Reinhard Mußgnug, Georg Ruhrmann, Ulf Pallme König und Egbert de Weert.)

HOLLERITH, Josef (Hrsg.): *Leistungsfähige Hochschulen - aber wie? Beiträge zur Hochschulstrukturreform.* Neuwied u.a. 1997. (= Mit Beiträgen von Josef Lange, Hartmut Schiedermair, Christian Lenzer, Wolfgang Frühwald, Lothar Späth, Carsten Kreklau, Bernd Kriegesmann, Roman Herzog, Günter C. Lob, Günter Püttner, René G. Holzheimer, Ursula Gresser, Utz-Hellmuth Felcht, Erich Häußer, Klaus Ebert, Rolf Krebs, Werner Soßna, Erich Staudt, Marcus Kottmann, Richard Merker, Hans Peter Stihl, Dieter A. Häberle, Werner Schubö, Hans-Uwe Erichsen und Josef Hollerith.)

HÖSLE, Vittorio: *Die Krise der Gegenwart und die Verantwortung der Philosophie.* München 1994.

HÖSLE, Vittorio: *Moral und Politik. Grundlagen einer Politischen Ethik für das 21. Jahrhundert.* München 1997.

HRADIL, Stefan: *Die "Single-Gesellschaft".* München 1995.

HUMBOLDT, Wilhelm von: *Gesammelte Schriften [GS] (17 Bde.). (Kgl.) Preuss. Akad. d. Wiss.: Hg. von A. Leitzmann, B. Gebhardt, W. Richter.* Berlin, Leipzig (Nachdruck Berlin 1968) 1903-36.

HUMBOLDT, Wilhelm von: *Ideen zu einem Versuch, die Gränzen der Wirksamkeit des Staates zu bestimmen. [1792].* Berlin, Leipzig (Neudruck Berlin 1968) 1903-36. (= In: Gesammelte Schriften. I 97-254)

HUMBOLDT, Wilhelm von: *Ueber die innere und äussere Organisation der höheren wissenschaftlichen Anstalten in Berlin. [1810].* Berlin, Leipzig (Neudruck Berlin 1968) 1903-36. (= In: Gesammelte Schriften. X 250-260)

HUNZIKER, Peter: *Medien, Kommunikation und Gesellschaft. Einführung in die Soziologie der Massenkommunikation.* Darmstadt (2., überarb. Aufl.) 1996.

HURRELMANN, Klaus: *Lebensphase Jugend. Eine Einführung in die sozialwissenschaftliche Jugendforschung.* Weinheim 1993.

JASPERS, Karl: *Die Idee der Universität.* Berlin 1946.

JUGENDWERK DER DEUTSCHEN SHELL (Hrsg.): *Jugend '97. Zukunftsperspektiven, Gesellschaftliches Engagement, Politische Orientierungen. 12. Shell Jugendstudie.* Opladen 1997.

KAISER, Gert (Hrsg.): *Kultur und Technik im 21. Jahrhundert.* Frankfurt am Main u.a. 1993. (= Schriftenreihe des Wissenschaftszentrums Nordrhein-Westfalen; Nr. 1)

KAISER, Gert: *Germanistik nach 1989: Gesellschaft, Hochschule, Wirtschaft - das Fach vor neuen Herausforderungen im vereinigten Deutschland.* In: Welbers, Ulrich (Hrsg.): *Das Integrierte Handlungskonzept Studienreform. Aktionsformen für die Verbesserung der Lehre an Hochschulen.* Neuwied 1997. S. 342-354.

KIEL, Sabine: *Studierende und Politik. Eine kritische Analyse zur politischen Sozialisation.* Marburg 1996. (= Forum Wissenschaft: Studien; Bd. 32)

KLEGER, Heinz: *Lebenswelten und Systeme: die Gesellschaft an den Grenzen ihrer Integration. Zur Kontroverse zwischen kritischer Theorie und Systemtheorie im Streit um die Position politischer Aufklärung.* Zürich 1989.

KLUGE, Norbert: *Studienreform in den Ländern. Dokumentation und Vergleich von Studienreformverfahren.* Bad Honnef 1984. (= Studien zu Bildung und Wissenschaft; Nr. 4)

LUHMANN, Niklas: *Universität als Milieu.* Bielefeld 1992.

LUHMANN, Niklas: *Die Gesellschaft der Gesellschaft. 2 Bde.* Frankfurt am Main 1997.

LYOTARD, Jean-Francois: *Das postmoderne Wissen. Ein Bericht.* Wien 1994.

MANSEL, J. und HURRELMANN, Klaus: *Jugendliche im Alltagsstreß. Probleme des Statusübergangs Schule Beruf.* Weinheim 1991.

MASSING, Peter (Hrsg.): *Gesellschaft neu verstehen. Aktuelle Gesellschaftstheorien und Zeitdiagnosen.* Schwalbach/Ts. 1997.

MAYNTZ, Renate (Hrsg.): *Aufbruch und Reform von oben. Ostdeutsche Universitäten im Transformationsprozeß.* Frankfurt am Main 1994.

METZ-GÖCKEL, Sigrid und STECK, Felicitas (Hrsg.): *Frauenuniversitäten. Initiativen und Reformprojekte im internationalen Vergleich.* Opladen 1997.

MINISTERIUM FÜR WISSENSCHAFT UND FORSCHUNG DES LANDES NRW (Hrsg.): *Aktionsprogramm 'Qualität der Lehre'. Abschlußbericht.* Düsseldorf 1991.

MINISTERIUM FÜR WISSENSCHAFT UND FORSCHUNG DES LANDES NRW (Hrsg.): *Hochschulreform von A-Z.* Düsseldorf 1993.

MINISTERIUM FÜR WISSENSCHAFT UND FORSCHUNG DES LANDES NRW (Hrsg.): *Reformen und Ressourcen. Zwischenbilanz und Perspektiven des Aktionsprogrammes 'Qualität der Lehre'.* Düsseldorf 1997. (= Schriftenreihe zur Studienreform)

MINISTERIUM FÜR WISSENSCHAFT UND FORSCHUNG DES LANDES NRW (Hrsg.): *Perspektive Beruf. Praxisinitiativen an Hochschulen in Nordrhein-Westfalen.* Düsseldorf 1997.

MITTELSTRAß, Jürgen: *Wissenschaft als Lebensform. Reden über philosophische Orientierungen in Wissenschaft und Universität.* Frankfurt am Main 1982.

MITTELSTRAß, Jürgen: *Glanz und Elend der Geisteswissenschaften.* Oldenburg 1989.

MITTELSTRAß, Jürgen (Hrsg.): *Die unzeitgemäße Universität.* Frankfurt am Main 1994.

MONTADA, Leo und DIETER, A. (Hrsg.): *Beschäftigungspolitik zwischen Effizienz und Gerechtigkeit.* Frankfurt am Main 1997.

MÜLLER, Ernst (Hrsg.): *Gelegentliche Gedanken über Universitäten. Von J.J. Engel, J.B. Erhard, F.A. Wolf, J.G. Fichte, F.D.E. Schleiermacher, K.F. Savigny, W.v. Humboldt, G.W.F. Hegel.* Leipzig 1990.

OERTER, Rolf und MONTADA, Leo (Hrsg.): *Entwicklungspsychologie. Ein Lehrbuch.* Weinheim (3., vollständig überarbeitete Aufl.) 1995.

PASTERNACK, Peer (Hrsg.): *IV. Hochschulreform. Wissenschaft und Hochschulen in Ostdeutschland 1989/90. Eine Retrospektive.* Leipzig 1993.

PICHT, Georg: *Die deutsche Bildungskatastrophe.* München 1965.

PISTOR, Hans-Henning (Hrsg.): *Wozu Universitäten - Universitäten wohin? Die Universität auf dem Weg zu einem neuen Selbstverständnis. Dokumentation eines wissenschaftspolitischen Gesprächs des Stifterverbandes für die Deutsche Wissenschaft in Essen, Villa Hügel, 18. Februar 1993.* Essen 1993.

PISTOR, Hans-Henning (Hrsg.): *Hochschulstandort Deutschland. Sind die deutschen Hochschulen international wettbewerbsfähig? Dokumentation eines wissenschaftspolitischen Gesprächs des Stifterverbandes für die Deutsche Wissenschaft in Essen, Villa Hügel, 29. Oktober 1996.* Essen 1996.

RICHTER, Rudolf: *Soziologische Paradigmen. Eine Einführung in klassische und moderne Konzepte von Gesellschaft.* Wien 1997.

RITSERT, Jürgen: *Gesellschaft. Einführung in die Grundbegriffe der Soziologie.* Frankfurt 1988.

RITZER, George: *Die McDonaldisierung der Gesellschaft.* Frankfurt am Main 1995.

SCHÄFERS, Bernhard (Hrsg.): *Grundbegriffe der Soziologie.* Opladen (2., verb. Aufl.) 1986.

SCHELSKY, Helmut: *Einsamkeit und Freiheit. Idee und Gestalt der deutschen Universität und ihrer Reformen.* Reinbek bei Hamburg (2., um einen 'Nachtrag 1970' erw. Aufl.) 1971.

SCHILY, Konrad: *Wege aus der Bildungskrise.* Düsseldorf 1994.

SCHOLZ, Wolf-Dieter: *Hochschulstudium im Wandel. Empirische Untersuchungen zur Veränderung der Bedeutung akademischer Bildung.* Oldenburg 1993.

SCHULZE, Gerhard: *Die Erlebnis-Gesellschaft. Kultursoziologie der Gegenwart.* Frankfurt am Main (6. Aufl.) 1996.

SILBEREISEN, R. K., VASOVICS, L. und ZINNECKER, J. (Hrsg.): *Jungsein in Deutschland. Jugendliche und junge Erwachsene 1991 und 1996.* Opladen 1996.

STRASSER, Rudolf (Hrsg.): *Die Universität nach dem UOG 1993. Senat, Ressourcenverteilung, Mittelbau, Controlling, Aufsicht.* Wien 1996.

STROBEL, Karl: *Die deutsche Universität im 20. Jahrhundert. Die Entwicklung einer Institution zwischen Tradition, Autonomie, historischen und sozialen Rahmenbedingungen.* Vierow bei Greifswald 1994. (= Abhandlungen zum Studenten- und Hochschulwesen; Nr. 5)

SÜNKER, Heinz (Hrsg.): *Bildung, Gesellschaft, soziale Ungleichheit. Internationale Beiträge zur Bildungssoziologie und Bildungstheorie* Frankfurt am Main 1994.

TÜRK, Klaus: *"Die Organisation der Welt". Herrschaft durch Organisation in der modernen Gesellschaft.* Opladen 1995.

VOGEL, Bernhard: *Perspektiven künftiger Hochschulentwicklung. Rede vor den Teilnehmern am 181. Plenum der Hochschulrektorenkonferenz, Bonn, 24. Februar 1997.* Bonn 1997.

WEIDENFELD, W. (Hrsg.): *Demokratie am Wendepunkt. Die demokratische Frage als Projekt des 21. Jahrhunderts.* Berlin 1996.

WELBERS, Ulrich (Hrsg.): *Das Integrierte Handlungskonzept Studienreform. Aktionsformen für die Verbesserung der Lehre an Hochschulen.* Neuwied 1997.

WINTER, Ekkehard (Hrsg.): *Hochschulreform durch Leistungswettbewerb und Privatisierung? Dokumentation eines Hochschulpolitischen Symposiums der Heinz-Nixdorf-Stiftung und des Stifterverbandes für die Deutsche Wissenschaft, Werner-Reimers-Stiftung, Bad Homburg v.d.H., 2./3. Dezember 1994.* Essen 1994.

2. *Fachverständnis Germanistik (Kapitel 1, 4, 9, 12)*

ÀGEL, Vilmos und HESSKY, Regina (Hrsg.): *Offene Fragen - offene Antworten in der Sprachgermanistik.* Tübingen 1992. (=Mit Beiträgen von Klaus Heger, Vilmos Àgel, Harald Weydt, Hans-Martin Gauger, Ulrich Engel, Regina Hessky, Bernd Naumann, Stefan Sonderegger, Gerhard Helbig, Hans-Peder Kromann, Albrecht Greule, Oskar Reichmann und Ulrich Ammon.)

ARNTZEN, Helmut: *Unsinn und Sinn der Germanistik.* Weinheim 1996.

ASSHEUER, Thomas: *Arbeit am Textleib. Ein Kongreß zum Geburtstag der Germanistik.* In: Frankfurter Rundschau, Nr. 227 vom 28. September 1996.

ASSMANN, Jan: *Das kulturelle Gedächtnis. Schrift, Erinnerung und politische Identität in frühen Hochkulturen.* München (2., durchgesehene Auflage [1. Aufl.1992]) 1997.

BACHORSKI, Hans-Jürgen: *Überlegungen zum Leitthema: Die Germanistik und die Öffentlichkeit.* In: *Mitteilungen des Deutschen Germanistenverbandes*, 41. Jg. (1994), H. 3, S. 10-15. (=Einleitung zum Themenheft mit Beiträgen von Christel Zahlmann, Gerd-Dieter Liedtke, Christine Burtscheidt, Rolf Parr, Lutz Hagestedt, Ulrich Harbecke, Werner Joel, Hans Zehetmair, Rainer Wimmer, Klaus Mackowiak und Marianne Tidick.)

BAHNER, Werner und NEUMANN, Werner (Hrsg.): *Sprachwissenschaftliche Germanistik. Ihre Herausbildung und Begründung.* Berlin 1985.

BAHNER, Werner (Hrsg.): *Jacob und Wilhelm Grimm als Sprachwissenschaftler: Geschichtlichkeit und Aktualität ihres Wirkens.* Berlin 1985.

BAHNER, Werner (Hrsg.): *Gedanken und Materialien zur Geschichte der deutschen Sprachwissenschaft in der zweiten Hälfte des 19. Jahrhunderts.* Berlin 1990.

BARNER, Wilfried und KÖNIG, Christoph (Hrsg.): *Zeitenwechsel: Germanistische Literaturwissenschaft vor und nach 1945.* Frankfurt am Main 1996. (=Mit Beiträgen von Wilfried Barner, Christoph König, Christa Hempel-Küter, Hans-Harald Müller, Wendelin Schmidt-Dengler, Mechthild Kirsch, Wolfgang Adam, Holger Dainat, Norbert Oellers, Ernst Osterkamp, Michael Schlott, Karl Robert Mandelkow, Renate von Heydebrand, Konrad Feilchenfeldt, Claudia Albert, Rainer Baasner, Bernhard Böschenstein, Karl Pestalozzi, Rainer Rosenberg, Lutz Danneberg, Hans Peter Herrmann, Jean Bollack, Karl Otto Conrady, Eberhard Lämmert, Walter Müller-Seidel, Manfred Naumann und Ingrid Strohschneider-Kohrs.)

BENTFELD, Anne und DELABAR, Walter (Hrsg.): *Perspektiven der Germanistik.* Opladen 1997. (=Mit Beiträgen von Anne Bentfeld, Walter Delabar, Jürgen Mittelstraß, Hartmut Böhme, Friedrich Kittler, Bernd Witte, Hans-Gert Roloff, Norbert Oellers, Jost Hermand, Bernd Balzer, Jürgen Link, Achim Barsch, Niels Werber, Michael Ansel, Petra Boden, Dorothea Böck, Holger Dainat, Rembert Hüser, Rainer Kolk, Gerhard Lauer, Ursula Menzel, Christian Moser, Wolfgang Rohe, Michael Schlott, Richard Stratenschulte, Kerstin Stüssel, Georg Jäger und Jörg Schönert.)

BLUHM, Lothar: *Die Brüder Grimm und der Beginn der deutschen Philologie. Eine Studie zu Kommunikation und Wissenschaftsbildung im frühen 19. Jahrhundert.* Hildesheim 1997.

BODEN, Petra und DAINAT, Holger (Hrsg.): *Atta Troll tanzt noch. Selbstbesichtigungen der literaturwissenschaftlichen Germanistik im 20. Jahrhundert.* Berlin 1997.

BOGDAL, Klaus-Michael (Hrsg.): *Neue Literaturtheorien in der Praxis. Textanalysen von Kafkas 'Vor dem Gesetz'* Opladen 1993. (=Mit Beiträgen von Klaus-Michael Bogdal, Hans H. Hiebel, Jürgen Link, Rolf Parr, Klaus Hermsdorf, Bernd Witte, Roland Galle, Bernd Scheffer, Barbara Hahn, Wolf Kittler, Clemens Kammler.)

BOGDAL, Klaus-Michael (Hrsg.): *Neue Literaturtheorien. Eine Einführung.* Opladen (2., neubearbeitete Aufl.) 1997. (=Mit Beiträgen von Klaus-Michael Bogdal, Clemens Kammler, Hans H. Hiebel, Jürgen Link, Rolf Parr, Andreas Dörner, Ludgera Vogt, Werner Jung, Jürgen E. Müller, Harro Müller, Barbara Hahn, Bettine Menke.)

BOGDAL, Klaus-Michael: *Einleitung: Von der Methode zur Theorie. Zum Stand der Dinge in den Literaturwissenschaften.* In: Bogdal, Klaus-Michael (Hrsg.): *Neue Literaturtheorien. Eine Einführung.* Opladen (2., neubearbeitete Aufl.) 1997. S. 10-31.

BOLZ, Norbert und TÜRCKE, Christoph: *Streitgespräch zwischen Norbert Bolz und Christoph Türcke. "Wir müssen den Speicher wieder frei bekommen".* In: *Die Neue Gesellschaft / Frankfurter Hefte*, 44. Jg. (1997), H. 10, S. 880-884.

BREKLE, Herbert E.: *Einführung in die Geschichte der Sprachwissenschaft.* Darmstadt 1985.

BRENNER, Peter J. (Hrsg.): *Geist, Geld und Wissenschaft. Arbeits- und Darstellungsformen von Literaturwissenschaft.* Frankfurt/Main 1993. (=Mit Beiträgen von Peter J. Brenner, Holger Dainat, Lutz Danneberg, Heinrich Kaulen, Jürgen Fohrmann, Kerstin Stüssel, Norbert Oellers, Michael S. Batts, Martin Huber, Peter Strohschneider, Herfried Vögel, Matthias Luserke, Rainer Kolk und Jörg Schönert.)

BRUNN, Anke: *"Germanisten gefragt!" - Wissenschaftsministerin eröffnet Deutschen Germanistentag in Bonn. Pressemitteilung des Ministeriums für Wissenschaft und Forschung NRW vom 21. September 1997.* Düsseldorf 1997. (= Presseinfo)

CONRADY, Karl Otto: *Völkisch-nationale Germanistik in Köln: eine unfestliche Erinnerung.* Schernfeld 1990.

CRAMER, Thomas und WENZEL, Horst (Hrsg.): *Literaturwissenschaft. Ein Lesebuch zur Fachgeschichte der Germanistik.* München 1975.

DANNEBERG, Lutz und VOLLHARDT, Friedrich (Hrsg.): *Vom Umgang mit Literatur und Literaturgeschichte. Positionen und Perspektiven nach der 'Theoriedebatte'.* Stuttgart 1992. (=Mit Beiträgen von Lutz Danneberg, Dieter Freudlieb, Klaus Blaudzun, Heinz-Jürgen Staszak, Rainer Hegselmann, Christoph Lumer, Friedrich Vollhardt, Andreas Kamlah, Gerhard Pasternack, Karl Eibl, Werner Strube, Harald Fricke, Hartmut Böhme, Gottfried Gabriel, Reinhard Brandt, Wolfgang Proß, Liliane Weissberg, Gerhard Kurz, Jörg Schönert, Reiner Wild, Hans-Ulrich Mohr, Friederike Meyer, Claus-Michael Ort und Gert Sautermeister.)

DANNEBERG, Lutz und MÜLLER, Hans-Harald: *Verwissenschaftlichung der Literaturwissenschaft.* In: *Zeitschrift für allgemeine Wissenschaftstheorie*, 10. Jg. (1979), S. 162-191.

DÜRSCHEID, Christa: *Germanistik: eine Einführung.* Köln u.a. 1995.

DUTZ, Klaus D. (Hrsg.): *Sprachwissenschaft im 18. Jahrhundert. Fallstudien und Überblicke.* Münster 1993.

DYCK, Joachim: *Die beschnupperte Leiche. Die Germanistik ist beliebt geblieben - und bedeutungslos geworden. Eine Antwort an Ulrich Greiner.* In: Die Zeit, Nr. 19 vom 2. Mai 1997.

FOHRMANN, Jürgen und VOßKAMP, Wilhelm (Hrsg.): *Von der gelehrten zur disziplinären Gemeinschaft. Sonderheft der Deutschen Vierteljahresschrift.* Stuttgart 1987.

FOHRMANN, Jürgen und VOßKAMP, Wilhelm (Hrsg.): *Wissenschaft und Nation. Studien zur Entstehungsgeschichte der deutschen Literaturwissenschaft.* München 1991. (=Mit Beiträgen von Jürgen Fohrmann, Wilhelm Voßkamp, Rainer Rosenberg, Wilhelm Schmidt-Biggemann, Hinrich C. Seeba, Ulrich Wyss, Ulrich Hunger, Rudolf Stichweh, Nikolaus Wegmann, Rainer Kolk, Jan-Dirk Müller, Uwe Meves, Klaus Weimar und Horst Walter Blanke.)

FOHRMANN, Jürgen und VOßKAMP, Wilhelm (Hrsg.): *Wissenschaftsgeschichte der Germanistik im 19. Jahrhundert.* Stuttgart 1994. (=Mit Beiträgen von Jürgen Fohrmann, Wilhelm Voßkamp, Uwe Mev es, Rainer Kolk, Herbert H. Egglmaier, Ulrich Hunger, Rüdiger Krohn, Nikolaus

Wegmann, Hans-Martin Kruckis, Holger Dainat, Cornelia Fiedeldey-Martyn, Maximilian Nutz, Christian Grawe und Detlev Kopp.)

FOHRMANN, Jürgen: *Organisation, Wissen, Leistung. Konzeptuelle Überlegungen zu einer Wissenschaftsgeschichte der Germanistik.* In: *Internationales Archiv für Sozialgeschichte der deutschen Literatur*, 16. Jg. (1991), S. 110-125.

FÖRSTER, Jürgen, NEULAND, Eva und RUPP, Gerhard (Hrsg.): *Wozu noch Germanistik? Wissenschaft, Beruf, Kulturelle Praxis.* Stuttgart 1989. (=Mit Beiträgen von Jürgen Förster, Eva Neuland, Gerhard Rupp, Christa Bürger, Hubert Ivo, Werner Röcke, Hans Peter Herrmann, Albert Bremerich-Vos, Heinz W. Giese, Klaus-Peter Klein, Bianka Minte-König, Ludger Hoffmann, Werner Nothdurft, Raimund Kemper, Hans-Jürgen Bachorski, Utz Maas, Ernest W.B. Hess-Lüttich, Holger Rudloff, Bernd Scheffer, Jürgen Link, Rolf Parr, Winfred Kaminski, Gisela Schoenthal, Helmut Mörchen, Bettina Rolfes, Heinz-Hermann Krüger und Werner Thole.)

FRICKE, Harald (Hrsg.): *Literatur und Literaturwissenschaft: Beiträge zu Grundfragen einer verunsicherten Disziplin.* Paderborn u.a. 1991.

GREINER, Ulrich: *Die Krise der Germanistik - vorbei. Annäherung an den Stand der Dinge in fünf Schritten.* In: Die Zeit, Nr. 14, 1997.

GREß, Franz: *Germanistik und Politik. Kritische Beiträge zur Geschichte einer nationalen Wissenschaft.* Stuttgart 1971.

GROSSE, Siegfried: *Literaturwissenschaft und Linguistik.* In: *Mitteilungen des Deutschen Germanistenverbandes*, 44. Jg. (1997), H. 3, S. 12-18.

HABERMAS, Jürgen: *Strukturwandel der Öffentlichkeit. Untersuchungen zu einer Kategorie der bürgerlichen Gesellschaft. Mit einem Vorwort zur Neuauflage 1990.* Frankfurt am Main (4. Aufl. [1. Aufl. Neuwied 1962]) 1995.

HABERMAS, Jürgen: *Was ist ein Volk? Zum politischen Selbstverständnis der Geisteswissenschaften im Vormärz.* In: Süddeutsche Zeitung vom 26. September 1996.

HERMAND, Jost: *Jetzt wohin? Thesen zur gegenwärtigen Situation der Germanistik.* In: *Argument*, 119. Jg. (1980), S. 408-414.

HERMAND, Jost: *Geschichte der Germanistik.* Reinbek bei Hamburg 1994.

HERZOG, Roman: *Sprache und Literatur - Erbe und Auftrag. Rede des Bundespräsidenten aus Anlaß der Feier '150 Jahre erste Germanistenversammlung in Frankfurt' am 24. September 1996 in der Paulskirche in Frankfurt am Main.* In: *Der Sprachdienst*, Jg. 1996, H. 6, S. 177-181.

HÖRISCH, Jochen: *"Verhaften Sie die üblichen Verdächtigen". Die Germanistik und ihre Vergangenheit.* In: *Die Neue Gesellschaft / Frankfurter Hefte*, 44. Jg. (1997), H. 10, S. 918-926.

JÄGER, Ludwig und SWITALLA, Bernd (Hrsg.): *Germanistik in der Mediengesellschaft.* München 1994. (=Mit Beiträgen von Ludwig Jäger, Bernd Switalla, Jürgen Fohrmann, Gerhard Kurz, Hubertus Fischer, Hartmut Böhme, Norbert Groeben, Bernd Witte, Ulrich Wyss, Horst Wenzel, Jutta Wermke, Martin Seel, Günter Grewendorf, Manfred Bierwisch, Gerhard Roth, Michael Giesecke, Christian Stetter, Burghard Rieger und Niklas Luhmann.)

JÄGER, Ludwig (Hrsg.): *Germanistik: disziplinäre Identität und kulturelle Leistung: Vorträge des Deutschen Germanistentages 1994.* Weinheim 1995.

JÄGER, Ludwig: *Germanistik - eine deutsche Wissenschaft. Das Kapitel Schneider / Schwerte.* In: *Sprache und Literatur in Wissenschaft und Unterricht* (1996), S. 5-47.

JANOTA, Johannes (Hrsg.): *Eine Wissenschaft etabliert sich 1810 bis 1870.* Tübingen 1980.

JANOTA, Johannes (Hrsg.): *Kultureller Wandel und die Germanistik in der Bundesrepublik. Bd. 3: Methodenkonkurrenz in der germanistischen Praxis. [Vorträge des Augsburger Germanistentags 1991].* Tübingen 1991.

JANOTA, Johannes (Hrsg.): *Kultureller Wandel und die Germanistik in der Bundesrepublik. Bd. 4: Germanistik, Deutschunterricht und Kulturpolitik. [Vorträge des Augsburger Germanistentags 1991].* Tübingen 1991.

JOEL, Werner: *Germanistik von außen gesehen.* In: *Mitteilungen des Deutschen Germanistenverbandes*, 41. Jg. (1994), H. 3, S. 43-47.

KAISER, Gerhard: *Neue Ansichten eines Germanisten 1974-1975.* Kronberg 1976.

KAISER, Gerhard: *Wozu noch Literatur? Über Dichtung und Leben.* München 1996.

KASTEN, Ingrid, NEULAND, Eva und SCHÖNERT, Jörg: *Literaturwissenschaft und Linguistik: Konsequenzen aus Kooperationen und Konfrontation seit den 60er Jahren.* In: *Mitteilungen des Deutschen Germanistenverbandes*, 44. Jg. (1997), H. 3, S. 4-10.

KAYSER, Wolfgang: *Das sprachliche Kunstwerk. Eine Einführung in die Literaturwissenschaft.* Bern u.a. (15. Aufl.) 1971.

KITTLER, Friedrich und MATEJOVSKI, Dirk (Hrsg.): *Literatur im Medienzeitalter.* Frankfurt u.a. (Schriftenreihe des Wissenschaftszentrums Nordrhein-Westfalen, Bd. 2) 1996.

KITTLER, Friedrich: *Verbeamtung der Germanisten - heute zu Ende.* In: Bentfeld, Anne und Delabar, Walter (Hrsg.): *Perspektiven der Germanistik.* Opladen 1997. S. 47-58.

KLAUCKE, Svenja: *Germanistik revisited. Die Germanistik ist tot, es lebe die Germanistik? Der Streit um die Zukunft der blauen Blume ist neu entbrannt.* In: Überblick (Uni-Special), Nr. 2, 1997.

KLAUCKE, Svenja: *"Zentralisierung statt Kanonisierung". [Interview mit Ulrich Welbers zur Situation der Germanistik].* In: Überblick (Uni-Special), Nr. 2, 1997.

KOLBE, Jürgen (Hrsg.): *Ansichten einer künftigen Germanistik.* München (4., revidierte Aufl.) 1970. (=Mit Beiträgen von Reinhard Baumgart, Michael Pehlke, Herbert Singer, Hans-Wolf Jäger, Herbert Heckmann, Eberhard Lämmert, Peter Wapnewski, Reinhard Döhl, Hilmar Kallweit, Wolf Lepenies, Beda Allemann, Peter von Polenz, Hans Glinz, Wolfgang Iser und Harald Weinrich.)

KOLBE, Jürgen (Hrsg.): *Neue Ansichten einer künftigen Germanistik.* München 1973. (=Mit Beiträgen von Rolf Grimminger, Hans Ulrich Gumbrecht, Gert Mattenklott, Klaus Schulte, Christian Enzensberger, Klaus Briegleb, Eberhard Lämmert, Hans Günther, Peter Sloterdijk, Renate Lachmann, Annamaria Rucktäschel, Hans Glinz, Karl Riha, Friedrich Knilli, Knut Hikkethier, Wolf Dieter Lützen, Reent Schwarz und Erwin Reiss.)

KÖNIG, Christoph (Hrsg.): *Literaturwissenschaft und Geistesgeschichte 1910 bis 1925.* Frankfurt am Main 1993.

KROHN, Wolfgang und KÜPPERS, Günter: *Die Selbstorganisation der Wissenschaft.* Frankfurt am Main 1989.

LÄMMERT, Eberhard: *Das überdachte Labyrinth: Ortsbestimmungen der Literaturwissenschaft 1960-1990.* Stuttgart 1991.

LÄMMERT, Eberhard, KILLY, Walther, CONRADY, Karl Otto und VON POLENZ, Peter (Hrsg.): *Germanistik - eine deutsche Wissenschaft.* Frankfurt (4. Aufl.) 1970.

LIVER, Ricarda (Hrsg.): *Sprachtheorie und Theorie der Sprachwissenschaft: Geschichte und Perspektiven. Festschrift für Rudolf Engler zum 60. Geburtstag.* Tübingen 1990.

MANDELKOW, Karl Robert: *Germanistik - eine ungenaue Wissenschaft. Zeitgemäße Betrachtungen anläßlich der 150jährigen Wiederkehr der 'Ersten Germanistenversammlung in Frankfurt am Main'.* In: Frankfurter Rundschau, Nr. 223 vom 24. September 1996.

MERTENS, Walter (Hrsg.): *Die Grimms, die Germanistik und die Gegenwart.* Wien 1988.

MUSCHG, Adolf: *Die Gegenwart des abwesenden Gottes. Von der wahren Kunst zur Ware Kunst oder: Wie hängen Autor und Autorität zusammen? Rede zur Eröffnung des Germanistentages 1997 in Bonn.* In: Die Zeit, Nr. 42 vom 10. Oktober 1997.

OELLERS, Norbert (Hrsg.): *Das Selbstverständnis der Germanistik: aktuelle Diskussionen.* Tübingen 1988.

OELLERS, Norbert (Hrsg.): *Politische Aufgaben und soziale Funktionen von Germanistik und Deutschunterricht.* Tübingen 1988.

OELLERS, Norbert (Hrsg.): *Neue Technologie und Medien in Germanistik und Deutschunterricht.* Tübingen 1988.

POTT, Hans-Georg: *Literarische Bildung. Zur Geschichte der Individualität.* München 1995.

PRINZ, Wolfgang und WEINGART, Peter (Hrsg.): *Die sog. Geisteswissenschaften. Innenansichten.* Frankfurt am Main 1990.

REISS, Gunter (Hrsg.): *Materialien zur Ideologiegeschichte der deutschen Literaturwissenschaft. 2 Bde.* Tübingen 1973.

ROMPELTIEN, Bärbel: *Germanistik als Wissenschaft. Zur Ausdifferenzierung und Integration einer Fachdisziplin.* Opladen 1994.

ROSENBERG, Rainer: *Zehn Kapitel zur Geschichte der Germanistik.* Berlin 1981.

ROSENBERG, Rainer: *Literaturwissenschaftliche Germanistik: Zur Geschichte ihrer Probleme und Begriffe.* Berlin 1989.

SCHÖNERT, Jörg: *Germanistik - eine Disziplin im Umbruch?* In: *Mitteilungen des Deutschen Germanistenverbandes*, 40. Jg. (1993), H. 3, S. 15-24.

SIMON, Gerd (Hrsg.): *Sprachwissenschaft und politisches Engagement. Zur Problem- und Sozialgeschichte einiger sprachtheoretischer, sprachdidaktischer und sprachpflegerischer Ansätze in der Germanistik des 19. und 20. Jahrhunderts.* Weinheim, Basel 1979.

STAUCH, Hildegard: *Zur Entwicklung einer modernen Literaturtheorie.* München 1973.

STEPHAN, Inge und WEIGEL, Sigrid (Hrsg.): *Feministische Literaturwissenschaft.* Berlin 1984.

STÖTZEL, Georg (Hrsg.): *Germanistik. Forschungsstand und Perspektiven.* Berlin 1985.

STUDIENREFORMKOMMISSION GERMANISTIK DER HEINRICH-HEINE-UNIVERSITÄT DÜSSELDORF (Hrsg.): *Germanistik: die Zukunft der Bildung gestalten. Lehrbericht des Germanistischen Seminars der Heinrich-Heine-Universität Düsseldorf.* Düsseldorf 1998.

TRÄGER, Claus: *Zur Stellung und Funktion der Germanistik in den Bewegungen unserer Zeit.* In: *Zeitschrift für Germanistik*, 9. Jg. (1988), S. 389-403.

WANDHOFF, Haiko und WENZEL, Horst: *Literatur vor und nach Gutenberg. Perspektiven einer integrativen Mediengeschichte.* In: *Mitteilungen des Deutschen Germanistenverbandes*, 44. Jg. (1997), H. 3, S. 18-29.

WEIMER, Klaus: *Geschichte der deutschen Literaturwissenschaft bis zum Ende des 19. Jahrhunderts.* München 1989.

WELBERS, Ulrich (Hrsg.): *Das Integrierte Handlungskonzept Studienreform. Aktionsformen für die Verbesserung der Lehre an Hochschulen.* Neuwied 1997.

WIMMER, Rainer: *Interessierte Öffentlichkeit für die germanistische Linguistik?* In: *Mitteilungen des Deutschen Germanistenverbandes*, 41. Jg. (1994), H. 3, S. 51-56.

ZIMMERMANN, Peter (Hrsg.): *'Interkulturelle Germanistik'. Dialog der Kulturen auf Deutsch?* Frankfurt am Main u.a. 1989.

3. Heinrich Heine (Kapitel 11)

3.1 Ausgaben

HEINE, Heinrich: *Sämtliche Schriften (7 Bde.). Hg. von Klaus Briegleb.* München (Neudruck München 1997) 1968-76.

HEINE, Heinrich: *Werke - Briefwechsel - Lebenszeugnisse. Säkularausgabe. [HSA].* Berlin und Paris 1970 ff.

HEINE, Heinrich: *Historisch-kritische Gesamtausgabe der Werke (16 Bde.). [DHA]. Hg. von Manfred Windfuhr.* Hamburg 1973-97.

3.2 Reden

KLÜGER, Ruth: *'Mein Herz ist liebend wie das Licht': Der Romantische Aufklärer Heinrich Heine. Rede zur Verleihung der Ehrengabe der Heinrich-Heine-Gesellschaft 1997.* In: *Heine-Jahrbuch*, 36. Jg. (1997), S. 248-254.

RAU, Johannes: *Laudatio auf Ruth Klüger. Rede zur Verleihung der Ehrengabe der Heinrich-Heine-Gesellschaft 1997.* In: *Heine-Jahrbuch*, 36. Jg. (1997), S. 255-261.

WITTE, Bernd: *Der Kritiker als Erzähler. Marcel Reich-Ranicki erhielt den Ehrendoktor der Heinrich-Heine-Universität.* In: *Die Neue Gesellschaft / Frankfurter Hefte*, 44. Jg. (1997), H. 10, S. 942-945.

3.3 Zeitungsartikel und Broschüren

BRENKEN, Erika: *Heine rein, Dorst raus. Jürgen Flimm inszenierte 'Harrys Kopf' in Hamburg ...* In: *RP*, Nr. 262 vom 11. November 1997.

DIRKSEN, Jens: *Ein Heine-Porträt für unsere Zeit. Düsseldorf: 'Harrys Kopf' von Tankret Dorst.* In: *NRZ*, Nr. 247 vom 20. Oktober 1997.

FACHSCHAFT GERMANISTIK UND FACHSCHAFT PHILOSOPHIE DER HEINRICH-HEINE-UNIVERSITÄT DÜSSELDORF (Hrsg.): *'Land der Rätsel und der Schmerzen'. Broschüre der Studierenden der Heinrich-Heine-Universität zum fünften Jahrestag der Benennung der Universität Düsseldorf nach Heinrich Heine.* Düsseldorf 1994.

EHLERT, Holger: *Heinrich Heines Poetische Figuren.* In: *Das Heine-Spektakel. Eine poetische Nacht am Rhein.* Düsseldorf 1997. S. 23-26.

ERENZ, Benedikt: *Heine? Ist doch tot! Oder? Mit einer monumentalen Schau feiert Düsseldorf seinen größten Musensohn.* In: *Die Zeit*, Nr. 21 vom 16. Mai 1997.

GERLE, Jörg: *Heine ganz menschlich.* In: *Express* vom 20. Oktober 1997.

GESCHÄFTSSTELLE HEINE-JAHR 1997 (Hrsg.): *Das Heine-Jahr 1997. [Programm]* Düsseldorf 1997.

GESCHÄFTSSTELLE HEINE-JAHR 1997 (Hrsg.): *Heine im Herbst: eine Veranstaltungsreihe.* Düsseldorf 1997.

HACK, Alexander: *"Historisch sauber?" Der Historikerstreit hat begonnen - neue Kontroverse um die Benennung der Universität nach Heinrich Heine.* In: Überblick (Uni-Special), Nr. 2 von 1997.

HAUSMANN, Jörg: *Heine: Dichter mit Biß. Buch für die Küche.* In: *NRZ* vom 14. November 1997.

HEINRICH-HEINE-INSTITUT (Hrsg.): *'Heimat und Fremde'. Ein Schülerwettbewerb um Heinrich Heine. Im Heine-Jahr 1997 anläßlich seines 200. Geburtstages.* Düsseldorf 1997.

HOFER, Yvonne: *Der Dichter als Mensch. Premiere: 'Harrys Kopf' im Schauspielhaus.* In: *Düsseldorfer Anzeiger* vom 22. Oktober 1997.

Das Heine-Spektakel. Eine poetische Nacht am Rhein. Düsseldorf 1997.

HUMBOLDT-GYMNASIUM (Hrsg.): *herzen in der Brust und liebe. Eine Revue zum 200. Geburtstag Heinrich Heines.* Düsseldorf 1997.

KALTWASSER, Gerda: *Ein Buch - mit Mut und Glut geschrieben. Raddatz-Lesung: "Taubenherz und Geierschnabel".* In: *RP*, Nr. 259 vom 7. November 1997.

KALTWASSER, Gerda: *Mit Heine ist gut leben. Ein Kochbuch und hohe Dichtung bei Grupello.* In: *RP*, Nr. 265 vom 14. November 1997.

KALTWASSER, Gerda: *SeTa spukt mit Heine durch die Literatur. Lorchen Ley und der kleine Harry.* In: *RP*, Nr. 265 vom 14. November 1997.

KILL, Bernhard: *Traumhafter Abend. D. C. Rademachers Heine-Stück im Comenius.* In: *RP*, Nr. 260 vom 8. November 1997.

KILL, Reinhard: *Heines Therapie. Das Schauerstück-Stück 'William Ratcliff' in Düsseldorf.* In: *RP* vom 20. Mai 1997.

KILL, Reinhard: *Heini oder Heine? 'Harrys Kopf' von Tankret Dorst uraufgeführt.* In: *RP* vom 20. Oktober 1997.

MERNKE, Frank: *Scherrer: Literatur à la carte.* In: *Express* vom 14. November 1997.

MERTEN, Ulrike: *Ratcliff als Comic-Cocktail.* In: *NRZ* vom 20. Mai 1997.

MILLER UND PARTNER GMBH (Hrsg.): *Das Merchandising-Angebot zum Heine-Jahr 1997.* Düsseldorf 1997.

NEUE SCHAUSPIEL GMBH (Hrsg.): *Textbilder William Ratcliff.* Düsseldorf 1997.

NEUE SCHAUSPIEL GMBH (Hrsg.): *William Ratcliff. Heinrich Heine. Spielzeit 1996/97.* Düsseldorf 1997.

NEUE SCHAUSPIEL GMBH (Hrsg.): *Harrys Kopf. Tankret Dorst. Spielzeit 1997/98.* Düsseldorf 1997.

NEUE SCHAUSPIEL GMBH (Hrsg.): *Akt 10/11. Theaterzeitung des Düsseldorfer Schauspielhauses. Spielzeit 1996/97.* Düsseldorf 1997.

PLANKERMANN, Natascha: *Im Bauch von LeGrands Trommel. Heine-Wettbewerb für Schüler: 3600 machten mit, 500 Werke werden gezeigt.* In: *RP*, Nr. 263 vom 12. November 1997.

ROOS, Martin: *Heine im Film und Sissi im Hofgarten. Matthias Richters Lieblinge: Fortuna und Dichter.* In: *RP*, Nr. 267 vom 17. November 1997.

ROSSMANN, Andreas: *Wer reitet so schwarz durch Schmacht und Grund? Es ist Harry mit seinem Kind: Heines 'William Ratcliff', fürs Düsseldorfer Schauspielhaus ausgegraben von Nicolai Sykosch.* In: *FAZ* vom 23. Mai 1997.

RUDOLPH, Gisela: *Per Fahrstuhl zur Hölle. Heines 'Ratcliff' im Schauspielhaus.* In: *Express* vom 20. Mai 1997.

SCHÄFER, Anne: *'Weniger wäre mehr' im Jahr der Jubelfeiern. Der Dichter als Werbeträger? Freundeskreis Düsseldorfer Buch '75 ehrt Heine mit einem Lyrik- und Prosaband / Zurückhaltung und Selbstkritik gefordert.* In: *RP*, Nr. 250 vom 28. Oktober 1997.

SCHÄFER, Anne: *Zum 200. Geburtstag Dichter in Silber geprägt. Ausstellung in der Stadtsparkasse zeigt 22 Entwürfe für die Heinrich-Heine-Gedenkmünze.* In: *RP*, Nr. 269 vom 19. November 1997.

SCHMITTER, Elke: *Hat Heine nicht auch? Er hat. Das Düsseldorfer Theater wagt 'William Ratcliff'.* In: *Die Zeit*, Nr. 22 vom 23. Mai 1997.

SCHREIBER, Ulrich: *Easy Rider Heine. Düsseldorf entsinnt sich des Dichters als Dramatiker.* In: *FAZ* vom 21. Mai 1997.

SCHREIBER, Ulrich: *Detektiv in der Matratzengruft. Tankret Dorst begibt sich in Düsseldorf auf Heines Spur. Gefunden hat er den Dichter noch nicht.* In: *Rheinischer Merkur* vom 24. Oktober 1997.

SENIORENTHEATER IN DER ALTSTADT E.V. (SeTA): *Heine, Shakespeare & Co.* Düsseldorf 1997.

SOBOTTA, Joachim: *Heines Taufe und die 'Gartenlaube'. Auch die evangelische Kirche nahm sich bei einem Symposium des Dichters an.* In: *RP*, Nr. 253 vom 31. Oktober 1997.

WEINGARTEN, Helmut: *Heinrich Heine auf einer Münze.* In: *RP*, Nr. 262 vom 11. November 1997.

WILINK, Andreas: *Den "Black Rider" zum Dunkelmann totgeritten. Hamburger Dramaturgie am Düsseldorfer Schauspielhaus: Nicolai Sykosch inszenierte Heinrich Heines 'William Ratcliff'.* In: *WZ* vom 20. Mai 1997.

WILINK, Andreas: *Heinrich oder die Scherze der Poesie. Heine-Uraufführung am Düsseldorfer Schauspielhaus: Wilfried Minks inszenierte 'Harry's Kopf' von Tankret Dorst.* In: *WZ* vom 20. Okober 1997.

WORTHMANN, Joachim: *Zauber des Widerspruchs. Die Düsseldorfer Ausstellung zu Heines 200. Geburtstag.* In: *Stuttgarter Zeitung* vom 21. Mai 1997.

ZENDAGUI, Karim: *Heine als Sahnetorte? Veranstaltungsreihe 'Jüdisches Leben'.* In: *RP*, Nr. 262 vom 11. November 1997.

Wo Kölner Dom und Loreley sich begegnen. 'Heimat und Identität': Kikweg Schüler gestalten mit Hilfe von Heine-Texten eine Ausstellung. In: *RP*, Nr. 259 vom 7. November 1997.
Heine-Schau in Paris: 12000 Besucher kamen. In: *RP*, Nr. 260 vom 8. November 1997.
Rächer vom Schwarzenstein. In: *Düsseldorfer Anzeiger* vom 21. Mai 1997.
Heine-Drama in Düsseldorf. In: *Kölner Stadt-Anzeiger*, Nr. 115 vom 21. Mai 1997.
Vom Kopf bis unter die Gürtellinie. Theatersaison-Beginn in Düsseldorf. In: *Neue Zürcher Zeitung. Internationale Ausgabe* vom 22. Oktober 1997.
Koch- und Lesebuch mit Heinrich Heine. In: *WZ* vom 14. November 1997.
Heinrich Heine - heute der Poet der Erotik. RP-Gespräch mit Marcel Reich-Ranicki. In: *RP*, Nr. 274 vom 25. November 1997.
Heine-Marke zurückgezogen. In: *RP*, Nr. 274 vom 25. November 1997.

3.4 Sekundärliteratur

ADORNO, Theodor W.: *Die Wunde Heine.* Frankfurt am Main 1958. (= In: Noten zur Literatur I. S. 146-154)
BETZ, Albrecht: *Ästhetik und Politik. Heinrich Heines Prosa.* München 1971.
BRIEGLEB, Klaus: *Opfer Heine? Versuche über Schriftzüge der Revolution.* Frankfurt am Main 1986.
BRIEGLEB, Klaus: *Eine neue Heine-Biographie? Kritisches und Vorläufiges.* In: Kruse, Joseph A., Salmen, Monika und Roth, Klaus-Hinrich (Hrsg.): *Literatur, Verständnis und Vermittlung: Wilhelm Gössmann zum 65. Geburtstag.* Düsseldorf 1991. S. 147-161.
BRIEGLEB, Klaus: *Bei den Wassern Babels. Heinrich Heine. Jüdischer Schriftsteller in der Moderne.* München 1997.
BRUMMACK, Jürgen (Hrsg.): *Heinrich Heine. Epoche - Werk - Wirkung.* München 1980.
EHLERT, Holger und HUPFER, Cordula (Hrsg.): *Heine à la carte. Ein Koch- und Lesebuch nach Heinrich Heine.* Düsseldorf 1997.
FACHSCHAFT GERMANISTIK UND FACHSCHAFT PHILOSOPHIE DER HEINRICH-HEINE-UNIVERSITÄT DÜSSELDORF (Hrsg.): *'Land der Rätsel und der Schmerzen'. Broschüre der Studierenden der Heinrich-Heine-Universität zum fünften Jahrestag der Benennung der Universität Düsseldorf nach Heinrich Heine.* Düsseldorf 1994. (=Mit Beiträgen von Holger Ehlert, Kerstin Griese, Wiebke Otten, Agnes Missel, Frank Wille, Joachim Schwerdtfeger, Ina Groesdonk, Stefan Roeloffs, Gaby Bischoff, Lars Heiden, Stephan Grüger, Thomas Esser, Monika Schmidt, Siamak Pourhassan, Ulrich Welbers, Wilhelm Gössmann, Klaus-Hinrich Roth, Manfred Windfuhr und Theodor W. Adorno.)
EHLERT, Holger: *'Deutschland, das sind wir selber'. Heinrich Heines Deutschlandbilder.* In: Gössmann, Wilhelm und Roth, Klaus-Hinrich (Hrsg.): *Poetisierung - Politisierung. Deutschlandbilder in der Literatur bis 1848.* Paderborn 1994. S. 337-341.
EHLERT, Holger: *Die Geschichte der Namensgebung oder: 'Eine Geschichte voller Rätsel und Schmerzen ...'* In: Fachschaft Germanistik und Fachschaft Philosophie der Heinrich-Heine-Universität Düsseldorf (Hrsg.): *'Land der Rätsel und der Schmerzen'. Broschüre der Studierenden der Heinrich-Heine-Universität zum fünften Jahrestag der Benennung der Universität Düsseldorf nach Heinrich Heine.* Düsseldorf 1994. S. 4-15.
EHLERT, Holger: *Die Heine-Denkmäler in Düsseldorf. Der beschwerliche Weg von Cararas Marmorbrüchen nach Düsseldorf.* In: Der Oberstadtdirektor der Landeshauptstadt Düsseldorf, Mahn- und Gedenkstätte (Hrsg.): *Aspekte jüdischen Lebens.* Düsseldorf 1997. S. 256-269.
EHLERT, Holger, KROSCHEL, Simone, MESKE, Andreas und MEYER, Silke: *'Die Jahre kommen und vergehn!'. 10 Jahre Heinrich-Heine-Universität Düsseldorf.* Düsseldorf 1998
ENZENSBERGER, Hans-Magnus: *Ludwig Börne und Heinrich Heine, ein deutsches Zerwürfnis.* Nordlingen 1986.

FINGERHUT, Karlheinz: *Arbeit am Kanon. Formen der Interferenz zwischen literarischem und pädagogischem Diskurs am Beispiel von Heines 'Buch der Lieder' und 'Wintermärchen'.* In: Bremerich-Vos, Albert (Hrsg.): *Handlungsfeld Deutschunterricht im Kontext.* Frankfurt am Main 1993. S. 37-58.

FINGERHUT, Karl-Heinz: *Heine als Symptom. Auch eine Einführung in die Literaturdidaktik.* In: *Der Deutschunterricht*, 49. Jg. (1997), H. 5, S. 5-18.

GÖSSMANN, Wilhelm und KRUSE, Joseph A. (Hrsg.): *Der späte Heine 1848-1856. Literatur - Politik - Religion.* Hamburg 1982.

GÖSSMANN, Wilhelm und ROTH, Klaus-Hinrich (Hrsg.): *Poetisierung - Politisierung. Deutschlandbilder in der Literatur bis 1848.* Paderborn 1994.

GÖSSMANN, Wilhelm und WINDFUHR, Manfred (Hrsg.): *Heinrich Heine im Spannungsfeld von Literatur und Wissenschaft. Symposium anläßlich der Benennung der Universität Düsseldorf nach Heinrich Heine.* Essen 1990. (=Mit Beiträgen von Wilhelm Gössmann, Manfred Windfuhr, Jan-Christoph Hauschild, Wolfram Hogrebe, Hans Boldt, Joseph A. Kruse, Sabine Bierwirth, Angelika Waschinsky, Ariane Neuhaus-Koch, Herbert Anton, Klaus-Hinrich Roth, Ludwig Schrader, Hans-Georg Pott und Herwig Friedl.)

GÖSSMANN, Wilhelm (Hrsg.): *Geständnisse. Heine im Bewußtsein heutiger Autoren.* Düsseldorf 1972.

Heine überall und zu jeder Zeit: Wider die öffentliche Vereinnahmung des Dichters. In: *Düsseldorfer Hefte*, 26. Jg. (1981), H. 3, S. 5-7.

GÖSSMANN, Wilhelm: *Endlich - Heinrich-Heine-Universität Düsseldorf.* In: *Heine-Jahrbuch*, 29. Jg. (1990), S. 205-208.

GÖSSMANN, Wilhelm: *Heine und die Droste. Eine literarische Zeitgenossenschaft.* Düsseldorf 1996.

GRAB, Walter: *Heinrich Heine als politischer Dichter.* Frankfurt am Main 1992.

GRUBACIC, Slobodan: *Heines Erzählprosa. Versuch einer Analyse.* Stuttgart u.a. 1975.

GUTMANN, Thomas: *Im Namen Heinrich Heines: der Streit um die Benennung der Universität Düsseldorf (1965-1988).* Düsseldorf 1997.

HABERMAS, Jürgen: *Geist und Macht - ein deutsches Thema: Heinrich Heine und die Rolle des Intellektuellen in Deutschland. Kolloquium zum 150. Jahrestag des Verbots vom 10. Dezember 1835 (Düsseldorf 17.-19. Februar 1986).* In: Kruse, Joseph A. und Kortländer, Bernd (Hrsg.): *Das Junge Deutschland.* Düsseldorf 1987. S. 15-38.

HÄDECKE, Wolfgang: *Heinrich Heine. Eine Biographie.* München 1985.

HANSEN, Volkmar: *Der Wolf, der Kreide frißt: Lüge und Wahrheit in Heines politischer Publizistik der vierziger Jahre als Editionsproblem.* In: *Zeitschrift für Deutsche Philologie*, 101. Jg. (1982), S. 64-79.

HAUSCHILD, Jan-Christoph (Hrsg.): *Madame, Sie sollen meine Küche loben. Essen und Trinken mit Heinrich Heine.* München 1997.

HAUSCHILD, Jan-Christoph und WERNER, Michael: *Der Zweck des Lebens ist das Leben selbst: Heinrich Heine. Eine Biographie.* Köln 1997.

HERMAND, Jost: *Mehr als ein Liberaler. Über Heinrich Heine.* Frankfurt am Main 1991.

HINCK, Walter: *Die Wunde Deutschland. Heinrich Heines Dichtung im Widerstreit von Nationalidee, Judentum und Antisemitismus.* Frankfurt am Main 1990.

HINCK, Walter: *'Land der Rätsel und der Schmerzen'. Heinrich Heines Deutschlandbild.* In: Gössmann, Wilhelm und Roth, Klaus-Hinrich (Hrsg.): *Poetisierung - Politisierung. Deutschlandbilder in der Literatur bis 1848.* Paderborn 1994. S. 199-216.

HÖHN, Gerhard: *Heine-Handbuch. Zeit, Person, Werk.* Stuttgart (2., aktualisierte und erweiterte Aufl.) 1997.

KRUSE, Joseph A. (Hrsg.): *Heine-Jahrbuch. [Von 1962-1976 hrsg. von Eberhard Galley].* Hamburg [1962-1976] 1977 ff.

KRUSE, Joseph A.: *Heinrich Heine. Leben und Werk in Daten und Bildern.* Frankfurt am Main 1983.

KRUSE, Joseph A.: *Denk ich an Heine. Biographisch-literarische Facetten.* Düsseldorf 1986.

KRUSE, Joseph A. (Hrsg.): *'Ich Narr des Glücks'. Heinrich Heine 1797-1856. Bilder einer Ausstellung.* Stuttgart, Weimar 1997. (=Mit Beiträgen von Joseph A. Kruse, Jörg Engelbrecht, Klaus-Hinrich Roth, Edith Lutz, Walter Hinck, Robert C. Holub, Rolf Lauer, Walter Grab, Karlheinz Fingerhut, Martin Hollender, Günter Kunert, Fritz Mende, Michel Espagne, Bernd Witte, Michael Werner, Inge Rippmann, Ulrike Reuter, Albrecht Betz, Beatrix Müller, Helmut Koopmann, Dietmar Meyersiek, Alfred Opitz, Gerhard Höhn, Martha K. Wallach, Alberto Destro, Terence James Reed, Nop Maas, Jeffrey L. Sammons, Paul Peters, Olaf Briese, Bernd Kortländer, Frieder Reininghaus, Irmgard Egger, Volkmar Hansen, Wilhelm Gössmann, Jost Hermand, Maren R. Niehoff, Christian Höpfner, Beate Wirth-Ortmann, Klaus Briegleb, Johann Michael Schmidt, Alice Schwarzer, Edda Ziegler, Ariane Neuhaus-Koch, Arnold Pistiak, Renate Francke, Jürgen Fohrmann, Markus Winkler, Wolfgang Minaty, Rudolf Veit, Friedhelm Brusniak, Ernst-Ullrich Pinkert, Jan-Christoph Hauschild, Ursula Roth, Jean-Pierre Lefebvre, Manfred Windfuhr, Inge Hermstrüwer, Sander L. Gilman, Christa Stökker, Martina Sitt, Volker Geissler, Marie Luise Syring, Doris Ortlinghaus, Brigitte Richartz-Menzel, Andreas Altenhoff und Peter Kiefer.)

KRUSE, Joseph A.: *Heine-Zeit.* Stuttgart 1997.

LIEDTKE, Christian: *Heinrich Heine.* Reinbek bei Hamburg 1997.

LUKÁCS, Georg: *Heinrich Heine als nationaler Dichter.* In: Koopmann, Helmut (Hrsg.): *Heinrich Heine.* Darmstadt 1975. S. 82-96.

DER OBERSTADTDIREKTOR DER LANDESHAUPTSTADT DÜSSELDORF, Mahn- und Gedenkstätte (Hrsg.): *Aspekte jüdischen Lebens.* Düsseldorf 1997.

MANN, Golo: *Heine, wem gehört er?* In: Windfuhr, Manfred (Hrsg.): *Internationaler Heine-Kongreß Düsseldorf 1972. Referate und Diskussionen.* Hamburg 1973. S. 13-22.

MARCUSE, Ludwig: *Heinrich Heine. In Selbstzeugnissen und Bilddokumenten dargestellt.* Hamburg 1960.

MARCUSE, Ludwig: *Heinrich Heine. Melancholiker, Streiter in Marx, Epikureer.* Zürich (3. Aufl.) 1980.

MENDE, Fritz: *Heine Biographie.* In: *Zeitschrift für Germanistik*, 9. Jg. (1988), H. 2, S. 203-213.

MONTANUS, Henner: *Der kranke Heine.* Stuttgart, Weimar 1995.

MORAWE, Bodo: *List und Gegenlist: Heinrich Heine als politischer Schriftsteller.* In: *Euphorion*, 82. Jg. (1988), H. 3, S. 281-315.

NEUHAUS-KOCH, Ariane: *Heine und die Frauen.* Düsseldorf 1997.

PAWEL, Ernst: *Der Dichter stirbt. Heinrich Heines letzte Jahre in Paris.* Berlin 1996.

RADDATZ, Fritz J.: *Taubenherz und Geierschnabel. Heinrich Heine - Eine Biographie.* Weinheim 1997.

ROTH, Ursula: *Didaktische Aktivitäten des Heinrich-Heine-Instituts.* In: *Der Deutschunterricht*, 49. Jg. (1997), H. 5, S. 78-82.

ROTH, Klaus-Hinrich: *Heine - Tucholsky. Überlegungen zu einem problematischen Brückenschlag.* In: *Der Deutschunterricht*, 49. Jg. (1997), H. 5, S. 56-62.

ROTH, Klaus-Hinrich: *'Meine Brust ist ein Archiv deutschen Gefühls'. Heinrich Heines Deutschlandbilder.* Düsseldorf (unv.) 1997.

SAMMONS, Jeffrey L.: *Heinrich Heine.* Stuttgart 1991.

SCHNELL, Ralf: *Heinrich Heine zur Einführung.* Hamburg 1996.

SCHÖNFELDT, Otto (Hrsg.): *Und alle lieben Heinrich Heine ... Bürgerinitiative Heinrich-Heine-Universität 1968-1972.* Köln 1972.

SCHRIJVER, Emile G. L. und WIESEMANN, Falk (Hrsg.): *Die von Geldern Haggadah und Heinrich Heines 'Der Rabbi von Bacharach'.* Wien, München 1997.

WERNER, Michael (Hrsg.): *Begegnungen mit Heine (2 Bde.). Berichte der Zeitgenossen.* Hamburg 1973. (= In Fortführung von H. H. Houbens "Gespräche mit Heine")

WINDFUHR, Manfred: *Heinrich Heine. Revolution und Reflexion.* Stuttgart (2., überarb. Aufl. 1976) 1969.

WINDFUHR, Manfred: *Votum für eine 'Heinrich-Heine-Universität Düsseldorf':* In: Schönfeldt, Otto (Hrsg.): *Und alle lieben Heinrich Heine ... Bürgerinitiative Heinrich-Heine-Universität 1968-1972.* Köln 1972. S. 24-26.

WINDFUHR, Manfred (Hrsg.): *Internationaler Heine-Kongreß Düsseldorf 1972. Referate und Diskussionen.* Hamburg 1973. (= Heine-Studien. Bd. 3)

WINDFUHR, Manfred: *Zum Verhältnis von Dichtung und Politik bei Heinrich Heine.* In: *Heine-Jahrbuch,* Jg. 1985, S. 261 ff.

WINDFUHR, Manfred: *Kritische Wissenschaft, fröhliche Wissenschaft. Heine als Anreger der Wissenschaften.* In: Gössmann, Wilhelm und Windfuhr, Manfred (Hrsg.): *Heinrich Heine im Spannungsfeld von Literatur und Wissenschaft. Symposium anläßlich der Benennung der Universität Düsseldorf nach Heinrich Heine.* Essen 1990. S. 25-40.

WINDFUHR, Manfred: *Zum Verständnis von Kommentar und Genese: Diskussionsbeitrag.* In: *Internationales Jahrbuch für Editionswissenschaft,* 5. Jg. (1991), S. 173-177.

WINDFUHR, Manfred: *'Unsere großen Meister'. Materialien zu Heines intellektuellem Deutschlandbild.* In: Gössmann, Wilhelm und Roth, Klaus-Hinrich (Hrsg.): *Poetisierung - Politisierung. Deutschlandbilder in der Literatur bis 1848.* Paderborn 1994. S. 217-239.

WINDFUHR, Manfred: *Rätsel Heine. Autorprofil - Werk - Wirkung.* Heidelberg 1997.

WITTE, Bernd: *Düsseldorf - London - Paris: Heinrich Heines allegorische Lektüre der großen Stadt.* In: Kruse, Joseph A. (Hrsg.): *'Ich Narr des Glücks'. Heinrich Heine 1797-1856. Bilder einer Ausstellung.* Stuttgart, Weimar 1997. S. 120-131.

WITTE, Bernd: *Der Ursprung der deutsch-jüdischen Literatur in Heinrich Heines 'Der Rabbi von Bacharach'.* In: Schrijver, Emile G. L. und Wiesemann, Falk (Hrsg.): *Die von Geldern Haggadah und Heinrich Heines 'Der Rabbi von Bacharach'.* Wien, München 1997. S. 37-47.

WÜRFFEL, Stefan B.: *Heinrich Heine.* München 1989.

ZIEGLER, Edda: *Heinrich Heine. Leben, Werk, Wirkung.* Zürich 1993.

4. Hochschuldidaktik (Kapitel 4, 5, 6, 7, 8)

ALTRICHTER, Herbert und SCHRATZ, M. (Hrsg.): *Qualität von Universitäten. Evaluation und Entwicklung.* Innsbruck (2. Aufl.) 1997.

BATHKE, Gustav-Wilhelm u.a.: *Das Hochschulwesen. Forum für Hochschulforschung, -praxis und -politik.* Neuwied u.a. (Luchterhand-Verlag) 1953 ff.

BERENDT, Brigitte und STARY, Joachim (Hrsg.): *Evaluation zur Verbesserung der Qualität der Lehre und weitere Maßnahmen.* Weinheim 1993. (= Blickpunkt Hochschuldidaktik; Bd. 95)

BERENDT, Brigitte: *Hochschuldidaktische Aus- und Weiterbildung. Stellenwert - Erfahrungen - Angebote.* In: Raabe-Verlag (Hrsg.): *Handbuch Hochschullehre. Informationen und Handreichungen aus der Praxis für die Hochschullehre.* Bonn (Loseblatt-Ausgabe) 1994 ff. S. 1-20 [Beitrag I 2.1].

BERENDT, Brigitte: *Qualifizierung für die Lehre durch Hochschuldidaktische Aus- und Weiterbildung. Neuere Entwicklungen in der BRD und anderen Ländern Europas.* In: Raabe-Verlag (Hrsg.): *Handbuch Hochschullehre. Informationen und Handreichungen aus der Praxis für die Hochschullehre.* Bonn (Loseblatt-Ausgabe) 1994 ff. S. 1-29 [Beitrag I 2.6].

[*Schwerpunktheft Qualität von Lehre und Studium.* In: *Zeitschrift für Sozialisationsforschung und Erziehungssoziologie (ZSE),* 16. Jg. (1996).

KÖPKE, A.: *Jenseits von Lamento und modischem Geschrei. Neue Wege zum Umgang mit Massenveranstaltungen an Hochschulen.* In: Raabe-Verlag (Hrsg.): *Handbuch Hochschullehre. Informationen und Handreichungen aus der Praxis für die Hochschullehre.* Bonn (Loseblatt-Ausgabe) 1994 ff. S. 1-25 [Beitrag A 2.1].

LOMPSCHER, Joachim und MANDL, Heinz (Hrsg.): *Lehr- und Lernprobleme im Studium. Bedingungen und Veränderungsmöglichkeiten.* Bern u.a. 1996.

OLBERTZ, Jan H. (Hrsg.): *Zwischen den Fächern - über den Dingen? Universalisierung versus Spezialisierung akademischer Bildung.* Opladen 1998.

PORTELE, Gerhard und HEGER, Michael (Hrsg.): *Hochschule und Lebendiges Lernen. Beispiele für Themenzentrierte Interaktion.* Weinheim 1995. (= Blickpunkt Hochschuldidaktik; Bd. 99)

RAABE-VERLAG (Hrsg.): *Handbuch Hochschullehre. Informationen und Handreichungen aus der Praxis für die Hochschullehre.* Bonn (Loseblatt-Ausgabe) 1994 ff.

RAU, E.: *Evaluation der Lehre. Kommentierte Bibliographie. HIS GmbH.* Hannover 1993.

WEBLER, Wolff-Dietrich und OTTO, Hans-Uwe (Hrsg.): *Der Ort der Lehre in der Hochschule. Lehrleistungen, Prestige und Hochschulwettbewerb.* Weinheim 1991. (= Mit Beiträgen von Wolff-Dietrich Webler, Hans-Uwe Otto, Anke Brunn, Reiner Reissert, Andrea Frank, Hans-Uwe Erichsen, Rüdiger vom Bruch, Karlheinz Jackstel, Ludwig Huber, Jan H. Olbertz, Friedemann Schmithals, Johannes Wildt, Gustav-Wilhelm Bathke, Dagmar Zink-Braun, Benedikt Sturzenhecker, Petra Pansegrau, Carl-Helmut Wagemann, Rüdiger Preißer, Friedhelm Neidhardt, Jürgen Herbst, Stefan Balke, Joachim Stiensmeier-Pelster, Andreas Welzel, Roland Richter und A.I. Vroeijenstijn.)

WELBERS, Ulrich: *Die Lehre braucht hochschuldidaktische Qualifikation: Ein Aus- und Weiterbildungsprogramm auf Fachbereichsebene.* In: Welbers, Ulrich (Hrsg.): *Das Integrierte Handlungskonzept Studienreform. Aktionsformen für die Verbesserung der Lehre an Hochschulen.* Neuwied 1997. S. 87-100.

WILDT, Johannes: *Studieren lernen - Zur Entwicklung von Lernstrategien im Studium.* In: *Mitteilungen des Deutschen Germanistenverbandes*, 43. Jg. (1996), H. 1, S. 92-100.

5. Kanon-Problematik (Kapitel 10)

ASSMANN, Jan: *Das kulturelle Gedächtnis. Schrift, Erinnerung und politische Identität in frühen Hochkulturen.* München 1992.

BARK, Joachim: *Und dann und wann ein weißer Elefant. Literarische Kanonbildung im Für und Wider.* In: *Deutschunterricht*, 46. Jg. (1993), H. 1, S. 10-18.

BARK, Joachim: *Kanongerede. Eine Bestandsaufnahme in polemischer Absicht.* In: *Mitteilungen des Deutschen Germanistenverbandes*, 43. Jg. (1996), H. 3, S. 3-8.

BAUMGART, Reinhard: *Der deutsche Literatur-Kanon. Was sollen Schüler lesen? Die ZEIT-Umfrage (1).* [R.Baumgart, M.Beyer, E.Reuter, I.Meysel, S.Unseld, H.Müller, M.Reich-Ranicki, E.Jelinek, K.Wagenbach, P.Nádas, H.Dürr, A.Muschg, J.Sartorius, P.Rühmkorf, P.von Matt, W.Hinderer, H.Schmidt, H.von Hentig, G.de Bruyn, P.Gauweiler, R.Klüger, U.Holbein, R.Kunze, P.Hacks, E.J.Hobsbawm, E.Schwarz] In: *Die Zeit*, Nr. 21 vom 16.Mai 1997.

DENK, Friedrich: *Plädoyer für einen begrenzten Lektüre-Kanon.* In: *Mitteilungen des Deutschen Germanistenverbandes*, 43. Jg. (1996), H. 3, S. 51-55.

DOTZLER, Bernhard J. (Hrsg.): *Technopathologien.* München 1992. (= Materialität der Zeichen. Reihe A. Bd.7)

DYCK, Joachim, LAEDERACH, Jürg und SCHMIDT-DENGLER, Wendelin: *Der deutsche Literatur-Kanon. Die ZEIT-Umfrage und ihre Beschimpfung.* In: *Die Zeit*, Nr. 23 vom 30. Mai 1997.

EICHER, Thomas: *Studium und Lektüre. Annäherungen an das Leseverhalten von Studienanfängern der Germanistik.* In: *Das Hochschulwesen*, 43. Jg. (1995), H. 2, S. 100-106.

FINGERHUT, Karl-Heinz: *Stellungnahme zum Kanon-Problem für die Lehrplankommission Gymnasium S I NRW.* In: Kultusministerium des Landes Nordrhein-Westfalen (Hrsg.): *Lektüre von Ganzschriften im Fach Deutsch der Sekundarstufe I des Gymnasiums in NRW.* Düsseldorf 1994. S. 51-52.

FOHRMANN, Jürgen: *Über das Schreiben von Literaturgeschichte.* In: Brenner, Peter J. (Hrsg.): *Geist, Geld und Wissenschaft. Arbeits- und Darstellungsformen von Literaturwissenschaft.* Frankfurt am Main 1993. S. 175-202.

FRANK, Werner: *Ein Literaturkanon für die Schule?* In: *Mitteilungen des Deutschen Germanistenverbandes*, 43. Jg. (1996), H. 3, S. 56-62.

FRICKE, Harald: *Überlegungen zu den propädeutischen Grundlagen des Faches.* In: *Mitteilungen des Deutschen Germanistenverbandes*, 43. Jg. (1996), H. 1, S. 31-36.

GREINER, Ulrich: *Begeisterung! Nachwort zur Kanondebatte.* In: *Die Zeit*, Nr. 25 vom 13. Juni 1997.

GRIESE, Sabine, KERSCHER, Hubert, MEIER, Albert und STOCKINGER, Claudia: *Die Leseliste.* Stuttgart 1994.

HEIN, Jürgen: *Kanon-Diskussion in Literaturdidaktik und Öffentlichkeit. Eine Bestandsaufnahme.* In: Kochan, Detlef C. (Hrsg.): *Literaturdidaktik - Lektürekanon - Literaturunterricht.* Amsterdam, Atlanta 1990. S. 311-346.

HEIN, Jürgen: *Einige Aspekte zum Thema Kanon und Vermittlung.* In: Kruse, Joseph A., Salmen, Monika und Roth, Klaus-Hinrich (Hrsg.): *Literatur, Verständnis und Vermittlung: Wilhelm Gössmann zum 65. Geburtstag.* Düsseldorf 1991. S. 254-264.

HERRLITZ, Hans Georg: *Lektüre-Kanon und literarische Wertung.* In: *Der Deutschunterricht*, 1. Jg. (1967), S. 82 ff.

HEYDEBRAND, Renate von: *Probleme des 'Kanons' - Probleme der Kultur und Bildungspolitik.* In: Janota, Johannes (Hrsg.): *Vorträge des Augsburger Germanistentages 1991: Kultureller Wandel und die Germanistik in der Bundesrepublik. Bd. 4: Germanistik, Deutschunterricht und Kulturpolitik.* Tübingen 1993. S. 3-22.

HEYDEBRAND, Renate von (Hrsg.): *Kanon, Macht, Kultur.* Stuttgart 1998

HOPPE, Almut: *Die Vergangenheit des literarischen Kanons und die Zukunft multifaktorialer Lektüreauswahlverfahren.* In: *Mitteilungen des Deutschen Germanistenverbandes*, 43. Jg. (1996), H. 3, S. 62-71.

JANOTA, Johannes (Hrsg.): *Vorträge des Augsburger Germanistentages 1991: Kultureller Wandel und die Germanistik in der Bundesrepublik. Bd. 4: Germanistik, Deutschunterricht und Kulturpolitik.* Tübingen 1993.

KAISER, Joachim: *Der deutsche Literatur-Kanon. Was sollen Schüler lesen? Die ZEIT-Umfrage (2).* [J. Kaiser, K. Laermann, J. Rüttgers, B. Kronauer, M. Krüger, E. Heidenreich, E. Lämmert, A. Tisma, M. Schoeller, A. Vollmer, R. Willemsen, A. Breth, D. Grünbein] In: *Die Zeit*, Nr. 22 vom 23.Mai 1997.

KERSCHER, Hubert und STOCKINGER, Claudia: *Die Leseliste: Konzept und Wirkung.* In: *Mitteilungen des Deutschen Germanistenverbandes*, 43. Jg. (1996), H. 3, S. 31-37.

KOCHAN, Detlef C. (Hrsg.): *Literaturdidaktik - Lektürekanon - Literaturunterricht.* Amsterdam, Atlanta 1990.

KULTUSMINISTERIUM DES LANDES NORDRHEIN-WESTFALEN (Hrsg.): *Lektüre von Ganzschriften im Fach Deutsch der Sekundarstufe I des Gymnasiums in NRW.* Düsseldorf 1994.

LUSERKE, Matthias: *Literaturgeschichtliches Repetitorium und Kanonbildung. In: Mitteilungen des Deutschen Germanistenverbandes*, 43. Jg. (1996), H. 1, S. 56-63.

LUSERKE, Matthias: *Kanon, Korpus, Kommunikation. Auch ein Plädoyer für eine Literaturgeschichte des Kleinen.* In: *Mitteilungen des Deutschen Germanistenverbandes*, 43. Jg. (1996), H. 3, S. 14-21.

MÜLLER-MICHAELS, Harro: *Didaktische Wertung. Anmerkungen zur Kanon-Diskussion.* In: *Jahrbuch der Deutschdidaktik,* 1980. Jg. (1981), S. 136-148.

MÜLLER-MICHAELS, Harro: *Literaturkanon - Kontroversen und Konsens.* In: *Deutschunterricht,* 43. Jg. (1990), H. 11, S. 530-537.

MÜLLER-MICHAELS, Harro: *Was bleibt? Begründung eines Kanons der Denkbilder.* In: *Deutschunterricht,* 46. Jg. (1993), S. 2-10.

MÜLLER-MICHAELS, Harro: *Sichtung und Kommentierung der Ergebnisse der Umfrage.* In: Kultusministerium des Landes Nordrhein-Westfalen (Hrsg.): *Lektüre von Ganzschriften im Fach Deutsch der Sekundarstufe I des Gymnasiums in NRW.* Düsseldorf 1994. S. 54-60.

MÜLLER-MICHAELS, Harro: *Kanon - Denkbilder für das Gespräch zwischen Generationen und Kulturen.* In: *Mitteilungen des Deutschen Germanistenverbandes,* 43. Jg. (1996), H. 3, S. 44-51.

NEUHAUS-KOCH, Ariane: *Leseliste als Gegenkanon.* In: *die blaue reihe. Diskussionsgrundlagen zur Studienreform Germanistik,* 3. Jg. (1996), H. 13.2, S. 17-18.

RUPP, Gerhard: *'Kanon tut Not!' - Weiterarbeit am Kanon.* In: *die blaue reihe. Diskussionsgrundlagen zur Studienreform Germanistik,* 3. Jg. (1996), H. 13.2, S. 3-10.

RUPP, Gerhard: *Vorschläge zu einer Leseliste für's Studium der Neueren Deutschen Literatur und ihrer Didaktik.* In: *die blaue reihe. Diskussionsgrundlagen zur Studienreform Germanistik,* 3. Jg. (1996), H. 13.2, S. 11-15.

SCHNEIDER, Manfred: *Betrug! Der ZEIT-Kanonkonsens: Ein Offenbarungseid.* In: *Die Zeit,* Nr. 25 vom 13. Juni 1997.

SCHOLDT, Günter: *Von Leselisten und Müllkippen. Zur Frage des Kanons im Deutschunterricht.* In: *Mitteilungen des Deutschen Germanistenverbandes,* 43. Jg. (1996), H. 3, S. 37-43.

SEGEBRECHT, Wulf: *Was sollen Germanisten lesen ? Ein Vorschlag.* Berlin 1994.

STANITZEK, Georg: *'0/1', 'einmal/zweimal' - der Kanon in der Kommunikation.* In: Dotzler, Bernhard J. (Hrsg.): *Technopathologien.* München 1992. S. 111-134.

WENDE, Waltraud: *Goethe als Herausforderung - Parodistische Reaktionen auf den Kanon.* In: *Mitteilungen des Deutschen Germanistenverbandes,* 43. Jg. (1996), H. 3, S. 21-30.

ZYMNER, Rüdiger: *Kanon zwischen Wunsch und Wirklichkeit.* In: *Mitteilungen des Deutschen Germanistenverbandes,* 43. Jg. (1996), H. 3, S. 9-14.

6. Lehrberichte (Kapitel 8)

ALTRICHTER, Herbert und SCHRATZ, Michael: *Von der Messung zur Entwicklung der Qualität von Universitäten.* In: *Zeitschrift für Hochschuldidaktik,* 15. Jg. (1991), H. 1-2, S. 116-145.

ALTRICHTER, Herbert und SCHRATZ, Michael: *Qualität von Universitäten. Evaluation: Impulse für Innovation?* Innsbruck 1996.

BARZ, Andreas, CARSTENSEN, Doris und REISSERT, Reiner: *Lehr- und Evaluationsberichte als Instrumente zur Qualitätsförderung. Bestandsaufnahme der aktuellen Praxis.* Gütersloh, Hannover 1997. (= CHE/HIS Arbeitspapier Nr. 13). Vgl. auch die umfangreiche Literaturliste

BERENDT, Brigitte und STARY, Joachim (Hrsg.): *Evaluation zur Verbesserung der Qualität der Lehre und weitere Maßnahmen.* Weinheim 1993. (= Blickpunkt Hochschuldidaktik)

BÖNSCH, Manfred: *Mündliche Prüfungen als Hochschuldidaktisches Problem.* In: *Zeitschrift für Hochschuldidaktik,* 15. Jg. (1991), H. 1-2, S. 146-158.

BRUNN, Anke: *Aktionsprogramm Qualität der Lehre - Von der studentischen Veranstaltungskritik zur externen Evaluierung.* In: Ministerium für Wissenschaft und Forschung des Landes Nordrhein-Westfalen (Hrsg.): *Evaluation von Lehre und Studium.* Düsseldorf 1995.

BÜLOW-SCHRAMM, Margret und CARSTENSEN, Doris (Hrsg.): *Frischer Wind für Evaluation? Chancen und Risiken von Peer review an deutschen Universitäten.* Hamburg 1995. (= IZHD Hamburg: Hochschuldidaktische Arbeitspapiere 28)

BÜLOW-SCHRAMM, Margret und REISSERT, Reiner: *Evaluation der Lehre in Deutschland - eine hochschulpolitische Aufgabe mit Vergangenheit und Zukunft.* In: *Beiträge zur Hochschulforschung*, Jg. 1993, H. 4, S. 393-406.

BÜLOW-SCHRAMM, Margret: *'Wer hat Angst vor den Evaluatoren?' Der Umgang mit Akzeptanzproblemen von Evaluationsverfahren.* In: *Handbuch Hochschullehre. Informationen und Handreichungen aus der Praxis für die Hochschullehre. Loseblatt-Ausgabe.* Bonn (Grundwerk 1994) 1994 ff. S. 1-19, Beitrag D 1.6 (1995).

CARSTENSEN, Doris (Bearb.): *Wirksamkeit der internen und externen Evaluation von Lehre und Studium.* HIS-Kurzinformationen A 12/97. (=Mit Beiträgen von Doris Carstensen, Birgit Hegewald, Reiner Reissert Hermann Reuke, Heidi Cordier, Wolff-Dietrich Webler, Ludwig Voegelin u.a.)

CARSTENSEN, Doris und REISSERT, Reiner: *Interne und externe Evaluation - Modell und Praxis - Eine Zwischenbilanz aus der Sicht von HIS.* Hannover 1995. (= HIS-Kurzinformationen A 16/95)

CARSTENSEN, Doris und REISSERT, Reiner: *Praxis der internen und externen Evaluation. Handbuch zum Verfahren.* Hannover 1998. (= HIS-Kurzinformation [Spezial])

GRALKI, Heinz O., GRÜHN, Dieter und HECHT, Heidemarie: *Lehrevaluation an der FU Berlin. Begründung, Methoden und Techniken.* In: Berendt, Brigitte und Stary, Joachim (Hrsg.): *Evaluation zur Verbesserung der Qualität der Lehre und weitere Maßnahmen.* Weinheim 1993. S. 113-128.

HABEL, Edna: *Hochschulen zum Rapport ???* In: *Handbuch Hochschullehre. Informationen und Handreichungen aus der Praxis für die Hochschullehre. Loseblatt-Ausgabe.* Bonn (Grundwerk 1994) 1994 ff. S. 1-28, Beitrag D 1.4 (1995).

HAGE, Natalija el: *Lehrevaluation und studentische Veranstaltungskritik. Projekte, Instrumente und Grundlagen.* Hrsg. vom Bundesministerium für Bildung, Wissenschaft, Forschung und Technologie. Bonn 1996

Handbuch Hochschullehre. Informationen und Handreichungen aus der Praxis für die Hochschullehre. Loseblatt-Ausgabe. Bonn (Grundwerk 1994) 1994 ff.

HEGER, M.: *Lehrveranstaltungskritik als angewandte Hochschuldidaktik.* In: *Zeitschrift für Hochschuldidaktik*, 15. Jg. (1991), H. 1-2, S. 43-69.

LOHNERT, Beate und ROLFES, Manfred: *Handbuch zur Evaluation von Lehre und Studium an Hochschulen. Ein praxisorientierter Leitfaden.* Hannover 1997

MINISTERIUM FÜR WISSENSCHAFT UND FORSCHUNG DES LANDES NORDRHEIN-WESTFALEN (Hrsg.): *Evaluation von Lehre und Studium.* Düsseldorf 1995.

MÜLLER-BÖLING, Detlef (Hrsg.): *Qualitätssicherung in Hochschulen: Forschung - Lehre - Management.* Gütersloh 1995.

NAKAMURA, Yoshiro: *Evaluation: Entwicklung statt Kontrolle. Interne Evaluation als begleitende Maßnahme von Studienreformprozessen auf Fachbereichsebene.* In: Welbers, U. (Hrsg.): *Das Integrierte Handlungskonzept Studienreform. Aktionsformen für die Verbesserung der Lehre an Hochschulen.* Neuwied 1997. S. 120-133.

NEUSEL, Ayla, TEICHLER, Ulrich und WINKLER, Helmut (Hrsg.): *Hochschule - Staat - Politik. Christoph Oehler zum 65. Geburtstag.* Frankfurt am Main 1993.

PREIßER, Rüdiger: *Evaluation der Lehre als ein Bestandteil einer hochschulpolitischen Öffentlichkeit.* In: *Zeitschrift für Hochschuldidaktik*, 15. Jg. (1991), H. 1-2, S. 73-83.

PREIßER, Rüdiger: *Qualität des Studiums: ein Steuerungsproblem für die Hochschulen.* In: Ministerium für Wissenschaft und Forschung des Landes Nordrhein-Westfalen (Hrsg.): *Evaluation von Lehre und Studium.* Düsseldorf 1995.

REISSERT, Reiner: *Evaluation der Lehre - interne Selbstevaluation und externe Begutachtung durch Peers.* Hannover 1994. (= HIS-Kurzinformation. A 8/94)

RICHTER, Roland: *Qualitätsevaluation von Lehre und Forschung an den Universitäten der Niederlande.* In: Webler, Wolff-Dietrich und Otto, Hans-Uwe (Hrsg.): *Der Ort der Lehre in der Hochschule. Lehrleistungen, Prestige und Hochschulwettbewerb.* Weinheim 1991.

RICHTER, Roland: *Verfahren der Qualitätsevaluation in der Lehre an den niederländischen Hochschulen und erste Erfahrungen.* In: *Beiträge zur Hochschulforschung*, Jg. 1991, H. 2, S. 85-112

RICHTER, Roland (Hrsg.): *Qualitätssorge in der Lehre. Leitfaden für die studentische Lehrevaluation.* Neuwied 1994.

STIFTERVERBAND FÜR DIE DEUTSCHE WISSENSCHAFT (Hrsg.): *Qualitätsentwicklung in einem differenzierten Hochschulsystem - Dokumentation eines Symposiums.* Essen 1997

STURM, Michael: *Lehrveranstaltungsbewertung als Grundlage für die kontinuierliche Verbesserung der universitären Lehre.* In: *Zeitschrift für Hochschuldidaktik*, 15. Jg. (1991), H. 1-2, S. 16-34.

STURM, Michael: *'Die Reise ins Ich ...': Selbstevaluation im Hochschulunterricht.* In: *Handbuch Hochschullehre. Informationen und Handreichungen aus der Praxis für die Hochschullehre. Loseblatt-Ausgabe.* Bonn (Grundwerk 1994) 1994 ff. S. 1-28, Beitrag D 1.2 (1994).

WEBLER, Wolff-Dietrich, DOMEYER, Volker und SCHIEBEL, Bernd: *Lehrberichte. Empirische Grundlagen, Indikatorenauswahl und Empfehlungen zur Darstellung der Situation der Lehre in Lehrberichten.* Bonn 1993. (= Schriftenreihe Studien zu Bildung und Wissenschaft, Bd. 107)

WEBLER, Wolff-Dietrich: *Qualität der Lehre als Gegenstand staatlicher Steuerung.* In: Neusel, Ayla, Teichler, Ulrich und Winkler, Helmut (Hrsg.): *Hochschule - Staat - Politik. Christoph Oehler zum 65. Geburtstag.* Frankfurt am Main 1993. S. 246ff.

WEBLER, Wolff-Dietrich: *Das Modell eines Lehrberichts über die Evaluation von Lehre und Studium und erste Ergebnisse.* In: *Das Hochschulwesen*, 43. Jg. (1995), H. 4, S. 258-266.

WEBLER, Wolff-Dietrich: *Evaluation im Kontext der Organisationsentwicklung. Erfahrungen mit einem Modell für Lehrberichte.* In: *Beiträge zur Hochschulforschung*, Jg. 1995, H. 3, S. 293-326.

WEBLER, Wolff-Dietrich, DOMEYER, Volker und SCHIEBEL, Bernd: *Lehrberichte als Teil der Organisationsentwicklung. Bilanz der Erprobung an sechs Fachbereichen.* Bonn 1995.

WEBLER, Wolff-Dietrich: *Weitgehender Konsens über Hochschulevaluation.* In: *Das Hochschulwesen*, 44. Jg. (1996), H. 2, S. 130-133.

WEBLER, Wolff-Dietrich: *Qualitätssicherung in Fachbereichen - ein erster Modellvergleich.* In: *Das Hochschulwesen*, 44. Jg. (1996), H. 1, S. 16-27.

WEBLER, Wolff-Dietrich: *Qualitätssicherung in Lehre und Studium an deutschen Hochschulen.* In: *Zeitschrift für Sozialisationsforschung und Erziehungssoziologie*, Jg. 1996, H. 2, S. 119-148.

WELBERS, Ulrich: *Berichtsteil der wissenschaftlichen Einrichtung.* In: Studienreformkommission Germanistik der Heinrich-Heine-Universität Düsseldorf (Hrsg.): *Germanistik: die Zukunft der Bildung gestalten. Lehrbericht des Germanistischen Seminars der Heinrich-Heine-Universität Düsseldorf.* Düsseldorf 1998. S. 8-60

7. Organisations- und Personalentwicklung (Kapitel 4, 7, 8))

AHRENS, Rupert und BEHRENT, Michael: *Integrierte Kommunikation als unternehmerischer Erfolgsfaktor. Entwurf eines Leitbildes für Manager der integrierten Unternehmenskommunikation.* In: Ahrens, Rupert, Scherer, Helmut und Zerfaß, Ansgar (Hrsg.): *Integriertes Kommunikationsmanagement. Ein Handbuch für Öffentlichkeitsarbeit, Marketing, Personal- und Organisationsentwicklung.* Frankfurt am Main 1995. S. 83-100.

ABELE-BREHM, Andrea: *Karriereorientierungen angehender Akademikerinnen und Akademiker.* Bielefeld 1994. (= Theorie und Praxis der Frauenforschung; Nr. 25)

ANSEL, Michael u.a.: *Hilfreich und gut. 7 Thesen zur wissenschaftlichen Qualifikation.* In: Bentfeld, Anne und Delabar, Walter (Hrsg.): *Perspektiven der Germanistik.* Opladen 1997. S. 195-207.

BEA, Franz Xaver und HAAS, Jürgen: *Strategisches Management.* Stuttgart u.a. 1995.

BECKER, H. und LANGOSCH, I.: *Produktivität und Menschlichkeit: Organisationsentwicklung und ihre Anwendung in der Praxis.* Stuttgart (4. Aufl.) 1995.

BECKER, Manfred: *Personalentwicklung und Organisationsentwicklung als Führungsaufgabe: eine Einführung in die Thematik.* Halle-Wittenberg 1997.

BICKENBACH, Frank: *Freiräume schaffen, Motivation stärken, Potentiale fördern. Bausteine partizipativer Führung und Unternehmensorganisation.* Gütersloh 1996.

BIRKIGT, K., STADLER, M. und FUNCK, H. J. (Hrsg.): *Corporate Identity.* Landsberg/Lech (5. Aufl.) 1992.

BRUHN, Manfred: *Integrierte Unternehmenskommunikation. Ansatzpunkte für eine strategische und operative Umsetzung integrierter Kommunikationsarbeit.* Stuttgart (2., überab. und erw. Aufl.) 1995.

BULLINGER, Hans-Jörg (Hrsg.): *Lernende Organisation. Konzepte, Methoden und Erfahrungsberichte.* Stuttgart 1996.

DALIN, Peter, ROLFF, Hans-Günter und BUCHEN, Herbert: *Institutioneller Schulentwicklungs-Prozeß. Ein Handbuch.* Bönen / Westfalen (2., völlig neu bearb. Aufl.) 1995.

ENDERS, Jürgen und TEICHLER, Ulrich (Hrsg.): *Der Hochschullehrerberuf. Aktuelle Studien und ihre hochschulpolitische Diskussion.* Neuwied u.a. 1995.

FAULSTICH, W. (Hrsg.): *Konzepte von Öffentlichkeit.* Bardowick 1993.

FREIMUTH, Joachim (Hrsg.): *Demokratisierung von Organisation: Philosophie, Ursprünge und Perspektiven der Metaplan-Idee.* Wiesbaden 1996.

FRENCH W.L. und BELL, C.H. jr.: *Organisationsentwicklung. Sozialwissenschaftliche Strategien zur Organisationsveränderung.* Bern u.a. (4. Aufl.) 1994.

FRESE, Erich: *Grundlagen der Organisation. Konzept - Prinzipien - Strukturen.* Wiesbaden (6., überarb. Aufl.) 1995.

GAIRING, Fritz: *Organisationsentwicklung als Lernprozeß von Menschen und Systemen: zur Rekonstruktion eines Forschungs- und Beratungsansatzes und seiner metadidaktischen Relevanz.* Weinheim 1996.

GEBERT, D.: *Interventionen in Organisationen.* In: Schuler, H. (Hrsg.): *Lehrbuch Organisationspsychologie.* Bern u.a. (2. Aufl.) 1995. S. 481-493.

GEIßLER, Harald (Hrsg.): *Organisationslernen und Weiterbildung.* Neuwied u.a. 1995.

GOEUDEVERT, Daniel: *Wie ein Vogel im Aquarium. Aus dem Leben eines Managers.* Berlin 1996.

HABERMAS, Jürgen: *Theorie des kommunikativen Handelns. 2 Bde.* Frankfurt am Main 1981.

Handbuch lernende Organisation. Unternehmens- und Mitarbeiterpotentiale erfolgreich erschließen [Wieselhuber und Partner]. Wiesbaden 1997.

HEEG, Franz J. (Hrsg.): *Handbuch Personal- und Organisationsentwicklung.* Stuttgart u.a. 1993.

HENTZE, Joachim und BROSE, Peter: *Personalführungslehre. Grundlagen, Führungsstile, Funktionen und Theorien der Führung.* Bern u.a. (2., überarb. Aufl.) 1990.

HOLLING, H. und LIEPMANN, D.: *Personalentwicklung.* In: Schuler, H. (Hrsg.): *Lehrbuch Organisationspsychologie.* Bern u.a. (2. Aufl.) 1995. S. 285-316.

JÄGER, Georg und SCHÖNERT, Jörg: *Perspektiven zur Selbstreform der Universitäten. Am Beispiel der Germanistik.* In: Bentfeld, Anne und Delabar, Walter (Hrsg.): *Perspektiven der Germanistik.* Opladen 1997. S. 208-224.

KARLÖF, Bengt und ÖSTBLOM, Svante: *Das Benchmarking Konzept. Wegweiser zur Spitzenleistung in Qualität und Produktivität.* Stockholm 1993.

KEMPF, Stefan, MERTINS, Kai und SIEBERT, Gunnar (Hrsg.): *Benchmarking. Praxis in deutschen Unternehmen.* Berlin u.a. 1995.

KIESER, Alfred und KUBICEK, Herbert: *Organisation.* Berlin u.a. (2., neub. u. erw. Aufl.) 1983.

KIESER, Alfred (Hrsg.): *Organisationstheorien.* Stuttgart u.a. (2., überarbeitete Auflage) 1995.

KOTLER, Philip und BLIEMEL, Friedhelm: *Marketing-Management. Analyse, Planung, Umsetzung und Steuerung.* Stuttgart (8., vollst. neu bearb. und erw. Aufl.) 1995.

KRÖLL, Martin (Hrsg.): *Lernen der Organisation durch Gruppen- und Teamarbeit. Wettbewerbsvorteile durch umfassende Unternehmensplanung.* Berlin u.a. 1997.

MARRE, Roland: *Die Bedeutung der Unternehmenskultur für die Personalentwicklung.* Frankfurt am Main 1997. (= Europäische Hochschulschriften)

MERK, Richard: *Kommunikatives Management.* Neuwied u.a. 1995.

MÜLLER-BÖLING, Detlef (Hrsg.): *Strategieentwicklung an Hochschulen. Konzepte - Prozesse - Akteure.* Gütersloh 1998. (= Mit Beiträgen von Detlef Müller-Böling, Erhard Krasny, Michael Daxner, Hans Weder, Karen Sonne Jakobsen, Henriette Oeland, Charlotte Soenjnaes, Jeppe Trolle, Lieteke van Vucht Tijssen, Horst Kern, Lothar Zechlin, Christian Berthold, Klaus Hortschansky, Klaus Neuvians, Karl Marten Barfuß, Olaf Kurpiers, Bernd Szemeitzke, Sigrun Nickel, Susanne Dopheide, Oliver Streit, Florian Marten und Bernd Gasch.)

MÜLLER-DOOHM, S. und NEUMANN-BRAUN, K. (Hrsg.): *Öffentlichkeit, Kultur, Massenkommunikation.* Oldenburg 1991.

NAUER, Ernst: *Organisation als Führungsinstrument. Ein Leitfaden für Vorgesetzte.* Bern u.a. 1993.

ORTMANN, Günther (Hrsg.): *Theorien der Organisation: die Rückkehr der Gesellschaft.* Opladen 1997.

QUITMANN, Helmut: *Humanistische Psychologie. Psychologie, Philosophie, Organisationsentwicklung.* Göttingen u.a. (3., überarb. und erw. Aufl.) 1996.

REINHARDT, Rüdiger: *Das Modell organisationaler Lernfähigkeit und die Gestaltung lernfähiger Organisation.* Frankfurt am Main u.a. (2., veränd. Aufl.) 1995. (= Bildung und Organisation Nr. 2)

ROSENSTIEL, Lutz von, REGNET, Erika und DOMSCH, Michel (Hrsg.): *Führung von Mitarbeitern.* Stuttgart (3., überarb. und erw. Aufl.) 1995.

ROSENSTIEL, Lutz von, MOLT, W. und RÜTTINGER, B.: *Organisationspsychologie.* Stuttgart u.a. (8. Aufl.) 1995.

RÖSLER, F.: *Personalauslese, Training und Personalentwicklung in Organisationen.* In: Frey, D., Graf Hoyos, C. und Stahlberg, D. (Hrsg.): *Angewandte Psychologie - Ein Lehrbuch.* München u.a. 1988. S. 65-91.

RÜTTINGER B. und KLEIN-MODDENBORG, V.: *Aus-, Fort- und Weiterbildung.* In: NN. (Hrsg.): *Enzyklopädie der Psychologie: Wirtschafts-, Organisations- und Arbeitspsychologie.* Göttingen 1989. S. 685-711 (Bd. 3).

SATTELBERGER, Thomas (Hrsg.): *Die lernende Organisation. Konzepte für eine neue Qualität der Unternehmensentwicklung.* Wiesbaden (2. Aufl.) 1994.

SCHERER, Helmut: *Unternehmen in öffentlichen Auseinandersetzungen. Strukturmerkmale öffentlicher Kommunikation als Herausforderung für die integrierte Unternehmenskommunikation.* In: Ahrens, Rupert, Scherer, Helmut und Zerfaß, Ansgar (Hrsg.): *Integriertes Kommunikationsmanagement. Ein Handbuch für Öffentlichkeitsarbeit, Marketing, Personal- und Organisationsentwicklung.* Frankfurt am Main 1995. S. 51-82.

SCHUBERT, Hans-Joachim: *Planung und Steuerung von Veränderungen in Organisationen.* Frankfurt am Main 1998.

SCHULER, H. (Hrsg.): *Lehrbuch Organisationspsychologie.* Bern u.a. (2. Aufl.) 1995.

SCOTT, W. Richard: *Grundlagen der Organisationstheorie.* Frankfurt am Main 1986.

SONNTAG, Karlheinz: *Lernen im Unternehmen. Effiziente Organisation durch Lernkultur.* München 1996.

STEINMANN, Horst und ZERFAß, Ansgar: *Management der integrierten Unternehmenskommunikation. Konzeptionelle Grundlagen und strategische Implikationen.* In: Ahrens, Rupert, Scherer, Helmut und Zerfaß, Ansgar (Hrsg.): *Integriertes Kommunikationsmanagement. Ein Handbuch für Öffentlichkeitsarbeit, Marketing, Personal- und Organisationsentwicklung.* Frankfurt am Main 1995. S. 11-50.

WAGNER, Rainer H. (Hrsg.): *Praxis der Veränderung in Organisationen: was Systemtheorie, Psychologie und Konstruktivismus zum Verstehen und Handeln in Organisationen beitragen können.* Göttingen 1995. (= Psychologie und Personalmanagement)

WEIHRICH, H. und KOONTZ, H.: *Management.* New York u.a. (10. Aufl.) 1993.

WELBERS, Ulrich: *Partizipation und Universität. Ein einführender Beitrag zu Theorie und Praxis der Beteiligung von Studierenden in Studienreformprozessen.* In: *die blaue reihe: Diskussionsgrundlagen zur Studienreform Germanistik,* 3. Jg. (1996), H. 33, S. 4-8.

WELBERS, Ulrich: *Demokratisierung ohne Innovation ist leer, Innovationen ohne Demokratisierung sind blind: Die Studienreformkommission.* In: Welbers, Ulrich (Hrsg.): *Das Integrierte Handlungskonzept Studienreform. Aktionsformen für die Verbesserung der Lehre an Hochschulen.* Neuwied 1997. S. 53-57.

8. Qualitätsmanagement und Bildungsfinanzierung (Kapitel 4, 7, 8)

BECKERHOFF, Dirk: *Hochschulfinanzierung auf der Grundlage leistungsorientierter Kennziffern.* München 1980.

BEHRENS, Thomas: *Globalisierung der Hochschulhaushalte. Grundlagen, Ziele, Erscheinungsformen und Rahmenbedingungen.* Neuwied u.a. 1996. (= Hochschulwesen Wissenschaft und Praxis)

BENES, Georg (Hrsg.): *Qualitätsmanagement als interdisziplinäres Problem.* Wiesbaden 1997.

BLEICHER, K.: *Management.* In: Woll, A. (Hrsg.): *Wirtschaftslexikon.* München u.a. (4. Aufl.) 1990. S. 465-467.

BUNDESMINISTERIUM FÜR BILDUNG, WISSENSCHAFT, FORSCHUNG UND TECHNOLOGIE (Hrsg.): *Die wirtschaftliche und soziale Lage der Studierenden in der Bundesrepublik Deutschland (Vorbericht). Ausgewählte Ergebnisse der 15. Sozialerhebung des Deutschen Studentenwerks durchgeführt durch HIS Hochschul-Informations-System.* Bonn 1998.

BROCKES, H.-W. (Hrsg.): *Leitfaden Sponsoring & Event-Marketing.* Düsseldorf 1995.

BRUHN, Manfred: *Qualitätsmanagement für Dienstleistungen. Grundlagen, Konzepte, Methoden.* Berlin u.a. (2., überarb. und erw. Aufl.) 1997.

CHE: *Studiengebühren mehrheitsfähig. Ergebnisse einer repräsentativen forsa-Umfrage.* In: CHEck up. Mitteilungen des Gemeinnützigen Zentrums für Hochschulentwicklung GmbH., Nr. 1 vom 1998.

ENGELHARDT, Werner H.: *Wissenschaftsmarketing. Hochschule und Region im Umbruch. Dokumentation eines Workshops Ruhr-Universität Bochum, 12. Juni 1992.* Bochum 1993.

FEUCHTHOFEN, Jörg E. und SEVERING, Eckart (Hrsg.): *Qualitätsmanagement und Qualitätssicherung in der Weiterbildung.* Neuwied u.a. 1995.

GARMS, Silke: *Innovative Bildungspolitik zwischen Hochschulautonomie und Strukturwandel. Formelgebundene Finanzzuweisung als neues Konzept zum Globalhaushalt mit integrierter Frauenförderung.* Kiel 1997.

GRAEFEN, Clemens: *Lernziel Qualität: Projektaufgaben zum Qualitätsmanagement.* Berlin 1997.

HEINRICH, Werner M.: *Einführung in das Qualitätsmanagement.* Eichstätt 1996.

HERING, Ekbert, STEPARSCH, Werner und LINDNER, Markus: *Zertifizierung nach DIN EN ISO 9000. Prozeßoptimierung und Steigerung der Wertschöpfung.* Berlin u.a. (2. Aufl.) 1997.

HERMANNS, Arnold und GLOGGER, Anton (Hrsg.): *Management des Hochschulsponsoring. Orientierungshilfen für die Gestaltung und Umsetzung von Sponsoringkonzepten an Hochschulen.* Neuwied u.a. 1998. (= Hochschulwesen - Wissenschaft und Praxis)

HUMMEL, Thomas R.: *[(TQM)]. Tips für die Einführung.* München (2. Aufl.) 1997.

KAMISKE, Gerd F.: *Qualitätsmanagement von A-Z. Erläuterungen moderner Begriffe des Qualitätsmanagements.* München u.a. (2., überab. und erw. Aufl.) 1995.

KARPEN, Ulrich: *Wissenschaftsfreiheit und Hochschulfinanzierung. Überlegungen zu einem effektiven Mitteleinsatz.* Berlin 1983.

KARPEN, Ulrich (Hrsg.): *Hochschulfinanzierung in der Bundesrepublik. Eine Einführung.* Baden-Baden 1989.

KOTLER, Philip und BLIEMEL, Friedhelm (Hrsg.): *Marketing-Management. Analyse, Planung, Umsetzung und Steuerung.* Stuttgart (8., vollständig neu bearb. und erw. Aufl.) 1995.

LIMPENS, Erich: *Total Quality Management: eine kritische Reflexion.* Düsseldorf 1994. (= Düsseldorfer Schriften zur Unternehmensführung Nr. 5)

MASING, Walter (Hrsg.): *Handbuch Qualitätsmanagement.* München u.a. (3., gründlich überarb. und erw. Aufl.) 1994.

MINISTERIUM FÜR WISSENSCHAFT UND FORSCHUNG DES LANDES NRW (Hrsg.): *Hochschulfinanzierung in der Grenzregion: ein Ländervergleich.* Düsseldorf 1997.

MINISTERIUM FÜR WISSENSCHAFT UND FORSCHUNG DES LANDES NRW (Hrsg.): *Finanzautonomie, Kostenrechnung und erfolgsorientierte Mittelverteilung.* Düsseldorf 1998. (= Schriftenreihe zur Hochschulreform)

MOCZADLO, Regina: *LiPS. Leitfaden integrierte Projektstudien.* Alsbach 1995. (= In: Schriftenreihe Report / Lenkungsausschuß der Studienkommission für Hochschuldidaktik an den Fachhochschulen in Baden-Württemberg; Bd. 35)

MÜLLER-BÖLING, Detlef (Hrsg.): *Qualitätssicherung in Hochschulen.* Gütersloh 1995.

MÜLLER-BÖLING, Detlef: *Qualitätssicherung in Hochschulen. Grundlage einer wissensbasierten Gesellschaft.* In: Müller-Böling, Detlef (Hrsg.): *Qualitätssicherung in Hochschulen.* Gütersloh 1995.

MÜLLER-BÖLING, Detlef und FREDOWITZ, Jutta (Hrsg.): *Leitungsstrukturen für autonome Hochschulen. Verantwortung - Rechenschaft - Entscheidungsfähigkeit.* Gütersloh 1998. (=Mit Beiträgen von Detlef Müller-Böling, Tilman Küchler, Sijbolt Norrda, Hans N. Weiler, Harry de Boer, Hans Meyer, Uwe Schlicht, Leopold März, Johannes Fulda, Ludwig Kronthaler, Steffen Reiche, Rainer Künzel und Johannes Neyses.)

PFEIFER, Tilo: *Qualitätsmanagement: Strategien, Methoden, Techniken.* München u.a. (2., vollst. überarb. und erw. Aufl.) 1996.

REINHART, Gunther: *Qualitätsmanagement: ein Kurs für Studium und Praxis.* Berlin u.a. 1996.

RICHTER, Roland (Hrsg.): *Qualitätssorge in der Lehre. Leitfaden für die studentische Lehrevaluation.* Neuwied 1994.

SCHIERENBECK, H.: *Grundzüge der Betriebswirtschaftslehre.* München (12. Aufl.) 1995.

SCHMIDT, Günter und TAUTENHAHN, Frank: *Qualitätsmanagement. Eine projektorientierte Einführung.* Braunschweig u.a. 1995.

SCHUBERT, Hans-Joachim (Hrsg.): *Qualitätsmanagement in sozialen Dienstleistungsunternehmen.* Neuwied 1997.

SCHUBERT, Hans-Joachim: *Planung und Steuerung von Veränderungen in Organisationen.* Frankfurt am Main 1998.

SPORN, B.: *Universitätskultur. Ausgangspunkt für eine strategische Marketing-Planung an Universitäten.* Heidelberg 1992.

STEGER, Wilhelm: *Rahmenkonzept für das Qualitätsmanagement - neue Strategien zur Qualitätsverbesserung.* Beuth 1997.

STEINBECK, Hans H.: *Das neue Total-Quality-Management: Qualität aus Kundensicht.* Landsberg/Lech 1995.

STIFTERVERBAND FÜR DIE DEUTSCHE WISSENSCHAFT UND CENTRUM FÜR HOCHSCHULENTWICKLUNG (Hrsg.): *Modell für einen Beitrag der Studierenden zur Finanzierung der Hochschulen. (Studienbeitragsmodell).* Essen, Gütersloh 1998.

TROGELE, U.: *Strategisches Marketing für deutsche Universitäten.* Frankfurt am Main 1995.

ULRICH, P. und FLURI, E.: *Management. Eine konzentrierte Einführung.* Bern u.a. (7. Aufl.) 1995.

WALDER, Franz-Peter: *Qualitätsmanagement und Projektmanagement.* Braunschweig 1997.

WESTEBBE, A., WINTER, E. und TROST, O.: *Hochschul-Sponsoring. Ein Leitfaden für die Sponsoring-Praxis an Hochschulen.* Stuttgart u.a. 1997.

WISSENSCHAFTSRAT (Hrsg.): *Daten und Kennzahlen zur finanziellen Ausstattung der Hochschulen.* Köln 1993.

WITTIG, Klaus-Jürgen: *Qualitätsmanagement in der Praxis: DIN ISO 9000, Lean production, Total-Quality-Management.* Stuttgart (2., überarb. und erw. Aufl.) 1994.

WÖHE, G.: *Einführung in die allgemeine Betriebswirtschaftslehre.* München (19. Aufl.) 1996.

WOLF, Jakob (Hrsg.): *Das Management-Handbuch.* München 1993.

WOLF, Jakob: *Lexikon Betriebswirtschaft.* München 1995.

WOLF, D.: *Wissenschaftssponsoring.* In: Brockes, H.-W. (Hrsg.): *Leitfaden Sponsoring & Event-Marketing.* Düsseldorf 1995. S. 1-7, F 7.1.

WOLL, A. (Hrsg.): *Wirtschaftslexikon.* München u.a. (4. Aufl.) 1990.

ZIEGELE, Frank: *Hochschule und Finanzautonomie. Grundlagen und Anwendung einer politisch-ökonomischen Theorie der Hochschule.* Frankfurt am Main 1997.

ZINK, Klaus J. (Hrsg.): *Qualität als Managementaufgabe = Total Quality Management.* Landsberg/Lech (3. Aufl.) 1994.

ZINNER, Reinhard: *Qualitätsmanagement. Begriffe, Regeln, Formeln.* Berlin 1998.

9. Studienreform Germanistik (Kapitel 3, 5, 6)

BACHORSKI, Hans-Jürgen und NEULAND, Eva: *Perspektiven des Germanistik-Studiums am Anfang des nächsten Jahrzehnts.* In: Welbers, Ulrich (Hrsg.): *Das Integrierte Handlungskonzept Studienreform. Aktionsformen für die Verbesserung der Lehre an Hochschulen.* Neuwied 1997. S. 295-310.

BALZER, Bernd: *Entrümpeln oder Möblieren? Überlegungen zur Reform des Germanistikstudiums (nicht nur) an der FU Berlin.* In: *Jahrbuch für Internationale Germanistik,* 26. Jg. (1994), H. 1, S. 39-56.

BALZER, Bernd: *Zielstudium Magister. Möglichkeiten eines effektiveren Studiums der Neueren deutschen Literaturwissenschaft.* In: Bentfeld, Anne und Delabar, Walter (Hrsg.): *Perspektiven der Germanistik.* Opladen 1997. S. 126-144.

BARK, Joachim: *Grundstudienmodell der Neueren deutschen Literatur in Stuttgart.* In: *Mitteilungen des Deutschen Germanistenverbandes,* 43. Jg. (1996), H. 1, S. 52-56.

BENTFELD, Anne und DELABAR, Walter: *Für eine freie Universität. Einige Bemerkungen zur aktuellen Diskussion um die Reform des Germanistik-Studiums.* In: *Jahrbuch für Internationale Germanistik,* 26. Jg. (1994), H. 1, S. 25-38.

BENTFELD, Anne: *Übersicht über die Grundstudiumsmodelle in den germanistischen Magisterstudiengängen an den bundesdeutschen Universitäten.* In: *Mitteilungen des Deutschen Germanistenverbandes,* 43. Jg. (1996), H. 1, S. 57-65.

BENTFELD, Anne: *Die Wirklichkeit. Das germanistische Grundstudium an den bundesdeutschen Hochschulen.* In: Bentfeld, Anne und Delabar, Walter (Hrsg.): *Perspektiven der Germanistik.* Opladen 1997. S. 225-236.

BLAMBERGER, Günter und NEUNER, Gerhard (Hrsg.): *Reformdiskussion und curriculare Entwicklung in der Germanistik. Dokumentation der Internationalen Germanistentagung des DAAD 24.-28. Mai 1995 UGH Kassel.* Bonn 1995.

BLAMBERGER, Günter, GLASER, Hermann und GLASER, Ulrich (Hrsg.): *Berufsbezogen studieren. Neue Studiengänge in den Literatur-, Kultur- und Medienwissenschaften. Ein Handbuch.* München 1993.

BREMERICH-VOSS, Albert: *Einführung in die Linguistik - Orientierung an Lernbiographien und "Fällen".* In: *Mitteilungen des Deutschen Germanistenverbandes*, 43. Jg. (1996), H. 1, S. 74-80.

EICHER, Thomas: *Lese-Not-Stand? Daten zum Leseverhalten von Studienanfängern der Germanistik.* Dortmund 1996. (= Schriftenreihe der Universität Dortmund. Bd. 39)

EPPING-JÄGER, Cornelia: *Anmerkungen zum Problem germanistischer Schlüsselqualifikationen.* In: *Mitteilungen des Deutschen Germanistenverbandes*, 44. Jg. (1997), H. 4, S. 32-46.

EPPING-JÄGER, Cornelia: *Die reformierte Germanistik. Das Düsseldorfer Modell.* In: *Zeitschrift für Germanistik.* Neue Folge 1/1997. S. 108-120.

ENGELHARDT, Corinna: *Germanistische Basiskompetenzen als Potentiale für eine Tätigkeit in Unternehmen.* In: Blamberger, Günter und Neuner, Gerhard (Hrsg.): *Reformdiskussion und curriculare Entwicklung in der Germanistik. Dokumentation der Internationalen Germanistentagung des DAAD 24.-28. Mai 1995 UGH Kassel.* Bonn 1995. S. 347-352.

FRICKE, Harald: *Überlegungen zu den propädeutischen Grundlagen des Faches.* In: *Mitteilungen des Deutschen Germanistenverbandes*, 43. Jg. (1996), H. 1, S. 31-36.

FRÜHWALD, Wolfgang: *Germanistische Studiengänge aus der Sicht des Wissenschaftsrates.* In: Wierlacher, Alois (Hrsg.): *Perspektiven und Verfahren interkultureller Germanistik. Akten des I. Kongresses der Gesellschaft für Interkulturelle Germanistik.* München 1987. S. 55-68.

GAIER, Ulrich (Hrsg.): *Germanisten ohne Zukunft? Empfehlungen zur Erhöhung der beruflichen Flexibilität germanistischer Studienabsolventen.* Kronberg, Ts. 1978.

GREß, Franz (Hrsg.): *Germanistik und Politik. Kritische Beiträge zur Geschichte einer nationalen Wissenschaft.* Stuttgart, Bad Cannstadt 1971.

GROSSE, Siegfried: *Der mühsame Weg der Studienreform.* In: *Mitteilungen des Deutschen Germanistenverbandes*, 43. Jg. (1996), H. 1, S. 11-23.

HÄRLE, Gerhard und MEYER, Uwe: *Studienführer Germanistik.* 2., völlig überarb. Aufl., Würzburg u.a. 1997

HENTSCHEL, Elke: *Probleme des linguistischen Grundstudiums.* In: *Mitteilungen des Deutschen Germanistenverbandes*, 43. Jg. (1996), H. 1, S. 80-86.

HOLLY, Werner: *(Germanistisch-) linguistische Kompetenz.* In: *Mitteilungen des Deutschen Germanistenverbandes*, 44. Jg. (1997), H. 4, S. 48-55.

ISER, Wolfgang: *Überlegungen zu einem literaturwissenschaftlichen Studienmodell.* In: Kolbe, Jürgen (Hrsg.): *Ansichten einer künftigen Germanistik.* München 1969. S. 193-207.

JÄGER, Georg und SCHÖNERT, Jörg (Hrsg.): *Wissenschaft und Berufspraxis. Angewandtes Wissen und praxisorientierte Studiengänge in den Sprach-, Literatur-, Kultur- und Medienwissenschaften.* Paderborn 1997 (=Mit Beiträgen von Jörg Schönert, Georg Jäger, Helmut F. Spinner, Peter Lundgreen, Marlene Fries, Burkhart Steinwachs, Siegfried J. Schmidt, Günter Blamberger, Dieter Mewes, Thure von Uexküll, Heinz-Elmar Tenorth, Michael Bürker, Otfried Jarren, Manfred Muckenhaupt, Reinhold Viehoff, Klaus P. Hansen, Peter Bendixen, Klaus Siebenhaar, Lutz von Rosenstiel und Harro Honolka.)

JÄGER, Georg: *Der Berufsbezug des Germanistikstudiums - ein Problemaufriß.* In: Blamberger, Günter und Neuner, Gerhard (Hrsg.): *Reformdiskussion und curriculare Entwicklung in der Germanistik. Dokumentation der Internationalen Germanistentagung des DAAD 24.-28. Mai 1995 UGH Kassel.* Bonn 1995. S. 335-342.

JÄGER, Ludwig und SOMMER, Martin: *Praxisorientierte Lehrprojekte an der RWTH Aachen.* In: Welbers, Ulrich (Hrsg.): *Das Integrierte Handlungskonzept Studienreform.* Neuwied 1997. S. 311-317.

KASTEN, Ingrid: *Umfrage über die institutionelle Lage der Germanistik in der Bundesrepublik von 1995: Ergebnisse.* In: *Mitteilungen des Deutschen Germanistenverbandes*, 43. Jg. (1996), H. 1, S. 110-120.

KOLBE , Jürgen (Hrsg.): *Ansichten einer künftigen Germanistik.* (5. Aufl.) München 1971

KOLBE, Jürgen (Hrsg.): *Neue Ansichten einer künftigen Germanistik.* München 1973.

LÄMMERT, Eberhard: *Das Studium der Humanwissenschaften im technischen Zeitalter.* In: Müller, Ernst (Hrsg.): *Geisteswissen: Vom wissenschaftlichen Problem zur problemorientierten Wissenschaft.* Frankfurt am Main 1991. S. 21-38.

LÄMMERT, Eberhard: *Einleitung zum Forum I: Berufsaussichten für Germanisten und neue Studiengänge.* In: Janota, Johannes (Hrsg.): *Vorträge des Augsburger Germanistentages 1991: Kultureller Wandel und die Germanistik in der Bundesrepublik. Bd. 4: Germanistik, Deutschunterricht und Kulturpolitik.* Tübingen 1993. S. 165-170.

LÖSEL, Elke: *Formen der Leistungsbewertung im Grundstudium.* In: *Mitteilungen des Deutschen Germanistenverbandes*, 43. Jg. (1996), H. 1, S. 63-70.

LUSERKE, Matthias: *Literaturgeschichtliches Repetitorium und Kanonbildung.* In: *Mitteilungen des Deutschen Germanistenverbandes*, 43. Jg. (1996), H. 1, S. 56-63.

MÜLLER, Jan-Dirk: *Das weiche Pfühl und die Entsorgung der schwarzen Milch. Polemische Anmerkungen zur sog. Entrümpelung literaturwissenschaftlicher Studiengänge.* In: *Jahrbuch für Internationale Germanistik*, 26. Jg. (1994), H. 1, S. 25-38.

NEIDLINGER, Dieter und PASEWALCK, Silke: *Der Erwartungshorizont der Studentinnen der Germanistik.* In: *Jahrbuch für Internationale Germanistik*, 26. Jg. (1994), H. 1, S. 66-71.

NEULAND, Eva: *Ergebnisse aus dem Arbeitsforum 'Berufsbezug des Germanistikstudiums'.* In: Blamberger, Günter und Neuner, Gerhard (Hrsg.): *Reformdiskussion und curriculare Entwicklung in der Germanistik. Dokumentation der Internationalen Germanistentagung des DAAD 24.-28. Mai 1995 UGH Kassel.* Bonn 1995. S. 331-333.

PAEFGEN, Elisabeth K.: *Didaktik für Anfänger. Über das Pro und Contra fachdidaktischer Lehrveranstaltungen im Grundstudium.* In: *Mitteilungen des Deutschen Germanistenverbandes*, 43. Jg. (1996), H. 1, S. 86-92.

RÖCKE, Werner: *Alterität und Aktualität der mittelalterlichen Literatur.* In: *Mitteilungen des Deutschen Germanistenverbandes*, 43. Jg. (1996), H. 1, S. 70-74.

ROLOFF, Hans-Gert: *Diskussion zur Zweiten Germanistik-Reform.* In: *Jahrbuch für Internationale Germanistik*, 26. Jg. (1994), H. 1, S. 8-9.

ROLOFF, Hans-Gert: *Zurück zu den Grundlagen: 'Kenntnis' und 'Kreativität'. Gedanken zur zweiten Germanistik-Reform.* In: *Jahrbuch für Internationale Germanistik*, 26. Jg. (1994), H. 1, S. 10-24.

SCHÖNERT, Jörg: *Bedingungen und Perspektiven für eine 'Zweite Studienreform' in der Germanistik.* In: Blamberger, Günter und Neuner, Gerhard (Hrsg.): *Reformdiskussion und curriculare Entwicklung in der Germanistik. Dokumentation der Internationalen Germanistentagung des DAAD 24.-28. Mai 1995 UGH Kassel.* Bonn 1995. S. 9-25.

SCHÖNERT, Jörg: *'Philologische Kompetenz' als 'Schlüsselqualifikation' für den Arbeitsmarkt der 'Informationsgesellschaft'?* In: *Mitteilungen des Deutschen Germanistenverbandes*, 44. Jg. (1997), H. 4, S. 56-64

SCHÖNERT, Jörg: *Transdisziplinäre und interdisziplinäre Entwicklungen in den Sprach-, Literatur-, Kultur- und Medienwissenschaften.* In: Jäger, Georg und Schönert, Jörg (Hrsg.): *Wissenschaft und Berufspraxis.* Paderborn 1997. S. 17-29.

SPINNER, Kaspar: *Zum Verhältnis von Sprachdidaktik und Literaturdidaktik in der Deutschlehrerausbildung.* In: *Mitteilungen des Deutschen Germanistenverbandes*, 44. Jg. (1997), H. 3, S. 96-101.

STOOß, Friedemann: *Berufsaussichten für Germanisten und neue Studiengänge.* In: Janota, Johannes (Hrsg.): *Vorträge des Augsburger Germanistentages 1991: Kultureller Wandel und die Germanistik in der Bundesrepublik. Bd. 4: Germanistik, Deutschunterricht und Kulturpolitik.* Tübingen 1993. S. 171-175.

STÜCKRATH, Jörn: *Fachspezifische Defizite germanistischer Studienanfänger im Grundstudium. Plädoyer für eine Schärfung des wissenschaftspropädeutischen Blicks im Deutschunterricht.* In: *Mitteilungen des Deutschen Germanistenverbandes*, 43. Jg. (1996), H. 1, S. 24-31.

WEINRICH, Harald: *Überlegungen zu einem Studienmodell der Linguistik.* In: Kolbe, Jürgen (Hrsg.): *Ansichten einer künftigen Germanistik.* München 1969. S. 208-218.

WELBERS, Ulrich und WITTE, Bernd: *Das strukturierte Grundstudium im Kontext des Studienreformmodells in der Düsseldorfer Germanistik.* In: *Mitteilungen des Deutschen Germanistenverbandes,* 43. Jg. (1996), H. 1, S. 43-51.

WELBERS, Ulrich: *Humboldt oder Henkel: Hochschule zwischen akademischem Bildungsideal und Berufsorientierung.* In: *die blaue reihe. Diskussionsgrundlagen zur Studienreform Germanistik,* 3. Jg. (1996), H. 34, S. 19-22.

WELBERS, Ulrich: *Studienstrukturreform auf Fachbereichsebene: Vom institutionellen Phasenmodell zum integrativen Qualifikationsmodell. Strukturbildung gelingenden Lehrens und Lernens in Hochschulstudiengängen und die Vermittlung fachlicher Grundlagen am Beispiel der Germanistik.* In: ders. (Hrsg.) *Das Integrierte Handlungskonzept Studienreform. Aktionsformen für die Verbesserung der Lehre an Hochschulen.* Neuwied 1997. S. 147-171

WELBERS, Ulrich (Hrsg.): *Das Integrierte Handlungskonzept Studienreform. Aktionsformen für die Verbesserung der Lehre an Hochschulen.* Neuwied 1997. (= Mit Beiträgen von Ulrich Welbers, Nina Wenig, Silke Meyer, Petra Schiffer, Yoshiro Nakamura, Bernd Witte, Christine Schwarzer, Johannes Wildt, Klaus-Hinrich Roth, Cornelia Epping-Jäger, Petra Heyer, Renate S. Klinnert, Silke Hahn, Bernhard Chappuzeau, Susanne Rauter, Susanne Stemmler, Hans-Jürgen Bachorski, Eva Neuland, Ludwig Jäger, Martin Sommer, Dorothee Meer, Holger Ehlert und Gert Kaiser.)

WELBERS, Ulrich: *Germanistisch-fundierte Schlüsselqualifikationen: ein neues Lehrkonzept will Forschung, Lehre und gesellschaftliches Handeln verbinden.* In: *Das Hochschulwesen,* 45. Jg. (1997), H. 1, S. 5-10.

WYSCHKON, Uwe: *Ansätze eines teilnehmerorientierten Lehrens an Universitäten und Hochschulen.* In: *Mitteilungen des Deutschen Germanistenverbandes,* 43. Jg. (1996), H. 1, S. 101-109.

ZECK, Jürgen: *Integration des germanistischen Grundstudiums. Themenbereich Textverstehen.* In: *Mitteilungen des Deutschen Germanistenverbandes,* 44. Jg. (1997), H. 3, S. 84-94.

Über den Autor

Ulrich Welbers, Jg. 1965, Wissenschaftlicher Angestellter am Germanistischen Seminar der Heinrich-Heine-Universität Düsseldorf, Abteilung für deutsche Philologie und Linguistik, Leiter des Studienreformprojektes und des Studienreformbüros Germanistik an der HHUD, Veröffentlichungen u.a. zum wissenschaftlichen Lehren und Lernen in der Germanistik, zu Projektmanagement und Qualitätssicherung, zu Hölderlin, Eichendorff und Heine.

Stichwortverzeichnis

B

Bildungsfinanzierung 132, 133, 137
Bildungspolitik 64, 72, 74, 75, 76, 136, 137, 154, 157, 159, 171, 190, 308
bildungspolitisch 62, 72, 94, 107, 140, 141, 142, 153, 154, 155, 156, 184, 210
bildungstheoretisch 54, 58, 59, 161, 238
Bildungstheorie 22, 54, 58, 132

D

Demokratisierung 68, 71, 96, 130, 131, 157, 158, 193, 198, 275

E

Entwicklungspsychologie 36, 52, 55, 84
entwicklungspsychologisch 56, 80, 82
Evaluation 106, 107, 115, 119, 122, 123, 124, 128, 139, 155, 161, 162, 168, 169, 181, 182, 187, 188, 202, 210, 216, 217, 218, 219, 220, 221, 222, 223, 224, 225, 227, 228, 229, 230, 231, 233, 234, 236, 237, 239, 242, 245

F

Fachgeschichte 17, 18, 21, 85, 98, 103, 241, 250, 310, 319, 322, 323, 325, 327
Fachverständnis 13, 15, 19, 210, 214, 243, 245, 248
Forschung 18, 19, 21, 22, 23, 36, 37, 42, 43, 44, 45, 46, 47, 50, 51, 52, 53, 54, 55, 57, 64, 84, 85, 88, 90, 91, 92, 93, 96, 104, 105, 106, 107, 108, 109, 111, 112, 115, 116, 117, 118, 119, 120, 122, 123, 124, 125, 127, 140, 145, 147, 150, 153, 159, 177, 184, 186, 189, 191, 196, 201, 203, 206, 209, 212, 235, 241, 243, 247, 248, 249, 250, 255, 256, 257, 258, 259, 270, 277, 278, 284, 294, 301, 305, 311, 312, 316, 320, 321, 326, 327, 328

G

Germanistisch-fundierte Schlüsselqualifikation 143, 144, 150, 167, 169, 206, 250, 256

H

Handlungskonzept 14, 15, 115, 127, 131, 139, 140, 142, 150, 159, 161, 162, 163, 164, 165, 166, 170, 172, 192, 209, 258
Hochschuldidaktik 37, 46, 50, 52, 53, 54, 55, 103, 104, 106, 142, 153, 162, 172, 180, 182, 247
hochschuldidaktisch 44, 45, 49, 56, 104, 105, 142, 145, 146, 147, 150, 152, 157, 160, 164, 167, 173, 175, 176, 179, 180, 182, 186, 189, 195, 217, 220, 225, 226, 230, 238, 242, 245, 262
Hochschullehrerberuf 117, 120, 121

K

Kanon 15, 24, 69, 99, 248, 260, 261, 263, 264, 265, 266, 269

L

Lehr-/Lernforschung 22, 37, 52, 53, 54, 57, 106
Lehrbericht 15, 107, 116, 128, 156, 168, 186, 188, 210, 211, 212, 213, 214, 215, 216, 220, 221, 223, 224, 226, 227, 229, 232, 233, 234, 236, 237, 238, 239, 240, 243, 244, 245, 247, 318
Lehrmanagement 115, 239, 242
Leitung 130, 131, 139, 162, 164, 165, 173, 180, 181, 182, 183, 206, 211, 218

O

Öffentlichkeit 20, 36, 56, 100, 106, 110, 114, 116, 117, 123, 134, 151, 153, 165, 167, 172, 183, 184, 188, 202, 203, 210, 211, 214, 222, 227, 238, 244, 245, 248, 251, 252, 256, 258, 262, 266, 270, 285, 295, 296, 315, 316, 320, 323, 325, 328
Organisationsentwicklung 37, 39, 40, 50, 52, 53, 57, 96, 116, 125, 126, 127, 128, 129, 130, 163, 166, 172, 183, 187, 192, 193, 194, 198, 201, 210, 211, 214, 219, 221, 223, 228, 238, 245

P

Partizipation 68, 130, 157, 158, 166, 172, 183, 185, 188, 191, 193, 195, 198, 199, 201, 202, 204, 207, 232, 233, 303
partizipativ 68, 116, 127, 163, 180, 183, 201, 203, 210, 220, 221, 227, 245
Personalentwicklung 37, 52, 53, 57, 117
Praxisorientierung 50, 69, 73, 142, 144, 145, 146, 166, 167, 169, 172, 176, 179, 180, 184, 201, 233, 258

Q

Qualitätsentwicklung 13, 15, 18, 19, 20, 22, 37, 38, 39, 41, 48, 49, 51, 52, 55, 57, 58, 85, 89, 92, 96, 102, 106, 110, 112, 113, 114, 116, 121, 125, 126, 130, 131, 138, 139, 161, 185, 187, 188, 211, 212, 215, 242
Qualitätsmanagement 37, 39, 52, 53, 57, 110, 111, 112, 115, 117, 129, 131
Qualitätssicherung 13, 14, 15, 22, 24, 39, 42, 43, 44, 45, 46, 47, 51, 110, 112, 113, 114, 139, 161, 166, 167, 186, 210, 214, 215, 217, 218, 221, 223, 239, 242, 245, 247, 256, 328

S

Studiengebühren 73, 76, 134, 135, 136, 138, 155
Studienreform 14, 15, 16, 18, 19, 22, 36, 48, 49, 50, 51, 75, 113, 115, 139, 140, 141, 142, 152, 153, 154, 155, 157, 159, 160, 161, 162, 163, 164, 166, 167, 168, 169, 170, 172, 173, 183, 184, 185, 186, 191, 193, 198, 199, 200, 202, 208, 209, 219, 220, 222, 229, 230, 243
Studienstrukturreform 50, 166, 167, 172, 173, 174, 175, 183, 185, 231
Studierendenpartizipation 163, 183, 188, 191, 192, 193, 209

T

Transdisziplinarität 313
transdisziplinär 51, 57, 138